Hans Peter Bull

Demokratie und Rechtsstaat in der Diskussion

Hans Peter Bull

Demokratie und Rechtsstaat in der Diskussion

Über Verfassungsprinzipien und ihre Realisierung

Beiträge aus zwei Jahrzehnten

Mohr Siebeck

Hans Peter Bull, geboren 1936; Professor em. für Öffentliches Recht an der Fakultät für Rechtswissenschaft der Universität Hamburg, 1978–1983 Bundesbeauftragter für den Datenschutz und 1988–1995 Innenminister des Landes Schleswig-Holstein.

ISBN 978-3-16-161830-7 / eISBN 978-3-16-161831-4
DOI 10.1628/978-3-16-161831-4

Die Deutsche Nationalbibliothek verzeichnet diese Publikation in der Deutschen Nationalbibliographie; detaillierte bibliographische Daten sind über *http://dnb.dnb.de* abrufbar.

Das Buch wurde von Computersatz Staiger in Rottenburg/N. aus der Stempel-Garamond gesetzt, von Gulde Druck in Tübingen auf alterungsbeständiges Werkdruckpapier gedruckt und gebunden.

Printed in Germany.

Vorwort

In diesem Buch sind Aufsätze und Vorträge zur Diskussion über Demokratie und Rechtsstaat versammelt, die in den letzten zwei Jahrzehnten an verschiedenen Stellen veröffentlicht worden sind. Hinzugefügt habe ich einen bisher ungedruckten Vortrag über die politischen Parteien und einen Text zur Rolle von Öffentlichkeit und öffentlicher Meinung für die Legitimation staatlichen Handelns. All diese Beiträge wurden angeregt durch aktuelle Entwicklungen in Politik und Gesellschaft. Die kritische Beobachtung politischer Auseinandersetzungen hat zu grundsätzlichen Überlegungen über die gegenwärtige Verfassung unseres Gemeinwesens geführt, und in einigen Beiträgen habe ich spezielle Streitthemen zum Anlass genauerer Betrachtung unter generellen Aspekten genommen.

Empirisch gründen sich diese Erörterungen auf verfassungsrechtliche und sozialwissenschaftliche Literatur, aber auch auf eigene Erfahrungen in politischen Funktionen als Bundesbeauftragter und Landesminister. Die normative Perspektive baut auf jahrzehntelangen juristischen und staatstheoretischen Studien auf. Nicht verhehlen will ich auch, dass ich trotz großen Unbehagens an Teilen der journalistischen Politikbegleitung stets von der Vermittlungsfunktion der Medien profitiert habe – wenn auch bisweilen nur insofern, als mediale Äußerungen meine Kritik provoziert haben.

Die Texte werden hier in der Fassung wiedergegeben, in der sie zuerst erschienen sind – mit einigen kleinen Korrekturen und angepassten Verweisungen. Auch da, wo aus heutiger Sicht eine Ergänzung, ein Eingehen auf neue Erkenntnisse oder neue Entwicklungen wünschenswert wären, habe ich den ursprünglichen Text unverändert gelassen und nur ausnahmsweise etwas hinzugefügt. Nachträglich aufgefallene Schreibfehler sind berichtigt. Ich habe versucht, Überschneidungen zu unterlassen; sie sind aber kaum zu vermeiden, wenn ein Thema aus unterschiedlichen Perspektiven betrachtet wird.

Dem Societäts-Verlag Frankfurt/Main danke ich für die Rückgabe der Rechte an meinem Buch „Was soll, was kann Demokratie?“, den Verlagen Duncker & Humblot, Heymanns, C. F. Müller und Nomos und dem Verlag für Polizeiwissenschaft für die Zustimmung zum Wiederabdruck der Beiträge aus ihren Verlagswerken. Besonderer Dank gebührt dem Verlag Mohr Siebeck für die vorzügliche Betreuung des Buches. Die Leiterin des Programmbereichs Öffentliches Recht, Völker- und Europarecht sowie Grundlagen, *Daniela*

Taudt, LL.M. Eur., hat durch zahlreiche Anregungen und überaus sorgfältige Redaktion zur inhaltlichen Gestaltung des Bandes beigetragen, und die Herstellungsabteilung hat – wie immer – für das so ansprechende Äußere gesorgt. Es ist gut, dass es solche Verlage noch gibt.

Hamburg, im Oktober 2022 *Hans Peter Bull*

Inhaltsübersicht

Erster Teil: Demokratie

Zweiter Teil: Staatsziele und Grundrechte

Inhaltsverzeichnis

Zweiter Teil: Staatsziele und Grundrechte

Einleitung
Die immer wieder neue Diskussion über Demokratie und Rechtsstaat

„Demokratie und Rechtsstaatlichkeit stehen auf gleicher Augenhöhe“ (Habermas)

Demokratie und Rechtsstaatlichkeit sind Strukturprinzipien des modernen westlichen Staates, die in einem Spannungsverhältnis zueinander stehen. Aber eine Demokratie, die nicht zugleich Rechtsstaat sein will, kann der grundlegenden Erwartung der Menschen nicht entsprechen: Indem sie sich zu einem Gemeinwesen zusammenschließen, wollen sie nicht nur Beteiligung organisieren, sondern eine freiheitliche und gerechte Ordnung einrichten, in der sie als Individuen gleich behandelt werden. Diese Erwartung muss durch die Ausgestaltung der Institutionen und durch angemessene Regeln gesichert sein. Von der „Gleichursprünglichkeit von individuell ausgeübten Freiheitsrechten und intersubjektiv ausgeübter Volkssouveränität“ spricht *Jürgen Habermas* in seiner aktuellen Äußerung zum Strukturwandel der Öffentlichkeit: „Gemäß diesem Gedanken einer kollektiven Selbstbestimmung, die den egalitären Universalismus der Gleichberechtigung aller mit dem Individualismus eines jeden Einzelnen zusammenführt, stehen *Demokratie und Rechtsstaatlichkeit* auf gleicher Augenhöhe“.[1] Nüchterner argumentiert das Bundesverfassungsgericht: „Das Rechtsstaatsprinzip als solches“ ist auch in seiner Sicht „eng mit dem Demokratieprinzip verknüpft, weil die demokratische Herrschaft der Mehrheit durch ihre rechtsstaatliche Einhegung die notwendige Mäßigung, Begrenzung und Kontrolle erfährt“.[2]

---

[1] *Habermas*, Überlegungen und Hypothesen zu einem erneuten Strukturwandel der politischen Öffentlichkeit, in: Seeliger/Sevignani (Hrsg.), Ein neuer Strukturwandel der Öffentlichkeit? Leviathan Sonderband 37, 2021, S. 470 (475). Hervorhebung im Original.

[2] BVerfGE 158, 210 (233 f. Rn. 58) unter Hinweis auf *Böckenförde*, in: Isensee/Kirchhof (Hrsg.), Handbuch des Staatsrechts Bd. II, 3. Aufl. 2004, § 24 Rn. 93.

I.

Die Aufteilung der Beiträge in diesem Band soll diesen Zusammenhang der beiden Themenkreise nicht aufheben, sondern der besseren Orientierung über die Schwerpunkte der jeweiligen Artikel dienen. In beiden Teilen sind zunächst grundsätzliche Überlegungen wiedergegeben und anschließend beispielhaft Einzelprobleme behandelt. In diesem Sinne habe ich an den Anfang der Sammlung ideengeschichtliche Teile aus meinem Buch „Was soll, was kann Demokratie?“ (Frankfurt/Main 2018) gestellt. In dem für ein breites Publikum gedachten Buch gehe ich, wie der Untertitel ausweist, auf die Erwartungen der Menschen an die Demokratie, ihre Enttäuschungen und die dennoch lebendigen Hoffnungen ein – ein Orientierungsrahmen, der mir geeignet scheint, von den Ideen zur gegenwärtigen Realität und zu Vorstellungen über die zukünftige Gestalt unseres Gemeinwesens voranzuschreiten. In der hier vorliegenden Auswahl habe ich aber darauf verzichtet, alle derzeit aktuellen Reformdiskussionen noch einmal aufzugreifen; denn allzu schnell ändern sich die Themen und die Akzente, und immerhin werden manche Vorschläge tatsächlich umgesetzt.

Der erste Beitrag in dieser Sammlung (Nr. 1) ist daher der Idee der Demokratie gewidmet. In dem auszugsweise zitierten Buch sind in weiteren, hier nicht erneut wiedergegebenen Abschnitten die Ausgestaltung der Demokratie – Akteure und Institutionen –, der Ist-Zustand der Demokratie und die übergreifenden Reformziele sowie die verfassungspolitischen Baustellen behandelt. Aus diesem Themenkreis, zu dem es eine Vielzahl von Veröffentlichungen gibt, habe ich für diese Sammlung zunächst einen Vortrag über die – m.E. zentrale – Funktion der *politischen Parteien* für die Volks- und Staatswillensbildung ausgewählt (Nr. 2); dieses Thema ist vertieft in meiner Schrift „Die Krise der politischen Parteien“ (Tübingen 2020). Die Ansätze *direkter Demokratie*, die in der politischen Debatte eine zentrale Rolle einnehmen, werden in einem weiteren Auszug aus „Was soll, was kann Demokratie?“ erörtert (Nr. 3). In einem Überblicksaufsatz von 2018 sind sodann die Bedingungen funktionierender Demokratie behandelt (Nr. 4). Es folgt eine ausführliche Abhandlung zum Themenkreis „*Öffentlichkeit und öffentliche Meinung*“ (Nr. 5), die hier erstmals erscheint. „Öffentlichkeit“ ist ein uraltes Thema der Staats- und Gesellschaftstheorie, eine Wurzel von Demokratie, aber auch eine Quelle dysfunktionaler Einflüsse auf den Zusammenhalt der Gesellschaft und die Problemlösungsfähigkeit der Staatsorgane. Über die Formen von Öffentlichkeit und öffentlicher Meinung, die durch die elektronischen Medien möglich geworden sind, wird mit Recht heftig gestritten; was sich in der virtuellen Welt der „sozialen Medien“ und der zahllosen Internetportale herausbildet, kann zum Zündstoff für jede Politik werden, die sich auf empirisch richtiger Grundlage und in rationalem Diskurs um die Lösung der epochalen Probleme vom Klimaschutz bis zur Kriminalitätsbekämpfung bemüht. Noch ist ungewiss, ob die Einhegung der zerstörerischen Kräfte – etwa auch durch die europäische Gesetzgebung – gelingt.

Die unter Nr. 6 bis 9 abgedruckten Texte verdeutlichen an Einzelthemen das Ringen um die Ausgestaltung der repräsentativen Demokratie. Dabei spielen die *Medien* eine wesentliche Rolle; aus einer Reihe medienkritischer Arbeiten habe ich den Beitrag Nr. 6 aus dem Jahre 2020 ausgewählt. Die Beiträge Nr. 7 und 8 befassen sich mit dem *Wahlrecht* und der unendlichen Geschichte seiner Reform. Gezeigt werden soll hier insbesondere, dass das Wahlrecht zu den Parlamenten nicht ausschließlich aus der Sicht der Wahlberechtigten gestaltet werden sollte. Die immer stärkere Betonung des individuellen aktiven Wahlrechts, wie sie auch durch die einschlägige Rechtsprechung des Bundesverfassungsgerichts gefördert wird, führt zur Vernachlässigung der staatsorganisatorischen Aspekte: Wenn noch die kleinsten Gruppen in den Vertretungskörperschaften genau entsprechend dem Verhältnis ihrer Wahlstimmen repräsentiert sein sollen, gelangen viele kleine und sehr kleine Parteien in die Parlamente, die sich gegenseitig blockieren können und oft statt konsequenter Lösungen nur halbherzige, unzureichende Kompromisse schließen. Das Beharren auf der wahlrechtlichen „Erfolgswertgleichheit" (dazu Nr. 8) bewirkt, dass die Wählenden zwar größere Chancen haben, den von ihnen bevorzugten Bewerbern Parlamentssitze zu vermitteln, aber ihr politischer Einfluss sinkt. Sie können insbesondere nicht mehr effektiv darauf hinwirken, dass eine von ihnen bevorzugte Regierungskoalition zustande kommt, und gewünschte Politikänderungen können oft gar nicht oder nur mit großer Verzögerung durchgesetzt werden. Die Wählerinnen und Wähler bekommen Steine statt Brot. Wenn das Wahlrecht nicht deutlich vereinfacht wird, wächst überdies der Deutsche Bundestag zu einer unzweckmäßigen und teuren Übergröße heran.

Auch der Aufsatz über die Berliner Verwaltungspolitik (Nr. 9) veranschaulicht das Grundproblem: Wieviel Bürgerpartizipation ist angemessen angesichts der Aufgabe, das staatliche Gemeinwesen problemlösungs- und leistungsfähig zu machen? In die ideellen Vorstellungen über unmittelbare Demokratie mischt sich hier, gut erkennbar, das Interesse der Parteien an der Erlangung eigener politischer Macht – ob dies den Bürgerinnen und Bürgern wirklich nützt, kann bezweifelt werden.

II.

Im Zweiten Teil, der mit „Staatsziele und Grundrechte" überschrieben ist, geht es um die Bedeutung des *Rechtsstaatprinzips* in der politischen und administrativen Praxis. Die vorrangig behandelte Frage ist hier, wie sich die verfassungsmäßigen Staatsziele und die individuellen Grundrechte auf das Verhältnis zwischen den Einzelnen und den Staatsorganen auswirken. Politik soll – auch im

Blick auf die ihr vorgegebenen verfassungsrechtlichen Ziele und Aufgaben – die Lebensverhältnisse der Menschen (mit)gestalten und ist dabei an die Grundrechte gebunden. Die rechtlichen Grenzen staatlicher Maßnahmen müssen aber im Einzelfall durch Abwägung mit anderen Rechtsgütern und Werten bestimmt werden.

Am Beispiel eines der wesentlichen Staatsziele, der *Daseinsvorsorge* (Nr. 10) wird gezeigt, wie sich grundlegende Vorstellungen über die Ausgestaltung des Gemeinwesens im Wandel der Staatsformen entwickelt haben. Die sozialen Ziele prägen den modernen Staat; die Tendenz zu immer weiterer Ausdehnung des staatlichen Aufgabenkatalogs scheint unumkehrbar. Dass diese Expansion der Staatsaufgaben auch ihren Preis hat, ist in dem Artikel über *„Steuerpflicht, Sozialstaat und Freiheit des Individuums"* (Nr. 11) illustriert. Die Entwicklung hat auch Auswirkungen auf den verfassungsrechtlichen Schutz des *Eigentums* (Nr. 12). Was in John Lockes Überlegungen zum Gesellschaftsvertrag als eine fast unangreifbare Bastion des Privaten gegen alle anderen Interessen erschien, ist im heutigen Staat ein Rechtsinstitut, das zwar durch die Gesetze weitgehend vor den Ansprüchen Dritter geschützt ist, aber notwendigerweise in erheblichem Maße der Ausgestaltung und Begrenzung durch den Gesetzgeber unterliegt.

Der unter Nr. 13 wiedergegebene Festschriftbeitrag untersucht den Begriff „Freiheit der Arbeit" in der loi Le Chapelier von 1791. Es wird deutlich, dass die darin verfügte Einschränkung der Assoziationsfreiheit zugleich eine Modifikation der *demokratischen* Ordnung darstellt. Die liberale Rhetorik der französischen Revolution erweist sich bei genauem Hinsehen als Werbung für ein (übrigens sehr langlebiges) Rechtsinstrument zur Unterdrückung der Arbeiterschaft.

Der folgende Beitrag Nr. 14 setzt sich kritisch mit einer Initiative zur Schaffung „digitaler Grundrechte für Europa" aus dem Jahre 2016 auseinander, die von prominenten Politikern und Wissenschaftlern vorgebracht worden ist. Welche Regeln und Maßnahmen sind notwendig, um den erkannten Risiken neuer Informationstechnik wirksam zu begegnen? Und wie viel rein symbolische Politik steckt in derartigen Vorschlägen? Die Diskussion über die angemessene Ausgestaltung von Grundrechtsnormen, die der allgemeinen „Digitalisierung" von Gesellschaft und Staat Grenzen setzen sollen, wird noch lange aktuell bleiben; sie wird von andauernden Konflikten zwischen mächtigen Interessen befeuert. Der Entwurf einer Charta der „Digitalen Grundrechte der Europäischen Union" ist im Jahre 2018 in leicht veränderter Form neu publiziert worden, ohne dass die wesentlichen Kritikpunkte ausgeräumt worden wären. Die im Juli 2022 beschlossenen Rechtsakte der EU über digitale Dienste und digitale Märkte (Data Services Act und Data Markets Act) werden die Rechte und Interessen der Internet-Nutzer wirksamer schützen als eventuell künftig einmal beschlossene europäische „Grundrechts"-Normen, auch wenn sie nicht alle Aspekte des propagierten Grundrechtsschutzes abdecken.

Thematisch benachbart, aber breiter angelegt ist der Artikel über die rechtliche Einbindung der Technik (Nr. 15). Dargestellt werden die Vielfalt der Probleme, die sich aus der rasanten Entwicklung von Naturwissenschaften und Technologien (nicht nur der Informationstechnik) ergeben haben und ständig wieder ergeben, und die ebenso große Vielfalt der rechtlichen Ansätze zur Einhegung dieser Entwicklung.

Die letzten drei Texte dieses Buches sind dem Spannungsverhältnis von Freiheitlichkeit und Sicherheit des Gemeinwesens gewidmet. Dazu sind zahllose Diskussionsbeiträge erschienen – wobei zunächst die datenschutzrechtliche Perspektive im engeren Sinne im Vordergrund stand, im Laufe der Zeit aber auch die übergreifenden rechtlichen und politischen Aspekte thematisiert wurden. Mehrere meiner Beiträge zu diesen Debatten sind in dem Sammelband „Datenschutz, Informationsrecht und Rechtspolitik“ zusammengefasst (Berlin 2005). Der Artikel von 2003 (Nr. 16) wird hier wegen seiner grundsätzlichen Ausrichtung nochmals aufgenommen. Ergänzt wird er durch den einige Jahre später gehaltenen Vortrag über die schwierige Diskussion zwischen Sicherheitsbehörden, Bürgerrechtlern und Bundesverfassungsgericht (Nr. 17), in dem vor allem die vielen ungenauen Wahrnehmungen der tatsächlichen Lage aufgezeigt werden.

Am Schluss ist ein Vorschlag wiedergegeben, wie die rechtsstaatlich unerwünschten Verflechtungen zwischen dem institutionalisierten Verfassungsschutz und den Polizeibehörden aufgelöst und der administrative Verfassungsschutz auf seine Kernaufgabe zurückgeführt werden kann (Nr. 18). Die Politik ist auf diese Reformvorstellung nicht eingegangen; sie stört sich nicht an der Vermengung von Extremismusbeobachtung und Terrorbekämpfung und unterstützt die Ämter für Verfassungsschutz vor allem in ihrer Funktion als Überwachungsinstanz gegenüber dem Rechts- und Linksextremismus. Auch Bürgerrechtler haben die vorgeschlagene Neuordnung der Aufgaben – teils mit heftiger Empörung – abgelehnt, weil sie darin eine Aufgabenvermehrung bei der Polizei sahen, der sie ebenso wenig Vertrauen entgegenbringen wie den Verfassungsschutzbehörden. Die letzteren sind andererseits dadurch gestärkt worden, dass ihre Entscheidung, eine Vereinigung oder eine Partei mit nachrichtendienstlichen Mitteln zu beobachten, seit einiger Zeit wie ein amtliches Verrufsurteil, sozusagen ein „Minus“ gegenüber dem verfassungsgerichtlichen Verbotsurteil verstanden wird – mit der Folge, dass darüber schon während des internen Beratungsprozesses politisch gestritten wird.

III.

Demokratie und Rechtsstaat sind also „in der Diskussion" – und werden auch in Zukunft immer wieder leidenschaftlich diskutiert werden. Dieses Buch will dazu beitragen, die Diskussion lebendig zu halten – in einem angemessen nüchternen, sachlichen Stil, ohne übertriebene Emotionalität, also ohne zu große Aufregung über Fehler und Versagen anderer, vor allem ohne Hass gegen Andersmeinende und auch ohne vordergründige Begeisterung für die Vertreter bestimmter Meinungen. Niemand verfügt exklusiv über die Wahrheit; wir müssen uns immer aufs Neue verständigen.

Verfassungsrechtliche und politische Grundeinsichten stehen nicht ein für alle Mal fest; sie ändern sich in der immerwährenden fachlichen und öffentlichen Debatte, die ihrerseits auf Veränderungen der Wirklichkeit reagiert. Äußere Ereignisse, aber auch ein Stimmungswandel – z.B. hin zu übermäßig individualistischen, moralisierenden oder rein gesinnungsethischen Argumentationen – können das politische Klima und damit auch die Interpretation von Verfassungen und Gesetzen beeinflussen. Solche „Herausforderungen" für Politik und Wissenschaft hat es immer gegeben, aber seit der Jahrhundertwende (Stichwort „9/11") sind sie, so scheint es, größer geworden. Weltweit stehen die demokratisch regierten Staaten überdies in scharfem Wettbewerb mit autokratischen, nicht rechtsstaatlichen Herrschaftssystemen, die nach verbreiteter Ansicht ihre Wirtschaft effektiver entwickeln können.

Die Corona-Pandemie ist zwar von Diktaturen wie China – nach anfänglichen Erfolgen – keineswegs besiegt worden; umgekehrt haben sich Demokratien im globalen Vergleich gut gegen die Viren behauptet. Gleichwohl wächst in westlichen Staaten die Sorge vor der ökonomischen und technischen Konkurrenz autoritärer Staaten. Wenn es aber auf entschlossenes politisches Handeln ankommt, wirken manche demokratischen Staaten mehr oder weniger hilflos. Die Politik handelt teils nervös und überzogen, teils zögerlich und halbherzig. Der völkerrechtswidrige Angriff Russlands auf die Ukraine hat die anderen europäischen Staaten und die USA zwar zu kaum erwarteter Einigkeit in der Abwehr provoziert und den Sinn für notwendige Verteidigung gegen Unrecht geschärft, aber es ist derzeit, Mitte 2022, nicht abzusehen, welche Wirkungen er längerfristig auf die europäische Rechtskultur haben wird. Andere Probleme von globaler Bedeutung sind in den Hintergrund gerückt – so die Klimakrise, zu deren Bewältigung die Staaten den Menschen bisher ungekannte Einschränkungen abverlangen müssen.

Die Schwäche der Demokratien beruht nicht allein auf äußeren Zwängen. Der demokratische Rechtsstaat verfügt sehr wohl über Instrumente, auch schwere Krisen zu überwinden. Ob sie eingesetzt werden, hängt auch von der öffentlichen Meinung, dem Grad der politischen Bildung der Bevölkerung und dem Verantwortungsbewusstsein der jeweiligen politischen Führung ab.

In der Pandemie ist erkennbar geworden, was zuvor nur latent vorhanden war: ein Mangel an Gemeinschaftssinn und ein Zögern der politisch Verantwortlichen, klare, konsequente und teilweise eben auch belastende Entscheidungen zu treffen und auszuführen. Verschwörungsgläubige und Propagandisten einer extrem individualistischen Freiheitsvorstellung haben Parlamente und Regierungen eingeschüchtert und die einzig wirksame (wenn auch nicht perfekte) generelle Maßnahme verhindert, die die Staaten zur Abwehr der Seuche gehabt hätten: die Einführung einer allgemeinen, gesetzlich vorgeschriebenen Impfung.[3]

Wer eine solche Kritik für übertrieben hält, muss sich der Frage stellen, wie denn ein Staat, der den Menschen einen so geringen Eingriff in die körperliche Integrität, der zum Schutz anderer erforderlich ist, nicht verbindlich zumuten will – wie dieser Staat die für die gesamte Menschheit lebensbedrohliche Zerstörung der natürlichen Umwelt verhindern soll. Dass das Ziel, die Klimakatastrophe aufzuhalten, allen Völkern nicht nur erhebliche Wachstumsverluste bringen wird, sondern möglicherweise den Lebensstandard auch reicher Nationen senken wird, ist bisher offenbar erst einem kleinen Teil der Menschen bewusst; die Politik spricht aus Angst vor den Wählern nicht davon. Das ebenso große Ziel, global soziale Gerechtigkeit herzustellen oder zumindest die riesigen Unterschiede zwischen Arm und Reich abzubauen, verlangt ebenso spürbare Opfer der Besitzenden. Das Bundesverfassungsgericht wird nicht immer so wirkungsvoll zur politischen Absicherung der Klimapolitik aushelfen können, wie es dies in seinem Klima-Beschluss getan hat.[4] Gewiss machen Greenpeace, Amnesty International, Fridays for Future und viele andere NGO's Druck in Richtung grundlegender Reformen, aber sind nicht die beharrenden Kräfte nach wie vor stark genug, um notwendige Änderungen abzubremsen?

Es wird also wesentlich darauf ankommen, wie sich das politische Bewusstsein der Menschen entwickelt. Das überkommene Verständnis von Demokratie muss an vielerlei Veränderungen der Umwelt angepasst werden, beginnend bei der Technisierung und Digitalisierung von Information und Kommunikation und deren wirtschaftlichen Folgen. Aber daraus darf nicht Unterwerfung unter technische Gesetzmäßigkeiten werden. Viele verstehen ja unter Anpassung, dass soziale Kontakte aller Art technisiert, also automatisiert werden, so dass wir Menschen nur noch als „Techniknutzer" und „Betroffene" vorkommen und nicht als aktive Individuen. Der Staat könnte auf diese Weise zu einer automatisierten *Entscheidungsmaschine* degenerieren und sich dabei nach Programmen richten, die ihrerseits auf ökonomischen Kosten/Nutzen-Analysen oder aber

---

[3] Vgl. dazu *Bull*, Freiheitsbegriff, Staatsverständnis und politische Ethik im Wandel: Das Beispiel der Diskussion über eine gesetzliche Impfpflicht, in: Recht und Politik 2022, S. 32–57. Zur Verfassungskonformität der einrichtungs- und unternehmensbezogenen Impfpflicht (§ 20a InfSchG): BVerfG, B. v. 27.4.2022, NJW 2022, 1999.

[4] B. v. 24.3.2021, BVerfGE 157, 30.

auf jeweils aktuellen politischen Meinungsumfragen beruhen – statt auf Prinzipien und Regeln des Rechts. Es ist aber notwendig – und es lohnt sich –, die Grundsätze der Demokratie und des Rechtsstaats zu verteidigen und weiterzuentwickeln.

Erster Teil:
Demokratie

1.

Ideelle Grundlagen der Demokratie

I. Heilsversprechen und Allerweltsformel, Ausnahme und Normalfall

„Demokratie“ steht heute für fast alles Gute und Richtige im Zusammenleben der Menschen. Während „Demokraten“ noch im 19. Jahrhundert als Extremisten galten, die den Staat umwälzen und unberechenbare Verhältnisse schaffen wollten, wollen in unseren Zeiten selbst Autokraten, Diktatoren und Oligarchen als Demokraten gelten. Für die große Zahl der Menschen, die einer staatlichen Herrschaft unterworfen sind, bedeutet „Demokratie“ – übersetzt mit „Herrschaft des Volkes“ – eine *Verheißung*. Mit dieser Idee verbinden Millionen Menschen die Vorstellung von einer friedlichen, solidarischen, gerecht organisierten Gesellschaft, in der es allen Menschen besser geht als heute. In der Zuspitzung wird der Demokratiebegriff zu einem quasi-religiösen Heilsversprechen.

Ein Begriff, der so vielfältig interpretiert werden kann, muss eingeschränkt werden, wenn nicht von vornherein unerfüllbare Wünsche damit verbunden sein sollen. Soll die positive Tendenz von „Demokratie“ zum Ausdruck kommen, müssen diejenigen Verständnisweisen ausgeschlossen werden, die in der Konsequenz gerade unerwünschte Zustände rechtfertigen würden. So ist ein Staat noch lange nicht „demokratisch“, wenn der oder die Herrscher sich auf die Akklamation der Bürger in Volksversammlungen oder bei unfreien Abstimmungen berufen; eben dies haben Volkstribune und Diktatoren von Cäsar bis Hitler getan und damit die geordneten staatlichen Institutionen ausgeschaltet. Es wäre auch falsch, etwa allein die Einstimmigkeit von Entscheidungen zu verlangen oder die Rechte von Minderheiten zu ignorieren: die Einstimmigkeit würde von interessierter Seite behauptet, aber in Wahrheit nur simuliert werden, und eine gerechte Ordnung kann nicht entstehen, wenn Individualrechte oder allgemeine Rechtsprinzipien planmäßig verletzt werden. Ein negatives Beispiel hat im Jahre 2017 die polnische Regierung geliefert, indem sie Maßnahmen zur Einschränkung der richterlichen Unabhängigkeit damit begründete, der von der Parlamentsmehrheit vertretene Wille des Volkes müsse in allen Bereichen durchgesetzt werden, selbst gegen das Verfassungsgericht. Damit wird die Gewaltenteilung angegriffen, die zur Demokratie gehört wie die Bremse zum Auto.

Als unbestimmte Allerweltsformel erweist sich auch die berühmte Definition von *Abraham Lincoln* in seiner berühmten Gettysburger Rede 1863. Danach ist Demokratie „Regierung des Volkes, durch das Volk, für das Volk". Schon eine schlichte Sprachprüfung führt zu einer Mehrzahl von Deutungsmöglichkeiten. So kann der erste Genitiv – „*des* Volkes" – sowohl auf das Subjekt wie auf das Objekt der Herrschaft hinweisen; im ersten Fall ist Selbstregierung des Volkes, also direkte Demokratie gemeint, im zweiten wird das Volk von anderen regiert. Von einer „Regierung des Volkes" kann man aber auch dann sprechen, wenn die Regierung vom Volk gewählt oder gelenkt wird oder wenn Entscheidungen der Regierung durch das Volk legitimiert werden. „Lincolns erste Kennzeichnung deckt also, jedenfalls der Möglichkeit nach, das gesamte Spektrum der Politik ab, [...] auch Herrschaftsformen über das Volk, die nichts mit Demokratie zu tun haben". So hat der Demokratietheoretiker *Giovanni Sartori* die Interpretationsbreite der Gettysburger Formel beurteilt, und er hat hinzugefügt, auch die zweite Kennzeichnung „Regierung *durch* das Volk" „leide unter zu großer Dunkelheit, als dass bestimmte Konjekturen aufgestellt werden könnten".[1] Dass schließlich auch Diktatoren aller Art behaupten, „für das Volk" zu entscheiden, ist bekannt.

Inhaltlich wesentlich gehaltvoller war schon die Demokratievorstellung, die der athenische Staatsmann *Perikles* im Jahre 431 v. Chr. formuliert hat. In seiner Rede auf die im Krieg gegen Sparta gefallenen Bürger Athens hebt er hervor, dass in Athen „die Gewalt nicht bei wenigen sondern bei der Gesamtheit ruht", und fährt fort: „Jedem gebührt nach den Gesetzen gleiches Recht mit den anderen in allen seinen Angelegenheiten; in den öffentlichen Würden aber wird jeder dort wo er sich auszeichnet, nicht weil er aus einem bestimmten Teile der Bürgerschaft hervorgegangen sondern wegen seiner Tüchtigkeit vorangestellt; auch wird keiner infolge von Armut, wenn er nur irgendetwas für den Staat zu leisten hat, um der Unscheinbarkeit seines Ranges willen ausgeschlossen".[2]

Wir lesen das Eigenlob des athenischen Staatsmanns in Kenntnis der damaligen sozialen Schichtung der Bevölkerung mit einiger Skepsis, aber die Tatsache, dass ein großer Teil der Menschen unfrei und damit von den Staatsgeschäften ausgeschlossen war, ändert nichts an der Faszination dieses Idealbildes. Unter den freien Athenern sollten die Prinzipien der Allgemeinheit und Gleichheit gelten, und die Bürger sollten nicht nach Armut oder Reichtum, sondern nach ihren Leistungen für den Staat beurteilt werden. Die einen „machen es sich zur Pflicht ihre eigenen Angelegenheiten zugleich mit denen des Staates zu verwalten; die anderen aber, die dem Werk ihrer Hände obliegen müssen, sind darum nicht ohne Verstand in politischen Dingen".[3] Zu dem Bild seiner Polis, das Pe-

[1] *Sartori*, Demokratietheorie, 1992, S. 44.

[2] Die Rede des Perikles für die Gefallenen von Athen, übersetzt von R. Binding, 1962, S. 11.

[3] Ebd. S. 15.

rikles zeichnet, gehören nicht zufällig auch die Freude am Schönen und an der Weisheit und die Tugend der Wohltätigkeit.[4]

Mag uns diese Darstellung auch als ideologisch überzogen erscheinen,[5] so bleibt doch unbestreitbar, dass in Griechenland damals ein „ziviles" Gemeinwesen bestand und eine Zeitlang florierte, das mit seiner besonderen politischen Moral einen schroffen Gegensatz zu dem autoritär regierten Militärstaat Sparta bildete und sich um Gerechtigkeit bemühte. Die politischen und sozialen Konflikte, die es auch in Athen gab, sollten nach festgelegten Regeln in rationalen Beratungen zum Ausgleich gebracht werden. In der Auseinandersetzung mit seinen äußeren Feinden versuchte Athen, sich mit Diplomatie und einer Bürgerarmee durchzusetzen.[6] „Die ‚perikleischen Jahrzehnte' verkörpern eine der dichtesten, optimistischsten und an Nachwirkungen reichsten Perioden politischer und kultureller Höchstleistung, die die Weltgeschichte kennt".[7] Gegen Ende des 5. Jahrhunderts v. Chr. beendeten militärische Niederlagen und innere Machtkämpfe dieses System, das Perikles so selbstbewusst verteidigt hatte.

Seit dem Untergang der athenischen Demokratie haben überall andere Staatsformen bestanden: harte und milde Diktaturen, tyrannische Regime, Oligarchien und wohl am häufigsten Monarchien. Die Herrschaft war manchmal „absolut", von Rücksichten auf andere Machtgruppen kaum eingeschränkt, meist aber relativ, begrenzt durch die Konkurrenz regionaler und örtlicher Machthaber, auswärtiger und inländischer Gegner, vor allem der „Stände", und in ihren Einflussmöglichkeiten oft schon durch die Weiträumigkeit der Reiche behindert. Auch die römische Republik war keine Demokratie, obwohl das Volk oft seine Stimme erhob, indem es Politikern wie Cäsar akklamierte, die seine Interessen zu vertreten behaupteten. Die langjährigen Auseinandersetzungen innerhalb der Oberschicht brachten schließlich das Ende der Republik und die Monopolisierung der Macht bei Augustus und seinen Nachfolgern. In den Stadtrepubliken des Mittelalters besaßen die Herrschenden eine gewisse soziale Basis in den bedeutenden Familien, später in den Zünften und Innungen des Handwerks und der sich entwickelnden wohlhabenden Bürgerschaft. Ansätze von demokratischer Machtverteilung finden sich allenfalls in einigen Bauernrepubliken.

Es nimmt nicht wunder, dass unter diesen Umständen auch die Theorie der Demokratie seit der Antike zunächst nicht weiter entwickelt worden ist. Im

---

[4] Ebd. S. 15/17.

[5] Zu den tatsächlichen Auseinandersetzungen innerhalb der athenischen Bürgerschaft vgl. u.a. *Raaflaub*, Politisches Denken im Zeitalter Athens, in: Fetscher/Münkler (Hrsg.), Pipers Handbuch der politischen Ideen, Bd. 1: Frühe Hochkulturen und europäische Antike, 1988, S. 276 ff.

[6] Vgl. auch das Nachwort von Bruno Snell zu der Rede des Perikles (Fn. 2), S. 28 f.

[7] *Raaflaub* (Fn. 5), S. 273.

Mittelalter brachte *Marsilius von Padua* (ca. 1280–1343)[8] die Idee der *Volkssouveränität* auf (ohne schon den Begriff zu verwenden). Sie bildete das zentrale Element in dem Streit zwischen weltlicher und kirchlicher Hoheit, die Rechtfertigung der Opposition gegen die Oberhoheit des Papstes über den Kaiser.[9] *Marsilius*, Berater von Kaiser Ludwig dem Bayern, bezeichnet in seiner Schrift „Der Verteidiger des Friedens" die weltlichen Machtansprüche des Papsttums als eine Quelle des Unfriedens in der Welt. Auf die Meinungen und Forderungen der Menschen kommt es dieser Lehre gar nicht an; sie bleiben im Hintergrund, während die Regierenden als ihre Repräsentanten angesehen werden – eine Fiktion[10] und kein normatives Prinzip. Das Volk soll zwar der Gesetzgeber sein, die Mehrheit soll entscheiden, aber diese Mehrheit wird „unter Berücksichtigung der Zahl und Bedeutung der Personen" bestimmt.[11] „Unqualifizierte" Mehrheiten schließt Marsilius also aus.[12] Seine Theorie der Volkssouveränität hat erst viele Jahrhunderte später an Konturen und Verbreitung gewonnen. Die Aufklärer um *Rousseau* und die Revolutionäre in Frankreich und Amerika machten die Idee der Volkssouveränität populär und bereiteten ihren weltweiten Erfolg vor.

Heute ist Demokratie nicht die Ausnahme, sondern der Normalfall. Aber wenn wir uns mit der Theorie der Demokratie befassen, sollte uns bewusst sein, dass diese Staatsform ständigen Wandlungen unterworfen ist. Demokratie ist schon an sich offen für vielfältige Ausgestaltungen, und sie muss sich auf Veränderungen der Gesellschaft einstellen. Ihre Ausgestaltung wird immer wieder revidiert, manchmal verbessert, manchmal verschlechtert. Viele beklagen, dass es im modernen gewaltenteilenden Staat keine „souveräne" Macht mehr gebe; tatsächlich wissen wir oft gar nicht, wo die Entscheidungszentrale sich befindet, und manchmal fühlen wir uns anonymen Mächten ausgeliefert. Diese Unsicherheit schlägt bisweilen auf die populäre Demokratiekritik durch; dann heißt es, das Volk sei nicht oder nicht mehr „souverän". Aber die Frage „Wer soll herrschen?" oder „Wessen Wille soll der höchste sein?" ist kaum geeignet, die Demokratie gut zu organisieren.[13] Es ist auch unpassend, unsere innerstaatlichen Verhältnisse von der Idee einer höchsten Autorität her zu ordnen. Auch „das Volk" ist in einem gewaltenteilenden Verfassungsstaat nicht „souverän"; es kann und soll über die Individuen nicht unbeschränkt verfügen.

---

8 *Rausch*, Marsilius von Padua, in: Maier/Rausch/Denzer (Hrsg.), Klassiker des politischen Denkens, München 1986, S. 150 ff.; Bergsträsser/Oberndörfer (Hrsg.), Klassiker der Staatsphilosophie, 1962, S. 97 ff.

9 *Böckenförde*, Demokratie und Repräsentation. Zur Kritik der heutigen Demokratiediskussion, in: *ders.*, Staat, Verfassung, Demokratie, 2. Aufl. 1992, S. 292.

10 *Sartori* (Fn. 1), S. 38.

11 Text und Kommentar bei Bergsträsser/Oberndörfer (Fn. 8), S. 98.

12 *Rausch* (Fn. 8), S. 160.

13 *Popper*, Der Zauber Platons, 1992, S. 144.

Karl Popper hat darauf hingewiesen, dass die Souveränitätsfrage schon seit Platon die politische Philosophie „gründlich verwirrt hat"; er ersetzt sie durch die viel relevantere: „Wie können wir politische Institutionen so organisieren, dass es schlechten oder inkompetenten Herrschern unmöglich ist, allzu großen Schaden anzurichten?" An die Stelle der „Theorie der (unkontrollierten) Souveränität" tritt die „Theorie der Kontrolle und gegenseitigen Beschränkung der Kräfte im Staat".[14]

Was also bedeutet uns Demokratie? Wir betrachten Demokratie als die Verfassung des Gemeinwesens, die am besten geeignet ist, auf der Grundlage von Wahlen und Abstimmungen ein friedliches Zusammenleben und eine gerechte Ordnung zu sichern. Wir erwarten von der Demokratie, dass wir gut regiert werden, in wichtigen Fragen selbst an den Entscheidungen mitwirken können, in Freiheit leben und unsere individuellen Grundrechte und politischen Teilhaberechte ungehindert ausüben können. Wirtschaft und Kultur sollen sich zum Wohle aller entwickeln. Die Justiz muss unabhängig sein, die Rechte von Minderheiten müssen geschützt werden.

Demokratie hat auch eine prozessuale Seite: Sie ist auch eine Methode der Entscheidungsfindung und der Regierungsorganisation. Denn sie soll möglichst vielen Menschen die Teilhabe an den notwendigen Entscheidungen ermöglichen, und die Beschlüsse der Volksvertretung wie auch die Maßnahmen der Regierung sollen sich am Volkswillen orientieren. Dazu muss es Regeln geben, die von allen beachtet werden. Um Politik überhaupt möglich zu machen, muss das Mehrheitsprinzip gelten. Die Regeln, nach denen aus dem Willen des Volkes der des Staates wird, müssen so gestaltet sein, dass verbindliche Entscheidungen zustande kommen, und zwar möglichst solche, die eine nachhaltige, zukunftsträchtige Politik fördern.[15]

Demokratie ist also kein Selbstzweck und kein Heilsversprechen. Sie garantiert keine Politik, die allen gefällt. Aber ohne sie wird unsere Zukunft unsicher und unfrei sein, und die Ungleichheit wird zunehmen. Wie sie ausgestaltet werden sollte und wie wir uns zu den bestehenden Institutionen verhalten sollten, das sind Fragen der Verfassungspolitik, aber auch – und vielleicht in höherem Maße – solche der politischen Ethik, der Kommunikation und des Stils im Umgang miteinander.

---

[14] *Popper* (Fn. 13), S. 144 ff.

[15] Aus der Literatur zu den Demokratietheorien sei als sorgfältig differenzierender, facettenreicher Überblick zunächst nur die umfangreiche „Einführung" von Manfred G. Schmidt genannt (*Schmidt*, Demokratietheorien, 5. Aufl. 2010).

II. Kernelemente moderner Demokratie

Wesentliche Bedingungen gelingender Demokratie sind heute die Geltung einer dazu passenden Verfassung, in der Gewaltenteilung und Grundrechte festgeschrieben sind, das allgemeine, gleiche und geheime Wahlrecht – und ein Bewusstsein der Verantwortung bei den Bürgern selbst und bei ihren Repräsentanten. Will ein Staat sich demokratisch nennen, so muss seine Verfassung auch die Rechte von Minderheiten schützen, die Unabhängigkeit der Justiz sicherstellen und die Freiheit der Medien respektieren. Die Verfassung muss die staatliche Organisation funktionsfähig machen, die Auswahl handelnder Personen anleiten, die Entscheidungsprozesse angemessen ausformen und die Durchsetzung der beschlossenen Gesetze und Maßnahmen ermöglichen.

Ob eine Staatsverfassung und die darauf gegründete Regierung als „gut" oder aber als „schlecht" angesehen werden, dürfte für die Masse der Menschen stärker davon abhängen, ob der Staat „funktioniert", als davon, wie er im Einzelnen ausgestaltet ist. Die obersten Ziele des Staatshandelns sind in vielen Staaten gleich; man kann sich über die Ideale leicht einigen, aber ihre Verwirklichung hängt von vielen Faktoren ab, unter denen die Verfassung nicht einmal der wirksamste ist. So ist es in der politischen Praxis wichtiger, den Staat effektiv und zuverlässig zu organisieren, als die Ziele besonders überzeugend zu formulieren; jedenfalls ist das Bemühen um das „Funktionieren" (auf der Grundlage der aufgeführten Verfassungsgrundsätze) fast jeden Aufwand wert.

Das Vertrauen in den Staat und seine Funktionäre hängt aber wesentlich auch davon ab, dass die Menschen den Eindruck haben, mit ihren Wünschen und Erwartungen ernst genommen zu werden. Der Wunsch nach Teilhabe ist auf allen Ebenen immer stärker geworden und betrifft alle Bereiche des Zusammenlebens. Er erstreckt sich inzwischen weit über die alltäglichen Entscheidungsfragen hinaus bis zu den Grundregeln und Grundausrichtungen der Politik. So forderten etwa die Globalisierungskritiker in ihren Protesten gegen das Hamburger Treffen der G 20 rundweg „eine andere Politik" (ohne zu sagen, wie diese im Einzelnen aussehen soll). Dabei reicht die politische Kritik nicht nur inhaltlich weit über den alltäglichen Politikbetrieb hinaus; auch ihr Stil hat sich verändert – hin zu einer fundamental-moralistischen, im Ausdruck extremen Form, oft geprägt von starken Emotionen bis hin zu Wut und Hass auf die handelnden Personen. Zornige alte Männer wie *Stéphane Hessel* fordern die Jüngeren auf, sich über das Unrecht in der Welt zu empören – nur haben auch sie keine konkrete Vision von einer Herrschaftsform, in der das Unrecht überwunden ist.[16]

---

[16] *Hessel*, Empört Euch!, Berlin 2011. Hessels „Empörungsbereitschaft" ist „von ihren Anlässen losgelöst", und er entwickelt bewusst keine Alternativen, sondern will nur aus dem Defätismus, den „Ohnmachtsgefühlen" herausreißen (*Geyer*, Rezension der Schrift in der Frankfurter Allgemeinen Zeitung v. 8.2.2011).

In dieser Schrift soll es darum gehen, ob und wie die unterschiedlichen Erwartungen miteinander vereinbar gemacht werden können. Dabei ist insbesondere zwischen berechtigten und unberechtigten Erwartungen zu unterscheiden. Diese Bewertung lässt sich nicht aus demoskopischen Umfragen ableiten, sondern verlangt tiefergehende Überlegungen. Dazu müssen zunächst die zentralen Begriffe wie „Volk“, „Staat“ und „Gesellschaft“ erörtert und die wesentlichen Institutionen in ihrer tatsächlichen Funktion beschrieben werden; sonst redet man aneinander vorbei. Ein Resultat wird sein, dass wir uns nicht allein auf die verfassungsrechtlichen und -politischen Fragen konzentrieren können. Die zeitgemäße und zukunftsgerechte Entwicklung unserer demokratischen Verfassung hängt nur zu einem Teil von den anzuwendenden Rechtsnormen ab. Das Grundgesetz und die Landesverfassungen sind nicht bloß Produkte von Rechtswissenschaftlern, sondern Ergebnis einer wechselhaften Geschichte und der daraus gezogenen Lehren. Die Voraussetzungen dafür, dass diese Verfassung so wirkt, wie sie gedacht ist, müssen von der Gesellschaft immer wieder aufs Neue geschaffen und erhalten werden. Noch so gute Gesetze können nicht garantieren, dass die demokratischen Auseinandersetzungen friedlich und mit Respekt vor den anderen Beteiligten ausgetragen werden, dass die politischen Organe zukunftsträchtige Entscheidungen treffen und dass sie sozialstaatliche Verhältnisse in der Wirtschaft und auf dem Arbeitsmarkt schaffen. Es bedarf dazu eines öffentlichen Bewusstseins, das diese Richtung unterstützt.

Das Ideal ist: Ein politisch reifes Volk, in dem die Menschen in ihrer Mehrheit Wahrheitsstreben, Rationalität sowie Verantwortung für andere und für die Umwelt hochhalten und zu Kompromissen bereit sind.

III. Der Begriff des „Volkes“ in seinen verschiedenen Deutungen

1. Rousseau und die Folgen

Jean-Jacques Rousseau hat mit seinem Bild vom „Contrat social“[17] nicht nur die Franzosen seiner Zeit ungeheuer stark beeinflusst. Seine Form von „Gesellschaftsvertrag“ gründet sich auf eine Vorstellung vom „Volk“ als einheitlich denkendem und handelndem Subjekt. Dieses Volk besteht aus freien Menschen, die sich selbst regieren wollen. Es bildet einen gemeinsamen Willen, es regelt seine Angelegenheiten so überzeugend, dass an die Möglichkeit von Widerspruch gar nicht gedacht wird. Individueller und gemeinsamer Wille gehen in der „volonté générale“ auf, sie sind „identisch“. So heißt es bei *Rousseau*: „Jeder von uns stellt

[17] *Rousseau*, Der Gesellschaftsvertrag oder Die Grundsätze des Staatsrechts (1762), übersetzt von H. Denhardt, 1975.

gemeinschaftlich seine Person und seine ganze Kraft unter die Leitung des allgemeinen Willens, und wir nehmen jedes Mitglied als untrennbaren Teil des Ganzen auf".[18] Die Zauberformel, die diese Identität entstehen lässt, ist das Mehrheitsprinzip: Der Wille der Mehrheit der Aktivbürger wird mit dem jeweiligen Gesamtwillen des Volkes identifiziert.[19]

Damit werden jedoch die tatsächlich in jedem Volk vorkommenden Interessen- und Meinungsgegensätze ausgeklammert, und es entsteht ein Idealbild der Gemeinschaft von Menschen in einem Staat, das den an Konflikte und Kämpfe gewohnten Zeitgenossen äußerst attraktiv erscheinen musste. Der Bürger steht in dieser Vorstellung dem Staat unmittelbar gegenüber; die in der Wirklichkeit vorfindlichen Interessengruppen, Vereine, Verbände und die einzelnen „Querköpfe" mit ihren Vetopositionen sind aus dem Blick der Betrachter verschwunden (Rousseau wollte ausdrücklich keine „intermediären" Instanzen, keine Vermittler zwischen Volk und Regierung). Die Welt erscheint einfacher, überschaubarer als sie ist; das macht den Reiz dieser Sichtweise aus.

Diese Theorie, 1762 zuerst publiziert, hat in der Revolution 1789 wesentlich dazu beigetragen, das Ancien Regime, die alte Ordnung Frankreichs und vieler anderer Staaten hinwegzufegen. Sie ist aber auch zur Legitimation autoritärer, schein-demokratischer Regierungen benutzt worden und hat dadurch viel Unheil angerichtet. Sie ist missverstanden worden, indem die direkte Demokratie als einzig richtige Form von Volksherrschaft angesehen wurde.[20] Sie ist aber auch deswegen historisch widerlegt, weil es nirgends gelungen ist, die Einheit des gemeinsamen Staatswillens tatsächlich herzustellen. Überall sind die Einheitsvorstellungen durch abweichende, die Harmonie störende Einflüsse relativiert worden. In ungetrübter Form gibt es keine identitäre Demokratie,[21] und weil dem so ist, eignet sich die Identitätstheorie nicht als Grundlage für praktische Politik.

---

[18] *Rousseau* (Fn. 17), I. Buch, 6. Kapitel, S. 18 f.

[19] *Leibholz*, Zum Begriff und Wesen der Demokratie, in: *ders.*, Strukturprobleme der modernen Demokratie, 3. Aufl. 1967, S. 142 ff. (146 f.).

[20] *Rousseau* (Fn. 17), III. Buch, 4. Kapitel, S. 74 ff.

[21] Allenfalls in einem ganz abgehobenen Sinne kann daher gelten, was Carl Schmitt als „Definition der Demokratie" formuliert hat: „Demokratie (als Staatsform wie als Regierungs- oder Gesetzgebungsform) ist Identität von Herrscher und Beherrschten, Regierenden und Regierten, Befehlenden und Gehorchenden" (*Schmitt*, Verfassungslehre [1928], 3. Aufl. 1957 1928, S. 234). Es ist natürlich als *normative* Aussage richtig, dass die Regierenden nichts „qualitativ Besseres sind als die Regierten", dass sie „ihrer Substanz nach in der demokratischen Gleichheit und Homogenität verbleiben" (aaO. S. 235). Aber die Wirklichkeit ist eine andere: Es gibt Unterschiede; dabei geht es jedoch gar nicht um „besser" oder „schlechter", also menschliche Eigenschaften, und die Berufung auf die „Substanz" ist eine theoretische Behauptung, die nichts dazu beiträgt, das Verhältnis von Regierenden und Regierten tatsächlich im Sinne demokratischer Gleichheit zu gestalten.

Dass der allgemeine Wille nach der Vorstellung von *Rousseau* etwas Irrreales, bloß Gedachtes, eine „metaphysische Größe"[22] ist, zeigt schon die Forderung ihres Urhebers: *Rousseau* schreibt, „um eine klare Darlegung des allgemeinen Willens zu erhalten", sei es „von Wichtigkeit, dass es im Staat möglichst keine besonderen Gesellschaften geben und jeder Staatsbürger nur für seine eigene Überzeugung eintreten" solle.[23] Es wird aber immer „besondere Gesellschaften", Vereine und Verbände, Interessen- und Meinungsgruppen geben; dass der einzelne Bürger (wie der evangelische Christ unmittelbar zu Gott) in einem unmittelbaren Verhältnis zum Staat steht, ist der Ausnahmefall (nämlich die Situation der Wahl von Volksvertretern).

2. *Der juristische Volksbegriff*

Die staatsrechtliche Definition von „Volk" ist auf andere Weise defizitär. Sie knüpft an die Staatsangehörigkeit an: Das Volk der Demokratie ist die wahl- und abstimmungsberechtigte Bevölkerung, und diese Berechtigung wird grundsätzlich durch die Staatsangehörigkeit vermittelt. Der Grundsatz hat nur wenige Ausnahmen, so die Gleichstellung der „Volksdeutschen" mit den deutschen „Staatsangehörigen" nach Art. 116 Abs. 1 GG[24] und die ausdrückliche verfassungsrechtliche Zuerkennung des Wahlrechts für EU-Ausländer auf kommunaler Ebene (Art. 28 Abs. 1 Satz 3). Auch hier ist die Staatsangehörigkeit (eines EU-Mitgliedstaates) der Dreh- und Angelpunkt.

Das Bundesverfassungsgericht hat allen Versuchen, das Wahlrecht auch anderen Ausländern einzuräumen, einen Riegel vorgeschoben. Dass insbesondere die zahllosen Türken, die seit Jahrzehnten als Arbeitnehmer und Gewerbetreibende in unser Land gekommen sind und hier ihre neue Heimat gefunden haben, nicht einmal in den Gemeinden und Kreisen mitwählen können, hat schon vor Jahrzehnten Empörung ausgelöst. Einige Länder haben Vorstöße unternommen, die Integration auch durch behutsame Ausweitung des aktiven und passiven Wahlrechts zu stärken. So hat Hamburg das Wahlrecht von Auslän-

---

[22] *Fetscher*, Politisches Denken im Frankreich des 18. Jahrhunderts vor der Revolution, in: ders./Münkler (Hrsg.), Pipers Handbuch der politischen Ideen, Bd. 3, 1985, S. 423–528.1985, S. 486.

[23] *Rousseau* (Fn. 17), II. Buch, 3. Kapitel, S. 33. Rousseau fügt hinzu: Für den Fall, dass es „solche besonderen Gesellschaften" schon gibt, „muss man ihre Anzahl vermehren und ihrer Ungleichheit vorbeugen".

[24] Art. 116 Abs. 1 GG lautet: „Deutscher im Sinne dieses Grundgesetzes ist vorbehaltlich anderweitiger gesetzlicher Regelung, wer die deutsche Staatsangehörigkeit besitzt oder als Flüchtling oder Vertriebener deutscher Volkszugehörigkeit oder als dessen Ehegatte oder Abkömmling in dem Gebiete des Deutschen Reiches nach dem Stande vom 31. Dezember 1937 Aufnahme gefunden hat".

dern für die Bezirksversammlungswahlen eingeführt, und Schleswig-Holstein hat dasselbe für die Kommunalwahlen beschlossen. Beide Länder sind vom Bundesverfassungsgericht zurückgepfiffen worden.[25] Viele Jahre später ist auch Bremen bei dem Versuch gescheitert, Ausländern unter bestimmten Voraussetzungen das Wahlrecht zuzubilligen, und zwar schon an seinem eigenen Staatsgerichtshof und obwohl das „Volk" in einer Bestimmung der Landesverfassung als die „Gesamtheit der stimmberechtigten Bewohner des bremischen Staatsgebiets" definiert ist.[26]

Nach dem zu Schleswig-Holstein ergangenen Beschluss des Bundesverfassungsgerichts wird „das Staatsvolk, von dem die Staatsgewalt in der Bundesrepublik Deutschland ausgeht", „von den Deutschen, also den deutschen Staatsangehörigen und den ihnen nach Art. 116 Abs. 1 GG gleichgestellten Personen gebildet". Auch „die den Bundesländern zukommende Staatsgewalt" könne „nur von denjenigen getragen werden, die Deutsche im Sinne des Art. 116 GG sind", und für die Vertretung des Volkes in den Kreisen und Gemeinden könne nichts anderes gelten. Das Gericht verlangt also die „Einheitlichkeit der demokratischen Legitimationsgrundlage" für Bund, Länder und Kommunen. In Hamburg müssen nach dieser Rechtsprechung auch die Mitglieder der Bezirksversammlungen – die nur relativ geringe Entscheidungsbefugnisse haben – Deutsche sein.

Diese Entscheidungen sind heftig kritisiert worden.[27] Wäre es nicht geboten gewesen, den Zugewanderten auch die grundlegenden politischen Rechte einzuräumen, also „eine Kongruenz zwischen den Inhabern demokratischer politischer Rechte und den dauerhaft einer bestimmten staatlichen Herrschaft Unterworfenen" herzustellen? Das Bundesverfassungsgericht fand diesen Gedanken „im Ausgangspunkt zutreffend", meinte aber, dieser Weg sei „durch das Grundgesetz versperrt".[28] Die Staatsgewalt habe sich jedenfalls nicht „von den jeweils Betroffenen her zu legitimieren"; „vielmehr muss die Staatsgewalt das Volk als eine zur Einheit verbundene Gruppe von Menschen zu ihrem Subjekt haben".[29] In dem Beschluss zu den Bezirksversammlungen ist diese Vorstellung zugespitzt zu dem denkwürdigen – höchst problematischen – Satz: „Wahlen,

---

[25] Vgl. die Entscheidungen des BVerfG vom 31.10.1990, BVerfGE 83, 37 ff. und 60 ff.

[26] Vgl. Art. 66 Abs. 2 Buchst. b) der Landesverfassung der Freien Hansestadt Bremen. Das Urteil des StGH v. 31.1.2014 ist abgedruckt in: DVBl 2014, 1248 ff.

[27] *Bryde*, Die bundesrepublikanische Volksdemokratie als Irrweg der Demokratietheorie, in: Staatswissenschaften und Staatspraxis 1994, S. 305 ff. Zu anderen Aspekten dieser Rspr. vgl. *Bull*, Hierarchie als Verfassungsgebot? Zur Demokratietheorie des Bundesverfassungsgerichts, in: Greven/Münkler/Schmalz-Bruns (Hrsg.), Bürgersinn und Kritik, Festschrift für Udo Bermbach, 1998, S. 241–256.

[28] BVerfGE 83, 37 (52).

[29] BVerfGE 83, 37 (51).

bei denen auch Ausländer wahlberechtigt sind, können demokratische Legitimation nicht vermitteln".[30]

Einen Ausweg aus dem Dilemma, dass Deutschland sehr viele eingewanderte Menschen integrieren will und muss, ihnen aber keine politischen Rechte gibt, bietet – wenn man eine Verfassungsänderung[31] als derzeit nicht durchsetzbar ausklammert – nur das Staatsangehörigkeitsrecht: Die Verfassung verbietet nicht, Ausländer einzubürgern, die sich (rechtmäßig) auf Dauer in der Bundesrepublik aufhalten.[32] Die Verfassung verbietet auch nicht, bei der Einbürgerung von der ethnischen Herkunft abzusehen, also auch Menschen aus anderen Völkern und Kulturkreisen zu Deutschen im Rechtssinne zu machen. Tatsächlich ist die Bevölkerung Deutschlands seit den zitierten Entscheidungen des Bundesverfassungsgerichts noch vielfältiger, Multikulturalität ist selbstverständlicher geworden. Hunderttausende Menschen sind vor Kriegen, Unterdrückung und Armut zu uns geflüchtet, viele von ihnen sind auf dem besten Wege, sich in die deutsche Gesellschaft zu integrieren. Das Einheits- und Identitätsdenken des Gerichts wirkt heute noch mehr als damals wie Wunschdenken. Neu gebildete rechtspopulistische Gruppen wie die AfD nehmen längst überholt geglaubte deutsch-nationale Traditionen wieder auf und sprechen von der Pflege des „Volkstums" in scharfer Abgrenzung gegen alles Fremde. Die ganz überwiegende Mehrheit der Bevölkerung aber hat sich damit abgefunden, dass überall Menschen fremder Herkunft unter uns sind; viele bemerken, dass die Zuwanderung auch Bereicherung bedeutet.

3. *Volk als politisch-soziologischer Begriff*

Für demokratietheoretische Überlegungen ist vor allem der politisch-soziologische Volksbegriff von Bedeutung, der nicht auf die positiv-rechtliche Definition abstellt, sondern die tatsächliche Zusammensetzung und Bewusstseinslage der ganzen Bevölkerung berücksichtigt.

Das Volk ist keine Einheit und hat keinen einheitlichen Willen. Im Volk bilden sich viele unterschiedliche Interessen, Meinungen und Forderungen, die miteinander im Wettstreit liegen. Selbst wenn man die Multikulturalität der gegenwärtigen Gesellschaft außer Betracht lässt, prallen im Volk – oder besser: in der Bevölkerung – des modernen Staates die verschiedensten Positionen aufeinander: beginnend bei den wirtschaftlichen Interessen, die sich im Wettbewerb und gegenüber Regulierungen im Allgemeininteresse bewähren müssen, über

---

30 BVerfGE 83, 60 (81).

31 Dafür u.a. *Groß*, Integration durch Rechtsgleichheit, DVBl 2014, 1217 (1222).

32 BVerfGE 83, 37 (52).

regionale und örtliche Verschiedenheiten, religiöse und weltanschauliche Differenzen bis hin zu gegensätzlichen Vorstellungen über die Gestaltung des persönlichen und familiären Lebens. Es ist unmöglich, diese Vielzahl von Inhalten und Perspektiven vollkommen miteinander vereinbar zu machen. Die Empörung der einen Gruppe stößt hart und oft unversöhnlich auf die entgegengesetzte Empörung anderer. Die Stärke des demokratischen Staates liegt – wenn sie denn angesichts dieser Lage noch erhalten bleibt – gerade darin, dass er zwar das Gemeinsame fördert, aber darauf hinwirkt, dass die Konflikte friedlich gelöst werden – mögen auch die Meinungsunterschiede fortbestehen.

Ein einheitlicher Wille kann erst dann gebildet werden, wenn Verfassungsnormen ein dazu geeignetes Verfahren vorsehen und diese Regeln genutzt werden. Aus dem „*Volkswillen*", der nur – mit oder ohne demoskopische Umfragen – beobachtet, vermutet, erspürt werden kann, wird erst und nur durch die verfassungsrechtlichen Regeln über Wahlen und Abstimmungen der „*Staatswille*". So können aus Volksinitiativen über eine Anzahl rechtlich geordneter Schritte hin staatliche Gesetze werden. Der Staatswille ist der förmlich festgestellte Wille der *Mehrheit*, nicht der *aller* Staatsangehörigen. Es gibt unterschiedliche Verfahrensweisen, in denen er gebildet werden kann; besonders wichtig sind das Wahlrecht und das Wahlsystem. Ein „Volkswille" kann auch als rein gesellschaftliches Phänomen bestehen, „Staatswille" kommt immer nur in verfassungsrechtlich geprägten Formen zur Entstehung.

Zwischen den Abstimmungen und Wahlen müssen Staatsorgane verbindlich bestimmen, was gelten soll. Das sind vor allem die Parlamente, aber auch die von ihnen bestellten Regierungen und die von diesen eingerichteten und besetzten Verwaltungsbehörden. Auch sie sind Institutionen des demokratischen Staates und ebenso wie die Volksvertretungen demokratisch legitimiert.

IV. Wie können Volksvertreter das Volk vertreten?

1. Die Idee der Repräsentation

Wenn *Rousseaus* Identitätsidee – wie dargelegt – der Realität nicht gerecht werden kann, brauchen wir andere Vorstellungen darüber, wie das Volk, das die Politik bestimmen soll, seinen Willen durchsetzt. In den modernen westlichen Staaten hat sich dazu die Theorie der *Repräsentation* entwickelt, und der *Parlamentarismus* gilt als seine bewährte Gestalt. Repräsentation bedeutet Handeln im Namen des Volkes, ohne Bindung an konkrete Aufträge, aber in der (nicht nur moralischen) Verpflichtung der Repräsentanten, sich bei ihren Entscheidungen am Gemeinwohl zu orientieren, so wie sie es verstehen. Die deutsche Verfassung bezieht sich auf diese Repräsentationsvorstellung, indem es bestimmt: Sie (die Abgeordneten) sind „Vertreter des ganzen Volkes, an Aufträge und Weisungen nicht gebunden und nur ihrem Gewissen unterworfen“ (Art. 38 Abs. 1 Satz 2 GG).

Ernst Fraenkel hat Repräsentation bezeichnet als

> „die rechtlich autorisierte Ausübung von Herrschaftsfunktionen durch verfassungsmäßig bestellte, im Namen des Volkes, jedoch ohne dessen bindenden Auftrag handelnde Organe eines Staates oder sonstigen Trägers öffentlicher Gewalt, die ihre Autorität mittelbar oder unmittelbar vom Volk ableiten und mit dem Anspruch legitimieren, dem Gesamtinteresse des Volks zu dienen und dergestalt dessen wahren Willen zu offenbaren“.[33]

Großen Eindruck machte die Idee der Repräsentation in der Auseinandersetzung der britischen Kolonien mit dem Regime der Krone. Die überseeischen Kolonisten bestritten den britischen Autoritäten das Recht der Steuererhebung, weil sie bei deren Gesetzgebung nicht repräsentiert waren: „No taxation without representation“. In dieser schlichten Form kann Repräsentation fast vollkommen mit „Vertretung“ gleichgesetzt werden, und so verstanden, ist sie in vielen Staaten verwirklicht worden. Der Grundsatz, dass der Staat keine Lasten ohne die „repräsentierte“ Zustimmung der Belasteten auferlegen darf, ist noch viel älter und spielte schon in den mittelalterlichen Auseinandersetzungen zwischen Kaiser, Landesherren und Ständen eine wichtige Rolle. Um Steuern bewilligt zu erhalten, mussten die Monarchen Versammlungen der Stände einberufen, also derer, die politische Macht im Lande ausübten. In Frankreich führte die Einberufung der Generalstände 1789 durch Louis XVI. zum Ausbruch der Revolution. (In Deutschland aber behielten die Fürsten die Oberhand trotz des Aufbegehrens der Parlamente; die preußische Krone überstand sogar noch in den Jahren 1860–62 den Konflikt mit dem Landtag um die Bewilligung der Mittel zum Heeresausbau; am Ende erteilte die Volksvertretung dem König durch die „Indemnitätsvorlage“ Absolution wegen seines Verfassungsverstoßes.)

In der politischen und wissenschaftlichen Diskussion der letzten zweihundert Jahre ist der Begriff der Repräsentation mit weiteren Inhalten aufgeladen, ja zum Teil geradezu mystifiziert worden.[34] So definierten manche Staatstheo-

---

[33] *Fraenkel*, Die repräsentative und die plebiszitäre Komponente im demokratischen Verfassungsstaat, in: *ders.*, Deutschland und die westlichen Demokratien, 1964, S. 81.

[34] Rousseau hat sich freilich im „Gesellschaftsvertrag“ sehr abfällig über „Volksvertreter“ geäußert. Er kritisiert die Bürger, wenn sie dem Staat „lieber mit ihrem Geld als mit ihrer Person dienen“, „zum Kampf […] Miettruppen schicken“ und „zur Beratung […] Abgeordnete ernennen“, selbst aber „zu Hause bleiben“. „Infolge ihrer Trägheit und ihres Geldes haben sie schließlich Soldaten, das Vaterland zu unterjochen, und Vertreter, es zu verkaufen“ (*Rousseau* [Fn. 17], III. Buch, 15. Kapitel, S. 105 f.). An anderer Stelle hat *Rousseau* sich für das Repräsentationsprinzip ausgesprochen, dabei aber Weisungsgebundenheit und Rechenschaftspflicht der Repräsentanten gefordert (*Rousseau*, Betrachtungen über die Regierung Polens und über deren vorgeschlagene Reform [1771], in: *ders.*, Sozialphilosophische und Politische Schriften, 1981, S. 585 [591 f.]).

retiker Repräsentation als die „Darstellung eines unsichtbaren Seins durch etwas Sichtbares".[35]

Nach einer anderen, schon etwas verständlicheren Formulierung ist Repräsentation im weiteren Sinne „die Vergegenwärtigung einer Person, Gruppe oder Idee durch eine Person (Personengruppe) oder ein Symbol" und im spezifischen Sinne, wie sie im öffentlichen Bereich verstanden wird, „die Darstellung einer Personenmehrheit oder einer korporativen Einheit durch eine Person oder eine Personengruppe (Versammlung) mit verbindender Wirkung".[36]

Der konservative Staatstheoretiker *Herbert Krüger* ging über diese Deutung noch hinaus, indem er betonte, dass Repräsentation eine Methode sei, „das Richtige" zu finden und damit die politische Willensbildung inhaltlich zu *verbessern*. *Krüger* geht von einem säkularen Bild des Staates aus und beugt etwaigen Versuchen vor, so etwas wie das Gottesgnadentum wiederzubeleben:

> „Dem Wesen des Modernen Staates entspricht allein die Auffassung, dass in irdischen Dingen das Richtige nicht vorgegeben, sondern zu suchen und zwar unablässig zu suchen sei und dass der Mensch bereits als Mensch und nicht als ein irgendwie Berufener für diese Suche zuständig sei."

Als Modelle zur Bewältigung dieser Aufgabe nennt er einerseits den Wettbewerb (aus dem nach der Vorstellung von der „unsichtbaren Hand" eine „objektive Richtigkeit" hervorgehe) und eben die Repräsentation. Die Idee der Repräsentation verlange „vom natürlichen Menschen eine spontane innere Wandlung mindestens im Sinne einer ersten Selbst-Erhebung und Selbst-Berichtigung über seine natürliche Natur hinaus" und erwarte „aus einer Kombination und Steigerung solcher Selbst-Erhebungen und Selbst-Berichtigungen das Höchstmaß der dem Menschen überhaupt erreichbaren Richtigkeit".[37] An anderer Stelle spricht *Krüger* von der „Selbst-Vergütung" der repräsentierenden Personen oder Gruppen und sogar von der „Selbstverbesserung" einer Nation.[38]

Angesichts einer allgemein sehr kritischen Sicht der existierenden Repräsentanten fällt es schwer, dieser idealistischen Vorstellung zu folgen. Aber vielleicht steckt in ihr doch ein tragfähiger Gedanke: nämlich die Erkenntnis, dass die vielen Einzelnen, die das Volk bilden, durch gewählte Vertreter zu Einsichten und Entscheidungen gelangen, die ihnen sonst wegen ihrer Befangenheit in den eigenen Interessen nicht möglich gewesen wären, und dass das verfassungsrechtliche Arrangement der Machtbildung durch Wahlen und der Verantwortlichkeit gegenüber den Wählern so etwas wie die „unsichtbare Hand" der Demokratie

---

[35] Vgl. nur *Schmitt* (Fn. 17), S. 209; *Krüger*, Allgemeine Staatslehre, 1964, S. 235; *Pitkin*, The Concept of Representation, 1967, S. 8 f.

[36] *Scheuner*, Das repräsentative Prinzip in der modernen Demokratie, in: Verfassungsrecht und Verfassungswirklichkeit. Festschrift für Hans Huber, 1961, S. 227 mit Hinweis auf die Ursprünge im kirchlichen Bereich.

[37] *Krüger* (Fn. 35), S. 238.

[38] Ebd. S. 240 ff.

darstellt. Zwar werden die Ergebnisse, die der Wettbewerb auf den Märkten hervorbringt, keineswegs von allen Betroffenen als gut akzeptiert, aber gewährleisten nicht die Regeln des politischen Wettbewerbs, die heftige Konkurrenz der Parteien und Kandidaten um Mandate und Ämter, dass die Repräsentanten sich bemühen, „das Richtige“ – das Gemeinwohl – zu erkunden und zu realisieren?

Das Wettbewerbsdenken ist auch Hintergrund einer Demokratievorstellung, deren wesentliches Merkmal ist, dass die Parteien und Kandidaten sich wie auf einem Markt bei den Wählern darum bemühen, auf bestimmte Zeit den Auftrag zur Gesetzgebung und insbesondere zur Bildung einer möglichst starken Regierung zu erhalten. So ist „die demokratische Methode“ nach *Joseph A. Schumpeter* „diejenige Ordnung der Institutionen zur Erreichung politischer Entscheidungen, bei welcher einzelne die Entscheidungsbefugnis vermittels eines Konkurrenzkampfes um die Stimmen des Volkes erwerben“.[39] Als Muster einer solchen *Konkurrenzdemokratie* galt das britische „Westminster“-Modell, für das der ständige Konflikt zwischen zwei Parteien im Parlament und in Wahlkämpfen bezeichnend war und dadurch tatsächlich die Chance des Regierungswechsels in relativ kurzen Abständen bestand. In Reinform besteht dieses Modell heute auch in Großbritannien nicht mehr, in Ländern mit einem Verhältniswahlsystem ist es immer schon skeptisch betrachtet worden, weil sich in diesen Ländern nicht nur Regierungs- und Oppositionspartei gegenüberstehen, sondern die Wähler eine Auswahl unter einer Vielzahl von politischen Angeboten treffen müssen. Großen Teilen der deutschen Öffentlichkeit missfällt an der reinen Konkurrenzdemokratie, dass sie zu stark von ökonomischem Denken geprägt ist und dem Volk zwischen den Wahlen zu wenig Einfluss lässt.

Das parlamentarische Regierungssystem ist die bekannteste und eine hervorragend bewährte Form der Repräsentation des Volkes. Aber es ist nicht die einzige oder die einzig angemessene Form. In weiten Teilen der Welt – insbesondere in Frankreich und den USA – wird das Präsidialsystem vorgezogen, das durch eine doppelte Repräsentation des Volkes gekennzeichnet ist: Die Legislative und die Spitze der Exekutive werden unabhängig voneinander gewählt und sind damit auch in ihren Handlungen voneinander unabhängig, sind nicht zur Zusammenarbeit verpflichtet. Dass daraus schwere Konflikte entstehen können, ist klar. Beispiele liefert u.a. die amerikanische Zeitgeschichte: Der Kongress hat immer wieder Gesetzentwürfe des Präsidenten abgelehnt und ihn dadurch zu dem Versuch genötigt, mit Executive Orders zu regieren, und noch belastender waren und sind Haushaltskrisen, in denen mangels Einigung der Stillstand von Regierung und Verwaltung drohte.

---

[39] *Schumpeter*, Kapitalismus, Sozialismus und Demokratie, 3. Aufl. 1972, S. 428. S. dazu *Schultze*, Konkurrenzdemokratie, in: Nohlen/Grotz (Hrsg.), Kleines Lexikon der Politik, 6. Aufl. 2015, S. 339–341.

In Deutschland ist der Versuch, anstelle einer auf dem allgemeinen, gleichen Wahlrecht beruhenden, wesentlich von den Parteien getragenen parlamentarischen Demokratie eine *Räterepublik* zu errichten, im Bürgerkrieg gescheitert. In der Revolution 1918 bildeten sich in Marine und Heer Soldatenräte, dann im ganzen Land Arbeiterräte, die ihrerseits zentrale Arbeiter- und Soldatenräte wählten und durch diese zeitweise politische Macht ausübten, bis sich schließlich die Verfechter der parlamentarischen Demokratie (mit Hilfe der weiter amtierenden Militärführung) durchsetzten. Aus den erbitterten Kämpfen innerhalb der politischen Linken gingen die Mehrheitssozialdemokraten unter *Friedrich Ebert* als Sieger hervor – auch weil die Verfechter der Räteherrschaft kein überzeugendes Konzept vorlegten, das dem Volk die Angst vor einer Diktatur nach dem Vorbild der russischen Sowjets hätte nehmen können. Mit der Wahl zur Nationalversammlung war dem Rätesystem die Legitimation entzogen, die Revolution beendet, und die Parteien übernahmen – in veränderter Konstellation gegenüber der untergegangenen Monarchie – die Vertretung des Volkes.[40]

Die repräsentative Demokratie ist auch aus anderer Perspektive kritisch betrachtet worden. „Was heute repräsentative Demokratie genannt wird, ist die Folge der Revolution in England, Amerika und Frankreich und geht zurück auf ein institutionelles System, das ursprünglich nicht als eine Form der Demokratie oder einer Regierung des Volkes verstanden wurde." So schreibt *Bernard Manin* gleich zu Beginn seiner kritischen Schrift[41] und belegt diese Feststellung mit Zitaten von *James Madison*[42] und des *Abbé Sieyès.*[43] Diese Begriffsgeschichte kann uns freilich gleichgültig sein; es ist ja nicht ungewöhnlich, dass sich mit gesellschaftlichen Umwälzungen auch die Bedeutung wichtiger Begriffe ändert. Entscheidend ist, ob es aus heutiger Sicht angemessen ist, das repräsentative System als eine Form der Demokratie anzusehen. Das ist nicht nur zulässig, sondern geboten. Eine andere Frage ist es, ob die Methode der Repräsentation den Willen des Volkes hinreichend zur Geltung bringt.

---

[40] Lesenswert dazu *Käppner*, 1918 – Aufstand für die Freiheit, Die Revolution der Besonnenen, 2017.

[41] *Manin*, Kritik der repräsentativen Demokratie, 2007, S. 7.

[42] *Madison*, in: Hamilton/Madison/Jay, Die Federalist Papers (1787/88), übersetzt und eingeleitet von B. Zehnpfennig, 1993, Nr. 10, S. 97. Dort wird in der Tat zwischen der „Republik" als „Regierungsform mit Repräsentativsystem" und der „reinen Demokratie" unterschieden.

[43] *Sieyès*, Rede über die Frage des königlichen Vetos (1789), in: Politische Schriften, übersetzt und herausgegeben von E. Schmitt und R. Reichardt, 1981, S. 259 (266 f.).

2. Die Parteien als „das Volk"? Die Lehre vom „Parteienstaat"

Eine originelle Sicht auf das Verhältnis von Volk und Volksvertretung hat die Parteienstaatstheorie aufgebracht, wie sie von dem Staatsrechtler und Bundesverfassungsrichter *Gerhard Leibholz* entwickelt wurde. Er meinte, das Parlament könne seine repräsentative Funktion nicht mehr erfüllen, „weil im 20. Jahrhundert die Demokratie den Charakter einer parteienstaatlichen Demokratie angenommen hat".[44] Die Parteien seien „sozusagen das unentbehrliche Werkzeug, um das sich selbst organisierende Volk politisch funktionsfähig zu machen". Der moderne demokratische Parteienstaat sei „seinem Wesen wie seiner Form nach nichts anderes wie (sic) eine rationalisierte Erscheinungsform der plebiszitären Demokratie oder – wenn man will – ein Surrogat der direkten Demokratie im modernen Flächenstaat". In diesem Staat komme „der Gemeinwille mit Hilfe des Identitätsprinzips ohne Beimischung repräsentativer Strukturelemente zur Geltung".

Diese Theorie hat zeitweise erheblichen Einfluss ausgeübt, zumal *Leibholz* auch bei seinen Richterkollegen im Bundesverfassungsgericht Zustimmung fand. Den Parteien wurde ein „verfassungsrechtlicher Status" zuerkannt (weswegen sie wie Staatsorgane vor dem Bundesverfassungsgericht Organklage erheben können).[45] Letztlich hat diese Lehre aber mehr Verwirrung als Klarheit gestiftet.[46]

Es ist zwar richtig, dass die Parteien für die Bildung eines Volkswillens und die Vorbereitung eines Staatswillens unverzichtbar sind, und es stimmt auch, dass die Parteien einen Machtwillen entwickelt haben und immer wieder entwickeln, den andere Beteiligten des politischen Geschehens missbilligen. Aber es ist schlicht falsch, den bestehenden Staat als einen „Parteienstaat" zu bezeichnen. Der Willensbildungsprozess in den Parteien selbst und im Zusammenspiel mit anderen Machtgruppen, mit den eigentlichen Staatsorganen und mit den Vereinigungen und Initiativen im Volk ist so komplex, dass es falsch ist, die Parteien als die wesentlichen Inhaber der politischen oder gar der staatlichen Macht anzusehen. Deshalb ist auch die Gleichsetzung von Partei- und Staatswillen, die in der Identitätsbehauptung enthalten ist, empirisch und normativ unangebracht.

Plebiszitäre Staatswillensbildung geschieht in aller Regel abseits der parteipolitischen Auseinandersetzung oder gegen sie. Die Parteien aber sind ihrerseits Repräsentanten, und zwar in doppeltem Sinne: Die Parteivorstände vertreten

---

[44] *Leibholz* (Fn. 19), S. 146. Dort und S. 147 auch die folgenden Zitate.

[45] Ständige Rspr. seit BVerfGE 2, 1 (73); 5, 85 (133) usw.; zuletzt 85, 264 (281).

[46] Entschiedene Kritik schon bei *Hennis*, Auf dem Weg in den Parteienstaat. Aufsätze aus vier Jahrzehnten, 1998.

den Willen der Basis, der Mitglieder, der in der gestuften Parteiorganisation gebildet worden ist, und sie vertreten die Partei insgesamt im Außenverhältnis gleichrangig mit anderen Parteien, Verbänden und Interessengruppen, die auf die staatliche Willensbildung einwirken wollen. Die Abgeordneten und Amtsträger jedoch, die von der Partei ausgewählt und vorgeschlagen werden, sind frei von Aufträgen und Weisungen. Dass sie gleichwohl meist geschlossen abstimmen, ist der Notwendigkeit geschuldet, die inhaltliche Richtung und das Programm zu unterstützen, das die Parteien vor den Wahlen, sich selbst verpflichtend, den Wählern angeboten haben. Fraktions*zwang* ist verboten, und die an sich gebotene Fraktions*disziplin* darf Gewissensentscheidungen nicht beeinträchtigen.

3. Mittelbare und unmittelbare Demokratie

Als Gegenkonzept zum Repräsentativsystem wird die direkte Demokratie propagiert. Ihre Verfechter glauben, die unmittelbare Beteiligung der Bürger an immer mehr Entscheidungen bedeute „*mehr* Demokratie". Es tobt ein heftiger Streit darüber, welche Form der staatlichen Willensbildung besser sei, die mittelbare Demokratie mit ihren komplizierten Strukturen, ihrer Unübersichtlichkeit und ihrer Widerstandsfähigkeit gegen radikale Veränderungen, oder die direkte oder plebiszitäre Demokratie, die vermeintlich viel transparenter und effektiver die Ziele anstrebt, die „das Volk" verfolgt.[47]

Es ist herrschende Meinung, dass die bestehenden großen Staaten nicht direkt-demokratisch gelenkt werden können. *Rousseau* selbst hat die Demokratie, wie er sie verstand, nur für sehr kleine Stadtrepubliken empfohlen und im Übrigen gemeint, nur Götter würden sie wählen.[48] Weder können alle Gesetze von den Bürgerinnen und Bürgern selbst beschlossen werden – dazu fehlt es schon an Orten, auf denen sich alle gleichzeitig versammeln können wie die Landsgemeinden in den kleinsten Schweizer Kantonen – noch können Regierungsmaß-

[47] Zur Grundsatzdiskussion u.v.a. *Böckenförde*, Demokratie und Repräsentation. Zur Kritik der heutigen Demokratiediskussion, 1983, auch in: *ders.*, Staat, Verfassung, Demokratie, 2. Aufl. 1992, S. 379–405; *Grotz*, Direkte Demokratie in der Bundesrepublik Deutschland: Was kann der Bund von den Ländern lernen?, in: Gallus/Schubert/Thieme (Hrsg.), Deutsche Kontroversen. Festschrift für Eckhard Jesse, 2013, S. 365–377 und *ders.*, Direkte Demokratie, in: Nohlen/Grotz (Hrsg.), Kleines Lexikon der Politik, 6. Aufl. 2015, S. 109–113.

[48] *Rousseau* (Fn. 17), III. Buch, 4. Kapitel, S. 75 f. Rousseau setzt für seine Form von Demokratie voraus: „einen sehr kleinen Staat, in dem das Volk leicht zu versammeln ist und jeder Bürger genügend Gelegenheit hat, alle anderen kennenzulernen; zweitens eine große Einfachheit der Sitten, die keine Veranlassung zu vielen schwierigen Arbeiten und Verhandlungen gibt, sodann fast vollkommene Gleichheit in bezug auf Stand und Vermögen, ohne die auch die Gleichheit der Rechte keinen langen Bestand haben könnte; endlich wenig oder gar keinen Luxus, denn der Luxus ist entweder die Folge des Reichtums oder macht ihn nötig […]" (aaO.).

nahmen auf diese Weise zustande kommen. Besonders engagierte Technikfans meinen zwar, dass man die Volksmeinung demnächst zu allen aufkommenden politischen Fragen mit Hilfe des Internets und der allgegenwärtigen Computer ohne großen Aufwand feststellen könne, und die Piraten-Partei hat bei der internen Willensbildung entsprechende Experimente vorgenommen. Aber diese „liquid democracy",[49] die immerhin als Vorbereitung einer neuen Methode von „Online-Gesetzgebung" angesehen werden könnte, ist mit den Parlamentsabgeordneten der Piraten gescheitert. Es reicht eben bei weitem nicht aus, die Technik computergestützter Abstimmungen zu entwickeln; es ist vielmehr unverzichtbar, politische Entscheidungen durch Meinungsaustausch unter Anwesenden zu beraten. Wer die staatliche Meinungs- und Willensbildung den Maschinen überlassen wollte, würde damit von Vornherein auf sein Mitwirkungsrecht verzichten und sich in die Hand derer begeben, die den Maschinen ihr Programm (die „Algorithmen") eingeben.

Wenn aber die unmittelbare Staatswillensbildung durch das Volk nicht möglich ist – muss es dann nicht Verfassungsnormen geben, nach denen *möglichst viele* Bürgerinnen und Bürger sich wirksam an den allgemeinen Angelegenheiten beteiligen können? Wenn Gesetze durch Volksentscheide beschlossen werden oder das Volk über politische Richtungsentscheidungen abstimmt, wirken sehr viel mehr Menschen an den politischen Entscheidungsprozessen mit als wenn nur die gewählten Vertreterinnen und Vertreter mit ihrem jeweiligen Umfeld beteiligt sind. Aus der größeren Beteiligung folgt für viele eine stärkere *Legitimation* der getroffenen Entscheidungen, und viele erkennen in den direkten Volksbeschlüssen auch eine höhere *Qualität.* Die beiden Aspekte sollten nicht miteinander vermengt, sondern unabhängig voneinander beurteilt werden.

Für die stärkere Legitimation spricht auf den ersten Blick einiges. Es herrscht weithin die Meinung, dass die Beteiligung der „Basis", eben des ganzen Volkes in seiner vielfältigen Betroffenheit, einer Entscheidung größere Bedeutung und größeres Gewicht vermittelt. Das erscheint plausibel, hat aber spezielle Voraussetzungen: Der Entscheidungsprozess muss so organisiert werden, dass die große Menge der Bürgerinnen und Bürger tatsächlich die Chance der sinnvollen Beteiligung und der zutreffenden Äußerung ihrer Meinung hat. Wenn ein Volksentscheid wie eine gewöhnliche demoskopische Umfrage gestaltet ist, also z.B. unklare oder oberflächliche Fragen enthält, die keine eindeutige staatliche Norm oder Maßnahme bezeichnen, oder wenn nicht wirklich auf umfassende Beteiligung hingearbeitet wird, kann er keine starke Legitimation vermitteln.

Betrachtet man demgegenüber, wie Volksinitiativen tatsächlich im Allgemeinen zustande kommen, so fällt es schwer, den Ergebnissen eine höhere Legi-

---

[49] Dazu *Seckelmann*, Transparenz als Legitimationsinstrument? Das Beispiel der Liquid Democracy, in: Mehde/Seckelmann (Hrsg.), Zum Zustand der repräsentativen Demokratie, 2017, S. 163 ff.

timität als den Entscheidungen der gewählten Repräsentanten zuzusprechen. Vielmehr sorgen gerade die Prozeduren des Parlaments dafür, dass die gegensätzlichen Interessen und Meinungen gegeneinander abgewogen werden. Während Volksinitiativen in nicht-öffentlichen Besprechungen – oft sind nur wenige Personen beteiligt – erarbeitet und nach ihrer offiziellen Einbringung nur noch marginal verändert werden können, beraten die Parlamente im Plenum und vorher in ihren Ausschüssen nicht nur über Ja oder Nein, sondern über alle nur denkbaren Details und beschließen Änderungen. Bekanntlich „kommt kein Gesetz so aus dem Bundestag heraus, wie es hineingekommen ist".[50] Das ist auch gut so; denn stufenweise Veränderungen und damit Kompromisse sind in einem pluralistischen Gemeinwesen fast immer notwendig. Volksinitiativen hingegen sind nur sehr begrenzt kompromissfähig.

Auch die höhere inhaltliche Qualität ist keineswegs garantiert. Dass sowohl repräsentative wie direkt-demokratische Entscheidungen rückschrittlich, falsch und sogar schädlich sein können, weiß jeder, der die Politik auf staatlicher oder kommunaler Ebene beobachtet oder politisch aktiv ist. Alle machen Fehler – Parlamentarier, Minister, Oberbürgermeister, Beamte und Experten, aber auch die Autoren und Unterzeichner von Volksinitiativen und Volksbegehren und die Abstimmenden an den Wahlurnen.

Es ist aber gerade nicht so, dass auf der einen Seite das „gute", „kluge" und unbestechliche Volk stehe und auf der anderen Seite die „böse", „dumme" und „korrupte" Politik. Dieses Zerrbild taugt nicht als Basis von Regeln für richtige demokratische Entscheidungen. Es kommt vielmehr darauf an, in welchen Formen und Verfahrensweisen das Ziel sachgerechter, überzeugender, nachhaltiger Entscheidungen mit möglichst großer Sicherheit erreicht werden kann. Das ist der Fall, wenn die Probleme sorgfältig untersucht, die tatsächlichen Zusammenhänge genau festgestellt und die Argumente pro und contra intensiv beraten werden. Nach diesem Maßstab hat die repräsentative Demokratie große Vorteile: Sie ist darauf angelegt, die Entscheidungsgrundlagen zu klären, die konfligierenden Interessen und Meinungen in öffentlicher Debatte gegeneinander abzuwägen und bei Konflikten Kompromisse zu erarbeiten. Die Beteiligten sind für ihre jeweiligen Beiträge verantwortlich und müssen die Folgen ihrer Entscheidung tragen, z.B. als Volksvertreter das Risiko der Nicht-Wiederwahl. Initiativen aus dem Volk sind niemandem verantwortlich; sie brauchen sich an kein (Partei-)Programm zu halten und nicht auf langfristige und nachhaltige Politik zu achten.

Repräsentative und unmittelbare Demokratie sind aber nicht – wie häufig gesagt wurde – miteinander unvereinbar.

---

[50] Diese Bemerkung wird dem seinerzeitigen Vorsitzenden der SPD-Bundestagsfraktion, Peter Struck, zugeschrieben.

Das repräsentative Prinzip „kann mit Elementen unmittelbarer Volksentscheidung zusammenwirken, in ihnen sogar eine Verstärkung seiner Legitimation sehen".[51] Tatsächlich fungieren die in den deutschen Landesverfassungen eröffneten Möglichkeiten von Volksinitiativen, Volksbegehren und Volksentscheiden als Ergänzung der parlamentarischen Formen der Staatswillensbildung; sie wirken in kritischen Situationen als „Damoklesschwert" über den gewählten Volksvertretern, nötigen diese also, stärker auf „Volkes Stimme" zu hören.

Der deutsche Verfassunggeber des Jahres 1949 wollte keine Volksentscheide. Bis heute sieht das Grundgesetz Volksabstimmungen nur für Entscheidungen über die Neugliederung der Länder vor (Art. 29 GG). Die Autoren der Verfassung haben sich bewusst dagegen entschieden, das repräsentative System durch direkt-demokratische Instrumente zu ergänzen. Anders ist die Entwicklung in den Ländern verlaufen; deren Verfassungen sind sämtlich – freilich z. T. erst seit den 1990er Jahren – um Bestimmungen über Volksinitiativen, Volksbegehren und Volksentscheide ergänzt worden. Zu den Erfahrungen damit und zu der Frage, ob diese Verfassungsnormen etwa noch ausgebaut werden sollten und insbesondere ob der Bund sich dieser Entwicklung anschließen sollte, wird später Stellung genommen (in dieser Sammlung Nr. 3, S. 59 ff.). Schon jetzt aber ist zu sagen, dass die Formen, in denen Volksvertreter das Volk repräsentieren, vielfältig und umstritten sind. Es gibt nicht die einzig „wahre" Form von Demokratie.

V. Die Unterscheidung von „Staat" und „Gesellschaft"

1. Überordnung des Staates?

„Staat" ist die Organisation der politischen Herrschafts- und Entscheidungsgewalt auf einem bestimmten Gebiet. Sein konstituierendes und strukturierendes „Gerüst" ist das Recht. „Gesellschaft" ist ein zunächst unstrukturiertes, sich entwickelndes und veränderndes Netz von Individuen und ihren Gruppierungen. Die Gesellschaft bringt den Staat hervor und setzt sich andererseits – als Ganzes oder in Teilen – mit dem Staat und seinen Organen und Handlungen auseinander. In monarchischen Zeiten verstanden die Herrschenden – und die von ihnen berufenen Regierungen und Beamten – den Staat als der Gesellschaft überlegen; noch der konstitutionell halbdemokratische Staat des 19. Jahrhunderts handelte im Abglanz der Erhabenheit früherer Monarchien.

Mit dem Siegeszug des Liberalismus wurde das Prinzip der Trennung von Staat und Gesellschaft zu einem Markenzeichen des Verfassungsstaates: Der

[51] *Scheuner* (Fn. 36), S. 246. S.a. *Waschkuhn*, Demokratietheorien. Politiktheoretische und ideengeschichtliche Grundlagen, 1998, S. 508 ff. (511).

Staat lebt nach seinem Recht, aber er hat die Freiheit der Gesellschaft und ihrer Mitglieder zu respektieren. In jüngerer Zeit kam eine kritische Betrachtung auf: Das Trennungsprinzip wurde als Instrument empfunden, die hierarchische Ordnung – „oben" der Staat, „unten" die Gesellschaft – zu konservieren. Mit einem Begriff der Systemtheorie bildet der Staat heute ein *Untersystem* der Gesellschaft.[52]

So richtig die Einsicht auch ist, dass der demokratische Staat sich nicht über die Gesellschaft erheben darf und kann, so fragwürdig ist doch die Folgerung, dass die Unterscheidung keinen Sinn mehr habe. Jede Gesellschaft braucht den Staat, und sei es vielleicht (auch) in der Form einer supranationalen Organisation, die zwar nicht „Staat" oder „Republik" heißt, aber deren Funktionen wahrnimmt. Den freiheitsliebenden Mitbürgern mag es befremdlich erscheinen, wenn von Überordnung des Staates über gesellschaftliche Organisationen die Rede ist, aber wie anders als durch Überordnung (und das heißt: mit den Mitteln des Staates) soll das Interesse der vielen gegen das der Einzelnen durchgesetzt werden? Der Staat soll nicht „obrigkeitlich" handeln, also nicht durch unhinterfragbare Befehle oder gar ohne Rechtsgrundlage; er soll seine Maßnahmen erklären, um Akzeptanz werben, Konsens anstreben – aber er muss handeln, wenn seine Aufgaben dies erfordern, und notfalls auch in individuelle Rechte eingreifen, eventuell gegen Entschädigung. Damit schützt er regelmäßig auch die Freiheit anderer. Dürfte der Staat nicht hoheitlich in die Freiheit von Störern eingreifen, könnte er die von diesen Bedrohten und Geschädigten nicht schützen.

Um sogleich richtig verstanden zu werden: Die Einsicht, dass der Staat von Einzelnen Opfer verlangen kann und muss, hat nichts mit der menschenverachtenden Propaganda der Nationalsozialisten zu tun, die den „Volksgenossen" einhämmern wollten: „Du bist nichts, dein Volk ist alles", und ebenso wenig mit kollektivistischen Parolen anderer Provenienz. Der Staat baut auf den Individuen auf, achtet und schützt ihre Würde, aber gerade um der Würde aller anderen willen kann der Wille des Einzelnen nicht absolut gesetzt werden.

Der Staatsbegriff war durch seine obrigkeitliche Ausgestaltung belastet, aber er ist es nicht mehr. Der Staat wird heute auch von vielen derer bejaht, die ihn bisher um der freien Entwicklung der Gesellschaft willen klein halten wollten. So wird jetzt auch in der internationalen Wirtschafts- und Entwicklungspolitik, die stark von liberalen Ideen beeinflusst ist – man denke an Organisationen wie den Internationalen Währungsfonds – anerkannt, dass die Hilfe zur Entwicklung in Ländern mit schwacher öffentlicher Organisation auch Hilfe zur Staatswerdung, zum Auf- und Ausbau staatlicher Institutionen – und damit der

---

[52] Klassische Erörterung der Unterscheidung von Staat und Gesellschaft: *Böckenförde*, Die Bedeutung der Unterscheidung von Staat und Gesellschaft im demokratischen Sozialstaat der Gegenwart, in: Rechtsfragen der Gegenwart. Festgabe für Wolfgang Hefermehl, 1972, S. 11–36; auch in: *ders.*, Staat, Gesellschaft, Freiheit. 1976, S. 185–220.

Demokratie – umfassen muss. In vielen schlecht entwickelten Ländern ist die Gesellschaft unfähig, die nötigen Aufgaben für die Allgemeinheit zu erfüllen. Unordnung und Korruption führen zu „failed states“. In Reaktion hierauf haben die internationalen Organisationen der Entwicklungshilfe den Staat wieder als positiv besetzten Begriff in die internationale Debatte eingeführt. Dass demgegenüber die westliche Führungsmacht USA unter dem 2016 gewählten Präsidenten die irrationale, aber in Nordamerika verbreitete Staatsverneinung noch gefördert und den Abbau der internationalen Verpflichtungen unternommen hat, wirft einen schwarzen Schatten auf das Bild einer Welt, die dringend stärkerer Ordnungskräfte bedürfte.

2. *„Demokratisierung der Gesellschaft“?*

Manche konstruieren ihr Bild der idealen Demokratie von der Gesellschaft her und fordern gerade deren „Demokratisierung“. Im Zuge der großen Unruhe nach den Studentenprotesten der 60er Jahre war dieser Slogan weit verbreitet.[53] „Mitbestimmung“ und „Gleichberechtigung“ aller Gruppen wurde – mit guten Gründen – nicht nur im Staat, sondern eben auch in *gesellschaftlichen* Organisationen verschiedener Art und in der Wirtschaft gefordert. Dass die Mitarbeiter von Wirtschaftsbetrieben und die Mitglieder von Vereinen und Verbänden mitbestimmen wollen, dass die Willensbildung möglichst überall „von unten nach oben“ vor sich gehen soll, ist im Kern berechtigt – nur bedeutet das gerade nicht „Demokratisierung“, denn es soll ja nicht das ganze Volk entscheiden, sondern nur ein Teil davon, nämlich die an der jeweiligen Organisation Interessierten. Richtig ist vielmehr, von „Partizipation“ („Teilhabe“ oder „Mitwirkung“) zu sprechen.

Willy Brandt bekannte in seiner ersten Regierungserklärung als Bundeskanzler am 28. Oktober 1969: „Wir wollen mehr Demokratie wagen“. Seine Zuhörer im Bundestag und vor den Fernsehschirmen und seine späteren Leser verstanden die Absichtsbekundung als Appell an alle Zeitgenossen, immer mehr demokratische Teilhabe zu praktizieren – mittelbar oder unmittelbar, in allen Lebensbereichen. Aber *Brandt* hatte Konkreteres im Sinn: die Herabsetzung des Wahlalters auf 18 Jahre, die Einführung von Sachverständigenanhörungen, die umfassende Unterrichtung der Bürger über die Politik der Regierung, also Transparenz des Regierens – alles im Rahmen des parlamentarischen Systems, wie er ausdrücklich betonte.

---

[53] Theoretische Darlegung und praktische Beispiele bei *Vilmar*, Strategien der Demokratisierung, Bd. I: Theorie der Praxis, Bd. II: Modelle und Kämpfe der Praxis, 1973. Zum „Bewegungsbegriff“ Demokratisierung aus heutiger Sicht: *Karpen*, Repräsentative Demokratie in Deutschland – Eine Krisengeschichte?, in: Mehde/Seckelmann (Fn. 49), S. 21 f.

Demokratische Grundsätze können selbstverständlich auch in privatrechtlichen Vereinen gelten (und für manche davon wünscht man sich dies sehr!), aber von dem Sonderfall der politischen Parteien abgesehen, für den das Grundgesetz es ausdrücklich vorschreibt (Art. 21 Abs. 1 Satz 3 GG), beruht dies auf der eigenen Autonomie der Vereine; im gesellschaftlichen Bereich sind sonst (im Rahmen regulierender Gesetze) auch andere Herrschaftsformen erlaubt, z.B. patri- oder matriarchalische Vorrechte. Die Mitbestimmung in großen Wirtschaftsunternehmen ist gesetzlich besonders angeordnet, weil das *Sozialstaatsprinzip* (nicht das Demokratiegebot!) des Grundgesetzes es gebietet, und auch die Mitbestimmung des Personals in Behörden, wie sie nach den Personalvertretungsgesetzen des Bundes und der Länder eingerichtet ist, dient den Interessen der Mitarbeiterinnen und Mitarbeiter und nicht Außenstehender.

„Demokratisierung der Hochschulen" wurde in den unruhigen Jahren um 1968 vielfach als ein zentraler Hebel zur Reform der Gesellschaft empfunden; unter diesem Titel wurden mit erheblichem Erfolg zahllose Veränderungen betrieben, um die obrigkeitsstaatliche Vergangenheit zu überwinden und neue Bewegung in die verkrusteten Institutionen zu bringen.[54] Der schon damals hochengagierte *Jürgen Habermas* definierte das Demokratisierungsziel zum einen als Öffnung der Entscheidungsgremien „für die am Lehr- und Forschungsprozess beteiligten Gruppen auf allen Ebenen" und zum anderen als Bindung der Entscheidung „aller praktisch folgenreichen Fragen an öffentliche Diskussion und zwanglose Willensbildung in diesen Gremien".[55] Es ging dabei also um *Partizipation*, um die Mitwirkung der *Mitglieder* der Hochschulen, nicht um die Hereinnahme der Umwelt in deren Leitung. Die interne Mitwirkung ist sinnvoll, das Hineinreden Außenstehender nicht. Dass neben den Partizipationsstrategien auch die parlamentarische Demokratie weiter gestärkt werden muss, war übrigens schon nachdenklichen „68ern" klar.[56] *Habermas*, der die Neuorganisation der Hochschulen als einen entscheidenden Schritt zur inhaltlichen Reform ansah und darüber hinaus einen prägenden Einfluss auf die Bildungs- und Wissenschaftspolitik erhoffte, grenzte sich sowohl von „bloßem Reformismus" wie von dem „alerten Schaugeschäft der Revolutionsdarsteller" ab.[57]

---

[54] Bezeichnend etwa schon Leibfried (Hrsg.), Wider die Untertanenfabrik. Handbuch zur Demokratisierung der Hochschule, 1967.

[55] *Habermas*, Protestbewegung und Hochschulreform, 2. Aufl. 1969, S. 46.

[56] Vgl. auch dazu *Vilmar* (Fn. 53), Bd. I, S. 262 ff.

[57] *Habermas*, Protestbewegung (Fn. 55), S. 49 f. (50).

VI. Die Notwendigkeit von „Verfassung“

Eine gute Verfassung garantiert keine gute Politik; das war natürlich immer so und wird auch in Zukunft so bleiben. Der politische Zustand eines konkreten Gemeinwesens, das den normalen Standard der westlichen Demokratie erreicht hat, kann durch Änderungen der Verfassung nicht wesentlich verbessert werden. Aber ohne Regeln geht es nicht. Der Wille des Volkes setzt sich nicht von selbst in staatlichen Willen und in effektive Maßnahmen um, vielmehr muss die Verfassung die Transformation regeln.

1. Die Regeln zur Entscheidungsfindung

Die formelle Verfassung im Rechtssinne regelt die Entstehung und die Handlungsweise der staatlichen *Organe*. Dabei spielt das Wahlrecht eine zentrale Rolle (dazu s. unten Nr. 7, S. 199 ff. und 8, S. 221 ff.); für das Funktionieren des Staates sind die Normen über die Zuständigkeit und das Verfahren der Organe ebenso wichtig. Die Verteilung der Befugnisse auf verschiedene Instanzen und Ebenen macht die Entscheidungsfindung schwieriger, ist aber unverzichtbar.

Die leitenden Prinzipien dieses Systems enthalten Antworten auf grundlegende Anforderungen, denen jeder Verfassunggeber ausgesetzt ist. Es geht einerseits um Effektivität des Staatshandelns, andererseits um Machtbegrenzung. Der Staat soll in der Lage sein, seine Aufgaben zu erfüllen, und keiner der Beteiligten soll unbeschränkte Macht haben, die eigenen Vorstellungen zu realisieren. In der staatstheoretischen Diskussion wird regelmäßig der zweite Aspekt stärker betont: Es scheint vorrangig zu sein, die Macht der Staatsorgane und ihrer Träger zu begrenzen, mag dabei auch die Erreichung der politischen Ziele gefährdet sein. Über die verfassungsrechtlichen Hürden des Regierens wird mehr debattiert als über die Zweckmäßigkeit bestimmter Maßnahmen. Diese Asymmetrie spiegelt sich in der Verfassungsrechtsprechung, die dazu bestimmt ist, die Einhaltung der Rechtsnormen zu gewährleisten und eben deshalb häufig die politischen Ziele von Regierungen und Parlamenten außer Betracht lassen muss.

Konkreter gesprochen, geht es bei der Verfassunggebung wie in der politischen Praxis um Weichenstellungen auf der Skala zwischen „Durchsetzung“ (politischer Programme) und „Beharrung“ (bei den bestehenden Strukturen). Wer „durchregieren“ will, fordert zentrale Zuständigkeiten und umfassende Entscheidungsbefugnisse, wer „bewahren“ will, braucht Vetopositionen und Verfahrenshindernisse. So ist vor längerer Zeit erbittert darum gestritten worden, wie viele Bundesgesetze von der Zustimmung des Bundesrates abhängig sein sollen.

In der Verfassung geregelt sind auch die Fragen nach der Reichweite der direkten Demokratie (s. Text Nr. 3, S. 59 ff.), das Verhältnis des Staates insgesamt zu anderen Einheiten „oberhalb" oder „unterhalb" des (Zentral-)Staates (s. hierzu unten VII.3., S. 39 ff.) und das Verhältnis von Legislative und Exekutive. Schließlich ist auch die europäische Integration verfassungsrechtlich abgesichert. Es wird zu untersuchen sein, ob insofern Verfassungsänderungen nötig sind, um die Demokratie zu stärken.

2. *Die materielle Ordnung des Staat-Bürger-Verhältnisses*

Als Wesensmerkmale eines demokratischen Staates sind auch die Grundrechte und der Minderheitenschutz zu beachten. Eine Demokratie westlicher Prägung ist nicht denkbar ohne Meinungs- und Gewissensfreiheit, ohne die Gewährleistung der Handlungsfreiheit, der Persönlichkeitsrechte und des privaten Eigentums. Ein demokratischer Staat muss stets auch Rechtsstaat sein, was wiederum die Unabhängigkeit der Justiz bedingt. Falls eine parlamentarische Mehrheit Individualrechte rücksichtslos einschränken sollte, wäre sie nicht mehr als demokratisch anzuerkennen.

Mit der Gewährleistung der Individualrechte ist noch nicht bestimmt, welche Wirtschafts- und Gesellschaftspolitik der Staat betreiben soll. Zwar sind manche Politikvarianten durch die Garantie des Privateigentums ausgeschlossen, aber der Staat ist nicht auf eine „liberale" Politik im Sinne des Neo- oder Ordoliberalismus festgelegt.[58] Demokratie und Liberalismus stehen in einem gewissen Spannungsverhältnis zueinander; die Demokratie verträgt keine „radikalen" Freiheitsforderungen und fordert vom Liberalismus Konzessionen in Richtung „Gleichheit".

VII. Gewaltenteilung und Funktionenordnung

1. *Die Ideengeschichte*

Als Väter der Lehre von der Gewaltenteilung gelten der englische Philosoph *John Locke*, der in seinem „Second Treatise of Government" (1689) als erster eine Aufteilung der staatlichen Funktionen auf verschiedene Träger empfahl, und der große Aufklärer *Montesquieu*, der in dem epochalen Werk über den „Geist der Gesetze" (1748) eine neue, tiefschürfende Theorie des Staates vorstellte. *Montesquieus* Ideen beruhten auf Beobachtungen des englischen Regierungssystems jener Zeit, in dem der König (als Spitze der Exekutive) und das Unterhaus als Legislative sich gegenseitig in Schach hielten. Diese Theorien tref-

---

[58] Ausführlich zum Verhältnis von (Kern-)Demokratie und Liberalismus: *Ober*, Demopolis – oder was ist Demokratie? 2017, insbes. S. 256 ff. und 273 ff.

fen unsere heutige Lage nicht mehr. Weder das *Locke*'sche Modell der „moderated monarchy“[59] noch dasjenige, das *Montesquieu* in England kennengelernt hatte, wird dem Verhältnis von Legislative und Exekutive gerecht, wie wir es heute für angemessen halten. So ist uns insbesondere die Bedeutung der unabhängigen Justiz stärker bewusst. *Montesquieu* sah die richterliche Gewalt bei dem „aus Adligen zusammengesetzten Zweig der legislativen Körperschaft“, also beim Oberhaus angesiedelt; die Richter seien „lediglich der Mund, der den Wortlaut der Gesetze spricht“.[60] Für uns ist die Unabhängigkeit der Justiz ein wesentliches Element der Gewaltenteilung, und die Richter haben mehr Macht als *Montesquieu* ihnen zugesprochen hat: Richter schaffen immer auch Recht und sind nicht nur Verkünder fremder Entscheidungen.

Gewaltenteilung bedeutet Verteilung der staatlichen Befugnisse auf verschiedene Träger, also auch Machtverteilung. Aber es geht auch um die angemessene *Funktionenordnung*. Die Staatsorgane haben vielerlei Funktionen, vor allem: Rechtsnormen zu produzieren, deren gleichmäßige Durchsetzung zu gewährleisten, im Einzelfall Recht zu sprechen. Darüber hinaus müssen auf verschiedene Weise die Voraussetzungen dafür geschaffen und erhalten werden, dass die Menschen ihre Rechte und Freiheiten ausüben können, dass die Infrastruktur für die wirtschaftliche, soziale und kulturelle Entwicklung des Gemeinwesens vorhanden und funktionsfähig ist, dass Armen geholfen wird, Kranke versorgt werden und so weiter. Wer über diese Gegenstände zu entscheiden oder Entscheidungen auszuführen hat, besitzt Macht – manchmal viel, manchmal wenig, aber fast immer in Konkurrenz mit anderen, die ebenfalls Entscheidungsmacht anstreben.

Richtige Staatsorganisation besteht nun darin, jeweils die *bestgeeignete* Stelle für eine Aufgabe zu bestimmen. Der Machtaspekt muss bedacht werden, damit nicht eine Stelle oder eine „Gewalt“ die Übermacht über alle anderen erhält. Aber er kann bei dieser Organisationsentscheidung nicht die zentrale Rolle spielen. Denn wenn die Organe, die bestimmte Funktionen wahrnehmen sollen, vollkommen unzweckmäßig eingerichtet oder wenn die Aufgaben vollkommen unzweckmäßig verteilt wären, würde die Kontrolle der Macht zum Selbstzweck ohne Nutzen für das Recht. Immer wieder muss also bei der Ausgestaltung der Verfassung sowohl nach Zweckmäßigkeit gefragt wie auch das Prinzip der checks and balances angewendet werden, und es gibt keine rechtliche Vor-Festlegung und auch keine politischen Vorgegebenheiten, die zu der einen oder der anderen Gestaltung nötigen. Könnte man bei einem ungeregelten „Natur“zustand anfangen, so wäre vieles möglich. Doch die Staatenwelt hat seit

---

[59] *Oberreuter*, Gewaltenteilung, in: Nohlen/Grotz (Hrsg.), Kleines Lexikon der Politik, 2015, S. 233 (234).

[60] *Montesquieu*, Vom Geist der Gesetze (1748), eingeleitet, ausgewählt und übersetzt von K. Weigand, 1974, XI. Buch, 6. Kapitel, S. 217 f. und 221.

dem 18. Jahrhundert hinreichend Erfahrungen gemacht hat, die dafür sprechen, auch etablierte Ordnungen zu schätzen.

2. *Die drei „Staatsgewalten“ und ihre Verflechtungen*

Jedes Schulkind kennt die Dreiteilung der Staatsgewalt in Legislative, Exekutive und Judikative. Viele sehen in dieser Aufteilung einen Verfassungsgrundsatz der strikten Trennung und gegenseitigen Abschottung der Gewalten. Geboten ist jedoch nicht die perfekte gegenseitige Abkoppelung und Isolierung; vielmehr sind Überschneidungen und Kooperationen möglich oder geboten, gerade im Interesse der gegenseitigen Beschränkung. Nach der rigorosen Trennungslehre dürfte zum Beispiel kein Parlamentsabgeordneter gleichzeitig Minister sein, aber gerade dies ist heute der Normalfall. Die englischen Kabinette werden ausschließlich aus Mitgliedern des Unter- oder Oberhauses zusammengesetzt; wer keinen Parlamentssitz hat, kann in London nicht Minister werden. Verstößt das Vereinigte Königreich damit gegen einen unumstößlichen Grundsatz? Keineswegs – vielmehr ist die weitgehende personelle Übereinstimmung von Parlament und Regierung ein Charakteristikum der parlamentarischen Demokratie.

Die neue Gewaltenteilung basiert auf der Unterscheidung von Parlamentsmehrheit und Regierung. Nur Abgeordnete der die Regierung stützenden Fraktionen werden in die Regierung berufen (dazu bedarf es keines Verfassungsgebotes, und Ausnahmen sind möglich); nur der Landtag bzw. der Bundestag insgesamt kann der Regierung mit verbindlichen Beschlüssen entgegentreten. Die Frontlinie verläuft zwischen Regierungsmehrheit und Opposition. Es sind die der Opposition angehörenden Abgeordneten und Fraktionen, von denen die Kritik an der Regierung erwartet wird; die Kontrollaufgabe des Parlaments obliegt in erster Linie ihnen. Diejenigen Abgeordneten, die die Regierung gewählt haben und sie aus politischer Solidarität unterstützen, sind nicht gehindert, die Kontrollfunktion des Parlaments auch ihrerseits wahrzunehmen, aber sie pflegen dies richtigerweise nicht öffentlich zu tun. Tatsächlich nehmen sie regelmäßig *intern*, durch informelle Aktivitäten verschiedenster Art, Einfluss auf die Entscheidungen des Parlaments und der Regierung, und keine Fraktion oder Partei darf es den Volksvertretern verbieten, ihre Voten nach ihrem subjektiven Gewissen abzugeben, also bei einzelnen Themen mit der Opposition zu stimmen. Bei nüchterner Betrachtung der Interessenlage kann man von ihnen nicht erwarten, dass sie der Regierung die Arbeit erschweren; die Regierung ist gleichwohl nie sicher, bei unveränderter Zusammensetzung des Parlaments im Amt zu bleiben. Auch die eigenen Leute stürzen manchmal eine Regierung und wählen eine andere.

„Der Landtag ist das vom Volk gewählte oberste Organ der politischen Willensbildung“. So steht es in Art. 10 der schleswig-holsteinischen Landesverfassung. Wenn man überhaupt eine Rangordnung zwischen den Staatsorganen für gegeben oder für notwendig hält, kann in der Tat nur das Parlament die höchste Stelle einnehmen, einfach weil seine Mitglieder unmittelbar vom Volk – durch Wahlen, an denen alle Bürgerinnen und Bürger teilnehmen können – berufen werden. Der Landtag, der den zitierten Satz bei der Neuschöpfung der Landesverfassung 1990 beschlossen hat, wollte damit ein politisches Signal gegen den vermeintlichen Vorrang der Landesregierung setzen, nachdem die von der CDU gestellte Regierung 1988 nach skandalösen Ereignissen abgewählt worden war und man das Staatsgefüge nach zeitgemäßen Prinzipien grundlegend neu ordnen wollte. Die hohe Selbsteinschätzung des Landtags sollte allerdings nicht bedeuten, dass das Parlament den anderen Staatsorganen „übergeordnet“ sei; es sollte vielmehr als rechtlich gleichrangig mit diesen anerkannt werden und nur bei der politischen Willensbildung,[61] also nicht bei der Durchführung der Gesetze und bei den vielfältigen Maßnahmen der Verwaltung oder gar der Justiz die oberste Instanz sein.[62] Das folgt u.a. aus der Verfassungsnorm über die Stellung der Landesregierung: „Die Landesregierung ist im Bereich der vollziehenden Gewalt oberstes Leitungs-, Entscheidungs- und Vollzugsorgan“.[63]

Das verfassungsrechtliche Grundverhältnis zwischen Legislative und Exekutive ist also im Ergebnis – nach den Einzelnormen der Verfassung, die auf die zitierte Grundsatznorm folgen – eher ein Nebeneinander als die Unterordnung der einen unter die andere Institution. Was für Schleswig-Holstein gesagt wurde, gilt allgemein:

„Der Landesregierung steht auf der Grundlage des Prinzips der Gewaltenteilung ein eigener unantastbarer Bereich der politischen Willensbildung, Gestaltung und Entscheidung zu; sie ist jedoch im parlamentarischen Regierungssystem hierfür dem Landtag gegenüber verantwortlich, seiner Kontrolle unterworfen, in besonderer Weise personell vom Landtag abhängig und [...] an parlamentarische Beschlüsse gebunden.“[64]

3. Dezentralisierung als Prinzip, Subsidiarität als Korrektiv

Schon im Alten Testament ist beschrieben, wie unzweckmäßig die zentrale Wahrnehmung der Staatsaufgaben sein kann und dass die obersten Amtswalter überfordert sein können, wenn sie sich um alle Angelegenheiten ihres Volkes kümmern wollen. Im 2. Buch Mose wird berichtet, wie das Volk nach dem Aus-

---

[61] Genauer wäre es zu sagen, dass es sich um Staatswillensbildung handelt. Der Kommentator Peter Hübner spricht von der „besonderen Rolle des Parlaments in dem Prozess wechselseitiger Angleichung der Willensbildung und Entscheidungsfindung der Staatsorgane und der Willensbildung im Volk“ (*Hübner*, in: von Mutius/Wuttke/Hübner, Kommentar zur Landesverfassung Schleswig-Holstein, 1995, Art. 10 Rn. 6).

[62] *Hübner* (Fn. 61), Art. 10 Rn. 2.

[63] Art. 26 Abs. 1 Satz 1.

[64] *Hübner* (Fn. 61), Art. 10 Rn. 2 a.E.

zug der Israeliten aus Ägypten zu Mose strömte und ihn als Schiedsrichter in allen möglichen Rechtsstreitigkeiten anrief. Von morgens bis abends drängten die Menschen zu ihm, bis schließlich sein kluger Schwiegervater Jethro ihm erklärte: „Dein Verfahren ist nicht zweckmäßig; dabei musst du selbst und auch diese Leute, die bei dir stehen, ganz erschöpft werden; denn die Sache ist zu schwer für dich, und du allein kannst sie nicht durchführen". Jethro empfahl Mose eine für die damaligen Verhältnisse passende Spielart von Gewaltenteilung:

> „Sei du der Vertreter des Volkes vor Gott und bringe du ihre Anliegen vor Gott; mache ihnen daneben die Rechtssprüche und Entscheidungen klar und gib ihnen den Weg an, den sie innezuhalten haben, und das Verfahren, das sie beobachten müssen. Zugleich sieh du dich aber unter dem ganzen Volke nach tüchtigen, gottesfürchtigen und zuverlässigen Männern um, die keiner Bestechung zugänglich sind, und setze diese als Obmänner über sie, die einen über tausend, andere über hundert, andere über fünfzig und andere über zehn, damit sie dem Volke jederzeit Recht sprechen, und zwar so, dass sie alle bedeutenden Sachen vor dich bringen, alle geringfügigen Sachen aber selbst entscheiden. Auf diese Weise verschaffe dir Erleichterung und lass sie die Last mit dir tragen. Wenn du es so machst und Gott es dir gestattet, so wirst du dabei bestehen können, und auch alle diese Leute werden befriedigt nach Hause zurückkehren."[65]

Mose folgte diesem Rat und ist nach dem weiteren Bericht der Bibel gut damit gefahren. Autokraten, die alle Entscheidungen an sich ziehen, werden letztlich immer scheitern, während kluge Organisatoren sich oft die Dezentralisierung von Aufgaben zunutze machen – in unterschiedlicher Ausgestaltung je nach Art und Bedeutung der Aufgaben und nach ihrer machtpolitischen Bedeutung. So kann Dezentralisierung dadurch bewirkt werden, dass Aufgaben an relativ selbständige Untereinheiten – z.B. Kommunen – übertragen werden, oder aber dass untere Behörden von strikter Aufsicht freigestellt werden.[66] In zahllosen Verwaltungsreformen der vergangenen Jahrzehnte sind die verschiedenen Möglichkeiten erprobt worden. Regelmäßig sind die neuen Zuordnungen zunächst heftig kritisiert worden; denn sie waren mit Machtverlusten der bisher Zuständigen verbunden. Später hat man sich fast immer daran gewöhnt.

Die wichtigsten Formen der horizontalen Gewaltenteilung sind Föderalismus und kommunale Selbstverwaltung. Seit einiger Zeit müssen wir den Blick auch nach „oben", zu den supranationalen Organisationen richten, denen ein Teil der staatlichen Befugnisse übertragen worden ist und die damit an Macht gewonnen haben. Als regulierendes Prinzip taucht in diesen Zusammenhängen die *Subsidiarität* auf: Bei der Verteilung der Zuständigkeiten soll jeweils die untere Einheit, die kleinere Organisation den Vorrang genießen; die höhere Ebene,

---

[65] 2. Mose 18, 13–26 (Zitat: 17–23) (in der Übersetzung von Hermann Menge, 1927).

[66] Rechtlich wird zwischen *Dezentralisierung* und *Dekonzentration* unterschieden. Das erstere meint die Errichtung rechtlich selbständiger Einheiten unter eingeschränkter Aufsicht der oberen Einheit, das zweite die Bildung von örtlichen oder regionalen Behörden.

die größere Einheit soll nur hilfsweise, eben subsidiär mit einer Aufgabe betraut werden. Das Subsidiaritätsprinzip entstammt ursprünglich der katholischen Soziallehre: die Kirche rät, Gesellschaft und Staat von unten her aufzubauen; zuerst kommt die Familie, dann die Gemeinde, erst wenn diese die Probleme nicht bewältigen können, soll der Staat eingreifen. Dieses Prinzip verweist aber auch auf das Demokratiegebot, indem es die unteren Einheiten begünstigt, in denen die Menschen ohne Vermittlung von Zwischeninstanzen ihren Willen äußern können. In den kleinen Einheiten kennt man sich, begegnet sich immer wieder und wird dadurch immer wieder an die eigene Verantwortung erinnert. Kommunalpolitiker sind meist besonders bürgernah. Die politischen Parteien sind in den Gemeinderäten nicht allein unter sich; lokale Wählergemeinschaften, die sich bewusst von den Parteien absetzen, stellen dort viele Mitglieder. Für die Frage, wie die Demokratie weiter verbessert und Misstrauen im Volk abgebaut werden kann, spielt die kommunale Ebene eine wichtige Rolle.

2.

Warum die Demokratie politische Parteien braucht*

I. Parteien in Verruf

Die öffentliche Meinung über alles, was unter dem Namen „Parteien" auftritt, ist verheerend. In der Beliebtheit beim „Publikum" und in den Medien rangieren die politischen Parteien an letzter Stelle. Sie werden nicht nur kritisiert, sondern moralisch verurteilt. Wer die Berichterstattung und die Kommentare über Parteien und „Parteipolitiker" verfolgt, kann eigentlich nur zu dem Schluss kommen, dass sie alle vollkommen versagen, dass die Parteien als Organisationen abgeschafft gehören oder dass zumindest die Personen, die für sie sprechen, allesamt ausgewechselt werden müssen.

Trotzdem spielen die Parteien bei allen politischen Vorgängen kräftig mit – von der Gesetzgebung des Bundes bis zur Verwaltung kleiner Gemeinden –, und gerade in der heftigen Kritik kommt zum Ausdruck, dass die Bürger ihnen nach wie vor erheblichen Einfluss auf ihre Lebensverhältnisse zuschreiben und große Hoffnungen in sie setzen. Dieser Widerspruch zwischen öffentlicher Geringschätzung und tatsächlicher Wirkungskraft der Parteien prägt die Grundsatzkritik an unserem demokratischen System. Ein jüngerer Professor des Staatsrechts hat ein ganzes Buch über das „Parteienparadox" geschrieben und sinngemäß so formuliert: Demokratie mit Parteien ist nicht möglich, Demokratie ohne Parteien aber auch nicht.[1]

Meine Thesen dazu lauten:

(1) Parteien sind ein unverzichtbarer Bestandteil eines jeden politischen Systems, in dem das Volk durch allgemeine Wahlen die Staatsorgane hervorbringen und die Ausübung der Staatsgewalt beeinflussen soll. Ohne Parteien gäbe es keine repräsentative Demokratie, und es wäre weder zu wünschen noch überhaupt möglich, die repräsentative Demokratie durch eine direkt-demokratische zu ersetzen.

(2) Die existierenden Parteien machen Fehler; die Unzufriedenheit mit ihnen ist zu einem guten Teil begründet. Die Parteien sind zu sehr auf sich selbst kon-

---

* Vortrag im Auftrag der Landeszentrale für politische Bildung Hamburg am 29. Oktober 2019, für den Druck leicht erweitert.

[1] Towfigh, Das Parteienparadox, 2018.

zentriert. Sie müssen ihre demokratische Grundfunktion, die *Vermittlung* zwischen Volk und Staat, besser wahrnehmen. Sie müssen konsequenter *handeln* (d.h. Entscheidungen treffen) statt nur zu reden und auf dem Weg dahin eine bessere *Streitkultur* praktizieren. Sie müssen die Öffentlichkeit ehrlicher *informieren*, insbesondere über die bestehenden Konflikte und die Schwierigkeiten der Problemlösung. Dazu gehört, dass sie auch *andere Vermittler* zwischen Gesellschaft und Politik stärker in ihre Arbeit einbeziehen, auf sie hören und ihnen auf ihre Fragen, Vorwürfe und Vorschläge antworten. Es geht um den *Zusammenhalt der Gesellschaft* und die Zukunftsfähigkeit des politischen Systems.

(3) Die Vorwürfe sind andererseits zum Teil nicht gerechtfertigt. Übertriebene Kritik und dauernde Skandalisierung und Diffamierung verschlimmern die Lage und fördern autoritäre Kräfte. Demokratie braucht Mitmacher innerhalb und außerhalb der Parteien. Viele Mitbürger ziehen sich in ihre Privatsphäre zurück oder üben nur Kritik (z.B. in Leserbriefen und übers Internet), statt sich zu engagieren und konkret dazu beitragen, wie man es besser machen könnte. Auch *Medien und Wissenschaft* helfen nicht genug dabei, von der pauschalen Disqualifizierung der Politik wegzukommen und zu konstruktiven Lösungen zu gelangen.

(4) Wir sollten aber auch die jeweils aktuellen Streitigkeiten zwischen den Parteien nicht überbewerten. Ob die CDU in Thüringen mit der Linkspartei koaliert oder nicht, ist keine Schicksalsfrage der Nation, und das gegenwärtige Elend der Sozialdemokratie ist kein Jahrhunderttrend. Es gibt zahlreiche politische Aufgaben, die mit den Mitteln der Parteien nicht oder nur unzureichend erfüllt werden können – weil sie auch mit den Mitteln des Staates oder einer Kommune nicht zufriedenstellend oder nur langfristig gelöst werden können. Empörung über „die Politiker" hilft da keinen Schritt weiter; zu akzeptablen Entscheidungen führt nur nüchtern-rationale und differenzierende Betrachtung und kluge Sacharbeit aller Verantwortlichen.

Bei aller Kritik sollten wir also nicht das Kind mit dem Bade ausschütten. Das will ich im Folgenden näher darlegen.[2]

II. Die Fehler und Versäumnisse der Parteien

Für den schlechten Ruf der Parteien gibt es gute Gründe. Sie begehen Fehler und liefern damit immer wieder Gründe für Kritik. Je nach politischer Einstellung beurteilen viele Bürgerinnen und Bürger einzelne Entscheidungen der Parteien – sei es personeller, sei es sachlicher Art – als falsch, gefährlich, ungerecht oder

---

[2] Weitere Überlegungen zum Themenkreis dieses Vortrags u.a. in meinem Buch: Was soll, was kann Demokratie? Erwartungen – Enttäuschungen – Hoffnungen, 2018, und zuvor in: Absage an den Staat? Warum Deutschland besser ist als sein Ruf, 2005.

eigennützig. Manche finden sogar das gesamte Handeln der Parteien verwerflich und lehnen „das System“ ab.

1. Parteienkritik als Abbild gesellschaftlicher Spaltung

Bei der Suche nach Beispielen, die von allen oder zumindest der großen Mehrheit der Menschen gleich bewertet werden, komme ich allerdings sogleich in Verlegenheit. Sowohl bei Sach- wie bei Personalentscheidungen differiert die Bewertung oft fundamental. Nehmen wir die Beispiele *Flüchtlingsaufnahme* und *Energiewende* – die entsprechende Politik der Bundesregierung ist so umstritten wie lange keine andere Thematik. Aber nicht „die“ Parteien, sondern *ganz bestimmte* Parteien und Personen haben – nach der Ansicht des einen Teils der Wählerschaft – versagt (und nach der Gegenmeinung gerade moralisch und politisch richtig gehandelt). Und wenn ich etwa Namen umstrittener Spitzenpolitiker nenne, deren Wahl oder Ernennung ich vielleicht als ein Beispiel für falsches Verhalten von Parteien anführen würde, melden sich sogleich Kommentatoren, die gerade diese Personen für wichtig und ihre Handlungen für richtig halten.

Die Gesellschaft ist also auf vielfache Weise *gespalten*; die Parteienszene (und mit ihr die Parteienkritik) bildet diese Spaltung (ungefähr) ab. An sich müssten solche Auseinandersetzungen in einem pluralistischen Gemeinwesen als normal angesehen werden. Politik ist kein Friedwald, und zur Politik gehört nun einmal auch entschiedener Streit. Wenn alle Parteien ständig derselben Meinung wären, stünde es schlecht um die Demokratie. Aber auch der gegenteilige Zustand ist alles andere als ideal: Wenn auf der politischen Bühne nur noch mit harten Bandagen gekämpft wird, wenn man sich gegenseitig beschimpft und nicht mehr zur gemeinsamen Problemlösung in der Lage ist, verliert der Staat an Konfliktlösungskompetenz. Verbale Gewalt fördert Gewalttätigkeit, und auf lange Sicht gewinnen Demagogen und Autokraten an Einfluss.

Das heißt: Damit Demokratie richtig funktioniert, müssen alle Beteiligten zumindest bereit sein, am Ende der Diskussion gemeinsame Lösungen mitzutragen, also *Kompromisse* einzugehen.

Die gesellschaftliche Spaltung ist tief in den Köpfen verankert. Sie beruht zum Teil auf der Kluft zwischen *Arm und Reich*, zum Teil darauf, dass sehr viele Menschen die dramatischen Folgen der Globalisierung nicht so schnell verarbeiten können und dass viele von der Angst vor dem *Verlust der Identität* beherrscht sind. Diese Spaltung kann – wenn überhaupt – nur langfristig, durch viele kleine Schritte überwunden werden. Die Parteien mögen sich mühen, sie wenigstens abzumildern, aber sie besitzen kaum Instrumente, um das Bewusstsein der Menschen tiefgreifend zu beeinflussen.

2. *Die Stilkritik als gemeinsamer Nenner*

Soweit jedoch allgemein an „den“ Parteien Kritik geübt wird, bezieht sie sich ganz überwiegend auf den *Stil* der Auseinandersetzungen. Hier finden sich Beispiele, die von den inhaltlich differierenden Gruppen geteilt werden:

a) Konzentration auf Versprechungen statt Handlungen

Als ein Ärgernis gilt es zum Beispiel, dass die Parteien den Wählerinnen und Wählern regelmäßig mehr versprechen als sie halten können. Die großen Parteien wollen es allen recht machen und niemandem wehtun, und manche der kleineren verfolgen radikale oder sehr spezielle Ziele, die niemand erreichen kann. Die Wählerinnen und Wähler belohnen *Versprechungen*, auch wenn sie offensichtlich unerfüllbar sind. Ein Hamburger Bundestagsabgeordneter schreibt dazu in einem Rundbrief: „Parteien werden nicht dafür gewählt, was sie gemacht haben. Sie werden dafür gewählt, was sie machen wollen und was die Wählerinnen und Wähler ihnen zutrauen“.[3] Das dürfte eine realistische Einschätzung sein; sie stimmt mich allerdings traurig, weil damit eine schlechte Praxis als unveränderlich hingenommen wird und die in der Vergangenheit erbrachten Leistungen vernachlässigt werden (und die eigenen Erfolge schlechtgeredet werden).

Die Nichterfüllung von Versprechungen wird jedoch heftig kritisiert, gebrochene Versprechen gelten vielen sogar als „Lügen“. Für die Wahlentscheidungen spielt dies offenbar kaum eine Rolle; sie werden offenbar weithin nach anderen Maßstäben getroffen. Es ist nicht schwer, hohe Ziele konsensfähig zu formulieren – wohl aber sie zu realisieren. Umstritten sind immer die Mittel und Verfahrensweisen. Dazu äußern sich die Parteien aus verständlichen Gründen oft unklar und widersprüchlich, weil sonst ihre Absichten und Pläne frühzeitig zerredet werden. Aber die Wähler verlangen mit Recht klare Aussagen.

b) Der Niedergang der Streitkultur

Ein anderes Übel besteht darin, dass Parteien sich viel zu sehr mit sich selbst befassen und damit den Medien Stoff für Berichte liefern, die die Diskussionen über Sachthemen überlagern. Ein abschreckendes Beispiel bilden die Streitigkeiten innerhalb der SPD über die Beteiligung an der „Großen Koalition“; sie haben zu viel Aufmerksamkeit auf innerparteiliche Machtkämpfe und Rivalitäten innerhalb der Führungszirkel gelenkt und die Arbeit der Regierung in den Hintergrund treten lassen.

[3] *Matthias Bartke* MdB in seinem Rundbrief Nr. 53 vom 12.6.2019.

Unerfreulich ist auch, dass die Parteien sich gegenseitig *reflexhaft bekämpfen*, selbst wenn sie in der Sache nicht weit auseinander sind. Die Kunst des angemessenen politischen Streits ist unterentwickelt (wobei ich offen lasse, ob sie früher einmal höher geschätzt wurde). An die Stelle von Argumenten treten bloße Beschimpfungen der Gegenseite. Dieser Stil dominiert seit einiger Zeit in den sogenannten sozialen Medien: man urteilt – vielfach im Schutz der Anonymität, aber oft sogar unter dem richtigen Namen – extrem scharf, weiß alles besser als „die" Politiker, ist aber nicht bereit, Mitverantwortung zu übernehmen (etwa durch Eintritt in eine Partei oder – Stichwort Klimaschutz! – durch Änderung der eigenen Lebensgewohnheiten).

Gegen die Verrohung des Kommunikationsstils in der Gesellschaft scheint kein Kraut gewachsen zu sein. Viele Auseinandersetzungen werden seit einigen Jahren so schroff und unversöhnlich geführt, dass es sehr verständlich ist, wenn sich Bürgerinnen und Bürger verärgert in die private Sphäre zurückziehen und politisch engagierte Menschen die Arena verlassen. Wenn sich politische Parteien dem schlechten Stil anpassen, indem sie ihrerseits pöbeln und hetzen, ist Protest geboten. Wir dürfen es niemandem gestatten, Gegner zu verteufeln, sondern müssen einfordern, dass alle Menschen mit Respekt behandelt werden.

Das gilt auch für die Auseinandersetzung mit der AfD: Den Extremisten muss immer wieder deutlich vorgehalten werden, wo sie die Grenzen des demokratischen Wettstreits überschreiten. Gleichzeitig ist es wichtig, auch hier zu unterscheiden zwischen denen, die selbst Hass predigen, und den bloßen „Sympathisanten" und „Mitläufern", die vielleicht noch für Argumente zu haben sind. Wenn nur noch in Fronten, Fraktionen und Gruppen gedacht wird, werden die *Individuen* übersehen, und das rächt sich bei den Wahlen. Wer von anderen in seiner Individualität übersehen wird, fühlt sich mit Recht missachtet – und wählt vielleicht diejenigen, die ihm nach dem Munde reden.

c) Eigeninteresse oder Gemeinwohl?

Weit verbreitet ist auch der Vorwurf, die Parteien seien nur an ihrem eigenen Erfolg interessiert, ihr Handeln orientiere sich nur scheinbar am Allgemeinwohl, in Wahrheit ausschließlich an dem Eigeninteresse der Partei und ihrer Mitglieder und Funktionäre. Als Beispiele dafür werden die immer höhere Staatsfinanzierung der Parteien und die Bezahlung und Versorgung der Abgeordneten angeführt. Tatsächlich hat es Auswüchse etwa bei der großzügigen Versorgung ausgeschiedener Volksvertreter gegeben. Aber das besagt wenig über die Amtsführung von Parteipolitikern.

Die staatliche Finanzierung der Parteien ist – entgegen einer verbreiteten Meinung – keineswegs falsch. Demokratie kann es nicht kostenlos geben; Anspruch auf angemessene Bezahlung haben auch die Menschen, die Aufgaben für die Allgemeinheit wahrnehmen. Wo die politische Arbeit (angeblich) unentgeltlich geleistet wird, herrschen entweder Honoratioren, die es sich leisten können, oder – heute im Normalfall – Superreiche und Diktatoren (die sich auf andere Weise „bezahlen" lassen). Das deutsche System der Parteienfinanzierung ist in den Grundlagen sorgfältig durchdacht und allenfalls wegen der Höhe der Staatsleistungen und der begrenzten Publikationspflicht kritisierbar. Wo Parteien nur auf Beiträge und Spenden angewiesen sind, herrscht die kleine Schicht der unmäßig Reichen über die breite Mehrheit der Normalverdiener und ärmeren Bürger. Die USA unter Donald Trump bilden ein abschreckendes Beispiel!

Früher ist oft kritisiert worden, dass die Parteien ihren Einfluss in alle möglichen gesellschaftlichen Bereiche hinein ausdehnen. Dabei waren insbesondere die Rundfunk- und Fernsehräte gemeint, die nach dem Konzept des öffentlich-rechtlichen Rundfunks „staatsfrei" oder zumindest „staatsfern" bleiben sollten. Nach dem Skandal um die Besetzung des Chefredakteurspostens beim ZDF hat das Land Rheinland-Pfalz das Bundesverfassungsgericht angerufen, und dieses hat den einschlägigen Staatsvertrag für verfassungswidrig erklärt.[4] Die Zahl der Parteimitglieder in den Aufsichtsgremien des ZDF ist daraufhin ausdrücklich begrenzt worden.[5]

Mit Recht wird es auch bemängelt, wenn die Parteien Ämterpatronage betreiben, das heißt wenn sie ungeeignete Bewerber nur wegen ihrer Parteimitgliedschaft für staatliche Ämter nominieren oder durch ihre Amtsträger berufen. Auch diese Form der unzulässigen Einflussnahme ist durch die Rechtsprechung begrenzt worden. Heute können abgelehnte Bewerber mit einer „Konkurrentenklage" gerichtlichen Rechtsschutz suchen, und vielfach haben die Gerichte die Parteien auf diesem Feld ausgebremst. Es bleibt allerdings eine Aufgabe der Verantwortlichen, Ämterpatronage zu unterbinden, also das grundgesetzliche Gebot (Art. 33 Abs. 2) der Bestenauslese konsequent zu befolgen.

d) Der Wettbewerb der Parteien

In allen Angelegenheiten, die nicht den (gemeinsamen) Status der Parteien berühren, sorgt der *Wettbewerb* der Parteien dafür, dass sie ihren Auftrag wahrnehmen, Ausgleiche zwischen den konfligierenden Interessen zu suchen und durchzusetzen. Das „Bohren harter Bretter" in den Gremien aller Art ist wahrlich kein reines Vergnügen, sondern Schwerarbeit. Der Alltag der Parteiorgane und vieler Mitglieder besteht in mühsamer Kleinarbeit an zahllosen Themen des sozialen Zusammenlebens, im Formulieren von Anträgen und Vorschlägen, in Überzeugungsarbeit, im „Sich-kümmern" um die Sorgen der Bürger. Dies alles

---

[4] Urteil v. 25.3.2014, BVerfGE 136, 9.

[5] „Der Anteil der staatlichen und staatsnahen Mitglieder darf insgesamt ein Drittel der gesetzlichen Mitglieder des jeweiligen Gremiums nicht übersteigen. Für die weiteren Mitglieder ist die Zusammensetzung der Aufsichtsgremien des öffentlich-rechtlichen Rundfunks konsequent staatsfern zu gestalten" (BVerfGE 136, 9 Leitsätze 2. a) und 2. b) Satz 1).

geschieht – in unterschiedlichen Formen – auf den verschiedenen Ebenen von der Dorfgemeinde bis zur Europäischen Union.

Die Parteien pauschal als bürgerfern beschimpfen kann eigentlich nur, wer sich nicht klargemacht hat, wie Abgeordnete und Funktionäre tagtäglich arbeiten und wie – an der vielbeschworenen „Basis" – die Mitglieder sich in Wahlkämpfen engagieren oder die Kontakte in die Gesellschaft pflegen – das ist mühsamer als spitze Kommentare zur „Überversorgung" von Politikern zu verfassen. Die „Mühen der Ebene" werden von vielen übersehen und gering geschätzt.

III. Aufgaben und Verantwortung der Parteien

1. Vermittlung zwischen Volk und Staat

Die Parteien tragen Verantwortung: Sie sind durch ihre Repräsentanten in wesentlichem Umfang daran beteiligt, welche Gesetze wir haben, wie die Zukunft geplant wird, welche Leistungen die Allgemeinheit verteilt und welche Steuern erhoben werden. Sie sind mitverantwortlich für die Sicherheit der Menschen, den Wohlstand der Nation (und des ganzen Kontinents) und die Zukunftschancen der Jugend.

Nach dem Gesetz sind Parteien „ein verfassungsrechtlich notwendiger Bestandteil der freiheitlichen demokratischen Grundordnung" (§ 1 Abs. 1 Satz 1 Parteiengesetz). Sie haben die verfassungsmäßige Aufgabe, „bei der politischen Willensbildung des Volkes mitzuwirken" (so Art. 21 Abs. 1 Satz 1 GG). Das Parteiengesetz konkretisiert diese Aufgabe, indem es sagt, was die Parteien „insbesondere" sollen, nämlich (§ 1 Abs. 2 Parteiengesetz):

- „auf die Gestaltung der öffentlichen Meinung Einfluss nehmen,
- die politische Bildung anregen und vertiefen,
- die aktive Teilnahme der Bürger am politischen Leben fördern,
- zur Übernahme öffentlicher Verantwortung befähigte Bürger heranbilden,
- sich durch Aufstellung von Bewerbern an den Wahlen in Bund, Ländern und Gemeinden beteiligen,
- auf die politische Entwicklung in Parlament und Regierung Einfluss nehmen,
- die von ihnen erarbeiteten politischen Ziele in den Prozess der staatlichen Willensbildung einführen und
- für eine ständige lebendige Verbindung zwischen dem Volk und den Staatsorganen sorgen."

Einige dieser Punkte überschneiden sich, aber die Aufzählung macht anschaulich, worum es letztlich geht: um die *Vermittlung* zwischen „Volk" und „Staat", anders ausgedrückt um die *Ermöglichung der Selbstbestimmung* des Volkes über die gemeinsamen Angelegenheiten. Sie sollen dabei helfen, den Willen des Volkes inhaltlich zu erarbeiten, und sie sollen qualifiziertes Personal heranbilden, das mit der Wahrnehmung der staatlichen Aufgaben betraut werden kann. In dem Angebot von „Führungspersonal für die großen politischen Ämter" zur Auswahl bei den Parlamentswahlen sehen manche sogar die Hauptaufgabe der Parteien.[6]

2. Das Gegenbild der „identitären" Demokratie

Das Gegenbild zu dieser Parteienphilosophie bildet *Jean-Jacques Rousseaus* Verständnis von „identitärer" Demokratie. Die wesentliche Kraft dieser Form von Demokratie ist der „allgemeine Wille", also die (integrierende) „volonté générale" im Gegensatz zur (bloß die Einzelmeinungen kumulierenden) „volonté de tous". Bei der Bildung dieses „allgemeinen Willens" spielen Parteien nach Rousseaus Vorstellung eine ungünstige Rolle; er vergleicht sie mit „Sekten" und schreibt:

> „Bei der Beschlussfassung eines hinlänglich unterrichteten Volkes" sollten „die Staatsbürger keine feste Verbindung untereinander" haben; dann „würde aus der großen Anzahl kleiner Differenzen stets der allgemeine Wille hervorgehen, und der Beschluss wäre immer gut". Er fährt fort: „Wenn sich indessen Parteien, wenn sich kleine Genossenschaften zum Nachteil der großen bilden, so wird der Wille jeder dieser Gesellschaften in Beziehung auf ihre Mitglieder ein allgemeiner und dem Staat gegenüber ein einzelner". „Um eine klare Darlegung des allgemeinen Willens zu erhalten", sei es „deshalb von Wichtigkeit, dass es im Staat möglichst keine besonderen Gesellschaften geben und jeder Staatsbürger nur für seine eigene Überzeugung eintreten soll".[7]

Diese Vorstellung, dass der Wille des Einzelnen *„unvermittelt"* in den der Gesamtheit eingehen solle, hatte und hat etwas Faszinierendes. Er erinnert an die Theologie des Protestantismus, wonach der Einzelne eine Beziehung „unmittelbar zu Gott" hat und nicht der Vermittlung der Priester bedarf. Umgekehrt ist die tatsächlich stattfindende Einwirkung *„intermediärer Gewalten"* (insbesondere Interessenverbänden) auf das politische Geschehen immer wieder hinterfragt worden. Die französischen Revolutionäre haben die Identitätsvorstellung auch dazu benutzt, Versammlungen und Vereinigungen der Arbeiter generell zu verbieten. Nach Unruhen in der Arbeiterschaft wurden im Sommer 1791 durch

---

6 *Hennis*, Aufgabe und Grenzen der Parteien, in: *ders.*, Auf dem Weg in den Parteienstaat. Aufsätze aus vier Jahrzehnten, 1998, S. 9 ff. (10).

7 *Rousseau*, Der Gesellschaftsvertrag oder Die Grundsätze des Staatsrechts, übersetzt von Denhardt, 1975, II. Buch, 3. Kapitel, S. 32 f. (unter Berufung auf Machiavelli!).

das Gesetz *Le Chapelier* „alle Arten von Zusammenschlüssen der Bürger gleichen Standes und gleichen Berufs“ verboten.[8]

Der Rousseau'sche Glaube an die Überlegenheit der direkten Volksabstimmung ist in bestimmten rechtskonservativen Kreisen noch immer verbreitet. Er erinnert an die Hoffnungen, die bis vor kurzem – von ganz anderen Gruppen – in die „*Schwarmdemokratie*“ des Internets gesetzt worden sind.[9] Die Piratenpartei und ihre Geistesverwandten haben versucht, die Beteiligung von Bürgern an Staatsleitung und Gesetzgebung zu intensivieren. Die *Technik* sollte es ermöglichen, alle wichtigen politischen Entscheidungen zumindest so weit vorzubereiten, dass die gewählten Volksvertreter sie als Volksmeinung übernehmen könnten.

Rousseau und die Piraten können aber nicht erklären, wie aus den unzähligen Einzelmeinungen *in einem Schritt*, ohne irgendwelche Zwischenstufen, Abklärungen und Zusammenfassungen ein einheitlicher gemeinsamer Wille entstehen kann, und erst recht können sie nicht beweisen, dass die Qualität der Resultate höher sei als die des mehrfach vermittelten Volkswillens, wie ihn die Verfahrensregeln der repräsentativen Demokratie hervorbringen. Aber eben darum sollte es gehen: ein Höchstmaß an Rationalität und Gemeinwohlorientierung zu erreichen. Die Verfassung sollte auf dieses Ziel hin angelegt sein.

Richtig ist, dass die Bündelung und Zuspitzung von Interessen und Meinungen innerhalb der verschiedenen Parteien *nur die erste, noch unvollständige und unverbindliche Stufe* der politischen Willensbildung darstellt und die umfassende verbindliche Abklärung aller Interessen auf der höheren Ebene geschehen muss, in der Vertretung des ganzen Volkes.[10] Die Parteien führen jeweils nur einen Teil der Meinungen und Kräfte zusammen; sie sollen ja gerade eigene „Profile“ haben und in ihrer Gesamtheit den Wählern eine Auswahl anbieten. Würde aber auf diesen ersten Teil des Willensbildungsprozesses verzichtet, so wäre das Ergebnis dem Zufall überlassen. Ohne das Zusammenwirken der Individuen mit anderen in eigenen Interessenvertretungen (also Parteien) wäre vollkommen

---

[8] Vgl. hierzu *Bull*, „Freiheit der Arbeit“ als Unterdrückung der Koalitionsfreiheit – Die loi Le Chapelier von 1791 und ihre Folgen, in: Gornig/Kramer/Volkmann (Hrsg.), Staat – Wirtschaft – Gemeinde. Festschrift für Werner Frotscher zum 70. Geburtstag, 2007, S. 129 ff. (in diesem Band Nr. 13, S. 329 ff.). – Ausgenommen von dem Verbot waren jedoch die Handelskammern und die politischen Clubs – an die ersteren hatte man zunächst nicht gedacht; das Verbot der politischen Clubs war für die Nationalversammlung offenbar von vornherein undenkbar.

[9] Dazu *Kersten*, Schwarmdemokratie, 2017, S. 162 ff. m.w.N.

[10] Deshalb ist die Lehre vom „Parteienstaat“, wie *Gerhard Leibholz* sie vertreten hat – wonach der in den Parteien akkumulierte Wille „identisch“ war mit dem Willen des Volkes –, keine angemessene Theorie des im Grundgesetz verfassten Staates. Vgl. dazu *Leibholz*, Zum Begriff und Wesen der Demokratie, in: *ders.*, Strukturprobleme der modernen Demokratie, 3. Aufl. 1967; kritisch zu dieser Konzeption u.a. *Hennis*, Der „Parteienstaat“ des Grundgesetzes, in: *ders.*, Auf dem Weg in den Parteienstaat, 1998, S. 107 ff.; zur Leibholz'schen Identitätstheorie dort insbes. S. 118 f.

ungesichert, dass aus den Abstimmungen handlungsfähige Mehrheiten für eine bestimmte Politik herauskämen.

Auch die *elektronische Kommunikation* eines Teils der Bevölkerung kann nicht als Basis politischer Willensbildung des ganzen Volkes dienen. Hier fehlt es schon an der nötigen *Legitimation*; denn daran nimmt nur ein kleiner Teil der Bevölkerung teil. Die aktiv Berufstätigen haben überwiegend keine Zeit für die intensive Internetnutzung, und sehr viele Mitbürgerinnen und Mitbürger sind überhaupt nicht daran interessiert, sich auf diese Weise ständig mit politischen Themen zu befassen. Auch die Qualität der Vorschläge, die der „Schwarm" in ständig variierter Form als jeweils aktuellste Meinung liefert, kann nicht besser sein als die Beratungsergebnisse der verfassungsmäßigen Institutionen, die viel Zeit brauchen und wiederholte Prüfungsschritte voraussetzen, in denen langfristige Lösungen erarbeitet werden können. Schnelligkeit und ständige Revidierbarkeit der Entscheidungen sind kein positives Qualitätsmerkmal; im Gegenteil können zu eilige Herstellung und zu große Schwankungen den Wert der getroffenen Entscheidungen mindern. Jens Kersten spricht mit Recht von einer „Politik des Zufalls".[11]

Nach allem ist Rousseaus Ideal in unserer pluralistischen Gesellschaft nicht erreichbar. Dieses Ideal wird vielmehr von Autokraten missbraucht, die ihre Legitimation aus der massenhaften Akklamation des Volkes ableiten; die jüngere Geschichte lehrt, dass „identitäre Demokratie" zu autoritärer Herrschaft derer führt, die sich selbst mit dem Volk gleichsetzen.

IV. Die Unausweichlichkeit der repräsentativen Demokratie

1. Der Ständestaat als Alternative?

Die moderne Demokratie ist also notwendigerweise eine repräsentative; sie ist auf *Vermittler* angewiesen. Als solche bieten sich den Bürgern verschiedene Organisationen an: Interessenverbände, Berufsvereinigungen, Gewerkschaften, Kirchen und andere Religionsgemeinschaften, Bürger- und Volksinitiativen zu einzelnen politischen und administrativen Themen – und eben politische Parteien. Frühere, vordemokratische Gesellschaften waren nach *Ständen* gegliedert. Die Gliederung des Volkes in antagonistische *Klassen* war die ideologische Grundlage der Staaten, die sich selbst als realsozialistisch bezeichneten und in denen der Staatswille gerade nicht als „allgemeiner" gebildet wird, sondern die herrschende Klasse durch ihre Vertreter bestimmt, was der Staat tun soll.

Die Welt hat in den letzten Jahrhunderten zahllose nur scheinbar demokratische Systeme erlebt – von der konstitutionellen Monarchie über den Faschis-

[11] AaO. (Fn. 9), S. 165.

mus bis zum sowjetischen Kommunismus und seinen Nachfolgern. Ein derartiges autoritäres oder gar diktatorisches System will heute niemand – ausgenommen einige extremistische Gruppen, die sich anmaßen, den Willen des Volkes besser zu repräsentieren als die demokratischen Kräfte.

Theoretisch könnte man sich vorstellen, an die Stelle der Auswahl von Volksvertretern durch die Parteien die Kandidatenaufstellung durch Berufsverbände, Gewerkschaften, Religionsgemeinschaften und andere „unpolitische" Vereinigungen zu setzen. Wenn diese Vereinigungen die Absicht haben, „dauerhaft oder für längere Zeit" auf die politische Willensbildung Einfluss zu nehmen, werden sie dadurch selbst zu „Parteien" im Sinne des Gesetzes (§ 2 Parteiengesetz). Abgesehen von dieser terminologischen Frage aber wäre damit keine Vertretung des ganzen Volkes gewährleistet, sondern ein anachronistischer Ständestaat errichtet. Wichtige und zahlenmäßig große Gruppen blieben außen vor, so die Mehrzahl der nicht Berufstätigen, aber auch sehr viele *alte Menschen und sozial Schwache*, für die niemand spricht.

2. Volksvertretung mittels Losverfahren?

Eine andere Staatsform würde entstehen, wenn die Vorstellungen des belgischen Historikers *David Van Reybrouck* aufgegriffen würden, die Auswahl durch das Volk ganz abzuschaffen und stattdessen das *Los* entscheiden zu lassen, wer die Bürger im Parlament vertritt.[12] „Die Idee besteht darin, dass ein zufällig ausgewählter Teil der Bevölkerung sich schlaumacht und dann eine sinnvolle Entscheidung fällt". „Ein Querschnitt der Gesellschaft, der informiert ist, agiert vernünftiger als eine ganze Gesellschaft, die nicht informiert ist".[13] Das mag sein, aber eine repräsentative Demokratie kann sich nicht darauf zurückziehen. Selbst wenn auf diese Weise die Wählerschaft nach soziologischen Merkmalen widergespiegelt würde – diese „Volksvertretung" käme ohne jedes Zutun des Volkes allein nach statistischen Vorgaben zustande. Es handelt sich um eine rein technokratische Idee von Repräsentation, bei der das real existierende Volk ignoriert wird.

Van Reybrouck und seine Anhänger wollen die ganz andere Form von „Volksherrschaft" im antiken Griechenland wiederbeleben; das ist für unsere Probleme vollkommen unpassend. Die athenische „Volksdemokratie" wird unhistorisch verklärt. Wer auf das Los vertraut, überlässt die gemeinsamen Angelegenheiten der Willkür. Mit einer rationalen Organisation des Volkswillens ist das nicht vereinbar.

---

[12] *Van Reybrouck*, Gegen Wahlen. Warum Abstimmen nicht demokratisch ist, 2016. S.a. *ders.*, Lieber Präsident Juncker, in: Geiselberger (Hrsg.), Die große Regression, 2018, S. 275–292.

[13] *Van Reybrouck*, in: Geiselberger (vorige Fn.), S. 289.

Wir kennen aber heute andere Formen, um die Meinungen und Erfahrungen der Bürger in die staatlichen Entscheidungsprozesse einzubeziehen, etwa die nach Zufallsauswahl zusammengesetzten *„Planungszellen"* (nach dem Wuppertaler Politologen *Peter Dienel*), auch „Bürgerforen" genannt, die besser genutzt werden könnten. Mit diesen Gremien sind schon gute Erfahrungen gemacht worden. Wohlgemerkt: Sie wären kein Ersatz, sondern eine Ergänzung der parlamentarischen Demokratie.

3. Mehr unmittelbare Demokratie?

Die heutigen radikalen Parteienkritiker haben keine brauchbare Alternative anzubieten. So hat der bekannteste von ihnen, *Hans-Herbert von Arnim*, zwar eine ganze Bibliothek darüber zusammengeschrieben, wie sich die Parteien angeblich „den Staat zur Beute" gemacht haben, aber auch er hat als Gegenmodell nur einzelne Vorschläge gemacht, die im Kern Variationen der *direkten Demokratie* darstellen. Er fordert mehr Volksentscheide auf allen Ebenen und die unmittelbare Wahl der Landes-Ministerpräsidenten sowie des Bundespräsidenten. Volksentscheide sind inzwischen in Ländern und Kommunen fast überall in weitem Maße möglich und sind zeitweise auch in größerem Umfang durchgeführt worden. In Hamburg sind bekanntlich die Bestimmungen über Volksinitiativen, Volksbegehren und Volksentscheide selbst durch Volksentscheid beschlossen worden. Ferner sind die Energienetze durch Volksentscheid aus der Sphäre der Energieerzeuger wieder in öffentliche Regie übernommen worden, und das Wahlvolk von Hamburg hat eine Bewerbung der Stadt um die Olympischen Spiele abgelehnt. Wegen einer Volksinitiative haben die Regierungsfraktionen Verhandlungen mit Bürgern über die Art und Weise der Flüchtlingsunterbringung aufgenommen und nach intensiven Beratungen in „Bürgerverträgen" entsprechende Modalitäten festgelegt. Das Landesparlament hat diese Einigungen übernommen und damit einen Volksentscheid überflüssig gemacht. Zahlreiche andere Initiativen – insbesondere gegen bestimmte Bauvorhaben – fanden nicht das erforderliche Maß an Zustimmung oder sind aus anderen Gründen gescheitert.

Inzwischen ist die Begeisterung für die unmittelbare Volksbeteiligung wieder stark abgeflaut. Zwar will niemand zurück zu dem früheren Rechtszustand ohne die Möglichkeiten direkt-demokratischer Einflussnahme, aber es hat sich doch die Einsicht durchgesetzt, dass der „normale" Politikbetrieb mit diesen Mitteln nicht zu bewältigen wäre. Der Aufwand wäre zu groß, und es besteht die Gefahr, dass kleine Gruppen besonders engagierter und gut organisierter Mitbürger die große Mehrheit der anderen überwältigen würden. Schon den moralischen Druck zur Beteiligung müssen diejenigen, die sich nicht für die aufgeworfenen Themen interessieren, als eine Zumutung empfinden. Die Verfahrensweisen der *repräsentativen* Demokratie sind den stark von Zufällen und Stimmungen abhängigen Vorstößen aus der Bevölkerung in der Regel überlegen.

4. Unmittelbare Wahl in Spitzenämter?

Immer wieder einmal wird vorgeschlagen, den *Bundespräsidenten* direkt wählen zu lassen. Der Nutzen einer solchen Änderung ist höchst ungewiss. Der Bundespräsident hat nur wenige Kompetenzen und daher nur geringe politische Macht; die Einführung der Direktwahl würde daran kaum etwas ändern, aber bei den Wahlberechtigten falsche Vorstellungen erwecken. Wenn die wahre Machtlage dann bei einer Krise offenbar würde, müssten sich die Wähler getäuscht fühlen.

Der weitere Vorschlag des Kollegen von Arnim, die *Regierungschefs der Länder* direkt vom jeweiligen Landesvolk wählen zu lassen,[14] ist ebenfalls nicht hilfreich. Zwar könnte in dem einen oder anderen Fall ein Kandidat oder eine Kandidatin ohne die Unterstützung einer Partei auftreten und hätte vielleicht auch eine Erfolgschance – aber nur wenn er oder sie die Unterstützung der Massenmedien besitzt oder für die nötige Werbung sehr viel Geld ausgeben kann. Die Präsidentschaftswahlkämpfe in den USA sind ein abschreckendes Beispiel für die Entwicklung der Demokratie unter dem Einfluss des großen Geldes. Dort haben die großen Parteien darin versagt, wirklich repräsentative Bewerber aufzustellen, und haben den Superreichen das Feld überlassen.[15] Sie sollten „Hüter der Demokratie" sein, aber sie haben sich einem Autokraten unterworfen.

In Deutschland würde die Kandidatenbenennung auch bei direkter Volkswahl der Ministerpräsidenten und des Bundespräsidenten wohl bei den Parteien verbleiben (übrigens wäre es konsequent, dann auch den Bundeskanzler oder die Bundeskanzlerin direkt wählen zu lassen – eine wahrlich abwegige Vorstellung!). Die Parteien würden sich gewiss auch danach richten, wer die größten Chancen hat, gewählt zu werden, also auf die Popularität setzen und vielleicht auch Parteilose aufs Podest heben. Aber was begründet denn die Erwartung, dass sich bei einer Direktwahl besonders „volksnahe" und zugleich besonders qualifizierte Amtsträger durchsetzen würden? (Ob der ukrainische Staatspräsident Selenskij, der zuvor einen Staatspräsidenten gespielt hatte, ein guter Regierungschef wird, muss sich erst zeigen. Bisweilen haben sich Schauspieler wie Ronald Reagan oder Arnold Schwarzenegger in prominenten politischen Po-

---

[14] *Von Arnim*, Systemwechsel durch Direktwahl des Ministerpräsidenten?, in: Benz/Siedentopf/Sommermann (Hrsg.), Institutionenwandel in Regierung und Verwaltung, Festschrift für Klaus König, 2004, S. 371–385.

[15] Zu der traurigen Entwicklung in den USA vgl. etwa *Levitsky/Ziblatt*, Wie Demokratien sterben, 2017.

sitionen ja bewährt, aber bisweilen sind begnadete Schauspieler in der Politik gnadenlos gescheitert.).

V. Wie stabil ist die Parteiendemokratie?

Hier ist nicht der Ort, den Parteien Ratschläge zu geben. Wer über Strukturprobleme der Demokratie spricht, sollte seine subjektiven Parteipräferenzen zurückstellen und versuchen, die Voraussetzungen einer funktionierenden Ordnung allgemein zu bezeichnen.

Die repräsentative Demokratie setzt voraus, dass die Bürgerinnen und Bürger ihren gewählten Vertretern ein Mindestmaß an *Vertrauen* entgegenbringen. Das Volk kann niemals alle Angelegenheiten politischen Charakters selbst entscheiden; es bedarf der Delegierten, Vertrauenspersonen und Experten, die in seinem Auftrag handeln. Die Wähler können auch niemals in ausreichendem Maß über alle Entscheidungsgrundlagen informiert sein, und selbst die Volksvertreter müssen fremden Sachverstand und fremde Erfahrung nutzen, um die angemessenen Entscheidungen zu treffen. So wie ein Patient seinem Arzt Vertrauen schenkt und ein Bauherr sich auf das Können von Technikern verlässt, ist es selbstverständlich, dass auch politische und administrative Probleme von sachverständigen „*Spezialisten für das Allgemeine*" bearbeitet werden müssen: von Abgeordneten, Ministern, Beamten und den Kandidatinnen und Kandidaten für diese Funktionen. Die unmittelbare Volksbeteiligung kommt nur in besonderen Fällen und nicht als normale, alltägliche Verfahrensform in Betracht – insbesondere wenn gewichtige Entscheidungen zu treffen sind, die vor der Wahl nicht ausreichend diskutiert worden sind.

Fehlt jegliches Vertrauen, ist die Funktionsfähigkeit des repräsentativen Systems gefährdet. Tatsächlich sind heute viele der Ansicht, die Parteien und mit ihnen die Demokratien hätten das Spiel bereits verloren. *Udo Di Fabio* schreibt: „Die alten Parteiendemokratien zergehen wie Eis in der Sommerhitze".[16] Dass die „Volksparteien" sich überlebt hätten, wird vielfach als Tatsache angesehen. Die Parteienlandschaft ist zersplittert. Ganz neue Parteien haben sich gebildet oder sind aufgestiegen; in den Parlamenten gibt es so viele kleine Fraktionen, dass die Bildung von Regierungen schwerer geworden ist. Den Parteien fällt es schwerer, ihre Filter- und Bündelungsfunktion zu erfüllen; ihr Profil wird undeutlicher, ihre Gestaltungsmacht geringer.

Kritikern erscheint auch der Prozess der Meinungsbildung innerhalb der Parteien als antiquiert, die innerparteilichen Machtstrukturen als verkrustet, die Führungsgruppen als überaltert. Das trifft sicher in vielerlei Hinsicht zu, weswegen „Erneuerung" mit Recht gefordert wird. Man will dem Wunsch der

---

[16] *Di Fabio*, Die Verwandlung der westlichen Demokratien, in: FAZ v. 22.7.2019.

Mitglieder, mehr mitbestimmen zu können, durch Urabstimmungen entgegenkommen, und die Vorstände unternehmen viel, um die Mitglieder besser als bisher zu informieren. Für all diejenigen, die nicht an Parteiversammlungen teilnehmen, werden Informationssysteme angelegt und technikgestützte Auswahlmöglichkeiten angeboten. Durch Quotierungen und die Einführung einer Doppelspitze sollen Frauen zu stärkerem politischem Engagement angereizt werden, und junge Menschen werden besonders umworben. Das ist alles verständlich und kann die innerparteiliche Demokratie unter günstigen Umständen stärken. Den Vertrauensverlust werden die Parteien aber nicht durch noch so intensive interne Diskussionen und ebenso wenig durch informationstechnische Innovationen ausgleichen können, sondern nur durch überzeugendes Verhalten des Spitzenpersonals.

Die Parteiendemokratie ist noch lange nicht am Ende, die gegenwärtige Krise ist überwindbar. Wenn einzelne Parteien unbedeutend werden oder ganz untergehen, bilden sich neue. Die Vereinigungsfreiheit steht nicht nur im Grundgesetz (Art. 9); sie wird auch wahrgenommen. Die Interessen- und Meinungsgruppen, die im Volk vorhanden sind, können sich ständig neu sortieren, andere Bündnisse eingehen und neue Koalitionen suchen, die mehr Erfolg versprechen als die alten. Sie vermeiden vielleicht den Namen „Partei", sind aber Parteien im Sinne der Demokratietheorie.

Wie sich das *Parteiensystem* von morgen im Einzelnen entwickeln wird, wissen wir nicht. Es hat wenig Sinn, etwa dem Zwei-Parteien-System nachzutrauern, das einen regelmäßigen Wechsel der Regierungsmehrheit gesichert hat. In den neuen Konstellationen stehen die Parteien unter erheblichem Einigungszwang. Sie müssen Regierungen bilden, mit denen ein großer Teil der Wählerinnen und Wähler nicht gerechnet hat. Aber auch dies gehört zur Demokratie: dass die gewählten Volksvertreter sich Partner suchen müssen, um aus ihrer Mitte eine funktionsfähige Regierung zu bilden. Die Wählerinnen und Wähler können über *Koalitionen* nicht selbst entscheiden (auch wenn das Wahlsystem es ermöglicht, gewisse Schlüsse zu ziehen). Allerdings hatten sie in Wahrheit niemals die Sicherheit, dass ihre Präferenz sich durchsetzen würde; es hing immer vom Verhalten des dritten Partners – früher z.B. der FDP – ab, ob eine „linke" oder eine „rechte" Koalition zustande kam.

Mit der neuen Unsicherheit können die Parteien schlecht umgehen. Manche Kommentatoren folgern aus dem Aufstieg der AfD, der alte wirtschaftlich-sozial begründete Unterschied zwischen rechten und linken Parteien sei obsolet geworden; wichtiger sei heute die Unterscheidung zwischen einer humanistisch-global angelegten Politik und einem „identitären", nationalistisch oder sogar „völkisch" begründeten Politikverständnis. Meine Überzeugung ist, dass das *Rechts-Links-Schema* auch in der zukünftigen Parteienlandschaft erkennbar sein wird. Denn es bezeichnet den zentralen Gegensatz zwischen denen, die Besitzstände erhalten und ausbauen wollen, und denen, die für mehr Ausgleich der Lebenschancen eintreten. Neue Gruppierungen, etwa: pro und contra Klimaschutz, werden diesen Gegensatz teilweise überdecken oder geringer bewerten; vielleicht wird man irgendwann in erster Linie zwischen „grünen“ und „schwarzen“ Parteien unterscheiden. Die alte Einteilung zwischen „rot“ und „schwarz“ wird aber von der neuen nicht ganz verdrängt werden, sondern (zumindest als zusätzlicher Maßstab) immer wieder viele Wähler beeinflussen. Es scheint überdies so zu sein, dass eine erhebliche Zahl der Wähler gar nicht nach den programmatischen Unterschieden zwischen den Parteien entscheidet, sondern nach Personen, die zur Wahl stehen. So geben manche ihre Stimme „eigentlich“ gar nicht den Parteien, sondern den Spitzenkandidaten (während andere den Parteien *trotz* bestimmter Kandidaten treu bleiben!).

Welche Veränderungen aber werden die *extremistischen und populistischen* Parteien an den Rändern des bisherigen Parteienspektrums herbeiführen? Müssen wir Parteien, die extremistische Positionen vertreten, tolerieren und eventuell sogar aus Steuermitteln subventionieren? Oder gilt der Satz: „Keine Freiheit für die Feinde der Freiheit“? Das Grundgesetz erlaubt Parteiverbote, schützt aber die Handlungsfreiheit bestehender Parteien und die Gründungsfreiheit neuer Gruppierungen und erschwert Parteiverbote durch hohe rechtliche Hürden, insbesondere das Entscheidungsmonopol des Bundesverfassungsgerichts. Viele Juristen, Politologen und Journalisten halten die Verbotsbefugnis, obwohl sie im Grundgesetz steht, für verfassungswidrig oder sehen darin zumindest einen Verstoß gegen den liberalen Geist der Verfassung. Ich teile diese Ansicht nicht. Es wäre etwas gewonnen, wenn man den aggressiven Gegnern der freiheitlichen Ordnung die organisatorische Basis nähme. Immerhin kann nach einer neueren Verfassungsänderung nun die staatliche Finanzierung verfassungsfeindlicher Parteien beendet werden, wenn auch in einem ähnlich schwierigen Verfahren wie beim Parteiverbot. Richtig ist aber auch, dass es mit einem Verbot nicht gelingen kann, den bösen Geist der Verfassungsfeindschaft zu bekämpfen.

Von den politischen Akteuren wird in dieser Situation eine Form von geistig-moralischer Stärke gefordert, die nicht jeder aufbringt. Es bleibt wohl nur die Hoffnung darauf, dass es auf lange Sicht befriedend wirken wird, wenn Parteien und Medien die politische Kommunikation genauer, sorgfältiger und damit wahrhaftiger gestalten. Über die großen Fragen der Zeit muss gestritten werden. Die Demokratie wird nur erfolgreich bleiben, wenn dieser Streit im Geiste der Aufklärung und des gegenseitigen Respekts, mit Klugheit und Entschiedenheit geführt wird.

3.

Direkte Demokratie als Alternative oder als Ergänzung?

I. Demokratie und Zeitgeist

In Politik und Wissenschaft hat es – zunächst in Frankreich und Nordamerika, später in zahllosen anderen Staaten der westlichen Welt – intensive Debatten über die Möglichkeiten unmittelbarer Mitwirkung des Volkes an der Bildung des gemeinsamen Willens, des Staatswillens, gegeben, und eine Vielfalt von Gestaltungsformen ist erprobt worden. So hat man besonders in Frankreich zeitweise gehofft, dem Ideal der Beteiligung möglichst vieler Menschen dadurch näherzukommen, dass man den gewählten Vertretungskörperschaften das entscheidende Gewicht einräumte. Die Regierungen sollten nur Ausschüsse der Parlamente sein. Aber es gelang nicht, „Versammlungsregierungen" zu etablieren; immer wieder wanderte die politische Macht in großen Teilen zur Exekutive hin.[1] In den Verfassungsdebatten vor der Gründung der USA setzte sich ein System repräsentativer Demokratie durch, das eine absolute Herrschaft der jeweiligen Mehrheit durch verfassungsrechtliche checks and balances ausschließen wollte (und dies auch bewirkte und bis heute bewirkt).[2] Dieses Verfassungssystem wurde trotz seiner Defizite (z.B. beim Wahlsystem) zum Vorbild für viele Staaten auf der ganzen Welt.

In unserer Zeit ist die Forderung nach unmittelbarer Beteiligung möglichst vieler Bürgerinnen und Bürger wieder unüberhörbar. „Die direkte Demokratie hat in Deutschland eine engagierte Fangemeinde, die ihr Anliegen – den Ausbau der Volksgesetzgebung in den Ländern und ihre Einführung im Bund – mit bisweilen missionarischem Eifer betreibt."[3] Bürgerinitiativen wie insbesondere der Verein „Mehr Demokratie" propagieren die Ausweitung der direkten Demokratie mit der Begründung, die in den repräsentativen Staatsorganen handelnde politische Elite vernachlässige das Wohl des Volkes. Sie meinen, durch Selbst-

---

[1] *Rosanvallon*, Die gute Regierung, übersetzt von Halfbrodt, 2016, S. 49 ff., 52 ff., 101 ff. („Präsidialisierung" oder „Personalisierung" der Demokratien).

[2] Die Diskussion ist gespiegelt in den „Federalist Papers", insbes. Nr. 47–51 (*Hamilton/Madison/Jay*, Die Federalist Papers (1787/88), übersetzt, eingeleitet und mit Anmerkungen versehen von Zehnpfennig, 1993, S. 301 ff.; Einleitung S. 7, 23 ff.).

[3] *Decker*, Der Irrweg der Volksgesetzgebung, 2016, S. 7.

bestimmung des Volkes, also unmittelbare Volksbeteiligung an möglichst vielen politischen Entscheidungen könnten der im Volk vorhandene Sachverstand und das Engagement der Menschen für Gerechtigkeit und Solidarität stärker zur Geltung kommen, als wenn die Berufspolitiker allein entschieden. Viele Vertreter der direkten Demokratie unterstellen den gewählten Volksvertretern und den von ihnen berufenen Amtsträgern, dass sie – entgegen ihren Pflichten – nicht das Allgemeinwohl, sondern nur ihre eigenen Interessen im Auge haben, wenn sie Gesetze beschließen oder öffentliche Mittel ausgeben.

Mehr direkte Demokratie entspricht dem Zeitgeist: Selbstbestimmung der Individuen gilt als oberstes Ziel, Opfer für die Allgemeinheit sollen die Ausnahme bleiben, Misstrauen und Kritik werden höher geschätzt als Vertrauen. Jeglicher Anflug von Kollektivismus ist mit Recht verpönt; Nationalsozialismus, Faschismus und Sowjetherrschaft haben die Menschen gegenüber den Beschwörungen von Gemeinsamkeit und überindividuellen Zielen misstrauisch gemacht. Aber das heißt umgekehrt auch, dass unsere sozialen Beziehungen weitgehend durch den Egoismus der Beteiligten geprägt sind und die Bereitschaft zu Opfern für die Allgemeinheit schwindet. Das ökonomische Prinzip der individuellen Nutzenmaximierung herrscht längst nicht mehr nur in der Wirtschaft, sondern in weiten Teilen des sozialen Lebens; die Menschen folgen ihm – wenn auch mit vielen Ausnahmen: individuellen und organisierten Formen von Altruismus, praktiziertem Gemeinsinn und Hilfe für Schwächere. In der aktuellen Praxis machen Landes- und Kommunalpolitiker immer wieder die Erfahrung, dass Bürger, die von der Planung belastender öffentlicher Vorhaben betroffen sind, nach dem Sankt-Florians-Prinzip fordern, dass andere als gerade sie die nötigen Opfer erbringen. Sie handeln nach dem „Nimby-Prinzip“: „Not in my backyard“ (übrigens selbst in der Schweiz, die uns Deutschen als direkt-demokratisches Musterland vermittelt wird).[4]

Für den Ausbau der direkten Demokratie wird vielfach angeführt, durch mehr Volksentscheide als heute könne das *Vertrauen* der Bürgerinnen und Bürger *in die Politik* gestärkt werden. Dieser Meinung sind auch knapp zwei Drittel (64 Prozent) der Personen, die dazu von dem Politik- und Sozialforschungsinstitut Forsa im Auftrag der Stiftung „Lebendige Stadt“ befragt worden sind.[5] Die Erfahrung spricht eindeutig gegen diese Behauptung. Volksentscheide können zwar – unter günstigen Bedingungen – zur Befriedung aktueller Konflikte bei-

---

[4] Zum Abstimmungsverhalten nach lokaler Betroffenheit bei Volksentscheiden über Autobahn- und Eisenbahnbauprojekte sowie Kernkraftwerke vgl. *Vatter/Heidelberger*, Volksentscheide nach dem Sankt-Florians-Prinzip?, in: Feld/Uber/Jung/Lauth/Wittrek (Hrsg.), Jahrbuch für direkte Demokratie 2013, 2014, insbes. S. 37 f. Wichtiges empirisches Material zur Entwicklung in Deutschland: *Holtkamp*, Output-Probleme der direkten Demokratie – Erste Befunde aus Deutschland, in: Mehde/Seckelmann (Hrsg.), Zum Zustand der repräsentativen Demokratie, 2017, S. 75–87.

[5] Stiftung „Lebendige Stadt“ (Hrsg.), Direkte Demokratie. Dritter Runder Tisch der Stiftung „Lebendige Stadt“ am 29. März 2017 in München, 2017, S. 11.

tragen, aber nicht dazu, dass die Menschen den Repräsentanten für die Zukunft mehr Vertrauen entgegenbringen. Volksentscheide werden gefordert, weil das Vertrauen in die Leistungsfähigkeit der Politik zu gering ist oder weil deren Lösungen einen Teil der Wähler gerade nicht zufrieden stellen. Die Anrufung des Volkes ist Ausdruck des *Misstrauens* gegen die Volksvertreter – und erst recht ist die Forderung nach „mehr“ direkter Demokratie ein Zeichen für tiefsitzendes Misstrauen.

Die von Forsa Befragten scheinen selbst zu empfinden, dass die behauptete Wirkung von Volksbeteiligung nur eine schöne Theorie ist; denn selbst von denjenigen, die den Volksentscheiden eine „vertrauensbildende“ Wirkung zuschreiben, „ist nur weniger als die Hälfte uneingeschränkt der Ansicht, dass die Entscheidungen in einer Stadt oder Gemeinde sich für Volksentscheide eignen“.[6] Wenn es um das Vertrauen in einzelne Personen geht, die man kennt (und nicht um die Einschätzung abstrakter Institutionen), ist das Befragungsergebnis noch interessanter: Die Menschen wissen sehr wohl, was sie an ihren Kommunalpolitikern haben; mehr als die Hälfte, nämlich 54 Prozent der Bundesbürger hat nach Forsa Vertrauen in den Bürgermeister oder Oberbürgermeister.[7] Freilich belegen auch diese Umfragewerte, dass das Volk gespalten ist: Ebenso wie die Inhalte und der Stil der Politik gefallen auch die handelnden Personen nur einem *Teil* der Bevölkerung. Diese Spaltung lässt sich durch noch so „volksnahe“ Entscheidungen und Ankündigungen nicht überwinden; denn eben die „Volksnähe“ ist Ansichtssache: Was den einen als richtige und angemessene Politik erscheint, ist für die anderen grundfalsch, und die Bereitschaft zu Kompromissen nimmt ab.

Die Menschen, die in den Gemeinden, Städten und Landkreisen Politik machen, erfahren am schnellsten und ganz unvermittelt, was die Bürgerinnen und Bürger bedrückt und was sie sich wünschen. Wenn ein Vorhaben Unmut erregt, melden sich die Betroffenen heute in aller Regel sogleich und so lautstark, dass sie nicht überhört werden können. Während in der Vergangenheit auch weitreichende Pläne der Kommunen schon mangels frühzeitiger Berichterstattung kaum Widerspruch erzeugten, werden jetzt fast immer sofort Bedenken geäußert, wann immer die Planung für ein großes Bauprojekt, eine Infrastrukturmaßnahme oder den Ausbau einer Fernstraße beginnt. Das Planungsrecht räumt heute nicht nur betroffenen Grundstückseigentümern und -besitzern Rechtsbehelfe ein, sondern auch Umweltschutzvereinen und anderen Verbänden, die Interessen der Allgemeinheit vertreten. In allen Ländern sind inzwischen auch Verfahren der unmittelbaren Bürgerbeteiligung an kommunalen Entscheidungsprozessen vorgesehen, und sie werden vielfach genutzt und haben Erfolg, oft schon dadurch, dass die Vertretungskörperschaften die Forde-

---

6 Stiftung „Lebendige Stadt“ (Fn. 5), S. 13.
7 Stiftung „Lebendige Stadt“ (Fn. 5), S. 9.

rungen der Initiativen übernehmen. Aber keineswegs jeder Vorstoß gelingt: aus inhaltlichen Gründen scheitert regelmäßig ein Teil der Initiativen oder wird nach anfänglicher Unterstützung nicht weiterverfolgt – das ist ein Zeichen von Normalität.

Ein besonders heikler Fall, der in kein bekanntes Schema passte, war die Auseinandersetzung um die Stuttgarter Bahnhofsneuplanung („Stuttgart 21").[8] Der Protest, der im September 2010 zu schweren Konfrontationen mit der Polizei führte, war von den Verantwortlichen nicht vorhergesehen worden; die jahrelangen Planungen – Raumordnungsverfahren, Umweltverträglichkeitsprüfung und Planfeststellungsverfahren – waren ja nach den Regeln des geltenden Rechts durchgeführt und die zahlreichen Einwendungen der Bürger waren längst „abgearbeitet" worden. Die Möglichkeiten gewaltfreien Widerstandes schienen erschöpft zu sein. In letzter Minute gelang der Versuch, die Kontrahenten zu „Schlichtungsgesprächen" unter der Leitung eines geschickten Verhandlungsführers, Heiner Geißler, zusammenzubringen, und als Ergebnis dieses Runden Tisches wurde eine landesweite Volksabstimmung darüber durchgeführt, ob Baden-Württemberg seinen vereinbarten Finanzierungszuschuss zahlen oder aber aus dem Vertrag mit der Bahn aussteigen solle. Die Abstimmung ging zugunsten der Planer und gegen die „Wutbürger" aus. Sie betraf aber nur einen Teilaspekt des Streitthemas, und die Protestierenden waren nicht zufrieden. Mehrere Bürgerbegehren scheiterten an rechtlichen Hürden. Als Regelungsmuster für große Planungsvorhaben eignet sich die Volksabstimmung über „Stuttgart 21" nicht. Sie hat auch nicht zu Rechtsänderungen geführt, die künftige Proteste kanalisieren könnten.

Wenn aber der harte Streit um „Stuttgart 21" etwas gelehrt hat, dann dies: dass es nicht ausreicht, Bürgerbeteiligung nur zum Schutz der unmittelbar von einer Planung Betroffenen zu praktizieren, sondern dass die Politik mehr und vor allem effektive Mitsprachemöglichkeiten einräumen muss, wenn ernste Konflikte vermieden werden sollen. Es geht nicht nur um Legalität, sondern um die Legitimität staatlichen Handelns.[9] In Konfliktsituationen sind daher auch in Zukunft Verhandlungen über das rechtlich Gebotene hinaus nötig. Sie können gar nicht früh genug beginnen; liegen erst ausgearbeitete Pläne für eine teure Investition vor, werden Zweifel an dem Ob des Vorhabens schon kaum noch gehört.

---

[8] Dazu u.a. *Brettschneider/Schuster* (Hrsg.), Stuttgart 21 – Ein Großprojekt zwischen Protest und Akzeptanz, Wiesbaden 2013; *Gabriel/Schoen/Faden-Kuhne*, Der Volksentscheid über Stuttgart 21: Aufbruch zu neuen demokratischen Ufern?, 2014.

[9] Überlegungen dazu bei *Schmehl*, „Mitsprache 21" als Lehre aus „Stuttgart 21"? Zu den rechtspolitischen Folgen veränderter Legitimitätsbedingungen, in: Mehde/Ramsauer/Seckelmann (Hrsg.), Staat, Verwaltung, Information. Festschrift für H. P. Bull, 2011, S. 347–364 (350 ff.).

Viele engagierte Politiker besonders auf der kommunalen Ebene sind besorgt, dass sie durch die Zunahme von Bürgeropposition und die Unberechenbarkeit direkt-demokratischer Abstimmungen daran gehindert werden, eine zuverlässige Politik auf der Grundlage durchdachter Programme zu betreiben. In einigen Ländern, vor allem in den Stadtstaaten Hamburg, Berlin und Bremen sind zentrale Streitfragen der Landespolitik von Volksinitiativen aufgegriffen und in Volksentscheiden gegen die gewählten Vertretungen gewendet worden.[10] Die Besorgnis ist verständlich, aber es wäre politisch töricht, den Rückwärtsgang einzulegen und die Wiederabschaffung der Mitwirkungsmöglichkeiten zu versuchen. Aber eines ist als Folge der neueren Entwicklung zu beobachten: Parlamente sind dazu übergegangen, drohende Volksentscheide durch Verhandlungen mit den Initiatoren abzuwenden – was eine neue Form von „weicher" Direktdemokratie bedeutet. Solche neuen Vorgehensweisen können durchaus wirksam sein.

„Der beste Volksentscheid ist der, den man durch kluges Verhandeln vermeiden kann".[11] In diesem Sinn ist es den Fraktionsvorsitzenden der Regierungsparteien in Hamburg gelungen, einige Volksabstimmungen abzuwenden. So wurde insbesondere eine Initiative, die – von einer großen Zahl von Unterzeichnern getragen – sehr restriktive Bedingungen für die Unterbringung von Flüchtlingen durchsetzen wollte, zum Verzicht auf eine förmliche Abstimmung veranlasst, indem man einen Vertrag mit ihr schloss, dessen Inhalte von der Bürgerschaft (dem Landesparlament) in einen an den Senat gerichteten Aufforderungskatalog übernommen wurden.[12] Eine Abstimmung über die Art und Weise der Flüchtlingsaufnahme als solche hätte vermutlich fremdenfeindlichen Bestrebungen Auftrieb gegeben.

Der gewählte Umweg zur Verhinderung derartiger Folgen ist zwar praktisch sehr verständlich, aber es wäre demokratietheoretisch bedenklich, wenn er zum Normalfall würde. Schon jetzt wurde bemerkt, dass bei einigen Gesetzesvorhaben der Hamburger Bürgerschaft der Verein „Mehr Demokratie" „stets mit im Rathaus gesessen" hat.[13] Die Volksinitiatoren sollten aber nicht zu

---

[10] Dazu u.a. *Bull*, Neue Volksinitiativen zur Verfassungsreform in Hamburg, Zeitschrift für öffentliches Recht in Norddeutschland (NordÖR) 2015, S. 151–157; *Dressel*, Aktuelle Erfahrungen mit direkter Demokratie in Hamburg – Ist immer mehr direkte Demokratie tatsächlich auch immer mehr Demokratie?, in: Mehde/Seckelmann (Hrsg.), Zum Zustand der direkten Demokratie (Fn. 4), S. 31–45, sowie die verschiedenen Beiträge in: Neumann (Hrsg.), Volkes Stimme. Diskussionsbeiträge zur direkten Demokratie in Hamburg, 2016.

[11] *Dressel* (Fn. 10), S. 36.

[12] Die dazu erstellte Bürgerschafts-Drucksache 21/5231 umfasst eindrucksvolle 133 Seiten mit 1500 Einzelregelungen in „Bürgerverträgen", „(Teil)Verständigungen" und einer „politischen Selbstverpflichtung" (Drs. 21/5231 S. 42 ff., 113 ff. und 125 ff.). S. a. *Dressel* (Fn. 10), S. 36 ff.

[13] *Grotz*, Direkte Demokratie in der Bundesrepublik Deutschland: Was kann der Bund von den Ländern lernen?, in: Gallus/Schubert/Thieme (Hrsg.), Deutsche Kontroversen. Festschrift für Eckhard Jesse, 2013, S. 375.

einer Art Mitregierung werden. Sie sind dazu nicht gewählt und können für die Ergebnisse nicht zur Verantwortung gezogen werden; es ist daher wohl nicht übertrieben, von einer Störung der verfassungsmäßigen Verantwortlichkeiten zu sprechen.

II. Legitimation durch Repräsentativität

Förmliche Volks- und Bürgerentscheide sind in den Landesgesetzen seit einigen Jahrzehnten vorgesehen und werden überall – wenn auch mit unterschiedlicher Frequenz – durchgeführt. Weil sie die Entscheidungen der Repräsentativorgane ersetzen, muss bei ihnen auf *Repräsentativität* geachtet werden. Denn alle amtlichen Handlungen bedürfen der Legitimation durch das Volk.

Die Art und Weise, in der direkt-demokratische Initiativen zustande kommen, ist den Verfahrensweisen des Parlaments keineswegs überlegen; vielmehr spricht viel dafür, dass die Qualität des Abwägungsprozesses bei Volksinitiativen geringer ist als bei Parlamentsvorlagen. Unmittelbare Volksentscheidungen sind jedenfalls nur dann legitimiert, wenn ein hinreichend großer Teil der Abstimmungsberechtigten sich bei der Abstimmung für den Vorschlag ausgesprochen hat. Je kleiner die Zahl der Ja-Stimmen, desto geringer ist der Grad der demokratischen Legitimation. Daher ist in den meisten Ländern festgelegt, dass die Mehrheit der Abstimmenden nicht ausreicht, um die Entscheidung verbindlich zu machen; hinzukommen muss danach, dass diese Mehrheit auch einen erheblichen Anteil der Abstimmungs*berechtigten* darstellt. Diese „Zustimmungsquoren" dürfen nicht zu niedrig festgelegt werden. Sie sollen nicht abschreckend hoch sein, aber wenn sie zu niedrig sind, können sich kleine aktive Gruppen gegen große schweigende Mehrheiten durchsetzen – das wäre keine überzeugende Form von Demokratie.

Die geltenden Regelungen unterscheiden sich von Land zu Land.[14] Für den Einstieg in das Volksgesetzgebungsverfahren, die *Volksinitiative*, gelten ganz niedrige Schwellen: es müssen höchstens zwei Prozent der Wahlberechtigten unterschreiben (so die Regelung in Hessen), und in der Hälfte der Länder ist für die Unterschriftensammlung auch keine Frist vorgeschrieben. Einem *Volksbegehren* müssen in den meisten Ländern um die 10 % der Wahlberechtigten zustimmen, damit es gültig ist: am wenigsten in Schleswig-Holstein und Brandenburg (ca. 3,6 % bzw. 3,9 %), am meisten in Hessen (20 %). Die entscheidenden Modalitäten betreffen die dritte Stufe des Verfahrens, den *Volksentscheid*. Er „kommt zustande" (ist erfolgreich), wenn 15 % (Schleswig-Holstein und Nordrhein-Westfalen), 20 % (Baden-Württemberg, Bremen und u.U. Hamburg) bzw. 25 % (Berlin, Brandenburg, Mecklenburg-Vorpommern, Niedersach-

---

[14] Detaillierte Darstellung bei *Decker* (Fn. 3), S. 89 ff.

sen, Rheinland-Pfalz, Saarland, Sachsen-Anhalt und Thüringen) zustimmen. In Hamburg gilt neben dem 20%-Quorum für separate Abstimmungen eine Spezialvorschrift, wenn der Volksentscheid – wie als Normalfall vorgesehen – mit einer Parlamentswahl zusammen durchgeführt wird; dann müssen so viele Wahlberechtigte zustimmen, wie „der Mehrheit der in dem gleichzeitig gewählten Parlament repräsentierten Hamburger Stimmen entspricht" (Art. 50 Abs. 3 der Landesverfassung). In Bayern, Hessen und Sachsen hingegen gilt für den Volksentscheid über einfache Gesetze gar kein Quorum; die Repräsentativität der Volksbeschlüsse wird also unterstellt, vielleicht aber auch daraus hergeleitet, dass dort schon die vorangehende Stufe des Volksbegehrens relativ schwer zu bewältigen ist (Bayern 10%, Hessen 20%, Sachsen ca. 13,2%). Für verfassungsändernde Volksgesetze liegt das Zustimmungsquorum in den meisten Ländern bei 50 Prozent der Abstimmungsberechtigten.

Für *kommunale* Bürgerentscheide gelten Zustimmungsquoren zwischen 8% (in den großen Städten Schleswig-Holsteins) und 30% (Saarland), in den meisten Ländern 20 oder 25%, meist gestaffelt nach Gemeindegröße. Nur Hamburg hat auf ein solches Quorum für die Bezirke verzichtet.

Volksinitiativen sind mehrfach zu dem Zweck angestoßen worden, Volksinitiativen zu erleichtern. Auf diesem Wege sind die Hürden für Volks- und Bürgerbegehren und -entscheide weiter gesenkt worden – bis an die Grenze des Vertretbaren. Einen Vorstoß, die Quoren noch niedriger festzulegen, hat das Hamburgische Verfassungsgericht in einem Grundsatzurteil mit aller Entschiedenheit für verfassungswidrig erklärt.[15] Die von „Mehr Demokratie" gewünschte Regelung hätte bedeutet, dass für einen Gesetzesbeschluss schon die Zustimmung von etwa 13 Prozent der Wahlberechtigten ausgereicht hätte. Darin sah das Landesverfassungsgericht einen Verstoß gegen „das Mehrheitsprinzip als Ausprägung des Demokratieprinzips".[16]

Die Gegner von Abstimmungsquoren verweisen darauf, dass es bei Wahlen, die doch viel größere Bedeutung für die politische Entwicklung hätten, keine Quoren gibt und dass die Wahlbeteiligung ständig gesunken sei. Tatsächlich haben sich an den Parlamentswahlen in Deutschland früher mehr Wahlberechtigte beteiligt, so an den Bundestagswahlen 1972 91,1% und 1976 90,7%. Der niedrigste Wert (2009) war dabei 70,8%. Bei den Landtagswahlen war die Beteiligung regelmäßig etwas geringer, aber nur ganz selten unter 50% (Brandenburg 2014: 47,9% – andererseits Hessen 2013: 73,2%). Ein noch kleinerer Teil der Berechtigten beteiligte sich an den Wahlen der Gemeinderäte und Kreistage, bisweilen nur um die 40%. Dass die Europawahlen seit 1979 (62%) immer we-

---

15 HmbVerfG, U. v. 13.10.2016, NordÖR 2017, 20; dazu *Dressel* (Fn. 10), S. 42 ff.; krit. *Groß*, Hat das Hamburgische Verfassungsgericht die Diktatur des Volkes verhindert?, in: Juristenzeitung 2017, S. 349–355. Vgl. a. zuvor schon das Urteil des BremStGH v. 14.2.2000, NordÖR 2000, 186.

16 Leitsatz 7 des Urteils (s. vorige Fußnote).

niger Stimmberechtigte an die Urnen gelockt haben (2014 nur 42,6 %), dürfte an der Geringschätzung der Kompetenzen gelegen haben, die diesem Parlament zugeschrieben wurden. All diese Zahlen[17] belegen aber, dass sich an den Wahlen zu Vertretungskörperschaften in aller Regel wesentlich mehr Bürgerinnen und Bürger beteiligen als an Volks- und Bürgerentscheiden. Selbst wenn die Beteiligungszahlen weiter sinken sollten, werden die Ergebnisse der Wahlen demokratisch stärker legitimiert sein als die direkt-demokratischen Sachentscheidungen, bei denen oft selbst die niedrigen gesetzlichen Hürden nur knapp übersprungen werden. Und letztlich entscheidend ist, dass der demokratische Staat notfalls ohne direkt-demokratische Abstimmungen leben kann, aber nicht ohne gewählte Volksvertreter.

Die Legitimationskraft eines Volksentscheids ist dann besonders schwach, wenn sich bei der Abstimmung eine *soziale Asymmetrie* zeigt, wenn also – wie etwa bei dem Hamburger Volksentscheid zur Schulreform – die Bewohner sozial schwacher Stadtteile in deutlich geringem Maße an der Abstimmung teilnehmen als die Einwohner der „besseren" Viertel.[18] Gegen diese Ungleichentwicklung gibt es kein probates Gegenmittel, jedenfalls kein rechtliches Hindernis – solange nicht Wahl- und Abstimmungspflicht eingeführt wird. Eine „linke" Parlamentsmehrheit könnte zwar theoretisch einen grob einseitig ausgefallenen Volksentscheid, der ja eine Parlamentsentscheidung ersetzen soll, wieder aufheben – aber das wäre nicht nur politisch tollkühn, sondern mit dem Bekenntnis zur direkt-demokratischen Ergänzung der repräsentativen Demokratie unvereinbar.

III. Formen unmittelbarer Volksbeteiligung

1. „Absolut" direkte Volksentscheidungen

Dass alle Bürgerinnen und Bürger einer staatlichen oder kommunalen Einheit gemeinsam unmittelbar – also ohne vermittelndes Handeln anderer – verbindliche Entscheidungen treffen, kommt fast nie vor. Beispiele solcher „absoluter" Direktdemokratie liefern nur die ganz kleinen Schweizer Landsgemeinden, in denen sich an bestimmten Terminen Zehntausende von Bürgern einfinden, um über verschiedene aktuelle Gegenstände abzustimmen. Selbst hier müssen die

---

[17] Wissenschaftliche Dienste des Deutschen Bundestages, Sinkende Wahlbeteiligung in Deutschland: Ursachen und Lösungsvorschläge. Ausarbeitung WD 1-3000-008/15 v. 16.1.2015 (mit gründlicher Analyse).

[18] Zur unterschiedlichen Kampagnenfähigkeit der verschiedenen Gruppen u.a. *Linden*, Überlegungen zur Kompatibilität von direkter Demokratie und parlamentarischem Repräsentativsystem, in: Mehde/Seckelmann (Fn. 4), S. 67 f., und *Holtkamp* (Fn. 4), S. 79 m.w.N.

zur Abstimmung gestellten Vorschläge selbstverständlich von ausgewählten Volksvertretern oder Beamten vorbereitet werden; das kantonale Volk „ratifiziert" die Vorschläge durch sein kollektives Votum. Das korrespondierende deutsche Beispiel stammt aus Schleswig-Holstein: in Kleinstgemeinden mit bis zu 70 Einwohnerinnen und Einwohnern werden alle Gemeindeangelegenheiten durch die Gemeindeversammlung entschieden. Diese Mini-Kommunen finden sich in den dünn besiedelten großen Kögen an der Nordseeküste; ihre Entscheidungsbefugnisse sind gering,[19] und niemand betrachtet sie als demokratische Modelleinheiten.

Eigentlich gibt es also gar keine unmittelbaren Volksentscheidungen; an der Bildung des Staatswillens und des „Willens der Kommune" sind immer auch Repräsentanten beteiligt. Legt man einen relativen Maßstab an, so können als unmittelbar demokratisch alle Verfahrensweisen gelten, bei denen eine Abstimmung aller Wahlberechtigten stattfindet.

2. Die drei Stufen: Volksinitiative, Volksbegehren und Volksentscheid

Als Muster für die Ausformung der direkt-demokratischen Verfassungselemente hat sich die schon erwähnte Abfolge von Volksinitiative, Volksbegehren und Volksentscheid herausgebildet. Die Vorschläge werden von kleinen Gruppen aus der Bevölkerung erarbeitet, manchmal in größerem Kreis beraten und verbessert, manchmal auch schon im Vorfeld mit den Fraktionen der Volksvertretung verhandelt. Dieses Verfahren birgt hohe Risiken für Qualität und Legitimation der Ergebnisse: eine frühe Festlegung auf bestimmte Lösungen, keine öffentliche Diskussion und keine Ausschussberatung, keine Verantwortlichkeit der Initiatoren. Die institutionellen Vorzüge des repräsentativen Systems – obligatorische Prüfung aller Vorschläge in verschiedenen Gremien und Gelegenheit zur Geltendmachung von Bedenken und Gegengründen, Abwahlmöglichkeit als Sanktion unwillkommener Vorstöße – kommen dabei zu kurz (s. schon oben S. 29 f.).

Volksinitiative und Volksbegehren sind Vorstufen der verbindlichen Entscheidung, aber auch sie haben ihre eigene Bedeutung und politisches Gewicht; schon auf diesen Stufen entscheidet sich oft, ob eine Idee Chancen hat. Deshalb muss auch die Ausgestaltung von „Inititiative" und „Begehren" sorgfältig durchdacht und in ein ausgeglichenes Verhältnis zum Volksentscheid gebracht

[19] Vgl. § 54 SH GO. Politisch bedeutsam ist nur die Gewerbesteuererhebung durch diese Gemeinden. Weil sie nur geringe Lasten zu tragen haben, können sie die Steuer wesentlich niedriger festsetzen als z.B. Großstädte. Das hat zu einer Anhäufung von Firmensitzen (Briefkastenfirmen!) in solchen Gemeinden geführt. Eine Liste der 27 Kleinstgemeinden ist im Internet veröffentlicht worden (www.schleswig-holstein.de).

werden. Die eine Position in dem Meinungsstreit darüber besagt, dass die Hürden für das Ingangbringen politischer Initiativen möglichst niedrig sein sollten, während es beim entscheidenden Schritt, dem Volksentscheid, auf die Beteiligung möglichst vieler Bürger ankomme und daher durch Festlegung eines hohen Quorums auf dieser Stufe eine höhere Legitimation angestrebt werden müsse. Die Gegenmeinung hält es für notwendig, dass schon die Volksinitiative oder spätestens das Volksbegehren eine große Zahl von Befürwortern aufbringt, damit nicht die Anliegen einer kleinen Gruppe den ganzen aufwendigen Apparat eines Volksentscheids in Bewegung setzen können. Es empfiehlt sich, einen Mittelweg zu wählen. Wenn ein politischer Vorschlag nicht im ersten Anlauf eine größere Zahl von Zustimmenden erreicht, ist es nicht gerechtfertigt, ihn weiter im Spiel zu lassen; das betreffende Anliegen kann auch in den parlamentarischen Beratungen erörtert werden, und es hat vielleicht sogar größere Erfolgschancen, wenn sich eine Partei oder Fraktion statt einiger Initiatoren dafür stark macht.

3. Sonderform Referendum

Eine Sonderform der Volksbeteiligung ist das *Referendum*, d.h. die nachträgliche Absegnung oder Ablehnung einer vom Parlament getroffenen Entscheidung.[20] Nach der Weimarer Reichsverfassung konnte der Reichspräsident ein vom Reichstag beschlossenes Gesetz dem Volk zur Entscheidung vorlegen, und vom Reichstag beschlossenen Verfassungsänderungen musste die Mehrheit der Stimmberechtigten zustimmen.[21] Ein obligatorisches Verfassungsreferendum haben auch die Bundesländer Bayern und Hessen sich selbst auferlegt;[22] andere Länder erlauben ein fakultatives Verfassungsreferendum.[23] In der Schweiz ist das fakultative Gesetzesreferendum die Normalform der Bürgermitwirkung. Dessen Einführung wird auch in Deutschland gefordert. So wollte der Verein „Mehr Demokratie“, dass Initiativen aus dem Volk den Volksentscheid über Parlamentsbeschlüsse begehren können.[24] Gleichzeitig hat sich „Mehr Demokratie“ vehement dagegen ausgesprochen, dass das Volk „von oben“ angerufen werden kann. So wurde die Hamburger Verfassungsänderung, die das Referendum über die Bewerbung Hamburgs für die Olympischen Spiele ermöglicht hat, heftig be-

---

[20] Eine andere (umfassendere) Terminologie verwenden *Hölscheidt/Menzenbach*, Referenden in Deutschland und Europa, in: Die Öffentliche Verwaltung 2009, S. 777–785. Dort auch Informationen über die Rechtslage in den EU-Mitgliedstaaten.

[21] Art. 73 Abs. 1 und Art. 76 Abs. 1 Satz 3 WRV.

[22] Art. 75 Abs. 2 Satz 2 Bayerische Verfassung, Art. 123 Abs. 2 Hessische Verfassung.

[23] Vgl. Baden-Württemberg Art. 64 Abs. 3 Satz 1, Bremen Art. 70 Abs. 1, Rheinland-Pfalz Art. 129 Abs. 1 und Saarland Art. 100.

[24] So der Entwurf von „Mehr Demokratie e.V.“ für Änderungen der Hamburger Verfassung, dazu *Bull* (Fn. 10).

kämpft. Es ging dabei weniger um die konkrete Entscheidung (die aus der Sicht von Bürgerschaft, Senat und dem größeren Teil der Medien negativ ausgefallen ist), als vielmehr darum zu verhindern, dass die Volksvertretung und die Regierung sich in umstrittenen Angelegenheiten politische Unterstützung von der Bevölkerung verschaffen, die Wähler also zur Akklamation verführen.

Es ist schwer verständlich, warum Anhänger direkter Demokratie die Form des „von oben“ initiierten Referendums ablehnen. Immerhin geht eine Parlamentsmehrheit, die ihre eigenen Beschlüsse der Bestätigung oder Verwerfung durch das Volk aussetzt, ein Risiko ein. Sie kann durch das Referendum zwar zusätzliche Legitimation gewinnen, aber eben auch – wie das Beispiel Olympiabewerbung zeigt – am Volkswillen scheitern. Und wenn Referenden befriedend wirken, so nützt das nicht nur der Regierung und ihren Fraktionen, sondern auch den betroffenen Menschen. Freilich könnte ein anstehender Volksentscheid eine Vorwirkung auf den parlamentarischen Beratungsprozess ausüben; die Inhalte könnten mit Blick auf die Unsicherheit der Volksmeinung verwässert werden. Um die politische Verantwortung ganz deutlich aufzuzeigen, sollte daher auf die Möglichkeit bestätigender oder ablehnender Referenden verzichtet werden.

Die Berufung auf die Weimarer Reichsverfassung lenkt die Debatte in eine falsche Richtung. Der vom Volk direkt gewählte Reichspräsident besaß eine eigene demokratische Legitimation und eine starke Stellung im Kräftefeld der Staatsorgane; dass er Entscheidungen des Reichstags dem Volk zur Billigung oder Verwerfung vorlegen konnte, entsprach dieser seiner Stellung, und das Volk konnte zum Vermittler zwischen Legislative und Exekutive werden (auch dies aus heutiger Sicht eine fragwürdige Konstellation!). Das Schweizer Beispiel ist auf die Bundesrepublik nicht übertragbar, weil politische Institutionen und Mentalität der Menschen sich zu stark unterscheiden.

Als sinnvoller Gegenstand einer aktuellen Verfassungsreform kommt danach allenfalls das Referendum über Verfassungsänderungen in Betracht, die vom Parlament beschlossen sind.[25] Aber die sechs Länder, in denen ein (obligatorisches oder fakultatives) Verfassungsreferendum schon seit langem vorgesehen ist, haben keine Erfahrungen gemacht, nach denen eine Nachahmung dringend erforderlich wäre. Die Verfassungsänderung ist offenbar vom Volk nie zurückgewiesen worden, und vermutlich sind besonders umstrittene Themen gar nicht bis zum Entwurf einer Verfassungsänderung gediehen. Ob damit wichtige Fortschritte der Rechtsentwicklung oder aber fragwürdige Reformen verhindert worden sind, lässt sich nur schwer rekonstruieren. Für die Zukunft aber kann man sagen: Soweit verfassungsrechtliche Organisations- und Ver-

[25] In Island wollte man den umgekehrten Weg gehen. Eine vom Volk beschlossene Verfassungsänderung hätte dort vom Parlament bestätigt werden müssen, ist aber an dieser Hürde gescheitert, vgl. *Steinbeis*, Islands Verfassungsexperiment ist so gut wie gescheitert, in: Verfassungsblog 2013/3/29.

fahrensvorschriften geändert werden sollen, sind daran regelmäßig nur Experten und Beteiligte interessiert; die Bevölkerung überlässt solche Themen ihren Abgeordneten. Soweit Grundrechte oder Staatszielbestimmungen reformiert werden sollen, sichert das Erfordernis qualifizierter Mehrheiten den Minderheitenschutz; das Parlament einigt sich dann stets auf Kompromissformulierungen, die hinreichend viel Spielraum zur Interpretation lassen und die auch durch einen Volksentscheid kaum verbessert werden können. Nur wenn über den Parlamentsbeschluss hinaus schwere Konflikte zwischen den Volksvertretern fortdauern, ist die Anrufung des Volkes gerechtfertigt. Wenn eine dazu ermächtigende Verfassungsnorm fehlt, wird das Problem auf andere Weise gelöst werden, nämlich indem sich das Parlament selbst auflöst, der Konflikt zum Wahlkampfgegenstand wird und durch Neuwahlen eine neue Mehrheit ins Amt kommt.

IV. Gegenstände unmittelbarer Volksbeteiligung

Volksbeteiligung zielt traditionell auf die Schaffung oder Aufhebung von Gesetzen, neuerdings auch auf die Beeinflussung anderer Sachentscheidungen: Beschlüsse der Volksvertretung werden durch solche der Bürger selbst ersetzt. Personalentscheidungen werden nur ganz selten an das Volk delegiert, anders als im antiken Griechenland, wo es bei Volksabstimmungen vornehmlich um die Auswahl, Beförderung und Bestrafung Einzelner ging. In anderen Ländern und zu anderen Zeiten dienten Volksabstimmungen zur Abwahl von Regierungen oder zur Anklage gegen Führungspersonen. Heute werden Personalentscheidungen – von den regelmäßigen Wahlen abgesehen – meist den Parlamenten oder der Exekutive überlassen. Relativ neu auf der Tagesordnung der Verfassungspolitik ist der Vorschlag, die Ministerpräsidenten der Länder unmittelbar durch das Landesvolk wählen zu lassen. Schon länger wird demgegenüber gefordert, die Wahl des Bundespräsidenten neu zu ordnen und hier ebenfalls direkte Wahl anzuordnen (zu den beiden letzten Themen s. unten VI.).

Gesetzesvorschläge können in den deutschen Ländern von beliebigen Einzelnen ausgearbeitet und dem Volk zur Beschlussfassung unterbreitet werden. Zum Erstaunen mancher Juristen ist auf diese Weise eine Reihe von Landesgesetzen entstanden, die den Wettbewerb mit parlamentarisch beschlossenen Gesetzen bestehen konnten oder auch dann, wenn sie letztlich gescheitert sind, eine gut vertretbare Alternative darstellten. So ist der Nichtraucherschutz in Bayern durch Volksgesetz gegen den Willen der Landtagsmehrheit konsequenter als in allen anderen Ländern geregelt worden. Auch die durch Volksgesetz ausgestaltete Rundfunkfreiheit in Bayern hat sich offenbar bewährt. Das personalisierte Wahlrecht zur Hamburger Bürgerschaft ist zwar heftig umstritten, aber bisher im Wesentlichen Produkt einer Volksinitiative. Besonders kreativ waren Volksinitiativen, wie erwähnt, bei der Ausarbeitung der verfassungsrechtlichen Grundlagen zur Ausweitung der Volksbeteiligung.

Da der Staat nicht nur durch Gesetze handelt, sondern seine Aufgaben häufig auf anderem Wege erfüllt, hat sich das Bedürfnis ergeben, auch andere Formen parlamentarischen Handelns durch Volksentscheide zu ersetzen. So haben die Länder inzwischen auch „andere Gegenstände der politischen Willensbildung“[26] dem Volksentscheid unterworfen. Damit ist es möglich, dass die Landtage die Landesregierungen auffordern, bestimmte Maßnahmen zu ergreifen oder zu unterlassen.

Der wohl prominenteste Anwendungsfall dieser Norm war der schon erwähnte Streit um die Privatisierung der Hamburger staatlichen Krankenhäuser. Eine Volksinitiative unter der Überschrift „Gesundheit ist keine Ware“, die insbesondere von der Gewerkschaft ver.di getragen wurde, hatte einen Volksbeschluss erwirkt, durch den der Senat aufgefordert wurde „sicherzustellen, dass die Freie und Hansestadt Hamburg Mehrheitseigentümerin des Landesbetriebes Krankenhäuser, seiner einzelnen Krankenhäuser und anderen Einrichtungen bleibt“.[27] Dieser Beschluss ersetzte eine gleichlautende Aufforderung der Bürgerschaft; diese hätte den Senat zwar nicht rechtlich, wohl aber politisch gebunden. Aber der Senat unter Bürgermeister Ole von Beust setzte sich darüber hinweg und veräußerte die Krankenhäuser an den privaten Asklepios-Konzern, der umfangreiche Investitionen in den finanziell schwach gewordenen Landesbetrieb zugesagt hatte. Das Landesverfassungsgericht billigte diese Abweichung vom Volkswillen mit der Begründung, der Beschluss sei als bloßes „Ersuchen“ der Bürgerschaft an den Senat für diesen nicht verbindlich gewesen.[28] Daraufhin wurde später eine Verbindlichkeitsklausel in die Verfassung eingefügt.[29]

Um einer weitgehenden Privatisierung öffentlichen Vermögens vorzubeugen, hat die Bremische Bürgerschaft im Jahre 2013 eine Verfassungsergänzung beschlossen, die speziell für den Fall einer Veräußerung staatlicher Unternehmen eine Beteiligung des Volkes vorsieht. Die *„Privatisierungsbremse“* schreibt vor, dass die Veräußerung bestimmter öffentlicher Unternehmen (Verkehrs- und Versorgungsbetriebe, Infrastrukturunternehmen, Wohnungsbau- und Krankenhausträger) nur aufgrund eines Gesetzes zulässig ist und dass das Volk angerufen werden kann, ein solches Gesetz zu stoppen, wenn die Bürgerschaft es mit weniger als zwei Dritteln ihrer Mitglieder beschlossen hat, wenn ein Viertel der Bürgerschaftsmitglieder es beantragt oder wenn ein Zwanzigstel der Stimm-

---

26 Art. 50 Abs. 1 Satz 1 HV.

27 HmbVerfG, U. v. 15.1.2003, S. 2.

28 HmbVerfG, U. v. 15.12.2003, S. 10. Das Gericht führt freilich nicht aus, wie denn ein Gesetz hätte formuliert werden sollen, durch das ein Veräußerungsgesetz verhindert worden wäre!

29 Art. 50 Abs. 4a HV.

berechtigten es begehrt.[30] Andere Länder haben diese Spezialvorschrift bisher nicht übernommen. Im Stadtstaat Hamburg wurde das Instrument des Volksentscheids dazu genutzt, die „Rekommunalisierung" der früher einmal privatisierten öffentlichen Infrastruktur – des Strom-, Gas- und Fernwärmenetzes – gegen den Willen von Regierungsmehrheit und Opposition zu erzwingen. Das Land musste die Netze gegen hohe Entgelte von den Versorgungsunternehmen zurückkaufen, in deren Hand die Konzessionen bis dahin gelegen hatten. Der Streit darüber war heftig; der Beschluss des Volkes wurde korrekt umgesetzt.[31]

Bestimmte Gegenstände sind jedoch traditionell in allen Ländern tabuisiert. Volks- oder Bürgerentscheide über Steuern und andere öffentliche Abgaben und generell über den Staats- oder Gemeindehaushalt sind ebenso verboten wie Volksbeschlüsse über Beamtengehälter. Nicht überall ausgeschlossen sind Bebauungspläne; einige Länder lassen Bürgerentscheide auch darüber zu, andere schließen sie aus, weil sie befürchten, dass Volksinitiativen die privaten Rechte künftiger Bauherren beeinträchtigen könnten, was dann zu schwierigen Rechtsstreitigkeiten führen würde. Da die Öffentlichkeit schon an der Planaufstellung durch öffentliche Anhörungen beteiligt wird und die beschlossenen Bebauungspläne von den Betroffenen vor Gericht angefochten werden können, ist der Ausschluss entsprechender Bürgerinitiativen vertretbar.

Problematischer ist das *„Finanztabu"*, also die Bestimmungen der Landesverfassungen, die es verbieten, Gesetze über „den Staatshaushalt",[32] den „Landeshaushalt",[33] den „Haushaltsplan"[34] oder „Haushaltsgesetze"[35] einem Volksentscheid zu unterwerfen. Am weitesten geht der Ausschluss aller „Finanzfragen"[36] oder aller „finanzwirksamen" Gesetze.[37] Diese Ausnahmeklauseln werden damit gerechtfertigt, dass es ein zentrales, ja das wesentliche Recht des Parlaments sei, über Einnahmen und Ausgaben des Staates zu entscheiden. Das

---

[30] Bremen Art. 42 Abs. 4 und Art. 70 Abs. 2.

[31] Noch nicht umgesetzt war bei Abfassung dieses Textes die Rückübernahme des Fernwärmenetzes; eine Einigung mit dem bisherigen Netzbetreiber hat sich als schwierig erwiesen. [*Nachtrag 2022*: Sie ist aber schließlich in einem angemessenen Zeitrahmen zustande gekommen.]

[32] Bayern Art. 73.

[33] Berlin Art. 61 Abs. 2; Brandenburg Art. 76 Abs. 2; Schleswig-Holstein Art. 41 Abs. 2; Thüringen Art. 82 Abs. 2.

[34] Bremen Art. 76 Abs. 2 (seit 2009 geänderte Fassung in Art. 70 Abs. 2); Hamburg Art. 50 Abs. 1 Satz 2; Hessen Art. 124 Abs. 1 Satz 3.

[35] Mecklenburg-Vorpommern Art. 60 Abs. 2; Sachsen Art. 73 Abs. 1; Sachsen-Anhalt Art. 81 Abs. 1 Satz 3.

[36] Nordrhein-Westfalen Art. 68 Abs. 1 Satz 3; ebenso Rheinland-Pfalz Art. 109 Abs. 3 Satz 3. Hamburg hat früher den Begriff „Haushaltsangelegenheiten" verwendet; dieser wurde weit interpretiert (HmbVerfG, U. v. 22.4.2005, NordÖR 2005, 524), ist aber inzwischen durch „Haushaltspläne" ersetzt worden.

[37] Saarland Art. 99 Abs. 1 Satz 3 mit dem ganz umfassenden Vorbehalt: ausgeschlossen sind dort „finanzwirksame Gesetze, insbesondere Gesetze über Abgaben, Besoldung, Staatsleistungen und den Staatshaushalt".

Volk dürfe nicht in die „Budgethoheit" des Parlaments eingreifen. Tatsächlich könnte ein Volksentscheid, dessen Verwirklichung Kosten verursachen würde, das Parlament dazu nötigen, seine politischen Prioritäten zu ändern und vielleicht sogar andere Gesetze zu ändern, z.B. Sozialleistungen oder Subventionen zu kürzen oder öffentliches Vermögen zu veräußern. Deshalb müssen Volksentscheide mit den Befugnissen des Parlaments zur Gestaltung des Staatshaushalts abgestimmt werden. Das durch unmittelbare Abstimmung handelnde Volk und die gewählte Volksvertretung sind überdies gleichermaßen an die Verfassungsnormen über die staatliche Finanzwirtschaft – z.B. die Begrenzungen der Kreditaufnahme – gebunden.[38]

Für das Finanztabu spricht die Sorge vor einer irrationalen, unkalkulierbaren Politik, die im „Bauch" des Volkes entsteht und den Staat in den Bankrott und in die Unregierbarkeit treibt. Das gilt auch für die anderen Ausnahmen, die in den meisten Landesverfassungen vorgesehen sind: die Steuern, Abgaben und Beamtengehälter. Man befürchtet, die Abstimmenden würden die Steuern so weit senken, dass der Staat seine Aufgaben nicht mehr erfüllen kann, und die Beamten ihrer angemessenen Besoldung berauben. Abschreckende Beispiele sind aus Kalifornien bekannt geworden.[39] Andererseits: Wenn man überhaupt Volksgesetzgebung für eine sinnvolle Ergänzung der parlamentarischen Gesetzgebung hält und dem Volk wirklich relevante Angelegenheiten zur Entscheidung überlassen will, müssen gerade solche Gesetze zulässig sein, die auch Kosten verursachen: Denn jede größere Reform – sei es in der Sozialpolitik, sei es bei bildungspolitischen oder Infrastrukturentscheidungen – ist finanzwirksam.

In der Literatur herrscht heftiger Streit um die Reichweite des Finanzvorbehalts,[40] und die Gerichte haben sich mit der Auslegung der verschiedenen Formulierungen sehr schwer getan. Wenn nur das Haushaltsgesetz im förmlichen Sinne für den Volksentscheid „tabu" wäre, liefe der Vorbehalt leer; es bliebe Spielraum selbst für sehr kostenträchtige Volksentscheide. Diese Auslegung hat das Bundesverfassungsgericht entschieden abgelehnt;[41] es hat die allgemeine Richtung der Debatte mit einer Entscheidung bestimmt, in der in Schleswig-Holstein eine schulpolitische Volksinitiative wegen der zu erwartenden Kosten für unzulässig erklärt wurde.[42] Unzulässig seien alle Gesetzesiniti-

---

[38] Dazu *Mehde*, Rechtsfragen des Verhältnisses repräsentativer und direkter Demokratie, in: ders./Seckelmann (Fn. 4), S. 91 f. („kumulative Bindung").

[39] *Lösche*, Die Vereinigten Staaten – Innenansichten, 1997, S. 158 f.

[40] Vgl. einerseits etwa *Isensee*, Plebiszit unter Finanzvorbehalt, in: Grupp/Hufeld (Hrsg.), Recht – Kultur – Finanzen. Festschrift für Reinhard Mußgnug, 2005, S. 127, nach dessen Ansicht der Finanzvorbehalt „zum unantastbaren Kern des grundgesetzlichen Verfassungsstaates" gehört, andererseits *Klatt*, Zulässigkeit des finanzwirksamen Plebiszits, in: Der Staat 2011, S. 3 (44), der für eine enge Auslegung der allgemeinen Finanzvorbehalte plädiert und finanzwirksame Plebiszite (außer im Saarland) für zulässig hält.

[41] BVerfGE 102, 176 (187).

[42] Das BVerfG war seinerzeit nach Art. 99 GG noch zuständiges „Landesverfassungsge-

ativen, die „gewichtige staatliche Einnahmen oder Ausgaben auslösen und damit den Haushalt des Landes wesentlich beeinflussen".[43] Andere Verfassungsgerichte sind dem gefolgt, einige haben die Zulässigkeit von Volksinitiativen etwas erweitert.[44]

Das Finanztabu bildet also nach wie eine gewichtige Hürde für alle Initiativen, die den Staat zu gesteigerten Ausgaben – für noch so gute Zwecke – nötigen wollen. Organisationsstarke Gruppen können sich trotzdem durchsetzen. So ist z.B. in Hamburg ein Volksentscheid durchgeführt worden, dessen Umsetzung gewaltige Summen aus dem Landeshaushalt gefordert hat: Die Stadt wurde, wie schon berichtet, zum Rückkauf der Strom-, Gas- und Fernwärmenetze von den privaten Betreibern verpflichtet. (Der seinerzeitige Senat versäumte es dann, fristgerecht das Verfassungsgericht anzurufen.[45] Über die finanziellen Bedenken wurde daher nicht entschieden; die Bürgerschaftsmehrheit und der neue Senat entschieden sich später dafür, die Entscheidung des Volkes für den Rückkauf der Netze zu akzeptieren und fair durchzuführen.)

Wenn zweifelhaft ist, ob das Finanztabu greift, sollten die Initiatoren von Volksentscheiden zumindest verpflichtet sein, einen (umsetzbaren) Finanzierungsvorschlag einzureichen, damit die Abstimmenden wissen können, was sie tun.[46]

V. Volksentscheide auf Bundesebene?

Während die Länder heute allesamt Volksentscheide in ihrer Verfassung vorgesehen haben, fehlt diese Beteiligungsmöglichkeiten beim Bund. Ihre Einführung wird – in Abständen – immer wieder gefordert. Dass in Art. 20 Abs. 2 Satz 2 GG „Abstimmungen" neben Wahlen erwähnt sind, betrifft nur die Neugliederung des Bundesgebietes, d.h. den Neuzuschnitt der Länder; der ist bisher trotz wiederholter Diskussionen nicht energisch betrieben worden und wird nicht wirklich vermisst. Für Volksentscheide auf Bundesebene versprechen sich vor allem kleine Parteien Erfolge, die sie im Parlament nicht erreichen können. Dass sich auch jemand wie der damalige bayerische Ministerprä-

---

richt" für Schleswig-Holstein, das erst im Jahre 2008 eine eigene Verfassungsgerichtsbarkeit eingerichtet hat.

[43] So der Leitsatz der Entscheidung BVerfGE 102, 276.

[44] BremStGH, U. v. 11.5.1998, DVBl 1998, 830 (mit Abweichender Meinung der Richter Preuß und Rinken); ThürVerfGH, U. v. 19.9.2001, LKV 2002, 84; LVerfG Brandenburg, U. v. 20.9.2001, LVerfGE 12, 119; NdsStGH, U. v. 23.10.2001, DBVl 2002, 43. Besonders weiten Spielraum für ihre Länder eröffnen SächsVerfGH, U. v. 11.7.2002, LVerfGE 13, 315 (betr. Schulrecht und Schulplanung) sowie LVerfG Berlin, LKV 2009, 514 (betr. Kita-Ausstattung). S. dazu u.a. *Klatt* (Fn. 40), S. 31 ff.

[45] Vgl. HmbVerfG, B. v. 4.3.2013, Az. HVerfG 7/12 – „Unser Hamburg – Unser Netz".

[46] *Mehde* (Fn. 38), S. 102 f., 105.

sident und CSU-Vorsitzende Seehofer dazu bekannt hat, dessen Partei an der Bundesregierung beteiligt war, fällt irritierend auf: Könnten Bundes-Volksentscheide Besseres bewirken als die parlamentarische Gesetzgebung des Bundes? Niemand hat bisher erläutert, welche Entscheidungen des Bundes bei direkter Volkabstimmung anders und überzeugender ausgefallen wären als in den Verfahren der repräsentativen Demokratie. Es geht den Befürwortern offenbar ums Prinzip. Das ist freilich Anlass genug, über die Begründetheit ihrer Forderung nachzudenken.

In der bisherigen Diskussion zu diesem Themenkreis überwiegen Reminiszenzen an die Weimarer Zeit: Rechts- wie linksextreme Parteien bekämpften die Republik auch mit dem Mittel des Volksbegehrens und Volksentscheids (des „Plebiszits"), so dass in den Beratungen über das Bonner Grundgesetz die Warnung ausgesprochen wurde, keine direkt-demokratische „Prämie auf Demagogie" in die Verfassung aufzunehmen.[47] Diese Argumentation ist fragwürdig: Volksabstimmungen, wie sie in der Weimarer Verfassung vorgesehen waren, sind nur in ganz wenigen Fällen durchgeführt worden, und keines dieser Plebiszite erreichte die nötige Mehrheit. Für das Volksbegehren gegen den Bau von Panzerkreuzern stimmten 1928 weniger als drei Prozent der Bürger, so dass es gar nicht zum Volksentscheid kam,[48] und die Volksbegehren für die Fürstenenteignung (1926) und gegen den Young-Plan (zur Höhe der Reparationszahlungen, 1929) scheiterten ebenfalls an dem verfassungsmäßigen Quorum.[49] In den Abstimmungskampagnen wurde in demagogischer Weise gegen die wirtschaftlichen und politischen Krisen jener Jahre protestiert, aber die Plebiszite waren nicht Ursache der Krisen, sondern deren Ausdruck.[50]

Gegen die Aufnahme von Volksentscheiden in das Grundgesetz[51] sprechen jedoch andere Gründe.[52] Der Bund ist für die besonders bedeutsame Gesetzgebung in fast allen Fragen der Wirtschafts- und Sozialpolitik zuständig. Er hat das allgemeine Bürgerliche Recht, das Arbeitsrecht, das Strafrecht und das Prozessrecht der verschiedenen Gerichtszweige zu regeln. Es geht um die Planungs- und Entscheidungsgrundlagen für die gesamte Wirtschaft und das Arbeitsleben. Auf allen diesen Gebieten sind juristische und politische Qualität der Gesetze, die Abgewogenheit und die langfristige Kontinuität des Rechts besonders wichtig – alles Maßstäbe, die bei der Volksgesetzgebung schon deshalb nicht eingehalten werden können, weil sie auf punktuelle, durch aktuelle Ereignisse

---

[47] So der spätere Bundespräsident *Theodor Heuß* im Hauptausschuss des Parlamentarischen Rates (Protokoll S. 264).

[48] Vgl. Art. 73 Abs. 3 Satz 1 WRV.

[49] Art. 75 WRV; *Gusy*, Die Weimarer Reichsverfassung, Tübingen 1997, S. 93 ff., 97.

[50] *Gusy* (Fn. 49), S. 96 ff., 98.

[51] Die bisherigen Vorstöße und Vorschläge der Parteien sind dargestellt bei *Decker* (Fn. 3), S. 137 ff. S. a. *Grotz* (Fn. 13).

[52] Dazu *Decker* (Fn. 3), S. 149 ff.

motivierte Eingriffe ausgerichtet ist. Verlässliche Sozialleistungen können überhaupt nur von Experten in Ministerien und Parlamenten geplant und gesichert werden. Auf der anderen Seite müssen die Einnahmen des Staates auf längere Zeit im Voraus geplant und gesetzlich fundiert werden. Dazu sind Initiativgruppen aus dem Volk schon mangels Informationen nicht in der Lage. Was in den Ländern wegen deren begrenzter Gesetzgebungskompetenz vertretbar ist, würde beim Bund ein hohes Risiko begründen.[53] Deshalb sollte die Bundesgesetzgebung nicht zur Disposition von Volksinitiativen gestellt werden. Politiker trauen sich aus Angst vor den Wählern nicht, ihre Angst vor irrationaler Volksgesetzgebung zu artikulieren, aber es wäre ein Beweis von Respekt vor den Bürgern, ebendies zu riskieren und die repräsentative Demokratie zu verteidigen.

Für den Fall eines wirklich schweren Konflikts zwischen der Volksmeinung und der Regierungspolitik[54] steht eine andere Lösung als der Volksentscheid bereit: die Auflösung des Bundestages und Neuwahlen. Wenn eine Schicksalsfrage ansteht, die im Bundestag nicht bewältigt werden kann, werden wohl alle Beteiligten an der Auflösung des Parlaments mitwirken, damit durch Wahlen eine neue Legitimationsbasis geschaffen werden kann.

VI. Volkswahl der Ministerpräsidenten und des Bundespräsidenten?

Parteienkritiker betrachten es als einen Konstruktionsfehler unserer Repräsentativverfassung, dass die Ministerpräsidenten der Länder mittelbar, von den Landtagen gewählt werden, und fordern die Volkswahl der Regierungschefs.[55] Auch das Verfahren, in dem die Bundespräsidenten gewählt werden, wird immer wieder bemängelt. Könnte nicht das Volk selbst diese herausragenden Ämter besetzen? Entspräche das nicht dem besonderen Rang dieser Ämter?

Wenn eine Verfassungsfrage allein nach dem „Rang" der betroffenen Institutionen oder Personen entschieden werden soll, ist Vorsicht angebracht. Der Rang einer Einrichtung, also das geforderte (!) Maß an Ansehen und Bedeutung in der Verfassungsordnung, bestimmt sich nach ideellen Aspekten, nicht

[53] Krit. auch *van Ooyen*, Demokratie durch Losverfahren, in: Recht und Politik 2017, S. 375–380. 2017, S. 376.

[54] Für diesen Fall (und nur dann) will *Waschkuhn* (Demokratietheorien. Politiktheoretische und ideengeschichtliche Grundzüge, 1998) „zentrale Realplebisizite" zulassen. Er spricht von „staatsrechtlich und verfassungspolitisch höchst relevanten Entscheidungsmaterien", die gesetzlich definiert werden müssten. Eine eindeutige Definition wäre jedoch überaus schwierig.

[55] *Von Arnim*, Systemwechsel durch Direktwahl des Ministerpräsidenten?, in: Benz/Siedentopf/Sommermann (Hrsg.), Institutionenwandel in Regierung und Verwaltung. Festschrift für Klaus König, 2004, S. 371–385 m.w.N. dort in Fn. 1 und 2.

nach praktischen Anforderungen und nicht nach politischem Gewicht der Amtsinhaber. Der Bundespräsident nimmt die höchste Stellung in der Ämterordnung der Bundesrepublik ein, aber er hat nur wenige Befugnisse. Anders die Ministerpräsidenten: Sie sind in ihren Ländern politische Führungspersonen und konkurrieren mit den Landtagspräsidenten um die Repräsentation ihres Landes. Sie mögen den Parlamentspräsidenten rechtlich im Rang nachstehen, bestimmen aber die Geschicke des Landes in deutlich höherem Maße. Es wäre unklug, die Auswahl der Amtsträger ohne Rücksicht auf die politische Bedeutung der Institution zu regeln

Es hat gute Gründe, dass der Bundespräsident von der Bundesversammlung gewählt wird, also von „den Mitgliedern des Bundestages und einer gleichen Anzahl von Mitgliedern, die von den Volksvertretungen der Länder nach den Grundsätzen der Verhältniswahl gewählt werden" (Art. 54 Abs. 3 GG). Damit ist eine Zusammensetzung des Wahlkörpers sichergestellt, die der Vielfalt der politischen Kräfte im ganzen Bundesgebiet entspricht. Die Landtage entsenden zu diesem Wahlakt auch Delegierte, die nicht Politik als Beruf betreiben – Künstler, Wissenschaftler, Unternehmer und andere „Normalbürger". Die Kandidaten sind bekannt – vielleicht beliebt, vielleicht kritisiert, jedenfalls respektiert. Die Versammlung der zuletzt (2017) mehr als 1300 Menschen verschiedenster Herkunft und der Rahmen des Wahlaktes – anspruchsvolle Reden des Bundestagspräsidenten und des gewählten Bundespräsidenten, vom Fernsehen live übertragen – machen diesen Tag zu einem „Feiertag der Demokratie". Dass keine unmittelbare Wahl durch das ganze Volk stattfindet, ist angemessen. Die direkte Wahl der Reichspräsidenten nach der Weimarer Reichsverfassung hat sich nicht bewährt. Die damaligen Wahlkämpfe haben das Volk gespalten und den Demagogen rechts und links Gelegenheit zu Schlammschlachten geboten; die gemäßigten Kräfte wurden dabei schwer beschädigt. Die Weimarer Konstruktion war auch in anderer Hinsicht verhängnisvoll. Sie begründete zwei parallele Legimationsstränge; so musste es zum Machtkampf zwischen Reichstag und Reichspräsident kommen, in dem schließlich der „Ersatzkaiser" Hindenburg dem Diktator Hitler den Weg an die Macht ebnete.

Ganz anders die Rahmenbedingungen der Ministerpräsidentenwahl in den Ländern. Weil sie eine politische Führungsfunktion haben, beanspruchen die Parteien mit Recht, in den Landtagen über diese Personalie zu entscheiden. Gäbe es die direkte Volkswahl der Regierungschefs, so würden die Parteien mit der gleichen Berechtigung und der gleichen Durchsetzungskraft wie bei den Parlamentswahlen die Kandidaten bestimmen. Zwar könnten theoretisch auch andere Gruppen Bewerber auf die Liste setzen lassen, doch wären deren Erfolgschancen vermutlich gering, weil die Parteien einen Wahlkampf für ihre Kandidaten führen würden und andere – abgesehen vielleicht von Wirtschaftsverbänden und Gewerkschaften – dazu nicht in der Lage wären. Dann wäre die Volkswahl der Ministerpräsidenten für die direkte Demokratie nur ein Scheinerfolg. Wer dagegen als Ministerpräsident oder Ministerpräsidentin vom Volk gewählt wäre, ohne eine Mehrheit im Parlament hinter sich zu haben, müsste versuchen, seine Versprechungen durch Verhandlungen mit den Fraktionen umzusetzen. Wenn das nicht gelänge, könnte er oder sie das eigene Wahlprogramm nicht einhalten, und das Volk würde sich betrogen fühlen.

Von Arnim sieht in der Direktwahl der Ministerpräsidenten – die er als Übergang zur „Präsidialdemokratie" qualifiziert[56] – eine grundlegende Reform und die einzig realisierbare Voraussetzung für die Einschränkung der Parteienmacht.[57] Er täuscht sich, weil er die tatsächliche Funktionsweise der Politik und die Rolle der Parteien falsch einschätzt und weil sein Idealbild – eine Demokratie mit schwachen Parteien oder ganz ohne diese – erst recht nicht realisierbar und auch gar nicht wünschbar ist. Von Arnim beruft sich darauf, dass es ein erfolgreicher Schritt zu mehr Bürgerbeteiligung war, die Direktwahl der Hauptverwaltungsbeamten in den Kommunen einzuführen.[58] Die Regierungschefs der Länder sind aber keine Verwaltungsbeamten, und was auf örtlicher Ebene, in den überschaubaren Verhältnissen eines Dorfes oder einer Stadt gelungen ist, kann auf Länderebene zu fragwürdigen Ergebnissen führen.

Vor allem aber erliegen die Befürworter dieser vermeintlichen Verfassungsrevolution einer großen Täuschung: Wer darauf baut, dass die Mehrzahl der Menschen an allen politischen Vorgängen interessiert ist und überall seine Meinung sagen oder sogar mitbestimmen will, der irrt gewaltig. An die Stelle der entmachteten Parteien würden Gruppen politischer Aktivisten und andere Organisationen treten, die sich frei von den Bindungen der verfassungsmäßig regulierten Parteien fühlen, deren Politik aber keinen Deut besser wäre als die der Parteien jetzt. Allein durch Verdrängung der Parteien könnten keine stabileren Strukturen entstehen; die politischen Projekte würden vielmehr kurzfristiger angelegt, die Akteure würden kurzatmiger handeln. Bestenfalls kann man auf diesem Wege den Austausch des Personals beschleunigen, der ohnehin regelmäßig stattfindet.

---

[56] *Von Arnim* (Fn. 55), S. 373.

[57] Frankfurter Intervention, Wege aus der Krise des Parteienstaates. Thesen der „Frankfurter Intervention, in: Recht und Politik 1995, S. 16–26 (17). H. H. v. Arnim ist Verfasser dieser Thesen, die von einer Reihe von Wissenschaftlern, Publizisten und Politikern unterstützt wurden, während andere wie Ralf Dahrendorf, Dieter Grimm und Wilhelm Hennis ausdrücklich „Einspruch" gegen die Volkswahl der Ministerpräsidenten (und gegen die Abschaffung der Fünf-Prozent-Sperrklausel) erhoben.

[58] *Von Arnim* (Fn. 55), S. 372 f.

VII. Kommunale Bürgerbeteiligung

Politik vor Ort interessiert einen großen Teil der Bürger mehr als die „hohe“ Bundes- oder Landespolitik. Die Menschen wollen in ihrer unmittelbaren Umgebung über das Ob und Wie von Bauvorhaben, Verkehrsplanung, Parkplätzen und öffentlichen Einrichtungen mitentscheiden. Gerade hier, bei den „kleinen“ Streitfragen vor Ort, kann sich die Demokratie bewähren. Sie kann aber auch zu fragwürdigen Ergebnissen führen; denn weil die Betroffenen besonders nah an den umstrittenen Vorhaben leben, ist ihre subjektive Betroffenheit oft besonders groß und die Bereitschaft, auf Interessen anderer oder der Allgemeinheit Rücksicht zu nehmen, besonders gering. Das „Nimby“-Prinzip treibt gerade in der nächsten Nähe mancherlei Blüten. Kommunalpolitiker haben es schwer, belastende Einrichtungen unterzubringen – seien es Gewerbebetriebe, seien es Strafanstalten, Jugendheime und Sportplätze. Die Steigerung von „Nimby“ ist „Banana“: „Build absolutely nothing anywhere near anybody“ – die Haltung mancher Bürgerinitiativen wird als Ablehnung jeglicher Veränderungen wahrgenommen.[59] Und doch wäre es ungerecht, bei den Betroffenen ausschließlich eigennützige Motive zu vermuten, wenn sie bestimmte Pläne verhindern oder geändert wissen wollen. Bürgerinitiativen haben schon viele bauliche Scheußlichkeiten verhindert und Stadtbilder vor der Zerstörung bewahrt. Wer an die positive Wirkung von Bürgermitwirkung glaubt, wird die örtlichen Konflikte als notwendige Kosten der Demokratie akzeptieren.

Nach Bundesrecht ist „die Öffentlichkeit“ „möglichst frühzeitig“ über beabsichtigte Planungen zu unterrichten, die Pläne sind öffentlich auszulegen und mit den Bürgern zu erörtern.[60] Diese Form der Mitwirkung bindet die Gemeinde aber nicht; dafür bedarf es eines Bürgerentscheids. Bauleitpläne sind aber nur in sechs Bundesländern[61] zugelassene Gegenstände von Bürgerbegehren und Bürgerentscheid, in sechs anderen sind sie ausdrücklich davon ausgeschlossen,[62] und in den restlichen vier Ländern[63] kann auf diesem Wege nur die erste Phase der Bauleitplanung (der Beschluss auf die Planaufstellung) beeinflusst werden. Die Ablehnungsfront stützt sich u.a. auf das Argument, dass Bauleitpläne nach dem Bundesgesetz sorgfältig unter vielen Aspekten abgewogen werden müssen und die Gerichte streng auf die Wahrung der betroffenen Individualrechte achten; Bürgerbegehren und -entscheide seien nur schwer in solche Abwägungen

---

[59] *Hahn*, Nur in meinem Sinne, in: Süddeutsche Zeitung v. 29.8.2017, S. 6 (Zitat des Bremer Umweltsenators *Joachim Lohse*).

[60] Vgl. insbes. § 3 Baugesetzbuch.

[61] Nämlich Bayern, Sachsen, Thüringen und die drei Stadtstaaten.

[62] Brandenburg, Mecklenburg-Vorpommern, Niedersachsen, Sachsen-Anhalt, Rheinland-Pfalz und das Saarland.

[63] Baden-Württemberg, Hessen, Nordrhein-Westfalen und Schleswig-Holstein.

einzubringen. Die durch diese Bedenken begründete Rechtszersplitterung ist unbefriedigend und sollte von den Ländern bereinigt werden.

Das Ergebnis von Bürgerentscheiden hängt u.a. davon ab, wer abstimmungsberechtigt ist. Von den Lasten eines Bauvorhabens ist oft nur ein kleiner Teil einer großen Stadt oder einer Region betroffen; abgestimmt wird aber in der ganzen Stadt oder in einem Landkreis. Denn „Bemessungsgrundlage“ für die Abstimmungsberechtigung ist nach geltendem Recht stets die gesamte Verwaltungseinheit, nicht ein Stadtteil oder Quartier, nicht ein Plangebiet oder eine Planungsregion. Damit sind unter den Abstimmungsberechtigten stets viele Unentschiedene und Nichtengagierte, die sich für den Streitgegenstand nicht interessieren. Die Chancen von Bürgerinitiativen sind daher geringer als in kleineren Gemeinden. So könnte man dazu neigen, zumindest für örtliche Fragen der Bauleitplanung und Baugestaltung kleinere Abstimmungsgebiete zu bilden.

So sehr ein solche Lösung auch einleuchten mag – es spricht einiges dagegen. Der Bürgerentscheid ersetzt einen Beschluss des Gemeinderates, der Stadtvertretung oder des Kreistages, muss also in deren Kompetenzbereich fallen. Wer beim Bürgerentscheid für eine dezentrale, ortsnahe Zuständigkeit plädiert, also für eine Aufspaltung des Kreis- oder Gemeindevolkes in Abstimmungsberechtigte und „Fernstehende“, muss konsequenterweise auch das kommunale Vertretungsorgan als zu „abgehoben“ ansehen. Das will vermutlich niemand, und zwar deswegen, weil die gewählten Vertretungen im Großen und Ganzen das Wohl der gesamten Verwaltungseinheit im Auge haben. Auch bei unmittelbaren Bürgerentscheiden ist es angemessen, nicht nur diejenigen als Betroffene anzusehen, die vor Ort Nachteile empfinden, sondern auch die etwas entfernteren Nachbarn und Stadtteilbewohner. Ortsteile als Abstimmungsgebiete würden nur diejenigen Bürgerinnen und Bürger umfassen, die den geplanten Veränderungen besonders intensiv ausgesetzt wären und sich deshalb besonders empören. Wo die Gemeinde eine Schule errichten will, fürchten die Nachbarn mit Recht viel Lärm. Die Schule soll aber der ganzen Stadt dienen, und die Nachbarn müssen– wo immer sie gebaut wird – den unvermeidbaren Lärm erdulden. Zu große Distanz zum Ort des Geschehens macht passiv, aber zu große Nähe macht befangen; das eine wie das andere mindert die Qualität der Entscheidung. So ist es in vielen Fällen, wenn Individualinteressen und Gemeinwohlgründe aufeinander stoßen.

Der Umstand, dass Bürgerbeteiligung auf der Zuständigkeit des Repräsentativorgans aufbaut, hat übrigens zu höchst merkwürdigen Konstellationen geführt. Über den Ausbau des Münchener Großflughafens, der weit außerhalb der Stadtgrenzen liegt, konnten die Bürger der bayerischen Landeshauptstadt in einem Bürgerentscheid befinden, weil die Stadt (neben dem Bund und dem Freistaat Bayern) Flughafen-Gesellschafterin ist. Nicht die Menschen in der Umgebung des Flughafens, die von der Flughafenerweiterung am meisten betroffen sein werden, sondern die entfernte Großstadt hat im Juni 2012 entschieden, dass die dritte Startbahn nicht gebaut werden soll. Das war gewiss rechtmäßig und hat die Flughafengegner gefreut, aber man hätte eher erwartet, dass die Bewohner der unmittelbar betroffenen Gemeinden oder der Münchener Umlandkreise Erding und Freising zur Abstimmung berufen würden, was offenbar rechtlich schwer durchführbar war. (Der Streit geht weiter – u.a. mit der Forderung der Flughafenbefürworter nach einem erneuten Münchener Bürgerentscheid). Auch der Abbruch des Stuttgarter Hauptbahnhofs und der Neubau „Stuttgart 21" waren nicht als solche Gegenstand eines kommunalen Bürgerentscheids, sondern wurden nur auf einem Umweg einem Volksentscheid unterworfen (und erst zu einem Zeitpunkt, als die Weichen längst gestellt waren) entschieden, nämlich als Volksentscheid der Landesbevölkerung über die finanzielle Beteiligung Baden-Württembergs an den Kosten des Bahnprojekts.[64] Die direkte Demokratie sucht sich bisweilen eigenwillige Wege.

Bei den großen Konflikten um Verkehrs- und Industrieanlagen – und eben auch bei „Stuttgart 21" – ist ein Defizit an Bürgerbeteiligung besonders deutlich hervorgetreten, das bisher rechtlich nicht ausgefüllt werden konnte: Alle umstrittenen Vorhaben wurden erst Gegenstand von Bürgermitwirkung, nachdem ein Vorhabenträger, also ein Unternehmen oder eine öffentliche Körperschaft – den entsprechenden Plan ausgearbeitet hatte und mit staatlichen und kommunalen Stellen erste Koordinationsschritte unternommen worden waren. Auch bei sehr früher Anhörung der Bürger ging es nicht darum, ob überhaupt das Vorhaben sinnvoll und wünschenswert sei; diese Rechtfertigung des Plans wurde nicht mehr in Zweifel gezogen, sondern nur die Art und Weise seiner Ausführung. Damit ist regelmäßig schon so viel festgezurrt, dass es außerordentlich schwer ist, überzeugende Einwendungen zu formulieren. Pläne wie der Bau eines Flughafens oder Großbahnhofs werden von den Bürgern häufig erst in einem Stadium wahrgenommen, in dem die Dimensionen sichtbar werden, etwa durch Einzäunen der Baustelle.

Es gibt aber auch direkt-demokratischen Übereifer. Ein Beispiel dafür ist die in verschiedenen Gemeindeordnungen enthaltene Regel, dass eine Bürgerinitiative schon dann zu einem Stillstand laufender Verwaltungsverfahren führt, wenn nur drei Prozent der Abstimmungsberechtigten sich dafür aussprechen.[65] Es ist heute relativ leicht, einige Hundert oder auch einige Tausend Unterschriften für oder gegen ein Vorhaben oder eine staatliche Maßnahme zu beschaffen. Je niedriger die Zahl der geforderten Stimmen ist, desto eher können sich Einzelne durchsetzen, die aus bloßem Eigennutz etwas verhindern wollen, was viele andere oder die gewählte Vertretung für nötig halten. Die Sperrwirkung soll verhindern, dass die Verwaltung oder mächtige Private einen Bürgerentscheid unterlaufen, indem sie schnell vollendete Tatsachen schaffen, aber sie er-

---

[64] S. oben S. 62.

[65] So § 32 Abs. 6 Hamburger Bezirksverwaltungsgesetz.

möglicht einer sehr kleinen Minderheit eine Strategie der Blockade und Verzögerung, die auf eine Verhinderung auch vernünftiger Pläne hinauslaufen kann.

VIII. Kooperative Volksbeteiligung, deliberative Demokratie

Die Praxis hat aber auch andere Formen unmittelbarer Bürgerbeteiligung entwickelt – förmliche und informelle Verfahrensweisen, die nicht in Konkurrenz zu den Vertretungskörperschaften stehen, sondern deren Arbeit ergänzen, unterstützen und vielleicht sogar verbessern.[66] Dabei bleibt die Entscheidungszuständigkeit der Vertretungen und Regierungen bzw. Bürgermeister unberührt; die Stimme des Volkes wird gleichwohl wirkungsvoll zur Geltung gebracht. Je früher in der Bevölkerung über die Entwicklung des Raumes und über konkrete Bauvorhaben diskutiert wird, desto größer ist die Chance, dass berechtigte Einwände berücksichtigt und fehlgeleitete Initiativen abgewehrt werden, bevor sie mit all dem gebotenen Aufwand zur Abstimmung gestellt werden müssen. Wenn solche Beratungen informell und unverbindlich sind, stellt dies gerade einen Vorteil dar; in der Phase vor dem förmlichen Beratungsprozess können die Weichen gestellt, die Argumente gründlich aufgearbeitet und gewichtet werden. Es gibt Arbeitskreise, Workshops, Beiräte und „partizipative Netzwerke“, in denen solche Vorklärungen stattfinden.

Bewährt hat sich auch das Modell der *„Planungszelle“* aus zufällig ausgewählten Bürgerinnen und Bürgern, die nach einer Einführung durch Experten zu überzeugenden Lösungsvorschlägen („Bürgergutachten“) für bestimmte Probleme gelangen.[67] Die zuständigen Stadt- oder Gemeindevertreter mögen dann zwar politisch nicht mehr ganz frei sein, aber rechtlich sind sie es, und wenn sie ernsthafte Bedenken gegen die Ergebnisse der Vorphase haben, sind sie frei darin, ihrem Gewissen zu folgen. Sie tragen das Risiko, dafür später zur Rechenschaft gezogen zu werden; diese Rückkoppelung an die Wähler rechtfertigt die Freiheit des Mandats.

Eine bemerkenswerte Form von Bürgerbeteiligung stellt auch die Information von und Diskussion mit Nicht-Regierungs-Organisationen (NGO’s) dar. Als obligatorische „Öffentlichkeitsbeteiligung“ ist sie z.B. im Standortauswahl-

---

[66] S. a. *Ziekow*, Neue Formen der Bürgerbeteiligung? Planung und Zulassung von Projekten in der parlamentarischen Demokratie. Gutachten D zum 69. Deutschen Juristentag, 2012 (mit dem Ton auf den bereits im geltenden Recht vorgesehenen Beteiligungsverfahren, insbesondere im Planungs- und Umweltschutzrecht).

[67] Ausführlich *P. Dienel*, Die Planungszelle. Der Bürger als Chance, 5. Aufl. 2002, und: Demokratisch, praktisch, gut: Merkmale, Wirkungen und Perspektiven der Planungszelle, 2009; Evaluationen und Vergleichsansätze auch bei *H. L. DienelFranzl/Fuhrmann/Lietzmann/Vergne*, Die Qualität von Bürgerbeteiligungsverfahren, 2014.

gesetz vorgesehen, jenem Gesetz, das die jahrzehntelange Suche nach einem geeigneten Standort für ein Atommüll-Endlager strukturieren und vorantreiben soll. Als „Öffentlichkeit" beteiligen sich an diesem Prozess, der im Übrigen von Spezialbehörden und Wissenschaftlern betrieben wird, in erster Linie Umweltverbände; sie haben sich mit ihren großen Erfahrungen und Kenntnissen schon an der Planung anderer umweltbelastender Vorhaben beteiligt und können viel Sachverstand einbringen und die Interessen Betroffener energisch vertreten. Die Entscheidungskompetenzen bleiben jedoch bei den gesetzlich bestimmten Behörden und letztlich beim Deutschen Bundestag.[68] Dadurch ist das Drohpotential der Verbände begrenzt, nicht aber ihre Öffentlichkeitswirkung.

Bürgerbeteiligung in einem weiteren Sinne umfasst die vielfältigen Formen von *bürgerschaftlichem Engagement*. Wenn sich Menschen zu gemeinsamen Aktivitäten zusammentun, wollen sie häufig eigene Vorlieben pflegen, Sport treiben und Unterhaltung genießen, aber vielfach sind sie auch politisch aktiv, bringen Projekte voran, die sonst von der Kommune oder vom Staat organisiert werden müssten, und arbeiten in diesem Sinne am Gemeinwohl mit. Dieses Engagement ist im Ergebnis mehr oder weniger „staatsentlastend", aber es entsteht aus der Gesellschaft heraus und hat seinen Eigenwert.[69]

Als theoretischer Überbau zu den neueren Formen kooperativer oder konsultativer Politik gilt die Idee der *„deliberativen Demokratie"*. Dieser Ansatz ist mit berühmten Namen wie *Jürgen Habermas*[70] und *Richard Dworkin*[71] verbunden. Der erste, der diesen Begriff aufbrachte, war wohl der amerikanische Politologe *James Fishkin*, der im Jahre 1988 einen Artikel in der Zeitschrift „The Atlantic Monthly" veröffentlichte, der offenbar eine Welle der Begeisterung ausgelöst hat.[72] In der Folge organisierte Fishkin zahlreiche Beratungsrunden mit Teilnehmern, die ausgelost wurden und für ihre Beteiligung eine Vergütung erhielten, ganz wie Dienel es schon früher erprobt hatte. Inzwischen sind ähnliche Vorhaben in vielen Ländern der westlichen Welt realisiert worden, und wenn man den Berichten glauben darf, haben einige davon tatsächlich die Politik dieser Länder beeinflusst, z.B. ein höheres Umweltbewusstsein gefördert oder die Prioritäten der Bürger bei der Aufstellung kommunaler Haushalte

---

[68] Vgl. *Bull*, Was ist „die Öffentlichkeit" und welche Befugnisse soll sie haben?, in: DVBl. 2015, S. 593–601, und den Text Nr. 5, S. 101 ff., insbes. S. 125 ff.

[69] Vgl. dazu *Embacher*, Baustelle Demokratie. Die Bürgergesellschaft revolutioniert unser Land, 2012.

[70] *Habermas* spricht von „deliberativer Politik" (Die Einbeziehung des Anderen, 2. Aufl. 1997, S. 277 ff.), die er von dem „idealtypisch zugespitzten" „liberalen" und „republikanischen" Verständnis von Politik abgrenzt. Damit bezieht er sich vornehmlich auf Meinungsgruppen in der US-amerikanischen Politiktheorie. S.a. *Nanz/Leggewie*, Die Konsultative. Mehr Demokratie durch Bürgerbeteiligung, 2016, S. 10 f.

[71] *Dworkin*, Gerechtigkeit für Igel, 2012.

[72] Dazu ausführlich m.w.N.: *Van Reybrouck*, Gegen Wahlen. Warum Abstimmen nicht demokratisch ist, 2016, S. 113 ff.

berücksichtigt. Aber die weitreichenden Projekte von Verfassungs- und Wahlrechtsreformen, die in verschiedenen Ländern von Bürgerforen beraten wurden, blieben letztlich folgenlos.[73] Dass dabei auch gut durchdachte Vorschläge gescheitert sind, liegt nicht nur an dem Widerstand der etablierten Politik, der Parteien und der sonstigen beharrenden Kräfte, sondern auch an der Komplexität der Themen und der Angst vieler Menschen vor Veränderungen. Manche Verfassungsänderungen sind selbst in Referenden schon erfolglos geblieben, obwohl dabei noch am ehesten breite Zustimmung gewonnen werden kann.[74] Das spricht zwar nicht gegen die weitere Suche nach effektiven Formen deliberativer Beteiligung, und die Diskussion wird ja auch auf vielen Foren fortgesetzt. Aber es dürfte klar sein, dass eine schroffe Entgegensetzung von Bürgerbeteiligung und verfasster (repräsentativer) Politik in die Sackgasse führt. Deliberation und Diskurs sind Formen des Miteinanders, und sie zielen auf Entscheidungen, die von den Volksvertretern getroffen werden müssen. Auch im Verhältnis zu diesen ist Respekt geboten; sie dürfen nicht wie Feinde angesehen werden, die man niederkämpfen will.

Auf internationaler Ebene sind neuerdings sogenannte Outreach-Prozesse in Gang gekommen, die ebenfalls auf die Beteiligung von NGO's an staatlichen Entscheidungen abzielen. So hat die deutsche Präsidentschaft der G 20 im Vorfeld der Hamburger Konferenz 2017 zahlreiche Gespräche mit solchen Organisationen der Zivilgesellschaft geführt, Informationen verbreitet und Gegenargumente angehört. Diese Begegnungen im Hintergrund der offiziellen Workshops und Konferenzen sind im medialen Getümmel um die G 20 weitgehend untergegangen, und sie sind sicher nicht sonderlich einflussreich – aber immerhin: ein Anfang ist gemacht, damit auch auf dieser Ebene mehr Menschen an der Vorbereitung von Entscheidungen mitwirken können.

---

[73] *Van Reybrouck* (Fn. 72), S. 121 ff., 126 ff.

[74] *Van Reybrouck* (Fn. 72), S. 122 f., 126 f. Dieser Autor liefert (auf S. 128 f.) auch eine Begründung, die gegen Referenden spricht: „Bei einem Referendum bittet man alle, über ein Thema abzustimmen, mit dem sich meist nur wenige auskennen, bei einem deliberativen Projekt bittet man eine repräsentative Stichprobe von Menschen, über ein Thema zu beraten, zu dem sie alle möglichen Informationen erhalten. Bei einem Referendum spricht sehr oft das Bauchgefühl, bei einer Deliberation spricht eine aufgeklärte öffentliche Meinung".

4.
Bedingungen funktionierender Demokratie*

Unsere demokratische Ordnung ist in Gefahr; ihre Zukunft ist ungewiss. Nicht nur dass ihre Ausgestaltung immer wieder in Frage gestellt wird – sie funktioniert oft nicht so, wie sie soll, und produziert nicht die erhofften Ergebnisse. Andere, undemokratische und illiberale Staatsformen scheinen erfolgreicher als die Demokratie für Wohlstand und Sicherheit zu sorgen; man denke nur an den enormen wirtschaftlichen Aufschwung, den eine Diktatur wie die Volksrepublik China in den letzten Jahrzehnten erreicht hat. Auch die neuen technischen Entwicklungen gelten als Gefahren für die demokratische Ordnung; sie tragen nach verbreiteter Ansicht dazu bei, dass das Bewusstsein für den Wert der Demokratie und des Rechtsstaates „erodiert".

In dieser Lage ist es an der Zeit, gründlicher über die Bedingungen nachzudenken, die erfüllt sein müssen, damit Demokratie „funktioniert". Unter einer erfolgreichen (effektiven oder eben auch „funktionierenden") Demokratie verstehe ich eine Staatsform, die durch die *Mitwirkung* der Menschen an den Entscheidungen des Staates charakterisiert wird, die aber auch das materielle *Wohlergehen* seiner Bewohner sichert, und die im Kern vom *Vertrauen* des Volkes getragen wird. Welche Bedingungen müssen erfüllt sein, damit die Demokratie sich in dieser Weise kraftvoll entwickeln kann?[1]

I. Zur Ideen- und Theoriegeschichte

Die radikalste Antwort auf die Ausgangsfrage hat Jean-Jacques Rousseau gegeben. Seine Vorstellung von der volonté générale führt ihn zu der vielzierten Aussage: „Gäbe es ein Volk von Göttern, so würde es sich demokratisch regieren. Eine so vollkommene Regierung passt für Menschen nicht".[2] Bevor er zu dieser desillusionierenden Feststellung kommt, behandelt Rousseau aber die

---

* Erweiterte Fassung eines Vortrags vom 14. Juni 2018 vor dem Freundeskreis des (früheren) Seminars für Verwaltungslehre an der Universität Hamburg – in Erinnerung an Werner Thieme, den Gründer des Seminars, der am 16. Juni 2016 gestorben ist.

[1] Dazu ausführlich auch *Bull*, Was soll, was kann Demokratie? Erwartungen – Enttäuschungen – Hoffnungen, 2018, S. 75 ff. und 163 ff.

[2] *Rousseau*, Der Gesellschaftsvertrag oder Die Grundsätze des Staatsrechtes, übersetzt von Denhardt, 1975, 3. Buch, 4. Kapitel, S. 76.

Voraussetzungen der – wie er sagt – „Regierungsform“ im Einzelnen. Diese Sätze werden seltener zitiert, verdienen aber Beachtung, weil sie über das Rousseau'sche Demokratiemodell hinaus bedeutsam sind:

> „Wie viele schwer zu vereinigende Dinge setzt diese Regierungsform überhaupt voraus! Erstens einen sehr kleinen Staat, in dem das Volk leicht zu versammeln ist und jeder Bürger genügend Gelegenheit hat, alle anderen kennenzulernen; zweitens eine große Einfachheit der Sitten, die keine Veranlassung zu vielen schwierigen Arbeiten und Verhandlungen gibt, sodann fast vollkommene Gleichheit in bezug auf Stand und Vermögen, ohne die auch die Gleichheit der Rechte und der Macht keinen allzu langen Bestand haben könnte; endlich wenig oder gar keinen Luxus, denn der Luxus ist entweder die Folge des Reichtums oder macht ihn nötig; er verdirbt nicht nur den Reichen, sondern auch den Armen, jenen durch den Besitz, diesen durch die Lüsternheit; er verwandelt das Vaterland in eine Stätte der Weichlichkeit und Eitelkeit; er entzieht dem Staat alle Bürger, um die einen zu Sklaven der anderen und alle zu Sklaven des Vorurteils zu machen“.[3]

Wenn wir unsere heutigen Verhältnisse unter diesen Kriterien untersuchen, können wir eigentlich nur zu dem Ergebnis kommen, dass die Voraussetzungen einer funktionierenden Demokratie *nicht* erfüllt sind. Die demokratischen Staaten, die ohnehin nur einen kleinen Teil der 193 Staaten dieser Welt ausmachen – sind allesamt zu groß, als dass sich das Volk „leicht versammeln“ könnte. Rousseau konnte sich vermutlich die Größe und Vielschichtigkeit der heutigen Staaten nicht vorstellen; er würde heute wohl auch die Variante der repräsentativen Demokratie gelten lassen und mit uns versuchen, Verfahrensweisen zu etablieren, die auch unter den heutigen Verhältnissen der Massengesellschaften „demokratisch“ genannt werden können. Aber wie steht es mit den anderen von ihm genannten Voraussetzungen? Es herrscht alles andere als eine „Einfachheit der Sitten“; wir schätzen vielmehr die Vielfalt der Werte, den Pluralismus der Weltanschauungen und Lebensformen. Erst recht fehlt es an der Gleichheit der Vermögen; die Kluft zwischen Arm und Reich wird immer größer. Was Rousseau über Reichtum und Luxus, Weichlichkeit und Eitelkeit sagt, mag überzogen erscheinen, aber er warnt mit Recht vor dem verheerenden Einfluss der materiellen Ungleichheit auf die Fähigkeit der Politik, die Zukunft aller Menschen im Sinne von individueller Chancengleichheit und allgemeinem Wohlstand zu gestalten. Die Politik steht hier (weltweit!) vor einer gewaltigen Aufgabe.

Rousseau hat in diesem Dilemma an die *Tugend* appelliert und dabei Montesquieu zitiert, der die Tugend für das Prinzip der Republik (des „Volksstaates“) erklärt hat.[4] „Ohne die Tugend könnten alle die angegebenen Bedingungen nicht bestehen“, sagt Rousseau, und er fügt die Bemerkung hinzu,

---

[3] Ebd. S. 75 f.

[4] *Montesquieu*, Vom Geist der Gesetze, hrsg. v. Weigand, 1974, 3. Buch, 3. Kapitel, S. 118 ff.

„dass keine Regierung in so hohem Grad Bürgerkriegen und inneren Erschütterungen ausgesetzt ist wie die demokratische oder Volksregierung, weil keine andere so heftig und so unaufhörlich nach Veränderung der Form strebt und keine mehr Wachsamkeit und Mut zur Aufrechterhaltung ihrer bestehenden Form verlangt. Namentlich in dieser Verfassung muss sich der Staatsbürger mit Kraft und Ausdauer waffnen und jeden Tag seines Lebens im Grund seiner Seele nachsprechen, was ein echter Woiwode auf dem polnischen Reichstag sagt: Ich ziehe eine gefahrvolle Freiheit einer ruhigen Knechtschaft vor."[5]

Wie aber, wenn es dem Volk, so wie es tatsächlich fühlt und handelt, an dieser Ausrichtung fehlt, wenn es also gerade nicht die „gefahrvolle Freiheit einer ruhigen Knechtschaft" vorziehen will? Wenn die moralische Kraft der Menschen zu gering ist, um die Demokratie zu verteidigen, und der Egoismus die demokratischen Tugenden verdrängt? Wir leben in einer Zeit, in der das individuelle Freiheitsstreben stark ausgeprägt ist und in allen möglichen Zusammenhängen zur Geltung gebracht, ja geradezu herausgefordert wird. Die Freiheit des Einzelnen gefährdet bisweilen in beunruhigender Weise die Rechte und Interessen anderer – und damit eben auch den Gemeinsinn und letztlich die Handlungsfähigkeit des Gemeinwesens im Ganzen. Wir sind also durchaus auch „inneren Erschütterungen" ausgesetzt, die zwar noch nicht den Charakter von Bürgerkriegen erreicht haben, aber das Potential dazu besitzen.

Die Stärke eines Staates wird u.a. durch seine *Verfassung* bestimmt. Aber die Bedeutung der Verfassung sollte nicht überschätzt werden. Verfassungen weisen Unklarheiten, Lücken und Widersprüche auf und geben damit Entwicklungen Raum, die von den ursprünglichen Vorstellungen ihrer Autoren wegführen. Da erinnert man sich schnell an das berühmte *Böckenförde-Diktum*, dass „der freiheitliche, säkularisierte Staat von Voraussetzungen lebt, die er selbst nicht garantieren kann".[6] Ernst-Wolfgang Böckenförde hat damit das Verhältnis des säkularisierten Staates zur Religion (oder besser: zu den Religionen) klargestellt: Die (christliche) Religion kann dem modernen Staat keine Legitimation und damit keine Loyalität des Volkes mehr vermitteln. Seine zugespitzte Formulierung war als ein Appell an die Katholiken gemeint, sich auf das Risiko der Demokratie einzulassen.[7]

In späteren Arbeiten hat sich Böckenförde allgemeiner mit den *„vorverfassungsrechtlichen"* Voraussetzungen einer funktionierenden Demokratie befasst und dabei den Kreis der Faktoren weiter gezogen. In seinem Beitrag über „De-

---

[5] Der Gesellschaftsvertrag (Fn. 2), S. 76.

[6] *Böckenförde*, Die Entstehung des Staates als Vorgang der Säkularisation, in: Säkularisation und Utopie. Ebracher Studien, Ernst Forsthoff zum 65. Geburtstag, 1967, S. 75.94; Nachdruck in: *Böckenförde*, Staat, Gesellschaft, Freiheit. Studien zur Staatstheorie und zum Verfassungsrecht, 1976, S. 42–64 (Zitat S. 60).

[7] *Jan-Werner Müller*, Was hält Demokratien zusammen? Neue Zürcher Zeitung vom 26.8.2017.

mokratie als Verfassungsprinzip" im Handbuch des Staatsrechts[8] untersucht er die „unausgesprochenen, im vor-verfassungsrechtlichen Bereich angesiedelten Bauelemente der Demokratie, die neben ihre ausdrücklichen normativ-institutionellen Strukturmerkmale treten".[9] „Sie wurden bei der Entstehung und beginnenden Verwirklichung der modernen Demokratie teils als fraglos gegeben unterstellt und daher nicht eigens artikuliert, teils als außerrechtliche Merkmale außer Betracht gelassen; gleichwohl gehören sie zu den Bestimmungsgrößen der Demokratie als Staats- und Regierungsform".[10] Von ihrem Vorliegen hängt die Funktionsfähigkeit der Staatsform Demokratie (in ihrer besten Ausprägung) ab; insofern sind sie deren Bedingungen. Böckenförde unterscheidet „sozio-kulturelle", „politisch-strukturelle" und „ethische Voraussetzungen der Demokratie".[11] Unter dem Stichwort „sozio-kulturell" behandelt er „gesellschaftliche" und „geistig-bildungsmäßige Voraussetzungen", während als „politisch-strukturelle Voraussetzungen" die „Qualität, Art und Reichweite der Entscheidungen" besprochen werden, „die im Rahmen der politischen Herrschaftsgewalt zu treffen sind". Als „ethische Voraussetzungen" werden schließlich die „Wirksamkeit eines demokratischen Ethos" und die „Bereitschaft" genannt, „politische Entscheidungen von den gemeinsamen Interessen aller her zu treffen".

Diese Überlegungen des großen Staatsdenkers sind auch Jahrzehnte nach ihrer ersten Publikation noch bedeutsam; sie machen auf wesentliche Probleme und Gefahren für die Demokratie aufmerksam. Ich will gleichwohl im Folgenden nicht einfach Böckenfördes Kategorisierungen folgen, sondern von eigenen Beobachtungen des politischen Geschehens ausgehen. Daher werde ich zunächst kurz die Funktion des Verfassungsrechts beleuchten (II.) und sodann die Frage behandeln, inwiefern die Demokratie ein aufgeklärtes, politisch reifes Volk voraussetzt (III.) und wie diese Voraussetzung – vielleicht – realisiert werden kann (IV.). Dabei spielen insbesondere die politischen Parteien eine wichtige Rolle (V.). Ihre Funktionen und ihr „Ethos" sind bei Böckenförde unterbelichtet, für die Beurteilung der heutigen demokratischen Praxis aber von wesentlicher Bedeutung. Sodann soll die beunruhigende Frage angesprochen werden, ob etwa das Schicksal der Demokratie vom wirtschaftlichen Wohlstand des Staates abhängt (VI.). Am Schluss frage ich, ob es Alternativen gibt, wenn die erörterten Voraussetzungen fehlen oder schwinden (VII.).

---

[8] *Böckenförde*, Demokratie als Verfassungsprinzip, in: Isensee/Kirchhof (Hrsg.), Handbuch des Staatsrechts der Bundesrepublik Deutschland, Bd. I, 1987, § 22, S. 887–950, nachgedruckt in: *ders.*, Staat, Verfassung, Demokratie. Studien zur Verfassungstheorie und zum Verfassungsrecht, 2. Aufl. 1992, S. 289–378.

[9] *Böckenförde* (Fn. 8), Rn. 58, in dem Nachdruck S. 344.

[10] Ebd.

[11] Ebd. Rn. 59 ff., S. 345 ff.

II. Eine gute Verfassung

1. Jeder Staat bedarf einer Verfassung, in der die Kreation und das Funktionieren der Staatsorgane geregelt sind. Für das Prädikat „Demokratie" ist entscheidend, dass die Staatsgewalt auf das Volk zurückgeführt werden kann, also dass regelmäßig Wahlen nach allgemeinem, gleichem und geheimem *Wahlrecht* stattfinden, dass die staatlichen Befugnisse auf mehrere, sich gegenseitig beeinflussende und kontrollierende Instanzen verteilt sind, also „*Gewaltenteilung*" besteht und insbesondere die Justiz von der Politik unabhängig ist. Demokratie ist aber ohne Grundrechte, Minderheitenschutz und *Rechtsstaatlichkeit* nichts wert. Deshalb gewährleisten alle demokratischen Verfassungen die Grundrechte des Individuums wie auch die Freiheit der Medien, der Wissenschaft und der Kunst. Unser Grundgesetz ist in diesem Sinne eine gute Verfassung.

2. Die Wirkungskraft der geschriebenen Verfassung wird aber, wie schon angesprochen, oft überbewertet. Nicht nur das Beispiel des Vereinigten Königreichs zeigt, dass weniger der Text der Verfassungsnormen als vielmehr deren Auslegung durch die handelnden Organe (bei uns letztlich das Bundesverfassungsgericht) die Praxis bestimmt. Die verfassunggebenden Instanzen überschätzen im Allgemeinen ihre Fähigkeit, die Entscheidungsprozesse in eine gewünschte Richtung zu lenken. Bezeichnend sind die Versuche, die praktische Politik durch Staatsziel- oder Staatsaufgabenbestimmungen zu beeinflussen – sie sind zum großen Teil erfolglos geblieben, und zwar schon deshalb, weil Verfassungen allgemeiner und grundsätzlicher formuliert sein müssen: mehr Holzschnitt als Ziselierung. Sie können keine eindeutigen, ohne weiteres umsetzbaren Maßnahmen vorschreiben. So enthalten einige Landesverfassungen wohlklingende Bekenntnisse etwa zum sozialen Wohnungsbau oder zur Förderung der Kultur und des Sports, aber der Wohnungsbau, die Theater und die Sportvereine werden auch in diesen Ländern nicht zuverlässiger subventioniert als in denen, die keine solche Verfassungsnormen besitzen. Der Umweltschutzartikel des Grundgesetzes (Art. 20a) dient immerhin als Auslegungshilfe in Rechtsstreitigkeiten. Unser Nachbarland Schleswig-Holstein wollte die durch die Digitalisierung aufgeworfenen Probleme verfassungsrechtlich regeln – das Ergebnis ist recht fragwürdig ausgefallen.[12] Von diesen Verfassungsänderungen nimmt überdies kaum jemand Kenntnis.

3. Wer grundlegende Umwälzungen will, muss den Boden dafür auf andere Weise bereiten, statt nur die Verfassung zu ändern. Viele glauben heute, die Kluft zwischen Reich und Arm gefährde die Demokratie. Kann diese Gefahr nicht im Rahmen des geltenden Grundgesetzes – u.a. unter Berufung auf Art. 14 Abs. 2 GG – bekämpft werden? Das wichtigste Steuerungsmittel, die Steuerge-

---

12 Vgl. insbes. Art. 14 f. SH LV n.F.; dazu *Bull*, ZRP 2015, 98 ff.

setzgebung, steht der Politik zur Verfügung; ob davon Gebrauch gemacht wird, hängt von anderen Voraussetzungen ab, z.B. von Wahlprognosen …

III. Gute Demokraten: Ein politisch reifes Volk von aufgeklärten Bürgern

1. *Demokratie braucht Demokraten.* An deren Fehlen ist die Weimarer Republik zugrunde gegangen. Große Teile der Bevölkerung und mächtige Gruppen in Politik, Wissenschaft und Verwaltung trauerten der Monarchie nach, schmähten das Parlament und bereiteten der Diktatur den Weg. Heute will zwar niemand die Wiedereinsetzung eines Kaisers oder Königs, aber wir brauchen auch jetzt und in Zukunft Menschen, die sich für die republikanische Staatsform und die parlamentarische Regierungsform einsetzen, die Aufgaben für die Allgemeinheit übernehmen, für öffentliche Ämter kandidieren und gewählt werden und über ihre Tätigkeit Rechenschaft ablegen. Diejenigen, die das tun, werden aber von vielen nur beschimpft. Unter dem Titel der Parteienverdrossenheit wird das gesamte Handeln der politischen Parteien und ihrer Repräsentanten pauschal verurteilt.

Keine guten Demokraten sind diejenigen Mitglieder der Gesellschaft, die sich in erster Linie einer *religiösen* Gemeinschaft verbunden und verpflichtet fühlen. Demokratie kann den Absolutheitsanspruch von Religionen nicht akzeptieren.[13] Eine solche „fundamentalistische" Religion war in der Vergangenheit der politische Katholizismus. Er hat heute keine hinreichende Kraft mehr, um die demokratische Verfassung der Bundesrepublik zu gefährden. Wohl aber könnte der politische Islam diese Rolle übernehmen. Dagegen muss sich der Staat wehren. Die auf rechtliche Gleichheit der Individuen und Gleichberechtigung aller Gruppen gegründete Demokratie kann keinen politischen Herrschaftsanspruch einer Religionsgemeinschaft akzeptieren.

2. Gute Demokraten sind, positiv ausgedrückt, politisch reife Menschen, also Bürger im besten Sinne des Wortes. Demokratie setzt diese *politische Reife* der an ihr beteiligten Menschen voraus, und zwar sowohl bei den für die Allgemeinheit Handelnden wie bei den einfachen Mitgliedern der Gesellschaft. Ein Volk ist in diesem Sinne politisch reif, wenn die große Mehrheit die Regeln demokratischer Volks- und Staatswillensbildung akzeptiert (oder besser: verinnerlicht) hat und eine friedliche, nicht aggressive, nicht imperialistische, auf faire Auseinandersetzung und im Ergebnis auf Kompromisse abzielende Politik unterstützt.

---

[13] *Böckenförde* (Fn. 8), Rn. 61, S. 346. Die andere Konstellation, die Böckenförde in diesem Zusammenhang nennt, ist heute in Europa irrelevant: dass nämlich „die Gesellschaft durch eine patriarchalische Stammes- oder Sippenstruktur bestimmt ist, in die der einzelne statusmäßig, d.h. mit seiner Person und als solcher eingebunden ist" (Rn. 60, S. 345).

Um als politische Demokratie bestehen zu können, ist – wie Böckenförde formuliert – „ein gewisses Maß an gemeinsamen Grundauffassungen der Bürger über die Art und Ordnung ihres Zusammenlebens sowie die Abwesenheit extremer wirtschaftlich-sozialer Gegensätze", eine *„relative Homogenität innerhalb der Gesellschaft"* nötig. Er sieht hierin (in Anknüpfung an Hermann Heller)[14] einen „sozialpsychologischen Zustand, in welchem die vorhandenen politischen, ökonomischen, sozialen, auch kulturellen Gegensätzlichkeiten und Interessen durch ein gemeinsames Wir-Bewusstsein, einen sich aktualisierenden Gemeinschaftswillen gebunden erscheinen".[15] Dieser positive sozialpsychologische Zustand, also „die Grundlage, aus und auf der relative Homogenität erwächst", ist (in den Worten von Böckenförde) „ein Stück weit vorgegeben", aber kann auch „allmählich entstehen und wachsen, ja sogar – in mehr oder weniger weitem Umfang – hergestellt werden, letztlich auch – man höre! – durch ‚Umschaffung' des Bewusstseins im Wege ideologischer Indoktrination".[16] „Jedenfalls ist sie einer Pflege und Förderung zugänglich".[17] Dass dafür das Erziehungs- und Bildungswesen von größter Bedeutung ist, dürfte kaum bestritten werden.

Freilich bedeutet diese Einsicht, dass das ursprüngliche Böckenförde-Diktum über die Unfähigkeit des modernen Staates, die ihn legitimierenden Kräfte selbst zu erschaffen, relativiert werden muss. Nur wenn der Staat die Schulen und Hochschulen aus seiner Förderung und Lenkung herausließe, wäre er auf „fremde" Hilfe angewiesen, insbesondere in höherem Maße als bisher von der Gesellschaft und also auch von der Wirtschaft abhängig.

3. Tatsächlich ist das politische Bewusstsein des Volkes alles andere als homogen und keineswegs durchgängig demokratiefreundlich.[18] Das Volk ist in vieler Hinsicht gespalten, es gibt heftige Auseinandersetzungen zwischen Interessen- und Meinungsgruppen (über die Rechts-/Links-Konfrontation hinweg). Die Gründe dieser Spaltung der Gesellschaft sind nicht nur ökonomischer oder sozialpsychologischer Art, es ist zum Teil auch die Komplexität der faktischen Lage und damit die Schwierigkeit ihrer Bewältigung. Die Theorie der Demokratie geht davon aus, dass *„der aufgeklärte Bürger* die öffentlichen Angelegenheiten einigermaßen sachgerecht verstehen, sich daher am öffentlichen Diskurs beteiligen, die vorgebrachten Argumente nachvollziehen und beurteilen und zu

---

[14] *Heller*, Politische Demokratie und soziale Homogenität, in: *ders.*, Gesammelte Schriften, Bd. 2, 1971, S. 428.

[15] *Böckenförde* (Fn. 8), Rn. 63, S. 348.

[16] Ebd. Rn. 64, S. 349/350.

[17] Ebd. Rn. 64, S. 350

[18] Dies gilt unabhängig von der *ethnischen* Homogenität, die heute vielfach wieder gefordert wird. Die Zuwanderung von Flüchtlingen und Arbeitsmigranten ist gerade eine Herausforderung für die Demokratie, mit einem gewichtigen Problem fertig zu werden – was in diesem Fall nur im Rahmen der Europäischen Union möglich ist. Wäre ethnische Homogenität eine Voraussetzung von Demokratie, müsste die Schweiz aus dem Kreis der demokratischen Staaten ausgenommen werden; sie ist aber ein Beispiel für eine multiethnische Demokratie.

seinen eigenen Interessen in Beziehung setzen" kann.[19] Aber ist „der" Bürger heute dazu wirklich in der Lage? Und will er es überhaupt? Dass sich manche nicht einmal die Mühe machen, ihre Wahlentscheidung genau zu überlegen, ist offensichtlich: Protest- und Nichtwähler handeln aus Verärgerung oder Bequemlichkeit und bisweilen gegen ihre eigenen Interessen.

Aktive Politiker sprechen es nicht aus; denn es ist politisch nicht korrekt, aber viele dürften es insgeheim so sehen, und wer sich nicht der politischen Korrektheit verpflichtet fühlt, sagt es auch offen: „Die soziale, wirtschaftliche und politische Welt ist so vielschichtig, verflochten, konfliktreich, undurchschaubar geworden, dass die Bürger nicht mehr in der Lage sind, sich zu anstehenden Entscheidungsfragen eine fundierte Meinung zu bilden".[20] In dieser Sichtweise sind die Wähler hoffnungslos überfordert, Wahlen sind reines Glücksspiel, und das allgemeine gleiche Wahlrecht begründet zwar noch die gleiche Partizipation aller Bürger, aber nicht mehr die Aussicht auf gerechte und zweckmäßige Entscheidungen. Dieser Zustand könnte ja auch nicht durch Änderung oder Einschränkung des Wahlrechts beseitigt werden: Der Staat kann nicht seine Bürger erst einmal einer politischen Reifeprüfung unterziehen, ehe er sie zur Wahl zulässt. Auch verbesserte Aufklärung, umfassende Bemühungen um politische Bildung der Bevölkerung und die Vereinfachung der Entscheidungen – alles sehr wünschenswerte, teilweise durchaus erfolgreich durchgeführte Strategien – würden die Möglichkeit nicht ausräumen, dass eine streng rationale Politik an der „Unfähigkeit" oder Unberechenbarkeit der Wähler scheitert.

Ganz konsequent betrachtet, würde die Überforderung der Wähler die Demokratieunfähigkeit des größeren Teils der Bevölkerung und die Verlagerung der Entscheidungen auf die Experten bedeuten.[21] Aber eben diese These können wir nicht aufrechterhalten: Die Demokratie muss die Urteils- und Entscheidungsfähigkeit der Bürger als gegeben voraussetzen, auch wenn vieles dafür spricht, dass sie nicht in ausreichendem Maße vorhanden ist. Anders ausgedrückt, ist die politische Urteilsfähigkeit aller Bürger zumindest (!) eine unverzichtbare Fiktion. (Konzessionen an die Gegenmeinung sind die gesetzlichen Altersgrenzen des Wahlrechts und der Ausschluss geistig Kranker vom Wahlrecht.)

Die Relativierung der Idee des aufgeklärten Bürgers ist überdies schon deshalb geboten, weil sie unrealisierbar ist. Zu manchen Fragen können selbst die erfahrensten Politiker kein eindeutiges Urteil abgeben, auch nicht mit Hilfe von

---

[19] *Bermbach*, Über einige Probleme der Demokratie heute, in: Annales Universitatis Scientiarum Budapestinensis de Rolando Eötvös nominatae, Sectio juridica, Tomus XLVII, Budapest 2006, S. 57 (59). Ebenso kritisch zur Komplexität der Entscheidungsgrundlagen *Böckenförde* (Fn. 8), Rn. 71, S. 355.

[20] *Bermbach* aaO. (vorige Fn.).

[21] Das letztere betont auch *Böckenförde* (Fn. 8), Rn. 71, S. 355.

Experten. Die Komplexität der Probleme, die Intransparenz der Verhältnisse und die Gegensätze und Widersprüchlichkeiten der Interessen und Meinungen machen es auch den Politikern immer schwerer, allseits überzeugende Entscheidungen zu fällen. Im aktuellen Streit der politischen Meinungen wird oft auch gar nicht gefragt, ob die getroffenen Entscheidungen hinreichend rational, „nachhaltig" und in jeder Hinsicht gerecht sind, sondern es überwiegen oft vordergründige, emotionale, kurzfristige Überlegungen und Einschätzungen oder aber das Vertrauen in die handelnden Personen bzw. umgekehrt ihre Ablehnung aus allgemeinem oder speziellem Misstrauen gegenüber Institutionen, Parteien und Personen. Wenn wir daran gehen, die Qualität *früherer* politischer Entscheidungen zu hinterfragen oder hypothetisch eine andere als die gelebte Vergangenheit für besser zu halten, stellen wir bald fest, dass wir nicht alle Motive und Gründe früherer Entscheidungen kennen oder dass unsere Maßstäbe möglicherweise unangemessen oder zumindest fragwürdig sind. Das sollte uns lehren, auch bei der Beurteilung gegenwärtiger Entwicklungen und Entscheidungen die Latte nicht allzu hoch zu legen. „Perfektion" ist in der Politik kein adäquates Ziel. Dass Wählerinnen und Wähler die Komplexität der Lagen auf oft sehr einfache Weise reduzieren, indem sie ihre Wahl aus einzelnen der zahllosen Gründe heraus treffen, die „eigentlich" berücksichtigt werden sollten, dass sie nur auf Personen statt auf Programme achten oder dass sie schlicht „aus dem Bauch heraus" urteilen, führt nicht zwingend dazu, dass die darauf aufbauende Politik insgesamt „schlecht" ist. Im langfristigen Rückblick können auch Wahl- und Abstimmungsergebnisse, die den Zeitgenossen als unaufgeklärt erscheinen, sich als Segen erweisen – wie auch umgekehrt eine wissenschaftlich bestens beratene Politik zu Fehlentwicklungen führen kann.

IV. Wege zur politischen „Qualifikation"

Gleichwohl: Da wir als Zeitgenossen nicht genau wissen können, wie sich heutige Politik in der Zukunft auswirken wird, muss um der Demokratie willen ein Zustand angestrebt werden, in dem die große Menge der Menschen politisch aufgeklärt ist und eben nicht nur „aus dem Bauch heraus" urteilt. Gerade die deutsche Geschichte ist bekanntlich gekennzeichnet durch Wählerbewegungen, die u.a. unfähige und schwache Regierungen und im Extremfall ein verbrecherisches Unrechtsregime herbeigeführt haben. Wenn sich im Volk wieder wie in manchen Epochen unserer Geschichte eine irrationale, verengte Betrachtungsweise des politischen Geschehens durchsetzen sollte, würde die Basis für abgewogene, gemeinwohlorientierte Entscheidungen dahinschmelzen, und die latent immer vorhandene Tendenz zur Autokratie würde gestärkt. Auch wenn diese Gefahr zur Zeit gering sein mag, ist es vorbeugend z.B. nötig, emotional begründeten Extremmeinungen entgegenzutreten, Hassreden und persönlichen

Angriffen auf Verantwortliche zu widersprechen und für nüchterne, faktenbasierte Entscheidungen und eine friedliche und solidarische Politik zu werben.

Die politische Reife des Volkes, die ich als eine Voraussetzung erfolgreicher Demokratie bezeichnet habe, ist ihrerseits die erstrebte Resultante verschiedenster Faktoren. Zu den „geistig-bildungsmäßigen Voraussetzungen" demokratischer Willensbildung gehören zumindest ein gut entwickeltes Schulsystem und die Möglichkeit freier gesellschaftlicher Kommunikation.[22]

1. Schulen und andere Instanzen der Volksbildung

„Volksbildung" ist ein aus der Mode gekommener Begriff, und manche halten ihn wohl gar für unvereinbar mit dem Freiheitswunsch der modernen Menschen; der dahinter stehende demokratische Anspruch wird nicht ernst genommen. Gewiss sind unsere Schulen und Hochschulen in den letzten Jahrzehnten enorm ausgebaut worden und haben durchaus beachtliche Leistungen erbracht; ablesbar ist dies an den Zahlen der Lehrenden und der aufgewendeten Sachmittel, vor allem aber an den zunehmend besser ausgefallenen Pisa-Studien. Inwieweit aber außer den grundlegenden kognitiven Fähigkeiten auch *soziale und politische Kompetenzen* entwickelt werden, erscheint mir zweifelhaft. Die Schulen waren schon immer außerstande, einen soliden Unterricht in Rechtskunde anzubieten, und erst recht konnten sie kein *Verständnis für rechtliches und politisches Denken* vermitteln. Ein großer Teil der Absolventen bringt keine ausreichenden Kenntnisse über das Funktionieren des politischen Systems, also keine politisch-soziale Kompetenz mit – trotz anerkennenswerter Bemühungen um Schülerselbstverwaltung und -mitverwaltung.[23] (Übrigens kommt auch das *ökonomische* Denken in der schulischen Erziehung zu kurz.) Hier, für die Ausbildung des Urteils- und Entscheidungsvermögens[24] in öffentlichen Angelegenheiten, wären wesentlich größere Anstrengungen nötig als bei der heute allenthalben propagierten Ausbildung im Umgang mit den elektronischen Medien und der Digitalisierung der Arbeitswelt.

An den Hochschulen steht eindeutig die jeweilige fachliche Wissensvermittlung im Vordergrund; ein großer Teil der Lehrenden scheut sich oder ist nicht kompetent genug, auch die sozialen Bezüge ihrer Wissenschaft zu thematisieren. Nur in einigen sozialwissenschaftlichen Fächern wird über soziales Verhal-

---

[22] *Böckenförde* (Fn. 8), Rn. 67 f., S. 351 f.

[23] Zur Schüler-Selbstverwaltung als Element politischer Erziehung vgl. *Theodor Litt*, Die politische Selbsterziehung des deutschen Volkes, 5. Aufl. 1959, S. 61 ff. Litt wendet sich mit Recht gegen eine zu harmonistische Betrachtung der Wirklichkeit: Es geht nicht um Erziehung zur „staatsbürgerlichen Eintracht"; Streit und Kampf dürfen nicht ausgeklammert oder vertuscht werden (S. 62 ff., 75 ff.).

[24] S.a. *Böckenförde* (Fn. 8), Rn. 67, S. 351.

ten philosophiert und manchmal auch politisch agiert. Im Übrigen bekennt man sich gern zur Werturteilsfreiheit als einem Qualitätsmerkmal unabhängiger Wissenschaft, verdeckt damit aber vielfach die tatsächlich wirksamen subjektiven Werturteile. Sofern die zugrunde gelegten Wertungen offen gekennzeichnet werden, ist dagegen nichts einzuwenden; geschieht dies aber nicht, so liegt der Ideologieverdacht nahe. Die Geschichte wiederholt sich nicht; 2018 ist nicht 1933, aber die Erinnerung an das schmähliche Versagen der deutschen Professorenschaft angesichts der Judenverfolgung sollte nicht verdrängt werden.

2. Freie gesellschaftliche Kommunikation

Die Spitzenprodukte unserer Medienwirtschaft haben Weltniveau, und in Deutschland ist es jedem, der lesen, hören und fernsehen kann, ohne besondere Mühe möglich, sich umfassend über demokratische Entscheidungsprozesse und alle aktuellen politischen Probleme, Interessen- und Meinungskonflikte zu informieren. Wenn alle Wahlberechtigten von diesen Möglichkeiten Gebrauch machten, würden sich andere politische Kräfteverhältnisse ergeben, und viele Themen würden anders behandelt. Die Homogenität im Volke wäre vermutlich größer. Tatsächlich informieren sich viele zu einseitig. Sie nehmen nur diejenigen Informationen zur Kenntnis, die ihre bereits gebildete Meinung bestätigen oder die eigenen Interessen stärken. Andere interessieren sich gar nicht für Politik (kritisieren aber trotzdem „die" – also alle – Politiker!).

Die vielfältigen Informationen, die in den Medien angeboten werden, kommen zu einem erheblichen Teil gar nicht bei den Menschen an, die sich nicht planmäßig und kontinuierlich informieren. Das liegt teilweise daran, dass die Berichterstattung wie die Kommentierung der aktuellen Politik bei aller relativen Qualität oft nicht ausreicht, die Akzente zu sehr auf vordergründigen Nachrichten statt auf gründlichen Analysen liegen und die gefundenen und umgesetzten Lösungen der Probleme – die es ja in nicht geringem Maße zu vermelden gäbe! – nicht kommuniziert werden.

Und die Medien buhlen in ihrem wirtschaftlichen Wettbewerb um die Konsumenten. Damit üben die Boulevardpresse und die privaten Rundfunkunternehmen einen starken Einfluss aus – sowohl auf die Programme des öffentlich-rechtlichen Fernsehens wie auch (teilweise) auf die seriöse Presse. Unterhaltung und Sport gewinnen auf diese Weise ein Übergewicht über die politisch relevanten Programmelemente. „Die Quote" (der jeweiligen Zuschauer) bestimmt nicht nur die Preise für eingeblendete Werbung, sondern auch die übrigen Gratifikationskriterien, die für die Produzenten wichtig sind, insbesondere die Anerkennung ihrer Leistungen in den Sendeunternehmen und Redaktionen selbst. Bezeichnend hierfür ist der große Erfolg der *Talkshows*, die sich in unterhaltsamer Form mit politischen Themen befassen. Böckenförde kritisiert diese

Entwicklung, weil dadurch die Parlamente in den Hintergrund gerückt würden.[25] Man kann aber auch umgekehrt sagen, dass die Talkshows eine wichtige Vermittlungsfunktion zwischen der organisierten Staatlichkeit und der freien, unregulierten Gesellschaft wahrnehmen: Die Parlamente können im Grunde nur an Vertrauen gewinnen, wenn die von ihnen zu behandelnden Themen *vor* den förmlichen Entscheidungsprozessen oder parallel dazu in lockerer Form und ohne Entscheidungszwang diskutiert werden.

Der Wettbewerb der Medien ist also ambivalent: Er kann die Vielfalt fördern, aber zugleich das Niveau der Programme senken und dann im Ergebnis doch wieder nivellieren, die wirkliche gesellschaftliche Vielfalt und Multikulturalität also letztlich gefährden. Wird aber der Wettbewerb eingeschränkt, drohen Einseitigkeit und Interessengebundenheit erst recht. Die seit Jahrzehnten zunehmende Medienkonzentration ist eine Gefahr für die offene und freie politische Kommunikation und daher demokratieschädlich; sie muss mit den Mitteln des Wettbewerbsrechts bekämpft werden.[26]

Eine andere Gefahr erwächst der demokratischen Ordnung möglicherweise aus der *Digitalisierung* aller sozialen Vorgänge. Demokratie verlangt herkömmlicherweise und aus guten Gründen, dass auf allen Stufen des staatlichen Entscheidungsprozesses Menschen unmittelbar miteinander kommunizieren, dass also *unter Anwesenden* Meinungen und Gegenmeinungen ausgetauscht werden und die Beschlüsse in geordneten Verfahren von der jeweiligen Mehrheit gefasst werden. Die Piraten-Partei hat versucht, möglichst viele Engagierte mit technischen Mitteln an den Entscheidungen zu beteiligen und durch technische Vorkehrungen dafür zu sorgen, dass politische Mitwirkung möglichst intensiv und kontinuierlich stattfindet. Sie ist damit gescheitert, weil diese anspruchsvolle Form technisch-direkter Mitwirkung bei der großen Zahl der Wahlberechtigten zu wenig Interesse gefunden hat – und vielleicht auch deshalb, weil die Piraten selbst erkannt haben, dass Interessenkonflikte und politische Richtungsstreitigkeiten nicht mit Computern gelöst werden können. Auch andere Erscheinungsformen der Digitalisierung wie die massenhafte Kommunikation und entsprechende Beeinflussung der Wähler in den „sozialen“ Netzwerken werden m.E. zurzeit überbewertet. Die besonders wichtigen Auseinandersetzungen, von denen die politische Entwicklung abhängt, sind in letzter Zeit auf Parteitagen und in einer förmlichen Mitgliederabstimmung der SPD ausgetragen und von den traditionellen Medien ausgiebig erörtert worden; die Computer und das Netz waren dabei Hilfsmittel, aber nicht Akteure.

---

25 *Böckenförde*, Demokratische Willensbildung und Repräsentation, in: Isensee/Kirchhof (Hrsg.), Handbuch des Staatsrechts, Bd. III, 3. Aufl. 2005, § 34, Rn. 43 f.

26 *Böckenförde* (Fn. 8), Rn. 68, S. 353.

3. Was heißt „demokratische Gesinnung"?

Um die Voraussetzungen funktionierender Demokratie genauer zu bestimmen, müssen wir noch hartnäckiger fragen, welche *Inhalte* im Interesse einer friedlichen und erfolgreichen politischen Praxis erwünscht sind, also in den öffentlichen Diskussionen ausreichend berücksichtigt werden sollten, und in welchem *Stil* die Auseinandersetzung geführt werden sollte. (Erwünscht heißt selbstverständlich nicht, dass andere Meinungen von Staats wegen unterdrückt werden dürften!) Man kann diese Fragen dadurch beantworten, dass man einen Negativkatalog aufstellt – etwa so: Keine Falschmeldungen, keine verzerrten, einseitigen, lückenhaften Darstellungen, keine Hetze, keine Beleidigung oder Beschimpfung der politischen Gegner. Leider lassen sich jeden Tag solche Tatbestände feststellen; die Parlamentspräsidenten können sie nicht alle förmlich rügen, die Zeitungen können sie meist nicht ignorieren, weil sie fast immer mit – manchmal wahren, manchmal falschen – Tatsachenbehauptungen vermengt sind.

Selbstverständlich sind nicht bestimmte Politikinhalte gemeint, wenn für angemessene Formen der Auseinandersetzung geworben wird. Zu wünschen ist vielmehr, dass die Menschen sich gegenseitig mit *Respekt* begegnen und dass sie offen sind für Argumente und Kompromisse, dass sie einerseits Mehrheitsentscheidungen, andererseits aber auch den gebotenen Minderheitenschutz akzeptieren. Das „Kernstück des demokratischen Ethos" bildet in der Formulierung von Böckenförde die „vorbehaltlose Anerkennung der demokratischen Spielregeln, insbesondere der gleichen Chance politischer Machtgewinnung".[27]

Jeder kennt zahllose Beispiele für das Fehlen dieser Grundeinstellung. Weithin herrscht Respektlosigkeit. Wir erleben Feindseligkeit zwischen politischen Konkurrenten (und sogar innerhalb einer Partei), Starrsinn, „ideologische Absolutheitsansprüche"[28], überscharfe Angriffe auf Andersdenkende und übermäßige Moralisierung politischer Standpunkte – nicht nur in den „sozialen" Netzwerken. Man mag manche dieser Entgleisungen als Ausdruck von Prinzipienstrenge entschuldigen, aber die zunehmende Verrohung der politischen Sitten ist schon deshalb schädlich, weil sie viele an sich qualifizierte Nachwuchspolitiker davon abschreckt, sich solchen Auseinandersetzungen zu stellen. Insbesondere die Fundamentalkritik an der jeweiligen Gegenseite, die in vielen Internetkommentaren geübt wird und die regelmäßig in Extremurteilen auch über die handelnden Personen ausgedrückt wird, ist kein Ausweis demokratischer oder rechtlicher Denkweise, sondern bringt letztlich nur einen „Alleinvertretungs"-Anspruch zum Ausdruck. Auch in den Leserbriefspalten seriöser Zeitungen finden sich immer wieder Rundumschläge und Respektlosigkeit gegenüber anderen – als ob Politiker Freiwild für unmäßige Angriffe seien.

---

[27] *Böckenförde* (Fn. 8), Rn. 76, S. 360.

[28] *Böckenförde* (Fn. 8), ebd.

V. Die Bedeutung der politischen Parteien

Die beschriebene unerfreuliche Entwicklung hängt mit der *Parteienkritik* und *Parteienverachtung* zusammen, die in Deutschland eine lange Tradition hat. Vom Staat und damit von den Parteien wird die Lösung aller Probleme erwartet, die der Einzelne in der Gesellschaft erlebt. Wenn die aber nicht gelingt – und sie wird niemals vollständig gelingen! –, werden „die" Politiker aller Parteien ohne Unterschied beschimpft, und keiner traut sich, der pauschalen Verunglimpfung der Parteien zu widersprechen. Schon die Weimarer Republik ist durch die Missachtung der Parteien entscheidend geschwächt worden; auf der Grundlage dieser Stimmung konnte die NSDAP unter Hitler ihren demokratiefeindlichen Weg vollenden. Trotz dieser fürchterlichen Erfahrungen träumen in Deutschland immer noch viele von einer „überparteilichen" Politik, von der Herrschaft der „Fachleute" oder der charismatischen „Führer", die vermeintlich ohne eigenes Interesse nur dem Gemeinwohl dienen – so wie sie es verstehen. Politik wird aber in einem demokratischen Staat von Menschen gemacht, die sich in Parteien oder ähnlichen politischen Vereinigungen zusammengeschlossen haben und vom wählenden Volk damit beauftragt werden, ihre Vorstellungen vom Gemeinwohl in Auseinandersetzung mit anderen durchzusetzen. Sie sollen die widerstreitenden Interessen und Meinungen prüfen und gebündelt in die Entscheidungsprozesse einbringen. Das können Verbände und Vereine nicht und auch die Gewerkschaften und Kirchen nur in Teilen des politischen Entscheidungsspektrums. Theodor Heuß hat zu der damaligen Parteienverachtung (1920 in seinem Buch über die „neue Demokratie") geschrieben, überparteiliche Politik sei wie „ein Rauchclub für nikotinfreie Zigarren" – ein Widerspruch in sich.

Zum politischen Ethos von Demokraten gehört nach Böckenförde – wie erwähnt – die „Bereitschaft, politische Entscheidungen von den Interessen aller her zu treffen".[29] Ist das nicht allzu idealistisch gedacht? Die Interessengegensätze innerhalb der Gesellschaft bleiben doch bestehen, und dass die Parteien die gemeinsamen Interessen subjektiv, nach ihren eigenen Maßstäben interpretieren, ist legitim und lässt sich nicht verbieten. Aber möglich und wünschenswert ist es eben, bei den notwendigen Entscheidungen von Gesetzgeber, Regierung und Verwaltung *Kompromisse* einzugehen. Darüber hinaus gibt es auch Interessen, die allen (oder den meisten) Bürgern gemeinsam sind (oder sein sollten), so das am äußeren Frieden und am Erhalt der inneren normativen und institutionellen Ordnung.

Dass die Parteien viele Fehler machen und oft ihrem Auftrag untreu werden, ändert nichts an ihrer Notwendigkeit, und wer über die Akteure urteilt, sollte die bestehenden Zwänge und Abhängigkeiten berücksichtigen, die jeden von ih-

---

[29] *Böckenförde* (Fn. 8) Rn. 77, S. 361. Böckenförde sieht darin eine notwendige Orientierung der Bürger selbst, nicht nur ihrer Repräsentanten, s. Rn. 78, S. 361.

nen hindern, ausschließlich die reine Lehre zu vertreten. Andererseits ist zu betonen, dass die Parteien und ihre Repräsentanten in höherem Maße für das Gelingen der Demokratie verantwortlich sind als die parteifernen Bürger, die nur durch das Wahlrecht Einfluss ausüben können. Die Parteien müssen sich stärker anstrengen, ihre verfassungsgemäßen Aufgaben korrekt und effektiv zu erfüllen, aber sie müssen sich auch um die vorverfassungsrechtlichen Voraussetzungen gelingender Demokratie bemühen und dabei auf die öffentliche Meinung einwirken – durch umfassende Information, Diskussion und Rechenschaft und durch Werbung für eine solidarische Grundauffassung. Die Gesellschaft muss die Parteien *fordern*, damit sie dieser ihrer Rolle gerecht werden. Dazu gehört allerdings auch, dass hinreichend viele Bürger in die Parteien eintreten, ihre Interessen einbringen und mit Hilfe anderer durchzusetzen versuchen.

VI. Wirtschaftlicher Wohlstand als Funktionsbedingung von Demokratie?

Alle Demokratien versprechen ihren Bürgern *Wohlstand*, aber auch die autokratisch regierten Staaten tun dies, und bisweilen entsteht der Eindruck, dass die nichtdemokratisch verfassten Staaten bei der wirtschaftlichen Entwicklung ebenso gut abschneiden, ja dass die Wirtschaft unter Diktatoren und Autokraten größere Erfolge erzielt als unter den (rechtsstaatlich skrupulösen) demokratischen Regierungen. Ist der Erfolg und letztlich der Fortbestand demokratischer Staaten im Grunde von der Wirtschaftslage abhängig? Autoritäre Regime wie China, Russland und Saudi-Arabien und viele halb-autoritäre Staaten weisen erhebliche wirtschaftliche Zuwachsraten auf. Demokratien sind tendenziell friedlich, drohen nicht mit Krieg und unterwerfen sich der internationalen Rechtsordnung. Sie nehmen dadurch zumindest temporär auch Nachteile in Kauf – weil sie der Überzeugung sind, langfristig besser dazustehen, wenn sie keine gefährlichen Konflikte mit anderen Staaten riskieren.

Auch dies ist also eine Voraussetzung funktionierender Demokratie: dass sie gegen aggressive, imperialistische oder isolationistische Politik halbwegs immun ist. Das wird aber nur der Fall sein, wenn ein gewisses Wohlstandsniveau erreicht ist und gehalten bleibt.

VII. Was, wenn die Voraussetzungen fehlen?

Es gibt mancherlei Anlass, am demokratischen Fundament unseres Landes zu zweifeln. Wenn extreme Meinungsgruppen noch stärker werden, wenn die Ungleichheit der Einkommens- und Vermögensverhältnisse weiter zunimmt, wenn die negativen Seiten von Globalisierung und Digitalisierung den Nutzen überwiegen und wenn der Schutz der natürlichen Ressourcen misslingt – dann geraten auch die demokratischen Institutionen in Gefahr. Dann setzt womöglich ein Teufelskreis ein wie seinerzeit in der Weimarer Republik: aus sozialer Not wird politische Radikalität; die Politik verliert den Rückhalt in der Gesellschaft und radikalisiert sich ihrerseits.

Liberale mögen in dieser Situation auf die *„unsichtbare Hand"* hoffen, die letztlich die Gegensätze zum Ausgleich bringen werde. Aber das scheint mir ein Vabanque-Spiel zu sein. Die Wirtschaft kann sich ebenso wenig selbst aus dem Sumpf ziehen wie der Staat; es muss Menschen geben, die gegen die etablierten Regeln und Gewohnheiten nach Lösungen suchen, und diese werden dafür die Unterstützung vieler Menschen brauchen.

Idealisten setzen vielleicht auf die *friedliche Natur der Menschen*, die dafür sorgen werde, dass es keine Kriege mehr gibt – nach der Ächtung der Angriffskriege würden dann auch alle Bürgerkriege unmöglich. Die Erfahrung lehrt jedoch, dass – allen schrecklichen Erlebnissen zum Trotz – immer noch sehr viele Menschen die Lösung der Probleme in Gewaltakten suchen.

Halbwegs realistisch ist allenfalls die Hoffnung darauf, dass erst *Katastrophen* oder *Kriege* oder die Furcht davor die Menschheit zur Vernunft bringen. Die dabei zu erwartenden Opfer an Menschenleben und materieller Zerstörung müssen uns aber davor warnen, Katastrophen leichtfertig herbeizuführen. Wenn sie geschehen, sind sie im günstigsten Fall zugleich Auslöser grundlegender Reformen; wenn sie ausbleiben, müssen wir Reformen aus Einsicht in die Notwendigkeit versuchen.

Ich fasse zusammen: Die Ordnung der Staatsfunktionen durch das Grundgesetz und die Landesverfassungen garantiert für sich allein noch nicht das Funktionieren von Demokratie auf Dauer und mit den gewünschten Erfolgen. Sie führt in aller Regel zu einem akzeptablen Ausgleich der Interessengegensätze, aber Frieden und Wohlstand sind auch in dieser gut organisierten Demokratie nicht dauerhaft sicher. Ganz sichere Alternativen sind überhaupt nicht erkennbar. Deshalb ist es geboten, für diese Form von Demokratie zu werben, Fehlentwicklungen entgegenzutreten, Regelverstöße zu sanktionieren und ungeeignete Experimente zu vermeiden. Im Kern wird alles davon abhängen, dass in den politischen Auseinandersetzungen ein Mindestmaß an politisch-institutionellem und persönlichem *Vertrauen* zwischen den Kontrahenten erhalten bleibt und auch die Mehrheit der Bürger erkennt, dass das eigene Wohlergehen von dem Wohl anderer Menschen abhängt.

5.

Öffentlichkeit und öffentliche Meinung heute

Zur Volks- und Staatswillensbildung in der pluralistischen Demokratie

I. Ansätze der Begriffsklärung und aktuelles Erkenntnisinteresse

1. „Öffentlichkeit" als Gegenstand wissenschaftlicher Disziplinen

„Öffentlichkeit" ist ein sozialwissenschaftlicher Begriff, der in zahlreichen staatstheoretischen und verfassungsrechtlichen, aber auch in verwaltungsrechtlichen Zusammenhängen verwendet wird. Er ist auch Gegenstand politisch-soziologischer[1] und philosophischer Betrachtung.[2] Sprachlich verweist „öffentlich" auf *Offenheit* für jedermann[3] und demokratietheoretisch auf Transparenz, Erklärungs- und Rechenschaftsbereitschaft – die Parlamente tagen öffentlich, weil sie um Akzeptanz ihrer Entscheidungen werben müssen. Der Gegenbegriff steht für die vordemokratische Verfassung; hier herrscht *Geheimhaltung*, „Arkanpolitik" kennzeichnet den absolutistischen Staat. Ein weiterer Gegenbegriff ist *Privatheit*. Öffentlichkeit benennt den Handlungsbereich, in dem Politik stattfindet, Privatheit begründet den Schutzraum des Einzelnen gegenüber

---

[1] Die grundlegende Studie von *Habermas*, Strukturwandel der Öffentlichkeit, 1962, enthält laut Untertitel „Untersuchungen zu einer Kategorie der bürgerlichen Gesellschaft", überschreitet aber die disziplinären Grenzen. Das Schlusskapitel ist „ein soziologischer Versuch der Klärung" (S. 287 ff.). S. a. die Erläuterungen in der 2. Aufl. 1992, S. 399 ff. sowie die Kapitel: Deliberative Politik – ein Verfahrensbegriff der Demokratie, und: Zur Rolle von Zivilgesellschaft und politischer Öffentlichkeit, in: *ders.*, Faktizität und Geltung. Beiträge zur Diskurstheorie des Rechts und des demokratischen Rechtsstaats, 1992, S. 349 ff. und 399 ff.

[2] S. etwa *Gerhardt*, Öffentlichkeit. Die politische Form des Bewusstseins, 2012.

[3] Dazu *Hölscher*, in: Brunner/Conze/Koselleck (Hrsg.), Geschichtliche Grundbegriffe, Bd. 4, 2004, S. 413. S. a. *Habermas* 1962 (Fn. 1) S. 13 ff. und *Smend*, Zum Problem des Öffentlichen und der Öffentlichkeit, in: Bachof/Drath/Gönnenwein/Walz (Hrsg.), Forschungen und Berichte aus dem Öffentlichen Recht. Gedächtnisschrift für Walter Jellinek, München 1955, 2. Aufl. 1962, S. 11 ff.; auch in: *Smend*, Staatsrechtliche Abhandlungen und andere Aufsätze, 1968, S. 462–474 (463), dort auch zum romanischen und angelsächsischen Verständnis von „publicité" bzw. „publicity" als Bezugnahme auf das organisierte Volk („populus").

Staat und Gesellschaft, in dem andere Gesetze gelten als „draußen". Der Begriff „Öffentlichkeit" wird aber auch zur Bezeichnung eines (mehr oder weniger als Einheit gedachten) *Subjekts* politischen Handelns benutzt, das den anderen Akteuren demokratischer Politik gegenübertritt. Angesichts der allenthalben feststellbaren Spaltung der Gesellschaft in unterschiedliche Gruppen und Strömungen kann der Begriff in manchen Zusammenhängen auch im Plural verwendet werden („Öffentlichkeiten"). Zu unterscheiden ist stets zwischen der tatsächlichen Öffentlichkeit und dem normativen Öffentlichkeits- (oder Privatheits-)gebot.[4]

In der politischen Theorie von *Jürgen Habermas* ist der Begriff der Öffentlichkeit normativ, von dem angestrebten, verfassungspolitisch erwünschten Ergebnis her definiert, nämlich als „Inbegriff derjenigen Kommunikationsbedingungen, unter denen eine diskursive Meinungs- und Willensbildung eines Publikums von Staatsbürgern zustande kommen kann".[5] *Habermas* hat aber auch beschrieben, in welchen Erscheinungsformen Öffentlichkeit in der Geschichte aufgetreten ist. Seine Analyse des Strukturwandels der Öffentlichkeit[6] hat das Verständnis unserer gesellschaftlichen und staatlichen Entwicklung nachhaltig beeinflusst, und seine Vorstellung vom herrschaftsfreien Diskurs wirkt weiter als ein Idealbild und als Maßstab für die – notwendig schlechtere – Realität des Zustandekommens von Volks- und Staatswillen.[7] In einem neuen Beitrag zur Öffentlichkeitstheorie hat *Habermas* seine früheren Beobachtungen teilweise modifiziert und auch neue Schlüsse für die Demokratietheorie gezogen.[8]

2. Öffentlichkeit und öffentliche Meinung als demokratietheoretische Grundbegriffe

Öffentlichkeit ist ein Kernbegriff der Demokratietheorie. Der vordemokratische, also nicht vom Volk legitimierte ständische oder absolutistische Staat lebte in Abschirmung vom Volk; Öffentlichkeit war für ihn Ausnahme, nicht Regel, und eher Gefahr als Entwicklungschance. Mit der Demokratie entwickelte sich eine politische Öffentlichkeit – so wie umgekehrt die neu entstandene Öffent-

---

[4] Das betont auch *Smend* 1968 (Fn. 3), S. 462.

[5] *Habermas* (Fn. 1), 2. Aufl. 1990, S. 27.

[6] *Habermas* (Fn. 1).

[7] Zur fortdauernden Bedeutung normativer Konzeptionen von Öffentlichkeit und diskursiver Verständigung s. etwa *Peters*, Der Sinn von Öffentlichkeit, in: Neidhardt (Hrsg.), Öffentlichkeit, öffentliche Meinung, soziale Bewegungen, 1994, S. 42 ff. (45 ff., 70 ff.). S.a. *Neidhardt*, ebd., Einleitung S. 21.

[8] *Habermas*, Überlegungen und Hypothesen zu einem erneuten Strukturwandel der politischen Öffentlichkeit, in: Seeliger Sevignani (Hrsg.), Ein neuer Strukturwandel der Öffentlichkeit? Leviathan Sonderband 37, 2021, S. 470–500.

lichkeit seit der Erfindung des Buchdrucks den Boden für die Demokratie bereitete. Für den demokratischen Staat ist Öffentlichkeit Lebenselixier – aber was das konkret bedeutet, ist unklar und umstritten. Verfassungsrechtlicher Niederschlag der demokratischen Notwendigkeit sind zunächst die Normen über die Öffentlichkeit der Parlamente.

Diese Publizität ist auch „ein wesentliches Stück der Freiheit der mündig werdenden Völker, der Freiheit auch jedes einzelnen Volksgenossen. Der ist kein freier Mann, dem nicht die Freiheit des öffentlichen Worts, die Freiheit der Anteilnahme am öffentlichen Leben durch Öffentlichkeit von Volksvertretung und Justiz gewährleistet ist.“[9]

Die Erscheinungsformen von Öffentlichkeit sind vielfältig, teilweise diffus und variabel. Es gibt Teilöffentlichkeiten, die wenig gemeinsam haben, und solche, die eng aufeinander bezogen sind. Diejenige Form von Öffentlichkeit, die politik- und staatstheoretisch die größte Beachtung verdient, ist die *öffentliche Meinung*. Sie entsteht weitgehend wildwüchsig, ist insofern (in den frühen Stadien ihrer Entstehung) nicht geregelt und nicht kontrollierbar; sie ist inhaltlich vielfach gespalten und teilweise widersprüchlich, hat aber trotzdem großen Einfluss auf Gegenstände und Richtung von Politik und Staatshandeln.

Dass es in einem Gemeinwesen eine von einer informierten und kritischen Öffentlichkeit getragene öffentliche Meinung gibt, wird vielfach als grundlegende staatstheoretische Bedingung für den demokratischen Charakter eines Gemeinwesens angesehen. In der Terminologie von *Ernst-Wolfgang Böckenförde* kann sie als ein „Bauelement der Demokratie“, als eine „vor-verfassungsrechtliche Voraussetzung“ einer funktionierenden Demokratie[10] verstanden werden. *Hermann Heller* behandelt sie als „Bedingung der staatlichen Einheit“.[11] Nach einer anderen Ansicht tragen „Öffentlichkeiten“ (sic) „die zentrale Last für das Funktionieren der Demokratie; sie sollen Entscheidungen treffen und kontrollieren, Probleme erkennen und Lösungen für sie finden, sowie Meinungen inkludieren und bilden“.[12]

In weiterer Zuspitzung wird die öffentliche Meinung als Ausdruck der Volkssouveränität angesehen.[13] Sie sei der „Ursprung aller Autorität der für

---

[9] *Smend* 1968 (Fn. 3) S. 466.

[10] *Böckenförde*, Demokratie als Verfassungsprinzip, in: Isensee/Kirchhof (Hrsg.), Handbuch des Staatsrechts, Bd. 1, 1987, § 22, S. 887 ff., Rn. 58; auch in: *ders.*, Staat, Verfassung, Demokratie, 2. Aufl. 1992, S. 289 ff. (344). S. a. in diesem Band Nr. 4, S. 87 ff.

[11] *Heller*, Staatslehre, hrsg. v. Niemeyer, 1934, S. 173 ff.

[12] *Seeliger/Sevignani*, Dem Strukturwandel der Öffentlichkeit auf der Spur, in: dies. (Hrsg.) (Fn. 8), S. 457–469 (458).

[13] So hat *Benjamin Constant* formuliert, das Parlament sei eine „représentation de l'opinion publique“, und in der angelsächsischen Literatur wurde „das parlamentarische System geradezu als ‚government by public opinion‘ bezeichnet“ (so – ohne Quellenangaben – *Landshut*, Volkssouveränität und öffentliche Meinung, in: Konstantopulos/Wehberg [Hrsg.],

die Gesamtheit verbindlichen Entscheidungen".[14] *Arno Scherzberg* erkennt in der öffentlichen Kommunikation die „prozeduralisierte Volkssouveränität".[15] Diese Bewertung der konfligierenden und vielfach sogar widersprüchlichen Erscheinungs- und Äußerungsformen einer pluralistischen Gesellschaft heutiger Art ist fragwürdig. Dass es „öffentliche Kommunikation" gibt, ist gewiss im soziologischen Sinne ein konstituierendes Element der übergreifenden Einheit „Staat", aber kein ausreichendes, um die Legitimation der für diese handelnden Organe hinreichend zu begründen.[16] Die auch von *Habermas* dargestellten Tendenzen des „Zerfalls der Öffentlichkeit"[17] machen es schwer, allein aus diesem Begriff weitreichende politische oder rechtliche Konsequenzen zu ziehen. Nur eines kann sogleich festgestellt werden: Wenn in einem Staat keine öffentliche Kommunikation stattfindet und keine Mehrzahl von Meinungen öffentlich vertreten wird, ist er keine Demokratie.

Unterhalb der Verfassungsebene, aber verstanden als verfassungsrechtlich geboten, sind in den letzten Jahrzehnten eine ganze Reihe gesetzlicher Formen der Beteiligung und Mitwirkung von Individuen oder gesellschaftlichen Gruppen an staatlichen Entscheidungen oder ihrer Vorbereitung entstanden. Exemplarisch für diese in neuerer Zeit verstärkte *Partizipation* werden im Folgenden einerseits das Gebot frühzeitiger Bürgerbeteiligung im Bau-, Planungs- und Umweltrecht, andererseits die Bestimmungen des Standortauswahlgesetzes (StandAG)[18] über die Öffentlichkeitsbeteiligung und -begleitung bei der Suche nach einem sicheren Standort für die Endlagerung hochradioaktiven Abfalls besprochen.

Auf der Grundlage der Bestandsaufnahme ist zu fragen, ob Öffentlichkeit einen genügenden Beitrag zu dem notwendigen *Ausgleich* zwischen den jeweils beteiligten *Interessen* leistet, ob also z.B. Mehrheits- und Minderheitspositionen angemessen zur Wirkung kommen (wobei Angemessenheit – eine Voraussetzung demokratischer Legitimität – sowohl Gerechtigkeit wie Akzeptanz umfasst). Dazu gehört auch die Frage, ob die rechtlichen Regelungen, die sich

---

Gegenwartsprobleme des internationalen Rechts und der Rechtsphilosophie. Festschrift für Rudolf Laun zum 70. Geburtstag, 1953, S. 579 ff. [579]).

14 *Landshut* (vorige Fn.), S. 586, zustimmend zitiert von *Habermas* (Fn. 1), S. 280. *Udo Bermbach* sieht darin „die Hoffnung auf direkt-demokratische Substanzanreicherung der modernen Gesellschaften" (*Bermbach*, Plädoyer für eine ungeteilte Öffentlichkeit, in: Göhler (Hrsg.), Macht der Öffentlichkeit – Öffentlichkeit der Macht, 1995, S. 25 ff. [27]).

15 *Arno Scherzberg*, Die Öffentlichkeit der Verwaltung, 2000, S. 294; *ders.*, Öffentlichkeitskontrolle, in: Hoffmann-Riem/Schmidt-Aßmann/Voßkuhle (Hrsg.), Grundlagen des Verwaltungsrechts, Bd. III, 2. Aufl. 2013, § 49 Rn. 14; dazu unten zu VI. 5., S. 174 ff.

16 *Habermas* (Fn. 1), S. 278 f. (288), spricht von einer „staatsrechtlichen Fiktion".

17 *Habermas* (Fn. 1), S. 211 ff. S. a. *ders.*, Überlegungen und Hypothesen zu einem erneuten Strukturwandel der politischen Öffentlichkeit, in: Seeliger/Sevignani (Hrsg.) (Fn. 8), S. 470–500.

18 Gesetz zur Suche und Auswahl eines Standortes für ein Endlager für hochradioaktive Abfälle (Standortauswahlgesetz – StandAG) v. 5.5.2017, BGBl. I S. 1074.

mit Öffentlichkeit befassen, den Notwendigkeiten des Zusammenlebens in Staaten und anderen (unter- und überstaatlichen) öffentlichen Organisationen hinreichend gerecht werden. In diesem Zusammenhang spielt es eine Rolle, ob Öffentlichkeit eher marktmäßig, als Ergebnis eines funktionierenden Wettbewerbs, oder nach konkreten rechtlichen oder sozialen Regeln zustande kommt. Die dritte Möglichkeit ist, dass versucht wird, die Funktionen der ursprünglichen Öffentlichkeit durch neue Institutionen der Partizipation und intensiver „Begleitung" der Verwaltung erfüllen zu lassen. Die Ansätze einer solchen speziell organisierten Öffentlichkeit sollen ebenfalls besprochen werden (unten II. 6., S. 125 ff.).

3. Open Government, Offenheit und Transparenz des Staatshandelns

Der US-amerikanische Präsident *Barack Obama* hat bei seinem Regierungsantritt im Januar 2009 als eine Leitlinie seines Regierungsstils u.a. das Motto des „Open Government" propagiert.[19] Dieses Motto ist weltweit übernommen worden; auch in Deutschland ist „Open Government" zum Ziel einer grundlegenden Reform von Staat und Verwaltung erhoben worden.[20]

Ein Beispiel für die politische Attraktivität des Offenheits-Prinzips bilden die Informationsfreiheitsgesetze, die in vielen Ländern – zu einem wesentlichen Teil schon vor Obamas Dekret – beschlossen worden sind. Die Motivation dazu ist besonders ausführlich im Transparenzgesetz des Landes Rheinland-Pfalz aus dem Jahre 2015 erkennbar. Nach seinem einleitenden Paragraphen soll dieses Gesetz „Transparenz und Offenheit der Verwaltung vergrößern". „Auf diese Weise soll die demokratische Meinungs- und Willensbildung in der Gesellschaft gefördert, die Möglichkeit der Kontrolle staatlichen Handelns durch die Bürgerinnen und Bürger verbessert, die Nachvollziehbarkeit von politischen Entscheidungen erhöht, Möglichkeiten der demokratischen Teilhabe gefördert sowie die Möglichkeiten des Internets für einen digitalen Dialog zwischen Staat

---

[19] Memorandum des Präsidenten der Vereinigten Staaten vom 21. Januar 2009, überschrieben „Transparency and Open Government", https://obamawhitehouse.archives.gov/the-press-office/transparency-and-open-government (letzter Abruf 13.10.2022); dazu *G. Wewer*, Alles offen – oder was? Anmerkungen zur Diskussion um Open Government, in: Döhler/Franzke/Wegrich (Hrsg.), Der gut organisierte Staat. Festschrift für Werner Jann zum 65. Geburtstag, 2015, S. 509 ff. (512); s. a. *ders.*, Open Government und Verwaltungsreform. Konzepte – Projekte – Perspektiven, 2020.

[20] Vgl. dazu etwa *Fischer/Kraus*, Digitale Transparenz, in: Klenk/Nullmeier/Wewer (Hrsg.), Handbuch Digitalisierung in Staat und Verwaltung, 2020, S. 159 ff. Der Titel „Digitale Transparenz" ist zu eng; die Autoren behandeln auch die historischen Wurzeln und die „nicht-digitale" Verwaltungsöffentlichkeit. S. a. *Kubicek*, Informationsfreiheits- und Transparenzgesetze, in: Klenk/Nullmeier/Wewer (Hrsg.), S. 171 ff.

und Gesellschaft genutzt werden".[21] Diese Zweckbestimmung eines Transparenzgesetzes – die auch die Motivation der Autoren anderer Informationsfreiheitsgesetze ausdrücken könnte – beweist, welch hohe Erwartungen an die Offenlegung des (dokumentierten) politischen und administrativen Handelns gestellt werden; sie ist – auch in ihrer sprachlichen Redundanz und teilweisen Unklarheit – zeittypisch und bezeichnend für eine gegenwärtig starke, wenn nicht die vorherrschende Richtung der Demokratiediskussion. Der Gesetzgeber will neue Möglichkeiten eröffnen – ob sie genutzt werden, liegt nicht in seiner Macht und wird regelmäßig auch nicht vorab gefragt.[22] Die Evaluation der bisherigen Gesetze ist ambivalent ausgefallen; eine grundsätzliche Veränderung des politischen Klimas wird nirgends festgestellt.[23] Die Aufgabe der Wissenschaft besteht nun vor allem darin, die vom Gesetzgeber angenommenen Wirkungszusammenhänge aufzuklären und auf dieser Grundlage den demokratischen Wert von Öffentlichkeit genauer zu bestimmen als nur durch Benutzung abstrakter Großformeln.

4. „Öffentlich als Rechtsbegriff" und „Öffentliches Interesse als juristisches Problem"

Die früher lebhaft geführten Diskussionen über „Öffentlich als Rechtsbegriff"[24] und „Öffentliches Interesse als juristisches Problem"[25] führen zu weiteren Dimensionen des Öffentlichkeitsbegriffs und seiner Benutzung in juristischen Zusammenhängen. Es geht dabei insbesondere um materiell-rechtliche und organisatorische Fragen der Erfüllung von Staatsaufgaben, um die Unterschiede zwischen öffentlich-rechtlicher und privatrechtlicher Regelung (Bedeutung der verschiedenen „Rechtskreise"; Orientierung am „öffentlichen Wohl") und um die angemessene Organisation der Aufgabenerfüllung („Rechtsformen"; Öffentlichkeit der staatlichen Gewalt versus wettbewerbsmäßiges Markthandeln von Unternehmen).[26] Diese Verwendungen des Öffentlichkeitsbegriffs sollen hier nicht erörtert werden.

---

[21] Rheinland-pfälzisches Landestransparenzgesetz v. 27.11.2015 (GVBl. S. 383) § 1 Abs. 1 und 2.

[22] Zu den bisherigen Evaluationen der Transparenzgesetze vgl. *Kubicek* (Fn. 20), S. 180 ff. mit weiteren Nachweisen S. 184 f.

[23] Grundlegend dazu *G. Wewer/T. Wewer*, Open Government: Stärkung oder Schwächung der Demokratie?, 2019.

[24] *Martens*, Öffentlich als Rechtsbegriff, 1969.

[25] *Häberle*, Öffentliches Interesse als juristisches Problem. Eine Analyse von Gesetzgebung und Rechtsprechung, 1970.

[26] *Winter* spricht von den „drei klassischen Dimensionen des öffentlichen Wohls, der öffentlichen Meinungs- und Willensbildung und der Öffentlichkeit der staatlichen Gewalt"

Rudolf Smend meinte 1955, „die Frage nach dem Rechtsbegriff des Öffentlichen und des öffentlichen Rechts" wolle „nicht zur Ruhe kommen".[27] *Alfred Rinken*, der durch das Freiburger Seminar von *Konrad Hesse* mit der Smend'schen Gedankenwelt verbunden war, sah in dem Begriff des Öffentlichen „das *verfassungstheoretische Grundproblem* des als soziale und rechtsstaatliche Demokratie freiheitlich verfassten Gemeinwesens".[28] Dieses Gemeinwesen könne „in seiner Eigenart nur als öffentliches verstanden werden". Es bestehe aber („noch") „die Gefahr, dass gerade im Gehäuse der Rechtsbegriffe des Öffentlichen vordemokratische Inhalte die Rechtsordnung besetzen, ‚von unten' her die Verfassung überwältigen und ihren normativen Plan entkräften". Als Gefahren nennt Rinken die „Entdifferenzierung des Öffentlichen", worunter er – mit jeweils guten Gründen – dessen „Totalisierung", aber auch die „Veröffentlichung des Privaten" und die „Privatisierung des Öffentlichen" versteht, sowie die „Entpluralisierung des Öffentlichen" und seine „Vermachtung" oder aber auch „Entmachtung".[29] Mit diesen Stichworten sind Entwicklungen bezeichnet, deren Verarbeitung auch zu dem Thema „Öffentliche Meinung" gehört, und zwar sowohl als Gegenstand empirischer Feststellungen wie als normativ staats- und verfassungstheoretische und -rechtliche Problematik.

5. *Gang der Untersuchung*

Im Folgenden soll versucht werden, die verschiedenen Erscheinungsformen von „Öffentlichkeit" nach ihrer Entstehungsweise und dem dadurch bedingten unterschiedlichen Grad ihrer rechtlichen Einbindung darzustellen (Abschnitt II.). Am Anfang steht das ungeregelte gesellschaftliche Phänomen „Öffentlichkeit" (II. 1.). In der Folge spielt es sowohl bei der Bildung des Volkswillens wie des Staatswillens eine Rolle – in unterschiedlicher Weise, aber in gegenseitigem Bezug aufeinander (II. 2. und 3.). Die Justiz hat ihre eigene Form von Öffentlichkeit entwickelt (II. 4.), und die Verwaltung schafft sich – in Abkehr von dem früher bestimmenden Arkanprinzip – eine eigene, geregelte Öffentlichkeit (II. 5.). Für das Spezialgebiet der Atommüll-Endlagersuche hat der Gesetzgeber mit der besonders intensiven Öffentlichkeitsbeteiligung sogar eine Art zweite, konkurrierende Säule der Verwaltung eingerichtet (II. 6.). Im Anschluss an den Über-

---

(Einleitung zu ders. [Hrsg.], Das Öffentliche heute. Kolloquium zu Ehren von Alfred Rinken, 2002, S. 2).

[27] *Smend* 1968 (Fn. 3), S. 462.

[28] *Rinken*, Geschichte und heutige Valenz des Öffentlichen, in: Winter (Hrsg.) (Fn. 26), S. 7 ff. (10) (unter Bezugnahme auf *Rinken*, Das Öffentliche als verfassungstheoretisches Problem, dargestellt am Rechtsstatus der Wohlfahrtsverbände, 1971, S. 329 f.; Hervorhebung im Original).

[29] *Rinken* (vorige Fn.), S. 56 ff.

blick werden Öffentlichkeit und öffentliche Meinung in ihren heutigen Formen staatstheoretisch (III.) und empirisch analysiert (IV.). Darauf folgt die Bewertung der Qualität des heute erkennbaren öffentlichen Diskurses nach den Maßstäben der demokratischen Verfassung und der politischen Ethik (Abschnitt V.). In der abschließenden Zusammenfassung werden die normativen Kernideen mit der aktuellen Realität konfrontiert und die nach aller Kritik verbleibende Bedeutung von Öffentlichkeit und öffentlicher Meinung für die demokratische Verfassung herausgearbeitet, und es wird nach Möglichkeiten weiterer Verbesserung gefragt (Abschnitt VI.).

II. Formen politischer Öffentlichkeit

1. Ungeregelte Öffentlichkeit als empirisches Phänomen

Öffentlichkeit und öffentliche Meinung entstehen in der Sphäre der Gesellschaft, nicht des Staates. Wie öffentliche Meinung entsteht und welche Ansichten und Positionen öffentlich vertreten werden, ist nicht wirksam regulierbar und soll es nicht sein. In dieser Hinsicht hat *Carl Schmitt* Recht:

> „Die öffentliche Meinung entsteht und besteht ‚unorganisiert'; sie wäre, ebenso wie die Akklamation, ihrer Natur beraubt, wenn sie eine Art amtlicher Funktion würde."[30]

Öffentlichkeit ist eine andere Welt als Staatsorganisation. Auch soweit Öffentlichkeit organisiert auftritt, ist sie aus der Gesellschaft entstanden, nicht vom Staat eingerichtet. Aber es gibt Überschneidungen, und vor allem kann und muss der Staat regeln, wie er auf die Äußerungen der Öffentlichkeit eingeht, wie er also mit den Forderungen, Wünschen, Anstößen oder Blockaden umgeht, die aus der Gesellschaft auf ihn zukommen, und wie er sichern kann, dass die Repräsentation des Volkes durch die Staatsorgane in der richtigen Weise stattfindet (dazu unten V. 4.). Dass die öffentliche Meinung nur in geringem Maße steuerbar und kontrollierbar ist, steht fest, aber nicht dass sie Macht haben soll, die rechtlich nicht beschränkt werden dürfe. Grenzen bilden schon die geltenden Rechtsnormen zum Schutz von Privatheit und Ehre; angesichts der verbreiteten Rohheit des Stils in den digitalen Medien haben sie wieder große Bedeutung erlangt. Wie weit der Staat darüber hinausgehen und um seines demokratischen Charakters willen in die Bildung und Artikulation der öffentlichen Meinung eingreifen darf, ist eine der wichtigsten rechtlichen und politischen Fragen der Gegenwart.

Das geltende Recht bietet nur einen lockeren Rahmen für die Entstehung und Wirkungsweise von Öffentlichkeit (im Sinne eines politischen Akteurs) und öf-

---

[30] *Schmitt*, Verfassungslehre, Neudruck der 3. Aufl. 1957, S. 247.

fentlicher Meinung – einen Rahmen, der vorrangig durch die Freiheitsrechte der Individuen geprägt ist und daher viele ganz unterschiedliche Ausgestaltungen zulässt. Der Öffentlichkeitsbegriff wird dabei in den jeweiligen Zusammenhängen mit unterschiedlichem Inhalt verwendet. Zu unterscheiden sind zunächst die verschiedenen Formen geregelter Öffentlichkeit, die in den Entscheidungsprozessen von Gesetzgebung, Verwaltung und Justiz eine Rolle spielen.

2. Öffentlichkeit als Verfassungsbegriff: Die Staatswillensbildung

a) Gesetzgebung

Konkret geregelt ist vor allem das *Öffentlichkeitsgebot* als wichtiges Element des Prozesses der Gesetzgebung (und der sonstigen Funktionen des Parlaments), also die Öffentlichkeit der parlamentarischen Verhandlungen.[31] Die *Ausschüsse* der Parlamente sind jedoch – von den Untersuchungsausschüssen (Art. 44 Abs. 1 GG) abgesehen – nicht ohne weiteres der Öffentlichkeit zugänglich: Für den Bundestag gilt grundsätzlich Nichtöffentlichkeit.[32] Demgegenüber hat sich in der größeren Zahl der Länder das Öffentlichkeitsprinzip auch für die Ausschüsse durchgesetzt. So gilt in zehn Ländern, dass die Ausschüsse „grundsätzlich" oder „in der Regel" öffentlich" beraten,[33] während in den anderen sechs die umgekehrte Regel festgeschrieben ist: „grundsätzlich nicht öffentlich".[34] Die Ausnahmen sind unterschiedlich geregelt: während in manchen Ländern die Ausschüsse ohne weitere Einschränkungen – mit einfacher oder mit Zwei-Drittel-Mehrheit – die Öffentlichkeit beschließen können,[35] sind in anderen dafür bestimmte Voraussetzungen vorgesehen.[36] In der Praxis dürfte die Abweichung von der jeweiligen Regel eher selten vorkommen, umgekehrt aber ebenso selten der ausdrückliche Ausschluss der Öffentlichkeit. Tatsächlich

---

[31] Art. 42 Abs. 1 GG und entsprechende Vorschriften der Landesverfassungen. Auch der Bundesrat verhandelt öffentlich, Art. 52 Abs. 3 Satz 3 GG.

[32] § 69 Abs. 1 GO-BT, ebenso für die Ausschüsse des Bundesrates § 37 Abs. 2 GO-BR. Die Europakammer des Bundesrates verhandelt öffentlich, § 45 f GO-BR.

[33] Berlin (Art. 44 Abs. 1 Satz 2) und Schleswig-Holstein (Art. 17 Abs. 3 Satz 1) haben diesen Grundsatz in ihre Verfassungen aufgenommen, in anderen Ländern gilt er kraft Geschäftsordnung (Bayern § 138 Abs. 1 Satz 1; Brandenburg § 80; Bremen § 79; Hamburg § 56; Niedersachsen § 93; Nordrhein-Westfalen § 56 Abs. 1 Satz 1; Rheinland-Pfalz § 80; Sachsen-Anhalt § 85; s.a. Berlin § 26 Abs. 5 Satz 1 und Schleswig-Holstein § 17).

[34] Vgl. Art. 33 Abs. 3 der Landesverfassung Mecklenburg-Vorpommern und die Geschäftsordnungen: Baden-Württemberg § 32; Hessen § 89; Mecklenburg-Vorpommern § 17; Saarland § 17; Sachsen § 33 (unter der Überschrift „Öffentlichkeit der Ausschüsse"!); Thüringen § 78.

[35] Art. 33 Abs. 3 LV und § 17 GO-LT Mecklenburg-Vorpommern.

[36] Exemplarisch: § 78 Abs. 3a GO-LT Thüringen.

besteht ein Interesse der Öffentlichkeit an den Ausschussberatungen wohl nur in besonderen Fällen.

Eine spezielle Form öffentlicher Ausschusssitzungen ist in § 69a GO-BT geregelt. Danach sollen die Ausschüsse des Deutschen Bundestages „als Schlussberatung der überwiesenen Vorlagen öffentliche Aussprachen durchführen, in denen die Beschlussempfehlung und der Bericht des federführenden Ausschusses beschlossen wird".

Davon zu unterscheiden sind die *öffentlichen Anhörungen* nach § 70 GO-BT: „Sachverständige, Interessenvertreter und andere Auskunftspersonen" können zu solchen Anhörungen eingeladen werden; die Durchführung einer Anhörung kann bei „überwiesenen" Vorlagen von einer Minderheit verlangt werden. So können in der Öffentlichkeit vertretene Positionen in den parlamentarischen Entscheidungsprozess einbezogen werden, die sonst nicht oder nicht genau zur Kenntnis genommen werden. Von dieser Möglichkeit wird viel Gebrauch gemacht, aber sie bewirken offensichtlich in den meisten Fällen nur wenig, dienen also vornehmlich der Akzeptanzbeschaffung für die erörterten Vorlagen. Angesichts der Selektivität der Anzuhörenden entsteht freilich nicht ohne weiteres der Eindruck, dass dabei eine repräsentative Vertretung der Öffentlichkeit Einfluss auf die Beschlüsse nimmt.

Auch das Europäische Parlament tagt öffentlich (Art. 15 Abs. 2 AEUV).

b) Kreation der Staatsorgane

Die verfassungsmäßigen Organe des Staates müssen in einem strikt geregelten Verfahren geschaffen werden – durch Wahlen. Die Vorschriften der Wahlgesetze über aktives und passives Wahlrecht, die Vorbereitung und Durchführung der Wahlen und die Feststellung der Wahlergebnisse vermitteln zwischen der unorganisierten Menge der Wahlberechtigten und den staatlichen Behörden. Eine Zwischeninstanz bilden die politischen Parteien, denen die Vorbereitung der Wahlen in erster Linie obliegt (vgl. § 18 Abs. 1 Bundeswahlgesetz).[37] Eine Bestimmung des Parteiengesetzes betrifft das sensible Verhältnis der „Träger öffentlicher Gewalt" zu den Parteien: § 5 PartG verpflichtet sie zur Gleichbehandlung, wenn den Parteien Einrichtungen zur Verfügung gestellt oder andere öffentliche Leistungen gewährt werden sollen. Die öffentlich-rechtlichen Rundfunkanstalten sind staatsvertraglich zu entsprechender Gleichbehandlung verpflichtet.

---

[37] Dort und in § 20 Abs. 3 BWG auch Regeln zur Wahlbewerbung parteiunabhängiger Kandidaten.

3. Volkswillensbildung als Vorstufe und Ergänzung

a) Ursprüngliche, spontane, wildwüchsige öffentliche Meinung

Die Bildung des Staatswillens ist Aufgabe der repräsentativen Staatsorgane, insbesondere – aber nicht nur – des Parlaments. Sie wird faktisch auf vielfältige Weise durch Äußerungen aus der als „Volk" ideell zusammengefassten Bevölkerung vorbereitet und vorgeprägt.[38] In der Entstehungsphase ist diese „öffentliche Meinung" spontan, weitgehend unberechenbar und kaum beeinflussbar; sie entsteht dadurch, dass Menschen ihre verfassungsrechtliche Meinungsfreiheit unzensiert und kontrovers ausüben.[39] Viele, die sich im politischen Diskurs äußern, behaupten dabei, im Namen des Volkes zu sprechen, einen „Volkswillen" auszudrücken. Tatsächlich gibt es keinen einheitlichen Volkswillen, sondern nur eine Vielzahl in der Gesellschaft vertretener Meinungen und Positionen, die – von außen betrachtet – sich in Gruppen unterschiedlicher Stärke bündeln lassen, aber eben keine Einheit bilden (Näheres unter IV. 1.). Erst im Vorgang der verfassungsmäßig und gesetzlich geregelten Wahl oder Abstimmung – durch die rechtlich geordnete Zustimmung der Mehrheit – wird aus der diffusen und schwankenden Meinung der Vielen eine Einheit,[40] der „Wille des Volkes" (und damit auch eine Konkretisierung des Gemeinwohls).

Das staatliche Recht hat in dieses Feld der gesellschaftlichen Freiheit einige Zäune eingebaut und Grenzen der Freiheit errichtet, die zugleich dazu dienen, der politischen Entwicklung Freiräume und befestigte Wege zu erhalten oder überhaupt erst zu schaffen. Eine andere Methode staatlicher Einwirkung auf die Meinungs- und Willensbildung im Vorfeld staatlicher Entscheidungen besteht in der Schaffung von Anreizen zur Mitsprache bis hin zur Konstruktion von Öffentlichkeit durch den Gesetzgeber (s. unten II. 5. und 6.), wobei in manchen Konstellationen neben oder statt der demokratischen Intention auch die rechtsstaatliche (individualnützige) wirksam ist (vgl. II. 5. d) und e)). Wo aber der Staat sich zunächst zurückhält, die öffentliche Meinung also „regellos" allein von gesellschaftlichen Kräften hergestellt wird, sieht sich die Politik unter Umständen zu nachträglichen Korrekturversuchen provoziert (s. unten V. 4.).

---

[38] Dass die Unterscheidung zwischen Staats- und Volkswillensbildung erforderlich ist, betont u.a. auch *Kloepfer*, Öffentliche Meinung, Massenmedien, in: Isensee/Kirchhof (Hrsg.), Handbuch des Staatsrechts, Bd. I, 1987, § 5, S. 171 ff., Rn. 20 f.

[39] Zur Bedeutung des *Verfahrens* der Meinungsbildung vgl. *Kloepfer* (vorige Fn.), Rn. 12.

[40] Das hebt z.B. auch *Sartori*, Demokratietheorie, 1992, S. 94 f., hervor.

b) Volksentscheide und andere Formen verfassungsrechtlich geregelter Teilhabe und Kontrolle

Über die Beeinflussung der öffentlichen Meinung hinaus erstreben gesellschaftliche Initiativen die verbindliche Regelung ihres Anliegens durch Gesetz, also als Manifestation nicht nur des Volkswillens, sondern des Staatswillens. Dazu stellen die Länderverfassungen Institutionen der direkten Demokratie bereit: Volksinitiativen, Volksbegehren und Volksentscheide. Diese sollen das parlamentarische Regierungssystem nicht ersetzen, sondern ergänzen. Den Prozess der Umsetzung dieser Form des Volkswillens in staatliche Entscheidungen kanalisieren verfassungsrechtliche und gesetzliche Normen.

Politisch hinreichend stark werden die gesellschaftlichen Initiativen erst durch Öffentlichkeit. Während in der Phase der Entstehung von Volks- und Bürgerinitiativen noch Vertraulichkeit innerhalb einer kleinen Gruppe von Promotoren herrscht, wird nach der Bekanntgabe eine möglichst große staatsfreie Öffentlichkeit benötigt. Ohne Berichterstattung in den Medien kann keine Initiative genügend Aufmerksamkeit erringen, und im Laufe der Unterschriftensammlung wird das Anliegen auch auf andere Weise öffentlich verbreitet und beworben.

Über diese formalisierten Instrumente der direkten Demokratie greifen die „demokratischen Grundsätze“ hinaus, zu denen sich die Europäische Union in ihrem „Grundgesetz“ bekennt. In Art. 10 EUV heißt es in Abs. 1 zwar zunächst, dass die Arbeitsweise der Union „auf der repräsentativen Demokratie beruht“, aber es folgt der Absatz 3: „Alle Bürgerinnen und Bürger haben das Recht, am demokratischen Leben der Union teilzunehmen. Die Entscheidungen werden so offen und bürgernah wie möglich getroffen“, und Art. 11 EUV verspricht Bürgerbeteiligung.

Damit ist als erstes gemeint, dass die Organe der EU „den Bürgerinnen und Bürgern und den repräsentativen Verbänden in geeigneter Weise die Möglichkeit“ geben, „ihre Ansichten in allen Bereichen des Handelns der Union öffentlich bekannt zu geben und auszutauschen“. Die folgenden Absätze des Art. 11 EUV ergänzen diesen Ansatz in mehrfacher Form: Den „repräsentativen Verbänden und der Zivilgesellschaft“ wird ein „offener, transparenter und regelmäßiger Dialog“ zugesagt (Abs. 2), sodann den „Betroffenen“ „umfangreiche Anhörungen“ (Abs. 3) und schließlich allen Unionsbürgerinnen und -bürgern das Recht, „die Initiative zu ergreifen“ und die Europäische Kommission zu Vorschlägen aufzufordern, mit denen die Verträge umgesetzt werden sollen (Bürgerinitiative von mindestens einer Million Unionsbürgerinnen und -bürgern, Art. 11 Abs. 4 EUV und Art. 24 Abs. 1 AEUV). Der „Grundsatz der Offenheit“ wird sodann aus der Perspektive der EU-Organe noch einmal hervorgehoben: „Um eine verantwortungsvolle Verwaltung zu fördern und die Beteiligung der Zivilgesellschaft sicherzustellen, handeln die Organe, Einrichtungen und sonstigen Stellen der Union unter weitestgehender Beachtung des Grundsatzes der Offenheit" (Art. 15 Abs. 1 AEUV).

Vergleicht man nur die Verfassungsrechtslage, so ist die EU in höherem Maße direkt-demokratisch ausgestaltet als die Bundesrepublik Deutschland (jedenfalls was die Ebene des Bundes angeht). Die tatsächliche Intensität des unmittelbaren Volkseinflusses ist aber bei der EU (unvermeidlich) geringer als hier. Nur ein kleiner Kreis von Menschen kann sich unmittelbar an der Willensbildung der EU beteiligen. Das Grundgesetz und die Landesverfassungen gewährleisten die Kontrolle der Regierungen durch die Volksvertretungen u.a. dadurch, dass sie den Abgeordneten Frage- und Auskunftsrechte einräumen;[41] Teilhabe- und Kontrollansprüche der Bürgerinnen und Bürger gegenüber den Verwaltungsbehörden sind in den Transparenz- und Informationsfreiheitsgesetzen geregelt (s. unten II. 5. d) – auch zu den notwendigen Grenzen des Öffentlichkeitsanspruchs).[42]

c) Ausgeloste Beteiligung als Ausweg aus verfestigten Strukturen?

In der athenischen Versammlungsdemokratie als der „ursprünglichen", vermeintlich „reinen" Form von Demokratie sehen viele ein Vorbild für die Neugestaltung politischer Entscheidungsverfahren. Dabei soll zur Bestimmung der Amtsträger und Volksvertreter das *Losverfahren* eingesetzt werden; auf diese Weise sollen die fest etablierten Machtgruppen, die bisher die Versammlungen und Räte aller Art dominieren, ausgeschaltet und eine „gerechte", d.h. statistisch genaue Widerspiegelung der sozialen Gruppen in den Gremien und Ämtern bewirkt werden.[43] Die antike Demokratie wird damit unangemessen verklärt; sie war in Wahrheit eine Oligarchie der städtischen Elite unter Ausschluss der Landbevölkerung und wurde in ihren späteren Formen von den Angehörigen der entmachteten Gruppe als „Klassenherrschaft der Besitzlosen und zur Regierung Unqualifizierten" bekämpft.[44] Das Losverfahren ist in der Neuzeit

---

[41] Beispielhaft: Auskunfts- und Offenlegungsvorschriften nach Art. 23 der LV Schleswig-Holstein; dazu *Caspar*, Art. 23, in: ders./Ewer/Nolte/Waack (Hrsg.), Verfassung des Landes Schleswig-Holstein. Kommentar, 2006.

[42] Vgl. nochmals § 1 Landestransparenzgesetz Rheinland-Pfalz (oben Fn. 21). Vgl. a. BVerfGE 27, 71 (81 f.) sowie *Schoch*, Informationsfreiheitsgesetz. Kommentar, 2. Aufl. 2016, Einl. Rn. 7 ff.; grundsätzlich *Scherzberg*, Öffentlichkeitskontrolle (Fn. 15), 2013, § 49 Rn. 72 ff.

[43] Entschieden in diesem Sinne *Van Reybrouck*, Gegen Wahlen. Warum Abstimmen nicht demokratisch ist, 2016; *ders.*, Lieber Präsident Juncker, in: Geiselberger (Hrsg.), Die große Regression 2017. Eine internationale Debatte über die geistige Situation der Zeit, 2017, S. 275 ff. Aus der Lit.: *Buchstein*, Demokratie und Lotterie. Das Los als politisches Entscheidungsinstrument von der Antike bis zur EU, 2009; *van Ooyen*, Demokratie und Losverfahren, in: Recht und Politik 2017, S. 375 ff. Dazu *Bull*, Was soll, was kann Demokratie? Erwartungen – Enttäuschungen – Hoffnungen, 2018, S. 61 ff. (in diesem Band Nr. 7, S. 211 ff.; s. a. oben Nr. 2, S. 53).

[44] *Bringmann*, Das Volk regiert sich selbst. Eine Geschichte der Demokratie, 2019, S. 305 ff.

nur zur Besetzung politisch zweitrangiger und eng befristeter Ämter genutzt worden. Bei wichtigen Ämtern – wie denen der Finanzverantwortlichen – achtete man schon in Athen auf Qualifikation und überließ die Auswahl nicht dem Zufall („den Göttern").[45]

Die Auslosung wird aber neuerdings als Geburtshilfe einer neuen Form von Öffentlichkeitsbeteiligung propagiert und in Versuchsprojekten auch praktiziert. Unter dem Titel „Bürgerräte" ist die Idee der mit ausgelosten Mitgliedern besetzten „Planungszellen", die der Soziologe *Peter Dienel* schon 1978 populär gemacht hat,[46] reaktiviert worden. Diese Gremien sollen eine Beratungsfunktion haben; die von ihnen produzierten „Bürgergutachten" sollen die kommunale und staatliche Politik anregen und Akzeptanz fördern, insofern also auch zur öffentlichen Meinung beitragen. Der Deutsche Bundestag hat im Jahre 2019 einen „Bürgerrat Demokratie" einberufen und Anfang 2021 einen weiteren Bürgerrat mit einem Gutachten zur Rolle Deutschlands in der Welt beauftragt. Wie in dem vorangehenden Fall sollen „160 per Los ausgewählte Bürgerinnen und Bürger an drei Wochenenden im Austausch mit Expertinnen und Experten diskutieren und Handlungsempfehlungen erarbeiten".[47] In einzelnen Ländern sind überdies „Coronabürgerräte" eingerichtet worden.[48]

Eine Art Bürgerrat ist auch das Nationale Begleitgremium (NBG) nach dem StandAG, das allerdings wesentlich stärker institutionalisiert ist als die anderen bisher eingesetzten Gremien. Das NBG ist von vornherein auf eine lange Amtszeit angelegt und überwiegend nicht mit „einfachen" Bürgern besetzt (mehr dazu unten II. 6. c), S. 127 ff.).

4. *Öffentlichkeit der Justiz*

Während die Verwaltung bis in die jüngste Vergangenheit mehr oder weniger im Geheimen arbeitete[49] und die Öffentlichkeit erst in der zweiten Hälfte des 20. Jahrhunderts schrittweise Einblick in die „Arkana" des Regierens und Verwaltens erlangte, steht die Justiz schon länger unter der Beobachtung der Öffentlichkeit. Im Protest gegen den geheimen Inquisitionsprozess des absolutistischen Herrschaftssystems und unter französischem Einfluss wurde – nach langen kontroversen Debatten – in den deutschen Ländern in der ersten Hälfte

[45] *Ehrenberg*, Der Staat der Griechen. Teil I: Der hellenische Staat, 1957, S. 52 ff.

[46] *Dienel*, Die Planungszelle: Der Bürger als Chance, 5. Aufl. 2002; s.a. *ders.*, Demokratisch, praktisch, gut Wirkungen und Perspektiven der Planungszelle, 2009.

[47] Pressemitteilung des Deutschen Bundestages v. 26.1.2021.

[48] So die taz v. 26.1.2021.

[49] *Wegener*, Der Geheime Staat. Arkantradition und Informationsfreiheitsrecht, 2006, S. 3 ff., 120 ff., 373 ff.

des 19. Jahrhunderts für Strafsachen die öffentliche mündliche Verhandlung eingeführt.[50] Die Öffnung für „das Volk“ sollte die Machthaber daran hindern, das scharfe Schwert des Strafrechts zu missbrauchen, und sie galt und gilt als „eine wesentliche Bedingung des öffentlichen Vertrauens zur Rechtsprechung der Gerichte; sie soll verhindern, dass die gesamte Tätigkeit des Gerichts hinter verschlossenen Türen in ein Dunkel gehüllt und dadurch Missdeutungen und Argwohn ausgesetzt sei“.[51] Überdies soll die Öffentlichkeit der Justiz auch deren Widerstandsfähigkeit gegen etwaige Eingriffe von Regierung und Verwaltung stärken. Das betrifft heute besonders die Verwaltungsgerichtsbarkeit; für sie ist die Unabhängigkeit von der aktiven Verwaltung mindestens ebenso wichtig wie für die ordentlichen Gerichte.

Der Grundsatz der Öffentlichkeit mündlicher Verhandlungen vor dem erkennenden Gericht ist nicht im Grundgesetz, sondern im Gerichtsverfassungsgesetz (§ 169) statuiert; er gehört aber „in seinem Kern zu den kennzeichnenden Merkmalen der modernen Rechtsprechung“.[52] Das Öffentlichkeitsgebot ist jedoch beschränkt auf die „Saalöffentlichkeit“, also auf die während der Verhandlungen im Sitzungssaal physisch Anwesenden. Es wäre technisch möglich und ist in anderen Staaten bereits zugelassen worden, eine wesentlich größere Öffentlichkeit über Radio, Fernsehen oder Internet an Gerichtsverhandlungen teilnehmen zu lassen. Es gibt ein großes Interesse des Publikums an Strafprozessen – echte Anteilnahme am Schicksal von Verbrechensopfern und Wunsch nach gerechter Bestrafung der Täter, aber auch irrationale Empörung, Rachegelüste und schlicht Sensationslust. Massenmedien stehen im Verdacht, Gerichte bei der Wahrheitsfindung durch Stimmungsmache zu beeinflussen.[53] Der deutsche Gesetzgeber hat solchen Sorgen Rechnung getragen, als er die Öffnung der Justiz für Radio- und Fernsehübertragungen ausdrücklich für unzulässig erklärt und Ausnahmen nur in sehr eingeschränktem Umfang zugelassen hat. Das BVerfG hat diese restriktive Linie gebilligt; drei Richter haben demgegenüber den Gesetzgeber aufgefordert, eine über die Saalöffentlichkeit hinausgehende Medienöffentlichkeit insbesondere im Verwaltungsprozess zu ermöglichen.[54]

---

[50] Zur Entwicklung des reformierten Strafprozesses in der ersten Hälfte des 19. Jahrhunderts vgl. *E. Schmidt*, Einführung in die Geschichte der deutschen Strafrechtspflege, 1965, S. 324 ff.

[51] *Heyde*, Die Rechtsprechung, in: Benda/Maihofer/Vogel (Hrsg.), Handbuch des Verfassungsrechts der Bundesrepublik Deutschland, 1983, S. 1232.

[52] *Heyde* ebd. (vorige Fn.). S.a. Art. 6 Abs. 1 EMRK.

[53] Dies gilt insbesondere für die USA, wo Fernsehübertragungen zulässig und – zumindest in prominenten Fällen – üblich sind und die Schuldfrage von Jurys entschieden wird. So nahm 1994/95 die ganze Nation intensiv an dem Mordprozess gegen den Spitzensportler und Schauspieler *O. J. Simpson* teil (ausführlich darüber der Wikipedia-Artikel „Strafprozess gegen O. J. Simpson).

[54] BVerfGE 103, 44; Abw. Meinung der Richterin *Hohmann-Dennhardt* sowie der Richter *Kühling* und *Hoffmann-Riem* S. 72 ff. Dazu auch *Rinken* (Fn. 28), S. 46 ff.

Für die Kontrollfunktion würde aber bei ungehinderter Berichterstattung eine räumlich begrenzte Öffentlichkeit ausreichen.

5. Nichtöffentlichkeit und Öffentlichkeit der Verwaltung

a) Öffentliche Verwaltung als Gegenspieler der Öffentlichkeit

Wenn von *öffentlicher Verwaltung* gesprochen wird, ist nicht die Öffentlichkeit des Verwaltungshandelns gemeint; tatsächlich handelt die Verwaltung in den meisten Verfahrensarten nicht-öffentlich, ohne Teilnahme oder gar Mitwirkung einer Öffentlichkeit, die auch aus anderen Personen als den jeweils Betroffenen besteht. Der Begriff des Öffentlichen wird hier im Sinne von „res publica" verwendet, nämlich als Hinweis auf die *Gemeinsamkeit* des Anliegens. Das „öffentliche Interesse", das die Verwaltung durchzusetzen hat, ist „allgemein", aber es gewinnt seine konkrete Gestalt nicht in einem öffentlichen, sondern einem verwaltungsinternen Prozess. Dieser ist seinerseits (auch) von der öffentlichen Meinung beeinflusst, aber nicht unmittelbar, sondern in der Regel nur in der Form, wie die politische Spitze der Verwaltung das allgemeine Wohl jeweils interpretiert.

„Öffentliche Stellen" (§§ 2 ff. BDSG 2017) sind gerade keine Stellen, die der Öffentlichkeit zuzurechnen wären. Die Verwaltung wirkt in den „öffentlichen Raum" hinein und hat dort für die „öffentliche Sicherheit (und Ordnung)" zu sorgen; Entsprechendes gilt für *„öffentlich zugängliche Räume"* (u.U. Videoüberwachung gemäss § 4 BDSG 2017), aber auch für *„öffentliche Versammlungen"* unter freiem Himmel und in geschlossenen Räumen (Art. 8 GG und die Versammlungsgesetze des Bundes und der Länder). Die öffentliche Verwaltung ist also in gewissem Sinne *Gegenspieler* der als Handlungsinstanz angesehenen Öffentlichkeit, und zwar auch wenn sie „öffentliche Leistungen" verteilt (vgl. § 2 Bundesgebührengesetz) oder „öffentliche Förderung" (§§ 13 ff. Wohnungsbindungsgesetz) betreibt. *Öffentliche Register* (Grundbuch, Handelsregister, Personenstandsregister usw.) sowie *öffentliche Urkunden* (vgl. §§ 415, 417 f., 437 f. ZPO) beziehen ihre Beweiskraft aus ihrer Anerkennung durch das Gesetz; ob und wie sie durch die Öffentlichkeit genutzt werden, spielt dafür keine Rolle. Die Verwaltung öffnet sich ein Stück weit zur Öffentlichkeit hin, wenn sie durch gesetzliche Pflichten zu *öffentlichen Ausschreibungen* angehalten wird (§ 8 Bundesbeamtengesetz und entsprechendes Landesrecht; § 45 Hochschulrahmengesetz).

Nach der Idealvorstellung des Verfassunggebers ist der gesamte *öffentliche Dienst* ein Abbild und eine Vertretung des Volkes, aus dem heraus auch die Öffentlichkeit entsteht (vgl. Art. 33 Abs. 2 GG). Faktisch prägt dieses Ideal das Recht des öffentlichen Dienstes nicht; vielmehr wird der Öffentlichkeitsbezug auch hier noch im Sinne der Verpflichtung auf das Gemeinwohl, also wie im Begriff der „res publica" verwendet. Die „hergebrachten Grundsätze des Berufsbeamtentums" (Art. 33 Abs. 5 GG) stehen in der Tradition des „Staatsdienstes", also der Einbindung der Beamten – und ähnlich auch der Tarifbeschäftigten – in den hierarchisch geordneten Staatsapparat, der das Gemeinwohl verwirklichen will, dies aber zumeist ohne eine intensive Beteiligung der Betroffenen oder der Gesellschaft.

b) Öffentlichkeitsbeteiligung an der Verwaltung

Einen großen Schritt zur Veränderung des Verwaltungshandelns stellte es dar, dass in bestimmten Verwaltungsbereichen die *Beteiligung der Öffentlichkeit* ausdrücklich vorgeschrieben wurde. So gerieten die Genehmigung von Bau- und Planungsvorhaben und die Belastung der Umwelt durch gewerbliche Anlagen in das Blickfeld großer Teile der Bevölkerung, und es entstand Druck in Richtung einer effektiven Bürgerbeteiligung.

So ist nach § 3 Baugesetzbuch die Öffentlichkeit „möglichst frühzeitig über die allgemeinen Ziele und Zwecke der Planung, sich wesentlich unterscheidende Lösungen, die für die Neugestaltung oder Entwicklung eines Gebiets in Betracht kommen, und die voraussichtlichen Auswirkungen der Planung öffentlich zu unterrichten", und „ihr ist Gelegenheit zur Äußerung und Erörterung zu geben".[55] Die Pflicht zur frühzeitigen Öffentlichkeitsbeteiligung ist später im VwVfG (für die Planung von Vorhaben mit „nicht nur unwesentlichen Auswirkungen auf die Belange einer größeren Zahl von Dritten") verallgemeinert worden.[56]

Sie dient nach § 4a Abs. 1 Baugesetzbuch „insbesondere der vollständigen Ermittlung und zutreffenden Bewertung der von der Planung berührten Belange und der Information der Öffentlichkeit" und schafft darüber hinaus Voraussetzungen für Kontrolle und Rechtsschutz. Insoweit ist diese Form der Öffentlichkeitsbeteiligung *rechtsstaatlich* begründet; als *demokratische* Funktionen können die Erleichterung der Interessenvertretung und die Begründung von Legitimität oder zumindest Akzeptanz genannt werden,[57] die in der politischen Praxis immer größere Bedeutung erlangt hat. Diese Bedeutung wird allerdings dadurch gemindert, dass die Beteiligung regelmäßig an eine zuvor beschlossene Planung anknüpft, die Initiative also von der Verwaltung und nicht von Grup-

---

[55] Allgemein zur frühzeitigen Öffentlichkeitsbeteiligung 25 Abs. 3 VwVfG (Bund), zu Anhörungsverfahren § 73 VwVfG. S.a. *Stüer*, Handbuch des Bau- und Fachplanungsrechts, 5. Aufl. 2015, Rn. 1127 ff.

[56] § 25 Abs. 3 VwVfG (Bund) i.d.F. des Gesetzes v. 31.5.2013 (BGBl. S. 1388).

[57] So *Bora*, Differenzierung und Inklusion. Partizipative Öffentlichkeit im Rechtssystem moderner Gesellschaften, 1999 S. 33 ff. Es ist aber fragwürdig, inwieweit die Partizipation auch zu „sozialer Integration" führen kann, vgl. *Bora* S. 381.

pen der Bevölkerung ausgeht, die Verwaltung also den Rahmen für die öffentliche Erörterung durch ihre eigenen Entwürfe (oder die Übernahme von Plänen der Vorhabenträger) setzt.

Nach der formlosen Mitwirkung der Bürger im Rahmen der frühzeitigen Öffentlichkeitsbeteiligung folgt die *förmliche Beteiligung der Öffentlichkeit* an der Planfeststellung (§ 3 Abs. 2 BauGB, s.a. § 3 Abs. 1 Satz 4).[58] Zur Öffentlichkeit im Sinne dieser Vorschriften zählt jeder Mensch, der sich beteiligen will, nicht nur wer von der Planung betroffen ist („Popularbeteiligung").[59] Auch Kinder und Jugendliche werden ausdrücklich als Teil dieser Öffentlichkeit genannt (§ 3 Abs. 1 Satz 2 BauGB).

Förmliche Anhörungsrechte stehen der Öffentlichkeit auch bei den verschiedenen *Fachplanungen* zu, die in Spezialgesetzen geregelt sind (§ 17a Fernstraßengesetz, § 43a Energiewirtschaftsgesetz [EnWG], § 9 Netzausbaubeschleunigungsgesetz, § 14a Bundeswasserstraßengesetz, § 10 Abs. 3 Bundesimmissionsschutzgesetz [BImSchG] und § 18 Gentechnikgesetz).[60] Das Anhörungsverfahren ist generell in § 73 VwVfG geregelt. Sofern nicht in den speziellen Gesetzen ein anderer Ansatz gewählt ist, besteht nach § 73 Abs. 4 VwVfG die Öffentlichkeit nur aus denen, deren Belange durch das Vorhaben beeinträchtigt werden. In anderen Fällen ist der Kreis deutlich weiter gezogen; so bezieht § 67 Abs. 2 EnWG Vertreter der „von dem Verfahren berührten Wirtschaftskreise" ein, und zur Anhörung „beteiligter Kreise" nach § 51 BImSchG wird (vor dem Erlass von Rechtsverordnungen und allgemeinen Verwaltungsvorschriften) „ein jeweils auszuwählender Kreis von Vertretern der Wissenschaft, der Betroffenen, der beteiligten Wirtschaft, des beteiligten Verkehrswesens und der für den Immissionsschutz zuständigen obersten Landesbehörden" eingeladen.[61]

Bei wachsendem allgemeinem Interesse an politischer Partizipation melden sich aber auch altruistische, idealistische Gruppen in der Öffentlichkeit zu Wort, und die Verwaltung öffnet sich auch für diese Gruppen.

Die Bürger- und Öffentlichkeitsbeteiligung hat heute auch ein „starkes völker- und europarechtliches Fundament".[62] Die Vertragsstaaten des Aarhus-Übereinkommens[63] sind *verpflichtet*, die Öffentlichkeit über umweltrelevante Projekte, Pläne und Programme zu unterrichten, sie an der Durchfüh-

---

[58] S. dazu u.a. *Appel*, Verfahren der Bauleitplanung, in: Koch/Hendler (Hrsg.). Baurecht, Raumordnungs- und Landesplanungsrecht, 6. Aufl. 2015, § 15 Rn. 28 ff. (39).

[59] *Appel* (vorige Fn.), Rn. 34.

[60] Dazu *Stüer* (Fn. 55), Rn. 4775 ff.

[61] Besonders weit gezogen ist der Kreis der Anzuhörenden in § 20 Bundes-Bodenschutzgesetz (mit einem starken Akzent auf Experten verschiedener Art).

[62] *Appel* (Fn. 58), Rn. 30.

[63] Übereinkommen der Wirtschaftskommission für Europa UNECE über den Zugang zu Informationen, die Öffentlichkeitsbeteiligung an Entscheidungsverfahren und den Zugang zu den Gerichten in Umweltangelegenheiten vom 25.6.1998, abgedruckt u.a. in NVwZ Beilage III/2001 und bei *Schoch* (Fn. 42), S. 1087 ff.

rung der Umweltverträglichkeitsprüfung zu beteiligen und Rechtsschutz einzuräumen. Die Europäische Union ist diesem Übereinkommen beigetreten und hat seine Inhalte in europäisches Recht umgesetzt,[64] der EuGH hat die entsprechenden Verpflichtungen in mehreren Urteilen konkretisiert und ihre Durchsetzung gesichert.[65]

Der Öffentlichkeitsbegriff wird in der Konvention und den Richtlinien weit verstanden; er umfasst „eine oder mehrere natürliche oder juristische Personen und [...] deren „Vereinigungen, Organisationen oder Gruppen",[66] und macht die Rechte der „betroffenen Öffentlichkeit" weitgehend unabhängig von einem individuellen Interesse oder anderen prozessualen Hürden.[67] Die so verstandene Öffentlichkeit der Verwaltung ist mittlerweile ein „allgemeiner Rechtsgrundsatz des gemeinschaftsrechtlichen Verwaltungsrechts".[68]

c) Beiräte und Sachverständigengremien

Einen etwas anderen Charakter hat die Öffentlichkeitsbeteiligung durch Beiräte[69] und Sachverständigengremien. In verschiedenen Spezialgesetzen[70] ist die Beratung der Verwaltung durch solche Einrichtungen ausdrücklich vorgesehen,

---

64 Umweltinformations-Richtlinie 2003/4/EG v. 28.1.2003, ABl. L 41, S. 26, in der durch die Richtlinie 2003/35 des Europäischen Rates und des Rates v. 26.5.2003 geänderten Fassung (ABl. L 156, S. 17), Abdruck auch bei *Schoch* (Fn. 42), S. 1055 ff. Dort auch die EG-Transparenz-VO (VO [EG] Nr. 1049/2001 des Europäischen Parlaments und des Rates) v. 30.5.2001 (für die eigenen Organe der EU).

65 EuGH, U. v. 15.10.2009, C-263/08 (Stromleitungstunnel Stockholm), U. v. 9.3.2011, C-115/09 (Slowakischer Braunbär) sowie U. v. 7.11.2013, C-72/12 (Hochwasserrückhaltebecken Altrip).

66 Art. 2 Nr. 4 der Konvention und Art. 1 Abs. 2 der Richtlinie 85/337/EWG v. 25.6.1985 i.d.F. der Richtlinie 2003/35/EG des Europäischen Parlaments und des Rates v. 26.5.2003, ABl L 156, S. 17.

67 Vgl. EuGH, B. v. 8.5.2014, NVwZ 2014, 865 Rn. 47; dazu auch die Anmerkung von *Christoph Meitz*, ZUR 2014, 40 (44).

68 *Scherzberg*, Öffentlichkeit der Verwaltung (Fn. 15), S. 237; *ders.*, Öffentlichkeitskontrolle (Fn. 15) § 49 Rn. 28.

69 Die zur Öffentlichkeitsbeteiligung bestimmten Beiräte sind von den aus Behördenvertretern bestehenden Kooperationsgremien zu unterscheiden, s. etwa dem Beirat der Europäischen Behörde für Lebensmittelsicherheit nach Art. 27 der VO (EG) 178/2002, dem nur „Vertreter zuständiger, ähnliche Aufgaben wie die Behörde wahrnehmender Stellen der Mitgliedstaaten" angehören. Es gibt aber auch „gemischte" Beiräte, die aus Vertretern der Betroffenen, der Öffentlichkeit und der zuständigen Behörden zusammengesetzt sind, z.B. den Beirat für den Bundesfreiwilligendienst nach § 15 Bundesfreiwilligendienstgesetz.

70 Vgl. etwa § 15b Waffengesetz (Fachbeirat Schießsport beim BVerwA), § 37 Bundesjagdgesetz (Jagdbeirat und Jägervereinigungen), § 44 BAföG (Beirat für Ausbildungsförderung), § 23 Raumordnungsgesetz (Beirat für Raumentwicklung) sowie §§ 35, 35a Allgemeines Eisenbahngesetz (AEG) (Eisenbahninfrastrukturbeirat und Eisenbahnsicherheitsbeirat). Der Netzbeirat nach § 34 AEG ist hingegen von einem Schienenwegebetreiber einzurichten und soll ein unabhängiges Empfehlungsgremium sein.

andere Behörden haben sie ohne gesetzliche Festschreibung eingerichtet. Sie dient der Verwaltung als ein Instrument, die empirische Basis ihrer Entscheidungen zu verbreitern und in den Kreisen der Betroffenen für Akzeptanz zu werben. Durch die Institutionalisierung wird eine engere Bindung der „beteiligten Kreise" an die Behörde erreicht; solange diese Gremien nicht ausdrücklich unabhängig gestellt werden, sind sie keine machtvollen Gegenspieler, sondern eher Partner der Verwaltung.

d) Kontrolle der Verwaltung durch eine informierte Öffentlichkeit

In einigen Bereichen gilt eine Pflicht der Behörden, die Öffentlichkeit von sich aus „umfassend" zu informieren. Das gilt vor allem für „Umweltinformationen". § 10 Umweltinformationsgesetz betont, dass die Öffentlichkeit „in angemessenem Umfang aktiv und systematisch über die Umwelt" zu informieren ist, und bezeichnet sechs Gruppen zu verbreitender Umweltinformationen – von völkerrechtlichen Verträgen über politische Konzepte und Evaluationsberichte bis zu zusammenfassenden Darstellungen und Bewertungen von Umweltauswirkungen. Das Standortauswahlgesetz nimmt hierauf Bezug; nach seinem § 6

> „errichtet das Bundesamt für die Sicherheit der nuklearen Entsorgung eine Internetplattform mit einem Informationsangebot; darin werden fortlaufend die das Standortverfahren betreffenden wesentlichen Unterlagen des Bundesamtes für die Sicherheit der nuklearen Entsorgung und des Vorhabenträgers nach § 10 des Umweltinformationsgesetzes zur Verfügung gestellt. Zu den wesentlichen Unterlagen gehören insbesondere Gutachten, Stellungnahmen, Datensammlungen und Berichte."

„Öffentlichkeit der Verwaltung" herzustellen ist auch das Ziel der *Informationsfreiheitsgesetze* von Bund und Ländern.[71] Sie begründen einen individuellen Anspruch für jeden und jede auf Zugang zu amtlichen Informationen. Diejenigen Gesetze, die über einen Informationszugangsanspruch hinaus eine Pflicht der Behörden zur („proaktiven") Veröffentlichung wichtiger Unterlagen begründet haben, werden als „Transparenzgesetze" bezeichnet.[72] Auch die EU hat den Zugang der Bürger zu den Unterlagen der Verwaltung an prominenter Stelle herausgestellt und in Rechtsvorschriften konkretisiert.[73] Ziemlich bald jedoch wurde klar, dass die öffentlichen Verwaltungen den Einblick der Öffentlichkeit in ihre Dokumente und Pläne wegen der unvermeidlichen Ausnahmen in erheblichem Umfang beschränken konnten, so dass der Stil des Verwaltens

---

[71] Vgl. das Gesetz zur Regelung des Zugangs zu Informationen des Bundes (Informationsfreiheitsgesetz – IFG) v. 5.9.2006 und die Informationsfreiheitsgesetze der Länder (zusammengestellt u.a. bei *Schoch* [Fn. 42], S. 939 ff.); dazu *Fischer/Kraus* (Fn. 20), *Kubicek* (Fn. 20) sowie *Ostermann*, Transparenz und öffentlicher Meinungsbildungsprozess, 2019 S. 183 ff.

[72] Es handelt sich um Hamburg, das als erstes Land ein „Transparenzgesetz" erlassen hat, sowie Bremen, Niedersachsen, Rheinland-Pfalz und Thüringen.

[73] Art. 15 Abs. 3 AEUV sowie die in Fn. 64 genannten Richtlinien.

sich nicht wesentlich änderte und auch die Beteiligung der Bürger nicht signifikant zunahm.[74] Dass Transparenzgesetze die Gesetzgebung ohnehin nicht wirklich transparent machen können, hat *Göttrik Wewer* schon vor einigen Jahren bewiesen.[75]

In Teilen der Literatur werden nach wie vor hohe Erwartungen an die Wächterfunktion der Öffentlichkeit gestellt.[76] Die Informationsfreiheit wird als ein Instrument zur Belebung der Demokratie und zur Stärkung der Kontrolle über die Verwaltung verstanden. Vielfach wird aber auch darauf hingewiesen, dass die wissenschaftliche Diskussion „stets der Versuchung zu schwärmerischer Realitätsverzeichnung widerstehen muss".[77] Tatsächlich wird das Informationszugangsrecht nur in geringem Maße von politisch interessierten Einzelnen genutzt, sondern dient zur Durchsetzung wirtschaftlicher Interessen Einzelner und von professionellen Politikberatern, Journalisten und Politikern. Das entspricht der in der Literatur vertretenen Einordnung, wonach sich Transparenz (im Gegensatz zu „Publizität") nicht oder nicht in erster Linie demokratisch, sondern rechtsstaatlich rechtfertigt,[78] also den Schutz des Einzelnen intendiert.

Die eingehende Evaluation des Bundes-IFG durch das Speyerer Institut für Gesetzesfolgenabschätzung und Evaluation[79] hat ergeben, dass der Mehrzahl der Anfragen ein bestimmtes („wirtschaftlich motiviertes") Interesse zugrunde lag.[80] Als Antragsteller nach dem IFG sind insbesondere Rechtsanwälte, Journalisten und Forscher aufgetreten. Die Rechtsanwälte handelten vielfach für geschädigte Kapitalanleger. Gefragt waren z.B. Informationen über Konkurrenten und Kunden, aber auch Geschäftspartner der Behörden.[81] Von den relativ wenigen Gerichtsentscheidungen über IFG-Anträge betraf ein Viertel das Bundesministerium der Finanzen und seine nachgeordneten Behörden im Zusammenhang mit Finanzdienstleistungen, ein weiteres Achtel betraf Insolvenzverfahren.[82]

---

[74] Dazu *Fischer/Kraus* (Fn. 20), *Kubicek* (Fn. 20); *Wewer*, Alles offen (Fn. 19) und *Wewer*, Open Government und Verwaltungsreform, 2020.

[75] *Wewer*, Machen Transparenzgesetze Gesetzgebung transparent?, in: KritV 2015, S. 460 ff.

[76] Vgl. etwa *Masing*, Transparente Verwaltung: Konturen eines Informationsverwaltungsrechts, VVDStRL 63, 2004, S. 394 f. und 435.

[77] *Rossen-Stadtfeld*, Beteiligung, Partizipation und Öffentlichkeit, in: Hoffmann-Riem/Schmidt-Aßmann/Voßkuhle (Hrsg.), Grundlagen des Verwaltungsrechts, Bd. II, 2. Aufl. 2012, § 29 Rn. 104.

[78] *Gröschner*, Transparente Verwaltung: Konturen eines Informationsverwaltungsrechts, VVDStRL 63, 2004, S. 344 ff. (346).

[79] *Ziekow/Debus/Musch*, Bewährung und Fortentwicklung des Informationsfreiheitsrechts. Evaluierung des Informationsfreiheitsgesetzes des Bundes im Auftrag des Deutschen Bundestages, 2013.

[80] Ebenso schon *Ziekow/Debus/Musch*, Hat sich das Informationsfreiheitsgesetz bewährt?, in: Dix u.a. (Hrsg.), Informationsfreiheit und Informationsrecht, Jahrbuch 2012, S. 10. Skeptisch auch *Fischer/Kraus* (Fn. 20) und *Kubicek* (Fn. 20).

[81] *Ziekow/Debus/Musch* (Fn. 79), S. 99 f.

[82] *Ziekow/Debus/Musch* (Fn. 79), S. 76 f.

Unter den Antragstellern befinden sich, teilweise als Anwälte, Journalisten oder Wissenschaftler eingeordnet, auch „politische Unternehmer" und andere professionelle Berater, die das Geschäft der Politikkontrolle – ohne Auftrag oder Mandat – hauptberuflich betreiben.[83] Bundestagsabgeordnete stellen IFG-Anträge ergänzend zu ihrem parlamentarischen Fragerecht, weil sie nach dem IFG auch Akteneinsicht erhalten können.[84] Anfragen von nicht persönlich betroffenen „normalen Bürgern" oder „normal politisch interessierten Bürgern" waren nach den Auskünften der befragten Verwaltungsangehörigen „in der Minderheit".[85] Behördenmitarbeiter bezweifeln denn auch, „ob die vom Gesetzgeber gewollte Transparenz und demokratische Beteiligung tatsächlich gefördert werde". Die Speyerer Evaluatoren betonen jedoch, dass auch über Anfragen der geschilderten Art eine Kontrolle von Verwaltungshandeln ausgeübt werde und „möglicherweise auch der Korruptionsbekämpfung" gedient werde.[86]

Die Offenbarungspflichten folgen verfassungsrechtlich aus dem demokratischen Prinzip, aber auch entgegenstehende Geheimhaltungsvorschriften sind Ausdruck verfassungsrechtlicher Positionen. Sie sind durch individuelle Rechte der Akteure begründet, vor allem durch das allgemeine Grundrecht der Handlungs- und Entfaltungsfreiheit des Art. 2 Abs. 1 GG, aber auch organisationsrechtlich durch die Notwendigkeit, die Funktionsfähigkeit der zur Entscheidung berufenen Institutionen zu sichern: sich vertraulich beraten zu können, ist insofern auch eine organisationsrechtliche Befugnis, deren Verletzung z.B. eine Beschwerdebefugnis bei der Organklage begründet. Vollständige Transparenz des Handelns von Politikern und Amtsträgern ist nicht nur faktisch unerreichbar, sie ist auch nicht wünschenswert. „Eine totale Öffentlichkeit gibt es also nicht; sie wäre so wenig freiheitlich wie demokratisch".[87]

e) Whistleblower und Hinweisgeber als „Öffentlichkeitshelfer"?

Wenn politische Macht missbraucht wird, kann es moralisch zwingend erscheinen, Geheimnisse der Herrschenden auch gegen geltendes Recht zu veröffentlichen. „Whistleblower", die der Öffentlichkeit Informationen über rechtswidrige Machtausübung vermitteln,[88] gelten daher aus gutem Grund als Volkshelden, und wenn sich erweist, dass sie schwere Rechtsverstöße oder Missstände an die

---

[83] Vgl. dazu *Wewer*, Allheilmittel Transparenz?, in: *ders.*, Open Government, Staat und Demokratie, 2014, S. 73 ff. (85), *ders.*, Transparenz als Grundlage von Vertrauen? Die Sichtweise der Regierungslehre, 2017, S. 36 f.

[84] *Ziekow/Debus/Musch* (Fn. 79), S. 101.

[85] *Ziekow/Debus/Musch* (Fn. 79), S. 100.

[86] *Ziekow/Debus/Musch* (Fn. 79), S. 118 f.

[87] *Schmidt-Aßmann*, Das allgemeine Verwaltungsrecht als Ordnungsidee, 2004, Rn. 115 S. 109.

[88] Ausführliche und detaillierte Darlegungen zu tatsächlichen und normativen Aspekten des Whistleblowing finden sich in dem *Wikipedia*-Artikel „Whistleblower".

Öffentlichkeit gebracht haben, wird verständlicherweise gefordert, sie straffrei zu lassen oder sogar zu belohnen. So wären die illegalen Abhörpraktiken amerikanischer Geheimdienste ohne die Enthüllungen von *Edward Snowden* nicht bekannt geworden, und dasselbe gilt für die Aufdeckung von schweren Übergriffen amerikanischer Soldaten während des Irakkrieges durch die Organisation Wikileaks[89] und manche andere Offenlegungsaktion politischer Aktivisten. Diese Aktionen waren nach dem Recht des jeweiligen Staates rechtswidrig. Es wäre auch unangemessen (und auch nicht durch Berufung auf das Demokratieprinzip zu rechtfertigen), Geheimnisbruch grundsätzlich straflos zu lassen. Legitime Geheimhaltung muss auch in demokratischen Staaten gewährleistet sein, weil durch ungeplante Offenlegung nicht nur Rechte der Allgemeinheit, sondern auch solche betroffener Individuen gefährdet würden. Die betroffenen Staaten tun jedoch gut daran, bei der Durchsetzung ihres Strafanspruchs gegen diese Menschen nicht auf Härte zu setzen, sondern die gemeinnützige Motivation der Handelnden mit großem Gewicht zu berücksichtigen.

Eine Reihe von Staaten und die Europäische Union haben nun Maßnahmen entworfen, um diese „Öffentlichkeitshelfer" umfassend vor Benachteiligungen, Diskriminierungen und Repressalien zu schützen, die ihnen von Arbeitgebern und anderen Geheimnisträgern drohen. Darüber hinaus hat man die Whistleblower als eine *neue Instanz zur Durchsetzung von Rechtsnormen* erkannt[90] und ein System entwickelt, die Bereitschaft Einzelner zur Anzeige von Rechtsverletzungen durch solche Schutzmaßnahmen zu fördern. Die EU hat eine Whistleblower-Richtlinie[91] verabschiedet, die in der Literatur als „der bislang mit Abstand ambitionierteste Rechtsakt auf dem in Europa noch vergleichsweise jungen Feld der Whistleblowing-Regulierung" bezeichnet wird.[92] Zu ihrer Umsetzung hat die Bundesregierung inzwischen bereits den zweiten Referenten-Entwurf eines „Hinweisgeberschutzgesetzes" (HinSchG-E) erarbeitet.[93] Er setzt Anreize zur möglichst risikolosen Offenlegung von Rechtsverstößen. Gemeldet werden sollen alle möglichen Verstöße

---

[89] Dazu u.a. *Geiselberger* (Red.), WikiLeaks und die Folgen, 2011.

[90] Dieses Konzept erinnert an das in den USA praktizierte Modell des „private law enforcement" (*Deiseroth*, Whistleblower-Schutz, in: betrifft Justiz Nr. 78/2004, S. 296 ff. [298 f.]). S. a. *Masing*, Die Mobilisierung des Bürgers für die Durchsetzung des Rechts. Europäische Impulse für eine Revision der Lehre vom subjektiv-öffentlichen Recht, 1997.

[91] Richtlinie (EU) 2019/1937 des Europäischen Parlaments und des Rates vom 23.10.2019 zum Schutz von Personen, die Verstöße gegen das Unionsrecht melden, ABl. 2019 L 305, 17.

[92] *Gerdemann*, Neuer Entwurf für ein Hinweisgeberschutzgesetz, ZRP 2022, 98.

[93] Der erste Entwurf ist in der 19. Legislaturperiode des Deutschen Bundestages nicht verabschiedet worden; das zuständige Bundesministerium hat nunmehr einen zweiten, veränderten Referentenentwurf erarbeitet: Entwurf eines Gesetzes für einen besseren Schutz hinweisgebender Personen sowie zur Umsetzung der Richtlinie zum Schutz von Personen, die Verstöße gegen das Unionsrecht melden, https://www.bmj.de/SharedDocs/Gesetzgebungsverfahren/DE/Hinweisgeberschutz.html (Abruf 25.5.2022).

gegen deutsches und europäisches Wirtschafts-, Finanz- und Steuerrecht (§ 2 Abs. 2 Nr. 1), aber auch „Verstöße gegen den Schutz der finanziellen Interessen der Europäischen Union" (§ 2 Abs. 2 Nr. 1).[94] Nach der Koalitionsvereinbarung zwischen den Parteien der Ampel-Regierung soll darüber hinaus sogar die Aufdeckung von „sonstigem erheblichem Fehlverhalten, dessen Aufdeckung im besonderen öffentlichen Interesse liegt", unter den Schutz dieses Gesetzes gestellt werden.[95]

Der Entwurf soll ein „rechtsgebietsübergreifendes einheitliches Regelungssystem" schaffen, zu dem vor allem die Einrichtung interner und externer Meldestellen gehört. Den Hinweisgebern soll es entgegen der bisherigen deutschen Rechtsprechung[96] möglich sein, sich sogleich an eine externe Stelle zu wenden. Als solche sollen eine zentrale Meldestelle beim Bundesamt für Justiz sowie als besondere „Whistleblowing-Behörden" die Bundesanstalt für Finanzdienstleistungsaufsicht und das Bundeskartellamt zuständig sein. Die Länder sollen eigene Meldestellen für Vorgänge aus der Landesverwaltung einrichten dürfen, und der Bund will noch weitere Meldestellen einrichten, nämlich für externe Meldungen, die die externen Meldestellen des Bundes betreffen (§ 23).

Aus der ursprünglich ungewöhnlichen, mit hohem persönlichen Einsatz verbundenen Flucht in die Öffentlichkeit, die ein Einzelner mit Insiderkenntnissen aus Gewissensgründen begeht, wird also eine erwartete Vielzahl von Anzeigen über Fehlverhalten von Unternehmen und Behörden fast aller Art – wenn auch mit Ausnahme der eigentlich besonders wichtigen Nachrichtendienste und verwandter Behörden (§ 5). Um Lücken bei der Durchsetzung staatlicher oder europäischer Rechtsvorschriften auszufüllen, soll mit großem Aufwand eine neue bürokratische Organisation entstehen, die ebenso kompliziert ausfallen könnte wie etwa die bestehenden Aufsichtsbehörden für den Datenschutz oder die Finanzwirtschaft. Der Umgang mit den Informationen soll Schritt für Schritt geregelt werden; am Ende sollen die externen Meldestellen förmlich über den Abschluss des Verfahrens entscheiden (Weiterleitung der Meldung „an die jeweilige für die Aufklärung, Verhütung und Verfolgung des Verstoßes zuständige Stelle" oder Einstellung des Verfahrens wegen Geringfügigkeit, § 31 Abs. 1–6) – und damit enttäuschten Informanten die Möglichkeit einer *Klage vor dem Verwaltungsgericht* eröffnen (§ 31 Abs. 7). Ob die damit verbundenen Erwartungen in

---

[94] Zu den Details *Gerdemann*, Referentenentwurf für ein deutsches Hinweisgeberschutzgesetz, ZRP 2021, S. 37 (38); zum zweiten Referentenentwurf *ders.*, Neuer Entwurf (Fn. 92), ZRP 2022, 98. Forderungen zum weiteren Ausbau des Whistleblowerschutzes: *Colneric/Gerdemann*, Die Umsetzung der Whistleblower-Richtlinie in deutsches Recht – Rechtsfragen und rechtspolitische Überlegungen, 2020.

[95] *Gerdemann* (Fn. 94), ZRP 2022, 98 (101), spricht insofern von „Konfliktlinien zum Koalitionsvertrag".

[96] Vgl. BAG, U. v. 3.7.2003, NJW 2004, 1547 (1550) und BVerwG, U. v. 13.12.200, NJW 2001, 3280.

Erfüllung gehen – ob also der Durchsetzungsgrad der Rechtsnormen signifikant stiege – und welche unerwünschten Nebenwirkungen auftreten könnten, ist ungeklärt. Erfahrungsgemäß müsste auch mit einer nicht geringen Anzahl unbegründeter Verdachtsmeldungen und Denunziationen und mit der Empörungs- und Streitlust vieler Menschen gerechnet werden.[97]

Wie dem auch sei – die rechtlich auf diese Weise eingebundenen Whistleblower können der demokratischen Öffentlichkeit vor allem dadurch nutzen, dass sie die *Medien* auf wirkliche oder vermeintliche Skandale aufmerksam machen. Die Intention, Whistleblower zu schützen, ist ehrenwert, aber dieser Schutz könnte einfacher erreicht werden, und der Versuch, möglichst viele Einzelne als Helfer zu „perfekter" Rechtsdurchsetzung anzuwerben, ist überaus fragwürdig.

6. Institutionalisierte Öffentlichkeit als zweite Säule der Verwaltung?

a) Die besonderen Gremien nach dem Standortauswahlgesetz

Über die dargestellten Formen von Verwaltungsöffentlichkeit ist der Gesetzgeber noch einmal deutlich hinausgegangen, als er eine besonders ausgestaltete Öffentlichkeit im Standortauswahlgesetz[98] als eine Art von zweiter Säule der Verwaltung eingerichtet hat. Das Gesetz spricht von einem „partizipativen, wissenschaftsbasierten, transparenten, selbsthinterfragenden und lernenden Verfahren" (§ 1 Abs. 2 Satz 1 StandAG).[99] Die neu konstruierten Gremien stehen *neben* den für die Sachaufgabe zuständigen öffentlichen Stellen, dem „Vorhabenträger" (Bundesgesellschaft für Endlagerung mbH., BGE) und dem Bundesamt für die Sicherheit der nuklearen Entsorgung (BASE) und beraten über dieselben Themen wie diese; ihre Beratungsergebnisse müssen von BGE und BASE berücksichtigt werden.

Im Einzelnen handelt es sich um die *Fachkonferenz Teilgebiete*, die *Regionalkonferenzen* für die Standortregionen (§ 10), die *Fachkonferenz Rat der*

---

[97] Vgl. die Sachverhalte der in Fn. 96 genannten Entscheidungen.

[98] S. oben Fn. 18. Die Öffentlichkeitsbeteiligung ist 2017 auf den Druck der Umweltverbände hin gegenüber der ersten Fassung des StandAG von 2013 (dazu Smeddinck [Hrsg.], Standortauswahlgesetz. Kommentar, 2017) noch einmal erweitert und vertieft worden. Krit. *Bull*, Wissenschaft und Öffentlichkeit als Legitimationsbeschaffer, DÖV 2014, S. 897 ff. (überarbeitete Fassung in: Sommermann [Hrsg.], Öffentliche Angelegenheiten – interdisziplinär betrachtet, 2016, S. 9 ff.), sowie *Bull*, Was ist „die Öffentlichkeit" und welche Befugnisse soll sie haben?, DVBl 2015, S. 593 ff.

[99] Zu den Zielkonflikten, die durch diese Gebote begründet sind, vgl. u.a. die gründliche Untersuchung von *Langer*, Die Endlagersuche nach dem Standortauswahlgesetz, 2021, insbes. zusammenfassend S. 493 ff.

Regionen (§ 11) und das *Nationale Begleitgremium* (§ 8). Die Mitwirkung dieser Gremien am Standortsuchverfahren ist zusätzlich zur Öffentlichkeitsbeteiligung üblicher Art vorgeschrieben, die durch Stellungnahmen zu den Vorschlägen des Vorhabenträgers und Teilnahme an Erörterungsterminen erfolgt (§ 7 Abs. 1 und 3). Die speziell geregelte Mitwirkung der Regionalkonferenzen ergänzt die allgemeine Öffentlichkeitsbeteiligung, kann aber inhaltlich auch in Konkurrenz zu ihr geraten (vgl. § 10 Abs. 5). Die Stellungnahmen der allgemeinen Öffentlichkeit sind bei den weiteren Verfahrensschritten zu berücksichtigen (§ 7 Abs. 1 Satz 3); die Regionalkonferenzen können zuvor vom BASE die Nachprüfung der Vorschläge verlangen, die die BGE gemacht hat (§ 10 Abs. 5 Satz 1).

Die Fachkonferenz Teilgebiete wird vom BASE „berufen" (§ 9 Abs. 1 Satz 1), die Regionalkonferenzen und der Rat der Regionen werden vom BASE „eingerichtet" (§§ 10 Abs. 1 Satz 1, 11 Abs. 1 Satz 1). Für die Konstituierung des Nationalen Begleitgremiums ist das Bundesministerium für Umwelt, Naturschutz und nukleare Sicherheit zuständig (§ 8 Abs. 3 Satz 5); ein Teil seiner Mitglieder wird vom Deutschen Bundestag und vom Bundesrat („auf der Grundlage eines gleichlautenden Wahlvorschlages") gewählt, ein anderer Teil „in einem geeigneten Verfahren der Bürgerbeteiligung nominiert" (ebd.). Alle genannten Gremien haben eigene Geschäftsstellen. Die Geschäftsstelle des Nationalen Begleitgremiums wird vom Bundesumweltministerium eingesetzt und „untersteht fachlich dem Nationalen Begleitgremium", die für die Fachkonferenz Teilgebiete wird „beim" BASE eingerichtet (§ 9 Abs. 3), die Geschäftsstellen der Regionalkonferenzen werden „vom" BASE eingerichtet (§ 10 Abs. 6). Die Fachkonferenz Teilgebiete löst sich an einem bestimmten Punkt des Verfahrens auf, die Regionalkonferenzen ebenfalls bei Ausscheiden der jeweiligen Region aus dem Auswahlverfahren (§§ 9 Abs. 2 Satz 4, 10 Abs. 7). Das Nationale Begleitgremium hingegen besteht während des gesamten Standortauswahlverfahrens. Es kann sich „unabhängig und wissenschaftlich mit sämtlichen Fragestellungen das Standortauswahlverfahren betreffend befassen, die zuständigen Institutionen jederzeit befragen und Stellungnahmen abgeben"; es kann „dem Deutschen Bundestag weitere Empfehlungen zum Standortauswahlverfahren geben" (§ 8 Abs. 1 Satz 2 und 3), und es kann sich „durch Dritte wissenschaftlich beraten lassen" (§ 8 Abs. 4 Satz 3, 2. Halbsatz).

b) Die Zusammensetzung der neuen Öffentlichkeit

Welche konkreten Personen an der *Fachkonferenz Teilgebiete* teilnehmen sollen, hat das Gesetz nicht bestimmt, sondern nur die Kategorien genannt, nämlich „Bürgerinnen und Bürger, Vertreter der Gebietskörperschaften der [...] Teilgebiete, Vertreter gesellschaftlicher Organisationen sowie Wissenschaftlerinnen und Wissenschaftler" (§ § 9 Abs. 1 Satz 2). Zu der Fachkonferenz, die zu

Beginn des Jahres 2021 in mehreren Einzelsitzungen stattfand, hatten sich zunächst ca. 1600 Personen angemeldet; tatsächlich haben an dem ersten Termin etwa 800 (als virtuelle Versammlung) teilgenommen.[100]

Für die *Regionalkonferenzen* ist eine noch kompliziertere Konstruktion bestimmt worden, nämlich eine zweistufige Organisation: Eine *Vollversammlung* wählt einen *Vertreterkreis*; dieser nimmt die Aufgaben der Regionalkonferenz wahr (§ 10 Abs. 1 Satz 1, Abs. 3 Satz 1 und 4). Zur Zusammensetzung der Vollversammlung sagt das Gesetz nur, dass sie aus „Personen" besteht, „die in den kommunalen Gebietskörperschaften der jeweiligen Standortregion oder unmittelbar angrenzenden kommunalen Gebietskörperschaften nach dem Bundesmeldegesetz angemeldet sind und das 16. Lebensjahr vollendet haben" (§ 10 Abs. 2 Satz 1). Gemeint ist, dass sich jeder und jede zur Vollversammlung anmelden kann, der oder die an der Wahl des Vertreterkreises teilnehmen möchte. Der Vertreterkreis besteht nach § 10 Abs. 3 StandAG „zu je einem Drittel aus Bürgerinnen und Bürgern der Vollversammlung, Vertretern der kommunalen Gebietskörperschaften der Standortregion sowie Vertretern gesellschaftlicher Gruppen".

An den Vorschriften zur Zusammensetzung der Gremien fällt auf, dass „die Öffentlichkeit" von den „gesellschaftlichen Organisationen" unterschieden wird. Die „Wissenschaftlerinnen und Wissenschaftler" sind ohnehin nicht als Teil der Öffentlichkeit, also nicht als sachverständige Bürger einbezogen. In den öffentlichen Erörterungsterminen (§ 7 Abs. 5) treffen also „normale" Vertreter der Öffentlichkeit auf Vertreter gesellschaftlicher Organisationen (altruistische und Lobby-Verbände, Bürgerinitiativen u.ä.) einerseits und auf Angehörige der öffentlichen Verwaltung (Vertreter von Behörden und Gebietskörperschaften) sowie „freischwebende" Wissenschaftler andererseits. In leicht variierter Form gilt das auch für die Zusammensetzung der Fachkonferenz Teilgebiete, § 9 Abs. 1.

c) Insbesondere: Das unabhängige Nationale Begleitgremium

Als neue Institution hat das StandAG das „*Nationale Begleitgremium*" (NBG) geschaffen.[101] Seine Aufgabe ist „die vermittelnde und unabhängige Begleitung des Standortauswahlverfahrens, insbesondere der Öffentlichkeitsbeteiligung, mit dem Ziel, so Vertrauen in die Verfahrensdurchführung zu ermöglichen" (§ 8 Abs. 1 Satz 1).

Das NBG ist nach § 8 Abs. 1 Satz 1 StandAG „pluralistisch zusammengesetzt". Es soll aus 18 Mitgliedern bestehen: „Zwölf Mitglieder sollen anerkannte

---

[100] Meldung in der Süddeutschen Zeitung v. 6./7.2.2021 S. 1.

[101] Ausführliche Informationen unter www.nationales-begleitgremium.de/BE/Home/home_node.html (Aufruf 16.2.2021, so auch bei den folgenden Internetadressen).

Persönlichkeiten des öffentlichen Lebens sein", die von Bundestag und Bundesrat „auf der Grundlage eines gleichlautenden Vorschlags gewählt" werden. Die sechs weiteren Mitglieder sind nicht weiter beschriebene „Bürgerinnen und Bürger", die vom zuständigen Bundesministerium ernannt werden. Unter ihnen müssen „zwei Vertreterinnen oder Vertreter der jungen Generation" sein, „die zuvor in einem dafür geeigneten Verfahren der Bürgerbeteiligung nominiert worden sind" (§ 8 Abs. 3 Satz 5–7). Der in Betracht kommende Personenkreis wird nur durch die Bestimmung eingegrenzt, dass die Mitglieder weder einer gesetzgebenden Körperschaft noch einer Regierung angehören und keine wirtschaftlichen Interessen in Bezug auf die Standortauswahl oder die Endlagerung haben dürfen (§ 8 Abs. 3 Satz 1).

Die praktisch wichtigsten Fragen, nämlich zum einen wie die Vorschlagsliste der „anerkannten Persönlichkeiten des öffentlichen Lebens" zustande kommen soll, die von Bundestag und Bundesrat beschlossen werden soll, und zum anderen welches Verfahren „geeignet" ist, um aus über 80 Millionen Bürgern sechs Personen herauszusuchen, die vom Bundesministerium ernannt werden können, sind nicht gesetzlich geregelt. Den beteiligten Stellen in Legislative und Exekutive ist damit ein großer Spielraum eingeräumt, sich die Verfahrensbegleiter auszusuchen; da sich die verschiedenen Beteiligten dabei gegenseitig blockieren können, sind sie genötigt, sich auf Kompromisskandidaten zu einigen. Die „anerkannten Persönlichkeiten des öffentlichen Lebens" können nicht den Anspruch erheben, „das Volk" zu repräsentieren; sie sind auch nicht Vertreter der von der Planung eventuell Betroffenen, sondern repräsentieren allenfalls die gesellschaftlichen Gruppen, Verbände und Vereinigungen, von denen sie vorgeschlagen worden sind.[102]

Zu der Auswahl der *Bürgervertreter* hat das Bundesministerium für Umwelt, Naturschutz und nukleare Sicherheit ein Regelwerk aufgestellt, das im Internetauftritt des Ministeriums als ein „aufwändiges, zufallsbasiertes und sozialwissenschaftlich abgesichertes Verfahren" bezeichnet wird. Es heißt dort:

> „Die Zufallsauswahl, welche das Fundament für den Ernennungsprozess der Bürger*innen bildet, findet alle drei Jahre statt. Aus dieser geht im Anschluss ein Wahlgremium hervor, welches dann in der Regel zweimal in eineinhalb Jahren tagt. Nach der Ernennung von zweimal drei Bürger*innen für das NBG wird ein neues Wahlgremium auf Basis einer neuen Zufallsauswahl bestimmt."[103]

Tatsächlich wurden in dem ersten Durchgang Ende 2016 (noch vor der Neufassung des StandAG) auf der Basis einer Zufallsstichprobe über 125.000 Telefonnummern in ganz Deutschland angerufen; dabei wurden 571 Interessentinnen

[102] Krit. auch *Langer* (Fn. 99), S. 459.

[103] Das Regelwerk im Internet: www.bmu.de/themen/bildung-beteiligung/buergerbeteiligung/nationales-begleitgremium/auswahlprozess/.

und Interessenten und 123 Teilnehmerzusagen gewonnen.[104] Bei der zweiten Besetzung des NBG wurden „nur“ noch 53.000 Rufnummern angewählt (aber zusätzlich 4600 Adressen angeschrieben), 342 Interessenten und Interessentinnen und 88 Anmeldungen zum Bürgerforum gewonnen.[105] Dieses Bürgerforum zur Auswahl und Qualifizierung von Bürgern für das NBG beruft aus seiner Mitte 38 Bürgerinnen bzw. Bürger in ein weiteres Gremium (das „Wahlgremium“), das dann seinerseits die Mitglieder des NBG bestimmt.

Bei der Zufallsauswahl der Bürgervertreter sind Manipulationen wohl ausgeschlossen. Es wird aber auf anderem Wege eine personelle Teil-Kontinuität und damit eine inhaltliche Festlegung des Gremiums erreicht, die mit dem Prinzip regelmäßiger Erneuerung demokratischer Legitimation unvereinbar ist: Nach dem Regelwerk können sich nämlich die ehemaligen Mitglieder der vorherigen Wahlgremien in einem „Beratungsnetzwerk (BNW)“ zusammenschließen.

> „Dieses Netzwerk berät die amtierenden Bürgerinnen und Bürger im NBG mit dem Hintergrund mehrjährigen Erfahrungswissens in dem speziellen Bereich der Zufallsauswahl und der anschließenden Bildung eines Wahlgremiums und Durchführung der Auswahl. Aus diesem Grund wird es auch drei Mitgliedern des BNW [...] ermöglicht, mit aktivem und passivem Wahlrecht am Wahlgremium teilzunehmen. Als Mitglied des BNW kann im Wahlgremium nur teilnehmen, wer Mitglied eines früheren Wahlgremiums war und noch keine drei Amtszeiten Mitglied des NBG war“.

Das NBG hat seit seiner Einrichtung im Jahre 2016 zahllose Sitzungen abgehalten, öffentliche Äußerungen abgegeben und die Arbeitsweise des Bundesamtes kommentiert und in einigen Punkten kritisiert.

d) Bewertung der neuen Strukturen

Die Einrichtung der neuen Gremien soll bewirken, dass die Bürger den staatlichen Organen wieder mehr Vertrauen entgegenbringen. Es werden Personen ausgewählt, die den Behörden (und mittelbar den verantwortlichen Amtsträgern, also Politikern) auf die Finger schauen, Fragen stellen, kritische Einwände erheben und vor Fehlentscheidungen warnen. Die Auswahl dieser Gremienmitglieder geschieht in einem sehr aufwendigen Verfahren; nur ein kleiner Bruchteil der Angesprochenen findet sich bereit, die angebotene Funktion zu übernehmen – vermutlich ausschließlich stark engagierte Menschen, die der Umweltbewegung nahestehen. Gegen diese nicht-repräsentative Auswahl ist nichts einzuwenden, solange die Gremien zwar kritisch, aber konstruktiv zur Erfüllung der Aufgabe „Standortsuche“ beitragen.

---

[104] Vgl. www.bmu.de/fileadmin/Daten_BMU/Downloads_PDF/Endlagerprojekte/nbg_dokumentation_bf.pdf.

[105] Dazu www.bmu.de/fileadmin/Daten_BMU/Downloads_PDF/Endlagerprojekte/nbg_dokumentation_2019_bf.pdf.

Sozialpsychologische Erfahrungen begründen allerdings die Erwartung, dass die Entwicklung anders ausfallen wird: Die Mitglieder sind zwar vollkommen frei in der Bildung und Äußerung ihrer subjektiven Meinung zu den Streitfragen, aber die Gruppendynamik dürfte dazu führen, dass die als „Begleiter" des Verwaltungsprozesses angetretenen Bürger sich immer mehr als Kontrolleure empfinden und immer misstrauischer werden. Die Beziehungen zum BASE und zur BGE sind formalisiert, von Kooperation z.B. bei der Suche nach den naturwissenschaftlich bewiesenen Entscheidungsgrundlagen ist nicht die Rede. In den werbenden Unterlagen zur Wahl der NBG-Mitglieder wird die Unabhängigkeit des Gremiums in einer Weise betont, die den Eindruck erweckt, als seien Behörden und Politiker eine gegnerische Macht, die ständig darauf ausgehe, die Öffentlichkeit irrezuführen und undurchdachte, bürgerfeindliche Entscheidungen zu treffen. Die auszusuchenden Bürgervertreter werden dafür geschult, in der Auseinandersetzung mit den zu Kontrollierenden Selbstbewusstsein und Energie zu zeigen, und es wird z.B. auch darüber gesprochen, wie die Bürgervertreter auch der übrigen Öffentlichkeit ihre Unabhängigkeit beweisen können, damit ihr Gremium nicht als vermeintliches „Alibi" für politische Entscheidungen angegriffen werde.[106]

Nicht thematisiert wird, wie wahrscheinlich es ist, dass die öffentlichen Stellen tatsächlich die Interessen der Bürger ignorieren, oder ob sie nicht einen Vertrauensvorschuss benötigen und verdienen. Für die Unbefangenheit des Gremiums wird es auch darauf ankommen, ob Bundestag und Bundesrat bei der Bestimmung der zwölf „anerkannten Persönlichkeiten des öffentlichen Lebens" auf Vorschläge der engagierten Verbände zurückgreifen und daraus Personen auswählen, die sich schon lange vorher eine Meinung gebildet haben, oder ob sie wirklich über den Parteien und Gruppen stehende Personen aus unterschiedlichen Bereichen des öffentlichen (politischen, kulturellen, sozialen oder wirtschaftlichen) Lebens aussuchen. Im ersteren Fall dürften die sechs Bürgervertreter, die ihre Sachkenntnis erst während ihres Mandats erwerben können, den Experten unter den NBG-Mitgliedern unterlegen sein.

Das NBG stellt eine besondere Ausprägung der bereits besprochenen Bürgerräte (oben zu II. 3. c)) dar. Es ist – wie im Ansatz auch die Regionalkonferenzen – mit so starken Befugnissen und Finanzmitteln ausgestattet, dass es auch ohne Entscheidungskompetenz zu einem wirkmächtigen Akteur werden kann, indem es nämlich seinerseits die allgemeine Öffentlichkeit über die Medien beeinflusst. Das parlamentarische Regierungssystem ist hier unter dem Druck einer außerparlamentarischen Opposition in einem wichtigen Punkt – dass nämlich die „vollziehende Gewalt" bei der Interpretation der Gesetze al-

[106] Vgl. die „Bürgerempfehlungen für die Arbeit der Bürger/innen im Nationalen Begleitgremium zur Endlagersuche": www.bmu.de/fileadmin/Daten_BMU/Download_PDF/Endlagerprojekte/nbg.buergerempfehlungen_bf.pdf (zur befürchteten Alibifunktion dort S. 13).

lein der Volksvertretung und der von ihr eingesetzten Regierung unterworfen ist – modifiziert worden. Der Gesetzgeber hat externe Kräfte zu „Mitgestaltern" des Verfahrens (§ 5 Abs. 1 Satz 2 StandAG) berufen.[107]

III. Öffentlichkeit in demokratietheoretischer Sicht

1. Identität von Öffentlichkeit und „Volk": Akklamation statt Repräsentation?

In *Carl Schmitts* Verfassungsverständnis sind Öffentlichkeit und „Volk" identisch: „Das Volk erscheint nur in der Öffentlichkeit, es bewirkt überhaupt erst die Öffentlichkeit. Volk und Öffentlichkeit bestehen zusammen; kein Volk ohne Öffentlichkeit und keine Öffentlichkeit ohne Volk".[108] Das Volk „bewirkt" in dieser Vorstellung die Öffentlichkeit „durch seine *Anwesenheit*".[109] *Schmitt* bezieht sich ausdrücklich auf *Rousseaus* „berühmte These", „dass das Volk nicht repräsentiert werden könne". Somit ist klar, dass die Gleichsetzung von Öffentlichkeit und „Volk" für die Betrachtung der Öffentlichkeit unter der heutigen demokratischen Verfassung nichts hergibt. Das wird sogleich überdeutlich, wenn *Schmitt* die *Akklamation* als spezifische Äußerung des Volkes bezeichnet:

> „Erst das wirklich versammelte Volk ist Volk und nur das wirklich versammelte Volk kann das tun, was spezifisch zur Tätigkeit dieses Volkes gehört: es kann *akklamieren*, d.h. durch einfachen Zuruf seine Zustimmung oder Ablehnung ausdrücken, Hoch oder Nieder rufen, einem Führer oder einem Vorschlag zujubeln, den König oder irgendeinen anderen hochleben lassen, oder durch Schweigen oder Murren die Akklamation verweigern."[110]

Als empirische Aussage über historische oder auch aktuelle Formen von Versammlungsdemokratie mag *Schmitts* Darstellung zutreffen – aber nicht als normativer Satz und auch nicht als staatstheoretische Behauptung eines Charakteristikums demokratischer Prozesse. Wenn Entscheidungen regelhaft auf Akklamation statt Deliberation gestützt werden, wenn also an Stelle öffentlicher Auseinandersetzung, streitiger Diskussion und schließlich rationaler Abwägung die Stimmung einer anwesenden Versammlung ausschlaggebend sein soll, kann die repräsentative Demokratie, wie sie im Grundgesetz und in den Verfassungen der meisten europäischen Staaten verankert ist, nicht funktionie-

---

[107] Kritisch zu der Rollenzuweisung an die Öffentlichkeit als „Mitgestalter des Verfahrens" und zum Widerspruch zwischen Partizipation und Wissenschaftsbasierung bei der Standortsuche auch *Langer* (Fn. 99), insbes. S. 493 ff.

[108] *Schmitt*, Verfassungslehre (Fn. 30), S. 243.

[109] Ebd.; Hervorhebung im Original.

[110] *Schmitt* (Fn. 30/108), S. 243 f.; Hervorhebung im Original.

ren. *Schmitts* Identitätsvorstellungen deuten also auf eine latente *Gefahr* für die repräsentative Demokratie hin.

Diese Vorstellungen bestimmen auch *Schmitts* Äußerungen über die öffentliche Meinung. Er bezeichnet die Demokratie als „Herrschaft der öffentlichen Meinung", „government by public opinion".[111] „Durch Addition der Meinungen von isolierten Privatleuten" könne keine öffentliche Meinung entstehen. „Die öffentliche Meinung ist die moderne Art der Akklamation"", und „darin, dass sie als Akklamation gedeutet werden kann, liegt ihr Wesen und ihre politische Bedeutung".[112] Alle anderen Äußerungsformen, die als Ausdruck einer öffentlichen Meinung angesehen werden können, bleiben damit von vornherein unbeachtet, und *Schmitts* abstrakte Einordnungen führen nur auf ein einziges schmales Gleis, nicht aber zur besseren Einsicht in die Realität politischer und staatlicher Aktivitäten.

2. *Egalitäre versus elitäre Theorien, Parteienstaatslehre, sozialintegrative versus Wettbewerbsdemokratie*

Elitäre Theorien, die das Wesen der Demokratie allein in der regelmäßigen Auswahl der Regierenden sehen,[113] aber auch die *Parteienstaatslehre*, die den politischen Parteien das Monopol der politischen und staatlichen Willensbildung zugebilligt hat,[114] liefern keine ausreichenden Fundamente für die heutige Demokratie und sind mit der Idee einer demokratischen Öffentlichkeit unvereinbar. Denn ein wesentliches Element moderner Staatsideen ist die Fundierung des Staates auf der Beteiligung *aller* Bürgerinnen und Bürger, also um die Egalität bei der Teilnahme und Teilhabe am Staat.

Das Ziel, die gleiche Teilnahme und Teilhabe der Menschen am Staat zu gewährleisten, muss also auch bei der Gestaltung des Verhältnisses von Staat und Öffentlichkeit bedacht werden. Zwar könnte dagegen angeführt werden, dass die Gesellschaft auf anderen Ideen aufbauen und andere Ziele verfolgen kann als der Staat, aber wenn wir nach dem Sinn und der Funktion von Öffentlichkeit für die Demokratie fragen, kommt nur die Sichtweise vom Staat und seiner Verfassung her in Betracht.

Den *liberalen* Theorien, die sich auf die Lösung von Interessenkonflikten und die Auswahl des politischen Führungspersonals durch den politischen und wirtschaftlichen Wettbewerb konzentrieren, fehlt ein wichtiges Element, näm-

---

[111] *Schmitt* (Fn. 108), S. 246.

[112] *Schmitt* (Fn. 108), S. 246 f.

[113] *Schumpeter*, Kapitalismus, Sozialismus und Demokratie (1942), 3. Aufl. 1972, S. 427 ff.

[114] *Leibholz*, Zum Begriff und Wesen der Demokratie, in: *ders.*, Strukturprobleme der modernen Demokratie, 1967.

lich das der „ethisch-politischen Selbstverständigung", das „sozialintegrative Vorverständnis".[115] Mit diesem Vorverständnis kann auch die „Kraft der Solidarität" zur Entfaltung kommen.[116]

Öffentlichkeit zielt, so verstanden, nicht nur auf mehr Partizipation, sondern dient auch der Herstellung *gemeinwohlgerechter Entscheidungen*. Der Staatswille soll nach der Idealvorstellung, die nicht nur in der Staatstheorie, sondern auch in der sozialwissenschaftlich inspirierten Demokratietheorie im Anschluss an *Habermas* vorherrscht, in ständiger Reaktion auf Öffentlichkeit und öffentliche Meinung(en) gebildet werden, die Repräsentanten sollen ihn aus den vielfältigen Forderungen und Meinungen erarbeiten, die im Volk vertreten werden. Bei der Bewertung der Qualität des öffentlichen Diskurses (dazu unten V.) geht es also auch um dessen Eignung als Grundlage dieser Entscheidungsfindung. Vor zu hohen Erwartungen an diese Gemeinwohlfunktion ist jedoch zu warnen:

> „Mehr Partizipation und mehr Inklusion oder, vereinfachend und konkretistisch formuliert, die intensivere Beteiligung von mehr Gesellschaftsmitgliedern an einer zunehmenden Zahl von Entscheidungsmaterien auf mehr Ebenen als gegenwärtig, ist aufgrund der historischen und strukturellen Bedingungen der sich durchsetzenden politischen Gesellschaft möglich, ja wahrscheinlich." Aus der „*strukturell steigenden Chance* der Berücksichtigung vielfältigerer Interessen und der Beteiligung bisher abseits stehender Gruppen" kann man nach der Ansicht von Michael Th. Greven „sogar die Hoffnung ableiten, dass sich eine größere Chance zur Befriedigung auch von bisher überwiegend vernachlässigten speziellen und minoritären Interessen ergeben könnte. Vielleicht könnte man sogar soweit gehen, die informative und interessenmäßige Anreicherung partieller Problemlösungsarenen als ‚qualitative Politikverbesserung' anzusehen. Allerdings ist es von diesen Annahmen ein weiter Weg bis zu den Rationalitäts- oder sogar Vernunftansprüchen einer aus gesamtgesellschaftlicher Sicht positiv bewertbaren Problembewältigung, den man nicht einfach mit Siebenmeilenstiefeln zurücklegen kann, ohne sich dem Verdacht des Wunschdenkens auszusetzen."[117]

3. Die sozialwissenschaftliche Perspektive, insbesondere die Diskurstheorie

Die neuere Sozialwissenschaft betrachtet die Strukturen von Öffentlichkeit im Wandel der Zeit und beurteilt den tatsächlichen gesellschaftlichen und staatlichen Willensbildungsprozess am Maßstab seiner Eignung, Partizipation der Individuen zu ermöglichen und gemeinwohlorientierte Entscheidungen zu fördern. Im Zentrum der Überlegungen steht die von *Jürgen Habermas* ent-

---

115 *Habermas*, Faktizität (Fn. 1), S. 359.
116 *Habermas*, Faktizität (Fn. 1), S. 363.
117 *Greven*, Macht in der Öffentlichkeit der Demokratie, in: Göhler (Hrsg.) (Fn. 14), S. 81 f. Hervorhebung im Original.

wickelte *Diskurstheorie*, also die Idee eines herrschaftsfreien rationalen Austausches von Meinungen und Forderungen. „Das Verfahren der deliberativen Politik" ist nach *Habermas* „das Kernstück des demokratischen Prozesses", und die Diskurstheorie „macht das Gedeihen deliberativer Politik nicht von einer kollektiv handelnden Bürgerschaft abhängig, sondern von der Institutionalisierung entsprechender Verfahren und Kommunikationsvoraussetzungen, sowie vom Zusammenspiel der institutionalisierten Beratungen mit informell gebildeten öffentlichen Meinungen".[118]

Auch in seiner erneuten Auseinandersetzung mit dem Strukturwandel der Öffentlichkeit will *Habermas* den demokratischen Prozess „im Lichte deliberativer Politik" (und unter Beachtung der „unwahrscheinlichen Stabilitätsbedingungen einer krisenanfälligen kapitalistischen Demokratie") begriffen sehen.[119] In diesem theoretischen Rahmen untersucht er „die digital veränderte Medienstruktur und deren Auswirkungen auf den politischen Prozess", und kommt zu dem Ergebnis, dass die Entwicklung der neuen Medien möglicherweise die „Wahrnehmung von politischer Öffentlichkeit als solcher deformiert" und dass, wenn diese Vermutung zutrifft, „bei einem wachsenden Teil der Staatsbürger eine wichtige subjektive Voraussetzung für den mehr oder weniger deliberativen Modus der Meinungs- und Willensbildung gefährdet" wird.[120]

4. *Öffentlichkeit als Handlungsraum und Privatheit als Schutzraum*

Die in den Medien und ebenso in der Verfassungstheorie heute wohl herrschende Ansicht über die Abgrenzung von Öffentlichkeit und Privatheit lässt sich auf die Formel bringen: Politik findet in der Öffentlichkeit statt; Privatheit ist ein Schutzraum. Aber dieser Satz trifft nur auf einen Teil der politischen Interaktionen zu; es gibt immer auch den nichtöffentlichen Teil der Politik. Auch normativ gilt nicht ausnahmslos, dass Politik in der Öffentlichkeit stattfinden soll. Tatsächlich ist es unmöglich, soziale und politische Aktivitäten ausschließlich in der Öffentlichkeit zu entwickeln und auszuführen; stets sind vorangehende Absprachen zwischen wenigen Einzelnen und auf den verschiedenen Stufen des Erörterungsprozesses immer wieder vertrauliche Zwischenberatungen nötig. „Hinterzimmer"-Runden können niemals ausgeschlossen werden; es wäre auch nicht angebracht, das zu versuchen. Verfassungen und Gesetze regeln die öffentlichen Teile der politischen Entscheidungsprozesse, verbieten

---

[118] *Habermas*, Faktizität (Fn. 1), S. 359, 362.
[119] *Habermas*, Überlegungen (Fn. 8), S. 470–500 (471).
[120] *Habermas*, Überlegungen (Fn. 8), S. 471.

aber nicht, dass sich Initiatoren politischer Vorstöße von interessierten anderen abschirmen, um sich zunächst (!) untereinander zu beraten.

Im Verhältnis von Privatpersonen untereinander dient Privatheit der Abschirmung und Absicherung einer Sphäre, in die sich der oder die Einzelne zurückziehen kann. Eine solche Sphäre muss auch denen zugebilligt werden, die sich am politischen Leben beteiligen und die daher für die Öffentlichkeit von Interesse sind. Privatheit ist auch eine Voraussetzung der späteren öffentlichen Meinungsbildung. „My home is my castle": Die Wohnung, das allein bewohnte Haus und das eigene Kfz stehen unter dem Schutz der verfassungsrechtlich garantierten Privatheit (Art. 2 Abs. 1, Art. 13 GG), in bestimmten Konstellationen auch die Arbeitsstätte (Art. 12 Abs. 1 GG). Dabei genügt nicht eine rein räumliche Abgrenzung und ist oft gar nicht möglich; Privatheit muss auch in den Kommunikationsbeziehungen mittels des Internets respektiert werden. Dazu sind Abwägungen nötig – Abwägungen zwischen dem privaten Interesse an Abschirmung und dem Interesse anderer an der Kenntnis der Lebensumstände, der Handlungs- und Denkweise und letztlich des Charakters von Volksvertretern und Amtsträgern. Die schlichte Gegenüberstellung von Individualsphäre und Öffentlichkeit wird der von von Interaktionen und Rückkoppelungen geprägten Wirklichkeit nicht gerecht. Öffentlichkeit ist jedoch ein Puffer zwischen Individuen und Staatsorganen. Wer im Bann eines historischen Einheitsdenkens vom Staat die zahlreichen Zwischeninstanzen ignoriert, kann die abschirmende und vermittelnde Funktion der Öffentlichkeit nicht erkennen.[121]

„Privatheit" gibt es auch im Zusammenhang mit der Ausübung politischer und beruflicher Freiheiten. Das geltende Recht schützt die Entscheidungsfreiheit der Individuen in ihren Funktionen als Wählerinnen und Wähler, als Berufstätige – seien sie Freiberufler, Unternehmer oder andere Selbstständige –, und damit auch die Verfügung über Informationen, die im politischen oder wirtschaftlichen Wettbewerb mit anderen von Wert sind.

So gehören manche Sachinformationen (Patente, Marken etc.) zu dem Grundbestand an Vermögenswerten, die ein Unternehmen charakterisieren, und personenbezogene Daten, die aus Geschäftsbeziehungen von Unternehmen entstehen, können dem Datenschutz unterfallen. Dem steht jedoch das allgemeine Interesse z.B. an Verbraucherschutz und lauterem Geschäftsgebaren entgegen. Die Abwägung zwischen Transparenz und Vertraulichkeit ist daher auch in diesen Rechtsgebieten ein wichtiges Thema.[122]

---

[121] Auch deshalb ist Rousseau kein überzeugender Erklärer des modernen Staates. Vgl. *Rousseau*, Der Gesellschaftsvertrag (1762), übersetzt von *Denhardt*, 1975, II. Buch, 3. Kapitel. Dazu *Bull*, Die Krise der politischen Parteien, 2020, S. 12 f.

[122] Daher befasst sich *Ostermann* (Fn. 71) mit der Frage, ob die gebotene Staatsfreiheit der Meinungs- und Willensbildung des Volkes ein Verbot staatlicher Informationstätigkeit nötig mache oder ob nicht staatlich hergestellte Transparenz als eine Voraussetzung des öffentlichen Meinungsbildungsprozesses die damit verbundene Beeinträchtigung der privaten

Das Verhältnis von Öffentlichkeit und Privatheit ist auch berührt, wenn über die Erweiterung und Intensivierung der *technisch vermittelten Kommunikation* innerhalb der Gesellschaft und zwischen Gesellschaft und Staatsorganisation diskutiert wird. Die Freiheiten der Information, der Kommunikation und der Meinungsäußerung, die den Individuen im Grundgesetz garantiert sind (und die im Rahmen von Art. 19 Abs. 3 GG auch Vereinigungen der Individuen zustehen), werden auf den neuen digitalen Foren besonders intensiv wahrgenommen; unter den erleichterten Bedingungen nehmen mehr Menschen als früher an politischen Diskussionen teil. Dabei ergeben sich inhaltlich – auch durch die gegenseitigen Bezugnahmen vieler Teilnehmer aufeinander – Meinungsgruppen und bei ausreichender Unterscheidbarkeit bestimmte Richtungen einer „öffentlichen" Meinung. Solche Meinungsblöcke werden in den Medien zunehmend als eine den staatlichen Institutionen opponierende „Gegen-Institution" wahrgenommen; sie sind infolge ihrer Lautstärke und Reichweite hinreichend stark, um sich in den politischen Diskurs einzumischen und die Beachtung ihrer Anliegen und u.U. sogar die Mitwirkung an Entscheidungen zu verlangen. So wird Individualkommunikation zur Öffentlichkeit.

Die Qualität des Diskurses, der auf den Internet-Foren und in den „sozialen" Medien stattfindet, ist seit der Einführung dieser Netze gesunken; nicht nur in Amerika sind „Fake News" und Internet-Propaganda weit verbreitet. Ob gesetzliche Maßnahmen zur Bekämpfung von Hassreden und Irreführung – wie das Netzwerkdurchsetzungsgesetz[123] – die Lage signifikant entspannt haben, ist ungewiss.

IV. Öffentlichkeit und öffentliche Meinung in der Empirie

1. Wer ist „die Öffentlichkeit"?

In älteren Staatslehren wird die Öffentlichkeit mehr oder weniger mit dem „Volk" gleichgesetzt. Spricht man stattdessen von der „Gesellschaft", ergeben sich andere Einsichten. „Das Volk" wird regelmäßig als eine Einheit dargestellt, ein Subjekt, das einen eigenen Willen entwickelt und selbständig handeln kann.

Interessen rechtfertigt (S. 353 ff.). *Ostermann* bejaht das letztere, obwohl er Transparenz nur als „sekundären" Rechtswert ansieht (S. 318 ff., 487). Sein herausragendes Beispiel ist das Gentechnik-Standortregister nach § 16a GenTG (S. 76 ff., 409 ff., 475 ff.); es leistet nach seiner Ansicht „in verfassungsrechtlich nicht zu beanstandender Weise einen Beitrag zum öffentlichen Meinungsbildungsprozess" (S. 491). Auch die Veröffentlichung der Nebentätigkeiten und Nebeneinkünfte von Abgeordneten (S. 399 ff., 488) und der Vorstandsvergütungen gesetzlicher Krankenkassen ist danach verfassungskonform (S. 66 ff., 144 ff., 489). Zur staatlichen Beeinflussung der öffentlichen Meinungsbildung s.a. unten zu V. 4. a) und b).

[123] Dazu unten V. 4. b).

Aussagen über die Gesellschaft führen demgegenüber schnell zu dem Stichwort „Spaltung“: die Gesellschaft ist so vielfältig und agiert – wenn überhaupt – so uneinheitlich, dass schon die Subjektqualität in Frage steht und der Gedanke an einen einheitlichen Willen kaum aufkommen kann.

In dieser so verklüfteten modernen Gesellschaft entwickelt sich „Öffentlichkeit“. Es gibt keine dauerhaften „Träger der Öffentlichkeit“, kein Monopol und auch kein Oligopol von maßgeblichen, repräsentativen Kräften, sondern nur verschiedene Gruppierungen oder eben „Öffentlichkeiten“, die sich unter dem Dach des Öffentlichkeitsbegriffs zusammenfassen lassen. *Rudolf Smend* hat von dem „Publikum“ als der „personifizierten Öffentlichkeit“ gesprochen.[124] Auch Habermas sieht das Publikum als „Subjekt der empörten oder unterrichteten Öffentlichkeit“ bzw. als „Träger der öffentlichen Meinung“.[125] Das Publikum wird als die „schwer fassbare“, weil „nichtorganisierte letzte Instanz in der Demokratie“ angesehen.[126] „Jener bestimmte, seiner selbst bewusste und gesellschaftlich sich abhebende Personenkreis, das Subjekt der öffentlichen Meinung,“ der sich im 18. Jahrhundert herausgebildet hatte, hat sich schon im 19. Jahrhundert zunehmend „in die unbestimmte Menge der Vielen hinein“ aufgelöst.[127]

Deshalb ist die elitäre bürgerliche Öffentlichkeit, die *Habermas* analysiert hat, von der egalitären Öffentlichkeit der pluralistischen Demokratie abgelöst worden. So sind heute – jedenfalls im Ansatz, idealiter – „Träger“ der Öffentlichkeit *alle* Menschen, die in dem jeweiligen Territorium leben. Allen stehen die Grundrechte der Information und Kommunikation zu, und tatsächlich machen mehr von ihnen als früher Gebrauch; die neuen Techniken machen es möglich. Je weiter aber der Kreis derer wird, die an der politischen Öffentlichkeit teilnehmen und mitwirken, desto mehr Teilgruppen bilden sich heraus, die untereinander nicht, nicht mehr oder jedenfalls nicht intensiv diskutieren. Mit den neuen Medien, so hat *Habermas* schon für die Mitte des 20. Jahrhunderts bemerkt, ändert sich auch die Kommunikationsform als solche: Das kulturräsonierende wird zum kulturkonsumierenden Publikum.[128] Die Repräsentationsfunktion der „bürgerlichen“ Öffentlichkeit ist verloren gegangen.

Eine Teilöffentlichkeit ist, wie oben (zu II. 5. und 6.) ausgeführt, in die Erfüllung von Verwaltungsaufgaben eingebunden; im Übrigen entsteht und entwickelt sich Öffentlichkeit zunächst ohne Einwirkung des Staates oder Einhegung durch den Staat. Sie ist kein Teil der Staatsorganisation, aber sie ist nicht unstrukturiert. Sie tritt teils in Gestalt von Einzelpersonen auf, teils in Gestalt

124 *Smend* 1968 (Fn. 3), S. 469.
125 *Habermas* (Fn. 1), S. 14.
126 *Smend* 1968 (Fn. 3), S. 469.
127 *Landshut* (Fn. 8), S. 584 ff., (585).
128 *Habermas* (Fn. 1), S. 193 ff., 205.

von Vereinen, Verbänden, Gewerkschaften, Parteien und Bürgerinitiativen, Kirchen und Religionsgemeinschaften. Öffentlich Agierende werben offensiv für ihre Positionen und Kandidaturen, andere bezeichnen sich zurückhaltend als Werbe-, Marketing- und Beratungsunternehmen; sie äußern sich in den sozialen Medien, melden Demonstrationen an oder sammeln Finanzmittel für politische Kampagnen.

Bestimmte Strukturen der „bürgerlichen" Öffentlichkeit, die *Habermas* analysiert hat, sind nach wie vor erkennbar; so spielt das Bildungsbürgertum weiter eine besondere, überproportional starke Rolle bei der Produktion der öffentlichen Meinung. Die alten Strukturen sind aber umlagert und in großen Teilen verändert durch neue Entwicklungen, insbesondere intensivere Vermachtung, Institutionalisierung und Manipulation. Dafür sind politische und wirtschaftliche Veränderungen sowie technische Erfindungen und ihr ubiquitärer Einsatz ursächlich. Dass die weltweite Verbreitung der sozialen Netzwerke die Wahrnehmung der Welt und die Methode ihrer Bewertung wesentlich verändert hat, ist eine Binsenweisheit. Trotzdem fehlt es weithin an fundiertem Wissen darüber, wie die Öffentlichkeit heute tatsächlich auf Politik, Wirtschaft und Kultur demokratischer Staaten einwirkt, und an allgemein akzeptierten Normen zum Umgang mit dieser Entwicklung.

In der Perspektive von Kommunikationswissenschaftlern lebt die frühere bürgerliche Öffentlichkeit in der *„veröffentlichten Meinung"* weiter. Dazu rechnet nicht mehr nur die gedruckte Presse, sondern auch das Fernsehen als ein „Leitmedium", das alle Gewohnheiten der Rezipienten, aber auch die politischen Akteure, ja „die Zeit verändert" habe; die „Fernsehrealität" sei „die eigentliche Realität" geworden.[129] Tatsächlich erreicht das Fernsehen regelmäßig einen großen Teil der Bevölkerung. Die auflagen- und quotenstarken Medien besitzen nach wie vor ein großes Maß an Deutungsmacht und Einfluss auf die institutionalisierte Politik. Bei dieser Sichtweise verengt sich das Spektrum der in der öffentlichen Meinung repräsentierten Meinungsströme, das Gesamtbild wird vereinfacht und erscheint geschlossener als es bei einem weiteren Blickwinkel der Fall wäre. Es spricht viel dafür anzunehmen, dass die so umrissene Bandbreite von Einzel- und Gruppenmeinungen die wesentlichen der tatsächlich vertretenen Positionen einschließt, dass also viele andere öffentliche Äußerungen im Wesentlichen nur zugespitzte oder verallgemeinerte Variationen dieser Positionen darstellen. Die so herausgehobene Funktion der Zeitungen und des (öffentlich-rechtlichen) Fernsehens ist aber – wie noch ausgeführt wird – durch die rasante Ausbreitung der Internetkommunikation und die wirtschaftliche Schwäche der Presse gefährdet. Wenn immer mehr Menschen über Internetportale und spezielle Informationsangebote miteinander und mit der Um-

---

[129] *Schmitz*, Die Macht der Medien und die Demokratie, in: Göhler (Hrsg.), (Fn. 14), S. 133 ff.

welt kommunizieren, verlieren die Printmedien, aber auf lange Sicht auch der öffentlich-rechtliche Rundfunk an Wirkungsmöglichkeiten.

Auch die massenhafte Kommunikation über das Internet, in den verschiedenen sozialen Medien, individuellen Botschaften und Meinungsgruppen Gleichgesinnter muss als Element der heute zu beobachtenden öffentlichen Meinung angesehen werden. Zumindest soweit die Printmedien und das Fernsehen bestimmte Äußerungen weitervermitteln, wirken sie auf die öffentliche Diskussion ein. Allerdings agieren und kommunizieren im virtuellen Raum so viele verschiedene Teilnehmer – als Sender und als Empfänger – auf so unterschiedliche Weise miteinander und mit der Umwelt, dass das Gesamtbild chaotisch wirkt. Ein Teil der Online-Kommunikation setzt sich überdies von der übrigen politisch engagierten Gesellschaft bewusst ab. Man adressiert seine Mitteilungen nicht an das Publikum rundherum, sondern adressiert Meinungen und Bekenntnisse an Gleichgesinnte in der eigenen „Blase". Durch den aggressiven, kompromissfeindlichen Stil, der für die Internet-Kommunikation typisch geworden ist, vertieft sich die Spaltung der Gesellschaft: Immer mehr Menschen werden zu Fundamentalopponenten, verbreiten Unzufriedenheit und Pauschalkritik.

Wie groß der Teil derer ist, die sich bewusst von den großen Strömungen der öffentlichen Debatte abwenden und ein fundamental anderes Politikverständnis vertreten, ist schwer festzustellen. Vermutlich sind es höchstens 15 bis 20 Prozent der Bevölkerung, die sich extrem „radikal" oder eindeutig irrational äußern oder verhalten, während der weitaus größere Teil der Menschen sich entweder zu einem Zweig des politischen Mainstreams bekennt oder sich nur wenig oder gar nicht für politische Themen interessiert.

2. Wie entsteht öffentliche Meinung?

„Packend und zugkräftig wird mit ‚der' öffentlichen Meinung politisch operiert, aber schon ein kurzes Nachdenken lässt erkennen, dass es *die* öffentliche Meinung nicht gibt. Auch historische Beobachtungen belegen, dass dieser Begriff eine propagandistische Finte ist, ein ‚Hilfsbegriff für Wissende'. ‚Eine', ‚die' öffentliche Meinung hat niemals bestanden [...]". *Emil Dovifat* begründet diese pointierte These im Jahre 1957 mit der „Labilität" des Meinungsbegriffs und der noch größeren Unsicherheit des Öffentlichkeitsbegriffs und behandelt folglich nur verschiedene Arten von „öffentlichen Meinungen" und „Meinungen in der Öffentlichkeit".[130] Der Kommunikationswissenschaftler Dovifat bewertet aber die tatsächlich feststellbare Tendenz in der politischen Öffentlich-

[130] *Dovifat*, Art. „Öffentliche Meinung", in: Fraenkel/Bracher (Hrsg.), Fischer Lexikon Staat und Politik, 1957, S. 214 (215).

keit, öffentliche Meinungen herzustellen und zu einer einheitlichen (von einer Mehrheit geteilten) öffentlichen Meinung zusammenzuführen, zu gering.[131]

Wegen ihrer tatsächlichen Bedeutung für den politischen Diskurs und die Theorie der Demokratie soll daher hier trotz aller Bedenken zunächst von „der" öffentlichen Meinung (und im Weiteren von den verchiedenen Formen öffentlicher Meinungen) die Rede sein, und ihre Entstehung und Wirkungsweise soll näher untersucht werden.

a) Urheber

An der Herstellung der öffentlichen Meinung ist eine Vielzahl verschiedenster Urheber beteiligt – die einen als Redner und Schreiber, andere als Vermittler und Organisatoren, daneben aber auch Verbände und Parteien, Wissenschaftler und Politiker, die sich in eigenem oder fremdem Namen äußern und/oder Meinungen publizieren und weiterleiten. Meinungsäußerungen sind oft zugleich politische Aktionen; öffentliche Kommunikation ist nicht nur Selbstdarstellung, sondern dient auch der Beförderung bestimmter politischer Ziele.

Wilhelm Hennis hat es in Anknüpfung an die ältere Staatstheorie für ein Begriffselement der öffentlichen Meinung gehalten, „dass sie auf bestimmte, angebbare Träger zurückführbar sein muss".[132] Als *öffentliche* Meinung könne nur gelten, „wofür bestimmte Personen oder Institutionen verantwortend einstehen müssen".[133] Wollte man diese – gewiss wünschenswerte, idealistische – Begriffsverwendung aufrechterhalten, wäre es schwierig, öffentliche Meinung(en) von privaten, auf die politische Auseinandersetzung bezogenen Äußerungen abzugrenzen. Die Frage, ob eine in der Bevölkerung verbreitete Meinung in Sinne von *Hennis* „öffentlich" sei, ob also ihre Urheberschaft bei bestimmten Personen, Gruppen, Verbänden oder Vereinigungen aufgedeckt werden kann, ist ihrerseits schon als Element des öffentlichen Diskurses ein Gegenstand (gespaltener) öffentlicher Meinung.

Habermas spricht bei den institutionell verankerten Äußerungen von einer „quasi-öffentlichen Meinung". „Diese formellen Meinungen lassen sich auf angebbare Institutionen zurückführen; sie sind offiziell oder offiziös als Verlautbarungen, Bekanntmachungen, Erklärungen, Reden usw. autorisiert. Dabei handelt es sich in erster Linie um Meinungen, die in einem verhältnismäßig engen Kreislauf über die Masse der Bevölkerung hinweg zwischen der großen politischen Presse, der räsonierenden Publizistik überhaupt, und den beratenden, beeinflussenden, beschließenden Organen mit politischen oder politisch rele-

---

[131] In der Neuauflage des Fischer Lexikons 1964 behandelt *Habermas* den Öffentlichkeitsbegriff: Art. „Öffentlichkeit", in: Fraenkel/Bracher, Fischer Lexikon Staat und Politik, Neuausgabe 1964, S. 220 ff.

[132] *Hennis*, Meinungsforschung und repräsentative Demokratie, 1957, S. 21 ff.

[133] *Hennis* (vorige Fn.), S. 22.

vanten Kompetenzen [...] zirkulieren. Obwohl diese quasi-öffentlichen Meinungen an ein breites Publikum adressiert sein können, erfüllen sie nicht die Bedingungen eines öffentlichen Räsonnements nach liberalem Modell. Sie sind als institutionell autorisierte Meinungen stets privilegiert und erreichen keine wechselseitige Korrespondenz mit der nichtorganisierten Masse des Publikums."[134] Die faktische Bedeutung dieser „verlautbarten" Meinungen verbietet aber die Ausklammerung dieses Teils der öffentlich geäußerten Meinungen aus der tatsächlich beobachtbaren öffentlichen Debatte. Das „öffentliche Räsonnement" bleibt ein Ideal (oder schlichter: ein Petitum) – für den Diskurs unter Individuen, aber auch zwischen Gruppen.[135]

Das Gegenstück zur systematisch organisierten Meinungsbildung ist das *Gerücht*, das aus obskuren Quellen entsteht und sich auf ebenso obskure Weise – vornehmlich im Internet – verbreitet. Im Anschluss an die Taktik des früheren amerikanischen Präsidenten *Donald Trump*, von „alternativen Fakten" zu sprechen – wurde in den Medien der Begriff „Fake News" geprägt. Während der Diskussion um die Corona-Schutzimpfung konnte man beobachten, dass eine Vielzahl unbewiesener, spekulativer oder auch bereits widerlegter Behauptungen über die Gefährlichkeit oder die Wirksamkeit bestimmter Impfstoffe aufkamen und von angeblichen Experten wie von vollkommen uninformierten Laien in atemberaubendem Tempo über die ganze Welt verbreitet wurden. Besonders hartnäckig hielt sich das Gerücht, die neu entwickelten mNRA-Impfstoffe machten Frauen unfruchtbar und führten zu Fehlgeburten.[136] Als „Täter" wurden Milliardäre wie *Bill Gates* denunziert, die mit den gefährlichen Stoffen angeblich entweder weitere Milliarden verdienen oder „Massenmord" an einem großen Teil der Menschheit begehen wollten. Nach Beweisen befragt, verwiesen solche Verschwörungstheoretiker auf Äußerungen von Personen, die in der einschlägigen Wissenschaft unbekannt oder schon als Scharlatane überführt waren. Auf Argumente gegen derartige Theorien wurde mit anderen, ähnlich abenteuerlichen Behauptungen erwidert. Die Erfahrung lehrt, dass solche Gerüchte – wenn überhaupt – nur in einem sehr frühen Stadium aus der Öffentlichkeit verbannt werden können.

---

134 *Habermas* (Fn. 1), S. 290 f.

135 S. a. unten zu IV. 2. c).

136 Wie dieses Gerücht entstanden ist und sich weltweit verbreiten konnte, ist ausführlich dargestellt in: *Heinemann/Unger*, Unfruchtbar nach Corona-Impfung? Einer Lüge auf der Spur, Hamburger Abendblatt vom 5./6. März 2022, S. 10 und 11.

b) Vermittler

Immer spielen die Personen, die die Äußerungen anderer verwalten, vermitteln, verarbeiten und verbreiten, eine wesentliche Rolle; sie prägen die öffentliche Meinung wohl ebenso wirkungsvoll wie die Urheber.[137] Es sind bisher vor allem die Zeitungen und das Fernsehen, die den Ton angeben. Seit einiger Zeit sind die sozialen Medien hinzugekommen, deren Inhalte für die „Offline"-Welt, also den älteren Teil der Bevölkerung, durch die gedruckte Presse vermittelt werden, während viele jüngere Menschen sich überwiegend online informieren und im Netz auch die Gegenstände ihrer Meinungsbildung finden.

Den Teilnehmern am öffentlichen Diskurs geht es zunächst darum, Aufmerksamkeit anderer zu erlangen. Die größten Chancen, wahrgenommen zu werden, haben diejenigen, die sich der Unterstützung eines „Apparats" bedienen können, also die Vertreter finanz- und organisationsstarker Interessenverbände aller Art, die Herausgeber, Redakteure und Autoren großer Zeitungen, die Produzenten, Moderatoren und Autoren von Rundfunksendungen, die Vorstände und Sprecher und die bekanntesten Vertreter der politischen Parteien, in manchen Zusammenhängen auch Wissenschaftler, die größere Forschungsinstitute leiten, sowie Fachbruderschaften, Netzwerke und „Seilschaften".[138] Mit gehörigem Mitteleinsatz können Verlage ihre Bücher zu Bestsellern machen und Rundfunksender ihre Moderatoren zu Werbeträgern für alle möglichen Botschaften. Emotional anrührende Spendensammlungen des Fernsehens („Ein Herz für Kinder") und sogar Unterhaltungssendungen schaffen ein emotionales Fundament für passende politische Aktivitäten der Zivilgesellschaft.

Fast jede öffentliche Äußerung – sei es die eines Einzelnen oder die einer Gruppe, Vereinigung oder Initiative – ist also der *Mediatisierung* durch andere unterworfen: Schon die Gegenstände, über die öffentlich gesprochen oder geschrieben wird, werden von Vermittlern vorausgewählt. Allein durch Auswahl der als „relevant" angesehenen Gegenstände und durch die Form der Darstellung wird die öffentliche Meinung vorstrukturiert. Nachrichten werden nach „Wichtigkeit" sortiert, Handlungen werden nach Maßstäben der Vermittler bewertet und kommentiert – das ist unvermeidlich und nicht zu kritisieren.[139] Die

---

[137] *Habermas*, Faktizität und Geltung (Fn. 1) S. 440 spricht von der „Differenzierung in Veranstalter, Redner und Zuhörer, in Arena und Galerie, in Bühne und Zuschauerraum".

[138] Eine anschauliche, detailreiche Darstellung zeitgeschichtlich bedeutsamer Netzwerke in der Medienszene hat *Axel Schildt* geliefert: Medien-Intellektuelle in der Bundesrepublik, 2020. *Bernhard Peters* benennt die Typen der besonders sichtbaren und besonders einflussreichen spezialisierten Kommunikatoren: Repräsentanten, Experten, Advokaten und öffentliche Intellektuelle (*Peters* [Fn. 7], S. 76).

[139] Wie aus Ereignissen und Äußerungen Nachrichten werden, hat *Walter Lippmann* schon 1922 klar beschrieben (*Lippmann*, Die öffentliche Meinung [1922], Reprint 1990, S. 230 ff.). Zur Bedeutung des „Nachrichtenfaktors" von Informationen (Status der Akteure, Relevanz, Dynamik, Konsonanz, Valenz, Human Interest) vgl. *Gerhards*, Welchen Einfluss

„veröffentlichte Meinung“ verdrängt also für einen Teil der Gesellschaft die übrigen Elemente der „öffentlichen“ Meinung.

c) Produktion, Rezeption, Interaktionen

Nicht jede in der Öffentlichkeit gemachte Äußerung wird zum Bestandteil der öffentlichen Meinung. Bevor sich eine öffentliche Meinung bildet, werden zahllose einzelne Meinungsbeiträge geäußert, wahrgenommen oder sogleich wieder vergessen, verzerrt oder zugespitzt. Es treten „Mitspieler“ auf den Plan, noch ehe die ursprüngliche Äußerung ihre endgültige Form gefunden hat. Die Empfänger der Botschaften verändern deren Inhalt sogleich, schleifen Ecken ab, korrigieren Einzelheiten, bestreiten die Richtigkeit oder Wahrheit einer Äußerung und geben sie in variierter Form oder mit ausdrücklichem Bestreiten weiter. Besser informierte Rezipienten und vermeintliche Besserwisser nehmen zu den Inhalten Stellung; Interessenvertretungen lehnen die eine Äußerung ab und stimmen der anderen zu. Erste Interaktionen zwischen Öffentlichkeit und Staatsapparat (z.B. frühzeitige Dementis von Behörden) wirken bereits auf die Bündelung von Meinungen ein, noch bevor diese als Teil der öffentlichen Meinung erkannt werden. Auf diesem Wege gehen manche Behauptungen unter, während andere bestätigt und bekräftigt werden. Gerhards erwähnt auch die „parteiinduzierten Stellungnahmen“ auf die Politikvermittlung im Fernsehen.[140] In der „Online“-Welt wird überdies zunehmend manipuliert, z.B. durch Einsatz von „Social Bots“, also Robotern, die Falschmeldungen und abwegige Meinungen automatisch multiplizieren.

Die Wirkung veröffentlichter Meinungen auf das politische Geschehen lässt sich oft erst dann einschätzen, wenn es Reaktionen gibt. Dass eine Idee, ein Plan, eine Forderung populär wird und von vielen unterstützt wird, verdankt sie vielfach erst der zustimmenden Rezeption durch Meinungsführer in den Medien und in der Politik. Auf der Stufe der Rezeption sind aber die gleichen Defizite festzustellen wie bei der ursprünglichen Produktion und Verbreitung von Meinungen: Vieles wird verzerrt oder instrumentalisiert, vieles fällt unter den Tisch, wird ignoriert oder vergessen. Die gründliche Auseinandersetzung zwischen unterschiedlichen Sichtweisen, die um der Klarheit und Überzeugungskraft der Positionen willen zu wünschen ist, unterbleibt in der Hektik des Geschehens allzu oft. Das Ideal des herrschaftsfreien demokratischen Diskurses, der „mehr oder weniger deliberative Modus der Meinungs- und Willensbildung“ ist gefährdet[141] – übrigens nicht erst seit es das Internet gibt.

---

haben die Massenmedien auf die Demokratie in der Bundesrepublik Deutschland?, in: Göhler (Hrsg.) (Fn. 14), S. 157.

[140] *Gerhards* (Fn. 139), S. 165 ff.

[141] Vgl. *Habermas* 2021 (Fn. 8), S. 471.

d) Das räsonierende Publikum, die Individuen und die sozialen Netzwerke

Verschwunden sind auf dem Forum der öffentlichen Auseinandersetzung jene elitären *Salons* und privaten Zirkel von Bildungs- und Besitzbürgern, in denen während des 19. Jahrhunderts die Meinungsbildung eines „räsonierenden Publikums" stattfand, die ihrerseits die politische Willensbildung der ganzen Gesellschaft beeinflusste.[142] Es mag sie auch heute noch vereinzelt geben, aber sie entfalten ihre Wirkung – wenn überhaupt – nur in der Vermittlung durch andere, z.B. Zeitungen und Zeitschriften.

Einzelne Autoren können nur ausnahmsweise zur öffentlichen Meinung beitragen; sie erreichen das große Publikum allenfalls dann, wenn sie verbreitete Ansichten in auffallender Form bekämpfen oder durch besonders „schrille" Thesen auffallen. Die noch am ehesten verfügbaren Äußerungsformen des „kleinen Mannes" sind Leserbriefe in Zeitungen und die Teilnahme an Versammlungen und Demonstrationen, neuerdings Äußerungen in den „sozialen" Medien und Beiträge zu Internetforen. Ob Leserbriefe veröffentlicht werden, hängt von der Bereitschaft der Redaktionen ab; die ist nicht immer gegeben.

„Thesen und Akteure, die quer zu den ideologischen Orientierungen der Tageszeitungen liegen", haben es nach der Beobachtung von *Jürgen Gerhards* schwer, „mit ihren Anliegen in den Medien Resonanz zu erzeugen". Allerdings bewirke dies wegen der Vielzahl und Unterschiedlichkeit der Zeitungen und anderen Medien „keine systematische Verzerrung in der Informationsübermittlung".[143] Immerhin – auch nicht systematisch angelegte Diskriminierung kann den öffentlichen Diskurs beeinträchtigen.

Die Teilnehmer von Demonstrationen und Versammlungen werden nicht als Individuen wahrgenommen. Erst wenn eine große Menge von Menschen von der Versammlungsfreiheit mit gleicher Tendenz Gebrauch macht, wird sie als Akteur öffentlicher Meinungsbildung anerkannt. Wenn eine Masse von Menschen sich hinter einer Fahne oder einem Transparent versammelt, wird darüber berichtet, und wer sich auf einem der zahlreichen Internet-Foren äußert, trägt zumindest zur Entstehung einer öffentlichen *Stimmung* bei. Es genügt oft schon die Behauptung, „die Öffentlichkeit" sehe eine politische Entscheidung „kritisch", um medialen Druck entstehen zu lassen. So sind die ohnehin verbreitete Pauschalkritik am politischen System und das allgemeine Politiker-Bashing durch die erleichterte Verbreitung in einem früher unbekannten Maße verstärkt worden.

Die digitalen Foren, die sich soziale Netzwerke nennen, wurden ursprünglich als große Freiräume individueller, direkter und spontaner Kommunikation zwischen Einzelnen und mit politischen und kulturellen Gruppen angesehen; sie

---

142 *Habermas* (Fn. 1), S. 242.

143 So schon 1995 *Gerhards* (Fn. 139), S. 171.

wurden angepriesen als die technischen Türöffner unvermittelter Dialoge zwischen Bürgerinnen und Bürgern einerseits, Regierenden und Verwaltenden andererseits. Wegen dieser ihrer Funktion gilt es als ausgemacht, dass Internetforen für jedermann offenstehen müssen und ihre Betreiber keine Zensur ausüben dürfen – Pflichten und Lasten, die an sich nur dem Staat obliegen, für den Bereich der privaten Wirtschaft jedoch ebenfalls in Betracht kommen, wenn und soweit Unternehmen ein Monopol oder enges Oligopol erlangt haben (was auf die Internet-„Giganten“ zutrifft). Die Idealisierung des Internets hat sich als Täuschung erwiesen. Ob originelle, gegen den Mainstream der Gruppen gerichtete Positionen wahrgenommen werden, ist wohl weitgehend vom Zufall abhängig. Tatsächlich haben sich typischerweise nicht individuelle Kommunikationsbeziehungen entwickelt, sondern vornehmlich „Blasen“ gleichartig Denkender, die sich zwar kritisch gegen Andersmeinende äußern, aber keinen Dialog anstreben.

Aus diesen „Blasen“ gelangen aber große Mengen fragwürdiger, irrationaler, verschwörungstheoretischer Behauptungen und Legenden in die allgemeine Öffentlichkeit, weil die Filterfunktion der Redaktionen weitgehend entfallen ist. Der Journalismus insgesamt hat an Relevanz verloren;[144] in den unredigierten Internetmedien dominiert eine von generellem Misstrauen gegen fremde Ansichten getragene destruktive Pauschalkritik.

Manche Nutzer von Facebook und Twitter haben Hunderttausende oder gar Millionen „Freunde“ oder „followers“ gewonnen; ihre Beiträge werden inzwischen als Elemente der öffentlichen Meinungsbildung anerkannt und regelmäßig in anderen Medien weiterverbreitet und kommentiert. Einer, der meisterhaft auf diesem Instrument zu spielen wusste, ist der frühere amerikanische Präsident *Donald Trump*; ohne Zweifel hat er auf diesem Wege die öffentliche Meinung der USA mitgeprägt. Wie erfolgreich andere, nicht prominente Personen über das Internet Einfluss nehmen können, ist ungewiss. In Deutschland hat ein junger Mann namens *Rezo* mit einem längeren kritischen Video über die große Volkspartei CDU für Aufregung gesorgt; Millionen Menschen haben sich den (u.a. mit Statistiken untermauerten) Angriff angesehen, und die Parteiführung geriet bei der Reaktion darauf in Verlegenheit.

e) Mitwirkung von Amtsträgern an der Bildung der öffentlichen Meinung

Die öffentliche Meinung entsteht überwiegend im vorstaatlichen Bereich; der Staat und seine Amtsträger gehören – theoretisch gesehen – nicht zu diesem Bereich. Vielfach wird allerdings behauptet, Politiker könnten die öffentliche Mei-

---

[144] *Jarren/Fischer*, Die Plattformisierung von Öffentlichkeit und der Relevanzverlust des Journalismus als demokratische Herausforderung, in: Seeliger/Sevignani (Hrsg.) (Fn. 8), S. 365–382.

nung leichter und wirksamer prägen als normale Bürger und müssten sich daher um der Wettbewerbsgleichheit willen stärker zurückhalten.[145] Das BVerfG hat schon im Jahre 1977 die Öffentlichkeitsarbeit der Regierung[146] vor Wahlen zur Volksvertretung streng eingeschränkt: die staatlichen Mittel dürfen nicht den Regierungsparteien für ihre Eigenwerbung überlassen werden.[147] Aber aus der Beschränkung der Ressourcennutzung hat das Gericht im Laufe der Jahre ein Verbot parteiergreifender Teilnahme von Amtsträgern am alltäglichen Wettbewerb um Machtgewinnung und -erhaltung entwickelt. Sie sollen *parteipolitische Neutralität* üben und die Chancen der anderen Parteien nicht beeinträchtigen. Mehrfach hat das BVerfG Bundesminister und zuletzt auch Bundeskanzlerin Angela Merkel gerügt, durch Äußerungen zu politischen Tagesfragen hätten sie das Recht konkurrierender Parteien auf Chancengleichheit verletzt.[148] Der Gegenseite aber steht die Meinungsfreiheit in der weiten Auslegung zu, die das BVerfG entwickelt hat: Sie darf mit lauten Tönen und angreifen und Meinungsäußerungen auch auf unsichere Tatsachenbehauptungen stützen; strafbare Beleidigung liegt erst dann vor, wenn die Kritik zur „Schmähung" wird.[149]

Diese Rechtsprechung ist (jedenfalls in ihrer Zuspitzung im Merkel-Urteil) weltfremd und nützt der Demokratie nicht wirklich.[150] Gewiss dient es der de-

[145] Von einem „nachhaltigen" Einfluss der Regierung auf die politische Willensbildung des Volkes" und dem dadurch begründeten „Risiko erheblicher Verzerrungen des politischen Wettbewerbs der Parteien" spricht auch das BVerfG (BVerfGE 154, 320 [337 Rn. 50] – *Seehofer*-Interview).

[146] Die Problematik der *verbraucherschützenden* Öffentlichkeitsarbeit von Behörden (dazu u.a. BVerfGE 105, 252 – „Glykol") bleibt hier unerörtert.

[147] BVerfGE 44, 125.

[148] Vgl. die Entscheidungsserie seit BVerfGE 136, 323; 138, 102 (noch zulässige Äußerungen des Bundespräsidenten und der Bundesministerin *Schwesig*); restriktiver bereits BVerfGE 148, 11 (30 – Bundesministerin *Wanka*); 154, 320 (Bundesminister *Seehofer*) sowie BVerfG, U. v. 15.6.2022, JZ 2022, 952 (Bundeskanzlerin *Merkel*). Deutlich großzügiger zugunsten entschiedener Bekämpfung von Rechtsextremismus (zumindest im Bildungsbereich) VerfGH Saarland, NVwZ-RR 2014, 905. S.a. BVerwGE 159, 327 („Dügida": unzulässige Äußerung eines Oberbürgermeisters im politischen Meinungskampf; dazu *Stuttmann*, NVwZ 2018, 433 und *Frede*, JZ 2018, 357); VGH München, BeckRS 2019, 27487 (übermäßig scharf formulierte Vorwürfe eines Bürgermeisters). Aus der Lit.: *Nellesen*, Äußerungsrechte staatlicher Funktionsträger, Tübingen 2019.

[149] Dazu u.a. BVerfGE 30, 173 (198 f. – „Mephisto"); 82, 272 (*F. J. Strauß*); BVerfG, 1. Kammer des Ersten Senats, NJW 1993, 1462 (gehässige Rezension als „Schmähung"). Aufgrund extrem engen Verständnisses der BVerfG-Rechtsprechung haben Zivilgerichte sogar bei sexistischen Beleidigungen einer Politikerin einen „Sachbezug" festgestellt und daher eine „Schmähung" verneint (u.a. LG Berlin, B.v. 9.9.2019, Leitsatz in ZUM-RD 1/2010). Das BVerfG hat diese Entscheidungen mit deutlicher Kritik an der fehlerhaften Maßstabsbildung aufgehoben (B. der 2. Kammer des I. Senats v. 19.12.2021, u.a. abgedruckt in AfP 2022, 134 und DVBl 2022, 473 – Fall *Künast*).

[150] Krit. auch die Abweichende Meinung der Richterin *Wallrabenstein* zum U. v. 15.6.2022 (Fn. 147). Sie bestreitet die Geltung eines Neutralitätsgebots für die Regierung; nur das *Verwaltungs*handeln sei derart gebunden. Eine journalistische Kritik des Urteils: *Janisch*, Dieses Urteil ist lebensfern, in: Süddeutsche Zeitung v. 17.6.2022, S. 4.

mokratischen und rechtsstaatlichen Kultur politischer Auseinandersetzung, dass Regierungsmitglieder, Bürgermeister und die Inhaber anderer staatlicher und kommunaler Ämter bei ihren Äußerungen zu Wahrhaftigkeit, Sachlichkeit und zur Einhaltung des Verhältnismäßigkeitsgebots verpflichtet sind. Gewiss haben Spitzenfunktionäre der jeweiligen Regierung einen (kleinen) Vorsprung vor Oppositionspolitikern; sie werden häufiger in Talkshows eingeladen und um Interviews gebeten. Aber niemand erwartet von ihnen, dass sie bei ihrer Amtsausübung alles verdrängen, was sie zuvor als Wahlbewerber und in parteipolitischen Auseinandersetzungen über die Gegenseite gesagt und geschrieben haben. Im Gegenteil: Zum politischen Streit gehört auch, dass die Personen, die den Wählern eine bestimmte Politik versprochen haben, diese ihre Programmatik und die dahinter stehenden Grundeinstellungen immer wieder und gerade aus aktuellen Anlässen erläutern. Nicht nur die Medien verlangen von den leitenden Politikern (mit Recht), dass sie laufend Rechenschaft über ihr Tun ablegen und sich zu allen aktuellen Themen äußern.

Tatsächlich sehen sich die Amtsträger aller Art und gerade Regierungsmitglieder einer Grundströmung des politischen Bewusstseins ausgesetzt, die auf Misstrauen beruht: Wer ein Amt innehat, so glauben viele, wird es zum Nachteil der anderen missbrauchen. Manchen Politikern räumen die Medien viel Platz zur Werbung für ihre Ziele ein, manchen drehen sie die Worte im Munde um – die Sachdiskussion über die richtigen Wege zum Ziel kommt regelmäßig zu kurz.[151]

Von Staatspräsidenten und Regierungschefs wird demgegenüber erwartet, dass sie durch ihre Reden auf Politik und Gesellschaft einwirken. Sie sollen „staatsmännisch", also überparteilich und sachlich sprechen, aber auch damit auf die öffentliche Meinung Einfluss nehmen. Jedenfalls ist noch niemand auf die Idee gekommen, Weihnachts- und Neujahrsansprachen der Staatsspitze oder politisch und moralisch begründete Verhaltensappelle einer Bundeskanzlerin für unzulässig zu halten.

Unter den Teilnehmern am öffentlichen Diskurs finden sich solche, deren Zuordnung zum gesellschaftlichen oder aber zum staatlichen Bereich nicht immer ganz sicher ist: Es gibt Parteistiftungen, parteinahe Vereine, staats- und parteinahe Institute, staatliche „Denkfabriken" und private „Think Tanks", deren Zweck u.a. gerade auch in der aktiven Einwirkung auf den öffentlichen Meinungsbildungsprozess besteht. Soweit sie der staatlichen Seite zuzuordnen sind, müssen sie – je nach ihrer Satzung oder der amtlichen Zweckbestimmung – in mehr oder weniger starkem Ausmaß die erwähnten rechtlichen Schranken beachten, dürfen also nicht „mit harten Bandagen" kämpfen, und „die getarnte

[151] Welche Missverständnisse und Verfälschungen in den US-amerikanischen politischen Auseinandersetzungen üblich waren und sind, hat *Barack Obama* überaus anschaulich in seinen Memoiren dargestellt (*Obama*, Ein verheißenes Land, 2020). Ob dasselbe Urteil über die deutsche oder europäische Streitkultur angebracht ist, kann dahingestellt bleiben; die Tendenz dahin ist bei einem Teil der hiesigen Medien unverkennbar.

Mitwirkung des Staates an der öffentlichen Meinungsbildung" wird mit Recht als bedenklich bezeichnet.[152]

3. *Reichweite öffentlicher Meinungen: Kommune, Staat, Europa, Welt?*

Öffentliche Meinungen entstehen bisher in der Regel innerhalb eines begrenzten Raume, insbesondere einer Kommune, eines Bundeslandes oder der ganzen Republik. Über einen solchen Raum hinaus gewinnen sie Reichweite, wenn sie von Medien verbreitet werden; das geschieht nur bei Themen, die als überregional interessant eingeschätzt werden. Lokale Skandale lösen lokale Debatten aus; Landespolitik findet in anderen Bundesländern wenig Interesse, und über Gegenstände der gesamteuropäischen Politik wird meist nur in Fachkreisen gestritten. Dass es keine europäische Öffentlichkeit gibt,[153] wird viel beklagt und gilt als ein Grund für die vielfach empfundene Legitimationsschwäche der EU.[154] Und obwohl die New York Times und einige wenige andere Zeitungen in den Hauptstädten der großen Staaten gelesen und zitiert werden, fehlt es erst recht an einer globalen Öffentlichkeit.

Heute entstehen im Internet öffentliche Meinungen auch unabhängig von Staatsgrenzen oder ganz ohne räumliche Bezüge. Manches, was in die sozialen Medien eingestellt wird, geht sogleich rund um die Welt und löst Wellen des Staunens oder der Empörung aus – Ansätze einer weltweiten Öffentlichkeit, die zumindest schemenhaft den Zustand vieler Nationen und Völker erkennen lässt, aber die Gräben nicht überbrückt, die Regierenden nicht wirksam beeinflusst. Zwar ließe sich vermutlich aus Internet-Äußerungen ein hohes Maß an Zustimmung zum Handeln der Vereinten Nationen herauslesen, aber die Weltöffentlichkeit zeigt bislang kaum etwas von solcher Gemeinsamkeit.

---

[152] *Kloepfer* (Fn. 38), Rn. 22.

[153] Die verdienstvolle Arbeit des französisch-deutschen Senders „arte" und die gelegentlichen multinationalen Sonderausgaben großer europäischer Zeitungen ändern an dieser Feststellung nichts. Selbst in den Wahlkämpfen zum Europäischen Parlament wird meist keine wahrhaft europäisch geprägte öffentliche Debatte geführt. *Christine Landfried* erkennt jedoch u.a. in den Debatten über eine europäische Verfassung Ansätze einer „europäischen Gesamtöffentlichkeit" (*Landfried*, Das politische Europa, 3. Aufl., 2020, S. 193).

[154] Eine „analytische Neuvermessung der Voraussetzungen europäischer Öffentlichkeit" hat *Manuel Müller* geliefert: Ein verpasster Verfassungsmoment: Der Vertrag von Maastricht und die europäische Öffentlichkeit, 2021.

4. Vom Rauschen zur Melodie, von der Vielstimmigkeit zur Einheit?

Auch innerhalb ihrer jeweiligen Reichweite *konkurrieren* Meinungen und Meinungsgruppen – also divergierende Teilöffentlichkeiten – miteinander um Aufmerksamkeit und Zustimmung des Publikums, und die Chancen, dass eine davon zur eindeutigen Mehrheitsmeinung wird, sind höchst unterschiedlich. Der Ausweg, den *Carl Schmitt* propagiert hat, ist mit dem herrschenden Demokratieverständnis nicht vereinbar: Die Akklamation des „anwesenden" Volkes legitimiert keine staatliche Entscheidung; es handelt sich um eine Mystifizierung gedachter Vorgänge, die im Kern irrational und nicht repräsentativ sind.

Kann dennoch aus den vielen Einzelbeiträgen ein einheitliches Ganzes, eine öffentliche Meinung werden, die als gemeinsame akzeptiert wird? Das Rauschen, das durch eine Vielzahl von Stimmen verursacht wird und manchmal kakophon klingt, soll im Interesse allgemeiner Akzeptanz zu einer Melodie verschmolzen werden – aber wie kann das geschehen?

a) Gefühlte Mehrheiten

Dieses Dilemma wird in der Literatur wie in der politischen und journalistischen Praxis verdrängt. Man glaubt wohl gefühlsmäßig zu erfassen, welche Ideen und Ansichten vermutlich von einer Mehrheit der Bevölkerung geteilt werden. *Volker Gerhardt* umschreibt diese Beobachtung wie folgt:

> „Sofern sich in Gesellschaften ein einheitliches Verständnis von Ereignissen und Aussichten einstellt und wann immer es für das gemeinschaftliche Handeln der vereinigten Menge von Menschen von Bedeutung ist, nehmen wir ein größeres soziales Gebilde so wahr, als gebe es in ihm gemeinsame Ansichten, einheitliche Meinungen und vorherrschende Einstellungen, die es rechtfertigen, von einem Bewusstsein zu sprechen, in dem Alle verbunden sind. ‚Wir-Bewusstsein' wird das heute genannt […]. Dabei ist es nicht nötig, dass es nur zu einmütigen Urteilen kommt. Denn auch im Bewusstsein des einzelnen Menschen gibt es Zweifel und Widerstreit. Die Vielfalt von Meinungen steht zur Möglichkeit einer Alle gleichermaßen leitenden Überzeugung, in der sich alle einig sind, nicht im Widerspruch".[155]

Historische Beispiele dieses „Wir-Bewusstseins" sind selten. Eines davon ist wohl die Begeisterung, die in Deutschland im Jahre 1914 für den Krieg gegen die Nachbarstaaten herrschte. Selbst die bis dahin internationalistisch und pazifistisch eingestellte Mehrheit der Sozialdemokraten schloss sich denen an, die das Land mit militärischen Mitteln gegen die als Bedrohung empfundenen Nachbarstaaten schützen wollte; Hunderttausende junger Menschen zogen singend zu den Zügen, die sie an die Front bringen sollten. Dieses Gefühl der Zusam-

---

[155] *Gerhardt* (Fn. 2), S. 29.

mengehörigkeit und Gleichgesinntheit verschwand im Laufe des Weltkrieges und wurde nach dessen Ende durch eine tiefe Spaltung abgelöst: Die Dolchstoßlegende, die Angst vor der Räteherrschaft, wirtschaftliche Not und soziale Unruhe rissen Gräben zwischen den Konservativen und den Verfechtern der demokratischen Republik auf, die bis zum Machtgewinn der Nationalsozialisten nicht wieder zugeschüttet werden konnten. Ein starkes positives Wir-Gefühl hat Deutschland – von den Massenveranstaltungen der Nazis abgesehen – erst wieder 1989/90 mit der gewaltlosen Revolution in der DDR und der Wiedervereinigung erlebt. Auch die Willkommenskultur angesichts der Massenflucht aus fremden Ländern vereinte zeitweise – im Jahre 2015 und im Frühjahr 2022 – einen großen Teil aller Deutschen, aber sie ist 2015 schon bald einer teilweise sehr kritischen Betrachtung der Flüchtlingspolitik und einer Abwehr von allem Fremden gewichen. In anderen Staaten mag das Bewusstsein der Zusammengehörigkeit stärker ausgeprägt sein (oder nach außen stärker herausgestellt werden), aber nirgendwo herrscht umfassende Harmonie; man denke an die grundlegenden Differenzen zwischen Weißen und Schwarzen oder auch zwischen Republikanern und Demokraten in den USA.[156]

Selbst wenn bei summarischer Betrachtung eine einheitliche öffentliche Meinung bemerkbar sein sollte, ist ihre zuverlässige Feststellung unsicher. Während vor der Einführung des Internets zumindest die „veröffentlichte" Meinung einigermaßen sicher erkundet werden konnte, ist dies heute angesichts der riesigen Menge von elektronisch verbreiteten Aussagen unmöglich. Der ausschlaggebende Grund dieser Unmöglichkeit ist, dass die öffentliche Meinung *nicht durch formalisierte Abstimmung festgestellt* werden kann. Während in den rechtlich geregelten Entscheidungsprozessen das Mehrheitsprinzip gilt und dadurch fixiert wird, welche der in den Beratungsprozess eingebrachten Positionen sich durchsetzen soll, fehlt es in der „nur öffentlichen" Debatte an einem solchen Instrument. Die Verfassung legt fest, wie ein einheitlicher *Staatswille* gebildet wird; einen einheitlichen *Volkswillen* gibt es nicht und kann es nicht geben.

Alexis de Tocqueville hat formuliert, im Zeitalter der Gleichheit sei es „die öffentliche Meinung, die die Welt regiert".[157] Aber auch er spricht von der „Mehrheit", ohne zu erklären, wie sie festgestellt wird. Die lautesten, an den Vorlieben und dem Geschmack der „Masse" – auch dieser Begriff findet sich bei *Tocqueville* – orientierten Äußerungen üben in der Tat erheblichen Druck aus, der die Wahrnehmung der Minderheitspositionen beeinträchtigt. Bisweilen herrscht daher auch in den Medien ein erstaunlicher Gleichklang der Beurteilung: Die Gesetzmäßigkeiten der Medienarbeit begünstigen die Verbreitung von Stereotypen und damit eine „Konsonanz der Berichterstattung, die auf das Publikum

---

[156] Dazu durchgehend *Lepore*, Diese Wahrheiten. Eine Geschichte der Vereinigten Staaten von Amerika, 2020.

[157] *De Tocqueville*, Über die Demokratie in Amerika, in: *ders.*, Das Zeitalter der Gleichheit, hrsg. v. S. Landshut, 1954, S. 52; dort auch Weiteres S. 52 f. S. a. *Habermas* (Fn. 1), S. 163 f.

wie eine Betätigung wirkt."[158] Aber gegen starke Tendenzen zur Polarisierung und strikten Gegnerschaft kommt der Konformitätsdruck nicht an. In aller Regel findet auch keine bewusste Selbstkoordination der verschiedenen Strömungen statt; vielmehr gibt es in Teilen der Medien auch eine Tendenz zur gegenseitigen Abgrenzung, also zur Verfestigung der Gegensätze. Im günstigsten Fall werden Argumente öffentlich ausgetauscht, man nimmt aufeinander Bezug und korrigiert sich auf diese Weise gegenseitig. Das ist jedoch keineswegs auf allen Gebieten und in allen Gruppen üblich. Der Wettbewerb kann zu inhaltlichen Veränderungen der ursprünglichen Meinungen führen, aber umgekehrt auch zur Verhärtung einmal eingenommener Positionen.

Bei *Volksinitiativen* kommt gelegentlich die Vorstellung auf oder wird propagiert, die daran Teilnehmenden bildeten die „eigentliche" Mehrheit des Volkes. Die Initiativen verstehen sich selbst als Sprecher all derer, die der herrschenden Politik kritisch gegenüber stehen. Aber erst durch den regelkonform durchgeführten Volksentscheid erweist sich verbindlich, wie stark die Kritik an der repräsentativen Politik wirklich ist.

b) Meinungsforschung als Quelle der öffentlichen Meinung?

Einen Ausweg aus der offenbar unüberwindlichen Schwierigkeit, die Vielfalt der Meinungen zu einer Einheit zusammenzuführen, scheint die Meinungsforschung zu bieten. Zugespitzt ist zu sagen: Es gibt eine identifizierbare öffentliche Meinung erst, seit es Meinungsforschung (Demoskopie) gibt. Erst die Auszählung und Gewichtung der vielen Meinungen und Meinungsströme, die in der Bevölkerung der Staaten identifiziert werden, macht es möglich, von einer einheitlichen, inhaltlich umrissenen Meinungsgruppe zu sprechen. Seit amerikanische Zeitungen um 1900 herum erste Wahlvorhersagen veröffentlichten, haben Forschungsinstitute in aller Welt versucht, die Meinungen der Massen herauszufinden. *George Gallup* und andere versuchten erstmals in den zwanziger und dreißiger Jahren des 20. Jahrhunderts, anhand von Umfragen bei einer Stichprobe der Bevölkerung „der Nation den Puls zu messen".[159] Aber auch eine sozialwissenschaftlich angeleitete Demoskopie kann keine verbindlichen Mehrheiten feststellen. Sie kann die jeweils relative Stärke der in der Gesellschaft geäußerten individuellen Meinungen und Meinungsgruppen anschaulich machen. Die Institute versuchen, die unübersichtlichen und teilweise widersprüchlichen Elemente des Volkswillens zu strukturieren, und simulieren Mehrheiten. Aber die Stärkeverhältnisse sind nicht die öffentliche Meinung.[160]

---

[158] *Elisabeth Noelle-Neumann* zeigt bei *Walter Lippmann* „das Stereotyp als Verkehrsmittel der öffentlichen Meinung" auf (in: *Lippmann* [Fn. 139], S. 286 ff., Zitat S. 293).

[159] *Lepore* (Fn. 156), S. 552 ff. (555).

[160] Entschiedene Kritik an der Überschätzung der Meinungsforschung schon bei *Landshut* (Fn. 13), S. 580 ff.; s.a. *Hennis* (Fn. 132), S. 33.

Dass die Ergebnisse dieser Bemühungen oft unzuverlässig sind, ist eine Binsenweisheit. Staunenswert genau fallen zwar viele Wahlprognosen und die Hochrechnungen an Wahltagen aus, aber sie sind vor allem für die kurzfristige Taktik der Parteien und Kandidaten von Wert, nicht für die inhaltliche Feststellung des Volkswillens. Wenn bei Sachumfragen der befragte Teil der Bevölkerung die bestehende soziale Schichtung zutreffend abbildet, können zwar Mehrheiten der Antworten auf die Mehrheiten der Gesamtbevölkerung hochgerechnet werden. Gleichwohl sind diese Ergebnisse keine ausreichende Basis für die Behauptung, dass die Mehrheit des Volkes (im verfassungsrechtlichen Sinne) dies und jenes als verbindliche Entscheidungsgrundlage für die Politik betrachte. Es ist schon sehr schwierig, den zu befragenden Teil der Wahlberechtigten (oder Einwohner) so auszuwählen, dass die Hochrechnung zu zutreffenden Gesamtaussagen gelangt. Vor allem aber treten in einer solchen Befragung zahlreiche potentiell verfälschende Umstände auf, die nur schwer zu kompensieren sind. In den Fragen werden komplexe Probleme stark vereinfacht und spontane, emotionale Äußerungen provoziert, obwohl die Befragten in Wahrheit gar keine Meinung zu den aufgeworfenen Themen haben.[161] Oft variieren Befragungsergebnisse zum gleichen Themenkreis, weil die Fragen unterschiedlich formuliert waren; nicht selten wollen die Befragten keine wahren Auskünfte geben.[162] Schließlich dürfte auch der Umstand, dass die Beteiligung freiwillig ist und eben nicht den „Ernstfall“ einer Wahl oder staatlich organisierten Abstimmung darstellt, das Antwortverhalten vieler Befragter verändern.

> „Eine öffentliche Meinung ist nicht etwa im statistischen Sinne repräsentativ. Sie ist nicht ein Aggregat einzeln abgefragter und privat geäußerter individueller Meinungen; insofern darf sie nicht mit Resultaten der Umfrageforschung verwechselt werden. Die politische Meinungsforschung liefert nur ein gewisses Spiegelbild der ‚öffentlichen Meinung‘, wenn der Erhebung eine themenspezifische Meinungsbildung in einer mobilisierten Öffentlichkeit bereits vorausgegangen ist.“[163] „Im Regelfall ist Publikum alles andere als bevölkerungsrepräsentativ.“[164]

Die Ungewissheit über die Mehrheitsverhältnisse und damit über die Mehrheitsmeinung ist ein Charakteristikum der öffentlichen Diskussion in pluralistischen Gesellschaften. Solange keine gesetzlich geregelten Abstimmungen

---

[161] Vgl. dazu *Bogart*, Silent Politics. Polls and the Awareness of Public Opinion, 1972, S. 100 ff. S. nochmals *Hennis* (Fn. 132), S. 32 ff.

[162] Die Schwierigkeit, zu richtigen Umfrageergebnissen zu gelangen, wird u.a. durch *Elisabeth Noelle-Neumanns* Theorie einer sozialpsychologisch begründeten „Schweigespirale“ bestätigt (*Noelle-Neumann*, Öffentliche Meinung. Die Entdeckung der Schweigespirale, 1996 S. 13 ff.). Diese Theorie ist freilich ihrerseits umstritten; so hält *Andreas Beierwaltes* sie für „empirisch äußerst dürftig belegt“ (Demokratie und Medien. Der Begriff der Öffentlichkeit und seine Bedeutung für die Demokratie in Europa, 2000, S. 20 f. Fn. 41 (m.w.N.).

[163] *Habermas*, Faktizität (Fn. 1), S. 438.

[164] *Neidhardt*, Einleitung, in: ders. (Hrsg.) (Fn. 7), S. 13.

stattfinden, an denen alle Wahlberechtigten teilnehmen können, lässt sich über die genaue Richtung der „Volks"-Meinung letztlich nur spekulieren. In vielen Fragen sind die kontroversen Meinungsgruppen ungefähr gleich stark. In anderen Zusammenhängen sind zwar bei summarischer Betrachtung eine Mehrheits- und eine Minderheitsposition identifizierbar, aber die Relation ist möglicherweise durch die überlegene (organisatorische oder finanzielle) Macht der einen Seite, also letztlich durch Propaganda verfälscht. Unter diesen Umständen ist jede Berufung auf die öffentliche Meinung zunächst einmal mit Skepsis zur Kenntnis zu nehmen und entsprechendes politisches Handeln nur angebracht, wenn die Mehrheit in einem geregelten Verfahren festgestellt wird.

5. Zwischenfazit: Einheit oder Pluralität der „öffentlichen Meinung"?

Nach allem ist klar: Es gibt in aller Regel keine einheitliche öffentliche Meinung zu einem bestimmten Thema, sondern immer nur eine Mehrzahl von Meinungen, die zusammengefasst als „die" Meinung „des Volkes" bezeichnet werden. Erst wenn die Meinungsforschung die Relationen zwischen den jeweils zustimmenden Äußerungen erfragt und errechnet hat, kann festgestellt werden, welche Meinung bzw. Meinungsgruppe überwiegt. Aber auch diese Auszählung und Hochrechnung ist unzuverlässig.

„Die Öffentlichkeit ist ein sehr unstetes Beziehungsgefüge zwischen Akteuren, Medien und Publikum. Themenwahl und Reaktionen sind oft von eher beiläufigen Bedingungen abhängig, schwer vorhersehbar und wenig beständig".[165] Je mehr kommuniziert wird, je größere Teile der Bevölkerung sich einbringen und je intensiver sie sich mit politischen Themen befassen, desto diffuser und gegensätzlicher werden die Resultate. Vor dem Durchbruch der elektronischen Medien konnten immerhin die seriösen Zeitungen und das Fernsehen noch als „Leitmedien" anerkannt werden, die wegen ihrer Filter-, Bündelungs- und Verstärkungsfunktion mit gutem Grund in der politischen Szene besonders geschätzt wurden. Heute ragen aus dem Meinungskonzert kaum noch einzelne Stimmen als beachtenswert heraus. Es ist zwar immer noch möglich, Qualitätsunterschiede zwischen bestimmten Formen des öffentlichen Diskurses festzustellen und sich bis zu einem gewissen Grade an solchen „Qualitätsklassen" zu orientieren, aber Unbeständigkeit und Unzuverlässigkeit und eben Vielfalt statt Einheit sind auch in den höheren Stufen zu beobachten.

---

[165] *Schmidt-Aßmann* (Fn. 87), 2. Kap. Rn. 116, S. 110.

V. Die demokratische Qualität des öffentlichen Diskurses

Um die feststellbaren Formen von Öffentlichkeit in ihrer *Qualität* genauer beurteilen und bewerten zu können, ist ein erneuter Blick auf ihre Funktion für die demokratische Verfassung erforderlich. Dabei kommen die verschiedenen, sich teilweise widersprechenden Ansätze der Demokratietheorie in den Blick, soweit sie für die repräsentative Demokratie relevant sind.[166] Als höchstrangige Funktion der Öffentlichkeit ist mit *Habermas* ihr „Beitrag zur demokratischen Willensbildung in Verfassungsstaaten" zu nennen.[167] Öffentlichkeit erfüllt damit eine Funktion „für die Bestandssicherung des demokratischen Gemeinwesens".[168] Diese Funktion bildet zugleich einen der Maßstäbe, an denen zu messen ist, welche Qualität die öffentliche Meinung haben sollte; das wird im Folgenden näher erörtert.

1. Die anzulegenden Maßstäbe

Der demokratische Wert von Öffentlichkeit und öffentlicher Meinung[169] ist unterschiedlich, je nachdem auf welche Maßstäbe man sich konzentriert. Der Ausgangspunkt ist bereits erwähnt: Öffentlichkeit soll ein Beitrag zur „Bestandssicherung des demokratischen Gemeinwesens" sein.[170] Zwar mögen für einen Teil der Betrachter stilistische Qualitäten der öffentlichen Meinungsäußerungen von größtem Interesse sein, für andere mag es vor allem auf den Wirkungsgrad der beobachteten Kommunikationen und Interaktionen ankommen. Entscheidend sollte jedoch sein, inwieweit die vorfindlichen Formen von Öffentlichkeit und die wesentlichen Strömungen der öffentlichen Meinung zum Gelingen des demokratischen Willensbildungsprozesses und zum Funktionieren der staatlichen Organe beitragen.[171] Die Maßstäbe sind teilweise aus der Verfassung ableitbar, teils entstammen sie der politischen Ethik, und ein weiterer Teil

---

[166] Die „Anforderungen an die Qualität von Öffentlichkeit im Lichte moderner Demokratie- und Öffentlichkeitstheorien" hat *Steffen Hindelang* herausgearbeitet (*Hindelang*, Freiheit und Kommunikation. Zur verfassungsrechtlichen Sicherung kommunikativer Selbstbestimmung in einer vernetzten Gesellschaft, 2019, S. 32 ff.). S. a. *Peters*, Der Sinn von Öffentlichkeit, 2007, S. 59 ff. Eine ausführliche Darstellung der Zusammenhänge zwischen elitärem, pluralistischem und partizipativem Demokratieverständnis und der jeweiligen Rolle der Öffentlichkeit findet sich auch bei *Beierwaltes* [Fn. 160], S. 63 ff., 123 ff. und 159 ff.

[167] *Habermas*, Überlegungen und Hypothesen (Fn. 8), S. 470.

[168] *Habermas* aaO. (vorige Fn.).

[169] *Habermas* spricht vom „demokratischen Integrationswert" (eines „tatsächlichen Verfassungszustandes") (*Habermas* [Fn. 1], S. 288).

[170] S.a. oben zu III. 2. mit Fn. 115 (*Habermas*).

[171] Zur theoretischen Vertiefung dieses Ansatzes vgl. *Peters* (Fn. 7), S. 60 ff.

ist schlicht Produkt politischer Klugheit und Erfahrung, also das Resultat von Zweckmäßigkeitserwägungen.

Das wichtigste rechtliche und politisch-moralische Eignungskriterium ist, dass die einzelnen Elemente des öffentlichen Diskurses *wahr* sind. Jede Form von Lüge, Verzerrung, Verschönerung oder Verschlechterung von Äußerungen, die in die öffentliche Meinung eingehen sollen, verringert die Chancen der Entstehung eines zutreffenden Abbildes der Sachverhalte wie auch der angemessenen Beurteilung der jeweiligen gesellschaftlichen Realität. Eine Behauptung ist zumindest dann „wahr", wenn es dafür Begründungen, Argumente oder Beweise gibt. Dass Wahrheit oft nur annäherungsweise erreicht werden kann, dass es keine absoluten Wahrheiten gibt, ändert nichts an der Notwendigkeit, um der Demokratie willen jedenfalls den subjektiven Willen zur Wahrheit zu fordern. Wahrheit kann auch in ungewöhnlichen Formulierungen, Zuspitzungen und Vereinfachungen liegen, in solchen Fällen ist reine Stilkritik unangebracht. Andererseits kann die Wahrnehmung einer Äußerung aber auch durch unangemessenen Stil verdeckt werden; vor allem kann die Rezeption von Äußerungen dadurch verfälscht werden, dass dabei andere Beteiligte beleidigt oder beschimpft werden. Ein idealer öffentlicher Diskurs setzt daher „Zivilität, gegenseitigen Respekt und Dialogbereitschaft" voraus.[172]

So wünschenswert der rationale öffentliche Diskurs auch ist, er bewirkt nicht zwingend eine allgemein akzeptierte inhaltliche „Verbesserung" der Staatswillensbildung. Denn „der freiheitlich demokratische Staat nimmt [...] prinzipiell die Risiken in Kauf, die darin liegen, dass die politische Willensbildung der Urteilskraft und der Aktivität aller seiner Bürger anvertraut ist".[173] „Es ist das zutiefst Humane der demokratischen Staatsform, dass sie den Bürger mit seinen Schwächen und Fehlern annimmt und sich diesen auch aussetzt".[174]

In manchen (älteren) Umschreibungen der öffentlichen Meinung wird vorausgesetzt, dass es sich um *qualifizierte* Äußerungen handelt. So spricht *Hennis* von der öffentlichen Meinung, die „inhaltlich durch ihren repräsentativen, der Wahrheit verpflichteten Charakter ausgezeichnet ist" und sich dadurch von der „gemeinen Meinung" unterscheidet, die in den Umfragen der Meinungsforscher zum Ausdruck kommt. „Das Gerede ist niemals öffentliche Meinung", und „Interessentenforderungen können niemals öffentliche Meinung sein".[175] *Hennis* zitiert *Karl Korn* mit dem Satz: „Die öffentliche Meinung ist nicht die statistische oder demoskopische Meinung, sondern primitiv gesagt, die Meinung derer, die eine Meinung haben".[176] Es dürfte aber kaum möglich sein, die tatsächlich „veröffentlichten" Meinungen nach diesen Maßstäben zu beurteilen.

---

172 *Hindelang* (Fn. 164), S. 80.
173 BVerfGE 20, 56 (103).
174 *Kloepfer* (Fn. 38), Rn. 14.
175 *Hennis* (Fn. 132), S. 27 und 32 f.
176 Frankfurter Allgemeine Zeitung v. 19.9.1956, bei *Hennis* (Fn. 132), S. 35.

Die Politik nimmt oft genug auch „Gerede" ernst, und Interessenten verstehen es immer wieder erfolgreich, ihre egoistischen Vorstellungen als gemeinnützig auszugeben. (Übrigens ist die Vertretung eigener Interessen kein hinreichender Grund, sich aus der Diskussion um das Gemeinwohl herauszuhalten; das wird sogleich klar, wenn von kleinen, minoritären Interessen die Rede ist. Gegen den Missbrauch publizistischer Macht durch große Verbände und Unternehmen kann und muss politisch vorgegangen werden.

Konkrete Äußerungen der Öffentlichkeit werden den genannten Maßstäben jedenfalls in sehr unterschiedlichem Grade gerecht. Unter günstigen Verhältnissen stößt die Öffentlichkeit Reformen an, die von den etablierten Instanzen nicht vorangetrieben worden sind; unter ungünstigen Umständen produziert die öffentliche Erörterung streitiger Themen ein chaotisches Bild von Empörung in der Bevölkerung und beeinträchtigt damit die sachgerechte und gemeinwohlbezogene Ausübung der staatlichen Funktionen. Auch unaufgeregte, von den Medien kanalisierte Diskussionen tragen vielfach nicht genug zur Erarbeitung von Lösungen bei, weil die Argumente nicht konsequent und hinreichend vertieft ausgetauscht, Konfliktursachen und Interessenbindungen nicht aufgedeckt und die längerfristigen Konsequenzen von Lösungsvorschlägen nicht erkannt werden.

2. *Inhaltliche Tendenzen*

Es liegt auf der Hand, dass angesichts der Ungleichheit der beteiligten Kräfte – z.B. nach Organisationsstärke, Kapitalausstattung und Intensität ihrer sozialen Vernetzung – und der daraus folgenden Asymmetrien der Kommunikation[177] auch die Qualität der öffentlichen Berichterstattung und Kommentierung sowie in Reaktion darauf die Äußerungen der Medienkonsumenten unterschiedlich ausfallen.[178] So stellt *Steffen Hindelang* bei den klassischen Massenmedien fest, „dass dort realiter Verlautbarungs- und Agitationsmodelle dominieren, bei denen es an einer argumentativen Auseinandersetzung mit Verständigungsabsicht fehlt".[179] Unter dem Dach der „öffentlichen Meinung", als Teilöffentlichkeiten (und im Internet als „Blasen"), machen sich neben konkurrierenden inhaltlichen Positionen auch öffentliche Emotionen bemerkbar, die kaum in einem rationalen Diskurs verarbeitet werden können. Nicht übersehen werden sollte auch, dass ein großer Teil der Medien seine Aufgabe gar nicht in politischer Berichterstattung oder Orientierung sieht, sondern in der Unterhaltung des Publikums, wobei politische Themen – vor allem in personalisierter Form – bisweilen durchaus

---

[177] Dazu nochmals *Peters* (Fn. 7), S. 70 ff.

[178] Vgl. hierzu auch *Bull*, Die Krise der Medien und das Dilemma der Medienkritik, in: Recht und Politik 2020, S. 441 ff. (in diesem Band Nr. 6, S. 179 ff).

[179] *Hindelang* (Fn. 164), S. 80 (Näheres S. 49 ff.).

zu diesem Zweck beitragen können. Im Ergebnis können auch durch Unterhaltungsangebote politisch relevante Meinungsströme gefördert werden.

a) Einseitigkeit der Kritik: „Volk" gegen „Politik"

Die Zeiten, in denen die öffentliche Meinung überwiegend staatsfromm und regierungsfreundlich war, sind lange vorbei, und kaum jemand sehnt sich danach zurück. Mit dem Aussterben der Parteizeitungen sind auch die Stimmen untergegangen, die jedenfalls zeitweise – je nach politischen Machtverhältnissen – die Regierungsfraktionen verlässlich unterstützt hatten. Heute sind selbst konservative Medien geneigt, im Zweifel die gerade amtierende Regierung und ihre Spitzenfunktionäre radikal zu kritisieren und gelungene Politik gering zu schätzen. Das unausgesprochene Motto scheint zu lauten: Vorwürfe und Skandale sind wichtiger als Erfolgsmeldungen; die Bürger lassen sich lieber mit negativen Meldungen als mit „normalen" guten Nachrichten unterhalten. Politiker-Schelte ist derart zur Routine geworden, dass sie fast für selbstverständlich gehalten wird. Weil die Parteien sich gegenseitig Vorwürfe machen, verstärkt sich der Eindruck allgegenwärtigen Versagens der politisch Verantwortlichen. Als Beitrag, Vertrauen der Öffentlichkeit in die Politik zu schaffen (oder zu ermöglichen), kann diese Methode nicht verstanden werden; im Gegenteil ist das kritische Dauerfeuer geeignet, das latente allgemeine Misstrauen gegenüber der Politik – welcher inhaltlichen Richtung auch immer – stets neu zu entfachen.

An der Negativspirale der ständigen Politikerkritik arbeiten übrigens auch die Politik selbst und die Wissenschaft mit. Reflexhaft werden Äußerungen politischer Gegner ohne inhaltliche Argumente negativ kommentiert, und je häufiger Experten sich äußern, desto mehr (sachlich-fachlich meist durchaus begründete oder zumindest vertretbare) Rügen richten sich an die Politik. Die große Öffentlichkeit kann mit den Auseinandersetzungen zwischen Wissenschaftlern und zwischen diesen und den politisch Verantwortlichen wenig anfangen; sowohl Tatsachenbehauptungen wie deren Beurteilung werden in den Medien nicht sorgfältig genug diskutiert, so dass der nicht sachverständige Teil der Öffentlichkeit die Argumente pro und contra nicht eigenständig würdigen kann. Die Stimmung aber wird von der vermeintlichen Erfahrung beherrscht, dass die Inhaber politischer Macht diese stets ausschließlich zu ihrem eigenen Vorteil missbrauchen – eine Behauptung, die als Warnung vor blindem Vertrauen gerechtfertigt ist, gleichwohl aber eine unbegründete Verallgemeinerung darstellt und daher nicht die alltägliche Praxis leiten darf.

Nebenbei gesagt: Auch in der Ausbildung der Juristen herrscht eine gewisse Schlagseite zur Behörden- und Politikerkritik hin. In der Lehre des öffentlichen Rechts ist es eine nicht hinterfragte Übung, Aufgaben zur Falllösung so zu formulieren, dass die Lernenden angeleitet werden, rechtswidriges Staatshandeln herauszufinden. Kaum ein Übungsfall, in dem nicht ein rechtlich zumindest zweifelhaftes Verwaltungshandeln versteckt ist. Nur sehr selten wird die richtige Rechtsgestaltung gelehrt, also etwa gefragt, wie eine bestimmte Verwaltungsaufgabe mit rechtlichen Mitteln korrekt und wirkungsvoll auszuführen sei. Da auch die Verwaltungsgerichte sich – zu Recht – gehalten sehen, die Bürger vor rechtswidrigen Anordnungen zu schützen, und da nur die Fälle vor sie getragen werden, in denen wirklich Fehler geschehen sein können, entsteht in der Berichterstattung darüber der Eindruck, dass rechtswidrige Verwaltungsakte die Regel bilden. Zeitweise haben Verwaltungsgerichte freilich in der Tat den größeren Teil der ihnen vorgelegten Bebauungspläne für rechtswidrig erklärt, überwiegend aus formalen Gründen; kaum noch ironisch wurde bemerkt, dass es Juristen immer gelingen werde, einen Bebauungsplan zu „kippen".

b) Polarisierung und Kompromisslosigkeit

Wenn die Medien die Bewusstseinslage der Menschen in Deutschland richtig widerspiegeln, ist unsere Gesellschaft tief gespalten, und eine Überwindung der Gräben zwischen den großen Meinungsgruppen ist nicht zu erhoffen. Leitartikel und Talkshows, Leserbriefe und Internet-Kommentare vermitteln den Eindruck, dass die Positionen sich immer weiter voneinander entfernen, die Gegner sich unversöhnlich gegenüberstehen und der Stil der Auseinandersetzung immer giftiger wird.[180]

Dabei verliert die alte Grundunterscheidung zwischen „linken" und „rechten" (wirtschafts- und sozialpolitischen) Einstellungen an Bedeutung, während die Differenzen über soziokulturelle und Identitätsfragen stärker hervortreten. So verlaufen Kontroversen über die Qualität und die Finanzierung des öffentlich-rechtlichen Rundfunks quer zu den bisher vorherrschenden Rechts-/Links-Unterscheidungen. Die staatlichen Maßnahmen zur Infektionsabwehr werden von radikalen wie moderaten Kritikern an beiden Rändern des politischen Spektrums bekämpft. Zwar haben zu Beginn der Corona-Krise die meisten Menschen den Regierungen vertraut, aber je länger die sozialen Einschränkungen in Kraft bleiben und je mehr sie verschärft werden, desto schärfer wird auch die Kritik, und diese bedient sich zum Teil derselben Methoden der Besserwisserei, Übertreibung, Verdächtigung und Schuldzuweisung, die bei anderen Streitthemen üblich sind. Selbst bloße Zweckmäßigkeitsentscheidungen werden mit moralischen Vorwürfen in Frage gestellt – auch dies eine immer häufigere Praxis, durch die Kompromisse erschwert oder unmöglich gemacht werden.

---

[180] Aus der Flut entsprechender Pressebeiträge s. nur *von Altenbockum*, Die aufgeregte Republik. Das Land entrüstet sich ständig über „Desaster" und „Versagen". Geht es eine Nummer kleiner?, in: Frankfurter Allgemeine Zeitung v. 26.2.2021.

c) Vermachtung und Entpluralisierung

Es ist unter diesen Umständen alles andere als ungewöhnlich, dass die Tendenzen zur Vermachtung der öffentlichen Meinung immer stärker werden.[181]

Habermas hat zwischen vermachteter und nicht-vermachteter Öffentlichkeit unterschieden, aber den „kritischen Funktionen selbstgesteuerter, von schwachen Institutionen getragener, auch horizontal vernetzter, inklusiver und mehr oder weniger diskursförmiger Kommunikationsprozesse" eine wichtige Rolle zugewiesen.[182] Er hat dabei vermutlich seinerzeit „die neuen sozialen Bewegungen und ihre spontan assoziativen Organisationsgefüge" gemeint.[183] *Udo Bermbach* hat dem entgegengehalten, es gebe in den Gesellschaften des westlich-kapitalistischen Typus keine politisch relevanten Bereiche mehr, in denen der Anspruch autonom-spontaner Diskursivität ungestört von instrumenteller Anbindung an Formen einer bereits organisierten Öffentlichkeit sich durchsetzen und über längere Zeit bestehen könnte". Eher sei „das gleichzeitige Nebeneinander von kommunikativer und systemrationaler Selbst- und Außensteuerung zu beobachten", und zwar, wenn auch unterschiedlich dominant, „in allen institutionell verfassten Bereichen der Gesellschaft".[184]

Jedenfalls verfolgt ein großer Teil derer, die sich öffentlich äußern, nicht oder nicht nur ideelle, sondern handfeste materielle Interessen oder die Interessen einer bestimmten Gruppe, strebt also eine Verfestigung der eigenen Position an und setzt nach Möglichkeit Mittel ein, um die Meinungen anderer nachhaltig zu beeinflussen oder eben zu manipulieren (s. unten d)). Werbekampagnen verdrängen inhaltliche Auseinandersetzungen. Manche Gruppen – etwa Sozialverbände, Künstlervereinigungen, Bürgerinitiativen ohne finanzstarke Unterstützer – sind regelmäßig schwächer organisiert und haben geringere Durchsetzungschancen als andere; wenn sie denn je Macht hatten, werden sie im Laufe der Zeit entmachtet.

Auf diese Weise werden wichtige Themen vernachlässigt, finden nicht genug Aufmerksamkeit, um als Beiträge zur öffentlichen Meinung berücksichtigt zu werden. Die vorhandene Vielfalt der Meinungen wird nicht gespiegelt. Wenn sich damit das Spektrum signifikant verengt, kann von Entpluralisierung gesprochen werden.[185] Nur für den Rundfunk ist die Sicherung der Meinungsviel-

---

181 Dazu schon *Rinken* (Fn. 28), S. 63 ff. (Hervorhebungen im Original) mit Hinweis auf *Ekkehart Stein*, der von „Machtvergessenheit" gesprochen hat; vgl. dessen nach wie vor sehr lesenswerte Kommentierung des Demokratieprinzips in: Denninger/Hoffmann-Riem/Schneider/Stein (Hrsg.), AK-GG. 3. Aufl. 2001, Art. 20 Abs. 1–3 III Rn. 17 ff.

182 *Habermas*, Strukturwandel (Fn. 1), 2. Aufl. 1990 S. 28, zitiert bei *Bermbach* (Fn. 14), S. 28 („institutionell verankerte Äußerungen"). S. a. oben bei Fn. 134.

183 So *Bermbach* (Fn. 14), S. 29.

184 *Bermbach* (Fn. 14), S. 29.

185 *Alfred Rinken* hat in diesem Zusammenhang auf die Bedrohung der „pluralen Öffentlichkeitsordnung des Verfassungsstaates durch fundamentalistische Ideologien" verwiesen

falt ein verfassungsrechtliches Gebot. Entpluralisierung findet auch statt, wenn ein Teil der politischen Presse aus wirtschaftlichen Gründen ganz wegfällt, wie es mit vielen Lokalzeitungen geschehen ist.

Neben der organisatorischen und finanziellen Überlegenheit bestimmter Meinungen oder Meinungsgruppen sind für die Unausgewogenheit der öffentlichen Meinung auch Charakteristika der Medienpraxis ursächlich: Zeitungen lieben bei ihren Autoren Originalität und Stilkunst mehr als Klarheit und Überzeugungskraft; das Spezielle hat stets Vorrang vor dem Allgemeinen, die Person vor der Sache. Zu kurz kommt die Berichterstattung über Parlamentsdebatten, Gesetzesbegründungen und wissenschaftliche Erkenntnisse.

Einige wenige Presseorgane sind jedoch ehrgeizig genug, besondere Foren für den Austausch kontroverser Meinungen einzurichten.[186] In einer Zeit, in der Vereine, Gewerkschaften und Religionsgemeinschaften an Mitgliederschwund leiden, muss das verbreitete Bedürfnis nach Auseinandersetzung in geregelten Formen durch neue Institutionen erfüllt werden. Manche hoffen auch insofern auf Initiativen des Staates, aber es ist möglich, dass auch aus der Gesellschaft heraus neue Kommunikationsforen entstehen – auch mit Hilfe der Informationstechnik.

d) Manipulierte Öffentlichkeit

In den letzten Jahren ist immer häufiger die Tendenz zur Manipulation der öffentlichen Meinung bemerkt worden. „Fake News“ ist das Modewort, mit dem in den Medien die bewusste Lüge umschrieben wird. Aber die Sache selbst ist älter.

Aus der deutschen Geschichte ist bekannt, welch enorme Bedeutung die organisierte Manipulation der öffentlichen Meinung durch die Nationalsozialisten hatte; *Joseph Goebbels* hat der ganzen Welt darin Unterricht gegeben. Propaganda war auch in den USA schon lange äußerst wirksam. So wurde 1917 in Kalifornien die Einführung einer sozialen Krankenversicherung durch massive Propaganda der Versicherungsunternehmen verhindert.[187] In den zwanziger Jahren des 19. Jahrhunderts wuchs dort das Interesse an „Public Relations“: Journalisten machten sich daran, Unternehmen zu einem besseren Erscheinungsbild zu verhelfen,[188] und im Jahre 1933 wurde unter der Firma „Campaign, Inc.“ „das

(*Rinken* [Fn. 28], S. 61). Es droht aber nicht nur Intoleranz in Fragen der Weltanschauung, sondern sogar die Ausklammerung von Fakten, also eine Verfälschung und Vereinseitigung der tatsächlichen Basis von Bewertungen.

[186] Beispiel: das Ressort „Streit“ in der Wochenzeitung „Die Zeit“.

[187] *Lepore* (Fn. 156), S. 463: „Die Gegner bezeichneten die allgemeine Krankenversicherung als ‚Unamerikanisch, Unsicher, Unwirtschaftlich, Unwissenschaftlich, Ungerecht und Skrupellos‘“.

[188] *Lepore* (Fn. 156), S. 503.

erste politische Beratungsunternehmen der Weltgeschichte" gegründet, das sich auf politische Kampagnen spezialisierte – für große Unternehmen, aber auch für oder gegen Bewerber um politische Ämter.[189] Ein prominenter Public-Relations-Praktiker, *Edward Bernays*, schrieb dazu:

> „Gute Propaganda ist eine unsichtbare Regierung, die die Gewohnheiten und Handlungen der meisten Menschen in den Vereinigten Staaten beeinflusst. Setzt man sie richtig ein, ist sie ein schnell wirkendes und effektives Mittel zur Herbeiführung gesellschaftlich nützlicher Veränderungen. [...] Ehrliche Propaganda, wirksam eingesetzt, wird bei der nächsten politischen Kampagne Millionen sparen."[190]

„Ehrliche Propaganda" ist ein Widerspruch in sich. Mögen manche „Berater" solcher Kampagnen auch von der politisch-moralischen Korrektheit ihrer Tätigkeit überzeugt sein – ihre Einstellung grenzt an Zynismus.[191] Sie zielen nicht darauf, eine vorhandene Meinung der Mehrheit festzustellen, sondern beeinflussen diese bewusst. So ist die Manipulation der öffentlichen Meinung auch von Anfang an auf deutliche Kritik gestoßen – mit Begriffen wie „bezahlte Lügner"[192], „professionelle Vergifter des öffentlichen Denkens, Ausbeuter der Torheit, des Fanatismus und des Eigennutzes".[193]

Carl Schmitt hat seinerzeit vor der „psychotechnischen Behandlung großer Massen" und vor der Gefahr gewarnt, „dass unsichtbare und unverantwortliche soziale Mächte die öffentliche Meinung und den Willen des Volkes dirigieren",[194] aber an seiner Hochschätzung der Akklamation hat das nichts geändert. Die Manipulationsgefahr sei „nicht groß", „solange die demokratische Gleichartigkeit der Substanz noch vorhanden ist und das Volk politisches Bewusstsein hat, d.h. Freund und Feind unterscheiden kann".[195] Hier tritt die Ideologie hinter *Schmitts* Volksbegriff deutlich hervor: er setzt auf eine „völkische" Homogenität, die es nicht gibt und die dem verfassungsrechtlichen Volksbegriff gerade nicht zugrunde liegt. Staatsvolk der Bundesrepublik Deutschland ist die Summe der Staatsbürgerinnen und Staatsbürger.[196] Das Beharren auf Homogenität ist eine Quelle von Fremdenfeindlichkeit.

---

[189] *Lepore* (Fn. 156), S. 546 ff.

[190] *Edward Bernays* in einem unveröffentlichten Papier von Juni 1928 über „ Propaganda and Impropaganda", zitiert nach *Lepore* (Fn. 156), S. 506. S. a. S. 505: „Bernays, ein Neffe Sigmund Freuds, der Freuds Theorie des Unbewussten nutzte, um Unternehmen dabei zu helfen, ihre Waren an amerikanische Konsumenten zu verkaufen".

[191] So meinte *Bernays*: „Die bewusste und zielgerichtete Manipulation der Verhaltensweisen und Einstellungen der Massen ist ein wesentlicher Bestandteil demokratischer Gesellschaften" (*Bernays*, Propaganda: Die Kunst der Public Relations [1928]; dt. 2007, S. 19).

[192] *Lepore* (Fn. 156), S. 503.

[193] *Lepore* (Fn. 156), S. 557.

[194] *Schmitt* (Fn. 30), S. 247.

[195] Ebd.

[196] Vgl. BVerfGE 83, 37 (51).

3. Der tatsächliche Einfluss der Medien

Die demokratische Qualität der öffentlichen Meinung hängt auch davon ab, wie die Konsumenten und Adressaten sie einschätzen. Die Wirkung der Medien ist ungleich. Es macht einen Unterschied aus, ob sich zu einem Thema Kommentatoren seriöser Zeitungen oder des öffentlich-rechtlichen Rundfunks äußern oder ob die Boulevard-Presse oder die Teilnehmer eines Internetportals einen „shitstorm" auslösen. Es hat ein anderes Gewicht, wenn eine von aktuellen Beschränkungen betroffene Gruppe Nothilfe des Staates fordert, als wenn die Verbände prosperierender Wirtschaftszweige sich vorsorglich gegen Veränderungen wehren, die in der politischen Diskussion gefordert werden. Wenn Religionsgemeinschaften für sich Freiheiten verlangen, deren Ausübung andere belastet, ist ein Konsens nur schwer zu erreichen.

Walter Lippmann hat über die Presse (die seinerzeit die unbestritten wichtigste Quelle der öffentlichen Meinung war) geschrieben, sie sei

> „sehr viel schwächer, als die demokratische Theorie bis jetzt angenommen hat. Sie ist zu schwach, um die ganze Last der Volkssouveränität zu tragen und spontan die Wahrheit zu unterstützen, von der die Demokraten hofften, dass sie eingeboren sei."[197]

Für die Bewertung von Beiträgen in den *Internet-Foren* sollte z.B. ins Gewicht fallen, dass es in den elektronischen Medien sehr leicht ist, eine große Zahl von Anhängern zu gewinnen. Ein erheblicher Teil der (jüngeren) Bevölkerung wendet sich von den traditionellen Medien ab, informiert sich im Netz und äußert sich dort. Der eigene Einsatz ist minimal, für die durch Knopfdruck geäußerten Sympathiebekundungen braucht niemand später einzustehen, und man kann die Meinung sofort wieder ändern. Die massenhafte Zustimmung, die manche Äußerungen in sozialen Netzen finden, wird oft noch dadurch verstärkt, dass sie in gedruckten Medien oder im Rundfunk aufgegriffen werden.

Der tatsächliche Einfluss der Medien wird wohl vielfach überschätzt. *Klaus von Beyme* hat darauf hingewiesen, dass ein solcher Einfluss „vorwiegend im Bereich der symbolischen Politik und bei der Entlarvung von Skandalen" untersucht worden ist; „in der Sphäre effektiver Entscheidungspolitik" sei der Einfluss der Medien auf die Politik „eher bescheiden". Bei „Routinepolitik" überwiege die Bestimmung der Agenda durch Parteien und Interessengruppen, bei „Innovationspolitik" hingegen lasse sich „ein beträchtlicher Anteil des Agenda-Setting auf die Medien und die neuen sozialen Bewegungen zurückführen".[198] Diese Beobachtung dürfte zutreffen.

---

[197] *Lippmann* (Fn. 139), S. 246.

[198] *Von Beyme*, Die Massenmedien und die politische Agenda des parlamentarischen Systems, in: Neidhardt (Hrsg.) (Fn. 7), S. 320 ff. (334).

Die *Parteien* nehmen die in der Öffentlichkeit (einschließlich Internet) geäußerten Meinungen sehr sorgfältig zur Kenntnis – aber sie berufen sich verständlicher- und legitimerweise im Außenverhältnis nur auf diejenigen Meinungsströme, die ihre jeweilige Position stützen oder der die Mehrheit der Parteiführung zuneigt, und ringen allenfalls intern um die richtigen Weichenstellungen. Im besten Fall bündeln Parteien oder auch Gewerkschaften und Verbände die divergierenden Ströme der öffentlichen Meinung, so dass Alternativen deutlich werden. Unwahrscheinlich ist es hingegen, dass in dem öffentlichen Diskurs konkrete Lösungen erarbeitet werden, die von der Politik nur übernommen werden müssten. Wenn gleichwohl von Experten ausgearbeitete Lösungsvorschläge – z.B. „Alternativgesetze" – in der Öffentlichkeit allgemeinen Beifall finden, ist das ein Ausnahmefall. Interessenverbände betreiben ihre Lobbyarbeit regelmäßig hinter den Kulissen (und gelegentlich durch Anzeigenkampagnen).

Für Politiker, die von ihrer Sache überzeugt sind, liegen in dieser Situation sowohl Chancen wie auch Risiken. Starke Persönlichkeiten setzen ihre Meinung auch vermeintlich überwiegenden öffentlichen Stimmen und Stimmungen entgegen. Schwache Politiker und solche, die von ihren Parteien nicht hinreichend unterstützt werden, weichen schnell vor öffentlicher Kritik zurück, auch wenn deren Repräsentativität zweifelhaft ist. Dass Entscheidungsverantwortliche, insbesondere die gewählten Volksvertreter, die öffentlich geäußerten Meinungen genau beachten sollten, ist selbstverständlich, aber sie handeln politisch unklug, wenn sie diese Meinungen und die gefühlte Stimmung nicht jeweils kritisch überprüfen und dabei z.B. auf „strukturelle Asymmetrien"[199] achten. Wer als gewählter Volksvertreter die Art und Weise seiner Amtsausübung ganz von einer öffentlichen Meinung oder von den Ergebnissen demoskopischer Umfragen bestimmen lässt, verstößt gegen ein Grundgebot der repräsentativen Demokratie – verfassungsrechtlich gesprochen, gegen die in Art. 38 Abs. 1 Satz 2 GG betonte Pflicht, dem ganzen Volke zu dienen. Das erfordert zwar, von den Meinungen im Volke Kenntnis zu nehmen, aber eben auch, sich auf dieser Grundlage eine eigene Meinung zu bilden.

4. *Interaktionen zwischen Staat und Öffentlichkeit*

Die Trennung der Sphären „Staat" und „Öffentlichkeit", die den Angelpunkt der staatstheoretischen Betrachtung darstellt, bedeutet nicht, dass es keine gegenseitige Beeinflussung geben darf. Festzustellen ist vielmehr, dass einerseits die Repräsentanten des Staates immer wieder versuchen, in die Sphäre der gesellschaftlichen Öffentlichkeit hineinzuwirken, andererseits Teile dieser Öffentlichkeit auf dem Wege sind, die Macht der staatlichen Organe und Amts-

[199] *Schmidt-Aßmann* (Fn. 87), 6. Kap. Rn. 168, S. 371.

walter zu unterwandern, und dass diese Interaktionen (im Rahmen der Verfassung) legitim sind.

Ernst-Wolfgang Böckenfördes Diktum, dass „der freiheitliche, säkularisierte Staat von Voraussetzungen lebt, die er selbst nicht garantieren kann“,[200] steht diesen Bemühungen nicht entgegen. Es spricht nichts dagegen, dass sich der Staat um eine Stärkung der „vorverfassungsrechtlichen“ Bauelemente der Demokratie bemüht, auch wenn der Erfolg solcher Anstrengungen nicht sicher ist.[201] *Böckenförde* hat sich über diese Bedingungen gelingender Demokratie ausführlich geäußert. Wären sie illegitim, müssten große Teile des Bildungs- und Erziehungwesens aufgegeben werden.

a) Inhaltliche Einbindung der Öffentlichkeit

Die näherliegende Form der Einwirkung des Staates auf den öffentlichen Diskurs und die öffentliche Meinung besteht darin, dass der Gesetzgeber die Wahrnehmung gesellschaftlicher Freiheiten unter bestimmten Voraussetzungen einschränkt – so wie er das auch sonst in allen Bereichen des Zusammenlebens unternimmt. Keine Freiheit ist unbegrenzt und ohne Rücksicht auf die Freiheiten anderer garantiert; der Gesetzgeber legt diese Grenzen in justiziabler Form fest. Dementsprechend sind die verfassungsmäßigen Grenzen der Grundrechte im geltenden Zivil- und Strafrecht bestimmt. Eine Schranke dieser Schranken bildet das Zensurverbot des Art. 5 Abs. 1 Satz 3 GG.

Auch die Freiheit von Forschung und Lehre ist verfassungsrechtlich geschützt; wer sie durch öffentliche Äußerungen einschränken oder behindern will, verstößt gegen Art. 5 Abs. 3 GG, und auch hier wirkt das Grundrecht nicht nur gegen den Staat, sondern entfaltet auch Drittwirkung gegen Private.

b) Rechtsregeln für das Internet

Auch die Nutzung des Internets unterliegt rechtlichen Regeln. Diese Aussage kollidiert mit der Philosophie des Internets als eines rechtsfreien Raumes der uneingeschränkten weltweiten Kommunikation, wie sie in den Anfangszeiten des Netzes vertreten wurde.[202] Das neue technische System strahlte eine bis dahin ungekannte Faszination aus; in der „Online-Welt“ schien den Benutzern – anonym, pseudonym oder personalisiert – jede Form des elektronischen Austausches mit anderen (und jede Form von Verstoß gegen „analoges“ Recht) freizustehen; niemand wurde für seine Beiträge verantwortlich gemacht.[203] Diese

[200] *Böckenförde* (Fn. 10).

[201] S.a. oben bei Fn. 10.

[202] Dazu *Rinken* (Fn. 28), S. 60 f. m.w.N. in Fn. 178–181.

[203] Anschaulich dazu *Bender*, So schadet uns das Internet, Frankfurter Allgemeine Zeitung v. 2.2.2021.

naive Vorstellung von der Freiheit im Netz wurde bald als Irrtum erkannt; heute ist sie auch durch die Erfahrung überholt, dass immer mehr Menschen im oder mit dem Internet beleidigt, betrogen und sonstwie geschädigt worden sind. Die Hoffnung, dass sich im Netz lauter Foren eines in der Sache harten, in der Form aber zivilisierten Diskurses über politische und soziale Fragen entwickeln würden (mit dem Ziel, Lösungen zu finden), ist längst enttäuscht. Die Beleidigten und Geschädigten haben die Gerichte zu Hilfe gerufen, und die Gesetzgeber mussten Regeln erarbeiten, um die Nutzung der Internetangebote – insbesondere der sozialen Netzwerke – in akzeptable Bahnen zu lenken. Eines dieser Regelwerke ist das Netzwerkdurchsetzungsgesetz, das den Plattformbetreibern auferlegt, rechtswidrige Inhalte auszusondern und zu löschen.[204]

Dieses Gesetz soll dem Schutz der Rechte von Individuen dienen, die sich am Austausch über das Netz beteiligen und die von anderen Nutzern in ihren Rechten beeinträchtigt werden. Es setzt also beim Rechtsschutz der Einzelnen an, nicht bei der Sorge um die demokratische Qualität der Internet-Kommunikation. Dass es auch zur inhaltlichen und stilistischen Verbesserung der öffentlichen Diskurse beitragen kann, ist eine erwünschte Nebenfolge, prägt aber das in dem Gesetz bestimmte Instrumentarium nicht. Kritiker des NetzDG befürchten, dass die „Säuberung“ der Portale von Beleidigungen und Hassreden der öffentlichen Kommunikation gerade schaden werde. Die Betreiber könnten zur Vermeidung von Streitigkeiten mit den Behörden dazu neigen, über ihre gesetzlichen Pflichten hinaus mehr Inhalte zu löschen und damit nicht nur Einzelne zu diskriminieren, sondern es auch der Öffentlichkeit unmöglich zu machen, die ganze Fülle der Meinungen zur Kenntnis zu nehmen. Für den Gesetzgeber stellt sich die Lage jedoch so dar, dass der rechtliche Schutz der Betroffenen nötig ist, während die Sorge vor übermäßiger Bereinigung der sozialen Netze bisher wohl unbegründet war und jedenfalls nicht dadurch ausgeräumt werden kann, dass man Opfern von Hassreden und Diskriminierung den nötigen Schutz verweigert.

Die Kontroll- und Löschungspflicht der Telemediendiensteanbieter (§ 3 NetzDG) begründet keine staatliche Zensur im Sinne von Art. 5 Abs. 1 Satz 3 GG; der Gesetzgeber weist den Betreibern hier vielmehr eine spezielle zivilrechtliche Befugnis zur Verhinderung von Rechtsverletzungen Dritter zu. Dass die Internetbetreiber dabei einen quasi-gerichtlichen Apparat zur Streitbeilegung aufbauen mussten, liegt in der Natur der Sache: Sie sind „näher“ an den Streitfällen und können hinreichend schnell agieren. Die Maßstäbe für die Korrekturen können nicht autonom entwickelt werden, sondern sind dem staatlich gesetzten Recht zu entnehmen, und die staatlichen Gerichte bleiben im Hintergrund zuständig. So wie auf anderen Rechtsgebieten private Schiedsgerichte

[204] Gesetz zur Verbesserung der Rechtsdurchsetzung in sozialen Netzwerken (Netzwerkdurchsetzungsgestz – NetzDG) v. 1.9.2017 (BGBl. I S. 3352).

dem staatlichen Rechtsschutz vorgeschaltet werden, ist die Mehrstufigkeit und teilweise „Privatisierung“ des Rechtsschutzes auch für Internetstreitigkeiten praktisch angemessen und verfassungsrechtlich nicht verboten.

Das Europäische Parlament und der Rat haben sich im März/April 2022 auf neue Rechtsakte geeinigt, die einen strengeren Schutz der Rechte von Internet-Nutzern gewährleisten sollen. In Gesetzen über digitale Dienste (Digital Services Act)[205] und über digitale Märkte (Digital Markets Act)[206] werden Standards für einen „sichereren und offeneren digitalen Raum“ gesetzt und gleiche Wettbewerbsbedingungen für Unternehmen angestrebt. „Die Plattformen müssen besser moderieren, ihre Regeln müssen klarer werden, und sie müssen professioneller mit Beschwerden umgehen“, sie müssen „illegale Produkte, Dienstleistungen oder Inhalte umgehend entfernen, nachdem sie gemeldet wurden“.[207] Für deutsche Nutzer sind diese Pflichten „wohl keine Revolution“,[208] aber über Einzelfragen und über die wirksame Durchsetzung wird mit Sicherheit weiter gestritten werden.

Dass die „digitalen Produktionsmittel“ vergesellschaftet oder sogar verstaatlicht werden könnten, ist nicht zu erwarten. Vereinzelt wird jedoch gefordert, die „Qualitätsmedien, die sich der mit der Pressefreiheit verbundenen Verantwortung bewusst sind,“ gegen die Konkurrenz der sozialen Medien zu schützen. So spricht *Stefan Müller-Doohm* von einer – von ihm selbst als „heikel“ empfundenen – „Schutzpflicht des Gesetzgeber für ein an Qualitätsstandards orientiertes, öffentliches Mediensystem“ und fragt darüber hinaus, „wie die digitalen Konzerne in die Verantwortung genommen werden können“. Dazu schlägt er einen „Ethikrat für die Plattformkonzerne“ vor.[209] Dessen Wirkungsmöglichkeit mag man bezweifeln; einen Versuch wäre es aber wert. Die freiwillige Selbstkontrolle der Presse in Gestalt des Deutschen Presserates[210] übt

---

[205] Vorschlag für eine Verordnung des Europäischen Parlaments und des Rates über einen Binnenmarkt für digitale Dienste (Gesetz über digitale Dienste) und zur Änderung der Richtlinie 2000/31/EG v. 15.12.2020, COM (2020) 825 final.

[206] Vorschlag für eine Verordnung des Europäischen Parlaments und des Rates über bestreitbare und faire Märkte im digitalen Sektor (Gesetz über digitale Märkte) v. 15.12.2020, COM (2020)842 final.

[207] Hans-Bredow-Institut für Medienforschung (Stellungnahme von *Matthias C. Kettemann*), Was ist vom neuen Digital Services Act DSA zu halten?, www.leibniz-hbi.de (Abruf 29.4.2022); dort auch weitere Details.

[208] *Kettemann* aaO. (Fn. 207).

[209] *Müller-Doohm*, Rückzug in den geschlossenen Raum (Rezension des Sammelbandes von *Seeliger/Sevignani* [Fn. 8], Neue Zürcher Zeitung v. 27.1.2021.

[210] Der Deutsche Presserat wird von der Bundesregierung mit mehr als 200.000 Euro jährlich gefördert (Wikipedia-Artikel „Deutscher Presserat“, aufgerufen am 14.3.2022). Für „Telemedien“ gilt alternativ der Medien-Staatsvertrag v. 7.11.2020; in § 19 sind diese Medien auf die „anerkannten journalistischen Grundsätze“ verpflichtet, deren Einhaltung die Landesmedienanstalten überwachen.

immerhin einen gewissen Einfluss aus – freilich nicht auf diejenigen Medienorgane, die besonders hartnäckig gegen den Pressekodex verstoßen.[211]

c) Die Expansion der Verwaltungsöffentlichkeit

Die künstlich geschaffene Öffentlichkeit der Verwaltung (s. oben II. 5.) ist in der Regel eher als eine Teilöffentlichkeit anzusehen, die neben anderen, dynamischeren Kräften an dem allgemein-politischen öffentlichen Diskurs teilnimmt. Die gezielte Beteiligung von Betroffenen und Wissenschaftlern, Wirtschaftsvertretern und sozialen Gruppen an den Aktivitäten der Verwaltung wirkt auf die öffentliche Meinung nur begrenzt ein und bleibt im Großen und Ganzen ein interner Austausch zwischen amtlichen und gesellschaftsgebundenen Experten.

Diese Form konstruierter Öffentlichkeit verdient allerdings aus einem anderen Grund Aufmerksamkeit: Das damit eröffnete Feld der „Begleitgremien", Bürgerinitiativen und Expertenvereinigungen erscheint zwar zunächst als ein faszinierendes Experimentierfeld für vertiefte Bürgerbeteiligung an demokratischen Prozessen. Diese „Avantgarde" kann unter günstigen Umständen besonders gehaltvolle Beiträge zur politischen und wissenschaftlichen Diskussion leisten, ist freilich häufig besonders stark an bestimmten Ergebnissen interessiert. Im Extremfall jedoch strebt dieser Sektor der Öffentlichkeit eine grundlegende Veränderung der demokratischen Verfassung an; dies zu verhindern, ist eine Herausforderung der auf der Seite des Staates Verantwortlichen.

Einige der Verbände und Vereine, die sich kritisch mit der Standortsuche für ein Atommüll-Endlager befassen, fordern seit längerer Zeit, nicht nur die Entscheidung über den sicheren Standort eines solchen Deponie-Bergwerks müsse im „gesellschaftlichen" (und nicht nur „politischen") Konsens gefällt werden, sondern schon für das Verfahren der Standortsuche sei ein solcher „breiter" Konsens erforderlich. Kritiker des StandAG sind der Ansicht, dass schon der Gesetzgebungsprozess über diese Materie nur mit Zustimmung der „Öffentlichkeit" hätte stattfinden dürfen,[212] und als „Öffentlichkeit" sehen sie

---

[211] Berichtet wird, dass die Bild-Zeitung am häufigsten gerügt worden ist; etwa ein Viertel aller vom Presserat ausgesprochenen Rügen gingen an dieses Blatt bzw. seinen Online-Auftritt (Wikipedia [Fn. 210], aufgerufen am 14.3.2022).

[212] Vgl. etwa die Stellungnahme des Deutschen Naturschutzringes in der Anhörung der Kommission Lagerung hoch radioaktiver Abfallstoffe am 3.11.2014, vorgetragen von *Dr. Helmut Röscheisen*, zu 2.; wo es u.a. heißt: „Das StandAG setzt einseitig auf den Gesichtspunkt demokratischer Legitimität […] Eine echte Beteiligung, die auch eine gesetzlich zwingende Wirkung hätte, ist im Gesetz nicht vorgesehen" (Kommissions-Drucksache 54, S. 2). Noch radikaler in der Abwertung des verfassungsmäßigen Entscheidungsverfahrens *Reinhard Ueberhorst*, der jeglicher parlamentarischer oder plebiszitärer Entscheidung schon über das Verfahren der Endlagersuche eine „gesellschaftliche" (d.h. von den Umweltverbänden dominierte) Willensbildung und Konsensfindung vorschalten will (in einem Vortrag vom

sich selbst und andere Umweltschutzverbände sowie die betroffenen Regionen und deren Einwohner an. Gefordert wurde u.a. auch, „der Öffentlichkeit ein Recht auf Beanspruchung der Einholung von Expertisen und Gutachten zu bestimmten Fragestellungen zu gewähren“ und ein Mitspracherecht in Bezug auf Auftragsvergaben der Behörden einzuräumen. „Organisierten Teilen der Öffentlichkeit, die sich in besonderer Weise in das Verfahren einbringen wollen“, solle „ein Budget zur Finanzierung eigenständiger Beauftragung von Sachverständigen zur Verfügung gestellt“ werden. Auch sollten „bis zu einem gewissen Grade auch Kosten für die Schaffung der organisatorischen Voraussetzungen einer effektiven und umfassenden Beteiligung solcher Gruppen übernommen bzw. erstattet werden können“.[213] Ginge es danach, würden sich die Umweltverbände als eine zweite Säule der Demokratie neben Parlament, Regierung und Verwaltung etablieren; sie wollen, dass der Staat sie als eine nur durch eigene Aktivität und Zustimmung ihrer Mitglieder legitimierte *Gegenverwaltung* einrichtet und finanziert.

Indem der Gesetzgeber das Ziel eines „breiten gesellschaftlichen Konsenses“ und der „Tolerierung“ der Entscheidung durch die Betroffenen in die „Grundsätze der Öffentlichkeitsbeteiligung“ (§ 5 Abs. 1 StandAG) aufgenommen hat, hat er solche Erwartungen der Verbände gefördert, ohne sogleich klarzustellen, dass die Entscheidung von der Mehrheit des Deutschen Bundestages gefällt werden muss (so aber die eindeutige Aussage in § 20 StandAG). Auf jeden Fall bewirkt die starke Stellung, die das Gesetz der „neuen Öffentlichkeit“ einräumt, dass Entscheidungen der zuständigen Staatsorgane erschwert und verzögert werden können – was bei einem auf Jahrzehnte angelegten Prozess wie der Endlagersuche erträglich erscheinen mag, bei anderen Gegenständen staatlicher Aktivität jedoch zur Belastung werden kann. Reformen werden auf diese Weise immer schwerer durchführbar, die Verantwortung für die Ergebnisse des Staatshandelns verschwimmt.

Auch das Nationale Begleitgremium ist ein institutionelles Kunstprodukt, das unter dem Aspekt der demokratischen Legitimation kritisch betrachtet werden muss. Es wird von der Exekutive ins Leben gerufen und lebt von den Ressourcen, die ihm die Allgemeinheit, vermittelt durch Parlament und Regierung, zur Verfügung stellt. Es führt in Gestalt der Bürgervertreter Personen zusammen, die sonst nicht zusammenkämen und die zunächst keine fundierte

20.6.2015 unter der Überschrift „Demokratische Atommüllpolitik oder Zustimmungsmanagement und simulierte gesellschaftliche Verständigung – eine kritische Wahrnehmung der Arbeit der StandAG“, zugänglich unter www.ausgestrahlt.de/media/filer_public/bd/af/bdaf04fd-Ba25-434f-9839-d23da47c5b60/ (letzter Aufruf 25.8.2022).

[213] Stellungnahme von Rechtsanwalt *Dirk Teßmer* in der Anhörung am 3.11.2014 (Kommissions-Drucksache 52, S. 5). *Reinhard Ueberhorst* reklamiert zur Begründung der Forderung nach Ressourcen für die interessierte Öffentlichkeit eine „Meinungserarbeitungsfreiheit“ (s. das in der vorigen Fn. zitierte Papier).

eigene Position in den politischen Diskurs einbringen. Wenn der Gesetzgeber tatsächlich meinen sollte, schon das notwendige Vertrauen in die Korrektheit der Verfahrensgestaltung durch die Behörden müsse erst durch Etablierung einer solchen unabhängigen Kontrollinstanz „ermöglicht werden", lässt er starke Zweifel an der Kompetenz und dem Rechtsbewusstsein der staatlichen Stellen erkennen – oder handelt opportunistisch, unter dem Druck der Verbände. Dass der immer weitere Ausbau einer derartigen Kontrolle das vorhandene Misstrauen unter Umständen nicht abbauen, sondern im Gegenteil verstärken wird, war den Autoren dieser Konstruktion offenbar nicht bewusst.

Ob das Versuchsprojekt StandAG sich als Weiterentwicklung der demokratischen Staatsform bewährt, ist also offen. Man wird in den nächsten Jahren prüfen, ob die dringend notwendigen Entscheidungen trotz der komplizierten und in wichtigen Details offenen Verfahrensweisen zustande kommen und eine effektive Lösung der gestellten Aufgabe erlauben.

VI. Fazit und Ausblick

Am Anfang dieser Überlegungen stand die Frage: Leistet „Öffentlichkeit einen hinreichenden Beitrag zum demokratischen Willensbildungs- und Entscheidungsprozess und damit zum gerechten Ausgleich zwischen den beteiligten Interessen und zwischen Mehrheits- und Minderheitspositionen? Darauf ist nunmehr zurückzukommen.

1. Das Ideal des herrschaftsfreien Diskurses und die Realität der Volks- und Staatswillensbildung

Gemessen am Ideal eines rationalen, herrschafts- und manipulationsfreien Diskurses ist die öffentliche Meinung in Deutschland (und vermutlich auch in den meisten anderen demokratischen Staaten) defizitär. Abgesehen davon, dass in aller Regel keine sichere Feststellung der Mehrheitsmeinung möglich ist (s. oben IV. 4./5.), spiegeln die Meinungsströme zu relevanten Teilen unzuverlässige, empirisch nicht begründete Positionen und oberflächliche, nicht hinreichend abgewogene Ansichten; zudem wechseln sich immer wieder miteinander unvereinbare Sichtweisen ab.

Die Art und Weise der Vermittlung zwischen den in der Öffentlichkeit (und in den neuen Medien!) feststellbaren Meinungsströmen und der verfassungsrechtlich geregelten Staatswillensbildung bleibt trotz vieler Bemühungen weitgehend unbekannt; die Prozesse verlaufen jeweils ganz unterschiedlich und kaum prognostizierbar. Gewiss beeinflussen öffentliche Stimmungen die Beratungen der parlamentarischen Gremien und der Regierungen in erheblichem

Maße, aber eben mit unterschiedlicher inhaltlicher Tendenz und durchaus nicht zwingend nach dem Maßstab der „Meinungsstärke", also der (vermuteten) Zustimmungsrate der Bevölkerung.

Wenn *Habermas* gemeint hat, im Parlament „etabliere" der bürgerliche Rechtsstaat „die politische fungierende Öffentlichkeit als Staatsorgan, um den Zusammenhang von Gesetz und öffentlicher Meinung institutionell zu sichern", so dürfte dies schon für den vergangenen Zustand, eben die bürgerliche Gesellschaft und ihren Staat, eine fragwürdige Verknüpfung sein. Die Umwandlung von öffentlicher Meinung in staatliche Entscheidungen (Gesetze) ist hier zu kurzschlüssig und unempirisch gedacht.[214]

Unter diesen Umständen fällt es schwer, die öffentliche Meinung mit *Landshut*[215] und anderen als „Ursprung aller Autorität der für die Gesamtheit verbindlichen Entscheidungen" anzuerkennen. Zum „Ursprung" dieser Autorität gehört zumindest auch das (gelebte!) Prinzip der Repräsentation, das den gewählten Staatsorganen die Befugnis zur verbindlichen Ausgestaltung der politischen Ordnung zuweist.

Jürgen Habermas hat in seiner jüngsten Publikation zu diesem Thema Schlussfolgerungen gezogen, wie sie auch in staatsrechtlicher Sicht gezogen werden müssen: „Die massenmedial gesteuerte Meinungsbildung generiert im zerstreuten Publikum der Staatsbürger einen Plural von *öffentlichen Meinungen.*" Erst die gewählten Mitglieder der Parlamente können „nach demokratischen Verfahren *miteinander* beraten und entscheiden. Erst in den repräsentativ zusammengesetzten Vertretungskörperschaften und den anderen staatlichen Institutionen, besonders formell in den Gerichten, sind die Regeln der Geschäftsordnung auf jenes deliberative Format der Meinungs- und Willensbildung zugeschnitten, welches die Vermutung auf mehr oder weniger rational akzeptable Mehrheitsentscheidungen begründet."[216]

2. Die verbleibende Bedeutung von Öffentlichkeit und öffentlicher Meinung für die demokratische Verfassung

Die lange Liste der Unzulänglichkeiten, die mit dem Erscheinungsbild von Öffentlichkeit und öffentlicher Meinung verknüpft sind, könnte dazu führen, die Bedeutung von Öffentlichkeit für die demokratische Verfassung geringer einzuschätzen als es in Gerichtsentscheidungen und politischen Sonntagsreden geschieht. Ist die Meinungsfreiheit wirklich „für eine freiheitlich-demokratische Staatsordnung schlechthin konstituierend", und wie steht es tatsächlich mit der

---

[214] *Rinken* (Fn. 28), S. 13.
[215] *Landshut* (Fn. 13), S. 586.
[216] *Habermas* (Fn. 8), S. 477.

„ständigen geistigen Auseinandersetzung", dem „Kampf der Meinungen", von dem das BVerfG spricht?[217] Fördert die Öffentlichkeit die Teilhabe der Bürgerinnen und Bürger an den politischen Auseinandersetzungen in dem Sinne, wie z.B. das Landestransparenzgesetz Rheinland-Pfalz es will?[218]

Die pathetischen Aussagen des Gerichts sind normativer Art, die Vorstellungen von dem öffentlichen Wettstreit der Meinungen können nicht als Abbild einer wo auch immer zu verortenden Realität verstanden werden. Öffentlichkeit soll nach ihrer staatsphilosophischen Grundidee die Handlungen und Entscheidungen der Staatsorgane im Sinne stärkerer Orientierung am Gemeinwohl beeinflussen und die Staatsorgane kontrollieren; das bewirkt sie im Idealfall, wenn sie die Ansichten der verschiedenen Gruppen des Volkes möglichst repräsentativ zur Geltung bringt. Ob dies tatsächlich gelingt, ist angesichts der Vermachtung großer Teile der Öffentlichkeit ungewiss. Die Verfassungstheorie des Öffentlichen unterliegt also „einer spezifischen ‚Idyllegefahr', der Gefahr nämlich, die Vermachtungsstrukturen *in* der pluralistischen Öffentlichkeit, *in* den Gemeinwohlbeschwörungen und *in* den öffentlichen Verfahren nicht zu sehen oder weitgehend auszublenden".[219]

Die hinter dem Ideal zurückbleibende Wirklichkeit ist indessen kein hinreichendes Argument gegen das Ideal.[220] Gerade wenn die Orientierung am Gemeinwohl verstärkt werden soll, kommt es darauf an, die tatsächlichen Verhältnisse und also auch die Entstehung und Ausrichtung der Öffentlichkeit so klar wie möglich wahrzunehmen und sich darauf einzurichten.

Ein Faktum kann auch ohne vertiefte sozialwissenschaftliche Untersuchung festgestellt werden: Es stellt eine große Errungenschaft der Demokratiegeschichte dar, dass es in vielen Staaten überhaupt eine lebendige Öffentlichkeit und eine vielfältige öffentliche Meinung gibt – unabhängig davon, wie diese Öffentlichkeit und die von ihr produzierte öffentliche Meinung inhaltlich zu qualifizieren ist. Damit sind ständige Anstöße, Forderungen und Appelle an die staatlichen Organe sichergestellt, und die Kontrolle des Staatshandelns ist im Ansatz gewährleistet. Die politische Öffentlichkeit fungiert auch als „Warnsystem", das Störungen im Verhältnis der Bürger zueinander und zum organisierten Gemeinwesen aufzeigt.[221] Anders gesagt: Es kommt mehr darauf an, *dass* eine öffentliche Meinung sich frei entfalten kann als *welche Inhalte* darin dominieren.

Gleichwohl bleibt auch die Frage, ob es neuer rechtlicher Regelungen bedarf, um mit der Entwicklung der öffentlichen Kommunikation mitzuhalten und Fehlentwicklungen zu korrigieren. Eine Antwort muss – über die obigen

---

[217] BVerfGE 7, 198 (208) (Lüth-Urteil).
[218] S. oben bei Fn. 21.
[219] *Rinken* (Fn. 28), S. 63.
[220] Vgl. nochmals *Peters* (Fn. 7).
[221] Dazu auch *Habermas*, Faktizität (Fn. 1), S. 435 ff., 438.

Andeutungen (V. 4. b)) hinaus – insbesondere für den Bereich der Internetkommunikation erarbeitet werden.

3. Gegenöffentlichkeit?

Politiker haben immer versucht, auch aus staatlichen Funktionen heraus auf die öffentliche Meinung einzuwirken. Die heute geltenden verfassungsrechtlichen Einschränkungen (s. oben IV. 2. e)) sind Ausdruck eines hohen politisch-ethischen Anspruchs an die Inhaber von Staatsämtern, aber sie sind keineswegs selbstverständlich. Es lässt sich auch bezweifeln, ob die „Gefechtslage" in der Auseinandersetzung der politischen Parteien heute (noch) so ist, wie es das BVerfG anzunehmen scheint, dass nämlich Regierungsmitglieder bei dem Wettbewerb um die Aufmerksamkeit des Publikums stets im Vorteil sind.[222] Bisweilen drängt sich bei der Lektüre der Zeitungen der Eindruck auf, dass bei Spitzenpolitikern ein Malus einkalkuliert wird.

Wenn rechtliche Einschränkungen nicht in Betracht kommen oder nicht durchsetzbar erscheinen und politisch-moralische Fairness-Appelle wirkungslos bleiben, wird man auf andere Instrumente sinnen. Öffentlichkeitsarbeit von Regierungen und Behörden kann in gewissem Maße befriedend wirken, erreicht aber nicht die radikal kritischen Gruppen, die ihre Existenzberechtigung gerade aus der harten Kontroverse mit allen Personen und Institutionen herleiten, die sie als „Staat" bezeichnen. Gegen Wut und Empörung sind auch Einrichtungen der politischen Bildung machtlos.

Wie schwer es den staatlichen Organen fällt, Unterstützung für ihre Politik gegen emotional aufgewählte Gruppen zu gewinnen, zeigen die Auseinandersetzungen mit den radikalen Gegnern der Corona-Abwehrmaßnahmen und Impfverweigerern. Die Proteste gehen von einem kleinen Teil der Bevölkerung aus, erreichen aber Hunderttausende Menschen, die sich davon beeindrucken lassen, mit welcher Entschiedenheit und Hartnäckigkeit die Initiatoren ihre überwiegend irrationalen Ansichten vertreten. Obwohl die Medien überwiegend die Regierungspolitik für angemessen hielten, trugen sie ungewollt zur Verbreitung der „Fake News" bei. Einzelne politische Gruppen verstärken die Empörung der Corona-Leugner, zum Teil vermutlich wider besseres Wissen.

Trotz der bisweilen in dem Radikalprotest zum Ausdruck kommenden Staatsfeindlichkeit sind auch die Mittel des *Verfassungsschutzes* kaum geeignet, die entsprechenden Teile der Öffentlichkeit in relevanter Weise zu beeindrucken.

---

[222] Vgl. nochmals BVerfGE 154, 320 (337 Rn. 50) (oben Fn. 136).

Die Ämter für Verfassungsschutz sollen sich mit extremistischen „Bestrebungen" befassen und bei der Abwehr von Gefahren für die staatliche Ordnung mitwirken, aber schon ihr Erscheinungsbild als Geheimdienste macht es den radikal-kritischen Bürgern schwer, sich auf ihre öffentlichen Äußerungen einzulassen.

Konturen einer „Gegenöffentlichkeit"[223] sind schon deshalb kaum zu erkennen, weil die „herrschende" öffentliche Meinung nicht wirklich greifbar und daher auch nicht gezielt angreifbar ist. Was als Gegenposition in den öffentlichen Diskurs eingebracht wird, ist immer an einer Teilöffentlichkeit, also einem Teil der öffentlichen Meinung ausgerichtet. Politiker dürfen ihre jeweiligen Positionen nur ohne den Rückhalt amtlicher Befugnisse vertreten (s. oben IV. 2. e)). Immerhin bleiben der Verwaltung einige Spielräume. So können

> „neutrale Kommunikationsmittler oder dritte Sachexperten unter bestimmten Bedingungen durchaus neue Möglichkeiten der Reflexion, Auseinandersetzung und Verständigung eröffnen. Vielfach wird es der gezielten Aktivierung einer ‚alternativen' oder ‚Gegenöffentlichkeit', der ‚Gegenexpertise' und des ‚Kontrastwissens' bedürfen, wenn Verwaltungsöffentlichkeit ihre kritische und anregende Funktion wirksam wahrnehmen können soll."[224]

In diesen Zusammenhang einer von der Verwaltung selbst konstruierten (Teil-) Öffentlichkeit, die der Kritik und Anregung verpflichtet ist, lassen sich auch die neuen Formen von Partizipation wie das Nationale Begleitgremium nach dem StandAG (s. oben II. 6. c)) einordnen.

4. „*Demokratisierung der Gesellschaft*"?

Die analytische Trennung von Staat und Gesellschaft ist zwar als Ausgangspunkt rechtlicher Zuordnung unverzichtbar und steht auch am Anfang einer jeden Prüfung, ob individuelle Grundrechte durch staatliches Handeln berührt sind. Aber diese Unterscheidung lässt sich nicht durchhalten, wenn es darum geht, gesellschaftliche Macht einzuschränken.

Als Ausweg aus der kontinuierlich ungleichen Verteilung innerhalb der Gesellschaft ist *Ekkehart Stein* zu dem Schluss gekommen, dass „sich das Demokratieprinzip im staatlichen Bereich nicht ohne Demokratisierung der Gesellschaft verwirklichen" lässt.[225] Die Grundrechte verpflichten nach dieser Ansicht die Gesetzgebung, die vollziehende Gewalt und die Rechtsprechung dazu, „auch im Bereich der Gesellschaft für die Verwirklichung der Grundentschei-

---

223 So das Stichwort von *Negt/Kluge*, Öffentlichkeit und Erfahrung: Zur Organisationsanalyse von bürgerlicher und proletarischer Öffentlichkeit, 1972 (hier in anderem Zusammenhang gebraucht).

224 *Rossen-Stadtfeld* (Fn. 77), § 29 Rn. 106.

225 *Stein*, in: Denninger u.a. (Fn. 181), Art. 20 Abs. 1–3 III Rn. 63; s.a. Rn. 31.

dungen zu sorgen, die der Verfassunggeber durch die Normierung der Grundrechte getroffen hat".[226] Auf diesem Wege ist die Verfassungsrechtsprechung mit Hilfe der „Schutzpflicht"-Theorie,[227] von der Literatur gebilligt,[228] inzwischen schon recht weit fortgeschritten. Als politische Konzepte zur „Herstellung einer ausgewogeneren Einflussstruktur" fordert *Stein* auch eine „Änderung des Bewusstseins", die von einer „grundlegenden Reform des Bildungswesens" abhänge.[229] Auf diese Weise könnte auch eine Legitimation des Staates begründet werden, mehr Einfluss auf die Entstehung der öffentlichen Meinung zu nehmen. Seine These leidet aber darunter, dass sie diese Befugnis des Staates nicht klar bestimmt, sondern nur mit einer Großformel umschreibt, die ihrerseits der Interpretation im Lichte der Individualrechte bedarf.

Der gewichtigste Einwand gegen alle Versuche, die Öffentlichkeit auf funktionsgerechte Abläufe zu verpflichten, dürfte darin liegen, dass Öffentlichkeit eben keine Institution ist, „die nach festen Regeln agiert".[230] Sie kann eher als ein „soziales System" bezeichnet werden, das „keine sachlich-gegenständliche Einheit aus Akteuren und Objekten" darstellt, sondern nur einen ziemlich lockeren Zusammenhang von „Kommunikationsakten".[231] Deshalb lässt sie sich nicht (oder nur mit Vorbehalten) „in eine staats- oder verwaltungsrechtliche Systematik einbauen".[232]

5. Chancen und Risiken – eine Zwischenbilanz

Nach der eingangs dieses Artikels zitierten Ansicht von *Arno Scherzberg* ist öffentliche Kommunikation auch „prozeduralisierte Volkssouveränität".

> „Ihr unterfällt nach dem Grundgesetz, das demokratische Herrschaft als fortlaufende Verwirklichung demokratischer Souveränität konzipiert, jegliche Ausübung staatlicher Gewalt. Dazu zählt nicht nur die Gesetzgebung, sondern auch die für die Gestaltung der sozialen Wirklichkeit entscheidende administrative Vermittlung von abstrakten Normgehalten und konkreten Lebenssachverhalten. Soll sich die Meinungs- und Willensbildung der Bürgergemeinschaft auch darauf beziehen können und auch insoweit ein nicht nur ideeller, sondern auch realer Legitimations- und Verantwortungszusammenhang entstehen, lässt sich dies nur durch *fortlaufende kommunikative*

---

[226] *Stein* (vorige Fn.), Rn. 64 unter Berufung auf die Lehre von der objektiven Wertordnung als verfassungsrechtlicher Grundentscheidung (BVerfGE 7, 198 [205] – Lüth-Urteil).

[227] S. u.a. BVerfGE 106,28 (37 f.); 125, 260 (368 f.); 129, 208 (228 f.).

[228] Vgl. etwa *Di Fabio*, in: Dürig/Herzog/Scholz, GG, Art. 2 Abs. 2 Rn. 81; *Durner* ebd. Art. 10 Rn. 143 ff.

[229] *Stein* (Fn. 225), Rn. 30/31.

[230] *Schmidt-Aßmann* (Fn. 87), 2. Kap. Rn. 116, S. 110.

[231] *Scherzberg* (Fn. 10), S. 667.

[232] *Schmidt-Aßmann* (Fn. 87), 2. Kap. Rn. 116, S. 110.

Rückbindung an das Volk herstellen, mithin durch die grundsätzliche Transparenz des Verwaltungshandelns."[233]

Ähnlich hat *Habermas* formuliert:

> „Auch heute verpflichtet die Verfassung des Sozialstaates als einer Massendemokratie die Tätigkeit der Staatsorgane zur Öffentlichkeit, damit ein permanenter Prozess der Meinungs- und Willensbildung wenigstens als freiheitverbürgendes Korrektiv an der Macht- und Herrschaftsausübung wirksam werden kann."[234]

Freilich: So richtig die These ist, dass die notwendige demokratische Legitimation staatlichen Handelns nicht dauerhaft bestehen kann, wenn die Staatsorgane ihre Entscheidungen und Maßnahmen nicht fortlaufend vor dem Volk begründen und rechtfertigen, so wenig ist es angebracht, aus gesellschaftlicher Opposition gegen konkrete Richtungsentscheidungen der staatlichen Politik sogleich auf einen Mangel demokratischer Legitimität zu schließen – jedenfalls solange es sich nicht um langfristige und tiefgreifende Diskrepanzen handelt. Es wäre auch falsch, die Legitimität einzelner Handlungen der Staatsorgane von Rückäußerungen aus dem Volk abhängig zu machen. Die Korrektur von Entscheidungen, die als Fehler angesehen werden, ist verfassungsrechtlich geregelt: Es gibt Verfahrensweisen der nachträglichen Änderung und Aufhebung misslungener Entscheidungen, förmliche Rechenschaftspflichten, die Anrufung der Gerichte einschließlich des Verfassungsgerichts und schließlich Abwahlmöglichkeiten. Deshalb nochmals: *Nicht* verpflichtet sind die Repräsentanten, sich der öffentlichen Meinung kritiklos zu unterwerfen. „Im Gegenteil kann es unter Umständen eine politische Pflicht sein, der öffentlichen Meinung Widerstand entgegenzusetzen".[235]

„Kommunikative Rückbindung an das Volk" kann also nur heißen, dass die öffentliche Debatte nach der getroffenen Entscheidung weitergeht, dass auch Minderheiten von den Akteuren Auskünfte und Rechenschaft verlangen können und das Volk auf diese Weise in die Lage versetzt wird, sich im Hinblick auf die künftigen Wahlen eine Meinung über die gegenwärtige Regierung oder das Parlament zu bilden.[236] Das Wort von der „prozeduralisierten Volkssouveränität" mystifiziert diesen Zusammenhang, und die „Bürgergemeinschaft" – wenn sie denn eine Gemeinschaft darstellt, was man bezweifeln kann – sucht sich die

---

[233] *Scherzberg*, Öffentlichkeitskontrolle (Fn. 10), § 49 Rn. 14 (Hervorhebung im Original).

[234] *Habermas* (Fn. 1), S. 247.

[235] *Hennis* (Fn. 132), S. 30 unter ausdrücklicher Zustimmung zu dieser „älteren Auffassung". Heute folgt eine solche (nicht nur politische, sondern verfassungsrechtliche) Pflicht, wie schon gesagt, aus Art. 38 Abs. 1 Satz 2 GG.

[236] So verstehe ich auch *Rinken*, auf den sich *Scherzberg* m.E. zu Unrecht beruft (*Rinken* [Fn. 28], S. 36). *Rinken* verweist auf das u.a. von *Böckenförde* vertretene Konzept der „responsiven Repräsentation" (*Böckenförde*, Demokratische Willensbildung und Repräsentation, in: Isensee/Kirchhof (Hrsg.), Handbuch des Staatsrechts, Bd. II, 1987, § 30, Rn. 21).

Themen für die Verantwortungsdiskussion (also insbesondere: für Schuldzuweisungen) auch ohne jeden Anstoß aus Politik oder Verwaltung. Unklar ist auch, auf welche Weise der Legitimations- und Verantwortungszusammenhang „real" werden kann[237] – das hieße doch wohl, dass die auf der staatlichen Seite Handelnden vom Volk unmittelbar zurückgerufen oder sanktioniert werden können. Diese Vorstellung ist mit der verfassungsrechtlichen Verantwortungsregelung – kein imperatives Mandat – unvereinbar.

Aber trotz allem: Die Forderung nach Mitwirkung aller – gerade auch der nicht organisierten und nicht parteigebundenen – Bürgerinnen und Bürger (oder vielmehr: Einwohnerinnen und Einwohner) ist politisch unabweisbar geworden. Die heute besser informierten und stärker engagierten Mitglieder des Gemeinwesens wollen und müssen die Chance haben, ihre Meinung in politische Diskurse einzubringen. Und bei aller Kritik an Fehlentwicklungen und Einseitigkeiten ist diese Mitwirkung grundsätzlich geeignet, die staatlichen Entscheidungen inhaltlich günstig zu beeinflussen und politische Macht zu begrenzen. Politik ist umso besser fundiert und findet umso mehr Zustimmung der Betroffenen, je mehr Aspekte der zu behandelnden Probleme sie wahrnimmt und berücksichtigt. Wenn viele ihre Meinung beisteuern, auch wenn sie nicht für die Entscheidungen zuständig sind und keine weitere Legitimation zur Mitwirkung besitzen als die Eigenschaft als Bürger oder Bürgerin, erweitert sich der Horizont der Entscheider.

In einem repräsentativen System sind immer auch Vermittler notwendig, die einen Austausch zwischen den Beteiligten organisieren, die Meinungen filtern und bündeln und unqualifizierte Positionen ausklammern. Durch die Zwischenschaltung von gesellschaftlichen Gruppen und Vereinigungen werden die individuellen Äußerungen zwar nicht entwertet, aber in ihrem Gewicht faktisch verringert. Anders kann – entgegen der Vorstellung von Rousseau – kein Wille des Volkes und des Staates gebildet werden. Auch der engagierte Bürger, der von seinen Rechten und Chancen nach den Informationsfreiheits- und Transparenzgesetzen Gebrauch macht, ist zusätzlich auf die Informationen angewiesen, die ihm die Medien aller Art bieten. Zu den Voraussetzungen für die Bildung einer öffentlichen Meinung gehören heute also auch die staatlich gewährleistete Informationsfreiheit der Bürger und die Transparenz der staatlichen Handlungen, und hinzukommen muss eine aktive Informations- und Kommunikationsarbeit des Staates in Richtung Gesellschaft.

Die Transparenz des Verwaltungshandelns wird jedoch durch die verbreitete Hochstilisierung überbewertet. Sie garantiert für sich allein nicht die Aufklärung von Fehlverhalten oder gar kriminellen Handlungen, und sie wird nur von einem Teil der Bevölkerung genutzt.

---

[237] *Scherzberg* (Fn. 10), § 49 Rn. 14, S. 676.

Solange die Nutzer sich aber nicht auf ihre privaten Angelegenheiten beschränken, sondern als Multiplikatoren in die Allgemeinheit hinein wirken, genügt es für die Intensivierung des politischen Diskurses, dass ein (nicht allzu geringer) Teil diese Möglichkeiten nutzt. Der Teil repräsentiert in gewisser Weise das ganze Volk, auch wenn er dessen Schichtung nicht widerspiegelt. Der Staat soll sich seine Kritiker nicht selbst aussuchen, und der aktive Teil der Gesellschaft bestimmt auch sonst – z.B. in den Parteien und Gewerkschaften – die Richtung und Stärke der jeweiligen Gesamtheit. „Volkspädagogische" Korrekturen an diesen tatsächlichen Verhältnissen werden dem Gesetzgeber allenfalls in bescheidenem Umfang und erst langfristig gelingen.

Wenn der Gesetzgeber aber demokratisch nicht hinreichend legitimierte Gremien wie das NBG zur ständigen Begleitung der Verwaltung einrichtet, begibt er sich in eine kritische Zone. Er verschiebt dann die Gewichte zwischen Staat und Gesellschaft – welche Folgen für die Entwicklung des Gemeinwesens das hat, lässt sich kaum vorhersagen. Eine fragwürdige Neuerung wäre es auch, dass die Durchsetzung der Rechtsordnung nicht mehr nur von den verfassungsmäßigen Organen erwartet würde, sondern zusätzlich von „Hinweisgebern", „die im Zusammenhang mit ihrer beruflichen oder dienstlichen Tätigkeit [...] Informationen über Verstöße erlangt haben".[238] Der Staat muss vermeiden, eine Desintegration der rechtlichen Ordnung zu riskieren. Diese Ordnung – soweit sie sich bewährt hat – stellt sicher, dass der Staat in der Lage ist, seine Aufgaben wahrzunehmen, wenn alle Institutionen ihre Beiträge leisten. Zu dieser Ordnung gehört, dass sich die Staatsorgane gegenseitig kontrollieren, aber nicht dass sie sich dauerhaft blockieren oder gegenseitig die Zuständigkeit bestreiten. Ebendies geschieht in Ansätzen seit einigen Jahren in den USA: Das Misstrauen zwischen Republikanern und Demokraten und ihren jeweiligen Anhängern hat ein Ausmaß angenommen, dass zeitweise die gesamte Gesetzgebung des Bundes lahmgelegt war und die Verwaltung mehrfach stillgelegt wurde. Kontrolle, Aufdeckung von Machtmissbrauch und Korruption und die Kritik an Herrschenden müssen gewährleistet sein, aber bevor kontrolliert und sanktioniert werden kann, müssen Zuständige in eigener Verantwortung (also gerade nicht fremdbestimmt) beraten und entscheiden. Wer diese Reihenfolge umdreht, behindert die Aufgabenerfüllung, vergeudet Ressourcen und erschwert Reformen.

Die Gegenüberstellung von Chancen und Risiken, die durch Öffentlichkeit begründet werden, kann nur vorläufig sein. Die Gesellschaft ist nervös, die Stimmungen schwanken, die Bereitschaft zum Meinungswechsel ist weiter verbreitet denn je.

---

[238] § 1 Abs. 1 der Referentenentwürfe eines HinSchG-E; s. oben bei Fn. 93.

6.

Die Krise der Medien und das Dilemma der Medienkritik

Wie können Zeitungen und Rundfunk ihre demokratische Funktion besser erfüllen?

Unsere Medien: sie werden geliebt und gehasst, aber ebenso oft gescholten; sie sind allgegenwärtig, für den Bestand der Demokratie unverzichtbar, aber in ihren wirtschaftlichen Grundlagen gefährdet, und es ist umstritten, ob sie ihre demokratische Funktion hinreichend erfüllen. Beim Publikum genießen die etablierten Medien – Zeitungen und öffentlich-rechtlicher Rundfunk – zwar überwiegend nach wie vor Vertrauen, ein großer Teil der Konsumenten urteilt aber sehr kritisch über sie.[1] Die Wissenschaft beschäftigt sich seit langem mit den Medienwirkungen und stellt Fehlentwicklungen fest,[2] ohne dass sich Wesentliches geändert hätte. Die Medien selbst reagieren auf Kritik überaus empfindlich und sehen darin Angriffe auf die Meinungsfreiheit; Selbstkritik bleibt die Ausnahme.[3] So ist es durchaus angemessen, nicht nur von einer Krise der Medien, sondern auch der Medienkritik zu sprechen. Am Beispiel einer neuen Veröffentlichung kann aufgezeigt werden, dass die Beurteilung der gegenwärtigen Zeitungs- und Rundfunklandschaft tiefer greifen sollte als bisher üblich.

---

[1] Dazu die Mainzer Langzeitstudie Medienvertrauen 2019: Medienzynismus weit verbreitet, aber mehr Menschen widersprechen, in: Media Perspektiven 6/2020, S. 322 ff.

[2] S. etwa Schweiger/Fahr (Hrsg.), Handbuch Medienwirkungsforschung, 2013; *Bonfadelli/Friemel*, Medienwirkungsforschung, 6. Aufl. 2017.

[3] Hervorzuheben sind etwa Artikel von *Herbert Riehl-Heyse*: Dum-Dum-Geschosse aus der Schreibmaschine, Süddeutsche Zeitung v. 6./7./8.6.1992, und von *Georg Mascolo*: Was wir dürfen, was wir müssen, Süddeutsche Zeitung v. 22./23.8.2015, sowie: *ders.*, Frei, unabhängig, kritisch, Süddeutsche Zeitung v. 17./18.11.2018.

I. Die „Krise der Medien"

1. Ingo von Münchs Streitschrift

Der emeritierte Staatsrechtsprofessor und frühere Hamburger Bürgermeister *Ingo von Münch* hat im Frühjahr 2020 eine vehemente inhaltliche Kritik medialer Befassung mit politischen Ereignissen und Auseinandersetzungen der letzten Jahre geliefert.[4] Er beschreibt darin mit vielen Einzelbeispielen die Entwicklung „vom engagierten Meinungsjournalismus über den belehrenden, erregten, empörten Journalismus zum Wut- und Hassjournalismus" (wobei er Engagement und Empörung häufig vorfindet, während der Hassjournalismus „noch eine Ausnahme im publizistischen Geschehen" bilde),[5] behandelt aber nicht den strukturellen Wandel der Öffentlichkeit, den *Jürgen Habermas* schon vor fast sechzig Jahren analysiert hat[6] und der seit der Erfindung der „sozialen" Medien neu erörtert wird. Von Münch geht auch nicht auf die Boulevardpresse und das privatwirtschaftliche Fernsehen ein, sondern konzentriert sich auf die seriöse Presse und den öffentlich-rechtlichen Rundfunk; seine Beispiele stammen überwiegend aus der *Frankfurter Allgemeinen Zeitung* und der *Neuen Zürcher Zeitung*. Der wirtschaftliche Niedergang der Regionalpresse und die Konkurrenz der elektronischen Meinungs- und Informationsvermittlung werden erwähnt, aber nicht näher erörtert. Die Kritik richtet sich im Kern gegen die allenthalben vorzufindende Tendenz zur „politischen Korrektheit" mit ihrer vorschnellen Moralisierung und der Verengung auf den jeweiligen Mainstream, ihren „Übertreibungen und Untertreibungen" und dem häufig gerade nicht korrekten Umgang mit Tatsachenbehauptungen. Der übliche „Meinungskorridor" erscheint ihm „eng und langweilig", er erkennt „verrutschte Maßstäbe" und den inflationären Gebrauch des Wortes „Nazi". Kurz: Der Autor ist unzufrieden mit seinen Zeitungen, er wünscht sich einen besseren, vor allem sorgfältigeren und fairer urteilenden Journalismus.

---

[4] *Von Münch*, Die Krise der Medien, 2020.

[5] *Von Münch* (Fn. 4), S. 46.

[6] *Habermas*, Strukturwandel der Öffentlichkeit. Untersuchungen zu einer Kategorie der bürgerlichen Gesellschaft, 1962.

2. *Journalistische Tendenzen und Moden, Ignoranz und Skandalisierung*

Diese Kritik am medialen Mainstream wird von vielen geteilt und ist in verschiedenen Aspekten in der Tat begründet.[7] Viele deutsche und Schweizer Zeitungen huldigen einem Zeitgeist, der kritisch hinterfragt werden müsste. Es wird vorschnell be- und verurteilt, oft bevor die Fakten geklärt sind. Fast immer werden an die Handlungen und Äußerungen politisch tätiger Personen besonders hohe moralische Maßstäbe angelegt. Neben den großen Konflikten der Weltpolitik und den spezifischen nationalen Streitthemen werden unbedeutende Tagesthemen und irrelevante Auseinandersetzungen über Nebensächliches unverhältnismäßig breit ausgewalzt.

Vor allem aber neigen Presse und Rundfunk zur Skandalisierung. Sie berichten über Fehlentwicklungen und das Fehlverhalten Einzelner in moralisierender, oft maßlos übertreibender Weise. Sie praktizieren die Personalisierung von Sachkonflikten und verbreiten mangels Fakten nicht selten nur Gerüchte und Spekulationen.[8] Dass sie politisch Verantwortliche strenger beurteilen als einfache Mitbürger, ist angemessen, aber nicht dass sie sie öffentlich *ver*urteilen, wenn sie nicht wie Heilige leben oder irgendwelche Fehler begehen. Gegen Verschwörungstheorien wird gewettert, aber manche journalistischen Theorien über politische Entscheidungsprozesse unterscheiden sich kaum von populistischen Vorstellungen einer Konspiration der Politiker gegen „das Volk“. Von den wirklichen politischen, wirtschaftlichen und sozialen Zusammenhängen haben viele, die sich öffentlich darüber äußern, nur mangelhafte Kenntnisse.[9]

Wenn es bloß ein Zeichen von Nachlässigkeit wäre, könnte man über manche Formulierungen, die einer missverstandenen politischen Korrektheit geschuldet sind, ohne Kommentar hinweggehen. So mag es relativ unwichtig sein, dass geschichtliche Ereignisse aus heutiger Sicht umdefiniert werden. Von Münch bringt das Beispiel, dass die NZZ einmal meinte, *Immanuel Kant* sei in „Kaliningrad“ geboren.[10] Sein Geburtsort hieß aber bis nach dem Ende des Zweiten

---

[7] S.a. *Bull*, Was soll, was kann Demokratie?, 2018, S. 86 ff. und 167 ff.; *ders.*, Die Krise der politischen Parteien, 2020, S. 60 ff.

[8] Ein (harmloses) Beispiel ist die Berichterstattung über die Suche nach einem Vorsitzenden der CDU und die künftige Kanzlerkandidatur, etwa in: *Rossmann*, Der lachende Zweite, Süddeutsche Zeitung v. 18./19.7.2020 S. 1 (Aufmacher). So wird u.a. der Besuch der Bundeskanzlerin auf Herrenchiemsee als Indiz für die Chance des Bayerischen Ministerpräsidenten gewertet, von der CDU als ihr Nachfolger nominiert zu werden. Angeblich hat auch die Tatsache Bedeutung, dass das „Politbarometer“ den Gesundheitsminister als „beliebtesten CDU-Politiker nach der Kanzlerin“ ausweist. In solchen Umfragen werden aktuelle Aktivitäten und Ausstrahlung bekannter Politiker beurteilt und nicht ihre Qualifikation für andere Ämter.

[9] *Von Münch* (Fn. 4), S. 65 ff.

[10] AaO. (Fn. 4), S. 71 (Zitat NZZ v. 12.7.2018).

Weltkriegs Königsberg, und es nützt niemandem, wenn heute so getan wird, als hätte Ostpreußen im 18. Jahrhundert zu Russland gehört. Oft geht es jedoch um anderes als die historische Wahrheit, nämlich um die Persönlichkeitsrechte lebender Menschen. Immer wieder werden Sachverhalte falsch dargestellt, obwohl sie bei sorgfältiger Recherche richtig wiedergegeben werden könnten und die Beurteilung dann anders ausfiele. Verdachtsmeldungen werden ungeprüft verbreitet, vieldeutige Formulierungen verschleiern komplizierte Sachverhalte, die Rechtssprache wird häufig missverstanden, Mögliches und Wahrscheinliches wird als Tatsache mitgeteilt.[11]

Einige der Beispiele, die Ingo von Münch ausbreitet, sind eher unbedeutend; manche können auch anders bewertet werden als er es tut. So ist es gewiss kein journalistisches Schwerverbrechen, wenn bei der Charakterisierung eines Menschen nicht genau zwischen „rechtsextrem", „rechtspopulistisch" und „rechtsaußen" differenziert wird;[12] ebenso mag man zwar den exzessiven Gebrauch von Begriffen wie „Hetze" und „Hetzer"[13] bedauern, er ist aber weder verboten noch regelmäßig unpassend. Verbale Hetze kann zu körperlicher Gewalt führen. Von Münch zitiert hier zu Recht die Bundeskanzlerin, als sie nach dem Mord an dem Kasseler Regierungspräsidenten Walter Lübcke erklärte: „Sprache kann zu Hetze, Hetze zu Taten werden".[14]

Welch schwerwiegende Folgen die ungenaue Darstellung tatsächlicher Zusammenhänge und darauf gegründete Medienaktionen haben können, zeigen in aller Dramatik die Geschichte des Bundespräsidenten *Christian Wulff*, der um die Jahreswende 2011/2012 in einer wahren Verleumdungskampagne aus dem Amt gedrängt wurde – wegen angeblicher Vorteilsannahme und ähnlicher Vorwürfe, die im Strafverfahren mit einem vollständigen Freispruch ausgeräumt wurden, freilich viel zu spät, nach dem unbegründeten Rücktritt des Betroffenen –[15] oder der Sturz des Hamburger Innensenators *Hartmuth Wrocklage* im Mai 2001 nach einem „Wust von Unterstellungen und anonymen Vorwürfen".[16]

---

[11] Dazu schon *Bull*, Zur Arbeitsweise der Medien – Erfahrungen eines Amtsträgers, in: Rundfunk und Fernsehen 1983/84, S. 337–348. Ich habe dort mit Beispielen aus der alltäglichen Arbeit einer auf Öffentlichkeit angewiesenen staatlichen Stelle dargestellt, wie die Arbeit des Bundesbeauftragten für den Datenschutz von den Medien wahrgenommen und z.T. voreingenommen und einseitig kommentiert wurde.

[12] Kritisch insofern aber *von Münch* (Fn. 4), S. 80 ff.

[13] *Von Münch* (Fn. 4), S. 87 ff.

[14] *Von Münch* (Fn. 4), S. 96.

[15] Dazu u.a. *Kepplinger*, Die Mechanismen der Skandalisierung. Warum man den Medien gerade dann nicht vertrauen kann, wenn es darauf ankommt, 4. Aufl. 2018, insbes. S. 23, 50 f., 65, 83 f., 89–93, 96–100; aus juristischer Sicht: *Hillebrand*, Medienberichterstattung über Straftaten. Unter besonderer Berücksichtigung der Berichterstattung über das Strafverfahren gegen Christian Wulff, 2020 (Dissertation Münster 2019), insbes. S. 81 ff.; aus eigener Sicht des Betroffenen: *Wulff*, Ganz oben – ganz unten, 2014.

[16] So seinerzeit der stellvertretende Fraktionsvorsitzende der Grün-Alternativen Liste in der Hamburger Bürgerschaft, Martin Schmidt (Dokumentation in der taz hamburg v.

Ein neuerer Fall von Verdachtsberichterstattung belastete den Hamburger Bürgerschafts-Wahlkampf Anfang 2020: zehn Tage vor der Wahl verbreiteten der NDR und die „Zeit" die Unterstellung, der frühere Bürgermeister *Olaf Scholz* habe dafür gesorgt, dass Steuerforderungen gegen die Warburg-Bank (im Zusammenhang mit den berüchtigten Cum-Ex-Geschäften) verjährten und dem Staat dadurch ein Millionenschaden entstanden sei.[17] Bei der notwendig werdenden Berichtigung beriefen sich diese sonst so seriösen Medien darauf, ein solcher Verdacht müsse doch aufgeklärt werden.[18] Ein halbes Jahr später wurde dem jetzigen Bundesfinanzminister Scholz vorgehalten, dass er Verdachtsmomente gegen das Management der *Wirecard AG* nicht aufgeklärt habe. Er hätte die Ermittlungen „zur Chefsache machen" müssen; weil er das versäumt habe, stehe er nun „zum dritten Mal in einem Finanzskandal". Als einer der drei Fälle wird eben jene angebliche Affäre um Cum-Ex genannt, die keine war.[19] Auch danach wird die „Diskreditierung"[20] von Scholz fortgesetzt.

5.6.2001; s. a. den Artikel von *Schmidt*, Wie Kampagnen entstehen, in: Hamburger Abendblatt v. 26.6.2001. Wrocklage wollte sich gegen die Unterstellungen und Halbwahrheiten gerichtlich wehren; darin sah die Landespressekonferenz den „inakzeptablen Versuch, kritische Stimmen zu unterdrücken", und sprach von „Repressionsmethoden gegen unabhängigen Journalismus" (Beschluss der LPK vom 27.5.2001). Gegen diese Verdrehung der Tatsachen wandte sich seinerzeit außer der GAL-Fraktion auch der Redaktionsleiter der taz hamburg, Sven-Michael Veit.

[17] Vorgeworfen wurde dem damaligen Bürgermeister, dass er sich im November 2017 mit dem Inhaber der Warburg-Bank, Christian Olearius getroffen habe. Über den Inhalt des Gesprächs wurde auf der Grundlage eines verkürzt zitierten Tagebuchvermerks von Olearius spekuliert. Vgl. etwa www.tagesschau.de/investigativ/panorama/cum-ex-skandal-warburg-bank-101.html v. 13.2.2020 (Abruf 18.7.2020). Nachdem Scholz zum SPD-Kanzlerkandidaten erklärt worden war, begann in verschiedenen Medien eine neue Serie von Beiträgen, in denen „Fragen" gestellt und „Erklärungsbedarf" behauptet wurde.

[18] Vgl. etwa die gewundene Erklärung des NDR „Zur Cum-Ex-Berichterstattung" i.d.F.v. 12.5.2020 (https://www.ndr.de/Zur-Cum-Ex-Berichterstattung,cumex228.html; Abruf 20.7.2020). Auf S. 5 der 8 Seiten umfassenden Erklärung wird eingeräumt, dass eine Einflussnahme der Politik bezüglich der Steuerforderung des Finanzamts gar nicht möglich gewesen wäre, weil diese Forderung bereits im Jahre 2016 verjährt gewesen sei. Von einer Entschuldigung für die falsche Verdächtigung findet sich in dieser Erklärung keine Spur.

[19] *Gammelin*, Scholz muss erklären, Süddeutsche Zeitung v. 18./19.7.2020, S. 4 („Scholz muss die Frage beantworten, ob drei ähnliche Finanzaffären noch Zufall sein können. Am besten in einem Untersuchungsausschuss"). In der folgenden Ausgabe nimmt ein anderer Redakteur diese Angriffe implizit zurück, indem er feststellt: „Das Ansinnen ist verständlich; schließlich könnte Scholz der nächste Spitzenkandidat der SPD sein. Da lohnt es sich, ihn schon früh zu diskreditieren" (*Schäfer*, Die Prüfer prüfen, SZ v. 20.7.2020, S. 4).

[20] Vgl. nochmals *Schäfer* (vorige Fn.). [*Nachtrag 2022*: Die Hamburgische Bürgerschaft hat einen Untersuchungsausschuss eingesetzt, in dem die umstrittenen Vorgänge aufgeklärt werden sollten. Die dort befragten Finanzbeamten erklärten sämtlich, es habe keinen politischen Einfluss auf ihre Entscheidung gegeben; vielmehr sei die Rechtslage im konkreten Fall unklar gewesen. Gleichwohl wurde der Verdacht gegen den (inzwischen zum Bundeskanzler avancierten) früheren Bürgermeister immer wieder aufgewärmt – allein auf die Behauptung gestützt, es sei unglaubwürdig, dass er sich an die Treffen mit dem Bankier nicht erinnere.]

Die ungeprüfte Verbreitung von Verdächtigungen hat in jedem Fall negative Folgen nicht nur für die Betroffenen – es bleibt ja „immer etwas hängen“– und wenn die Leser und Zuschauer nicht mehr wissen, was Verdacht und was Tatsache ist, wird das Vertrauen in die Integrität aller politisch Handelnden und der Medien selbst zerstört.

Man darf annehmen, dass alle dies wissen, die sich journalistisch betätigen. Gleichwohl scheint die Lust an Skandalisierung ungebrochen zu sein. Der Medienwissenschaftler *Hans Mathias Kepplinger* hat in mehreren Veröffentlichungen auf der Grundlage zahlloser Studien eine „empirisch fundierte Skandaltheorie“ entwickelt.[21] Er stellt fest, dass „die Wirkung von Skandalisierungen nicht auf der Richtigkeit der Vorwürfe beruht: Sie wirken auch dann, wenn sie zweifelhaft oder erkennbar falsch sind, aber überzeugend präsentiert werden“,[22] und er belegt diese Aussage mit einer langen Liste eigener Richtigstellungen zu den zuvor erwähnten Skandalberichten.[23] Der nicht nur von Journalisten vertretenen These, Skandalisierung sei ein Instrument demokratischer Kontrolle der Herrschenden, die Betroffenen müssten sie eben aushalten, setzt er die Unterscheidung von Missständen und Skandalen entgegen: „Skandale sind keine natürliche Reaktion auf Missstände, sondern die Folge von erkennbaren Mechanismen öffentlicher Kommunikation“.[24]

Wie „atemlos“ ein Verdacht in die Welt gesetzt wird, hat die „Zeit“ einmal an einer eigenen Publikation demonstriert: Als ein selbstmörderischer Pilot eine vollbesetzte Germanwings-Maschine gegen einen Berg steuerte, erschien die Wochenzeitung mit dem Titel „Absturz eines Mythos“ und stellte die Frage, ob nicht „die neue Strategie der Lufthansa, die Tochtergesellschaft Germanwings zu einer Billig-Airline umzubauen, zu Sicherheitsmängeln geführt haben könnte“. Dass die Redaktion damals unter selbstgesetztem Zeitdruck „die falsche Richtung eingeschlagen“ hat, räumte der Autor eines Artikels über die Glaubwürdigkeitskrise der Medien ein.[25]

Gewiss hat sich der investigative Journalismus in den letzten Jahren Verdienste erworben, indem er z.B. mit gemeinsamen weltweit angelegten Enthüllungsaktionen bedeutender Zeitungen ganze Serien massiver Steuerhinterziehung („Panama Papers“ u.ä.) aufgedeckt hat. Aber nicht alles, was sich investigativ nennt, ist solide Aufklärung; in vielen Fällen erliegen Autoren der Versuchung zu schneller Veröffentlichung – um der Konkurrenz zuvorzukommen. Überdies ist der Aufwand für umfassende, oft langfristige Recherchen

---

[21] *Kepplinger* (Fn. 15), Zitat S. 8. Zur Skandal-Theorie s.a. *Pörksen*, Die große Gereiztheit. Wege aus der kollektiven Erregung, 2018.

[22] Ebd. (vorige Fn.).

[23] *Kepplinger* (Fn. 15), S. 17 ff.

[24] *Kepplinger* (Fn. 15), S. 8.

[25] *Hamann*, Alles Lügen? Die Zeit v. 25.6.2015, S. 8.

enorm und kann von einzelnen Redaktionen kaum geleistet werden. Dass bei der Materialbeschaffung offensichtlich immer wieder gegen Rechtsvorschriften verstoßen wird, gilt als unvermeidbarer Preis öffentlicher Aufklärung – obwohl der Schutz privater Geheimnisse in anderen Zusammenhängen als besonders hochrangiges rechtsstaatliches Gebot angesehen wird.

Auch wenn die Verzerrung von Tatsachen nicht im Zuge einer koordinierten Aktion oder überhaupt nicht absichtlich erfolgt,[26] hat die Ungenauigkeit doch oft Methode: Komplexe Prozesse der staatlichen Willensbildung werden auf das Format eines Theaterstücks reduziert, in dem die Personen nur nach eigenen Ideen und Interessen handeln; die politische, administrative und ökonomische Umwelt der Akteure und die relevanten Interessenkonflikte werden ausgeblendet oder bilden allenfalls den unaufgeklärten Hintergrund der Auseinandersetzung zwischen Personen. Es ist aber nicht möglich, die Verantwortlichkeit Einzelner ohne Beachtung dieser Zusammenhänge angemessen zu beurteilen. Aus der Vernachlässigung der entsprechenden Tatsachen folgen zwangsläufig ungerechte Urteile.

Als besonders ergiebige Form der Berichterstattung gelten Interviews. Aber auch sie sind unzuverlässig – wenn nämlich die Interviewten falsche Behauptungen verbreiten und die Interviewer nicht in der Lage oder nicht willens sind, diese zu korrigieren.[27] Interviewer stellen oft schon die falschen Fragen, nämlich solche, die den Befragten nur die Wahl zwischen unsubstantiiertem Bestreiten und Ausweichen auf andere Gedanken ermöglichen. Talkshows werden regelmäßig so inszeniert, dass zu Beginn ein prominenter Gesprächspartner in den Anklagezustand versetzt wird, sinngemäß etwa so: „Sehen Sie endlich ein, dass Sie versagt haben?“, „Können Sie Ihr Verhalten entschuldigen?“ oder: „Wie wollen Sie in Zukunft noch glaubwürdig Politik machen?“.[28] Solche Gesprächseröffnung dient nicht der Aufklärung und ist keine geschickte Investigation, sondern versuchte Inquisition und Stimmungsmache.

3. Konformismus, Klischees – und Satire

Ein Ärgernis ist der Konformismus, der – trotz aller Unterschiede in der politischen Grundrichtung – in großen Teilen unserer Medien herrscht. Auch wenn sich nicht mehr viele die früheren, stramm linientreuen Parteizeitungen zurück-

---

[26] Zu dem Fall bewusster Fälschungen durch einen „Spiegel“-Autor vgl. *Moreno*, Tausend Zeilen Lüge. Das System Relotius und der deutsche Journalismus, 2019.

[27] Dazu *von Münch* (Fn. 4), S. 67 f.

[28] Beispiele dazu bei *Hofmann*, Tri-tra-trallala, die SPD ist wieder da. Von „Anne Will“ bis „Johannes B. Kerner“: Wie infantil dürfen Talkshows mit Politikern sein?, in: Die Zeit v. 18.6.2009, S. 8.

wünschen, die sich scharf bekämpft haben, so beunruhigt doch die Einheitlichkeit, mit der politische Äußerungen und Verhaltensweisen beurteilt werden – nämlich durchweg negativ. Unter „kritischem Journalismus" verstehen offenbar viele, einander im Misstrauen gegen Politik und Politiker zu überbieten. Reflexartig werden offizielle Verlautbarungen mit Gegenstimmen verbunden, noch ehe ausführlich über sie berichtet wurde. Ganz schnell stimmen selbst konkurrierende Medien in der Ablehnung der jeweiligen Regierungspolitik überein, ohne wirklich kritisch zu urteilen.

Dazu passt, dass einmal aufgekommene Klischees immer wieder verwendet werden. Klischeehaft wird von Journalisten und Wissenschaftlern – einschließlich des Medienkritikers von Münch[29] – die für 1983 geplante Volkszählung als Negativszenario einer umfassenden Volksüberwachung benutzt. Trotz besserer Einsicht wird diese (in anderen Ländern als Hysterie empfundene) Verurteilung einer seit unvordenklicher Zeit üblichen statistischen Erhebung weiterverbreitet, weil sich Autoren nicht die Mühe machen, die tatsächlichen Zusammenhänge und die behaupteten Mängel und Risiken genauer zu erforschen. Klischees werden auch in Sprachbildern und Metaphern weitergetragen, die sich im Laufe der Zeit verselbständigen: Was am Anfang eine komprimierte Formel für den Inbegriff einer Reihe von Einzelbeobachtungen war, wird nun zur Quelle von Annahmen und Meinungen, die nicht mehr empirisch begründet sind. Sie müssten auf die Sachverhalte eingegrenzt werden, in denen sie passen. Ein Beispiel hierfür: Wenn von „Beamten" die Rede ist, wird immer wieder suggeriert, typisch für den heutigen öffentlichen Dienst seien – wie vermeintlich früher einmal – Menschen mit Ärmelschonern, die ihre Arbeitszeit absitzen, ohne sich für die Aufgaben zu interessieren, überflüssige Formulare ausfüllen und die Bürger schikanieren. Auf den modernen öffentlichen Dienst trifft dieser „Beamten"-Begriff nicht zu. Ein anderes Exempel: Der „Große Bruder" aus Orwell's Roman „1984" dient als Pate für eine Unzahl technischer Überwachungsmethoden, die ihrerseits unterschiedlichen Zwecken dienen, unterschiedlich ausgestaltet sind und deshalb auch unterschiedlich beurteilt werden müssten. (Auch die Methode der Überwachungs-„Gesamtrechnung", die manche Autoren praktizieren, um vor einer Totalüberwachung zu warnen,[30] ist nicht schlüssig, solange die einzelne Maßnahme angemessen ist und tatsächlich von geringer Wirkung bleibt.)

---

[29] „In Sachen Volkszählung haben die Medien offensichtlich ebenso geschlafen wie die Politiker" (*von Münch* [Fn. 4], S. 134). Der Kritiker verkennt hier, dass die von ihm angenommene „Brisanz" der Volkszählung vor der Boykottbewegung, die ab Ende 1982 von einigen wenigen Personen inszeniert wurde, gerade nicht gegeben war.

[30] Z. B. *Roßnagel*, Die „Überwachungs-Gesamtrechnung", NJW 2010, 1238 ff.

Exemplarisch ist auch die geläufige Rede von der „Erosion des Rechtsstaates". Als geologischer Begriff bezeichnet Erosion „die natürliche Abtragung von Gestein und Boden" durch Wasser und Wind:[31] Der Rechtsstaat ist anderen Gefahren ausgesetzt als den Einflüssen der Natur. Von Münch stellt Fälle dar, in denen zu Unrecht von Erosion gesprochen wurde.[32] Der angebliche „Untergang des Rechtsstaates" ist oft nichts anderes als eine skandalisierte Auseinandersetzung um die richtige Rechtsanwendung, bei der die Medien einseitig Partei ergreifen. Eigentlich sollten Journalisten wissen, dass nicht jeder Gesetzesverstoß „den Rechtsstaat" gefährdet, dass dieser sich vielmehr im Gegenteil gerade darin beweist, dass Rechtsverstöße aufgedeckt und in einem geordneten Verfahren sanktioniert werden. Manche Vorwürfe von Rechtsbruch und Straftaten erweisen sich im Nachhinein als falsch, und nicht selten ist die angebliche Rechtswidrigkeit eines Verhaltens in erster Linie Ausdruck einer politischen Missbilligung (wie bei manchen Vorwürfen gegen die Bundeskanzlerin im Zusammenhang mit der Grenzöffnung im September 2015). Juristische Argumentationen werden oft erst vorgebracht, wenn damit politische Kritik an bestimmten Entscheidungen untermauert werden soll. Das Pathos, das mit der Beschwörung des Rechtsstaates verbunden ist, klingt bisweilen sehr hohl – so wenn Politiker ohne inhaltliche Begründung gebetsmühlenartig wiederholen, dass „Recht doch Recht bleiben muss".[33]

Als ein Instrument, ungenaue und unfaire Berichterstattung zu verschönern, dient bisweilen die Form der Satire. Satire kann manches ausdrücken, was in nüchterner Beschreibung nicht weiter auffällt. Aber Satire darf – anders als viele Journalisten und auch manche Juristen meinen – keineswegs „alles". Die Kunst ist zwar nach dem Grundgesetz noch freier als der Journalismus, aber sie vermittelt keinen Generalfreispruch für Beleidigung und Verleumdung; die Lust an Spott und Wut ist durch den verfassungsrechtlichen Persönlichkeitsschutz begrenzt und muss es bleiben.[34] Und selbst soweit die Gerichte satirische Attacken für gerade noch rechtmäßig erklären, bleibt die Frage, ob es journalistischer Ethik entspricht, dass (öffentlich-rechtliche wie private) Fernsehsender in ihren Satire-Sendungen mit ätzendem Spott ständig „Skandallust und Medienfrust" so bedienen, dass jeder Politiker (und übrigens auch jeder seriöse Journalist) als

---

[31] Wikipedia-Artikel „Erosion".

[32] *Von Münch* (Fn. 4), S. 57 ff.

[33] Demgegenüber begründet Hans-Jürgen Papier die Kritik an der Asylpolitik der Bundesregierung nach den Regeln juristischer Methodik in seinem Buch: *Papier*, Die Warnung. Wie der Rechtsstaat ausgehöhlt wird. Deutschlands höchster Richter a.D. klagt an, 2019, S. 53 ff. Er räumt ein, dass das Thema „komplex" ist (S. 57), hält aber den Verzicht auf Abweisung von Flüchtlingen, die aus einem sicheren Drittstaat einreisen, für einen schwerwiegenden Rechtsbruch (S. 54 ff.).

[34] Man lese nur die „Mephisto"-Entscheidung des BVerfG (BVerfGE 30, 173). Dort hat das Gericht sogar einen Persönlichkeitsschutz für Verstorbene anerkannt.

Depp erscheint. Der schon zitierte „Zeit"-Autor Götz Hamann hat diese Entwicklung so kommentiert: „Wenn Satire zu einer wesentlichen Informationsquelle wird, dann dokumentiert das nicht nur die Entfremdung zwischen dem Publikum und jenen Journalisten, die traditionell über Politik, Wirtschaft und Kultur berichten. Dann vertieft sich die Entfremdung noch".[35]

Politik ist nicht das ganze Leben. Deshalb gibt es das Feuilleton, und da gelten andere Normen als bei der Begleitung der politischen, ökonomischen und sozialen Ereignisse. Aber die Feuilletons der großen Zeitungen lassen sich die Welt gern von Schriftstellern und Philosophen erklären; ihnen trauen sie klarere Einsichten in die Politik zu als denen, die sich von Berufs wegen damit befassen. In einzelnen Glücksfällen erscheinen dann wahrhaft tiefgründige Essays, aber nicht selten auch Beiträge, die von Engagement und Empörung, aber auch von Weltfremdheit und Überheblichkeit zeugen. Selbst die größten Dichter und Welterklärer sind schlimme Irrwege gegangen und haben „politische Ahnungslosigkeit" bewiesen.[36] Die „schöngeistige" Betrachtung der Welt darf – jedenfalls in den politischen Medien – die sozialwisssenschaftlich begründete Analyse nicht verdrängen.

II. Die Ansätze der Medienkritik

1. Von der Stilkritik zu den gesellschaftlichen Ursachen der Fehlentwicklungen

Ingo von Münchs Monita sind zum großen Teil gut begründet, aber sie betreffen überwiegend die richtige Darstellung der Geschehnisse und insbesondere Fragen des angemessenen Stils; manche Hintergründe bleiben dabei außer Betracht. Es ist wichtig, sprachliche Genauigkeit und Disziplin einzufordern, und es wäre gut, wenn alle Journalisten umfassend gebildet wären. Aber diese Fähigkeiten und Eigenschaften reichen nicht aus, um guten Journalismus zu garantieren. Dass die Auswüchse der politischen Korrektheit vielen Medienkonsumenten zuwider sind, dass oft nicht die „seriösen" Stimmen zu Wort kommen, sondern die schrillen Äußerungen von Menschen, die sich für besonders originell halten, dass Ausbildungs- und Bildungsmängel der Autoren selbst in Qualitätszeitungen bemerkbar sind, ist zwar richtig, erklärt aber nicht genug.

---

[35] *Hamann* (Fn. 25), Die Zeit v. 25.6.2015, S. 9.

[36] Man lese Thomas Manns „Betrachtungen eines Unpolitischen" von 1918 oder Heinrich Manns „Ein Zeitalter wird besichtigt" von 1945 und was Kritiker darüber gesagt haben („politische Ahnungslosigkeit", „überraschende Naivität", „groteske Unkenntnis der Tatsachen" usw.), vgl. *Reich-Ranicki*, in: *ders.*, Thomas Mann und die Seinen (1987), 2020, S. 349 ff. (350, 357, 360 f.).

Eine fundierte Kritik der Medien muss nach den Gründen der vermerkten Defizite fragen. Die Schwächen oder Versäumnisse von Journalisten (und Verlegern) haben auch gesellschaftliche Ursachen. Sie beruhen auch auf Einflüssen des Umfeldes, das seinerseits von vielerlei Faktoren geprägt ist, nicht zuletzt von der härter gewordenen Konkurrenz unter den Medien. Die neuen Medien haben einen erneuten Strukturwandel der Öffentlichkeit bewirkt, der noch vielfach übersehen wird. Die „alten" Medien Presse und Rundfunk kämpfen um die Aufmerksamkeit des Publikums und die daraus folgenden Erwerbschancen, und die Vorlieben und Gewohnheiten der Konsumenten ändern sich erheblich. Es sind neue Meinungsblöcke und Interessengruppen entstanden – quer zu den alten Einteilungen in Reich und Arm, Ober-, Mittel- und Unterschicht, Besitz- und Bildungsbürgertum. Die Medien sind – wie die Parteien – unsicher, welche der neuen Gruppen sie jeweils besonders bedienen wollen. Andererseits darf das Profil der einzelnen Zeitung nicht zu speziell sein; nur eine größere Zahl zahlender Nutzer macht das Geschäft rentabel. Der öffentlich-rechtliche Rundfunk darf schon von Rechts wegen gar nicht uneingeschränkt in einen Wettbewerb mit den privaten Veranstaltern eintreten.

Wenn die Medienkritik nicht zu schlichter Medienschelte verkommen will, muss sie solche Zusammenhänge klarmachen und in ihre Beurteilung einbeziehen. Die wirtschaftliche Lage vieler Medien ist bedauernswert schlecht; die eigenen Ansprüche können oft nicht eingelöst werden. Es muss aber dabei bleiben, dass wirtschaftliche Nöte keine Verstöße gegen die journalistische Ethik, kein Handeln wider besseres Wissen, keine Verdachtskampagnen rechtfertigen.

2. *Medien als Spiegel der gespaltenen Gesellschaft*

Die Medien spiegeln die Gesellschaft wider, und die Gesellschaft ist gespalten, widersprüchlich, unfair, Moden unterworfen. Menschen, die gerade nicht FAZ oder NZZ lesen, haben andere Erwartungen an die Medien, sind politisch oft weniger interessiert und wollen vor allem unterhalten werden. Journalisten gehören ganz überwiegend der intellektuellen Mittelschicht an; sie stehen der Lebenswelt und den Vorstellungen anderer Bevölkerungsgruppen fern und konzentrieren sich häufig auf Themen, die nur ihnen selbst wichtig erscheinen und nur in ihrer eigenen geistigen Welt diskutiert werden. Den Medienkonsumenten, die nicht in den entsprechenden Kreisen verkehren, nicht an einschlägigen Netzwerken teilhaben und nicht die jeweils neuesten Produkte des gedruckten wie des elektronischen Feuilletons zur Kenntnis nehmen, erscheinen manche Themen als exotisch, manche Thesen als weltfremd oder irrelevant. Wenn sich die Medien besonders intensiv mit der Lage sehr kleiner Minderheiten befassen, schwindet die Aufmerksamkeit der großen Zahl; im schlechten Fall entsteht sogar Verärgerung über die fragwürdige Akzentsetzung.

Ein Beispiel dafür, wie sich Medien unverhältnismäßig nachhaltig mit einem eher nachrangigen Thema befassen, bietet die Werbung für eine vermeintlich geschlechtergerechte Sprache, also das „Gendern" als politische Propaganda. Während die Schulen sich bemühen, die Jugend zu richtiger, klarer, verständlicher Ausdrucksweise zu erziehen, beharren Feministinnen (und auch manche Männer) darauf, man solle bei jeder sich bietenden Gelegenheit darauf hinweisen, dass es außer Männern auch Frauen gibt, außer Beamten also auch Beamtinnen, außer Straftätern auch Straftäterinnen usw. usw. – egal wie dadurch der Sinn eines Satzes verschoben oder verfälscht wird. Ein weiblicher Coach wird unter Missachtung der Originalsprache zur „Coachin", und um auch ja keine „Benachteiligung" entstehen zu lassen, werden neben männlichen „Verschwörungstheoretikern" auch „Verschwörungstheoretikerinnen" angeführt, selbst wenn diese viel seltener sind oder es gar keine gibt. Die ursprünglich einmal angemessene Forderung, auch mit sprachlichen Mitteln auf die Gleichstellung der Frauen hinzuwirken, ist dadurch zu einem Ritual geworden, dessen Befolgung allenfalls als Gradmesser für den Opportunismus von Autoren und Rednern dienen kann, aber ganz gewiss nicht die Situation benachteiligter Frauen verbessert. Durch das Gender-Sternchen oder den „Unterstrich" wird der Gehalt einer schriftlichen Äußerung nicht deutlicher, sondern verschwommener, und wenn neuerdings sogar manche versuchen, den Versuch einer Verdoppelung der Subjekte mündlich auszudrücken, gerät die gute Absicht zur Groteske. Und einige Politiker und Journalisten halten es angesichts der Existenz von Zwischenformen der Geschlechtlichkeit sogar für geboten, auf die Aufteilung der Menschheit in Frauen und Männer ganz zu verzichten und nur noch neutrale, allumfassende Begriffe zu verwenden.[37] Das ist den meisten Mitmenschen kaum zu vermitteln, und solche Fürsorglichkeit für kleinste Gruppen ruft nicht Empathie, sondern allenfalls Kopfschütteln hervor. Die solchermaßen politisierenden und philosophierenden Autoren bewirken eine weitere Entfremdung zwischen dem größeren Teil der Bevölkerung und den Medien.

Extremen Ausdruck findet die Entfremdung zwischen Teilen des Volkes und der dominierenden Form des Journalismus in dem Schimpfwort „Lügenpresse". Es wird von Leuten benutzt, die sich über bestimmte Medienberichte ärgern und den geäußerten Meinungen wütend widersprechen; sie können sich nur vorstellen, dass solche Äußerungen vom „Establishment" gesteuert worden sind. Für eine seriöse Medienkritik gibt diese Wut nichts her. Aber sie ist bei manchen, die sich die „Schmähkritik" zu eigen machen, offensichtlich auch Ausdruck von Hilflosigkeit angesichts medialer Debatten, die sie nicht verstehen.

---

[37] Vgl. die Empfehlungen bei *Burbach*, Gendergerechte Sprache im Beruf einsetzen, Hamburger Abendblatt v. 25./26.7.2020 S. 55.

3. Die Mitverantwortung von Politik und Wissenschaft

Zwischen Politik und Medien bestehen vielfältige, oft sehr enge Verbindungen. Sie sind aufeinander angewiesen: die Medien als Verwerter von Vorlagen aus der Politik, die Politik als Nutznießer von Publizität und Akklamation. Die einen übernehmen Unsitten der anderen; man beobachtet und bewertet sich gegenseitig und pflegt die Beziehungen unter dem Aspekt des eigenen Nutzengewinns.

An einigen der erwähnten Skandalisierungskampagnen haben sich auch Politiker und Beamte beteiligt. Über die Hintergründe mancher Medienkampagnen weiß man wenig; man darf vermuten, dass in einzelnen Fällen auch eine enge Verbundenheit von Politik und Medien bestanden hat. Eine besonders heikle Rolle hat die Staatsanwaltschaft Hannover in der Sache Christian Wulff gespielt. Mit dem Antrag auf Aufhebung der Immunität des Bundespräsidenten hat sie de facto sein Amtsende herbeigeführt.[38] Der Druck der Medien – allen voran der „Bild"-Zeitung – auf die Staatsanwälte war groß, trotzdem hätten sie angesichts der dürftigen Beweislage das Ermittlungsverfahren frühzeitig einstellen müssen. Sie wären dafür heftig kritisiert worden, aber sie haben die Amtspflicht, solchem Druck standzuhalten. Sie müssen auch in ihrer Informationspolitik darauf achten, dass Beschuldigte nicht vorzeitig an den öffentlichen Pranger gestellt werden. Das Interesse der Öffentlichkeit ist durch Persönlichkeitsrechte Betroffener eingeschränkt. Auch an der medialen Verfolgung von Olaf Scholz im Sommer 2020 ist eine Staatsanwaltschaft beteiligt: Das Tagebuch des Bankiers, aus dem über mehrere Treffen des damaligen Bürgermeisters berichtet wurde, war von Hamburger Staatsanwälten beschlagnahmt, also in deren Obhut, und dennoch einem Journalisten zugänglich.

Zur Aufregung über den angeblichen „Untergang des Rechtsstaates" – oder „des Abendlandes", „der Demokratie", „der westlichen Kultur" usw. – tragen Politiker, Beamte und sogar Wissenschaftler bei, die in einzelnen Geschehnissen oder Entwicklungsströmen Anzeichen für einen allgemeinen Niedergang entdecken.[39] Von Münch fragt mit Recht, ob ein ehemaliger Präsident des Bundesverfassungsgerichts von „Erosionserscheinungen des Rechtsstaates" reden sollte.[40] Die Frage wäre auch an den früheren Vorsitzenden des Deutschen Richterbundes, *Jens Gnisa*, zu richten, der in einem Buch in reißerischer Form das

---

[38] Vgl. nochmals *Kepplinger* (Fn. 15), S. 92 f.; *Wulff* (Fn. 15), S. 9 f., 235 f. Übrigens waren auch Wissenschaftler wie der Speyerer Staatsrechtsprofessor Hans Herbert von Arnim und Mitarbeiter der Niedersächsischen Staatskanzlei unter Wulffs dortigem Amtsnachfolger an den Angriffen beteiligt, vgl. *Kepplinger* S. 92 und *Wulff* S. 240 ff.

[39] *Von Münch* nennt die Quellen einiger solcher Übertreibungen und gleich auch Gegenäußerungen (aaO. [Fn. 4], S. 61 Anm. 15).

[40] *Von Münch* (Fn. 4), S. 63 mit Anm. 23.

„Ende der Gerechtigkeit“[41] beklagt. Bei der Beschreibung von Tendenzen der Informationstechnik wird auch in wissenschaftlichen Publikationen regelmäßig behauptet, „die Grundrechte“ der Menschen seien durch die neuen Technologien gefährdet – auch wenn es nur darum geht, ob Kundendaten zu Werbezwecken ausgewertet werden oder Kfz-Kennzeichen automatisch gelesen werden dürfen. Wie schon erwähnt: Die Legende, eine Volkszählung sei ein Unterdrückungsinstrument des Staates, wird weiter mitgeschleppt, obwohl längst klar ist, dass sie dazu ungeeignet, aber für sozialstaatliche Planung erforderlich ist. Der Streit darüber, welche technischen Hilfsmittel den Sicherheitsbehörden zur Verfügung stehen sollen, um Terrorismus und organisierte Kriminalität wirksam zu bekämpfen, wird als Kampf zwischen den abstrakten Zielen „Sicherheit“ und „Freiheit“ dargestellt; der Staat gilt nach altliberaler Vorstellung auch heute vielen noch als „Feind der Freiheit“ – der freilich zugleich verpflichtet sei, alles Mögliche für den Schutz individueller Rechte gegen Dritte zu tun.

Über die soziale Nutzung der Informationstechnik – die neuerdings unter dem irritierenden Begriff der Digitalisierung noch pauschaler als ohnehin schon verhandelt wird – sprechen Medien, Politik und Wissenschaft weithin in geradezu erschreckender Ungenauigkeit. Die tatsächlichen und wahrscheinlichen Folgen der Techniknutzung werden fast nur in Form apokalyptischer Vorhersagen beschrieben; weitreichende rechtliche und politische Konsequenzen werden aus der abstrakten Gefährdungsvermutung hergeleitet, also jener weltfremden These, dass jeglicher Umgang mit Daten Risiken für hochrangige Individualrechte mit sich bringe. Den angeblichen Gefahren soll mit ebenfalls hochabstrakten Grundsätzen begegnet werden, wie sie z.B. in der Europäischen Datenschutz-Grundverordnung niedergelegt worden sind – woraus sich übermäßige formale („bürokratische“) Lasten ergeben. Die Konflikte zwischen den verschiedenen betroffenen Rechtspositionen werden verdrängt, indem z.B. gefordert wird, sowohl „Freiheit“ wie „Sicherheit“ ungeschmälert zu garantieren, oder der Auftrag an den Gesetzgeber erteilt wird, im Internet sowohl die vollkommene Meinungsfreiheit wie den perfekten Schutz vor Hassreden und Bedrohungen zu organisieren.

Bei vielen wichtigen Streitthemen tun sich Politik und Wissenschaft schwer, akzeptable Lösungen zu erarbeiten. Die Medien können ihnen diese Arbeit nicht abnehmen; sie wissen nicht besser als die jeweiligen Experten, was angemessen ist. Die Leser und Hörer wären aber manchmal besser bedient, wenn über Streitiges ergebnisoffen diskutiert würde, und in manchen Fällen wäre es gewiss angebracht, wenn Journalisten auf eine eigene Meinungsäußerung ganz verzichteten. Vielleicht trügt die Erinnerung – aber mir scheint, die Medien haben früher in größerem Maße Fachleute zu eigenen Äußerungen angeworben. Tatsachenerklärungen und Meinungsartikel kompetenter Externer sind in der

[41] *Gnisa/Thorbrietz*, Das Ende der Gerechtigkeit, 2017.

Regel informativer als Produkte aus der Feder der „allzuständigen" Journalisten. Selbst Rezensionen von Fachpublikationen und Berichte über Artikel aus Fachzeitschriften sind oft interessanter als journalistische Originalbeiträge.

4. *Maßstäbe medialer Kritik*

Der Kritik ihrer Konsumenten sind die Medien auch deshalb immer wieder ausgesetzt, weil sie ihrer eigenen Kritik an gesellschaftlichen und politischen Geschehnissen unsichere, nicht fundierte oder nicht konsentierte Maßstäbe zugrunde legen. Die Maßstäbe ändern sich überdies häufig sehr schnell; Politiker werden in manchen Pressekommentaren verurteilt, weil sie sich wie normale Bürger benehmen – die Messlatte des „richtigen" Verhaltens in schwierigen Situationen wird oft unerreichbar hoch gelegt. In anderen Fällen werden Forderungen erhoben, die kurz vorher noch niemand erhoben hat.

Als Ansatz überzogener Erwartungen dient häufig die *Ministerverantwortlichkeit*: Wenn irgendwo im Geschäftsbereich ein Fehlverhalten bekannt wird, unterstellen Journalisten dem Ressortchef, dass er davon wusste oder hätte wissen können, und untersuchen umständlich, wann er worüber informiert worden ist. Regierungsmitgliedern wird damit quasi Allwissenheit und Allkompetenz zugeschrieben, u.a. (wie im Fall Wirecard) die Fähigkeit, kriminelle Aktionen Einzelner unter Hunderten oder Tausenden von Mitarbeitern zu erkennen, die von deren näherem Umfeld nicht erkannt worden sind, und die Macht, unangemessene Regelungen in geltenden Gesetzen im Alleingang umgehend zu beseitigen – als gäbe es keinerlei Hürden für Reformgesetze, keinerlei Interessenkonflikte und keine Verfahrensnormen. Es fällt anscheinend niemandem auf, dass dieses Bild von Regierung und Gesetzgebung mit dem Grundgesetz unvereinbar ist.

Wenn sich – wie oft in derartigen Fällen – erweist, dass das skandalöse Verhalten dem Minister nicht zugerechnet werden kann, wechseln die öffentlichen Kritiker regelmäßig den Tatbestand aus und erheben nunmehr den Vorwurf, der Ressortchef (oder sonst ein prominenter Beteiligter) habe sich bei der „Aufarbeitung" des Skandals falsch verhalten. Dann werden scheinbar neutrale Fragen gestellt: „Was wusste der Minister?" „Wann hat er von der Angelegenheit erfahren?" und „Wie hat er reagiert?" Damit wird suggeriert, dass Versäumnisse oder Fehler vertuscht werden sollten. Ungeschickte Antworten auf Presseanfragen können auf diese Weise zu moralischem Versagen hochstilisiert werden. Interne Fehlerkorrektur wird entweder bestritten oder generell für unzureichend erklärt, obwohl sie in der Regel wirksamer und angemessener ist als eine unaufgeklärte öffentliche Debatte, in der die Fronten sich verhärten. Auf die Antworten kommt es aber meist gar nicht an, weil damit ja noch nicht gesagt ist, wie begründet der erhobene Vorwurf ist, ja manchmal erfährt der Leser oder Zuschauer nicht einmal, worin das vermutete Versäumnis der Angegriffenen bestanden haben soll. Vermeintlich harmlose Fragen können zum Beginn einer Inquisition werden, die wirkungsvoller ist als ein Strafprozess. Wenn die parlamentarische Opposition solche Verhöre beginnt, nutzt sie ihr Minderheitenrecht zur Kontrolle der Regierung; die Verfassung gibt Verfahrensweisen vor, diese Kontrolle zu realisieren. Wenn die Medien eine Kampagne initiieren, entscheidet kein Gericht, ob die Verdächtigung begründet ist.

Medien sind dazu da, Informationen zu vermitteln und Meinungen zu verbreiten. Weil nicht alle Informationen wahr und bewiesen sein können, sind auch Verdachtsberichte von der Presse- und Rundfunkfreiheit gedeckt. Aber entscheidend für die Qualität der Medien ist, dass sie sich bei Tatsachenbehauptungen um möglichst große Genauigkeit bemühen und Kommentare möglichst sorgfältig auf überzeugenden Recherchen aufbauen. Oberste Richtlinie journalistischer Arbeit müssen *Wahrhaftigkeit* und *Fairness* sein; im Zweifel muss auf Bewertungen verzichtet werden, statt Spekulationen zu verbreiten.

Als nach dem Zweiten Weltkrieg die deutsche Presse und der öffentlich-rechtliche Rundfunk neu aufgebaut wurden, galt die Trennung von Berichten und Kommentaren als ein wesentliches Gestaltungsprinzip. Formal wird dieses Prinzip auch noch heute aufrechterhalten; Zeitungen und Fernsehen haben „Meinungsseiten" und ausdrücklich gekennzeichnete Kommentarspalten eingerichtet. Aber daneben werden in einem großen Teil der Berichterstattung sogleich Bewertungen mitgeliefert. Dazu sind nicht einmal ausdrückliche Feststellungen über Verantwortung und Versagen Einzelner nötig; es genügt, Bilder in bestimmter Beleuchtung zu beschreiben und Empfindungen nachfühlbar zu machen. Schöne Sprache, die Hervorhebung bestimmter Details und das Weglassen anderer Elemente tragen dazu bei, dass in den Köpfen der Leser und Zuhörer Sympathie oder Antipathie entsteht. So werden Zeitungsberichte zu kleinen Novellen, die einen gesonderten Kommentar überflüssig machen. Es wäre aber in vielen Fällen angebracht, die eingeflossenen Werturteile ausdrücklich offenzulegen.

Die Journalisten, die den Lesern interessante „Geschichten aus dem Leben" und Reportagen aus den „Hinterzimmern der Macht" anbieten, haben das Publikum mit scharfsinnigen Beobachtungen und stilistischer Eleganz verwöhnt. Daran gewöhnt, erwarten heute auch kritische Abonnenten von ihren Lieblingsmedien entschiedene Stellungnahmen zu allen aktuellen Themen und keineswegs nur nüchterne Berichte. Wenn aber die Konsumenten ständig nach Belehrung lechzen, verändern sie auch die Schreiber. Selbst die klügsten Journalisten können nicht zu allen Gegenständen fundierte Urteile aus dem Ärmel schütteln. Meinungsstärke ist gefragt, Zurückhaltung eher unerwünscht. Also schreiben die „zuständigen" Journalisten etwas zu allem, was gefragt wird. Ist es verwunderlich, dass sie sich nach einiger Zeit für allkompetent halten und dass sich ihre Meinung immer mehr verfestigt, je öfter sie danach gefragt werden? Viele entwickeln sich zu Besserwissern, die ihre Sichtweise nicht mehr in Zweifel ziehen, sondern absolut und kompromisslos harsch urteilen; Gegenmeinungen zählen für sie nicht mehr. Aus wirklicher oder eingebildeter Überlegenheit wird Überheblichkeit, und Überheblichkeit stört nicht nur persönliche Beziehungen, sondern verursacht auch sachliche Fehler. Nicht in die Falle der Arroganz zu tappen, ist gerade für erfolgreiche Journalisten schwer.

5. *Journalistenausbildung*

Die hier skizzierten Mängel und Defizite medialer Berichterstattung und Kommentierung provozieren die Forderung nach besserer Journalistenausbildung und konsequenter Selbstkontrolle der Medien. Die Verpflichtung auf Wahrhaftigkeit und Genauigkeit muss nicht nur in der Ausbildung konkret zur Geltung gebracht werden, sondern auch durch das Vorbild der Kollegen in die Köpfe der Nachwuchsjournalisten eingepflanzt werden.

Journalisten werden darin ausgebildet, „schön" zu schreiben. Die Fähigkeit, sich schriftlich präzise und zugleich leserfreundlich und geistreich zu äußern, ist eine (informelle) Zugangsvoraussetzung zum Beruf des Journalisten, und sie wird in der praktischen Ausbildung und on the Job weiter herausgebildet. Dahinter darf aber nicht das Ausbildungsziel Wissensvermittlung zurücktreten. Journalisten müssen viel wissen. Ein Universitätsstudium ist nicht zwingend erforderlich, aber es bildet die solideste Grundlage. So gehört zur Ausbildung politischer Journalisten der Erwerb genauer Kenntnisse von Strukturen und Abläufen der Wirtschaft, der sozialen Schichtung und der Lebensverhältnisse der verschiedenen Bevölkerungsgruppen, von den Grundsätzen der Verfassung und der Rechtsordnung sowie von den Funktionen des Rechts für die Gesellschaft – alles Gegenstände sozial- oder rechtswissenschaftlicher Studien. Zur Befassung mit ökonomischen und kulturellen Entwicklungen sind andere Spezialkenntnisse unverzichtbar, wie sie in entsprechenden universitären Studien vermittelt werden. Auch Geschichtsstudien und künstlerische Ausbildungen können eine gute Grundlage für qualifizierten Journalismus bieten. Manche notwendigen Einsichten und Qualifikationen aber können nur in der Praxis erworben werden; dazu sollte eine spezielle (zumindest ergänzende) theoretische Ausbildung beitragen, die auch außerhalb der Universitäten angesiedelt sein kann.

Auf jeden Fall brauchen Journalisten ein Bewusstsein davon, wann die Kompetenz eines Generalisten aufhört und die Beratung durch Spezialisten nötig wird. Bei naturwissenschaftlichen, insbesondere medizinischen Fragen kommt kaum jemand auf die Idee, es besser zu wissen als die studierten Spezialisten; bei sozialwissenschaftlichen und vor allem politischen Themen glauben viele, man brauche nur eine klaren Kopf und gute Beobachtungsgabe, um sachverständig zu urteilen.

Wer die tatsächlichen Zusammenhänge sorgfältig aufklärt, schreibt übrigens auch die klügeren Kommentare. Die Gefahr der Besserwisserei, des Abhebens von der Realität entsteht durch unreflektierte Wahrnehmung äußerer Vorgänge und zu kurz gedachte Präsentation möglicher Folgen. Werturteile werden in der Regel durch den Vergleich von Sachverhalten und möglichen Einschätzungen gewonnen; wer dies auf einem bestimmten Gebiet jahrelang praktiziert, wird selbst ohne Studium zum wirklichen Sachverständigen.

Gute Ausbildung kann viel bewirken, aber Fehlentwicklungen der Medien sind nicht immer von den Journalisten verschuldet. Auch Verleger und Chefredakteure sind dafür verantwortlich, was in ihren Zeitungen steht und was von den Rundfunkanstalten gesendet wird. Bestimmte Tendenzen – wie das Übergewicht von Kommentaren über die Berichterstattung oder die allzu schnelle Arbeitsweise – dürften von den wirtschaftlich Verantwortlichen gewollt sein, vielleicht sogar gegen den Willen der ausführenden Journalisten. In solchen Fällen wäre mehr interner Widerspruch, mehr Zivilcourage auch gegen die eigenen Oberen angebracht.

III. Aufklärung und Gelassenheit

Die Medien in ihrer Gesamtheit spiegeln die Pluralität der Gesellschaft wider. Aber das einzelne Medium repräsentiert nur einen Teil des Meinungsspektrums; die Medienkritik muss also ihrerseits differenzieren. Medienkritik ist begründet, wenn im konkreten Einzelfall allgemeine Maßstäbe verletzt werden, nicht schon wenn eine – wie auch immer definierte – politische Korrektheit vernachlässigt wird. Denn das einzelne Medium kann gerade seine Freiheit dazu nutzen, pointierte und eben auch „inkorrekte" Meinungen zu verbreiten, Minderheitenpositionen zu pflegen, verbreitete Moden abzulehnen. Medien fordern von anderen Selbstkritik und Mut vor Thronen aller Art. Umgekehrt müssen sie sich Kritik gefallen lassen und sollten Widerspruch nicht pauschal als Gefahr für die Meinungsfreiheit ansehen. Im Grenzfall ist Zivilcourage gegen die eigene Redaktion und den eigenen Verlag gefordert.

Wie sich unter dem Einfluss der Medien die demokratische Ordnung entwickelt, ist offen und muss offen bleiben, wenn Medienfreiheit ihren Sinn behalten soll. Gegen dumme, unsinnige oder sonst unbegründete Äußerungen hilft nur entsprechende Aufklärung – und oft reicht schon Gelassenheit. Denn nicht jedes gedruckte oder gesendete Wort hat Wirkungen, nicht jede Publikation wird ernst genommen, und das ist gut so.

Zu wünschen wäre auch, dass die seriösen Medien die Aufgeregtheiten und Falschmeldungen der „sozialen" (unredigierten) Medien nicht so ernst nähmen, wie sei es derzeit tun. Wenn die schrillen Töne und verzerrten Darstellungen aus der virtuellen Welt nicht so oft von Zeitungen und Rundfunk aufgegriffen würden, könnten sie sich nicht so schnell verbreiten, vor allem nicht bei den Multiplikatoren aller Art, auf die es bei der Entstehung der öffentlichen Meinung ankommt. Politik und Medien müssen sich auch mit nonkonformistischen Positionen auseinandersetzen, aber es ist nicht nötig, abwegigen, irreführenden und gehässigen Äußerungen zusätzliche Leser zu vermitteln.

7.

„Gerechtigkeit“ gegen Funktionalität?

Die Wahlrechtsordnung, die Wahlsysteme und der Streit um das beste Wahlrecht

I. Das geltende Wahlrecht

Das Wahlrecht ist das wichtigste Instrument der Bürger, auf die Bildung des Staatswillens Einfluss zu nehmen, die Regierung gewaltlos abzulösen und die Fremdherrschaft über die Individuen zu beschränken. Max Weber schrieb vor hundert Jahren, während des Ersten Weltkriegs:

> „Gegenüber der nivellierenden unentrinnbaren Herrschaft der Bürokratie ist das Machtmittel des Wahlrechts nun einmal das *einzige*, was den ihr Unterworfenen ein Minimum von Mitbestimmungsrecht über die Angelegenheiten jener Gemeinschaft, für die sie in den Tod gehen sollen, überhaupt in die Hand geben kann“.[1]

In den beiden Weltkriegen trieb der deutsche Staat Millionen Menschen in den Tod; heute entscheidet er durch Besteuerung und Sozialleistungen, durch Klima- und Umweltschutz (oder deren Unterlassung) und durch die Gestaltung der Infrastruktur über unsere Lebenschancen – und mittels des Wahlrechts wollen wir dabei mitgestalten und mitentscheiden. Wie das Wahlrecht ausgeformt ist, wie es wirkt und wie es wahrgenommen wird, ist auch heute von existentieller Bedeutung für unsere Demokratie und für uns Einzelne.

Unreflektierte Begeisterung darüber, wie herrlich weit wir es gebracht haben, ist auch bei Betrachtung des Wahlrechts nicht angebracht. Es war auch eine Legende, dass das allgemeine Wahlrecht von den Völkern stets gegen die Herrschenden erkämpft worden ist. Vielmehr sind Erweiterungen des Wahlrechts vielfach von den Regierungen selbst initiiert worden. Wahlen waren zeitweise „Eliteprojekte“, ihre Verallgemeinerung war unter bestimmten Bedingungen ein Instrument der Nationenbildung, unter anderen Umständen der Versuch, die Arbeiterschaft mit dem Obrigkeitsstaat zu versöhnen oder sie durch be-

---

[1] *Weber*, Wahlrecht und Demokratie in Deutschland (1917), in: *ders.*, Gesammelte politische Schriften, 4. Aufl. 1980, S. 245 (268).

grenztes Entgegenkommen zu beruhigen.[2] Aber unter den heutigen Machtverhältnissen in den westlich-demokratischen Staaten kann das allgemeine Wahlrecht nicht mehr als Instrument der Herrschenden verstanden werden; es ist vielmehr ein Instrument der Herrschaftsbildung (neben anderen). Die Historie ist wissenswert, aber sie bietet keine eindeutigen Anweisungen für die Gegenwart.

1. Wahlrechtsgrundsätze

In den Verfassungen von Bund und Ländern ist das Wahlrecht nur grundsätzlich geregelt: Die Wahlen sollen allgemein, unmittelbar, frei, gleich und geheim sein (so Art. 38 Abs. 1 Satz 1 GG und fast wortgleich alle Landesverfassungen). Diese Prinzipien sind in den Wahlgesetzen ausgestaltet, wobei keines davon ganz ohne Erläuterungen und Modifikationen auskommt. Sind die Wahlen „allgemein" genug, wenn Kinder, Jugendliche unter 18 Jahren und geistig Behinderte vom Wahlrecht ausgeschlossen sind, wie es in den meisten Ländern und beim Bund der Fall ist? Ist die Wahl noch „unmittelbar", wenn die Zuweisung eines Parlamentsmandats davon abhängt, dass ein gewählter anderer Bewerber ausscheidet? (Die amerikanischen Präsidenten werden mittelbar, von einem Wahlmännergremium, gewählt, noch dazu nach dem Prinzip, dass der Gewinner in einem der Bundesstaaten dessen sämtliche Wahlmännerstimmen erhält!) Was bedeutet „Gleichheit" der Wahl? Kann elektronische Wahltechnik die „geheime" Wahl sichern? Mit solchen Fragen mussten sich die Gerichte schon oft befassen.

Vor den Details ist eine grundsätzliche Frage zu diskutieren, nämlich: Müssen die Wählerinnen und Wähler irgendwie *qualifiziert* sein, um ihre Stimme als verbindliches Element des Wahlvorganges abgeben zu dürfen? Setzt die demokratische Wahl nicht voraus, dass die Wählenden politisch „reif" sind, dass sie wissen, worum es geht, dass sie die Kandidaten und Parteien kennen, dass sie die Zusammenhänge einigermaßen beurteilen können? Die Antwort ist: Nein, wenn das Wahlrecht des Einzelnen von solchen Voraussetzungen abhängig wäre, müssten die Wähler sich vorab prüfen lassen, und die Prüfer – die von den zu Kontrollierenden ausgewählt werden müssten – hätten es leicht, alle politisch Missliebigen von der Wahl auszuschließen. Bei strenger Auswahl bliebe nur ein kleiner Teil an „zugelassenen" Wählerinnen und Wähler übrig; vielleicht würden die meisten durchfallen. Das Wahlrecht beruht aber auf der unwiderleglichen Vermutung, dass alle Staatsbürgerinnen und Staatsbürger, die das Mindestalter (überwiegend: 18 Jahre) erreicht haben, die nötige Einsicht und

[2] Ausführlich zu den verschiedenen Konstellationen *Richter*, Moderne Wahlen. Eine Geschichte der Demokratie in Preußen und den USA im 19. Jahrhundert, 2017.

Urteilsfähigkeit besitzen. Es spielt keine Rolle, ob sie klug oder dumm, jung oder alt, gesund oder krank, interessiert oder uninteressiert, informiert oder uninformiert sind. Diese Annahme ist zu einem guten Teil Fiktion. Wir wissen doch, dass unter den Erwachsenen viele vergesslich und unkonzentriert, manche Alten sogar unorientiert oder dement sind, dass sehr viele Menschen – junge wie alte – keine politischen Nachrichten zur Kenntnis nehmen, manche sich bewusst dagegen abschotten, dass vielen die Bewerber und Parteien gleichgültig sind. Trotzdem gilt der Grundsatz, dass jeder volljährige Mensch (und in einigen Ländern schon 16jährige) das Wahlrecht besitzt, sich einmischen darf, seine Stimme den Kandidaten seiner Wahl geben darf. Wir werben sogar dafür, dass möglichst viele, also auch politisch Uninteressierte, an den Wahlen teilnehmen. Die geheime Hoffnung ist, dass sich aus der Summe der vielen teils wohlüberlegten, teils spontan vergebenen Stimmen ein Resultat ergeben wird, das im Großen und Ganzen das Meinungsspektrum widerspiegelt, das sich auch bei einer Versammlung gut informierter und rational abwägender Durchschnitts-Bürgerinnen und Bürger ergeben würde. Dem Ideal, die Demokratie auf den politisch reifen Bürgern aufzubauen, steht die Notwendigkeit gegenüber, die vorhandenen Menschen an der demokratischen Willensbildung zu beteiligen und sie allesamt rechtlich gleich zu behandeln, obwohl sie als Individuen ungleich sind.

Auf die Ausgestaltung des Wahlrechts haben besonders die Urteile des Bundesverfassungsgerichts großen Einfluss ausgeübt, in denen die *Gleichheit* der Wahl betont wurde. Die einzelne Stimme müsse nicht nur den gleichen „Zählwert" wie alle anderen Stimmen haben, sondern auch den gleichen „*Erfolgswert*", den „gleichen Einfluss auf die Zusammensetzung der Volksvertretung".[3] Auf dieser Auslegung hat das Gericht z.B. seine Rechtsprechung zu den Sperrklauseln (s. unten 3.) und zu Überhangmandaten und „negativem Stimmgewicht" (unten 4.) aufgebaut. Sie erscheint zunächst vollkommen einleuchtend, hat aber höchst problematische Folgen.

2. *Wahlsysteme*

Nicht im Grundgesetz festgelegt ist das Wahl*system*, d.h. die Methode, nach der die von den Wählern auf die Parteien verteilten Stimmen in Parlamentssitze umgerechnet werden. Die uralten Demokratien Großbritannien und Frankreich wenden das *Mehrheitswahlsystem* an, bei dem die Abgeordnetenmandate an die Parteien vergeben werden, die in den Wahlkreisen jeweils die (absolute oder relative) Mehrheit der Stimmen errungen haben. Die Stimmen, die für alle an-

---

[3] So bereits BVerfGE 1, 108 (248) und in der Folge u.a. BVerfGE 95, 335 (353); 121, 266 (295); 129, 300 (317 f.). Kritisch dazu *Bull*, DVBl. 2014, 1213 (in diesem Band Nr. 8, S. 221 ff.).

deren Parteien abgegeben werden, fallen unter den Tisch. Die strenge Anwendung dieses Systems hat zur Entstehung von Zwei-Parteien-Systemen geführt; nur die beiden stärksten Parteien (und allenfalls eine dritte, die in Teilen des Wahlgebiets stark ist) können Parlamentssitze erringen. Diese Wirkung wird im *Verhältniswahlsystem* vermieden: Hier werden die Mandate nach dem Stimmenverhältnis der Parteien – dem „Proporz" – verteilt; das Parlament bildet ein Spiegelbild der Wahlergebnisse. Das Verhältniswahlsystem gilt heute – in höchst unterschiedlicher Ausgestaltung – in den meisten westlichen Ländern.[4] Es wird jedenfalls in Deutschland als gerechter empfunden, weil die Parteipräferenz der Wählerinnen und Wähler deutlicher zum Ausdruck kommt und weil auch andere Parteien als die beiden größten die Chance haben, gewählt zu werden. Es ist aber überaus kompliziert ausgestaltet, so dass seine Wirkungen selbst für Experten schwer vorhersagbar sind und die Wähler es vielfach nicht verstehen können.[5]

Das reine Mehrheitswahlsystem gilt in Deutschland als undemokratisch, weil es die kleineren Parteien fast immer von der Regierungsbeteiligung ausschließt, und ist vielleicht auch deshalb unbeliebt, weil es dazu führen kann, dass die Regierung häufig zwischen den beiden größten Parteien wechselt. Diese Möglichkeit gilt zwar als ein Qualitätsmerkmal der Demokratie, wird faktisch aber doch nicht überall so geschätzt, wie es theoretisch der Fall sein müsste. Denn andererseits wird vielfach gerade Kontinuität der Regierung gewünscht; die ist im Mehrheitswahlsystem nur für die jeweilige Legislaturperiode gesichert. Andererseits gilt das reine Verhältniswahlsystem als problematisch, weil es Listen der von den Parteien aufgestellten Bewerber voraussetzt und den Parteien (intern den Parteiführungen und Delegiertenversammlungen) damit den fast ausschließlichen Einfluss auf die Kandidatenauswahl überlässt. Die Wählerinnen und Wähler müssen die Kandidaten und ihre Reihenfolge so akzeptieren, wie sie von den Parteien bestimmt werden, sie haben keine Auswahl zwischen verschiedenen Personen derselben Liste. Demgegenüber sollen diejenigen Wahlrechts-Varianten, in denen zwischen den Kandidaten ausgewählt werden kann, solche Kandidaten stärken, die sich besonders um die Zustimmung der Wähler bemühen oder in deren Augen besondere Qualifikationen mitbringen; der Segen der Parteivorstände und Parteitage soll nicht ausreichen.

Keines der beiden Grundmodelle ist ideal. Um die Vor- und Nachteile der beiden Grundsysteme halbwegs auszugleichen, wird immer wieder mit Kombinationsmodellen experimentiert. Nach dem Bundeswahlgesetz werden die Ab-

---

[4] Vgl. die Darstellung bei *Nohlen*, Wahlsysteme, in ders./Grotz (Hrsg.), Kleines Lexikon der Politik, 6. Aufl. 2015, S. 720 ff. (724 ff.).

[5] Man lese z.B. die profunden Erläuterungen von *Boehl*, Das neue Wahlrecht – personalisierte Verhältniswahl reloaded, in: Oppelland (Hrsg.), Das deutsche Wahlrecht im Spannungsfeld von demokratischer Legitimität und politischer Funktionalität, 2015, S. 63, sowie *Grotz*, Der Mandatsausgleich im neuen Bundestagswahlsystem, ebd. S. 65.

geordneten des Deutschen Bundestages „nach den Grundsätzen einer mit der Personenwahl verbundenen Verhältniswahl gewählt“ (§ 1 Abs. 1 Satz 2 BWG). Gemeint ist das Zwei-Stimmen-System, das immerhin schon seit 1953 gilt: Mit der „Erststimme“ wird der Wahlkreiskandidat bestimmt, mit der „Zweitstimme“ die gewählte Partei. Entscheidend aber sind die Zweitstimmen; denn nach dem Ergebnis dieser – scheinbar nachrangigen – Stimmen richtet sich die Sitzverteilung im Bundestag. Die Zweitstimme ist also in Wahrheit die „erste“, weil wichtigere Stimme.

Wenn eine Partei in den Wahlkreisen mehr Sitze erhält als ihr nach den Landeslisten zustehen, sollen die Wahlkreiskandidaten nicht nachträglich um ihr Mandat „betrogen“ werden. Sie bleiben erhalten und werden auf die Listenmandate angerechnet. Auf diese Weise können aber die in den Wahlkreisen erfolgreichen Parteien bei der Gesamtabrechnung zusätzliche Sitze gewinnen („*Überhangmandate*“); denn die Zahl der insgesamt zu vergebenden Parlamentssitze wird um diese Überhangmandate erhöht. Da dies aber nicht dazu führen soll, dass die anderen Parteien einen geringeren Anteil der Parlamentssitze erhalten, als ihnen im Verhältnis der Listenstimmen zueinander zukommt, werden diesen anderen Parteien „*Ausgleichsmandate*“ zugesprochen.[6]

Die Entscheidung des Bundesgesetzgebers, den Wählern zwei Stimmen zu geben, ermöglicht es den Wählern, ihrer Wahl größere Wirkung zu verschaffen, indem sie mit der Erststimme einen Kandidaten wählen, der einer anderen Partei angehört als der mit der Zweitstimme gewählten Partei. Dieses „Panaschieren“ gilt als ein Mittel, Präferenzen für bestimmte Koalitionen auszudrücken; nützlich ist es insofern nur in beschränktem Maße. Als Wahlkreiskandidaten haben meist nur die Vertreter der stärksten Parteien eine Chance, gewählt zu werden; wer eine kleinere Partei bevorzugt, gibt dieser die Zweitstimme und die Erststimme einem Bewerber, dessen Partei ihm hilfsweise und besonders als Koalitionspartner angenehm wäre. Genau genommen, ist dieses Verfahren keine „mit der Personenwahl verbundene Verhältniswahl“ (§ 1 Abs. 1 Satz 2 Bundeswahlgesetz) mehr.[7] Stimmensplitting bedeutet die *unverbundene* Abgabe zweier Stimmen.

In Hamburg hat der Verein „Mehr Demokratie“, der die Problematik hauptsächlich aus einer parteienkritischen Einstellung heraus angeht, ein Wahlrecht entwickelt und mittels Volksentscheid durchgesetzt, das den Wählern eine *Mehrzahl* an Stimmen und das Recht gibt, diese auf mehrere Kandidaten (auch verschiedener Parteien) und Parteilisten zu verteilen (Kumulieren und Panaschieren). Die Wähler haben damit wesentlich mehr Auswahlmöglichkeiten. Die

---

[6] Die Einzelheiten der komplizierten Regelung ergeben sich aus § 6 Bundeswahlgesetz, der selbst hochspezialisierten Experten Rätsel aufgibt (vgl. *Boehl* [vorige Fn.]).

[7] So auch *Hettlage*, Drei dubiose Landtagswahlen, in: publicus (online-Zeitschrift) Ausgabe 06 v. 6.6.2017 (http://publicus/boorberg.de).

Wirkungen dieser Wohltat sind freilich nicht so eindeutig günstig, wie man gehofft hatte. Wem die Erfolgswertgleichheit der Wählerstimmen besonders am Herzen liegt, der muss an der Angemessenheit des Kumulierens und Panaschierens zweifeln; denn da die meisten Wähler ihre Stimmen einheitlich an eine Partei und nicht differenziert an bestimmte Kandidaten vergeben, können schon wenige „Abweichler" ihre bevorzugten Bewerber an die Spitze der Liste befördern und andere zurücksetzen. Verteilte Stimmen haben größere Wirkung als die einheitlich abgegebenen; das gilt nicht nur für die gezielte Heraushebung einzelner Bewerber durch Personenstimmen, sondern auch wenn – wie dargestellt – Erst- und Zweitstimmen (Listenstimmen) auf verschiedene Parteien verteilt werden.

Ob der angestrebte Effekt wirklich erzielt wird, ob also nach einem solchen „persönlichkeitsorientierten Verhältniswahlsystem" wirklich mehr profilierte Kandidaten in die Parlamente einrücken, ist sehr fraglich.[8] Dass jemand auf diese Weise kraft seiner Persönlichkeit bessere Chancen als ein bloßer „Parteisoldat" hat, kommt schon deshalb kaum vor, weil nur ganz selten einmal parteilose Wahlkreiskandidaten in den Ring steigen. Die meisten Bewerber, die in den Wahlkreisen scheitern, sind außerdem über die Parteilisten abgesichert. Die Hamburger Mehrstimmen-Regelung hat zwar in einigen Fällen die Reihenfolge der Bewerber verändert. Viele Wähler sind aber nicht in der Lage, das System sinnvoll anzuwenden – es ist unübersichtlich und schwer zu praktizieren; vor allem kennen die meisten Wahlberechtigten die auszuwählenden Personen nicht oder nur flüchtig aus den Medien. Es ist auch keineswegs ausgemacht, dass die Auswahl nach „Prominenz" – so sie denn überhaupt praktiziert wird – zu einer besseren Zusammensetzung der Volksvertretung führt als die Aufstellung der Listen aufgrund parteiinterner Debatten und Machtkämpfe. Damit wird deutlich, dass vieles gegen die Verbindung der Verhältniswahl mit der Personenauswahl spricht.

3. Sperrklauseln

Sehr kleine Parteien müssen auch im Verhältniswahlsystem damit rechnen, dass ihre Stimmen wirkungslos bleiben – wenn nämlich im Wahlgesetz eine *Sperrklausel* enthalten ist. In vielen Bundesländern gilt eine ausdrückliche Fünf-Prozent-Klausel; andere schließen „Splitterparteien" dadurch aus, dass sie Wahlkreise bilden, in denen mehrere Abgeordnete zu wählen sind, die Parteien mit den geringsten Stimmenzahlen aber unberücksichtigt bleiben. Die Sperrklauseln sollen dazu beitragen, dass aus den Wahlen Parlamente hervorgehen, die

---

[8] S. a. *Niendorf/Oppelland*, Zum Stellenwert der Persönlichkeitswahl im deutschen Zweistimmen-Wahlsystem, in: Oppelland (Fn. 5), S. 125.

ihrerseits in der Lage sind, stabile Regierungen zu bilden, Haushaltspläne aufzustellen und langfristige Vorhaben zu verfolgen.

Im Bundeswahlgesetz heißt es:

> „Bei der Verteilung der Sitze auf die Landeslisten werden nur Parteien berücksichtigt, die mindestens 5 vom Hundert der im Wahlgebiet abgegebenen gültigen Zweitstimmen erhalten oder in mindestens drei Wahlkreisen einen Sitz errungen haben" (§ 6 Abs. 1 Satz 1 BWG).

Gleiche Klauseln gelten für die Landtagswahlen und für die Wahlen der Gemeinderäte und Kreistage. Auch dort fallen – mit Unterschieden zwischen den Ländern – die Stimmen unter den Tisch, die für sehr kleine Parteien abgegeben werden.

Es ist jedoch hochumstritten, ob Sperrklauseln mit dem Grundsatz der gleichen Wahl vereinbar sind. Wer sich für eine im Entstehen befindliche Partei oder eine sonstige Gruppe engagiert, die noch nicht viele Anhänger hat, empfindet die Fünf-Prozent-Hürde als unbillige Beschränkung der eigenen politischen Entfaltungsfreiheit – das ist sehr verständlich, aber bei genauem Hinsehen doch nicht selbstverständlich. Das Bundesverfassungsgericht hat die Sperrklauseln schon sehr früh überprüft und für Landtagswahlen, später auch für Bundestags- und Europawahlen grundsätzlich gebilligt;[9] nur eine 7,5 Prozent-Klausel hat Karlsruhe bei dieser Gelegenheit ausdrücklich verworfen.[10] In den letzten Jahren hat das Gericht jedoch Sperrklauseln bei den Kommunalwahlen[11] und bei den Wahlen zum Europäischen Parlament[12] für verfassungswidrig erklärt. Die Begründung lautet: Die Stimmen der Wähler müssten den gleichen Erfolgswert haben. Was bei Landtags- und Bundestagswahlen dafür spreche, sehr kleinen Parteien keine Sitze zuzuteilen, sei bei den Kommunen und beim Europäischen Parlament ganz anders; denn in den kommunalen Vertretungskörperschaften wie auch im Europa-Parlament würden keine „Regierungen" gewählt. Diese Versammlungen könnten ihre Aufgaben auch dann ordentlich erledigen, wenn in ihnen auch Splitterparteien und Einzelgänger vertreten seien. Einige Landesverfassungsgerichte sind dem Bundesverfassungsgericht darin gefolgt;

---

[9] BVerfG, U. v. 5.4.1952, BVerfGE 1, 208 (I. SSW-Urteil). S. außerdem BVerfGE 4, 31 (II. SSW-Urteil); 5, 77 (bundesweite 5 %-Klausel); 6, 84 (III. SSW-Urteil; Direktmandatsklausel). Zusammenfassend zunächst BVerfGE 51, 222 (Europawahl 1978). Zu den besonderen Bedingungen der ersten gesamtdeutschen Bundestagswahl: BVerfGE 82, 322.

[10] BVerfGE 1, 208 (256 f.).

[11] BVerfGE 120, 82 (Kommunalwahlen in Schleswig-Holstein). Ebenso VerfGH NRW, DVBl 1995, 153 und 1999, 271. Krit. dazu *Mehde*, in: Dürig/Herzog/Scholz, GG, Art. 28 Abs. 1 Rn. 105 ff.

[12] BVerfGE 129, 300 und 135, 259; nach der zweiten Entscheidung ist sogar eine 3 %-Klausel bei der Europawahl unzulässig. S. dazu das Abweichende Votum des Richters Müller, BVerfGE 135, 299 ff. Krit. auch *Grzeszick*, Weil nicht sein kann, was nicht sein darf: Aufhebung der 3 %-Klausel im Europawahlrecht durch das BVerfG und dessen Sicht auf das Europäische Parlament, NVwZ 2014, 537.

das Hamburgische Verfassungsgericht hat sogar eine Drei-Prozent-Hürde für die Wahl der Bezirksversammlungen verworfen.[13] Da einige Länder die Sperrklausel in ihre Verfassungen aufgenommen haben, lebte in mehreren Ländern der Streit unter der Fragestellung neu auf, ob nicht auch die Konstitutionalisierung der Sperrklausel verfassungswidrig sei.[14]

Bei den politischen Akteuren in den Kommunen und im Europäischen Parlament ist diese Rechtsprechung auf heftige Kritik gestoßen. Auch in Städten und Kreisen soll es klare Verhältnisse geben, die Räte sollen in der Lage sein, Satzungen und Haushaltspläne zu beschließen und die kommunalen Einrichtungen ordentlich zu verwalten. Bei zu großer Zersplitterung der Räte ist die Funktionsfähigkeit der kommunalen Demokratie gefährdet. Das Bundesverfassungsgericht meint aber, bei den Gemeinderäten und Kreistagen und beim Europäischen Parlament müsse eine Aufsplitterung der politischen Kräfte hingenommen werden. Damit wertet es die Arbeit der kommunalen Räte – der „Schule der Demokratie" – und des Europäischen Parlaments – auf das viele so große Hoffnungen richten – deutlich gegenüber den staatlichen Volksvertretungen ab; sie erscheinen in dieser Perspektive, boshaft gesagt, als bloße Schwatzbuden, von denen keine bedeutsamen Entscheidungen zu erwarten sind.

Ich meine, das Bundesverfassungsgericht gibt mit seiner Deutung der Erfolgswertgleichheit dem Ziel einer proportionalen Abbildung aller politischen Kräfte in der Vertretungskörperschaft ein zu großes Gewicht. Mit der mathematisch genauen Verteilung der Parlaments- oder Ratssitze auf möglichst alle Parteien, die an der Wahl teilnehmen,[15] ist für die Qualität der Politik nichts gewonnen; die hängt vielmehr davon ab, dass die gewählten Organe ihre Aufgaben effektiv, rechtzeitig und ohne vermeidbare Erschwerungen wahrnehmen können. Dazu gehört bei Bundestag und Landtagen auch, aber nicht ausschließlich die Bildung einer handlungsfähigen Regierung. Bei den Kommunen geht es darum, die tägliche Arbeit der Gremien von der Verteilung der Haushaltsmittel bis zum Erlass von Bauleitplänen nicht unnötig zu verzögern oder zu erschweren, und das Europäische Parlament muss u.a. über wirtschafts-, sozial- und umweltpolitische Richtlinien, Programme und Maßnahmen entscheiden, durch die entgegengesetzte Interessen miteinander vereinbar gemacht werden sollen –

---

[13] HmbVerfG, U. v. 15.1.2013, NordÖR 2013, 156; s. aber zur verfassungsrechtlich festgeschriebenen 3 Prozent-Sperrklausel dasselbe Gericht, U. v. 8.12.2015, NordÖR 2016, 102.

[14] So der VerfGH NRW, U. v. 21.11.2017, DVBl 2018, 180. Gegen diese Sichtweise mit überzeugender Argumentation zuvor schon *Michael*, Verfassungsunmittelbare Sperrklauseln auf Landesebene. Wahlrechtsgleichheit – Verfassungsrevision – Homogenität, 2015. Der Berliner VerfGH (U. v. 13.5.2013, DVBl 2013, 848) und das Hamburgische Verfassungsgericht (U. v. 8.12.2015, NordÖR 2016, 102) haben die Festschreibung in der Verfassung gebilligt.

[15] Mit der Ausnahme derer, die unter die „faktische Sperrklausel" fallen, die durch die Begrenzung der Sitzzahl begründet ist: Bei 100 Sitzen können Parteien mit weniger als einem Prozent der Stimmen keinen Sitz erhalten.

das ist bei stark zersplitterten Kräften schwerer als manch eine Regierungsbildung. Die kleinsten Gruppen können auch dadurch Einfluss gewinnen, dass sie bei einer Koalitionsbildung das „Zünglein an der Waage“ bilden – dann aber ist ihr Einfluss größer als ihrem Anteil an den Wählerstimmen entspricht, und die Verhältnismäßigkeit ist eben dadurch verfehlt.

Die Erfolgswertgleichheit, wie sie das Bundesverfassungsgericht postuliert, ist also eine fragwürdige Konstruktion – auch wenn fast die ganze Phalanx der Verfassungsrechtsexperten diese Konstruktion zugrunde legt.[16] Kein Wähler und keine Wählerin hat das Recht darauf, dass seine oder ihre Stimme „Erfolg“ in dem Sinne hat, dass sie für einen Sitz im Parlament ausreicht. Nur die *Chancen* auf einen Erfolg müssen gleich sein. Das sind sie, wenn die Bedingungen der Teilnahme an der Wahl gleich sind und die Regeln für die Sitzverteilung vorher feststehen und gleichmäßig angewendet werden, also auch, wenn feststeht, dass die Stimmen für Kleinstparteien unter bestimmten Umständen unberücksichtigt bleiben. Die Chancengleichheit der Parteien aber, die ebenfalls gegen Sperrklauseln ins Feld geführt wird, kann nicht weiter reichen als die der Wählerstimmen.

Andere Völker wie die Briten akzeptieren – bei der Mehrheitswahl – sogar, dass mehr als die Hälfte der Stimmen unter den Tisch fallen! Deutschland steht mit seinen Skrupeln allein da; die Rechtsprechung des Bundesverfassungsgerichts bedeutet im internationalen Vergleich einen „deutschen Sonderweg“.[17]

4. Überhangmandate und negatives Stimmgewicht

Das Bestreben, allen Parteien ihr „verhältnismäßiges“ Gewicht zu geben, hat zur Aufblähung des Parlaments geführt. Eigentlich soll der Deutsche Bundestag 598 Mitglieder haben, aber bei der Wahl im September 2017 sind 46 Überhang- und 65 Ausgleichsmandate hinzugekommen. So ist der Bundestag nach der Wahl von September 2017 mit 709 Sitzen zum zweitgrößten Parlament der Welt geworden.[18] Nur der Chinesische Volkskongress hat mehr Mitglieder (2987). Die beiden Kammern des US-amerikanischen Kongresses haben zusam-

---

[16] Ausführlich in diesem Sinne *Bull*, DVBl. 2014, 1213 (in diesem Band Nr. 8, S. 221 ff.). S.a. *Möllers*, Drei Dogmen der etatistischen Demokratietheorie, in: Heinig/Terhechte (Hrsg.), Postnationale Demokratie, Postdemokratie, Neoetatismus. 2013, S. 131 (133 f.): „Demokratie muss nicht als Perfektionierung individueller Repräsentationschancen verstanden werden, sie kann auch auf die Ermöglichung kollektiver Handlungsfähigkeit abzielen“.

[17] So einer der besten Kenner der in der Welt gebräuchlichen Wahlsysteme, der Wahlforscher *Dieter Nohlen* (Die Politik des Sonderweges. Wahlsysteme als Rechtsfrage, in: Jahrbuch des öffentlichen Rechts der Gegenwart, n.F. 62, 2014, S. 11 [25]).

[18] *Nachtrag 2022*: Bei der Wahl im September 2021 ist eine noch größere Vertretungskörperschaft entstanden, nämlich ein Bundestag mit 736 Abgeordneten.

men nur 535 Mitglieder, nämlich 435 Abgeordnete des Repräsentantenhauses und 100 Senatoren.

Das Bundesverfassungsgericht ist wegen der Überhangmandate mehrfach angerufen worden. In seiner ersten Grundsatzentscheidung dazu (von April 1997) hat es – freilich nur mit Stimmengleichheit – die seinerzeit geltende Regelung für verfassungskonform erklärt; danach war ein verhältnismäßiger Ausgleich der Überhangmandate verfassungsrechtlich *nicht* geboten; diese Regelung sei durch die Entscheidung des Gesetzgebers für eine *personalisierte* Verhältniswahl gerechtfertigt.[19] Fünfzehn Jahre danach, im Juli 2012, hat das Verfassungsgericht geurteilt, dass Überhangmandate „nur in einem Umfang hinnehmbar" sind, „der den Grundcharakter der Wahl als einer Verhältniswahl nicht aufhebt", und die ausgleichslose Zuteilung von Überhangmandaten für verfassungswidrig erklärt.[20] Zuvor schon (2008) hatte das Bundesverfassungsgericht den Bundesgesetzgeber aufgefordert, das Wahlrecht bis zum 30. Juni 2011 zu ändern, und dafür Hinweise gegeben.[21] Die Wahlrechtsreform ist dem Bundestag so schwer gefallen, dass er die von dem Gericht gesetzte Frist versäumt und dann doch eine Regelung beschlossen hat, die von den Verfassungsrichtern wiederum beanstandet wurde.[22] Dem Gericht blieb nichts anderes übrig, als selbst eine Regelung zu entwickeln. Danach dürfen den Parteien Überhangmandate höchstens „im Umfang von etwa einer halben Fraktionsstärke" – derzeit also fünfzehn – zugeteilt werden.[23] Nur so werde „der Grundcharakter der Wahl als einer Verhältniswahl" bewahrt. Die Zahl ist letztlich nicht aus der Verfassung ableitbar, aber sie gilt. In den Ländern können eigenständige Regelungen beschlossen werden; hier sind nicht ebenso viele Überhangmandate zu erwarten, aber die Ausgleichsregelung macht auch den Landtagen zu schaffen.

Als ein unsinniges Kuriosum hat sich ergeben, dass die Wählerstimmen in einigen Fällen wegen der Abrechnungsprobleme ein *„negatives Stimmgewicht"* hatten: die Wahl einer Partei über die Landesliste hat durch die bundesweite Verrechnung unter bestimmten Umständen zum Verlust eines Mandats dieser Partei geführt.[24] Diese paradoxe Konsequenz hat das Bundesverfassungsgericht für die Zukunft ausgeräumt, aber dadurch neue Probleme verursacht.

---

[19] Urteil des BVerfG v. 10.4.1997, BVerfGE 95, 335 (357 f.). Die Gegenposition von vier der acht Richter – es waren die Präsidentin Limbach, die Richterin Graßhof und die Richter Hassemer und Sommer – ist auf S. 367–407 dargelegt; sie betonen die „vollständige Erfolgswertgleichheit" der Stimmen und die Chancengleichheit der Parteien.

[20] Urteil v. 25.7.2012, BVerfGE 131, 316, insbes. S. 367 ff.

[21] Urteil v. 3.7.2008, BVerfGE 121, 266 (315 f.) – zum „negativen Stimmgewicht". Bezugnahme auf dieses Urteil in BVerfGE 131, 316 (323).

[22] Urteil v. 25.7.2012, BVerfGE 131, 316.

[23] BVerfGE 131, 316 (369 f.).

[24] Dazu das Urteil v. 3.7.2008, BVerfGE 121, 266 (299).

5. Der emotionale Hintergrund der Wahlrechtskontroversen

Über kaum einen Gegenstand des Verfassungsrechts wird so erbittert gestritten wie über das Wahlrecht. Das Misstrauen gegen die Parteien führt auch die klügsten Autoren zu dem pauschalen Urteil, das Wahlrecht werde von den herrschenden politischen Parteien allein als Instrument zur Machtgewinnung und -erhaltung angesehen und so eingerichtet, dass neue Gruppen möglichst geringe Chancen haben. Dass die im Parlament vertretenen Parteien miteinander im Wettbewerb stehen, lassen die Kritiker beim Wahlrecht nicht gelten; sie halten die Parteien in diesen Fragen für ein reines Machtkartell, das Außenseiter ausschließen will. Wäre dies wirklich so, hätten die beiden größten Bundestagsparteien längst das Mehrheitswahlrecht eingeführt, um die kleineren ganz auszuschließen; sie hätten die notwendigen Stimmen gehabt, haben es aber nicht gewagt – wohl auch deshalb nicht, weil sie kleinere Partner für Regierungskoalitionen erhalten wollten. Auch die Sperrklauseln haben nicht verhindert, dass neue Parteien in die Parlamente eingezogen sind, die für die Etablierten unbequem waren und sind, und die Wähler machen auch den bisher erfolgreichen Parteien immer wieder deutlich, dass sie keinen Anspruch auf Parlamentssitze haben – man denke an das Schicksal der FDP, die nach Jahrzehnten der Parlamentsmitgliedschaft 2013 plötzlich aus dem Bundestag herausgefallen war und erst nach vier Jahren wieder „auferstanden" ist.

Betrachtet man die Entwicklung des Parteienspektrums und die Zusammensetzung der Parlamente über einen längeren Zeitraum aus der nicht-engagierten Distanz des Historikers, so kann man zu dem Schluss gelangen, dass die wesentlichen Fortschritte (wie auch Rückschritte) der Bundes- und Landespolitik nicht durch Veränderungen der Parteienstärke oder das Aufkommen neuer Parteien verursacht worden sind, sondern bei wenig veränderten Mehrheiten und trotz unerwarteter Koalitionen letztlich (von weltpolitischen und wirtschaftlichen Entwicklungen abgesehen) auf Stimmungsschwankungen zurückzuführen sind, die quer zu den Parteigrenzen im Volk eingetreten sind und ihrerseits auf die jeweils herrschenden politischen Kräfte eingewirkt haben.

Die großen Volksparteien sehen heute nicht mehr so aus wie vor fünfzig Jahren; ihre Programme und ihre Aktivitäten in Regierungen wie in der Opposition haben sich entscheidend verändert. Im Zuge dieser Veränderungen sind bedeutende Reformen bisweilen sogar ganz kurzfristig beschlossen worden – man denke an den Atomausstieg oder die „Ehe für alle". Vor Wahlen werden den Parteien zwar regelmäßig Antworten auf alle irgend aktuellen politischen Fragen abverlangt, und professionelle Beobachter machen sich daran, aus diesen Aussagen Profile der einzelnen Parteien zu zeichnen, die den Wählern verdeutlichen sollen, welche Partei ihren subjektiven Vorstellungen am ehesten entgegenkommt. Das ist schon deshalb ein fast aussichtsloses Bemühen, weil die zugrunde gelegten Äußerungen aus Parteiprogrammen, Wahlkampfveranstaltungen und Interviews fast immer zu allgemein und zu vorsichtig formuliert sind und weil die potentiellen Wähler diese Aussagen sorgfältig interpretieren, gewichten und in ihr „Koordinatensystem“ einordnen müssten. Niemand wird unter den zur Wahl stehenden Kandidaten diejenigen finden, die in allen Punkten, die er oder sie für wichtig hält, die „richtigen“ Ansichten und Vorschläge vertritt. Deshalb muss jeder oder jede bei der Entscheidung über die Stimmabgabe zwischen zahlreichen Themenbereichen, Einzelfragen und Handlungsversprechen der Parteien abwägen und im besten Fall zu dem Ergebnis kommen, dass eine bestimmte Partei aufgeschlossener, sympathischer oder ernsthafter erscheint als die anderen, und deshalb die Stimme erhalten soll. Damit ist aber noch nichts darüber gesagt, wie sich diese Partei bei einer eventuellen Regierungsbildung verhalten soll. Koalitionen mögen vor der Wahl als wünschenswert erscheinen, nachher aber – aus guten wie aus schlechten Gründen – nicht realisiert werden. Wenn eine Partei, wie es üblich geworden ist, vor der Wahl bestimmte Koalitionen ausschließt und sich nach der Wahl daran gebunden fühlt, pflegt sie damit ihre „Glaubwürdigkeit“ und wird dafür gelobt. Ob damit aber wirklich der Wille der Wähler befolgt wird oder ob die verweigerte Kooperation nicht unter veränderten Umständen gerade doch von einer Mehrheit gewünscht wird, ist ungewiss (und damit auch, ob sich die Verweigerung bei den nächsten Wahlen auszahlt).

Das Wahlrecht kann angesichts der Fülle möglicher Kombinationen kaum etwas dazu beitragen, dass die von den verschiedenen Wählergruppen bevorzugten Koalitionen tatsächlich zustande kommen und unerwünschte ausgeschlossen werden. Parteien, die nur ein einzelnes Ziel (z.B. das „bedingungslose Grundeinkommen“) verfolgen, bieten den Wählern zwar mehr Klarheit, haben aber gerade deswegen geringere Chancen, überhaupt wahrgenommen zu werden. Dasselbe gilt für die Gruppen, die nur auf einem der vielen politischen Handlungsfelder mitspielen wollen, also sich nur den Belangen älterer Menschen oder der Kinder, dem Mieterschutz oder dem Tierschutz widmen wollen – sie vernachlässigen andere Probleme, die vielen Menschen bedeutsam erscheinen, und können mangels Macht auch auf den ausgewählten Feldern wenig ausrichten.

Die Lage ist verfahren, und die Parteien können es ihren Kritikern nicht recht machen: Wenn sie auf die Regelung des Wahlrechts ganz verzichteten, würden sie ihre Aufgabe verfehlen, die Machtbegründung durch gesetzliche Regeln zu ordnen. Gäbe es andere Kräfte, die diese Aufgabe in legitimer Weise übernehmen könnten? Denkbar wäre es immerhin, eine Wahlrechtsreform von einer unabhängigen Kommission erarbeiten lassen. Um deren Unabhängigkeit zu betonen, könnte es vom Bundespräsidenten eingesetzt werden statt vom Parlament oder der Regierung. Nur: beschließen müsste am Ende doch das Parlament. Auch Volksentscheide über Wahlrechtsfragen haben großen demokratischen Charme (wie sich in Hamburg erwiesen hat), aber auch bei ihnen ist durchaus nicht sicher, dass eine besser fundierte Lösung herauskommt und die Interessen bestehender Machtgruppen außer Betracht bleiben.

Eine pauschal parteienfeindliche Grundeinstellung führt zu irritierenden Auslegungen des Wahlrechts. So ist angeblich das saarländische Landtagswahlrecht verfassungswidrig, weil die dortigen Wählerinnen und Wähler auf dem Stimmzettel keine Person, sondern eine Partei kennzeichnen. Eine „bloße Parteienwahl" sei aber unzulässig;[25] in der Tat hat das Bundesverfassungsgericht in einem anderen Zusammenhang so formuliert.[26] Bisher hat freilich kein saarländischer Wahlberechtigter die Landtagswahlen angefochten, so dass die in den Listen der Parteien aufgeführten Kandidaten ordnungsgemäß gewählt sind. Selbstverständlich dürfen die Parteien nicht irgendwelche Kandidaten „nachschieben" oder gar austauschen, die nicht ordnungsgemäß aufgestellt und der Wahlleitung vor dem Wahlgang mitgeteilt worden sind, und selbstverständlich müssen die Namen der Bewerber auf den Stimmzetteln aufgeführt werden. Aber falls dies irrtümlich einmal nicht geschehen ist, wiegt dieser Fehler wenig.

Wie die Regeln künftig verbessert werden können, erörtere ich unter II.

6. Losen statt wählen?

Nach dem bisher Gesagten wirken Wahlen oft nicht so, wie es von den Wählern gewollt ist, und offensichtlich sind der Verbesserung des Wahlrechts faktische Grenzen gesetzt. Man wird die Menschen nicht daran hindern können (und sollte es vielleicht gar nicht erst versuchen), Entscheidungen „aus dem Bauch" zu treffen. Wenn es aber letztlich nicht immer darauf ankommt, welche Personen gewählt werden, wenn auch irrationale Entscheidungen brauchbare Politik ermöglichen, dann scheint die Stunde gekommen zu sein, grundsätzlich über die Notwendigkeit und Eignung von Wahlen nachzudenken.

Tatsächlich halten einige Autoren Wahlen für ungeeignet, eine richtige Repräsentation des Volkes hervorzubringen. Sie weisen darauf hin, dass bei den Wahlen stets auch eine schichtspezifische Auswahl stattfindet. Das allgemeine Wahlrecht sei nicht vom Volk erkämpft worden, sondern von der jeweils herrschenden Schicht in ihrem Interesse eingeführt und schrittweise vorsichtig erweitert worden.[27] Eine bessere Zusammensetzung der Vertretungskörperschaften könne durch das Losverfahren erreicht werden, weil dabei keine einseitige Vorauswahl, keine Korruption und keine Wählerbeeinflussung zugunsten be-

---

[25] *Hettlage*, Drei dubiose Landtagswahlen (s.o. Fn. 7). Dazu scharf kritisch *Meyer*, Demokratische Wahl und Wahlsysteme, in: Isensee/Kirchhof (Hrsg.), Handbuch des Staatsrechts, Bd. III, 3. Aufl. 2005, § 45 Rn. 85.

[26] BVerfGE 95, 335 (349); 97, 317 (323).

[27] Ausführlich dazu *Richter* (Fn. 2).

stimmter Kandidaten möglich sei. Wahlen seien heute „primitiv"; „die Wahl durch Los" entspreche der „Natur der Demokratie" – so schreibt der holländische Historiker David Van Reybrouck[28] und beruft sich auf Montesquieu und Rousseau, die dies schon im 18. Jahrhundert geschrieben hätten. In der Tat hat Montesquieu gesagt:

> „Wahl durch Los entspricht der Natur der Demokratie, Wahl durch Abstimmung der Natur der Aristokratie".[29] Das Auslosen sei eine Wahlform, die niemand verletze; sie lasse „jedem Bürger eine begründete Hoffnung, seinem Vaterland dienen zu können". Aber schon Montesquieu fügt hinzu: „Es ist aber an sich mangelhaft. Daher haben sich die großen Gesetzgeber im Lenken und Verbessern des Auslosens überboten". Rousseau knüpfte an diese Überlegungen an, betonte jedoch die Vorbehalte gegen das Losverfahren: „In einer wahren Demokratie würde die Erwählung durch das Los wenig Schwierigkeiten bieten. Da in ihr sowohl in bezug auf Sitten und Talente als auch auf Grundsätze und Vermögensverhältnisse die vollkommenste Gleichheit herrschte, so würde der Ausfall der Wahl ziemlich gleichgültig sein. Aber wie bereits gesagt, hat es noch nie eine wahre Demokratie gegeben".[30]

Deutlicher geht es nicht.

Vorbild der Auslosungs-Demokratie ist für ihre heutigen Verfechter die antike athenische Verfassung, nach der in der Tat viele Ämter durch das Los bestimmt wurden.[31] Für die damals ungewöhnlich großen Richterkollegien wurden – je nach Rechtsmaterie – jeweils mehrere hundert, im Extremfall über 2000 Mitglieder benötigt. Auch viele Beamtenstellen – aber keineswegs alle – wurden durch Losverfahren besetzt. Das Los macht alle gleich, es nivelliert die Chancen der Bewerber, verhindert Absprachen und Bestechung und dient damit dem Gleichheitsprinzip am entschiedensten.[32] Freilich wussten auch die Athener, dass es sich bei besonders wichtigen Ämtern empfiehlt, eine sorgfältige Auswahl zu treffen; für „gewisse bedeutende, insbesondere die militärischen sowie die wichtigsten Finanzämter" blieb „auch in der radikalen Demokratie reine Wahl der notwendige Bestellungsmodus".[33] Eine wichtige Rahmenbedingung war auch, dass die Ämter rotierten und die Beamten streng überwacht wurden;

---

[28] *Van Reybrouck*, Gegen Wahlen. Warum Abstimmen nicht demokratisch ist, 2016, S. 83 ff. in Anknüpfung an *Manin*, Kritik der repräsentativen Demokratie, 2007. Entschieden kritisch aber zu der These, das Los sei „die Inkarnation des politischen Gleichheitsverständnisses der Athener" und es bestehe ein „exklusiver Zusammenhang zwischen dem Losverfahren und der Demokratie": *Buchstein*, Demokratie und Lotterie. Das Los als politisches Entscheidungsinstrument von der Antike bis zur EU, 2009, S. 20 und 109. S. a. oben S. 113 f.

[29] *Montesquieu*, Vom Geist der Gesetze (1748), hrsg. v. Weigand, 1974, II. Buch, 2. Kap., S. 107 Dort S. 108 auch die folgenden Zitate.

[30] *Rousseau*, Der Gesellschaftsvertrag oder Die Grundsätze des Staatsrechts (1762), hrsg. v. Denhardt, 1975, IV. Buch, 3. Kap., S. 123 f.

[31] *Ehrenberg*, Der Staat der Griechen, 1957, S. 52 f.

[32] *Ehrenberg* (Fn. 32), S. 52.

[33] *Ehrenberg* (Fn. 32), S. 52 f.

sie mussten genau Rechenschaft ablegen. Auf die Dauer wurden die Ämter (und damit das Losverfahren) durch diese Modalitäten freilich stark abgewertet.[34]

Die Hamburger Historikerin Kaja Harter-Uibopuu hat eine antike Losmaschine nachgebaut und berichtet,[35] dass ein solches Gerät – ein „Kleroterion" – in Athen bei der massenhaften Besetzung von Richterstellen benutzt worden sei. Harter-Uibopuu hält das Losen für ein Wesenselement der athenischen Demokratie. Man habe damit „die Stimme des Volkes abbilden" wollen. Die zufällige Verteilung der Ämter führte dazu, dass jeder Inhaber des Bürgerrechts zum Richter über seine Nachbarn werden konnte, und das habe eine auch heute noch faszinierende Form von Chancengleichheit bedeutet (eine Bewertung, die wir heute – nach schrecklichen Erfahrungen mit der menschlichen Neigung zu Denunziation und Amtsmissbrauch – kaum noch teilen können). Es wurde unterstellt, jeder Freie sei für die auszulosenden Ämter gleich qualifiziert. Freilich wusste schon Rousseau, dass das Auslosen bei Stellen, „die besondere Gaben verlangen", untauglich war; geeignet ist es „bei denjenigen Stellen, für die gesunde Vernunft, Gerechtigkeitssinn und Unbescholtenheit hinreichen" – Eigenschaften, die nach Rousseau „in einem Staat mit guter Verfassung Gemeingut aller Bürger sind".[36] Der große Aufklärer widerspricht hier dem, was er wenige Zeilen zuvor geschrieben hat:[37] Die Menschen sind in diesen Eigenschaften nicht gleich.

Unsere politische Verfassung ist nicht die des 18. Jahrhunderts. Wir benutzen den Demokratiebegriff anders als Montesquieu und Rousseau, nämlich bezogen auf die Massengesellschaft und die großen Staaten der Gegenwart. Wir vertrauen nicht auf eine segensreiche Wirkung des Zufalls, sondern verlangen, dass die Bewerber ihre Eignung für staatliche Ämter beweisen – vor ihren Parteifreunden und Unterstützern und vor den Wählerinnen und Wählern. Regeln über die Kandidatenaufstellung und den Wahlkampf sorgen für ein gewisses Qualitätsniveau. Dabei kann und soll sich jeder Wähler und jede Wählerin ein Urteil über die politische und moralische Eignung der Bewerberinnen und Bewerber machen. Andere öffentliche Ämter vergeben wir nach dem Prinzip der Bestenauslese (in Art. 33 Abs. 2 GG festgelegt: „Eignung, Befähigung und fachliche Leistung").

Das Losverfahren würde in den hochkomplexen heutigen Gemeinwesen nicht funktionieren. Es würde vielleicht schon an einer genügenden Zahl von

---

[34] *Ehrenberg* (Fn. 32), S. 52 f. Dort S. 54 f. auch zur Volksgerichtsbarkeit und ihrer Entwicklung: Die „Volksgerichte" wurden aus Spruchkörpern im Laufe der Zeit zu Foren politischer Auseinandersetzungen, die von Demagogen betrieben wurden. Zu späteren Verwendungen des Losverfahrens (z.B. bei der Wahl der venezianischen Dogen, also „außerhalb demokratischer Systeme") s. *Buchstein* (Fn. 28), S. 110, 112 ff., 155 ff.

[35] In: www.uni-hamburg.de/newsroom/videos/2017-07-24 (letzter Aufruf 23.8.2022).

[36] *Rousseau* (Fn. 30), IV. Buch, 3. Kap., S. 123 f.

[37] S. oben bei Fn. 30.

Kandidaten fehlen, die sich dem Los unterwerfen; zu qualifizierten Vertretungskörperschaften und einer Besetzung von Beamten- und Richterfunktionen mit Sachkundigen kann das Verfahren nicht führen. Van Reybrouck bestreitet dies allerdings und will eine ganze neue Staatsverfassung auf das Losverfahren gründen: Er plädiert dafür, neben der gewählten Volksvertretung als zweite oder dritte Kammer ein mittels Zufallsauswahl gebildetes Gremium zu errichten, das zumindest bei der Gesetzgebung mitwirken und die anderen Staatsorgane kontrollieren soll.[38]

II. Der Streit um das beste Wahlrecht

Das allgemeine gleiche Wahlrecht ist, wie gesagt, ein wesentliches Element der modernen Demokratie. Die Gesetzgeber in aller Welt haben sich bemüht, Wahlsysteme zu entwickeln, die diesem Anspruch genügen, dabei leicht verständlich und praktikabel sind und zu sinnvollen Ergebnissen führen. So ist eine große Zahl von Varianten sowohl des Mehrheits- wie des Verhältniswahlsystems entstanden – voller interessanter Details, deren Wirkungen man freilich oft weder vorhersagen noch im Nachhinein bestimmen konnte. Nimmt man hinzu, dass in vielen Staaten immer wieder aufs Neue mit dem Wahlrecht experimentiert wird und eine Änderung auf die andere folgt, so drängt sich die Einschätzung auf, dass es letztlich auf die Feinheiten gar nicht ankommt, sondern das einfachste System sich am längsten bewährt. Unser deutsches Bundestagswahlrecht ist zwar in den Grundzügen seit Jahrzehnten unverändert geblieben, wird aber wegen seiner Kompliziertheit bemängelt. Gibt es Vorschläge zu einer auf Dauer angelegten Reform, die der Unterstützung wert sind?

1. Die Systementscheidung

Sowohl die Mehrheits- wie die Verhältniswahl kann Legitimation vermitteln und handlungsfähige Organe hervorbringen. Bei den Mischsystemen wird lebhaft über die Vereinbarkeit von Einzelnormen mit den Grundsatzentscheidungen gestritten – eine Folge der immer intensiveren verfassungsgerichtlichen Überprüfung des Wahlrechts. Der Wettbewerb um das „beste" Wahlrecht führt immer wieder zu neuen verfassungsrechtlichen Auseinandersetzungen. Zur Beendigung dieser Streitigkeiten, in denen sogar das Verfassungsgericht gespalten war,[39] wäre es dringend wünschenswert, einfachere Lösungen zu beschließen. Der Wunsch, das Wahlrecht auch gegensätzlichen Anforderungen anzupassen,

[38] *Van Reybrouck* (Fn. 28), S. 136 ff., 144 ff.

[39] BVerfGE 95, 335; 121, 266; 131, 316.

die tatsächlich kaum miteinander vereinbar sind, hat auch zu der Aufblähung des Bundestages geführt, die zum Risiko für seine Funktionsfähigkeit wird; die Abläufe im Parlament werden mit Sicherheit schwerfälliger, die Stellung des einzelnen Abgeordneten schwächer.

Begründet ist die Kritik an dem Zwei-Stimmen-System:[40] Dieses führt dazu, dass die Wählerinnen und Wähler, die ihre Stimmen „splitten", das Verhältnis zwischen den Parteien stärker beeinflussen als diejenigen, die Erst- und Zweitstimme derselben Partei zukommen lassen, und es besteht ein Anreiz zu dem Versuch, durch diese Kombination die Präferenz für bestimmte Koalitionen auszudrücken. Das klingt zwar verlockend, ist aber keine zuverlässige Methode, und mit „Leihstimmen" haben die Parteien schlechte Erfahrungen gemacht. Vor allem wird dabei übersehen, dass immer nur ein Teil der Wähler diese Methode anwendet. Der ursprüngliche Sinn der Konstruktion, dass mit der Erststimme Personen und mit der Zweitstimme Parteien gewählt werden, wird schon dadurch verfehlt, dass die Parteien bestimmen, wer für sie kandidiert.

Die Aufspaltung des Wahlrechts in eine Erst- und eine Zweitstimme sollte also abgeschafft werden.[41] Die „Zweitstimme", die in Wahrheit die „erste", weil wichtigste ist, könnte ohne relevante negative Folgen wegfallen; damit würde der Wahlgang für die meisten Wahlberechtigten einfacher, und die Auszählung könnte schneller von statten gehen, das Ergebnis würde das Stärkeverhältnis der Parteien zueinander genau widerspiegeln.

Die Abgeordneten, die ausschließlich über eine Landesliste gewählt würden, wären allerdings mit den örtlichen Wählern nicht so eng verbunden, wie es Wahlkreiskandidaten sein sollen und häufig sind. Deshalb muss überlegt werden, ob nicht statt der Landeslisten (jedenfalls in großen Flächenländern) Listen für kleinere Wahlbezirke aufgestellt werden sollten (in Baden-Württemberg gilt ein entsprechendes Modell für die Landtagswahl). Komplizierend wird sich außerdem der Wunsch der Parteien nach einem Ausgleich von Reststimmen (über die Wahlbezirke und die Länder hinaus) auswirken – doch das dürfte lösbar sein.

Wenn man aber auf das Zwei-Stimmen-System nicht verzichten wollte, wäre es zumindest konsequent, die in den Wahlkreisen gewonnenen Sitze *ohne Verrechnung* mit den Listenkandidaten zu vergeben. Danach könnte also ein Teil der Abgeordneten – nicht notwendig die Hälfte, sondern vielleicht nur ein Drittel – in Wahlkreisen nach dem Mehrheitsprinzip gewählt werden, der andere

---

40 So auch *Morlok*, Das Verhältnis von Erst- und Zweitstimme aus juristischer Sicht, in: Oppelland (Fn. 5), S. 91, und *Jesse*, Das Zweistimmensystem in der Bundesrepublik Deutschland – Funktionsweise, Kritik, Alternative, ebd. S. 105.

41 Dafür auch *Decker*, Schafft das Zweistimmensystem ab!, in: Berliner Republik 2012 Heft 5, S. 6 f.; *Morlok* (Fn. 40); Jesse (Fn. 40), S. 116 ff.; *Volkmann*, Wahlen in der Demokratie, in: Mörschel (Hrsg.), Wahlen und Demokratie, 2016, S. 9 (25).

Teil – möglicherweise die größere Zahl – nach dem Kräfteverhältnis der Parteien über Landeslisten. Gegen diese Lösung, die – etwas eigenwillig – als „*Grabensystem*“ bezeichnet wird, spricht in der Perspektive der Parteien die Konsequenz, dass das Verhältnis der Parteilisten zueinander „verzerrt“ wird. Ich meine, das wäre durchaus hinnehmbar, und es ist jedenfalls nach Ansicht des Bundesverfassungsgerichts mit dem Grundgesetz vereinbar.[42]

Nach der Bundestagswahl 2017 hat die Auseinandersetzung um das Wahlsystem neu begonnen. Das übergroße Bundesparlament sollte ein Anstoß sein, sich nicht auf neue unsichere Experimente, Mischsysteme und komplizierte Verrechnungen einzulassen, sondern eine „saubere“, leicht verständliche und einfach durchführbare Lösung zu beschließen. Das wird freilich nur gelingen, wenn ausführlich beraten und mutig entschieden wird. Die Beratungen könnten von einem Bürgerforum (nach der Methode „Planungszelle“) vorbereitet werden, das mit zufällig ausgewählten, angemessen honorierten Bürgerinnen und Bürgern zu besetzen wäre und von Experten intensiv informiert werden sollte.

Die *Sperrklauseln* sollten beibehalten werden. Parteien, die weniger als fünf Prozent der Stimmen erhalten, brauchen nicht zwingend im Parlament vertreten zu sein. Es ist zwar schade, dass infolge dieser Regelung insgesamt eine ziemlich große Zahl von Abstimmenden keine Abgeordneten ins Parlament bringen kann, aber dies ist nicht dem Wahlrecht anzukreiden, sondern ist im Kern die Folge gesellschaftlicher Entwicklungen: Zersplitterung in (zu) viele kleine Parteien, Mangel an Kompromissbereitschaft und an praktisch-politischem Sinn für das Machbare. Wenn das Wahlrecht in dieser schwierigen Situation ausschließlich unter dem Aspekt perfekter Gerechtigkeit reformiert werden soll, kommen neue Ungerechtigkeiten auf.

Die Stimmen für sehr kleine Parteien bräuchten allerdings nicht unter den Tisch zu fallen, wenn es die Institution der *Ersatzstimme* gäbe: Die Wähler kreuzen für den Fall, dass die Partei ihrer Präferenz unter die Fünf-Prozent-Quote fällt, eine andere Partei an, also eine vermutlich größere, die den Sprung über die Hürde eher schaffen kann. Das kann bewirken, dass mehr Wähler sich trauen, die kleinere Partei anzukreuzen, so dass diese die Fünf-Prozent-Hürde leichter überwinden kann. Auch über diese Lösung wird schon lange debattiert;[43] die Zeit ist reif, sie umzusetzen.

Bei Wegfall der „Zweitstimme“ und der bundesweiten Verrechnung könnten kaum noch Überhangmandate und daher auch kein negatives Stimmrecht mehr entstehen. Mit einem Schlag wären ganze Artikelserien und umfangreiche Urteilsbegründungen erledigt, Streitigkeiten obsolet. Die übermäßige Vergrößerung des Bundestages wäre für die Zukunft abgewendet, und die Wähler wür-

---

[42] BVerfGE 131, 316 (336).

[43] Vgl. etwa *Heußner*, Die 5 %-Sperrklausel: Nur mit Hilfsstimme! LKRZ 2014, S. 7 und 52. S.a. meine noch kritische Position in DVBl. 2014, 1213 (in diesem Band Nr. 8, S. 229).

den sich klarer entscheiden; niemand könnte mehr versuchen, durch raffinierten Einsatz der Erststimme einen doppelten Effekt zu erzielen.

2. *Ausweitung des aktiven Wahlrechts?*

Aus dem Wunsch heraus, allen Menschen gleiche politische Rechte zu gewährleisten, wird gelegentlich gefordert, auch Jugendlichen ab 16 Jahren[44] das Wahlrecht zu geben. Seit langem verlangen einige Politiker sogar das Wahlrecht „von Geburt an".[45] Weil nach dem Grundgesetz „alle Staatsgewalt vom Volke ausgeht", müsse „jeder" wählen dürfen: „jeder Alte, jeder Junge, jeder Analphabet, jeder Nobelpreisträger, jeder Mensch mit und ohne Behinderung" und eben „jedes Kind". Von einem Wahlrecht für Kinder, das „treuhänderisch von den Eltern bzw. Sorgeberechtigten als den gesetzlichen Vertretern ausgeübt" werde, erhofft man sich, dass die Parteien sich stärker um die Belange von Kindern kümmern würden: „Hätten Kinder ein Wahlrecht, müssten die Parteien sich kindgerechten Themen zuwenden, sie müssten für Kinder notwendige Ideen entwickeln und diese durchsetzen" – derzeit orientiere sich die deutsche Politik mehr an den Bedürfnissen und Wünschen der Älteren.[46] Dass Eltern mit Kindern das Mehrstimmenwahlrecht wirklich dazu nutzen würden, die Interessen der heranwachsenden Generation besser zur Geltung bringen, ist aber reine Spekulation. Im Grunde wäre ein Kinderwahlrecht ein verkapptes Mehrstimmenwahlrecht der Eltern und damit ein Verstoß gegen die Gleichheit der Wahl.[47] Ein entsprechender Antrag auf Grundgesetzänderung wurde im Jahre 2003 vom Bundestag abgelehnt.

Denen, die solche Reformen fordern – unter ihnen sind auch prominente Politiker –, geht es wiederum um „Gerechtigkeit".[48] Aber was bedeutet „Gerechtigkeit" für die Frage, wer an einer Parlamentswahl teilnehmen darf? Es ist gewagt, aus einem allgemeinen *objektiven Grundsatz*, der Volkssouveränität, auf die Einführung oder Erweiterung eines bestimmten *subjektiven Rechts* zu schließen. Zwar entspricht es demokratisch-egalitärem Denken, das Wahlalter nicht zu hoch festzulegen, damit möglichst viele Menschen sich beteiligen kön-

---

[44] Das Wahlalter beträgt nach dem Bundeswahlgesetz und den meisten Landeswahlgesetzen 18 Jahre.

[45] Z. B. *Peschel-Gutzeit*, Selbstverständlich gleichberechtigt, 2012, S. 179 ff.

[46] *Peschel-Gutzeit* (vorige Fn.), S. 181. Für die Herabsetzung des Wahlalters auf 16 Jahre (wie bereits in vier Ländern festgelegt) treten nach ihren Wahlprogrammen auch die Parteien SPD, Grüne und Linke ein, vgl. *Holste*, Wahlrecht – Die Reformvorschläge der Parteien vor der Bundestagswahl, in: Recht und Politik 2017, S. 286 (287).

[47] So auch *Meyer*, Wahlgrundsätze, Wahlverfahren, Wahlprüfung, in: Isensee/Kirchhof (Hrsg.), Handbuch des Staatsrechts, III. Bd., 3. Aufl. 2005, § 46 Rn. 11.

[48] *Peschel-Gutzeit* (Fn. 45), S. 182.

nen. Da es bei Wahlen um „politische Standpunkte" geht,[49] ist aber die Fähigkeit der Wählenden, sich eine politische Meinung zu bilden, eine ungeschriebene (weil selbstverständliche) Voraussetzung des subjektiven Wahlrechts. Kleinen Kindern fehlt diese Fähigkeit; bei Jugendlichen hängt sie von der geistigen Entwicklung ab. Die Wahlbehörden können aber nicht jeden Einzelnen prüfen, ob er „wahlfähig" ist. Deshalb ist es angemessen, hier eine feste Altersgrenze zu bestimmen, von der an die meisten Menschen politisch hinreichend informiert und urteilsfähig sind (oder besser: sein können).[50] Konservative Parteien tendieren dazu, dieses Alter höher festzusetzen, also bei der Vollendung des 18. Lebensalters zu bleiben, andere erhoffen von 16- bis 18jährigen, dass sie ihnen ihre Stimme geben. Beide Erwartungen können täuschen; jedenfalls muss darüber der Gesetzgeber entscheiden, nicht das Verfassungsgericht. Eine generelle Regelung ist sinnvoll – mögen sich auch selbst unter den Erwachsenen, die das Wahlrecht besitzen, viele finden, die an Einsichtsfähigkeit und Verantwortungsbereitschaft hinter Jugendlichen zurückbleiben. Die Fiktion der fortbestehenden Urteilskraft ist humaner als eine Wahlrechtsverweigerung aufgrund einer Prüfung es wäre. […][51]

3. Steigerung der Wahlbeteiligung durch Erleichterung des Wahlgangs?

Wählen gehen – das war früher eine Art staatsbürgerliche Pflichtübung, die den Wählenden das Gefühl der eigenen Bedeutung vermittelte. In den besten Zeiten erschienen neun von zehn Wahlberechtigten in den Wahllokalen, und diejenigen, die verreist oder schwer krank waren, wählten per Brief. Inzwischen ist die Wahlbeteiligung deutlich gesunken.[52] Die Parteien, besorgt um das schwindende politische Interesse, erwägen deshalb Erleichterungen für den Wahlgang. Die Briefwahl wird immer beliebter; man braucht keinen Grund anzugeben, weswegen man die Stimme nicht in die Urne werfen will, wählt also bequem von

---

[49] *Peschel-Gutzeit* (Fn. 45), S. 180.

[50] *Gründinger*, Scheinargumente gegen das Kinderwahlrecht, in: Mörschel (Hrsg.), Wahlen und Demokratie, 2016 hält diese Überlegungen für „Scheinargumente". S. aber auch die differenzierte Darstellung und Bewertung von *Buchstein*, Zwei Reformvarianten zur Absenkung des Wahlalters: ds Jugendwahlrecht und ds (stellvertretend ausgeübte) Wahlrecht von Geburt an, in: Mörschel (Fn. 41), S. 225.

[51] *Nachtrag 2022*: Der gestrichene Absatz betraf den Wahlrechtsausschluss von Menschen unter Betreuung (§ 13 Nr. 2 Bundeswahlgesetz a.F.). Das BVerfG hat diese Regelung für verfassungswidrig erklärt (BVerfG v. 29.1.2019, BVerfGE 151, 1).

[52] Vgl. dazu die sehr lesenswerte Ausarbeitung der Wissenschaftlichen Dienste des Deutschen Bundestages: Sinkende Wahlbeteiligung in Deutschland – Ursachen und Lösungsvorschläge (WD 1–3000–008/15 v. 16.1.2015.

zu Hause aus. Die Informations- und Kommunikationstechnik würde heute – trotz einiger Zweifel wegen der Sicherheit der Übertragungswege und der Nachvollziehbarkeit des Wahlvorgangs[53] – auch das Wählen vom heimischen Computer oder vom stets griffbereiten Smartphone aus ermöglichen, die Demokratie könnte „liquid" werden, die Bürger könnten zu allen möglichen politischen Fragen blitzschnell ihre Meinung mitteilen, und die Politiker brauchten nur noch das Ergebnis zur Kenntnis zu nehmen und zu befolgen …

Diese Art von „Beschleunigung" ist das allerletzte Geschenk der Technik, das wir benötigen. Demokratie braucht vielmehr Entschleunigung, Zeit zum Nachdenken, zur Formulierung und Begründung von Meinungen, zum langsamen, aber stetigen Heranreifen der Entscheidungen. Deshalb ist es falsch, die „digitale" Wahl (oder gar die tägliche verbindliche Abstimmung über aktuelle Sachfragen) für einen Fortschritt zu halten. Die Wahl zum Bundestag oder einem Landtag ist auch ein Ritual, und sie soll es sein. Man wählt nicht im Vorübergehen, sondern betreibt dafür einen gewissen Aufwand, wie es der Bedeutung des Vorgangs entspricht. Präsenzwahl ist besser als Distanzwahl; der allgemeine Gang zur Wahlurne soll und kann die Demokratie sichtbar machen, der Klick am Computer kann das nicht.[54] So gesehen, wäre sogar eine Wahlpflicht vorstellbar, wie sie in einigen (wenigen) Staaten besteht; dagegen spricht freilich, dass eine hundertprozentige Wahlbeteiligung ein fragwürdiges Ziel ist: Die rechtlich erzwungene Teilhabe der politisch „Unwilligen" würde der Demokratie wohl kaum nützen.

Ob durch bequemeres Wählen höhere Beteiligungsraten erreicht werden können, ist nach dem gegenwärtigen Stand der Wahlforschung ungewiss.[55] Die Stimmabgabe über das Internet ist bisher nur in Estland und einigen Schweizer Kantonen eingeführt worden, bei Vorwahlen auch in einigen US-Bundessstaaten und als Pilotprojekte in Norwegen und den Niederlanden.[56] Die Erfahrungen zeigen, was zu erwarten war: Die Allgemeinheit der Wahl wird tangiert, wenn die älteren, technikaversen Wahlberechtigten nicht mehr teilnehmen, und die technikbegeisterten jungen kompensieren dieses Defizit nur teilweise. Jedenfalls wird der Akt der Wahl abgewertet, wenn das E-Voting zum Normalfall wird.[57] Einfacher und vielleicht sogar wirkungsvoller wäre es, die Wahllokale

---

[53] Diese Zweifel begründen die ablehnende Entscheidung des BVerfG v. 3.3.2009 zum „Wahlcomputer", BVerfGE 123, 39.

[54] In diesem Sinne auch *Volkmann* (Fn. 41), S. 24 ff., der sogar eine Wahlpflicht für diskussionswürdig hält (S. 27). Ideen zur Ausgestaltung der Wahlorte und zu den Formen der Stimmabgabe auch bei *Klatt*, Orte und Formen der Stimmabgabe – Überlegungen zur Kerngruppe der Nichtwählerinnen und Nichtwähler, in: Mörschel (Fn. 41), S. 255.

[55] Vgl. die Darstellung von *Decker/Küppers*, Formen der Stimmabgabe: Höhere Beteiligungsraten durch bequemeres Wählen?, in: Mörschel (Fn. 41), S. 141.

[56] *Decker/Küppers* (Fn. 55), S. 159.

[57] *Decker/Küppers* (Fn. 55), S. 158.

länger offenzuhalten und die Briefwahl nicht mehr als Ausnahme anzusehen; diese ist der Stimmabgabe im Wahllokal gleichwertig, weil sie Aufmerksamkeit beim Ausfüllen der Papiere verlangt. Wenn bei der Briefwahl in der eigenen Privatsphäre die Lebenspartner, Eltern oder Kinder anwesend sind und alten oder schwachen Menschen helfen, kann kein Dritter die Geheimhaltung einfordern. Die Geheimhaltung soll vor der Beeinflussung durch Außenstehende – insbesondere durch Kandidaten und Parteien, Vorgesetzte, Heimleiter und Pfleger –, aber nicht vor dem Einfluss von Vertrauenspersonen schützen, und dass manchmal unzulässiger Einfluss genommen wird, disqualifiziert die Briefwahl nicht.[58]

[58] Dazu und zu der gelegentlich geäußerten Überlegung, zu offenen Wahlen überzugehen: *Decker/Küppers* (Fn. 55), S. 154 m.w.N.

8.

Erfolgswertgleichheit – eine Fehlkonstruktion im deutschen Wahlrecht

I. Die aktuelle Diskussion

In der Diskussion um die Sperrklauseln im Wahlrecht, wie sie in Deutschland seit einigen Jahren geführt wird, spielt das Argument eine zentrale Rolle, jede Wählerstimme müsse nicht nur den gleichen „Zählwert", sondern auch „die gleiche rechtliche Erfolgschance" haben, und das soll nach der Rspr. des BVerfG[1] „den gleichen Einfluss auf die Zusammensetzung der Volksvertretung" bedeuten; dieses Prinzip wird als „Erfolgswertgleichheit" bezeichnet. Sperrklauseln wie § 6 Abs. 6 Satz 1 BWahlG und die entsprechenden Vorschriften der Länder werden auch von der Literatur[2] fast einhellig als Ungleichbehandlung der Wähler und der kandidierenden Parteien angesehen und sind angeblich nur durch „zwingende Gründe" zu rechtfertigen. Für die Wahlen zum Europäischen Parlament und zu den Kommunalvertretungen hat das BVerfG solche Gründe vermisst.[3]

---

[1] St. Rspr. seit BVerfGE 1, 108 (248); zuletzt BVerfGE 95, 335 (353); 95, 408 (419); 120, 82 (103); 121, 266 (295 f.); 124, 1 (18 f.); 129, 300 (317 f.); 135, 259 (284 f.) mit Abw. M. des Richters Müller (299 ff.). Auch die Landesverfassungsgerichte benutzen diese Denkfigur, vgl. etwa BayVerfGH, NVwZ-RR 2007, 73 ff.; BayVBl. 2010, 531 ff.; DÖV 2010, 822; Nds StGH, NdsVBl. 2011, 77 f.; HmbVerfG, NVwZ 2013, 575 = NordÖR 2013, 156; BremStGH, NordÖR 2005, 155 und NordÖR 2009, 251; BlnVerfG, LVerfGE 6, 28; SaarlVerfG, NVwZ-RR 2012, 169.

[2] Vgl. u.v.a. *Hans Meyer*, Wahlsystem und Verfassungsordnung, 1971, S. 225 ff.; *ders.*, Wahlgrundsätze, Wahlverfahren, Wahlprüfung, in: Isensee/Kirchhof (Hrsg.), HStR III, 3. Aufl. 2005, § 46 Rn. 36 ff.; *Seifert*, Bundeswahlrecht, 3. Aufl. 1976, Art. 38 Rn. 25; *Wenner*, Sperrklauseln im Wahlrecht der Bundesrepublik Deutschland, 1986, S. 226 ff.; *Frotscher*, Die parteienstaatliche Demokratie – Krisenzeichen und Zukunftsperspektiven, DVBl 1985, 917 (926); *Morlok*, in: Dreier (Hrsg.), Grundgesetz, Bd. II, 1998, Art. 38 Rn. 104. Umfassende Darstellung auch bei *Wendt*, Sperrklauseln im Wahlrecht?, in: Ruffert (Hrsg.), Dynamik und Nachhaltigkeit des Öffentlichen Rechts. Festschrift für Meinhard Schröder, 2012, S. 431 ff.

[3] BVerfGE 129, 300 (Fünf-Prozent-Klausel beim EP) und 135, 259 (vgl. Fn. 1 – Drei-Prozent-Klausel beim EP); 120, 82 (Kommunalwahlen). Anders zum EP: BVerfGE 51, 22. Vgl. a. die entsprechenden Entscheidungen von Landesverfassungsgerichten (u.a. VerfGH NW, NWVBl. 1994, 453 und NWVBl. 1999, 382), die inzwischen in allen Flächenländern dazu geführt haben, dass die Sperrklauseln für die Wahl der kommunalen Vertretungskörperschaften abgeschafft wurden. Die Sperrklauseln für die Wahl der Bezirksvertretungen in den Stadt-

Dieses Verdikt ist (bisher) nicht auf die Wahlen zum Deutschen Bundestag und zu den Parlamenten der Länder ausgedehnt worden. Doch wird nach den erwähnten Entscheidungen des BVerfG bundesweit über den Fortbestand der Fünf-Prozent-Klauseln diskutiert, und zumindest in einem Land ist bereits der Landtag damit befasst. Die Piraten-Fraktion des Schleswig-Holsteinischen Landtags hat einen Gesetzentwurf eingebracht, wonach die Sperrklausel abgeschafft wird;[4] in die Beratung des zuständigen Ausschusses haben die Piraten hilfsweise drei Alternativen eingebracht, nämlich die Senkung der Sperrklausel auf zwei oder drei Prozent, die Einführung einer Ersatzstimme oder die „abgesenkte Sperrklausel mit Ersatzstimme“.[5] Es wird auch die Ansicht vertreten, dass Sperrklauseln nur dann als verfassungskonform angesehen werden könnten, wenn dem Wähler eine solche „Hilfsstimme“ eingeräumt werde.[6]

Diese Forderungen werden mit der großen Bedeutung des Wahlrechts für das Funktionieren der Demokratie begründet; regelmäßig wird auch behauptet, mit der Abschaffung der Fünf-Prozent-Hürde könne die „Politikverdrossenheit“ der Bürgerinnen und Bürger bekämpft werden. Immerhin hat das BVerfG „die Gleichbehandlung aller Staatsbürger bei der Ausübung des Wahlrechts“ als „eine der wesentlichen Grundlagen der Staatsordnung“ bezeichnet.[7] Alle Staatsbürger müssten das aktive und passive Wahlrecht „möglichst in formal gleicher Weise ausüben können“. Daher sei der Grundsatz der Gleichheit der Wahl „im Sinne einer strengen und formalen Gleichheit zu verstehen“.[8] Die Vorteile für die Funktionsweise und Qualität der staatlichen und kommunalen Vertretungsorgane, die der Ausschluss sehr kleiner Gruppierungen mit sich bringt, werden mit dieser Rechtsprechung gefährdet.

II. Die grundsätzliche Kritik

1. Formale statt materieller Betrachtungsweise?

Mit seiner Forderung nach weitestgehender „Erfolgswertgleichheit“ hat das BVerfG dem politischen System in Bund, Ländern und Gemeinden keinen guten Dienst erwiesen. „*Formale*“ Gleichheit zu fordern, heißt von den materiellen Verhältnissen abzusehen und damit die Überwindung bestehender Kon-

staaten Berlin und Hamburg sind herabgesetzt und in den Landesverfassungen festgeschrieben worden.

[4] Landtags-Drs. 18/385 v. 30.11.2012.

[5] Landtags-Umdruck 18/1916 v. 4.11.2013.

[6] So *Heußner*, Die 5 %-Sperrklausel: Nur mit Hilfsstimme!, in: LKRZ 2014, 7 ff. und 52 ff.

[7] BVerfGE 120, 82 (102).

[8] BVerfGE 120, 82 (102).

flikte auf der Grundlage sachgerechter Kriterien abzulehnen. Das ist immer eine fragwürdige Handlungsweise, und es ist besonders fragwürdig, wenn es, wie beim Wahlrecht, um die Kreation politischer Institutionen geht. In Wahlen geht es um die Bildung und Verstärkung politischer Macht, und es ist unverzichtbar, diese Machtbildungsprozesse rechtlich so zu strukturieren und einzuhegen, dass möglichst keine Ergebnisse herauskommen, die langfristig der gemeinwohlverträglichen, demokratischen Entwicklung des politischen Systems entgegenstehen. Reines Zählen der Stimmen ergibt ein Abbild der Kräfteverhältnisse in der gewählten Volksvertretung, aber Demokratie ist mehr als dies. Nötig ist vielmehr darüber hinaus die Bildung entscheidungsfähiger Mehrheiten und entsprechender Regierungen, und wenn dieser Gesichtspunkt berücksichtigt werden soll, sind materielle Unterscheidungen bei der „Erfolgsgleichheit" der Wählerstimmen unvermeidlich.[9]

Tatsächlich haben ja auch die Verfassungsgerichte von Bund und Ländern materielle Gründe für eine Differenzierung zugrunde gelegt, indem sie anstelle der angeblich „zwingenden" Gründe nur noch eine Verhältnismäßigkeitsprüfung verlangen: Es muss sich um „legitime verfassungsrechtliche Gründe" handeln, „die von einem Gewicht sind, das der Wahlrechtsgleichheit die Waage halten kann".[10] Die Sperrklauseln im Bundestags- und Landtagswahlrecht sind mit dieser Argumentation trotz der angeblich „formalen" Gleichheit der Stimmen aufrechterhalten worden.

2. *Die Funktion von Wahlen*

Dass das Wahlrecht nicht allein und nicht in erster Linie darauf abzielen darf, ein genaues Abbild der Wählerpräferenzen zu produzieren, ergibt sich aus dem Sinn und der Funktion von Wahlen. Sie sind nicht staatlich organisierte Demoskopie, sondern *Akte der Staatsbildung*: Durch die Wahl von Volksvertretungen werden Staatsorgane kreiert und wird der Staat überhaupt erst handlungsfähig. Wahlen müssen daher so gestaltet werden, dass dieses Ziel erreicht wird. Die Wahlen sollen mittelbar die Bildung funktionsfähiger, d.h. langfristig zur Politikgestaltung fähiger, nachhaltig arbeitender Regierungen ermöglichen. Derselbe Gedanke klingt auch in dem Begriff der „Integrationsfunktion" an, der vielfach neben der Funktionsfähigkeit als Rechtfertigungsgrund für Sperrklau-

---

[9] Mit Recht schreibt deshalb z.B. *Christoph Möllers*, dass der Maßstab der Erfolgswertgleichheit – anders als derjenige der Zählwertgleichheit – „nicht rein formaler Natur" ist (Wahlrecht: Das missverstandene Systemargument im Streit um die Überhangmandate, in: Recht und Politik 2012, S. 1 [2]).

[10] BVerfGE 124, 1 (19) mit Hinweisen auf die st. Rsp.; dort auch die Wendung, dass der rechtfertigende Grund „bislang" als „zwingend" bezeichnet worden war.

seln angeführt wird[11] (wobei vor allem an die Integration der divergierenden Meinungen durch die großen Parteien gedacht ist).

Bei den Bemühungen, auch den sehr kleinen Parteien zu Parlamentssitzen zu verhelfen, wird die politische Wirklichkeit aus einer zu engen Perspektive beurteilt. Tatsächlich haben auch Splitterparteien durchaus Einfluss auf das politische Geschehen, auch auf Parlamente und Regierungen, sei es durch eigene Aktivitäten im Wahlkampf oder als außerparlamentarische Opposition, sei es vermittelt durch die Medien. Andererseits verschaffen Parlamentssitze nicht schon die Beteiligung an der Regierung – es sei denn, infolge einer spezifischen Parteienkonstellation erlangen sehr kleine Gruppen eine überproportionale Verhandlungsmacht (Beispiele aus anderen Staaten belegen diese Möglichkeit.)

In der Literatur werden Sperrklauseln häufig als Instrumente der „etablierten" Parteien zur Erhaltung der eigenen Macht bezeichnet. Das ist nur insofern richtig, als die großen Parteien in der Tat – in legitimer Weise – den Anspruch erheben, die im Volk vertretenen Meinungen hinreichend zu vertreten und in die politische Arbeit einzuführen. Bei den Wahlen sind aber auch die bisher starken Parteien dem Risiko ausgesetzt, von den Wählern ins Abseits geschickt zu werden. Keine Partei besitzt eine Garantie ewiger Parlamentsrepräsentanz.

Bekanntlich sind gelegentlich auch solche Parteien aus einem Parlament ausgeschieden, die bis dahin über lange Zeit darin vertreten waren, und neue Parteien sind – bisweilen aus dem Stand, bisweilen erst nach mehreren Anläufen – in die Parlamente gelangt. Wie beim Fußball die Tore entscheiden und nicht die Torchancen oder der Ballbesitz, so entscheidet bei den Wahlen der Erfolg in Prozenten der Wählenden, nicht die Bemühung. Mit dem Abpfiff endet die Chance, das Spiel zu gewinnen; die bis dahin bestehende Chancengleichheit hat keine Bedeutung mehr.

III. Zulässige Differenzierungen

1. Ungleiches Gewicht hatten die Wählerstimmen im preußischen Drei-Klassen-Wahlrecht. In diesem 1918 abgeschafften Wahlsystem waren die Erfolgschancen der Wähler *von vornherein* unterschiedlich („nach Maßgabe der von ihnen zu entrichtenden direkten Staatssteuern"[12]) verteilt: Die zahlenmäßig kleinste Gruppe der Reichen, die die höchsten Steuerbeträge zahlten, wählten (mittelbar) die gleiche Anzahl von Abgeordneten wie die zahlenmäßig größte

---

[11] Vgl. etwa Schleswig-Holsteinisches LVerfG, U. v. 13.9.2013, NVwZ 2013, 1546 = DÖV 2014, 126 = NordÖR 2013, 461.

[12] Art. 71 der Preußischen Verfassungsurkunde v. 31.1.1850, G.-S. S. 17. Die vorangegangene Verordnung v. 30.3.1849 (G.-S. S. 205) blieb als „Ausführungs"-Vorschrift bis 1918 in Kraft. Vgl. dazu *Huber*, Deutsche Verfassungsgeschichte seit 1789. Bd. III, S. 84 ff.

Gruppe, die „dritte Klasse", so dass die einzelne Wählerstimme in der obersten Gruppe den dreifachen „Erfolgswert" hatte wie die eines Wählers der untersten Gruppe. Das war „eine unterschiedliche Gewichtung der Stimmen nach der Person des Wählers, seiner Zugehörigkeit zu einer Klasse oder seinen Vermögensverhältnissen".[13] Von einer derartigen Unterscheidung kann bei den Sperrklauseln keine Rede sein.

Differenzierungen nach der Person des Wählers gibt es zwar auch heute – man denke an die bisher unbestrittenen subjektiven Voraussetzungen des aktiven und passiven Wahlrechts nach §§ 13 und 15 BWahlG, wonach psychisch Kranke und Betreute oder Verurteilte unter gewissen Voraussetzungen vom Wahlrecht ausgeschlossen sind. Auch die Voraussetzung des 18. Lebensjahrs und der mindestens dreimonatige Aufenthalt in der Bundesrepublik Deutschland (§ 12 BWahlG) könnten als gesetzlich vorgesehene „Ungleichheiten" des Wahlrechts angesehen werden. Doch sind all diese „Ausschlüsse" mit dem Gebot der „Wahlerfolgsgleichheit" schon deshalb vereinbar, weil die Ausgeschlossenen gar nicht an der Wahl teilnehmen.

2. Bedeutsamer ist, dass die Wählerstimmen ungleiches Gewicht haben, wenn die *Wahlkreise* ungleich groß geschnitten sind. Eben dies ist jedoch bei den Wahlen zum Bundestag der Fall, und das BVerfG lässt erhebliche Abweichungen zu.[14]

3. Zu einem ungleichen Gewicht der Wählerstimmen führt auch die Möglichkeit von *Überhangmandaten* infolge der Aufteilung der Mandate in Wahlkreis- (Direkt-) und Listenmandate (§§ 4 – 6 BWahlG). Auch dieses Problem versuchen die Verfassungsgerichte seit einiger Zeit mit dem Begriff der „Erfolgswertgleichheit" zu lösen.[15] Aber dieser Weg ist nicht zwingend und wird auch vom BVerfG nicht als „strenge Gleichbehandlung" verfolgt (dazu unten IV. 3.).

---

[13] BVerfGE 130, 212 (225).

[14] Vgl. BVerfGE 16, 130 (139 f.); 95, 335 (359 ff); 95, 335 (367 ff. – Abweichendes Votum). Krit. dazu auch *Pauly*, Das Wahlrecht in der neueren Rspr. des BVerfG, AöR 123 (1998), S. 232 ff. (248).

[15] BVerfG, U. v. 10.4.1997, BVerfGE 95, 335 (357 ff.; s. a. die Meinung der die Entscheidung nicht tragenden Richter, S. 367 ff.); 121, 266 (295; 131, 316 (336 f.). Anders jedoch noch BVerfGE 79, 169 (171 f.). Zu dem Urteil v. 10.4.1997 s. a. *Backhaus*, Neue Wege beim Verständnis der Wahlgleichheit?, DVBl 1997, 737, sowie *Heintzen*, Die Bundestagswahl als Integrationsvorgang, DVBl. 1997, 744. S. a. LVerfG SH, U. v. 30.8.2010, NVwZ 2010, 1560 = DÖV 2010, 942 = NordÖR 2010, 389, 401. Zust. zur neuen Rspr. auch *Möllers* (Fn. 9).

IV. Chancengleichheit ist keine Erfolgsgarantie

1. *Zum Begriff der „rechtlichen Erfolgschance"*

Nach dem geltenden Wahlrecht zu den Volksvertretungen haben die Stimmen aller Wählerinnen und Wähler die gleichen Erfolgschancen – auch bei Bestehen einer Sperrklausel, und für die Parteien gilt dasselbe, so dass auch deren Recht nach Art. 21 Abs. 1 GG gewahrt ist. Niemand weiß vor der Auszählung, wie viele Stimmen die verschiedenen Parteien erreichen. Die „rechtliche Erfolgschance", von der das BVerfG stets spricht,[16] wird von der Rspr. freilich gar nicht bloß als *Chance*, sondern als *Erfolgsgarantie* verstanden, nämlich als verfassungsrechtliche Garantie der verhältnismäßigen Abbildung der Stärkeverhältnisse bei der Sitzverteilung. Denn es folgert aus dem Gebot der Wahlgleichheit (im Rahmen des Verhältniswahlrechts), dass „alle Parteien in einem möglichst den Stimmenzahlen angenäherten Verhältnis in dem zu wählenden Organ vertreten" sein müssen.[17]

Dieses Verständnis von „Chancengleichheit" ist keineswegs zwingend. Chancengleichheit bezieht sich darauf, dass die einzelne Stimme mit dem gleichen Gewicht in den Prozess der Stimmenzählung und -auswertung (also der Sitzverteilung) eingebracht wird wie alle anderen Stimmen. Für die Parteien heißt (rechtliche) Chancengleichheit, dass sie am Start, beim Beginn des Wahlvorgangs nicht unterschiedlich bewertet (gewichtet) werden dürfen. Eben diese „ex ante"-Gleichheit ist gewährleistet.[18] Aber niemand hat Anspruch darauf, dass seine oder ihre Stimme „Erfolg" hat; Chancengleichheit ist nicht Erfolgsgleichheit.

Der Österreichische Verfassungsgerichtshof hat sogar ausdrücklich festgestellt, es falle „außerhalb des Grundsatzes der Gleichheit des Wahlrechts, ja außerhalb des Bereichs der Möglichkeit", wenn man verlange, dass „jeder Stimme die gleiche Kraft, der gleiche Nutz- oder Erfolgswert zukommen müsse".[19] Auch in der Schweiz ist die Erfolgswertgleichheit nicht verfassungsrechtlich garantiert.[20] Die Rspr. des BVerfG stellt also eine „Eigenheit" dar, „die im internationalen Vergleich berechtigt, von einem deutschen Sonderweg zu sprechen".[21] Dieses Urteil eines der besten Kenner der in aller Welt gebräuchlichen

---

16 Vgl. etwa BVerfGE 120, 82 (102); 130, 212 (225).

17 So z.B. BVerfGE 120, 82 (103).

18 So auch *Pauly* (Fn. 14), AöR 123 (1998), S. 248 f.

19 Zitiert nach *Nohlen*, Die Politik des Sonderweges. Wahlsysteme als Rechtsfrage, in: JöR n.F. 62 (2014), S. 11 (25). „Lediglich ein gleiches Stimmrecht *ex ante*" ist nach Ansicht des ÖsterrVerfGH gegeben; bei der Festlegung des Stimmgewichts seien „Varianten des Verhältniswahlrechts" zulässig.

20 *Nohlen* (Fn. 19), S. 24 f.

21 *Nohlen* (Fn. 19), S. 11. Auch die Richter Di Fabio und Mellinghoff benutzen den Begriff „Sonderweg" (Abw. M. zu BVerfGE 129, 300 [346 ff., 353]), ebenso der Richter Peter

Wahlsysteme hat Gewicht. Ein anderer Autor hat schon vor längerer Zeit bemerkt, dass „in keinem Mitgliedstaat der EU" außer Deutschland „die Wahlrechtsgleichheit mit der Vorgabe des gleichen Erfolgswertes gleichgesetzt" wird.[22]

2. Das „Wahlsystem": Regeln über die Mandatsverteilung

Ob das *Ergebnis* der Wahl ein möglichst genaues Abbild der Stimmenverhältnisse darstellt, folgt erst aus den Regeln über die Zuordnung der Sitze an die Parteien. Wenn es danach dazu kommt, dass infolge einer Sperrklausel eine oder mehrere sehr kleine Parteien nicht in dem gewählten Organ vertreten sind, bedeutet das keine geringere Gewichtung der für diese abgegebenen Stimmen. Denn nicht die einzelne Stimme ist bei der Auszählung abweichend von anderen „gewichtet" worden, sondern entscheidend ist die *Summe* der für die jeweilige Partei abgegebenen Stimmen, wie sie sich *im nachhinein* ergibt. Niemand wusste vorher, dass die Stimmen für die Partei X oder Y nicht zu einem Parlamentssitz führen würden. Die „Spielregeln" gelten für alle Kandidaten und für alle zur Wahl zugelassenen Parteien.

Der Gesetzgeber legt die Regeln über „Sieg" und „Niederlage" *vor* den Wahlen fest. Zu diesen Regeln gehört das *Wahlsystem*. Entscheidet sich der Gesetzgeber für das *Mehrheitswahlsystem*, so folgt daraus unvermeidlich, dass die für die Minderheit abgegebenen Stimmen nicht zur Zuteilung von Mandaten führen. Das wird vom BVerfG toleriert: „Der Gesetzgeber ist bei der Wahl zwischen der Mehrheits- und der Verhältniswahl grundsätzlich frei"; es steht ihm auch zu, beide Wahlsysteme miteinander zu verbinden.[23] Da dies so ist, fällt es

---

Müller in seiner Abw. M. zu der dritten Europawahl-Entscheidung des BVerfG (BVerfGE 135, 259 [299]). In der ersten Entscheidung dieser Reihe (BVerfGE 51, 222 [249]) hatte das Gericht die Sperrklausel noch unter Hinweis auf faktische oder normative Sperrklauseln anderer EU-Länder gebilligt.

[22] *Lenz*, Die Wahlrechtsgleichheit und das Bundesverfassungsgericht, AöR 121 (1996), S. 337 (354). Er weist darauf hin, dass z.B. die französische Verfassung einerseits die Wahlrechtsgleichheit für alle Wahlen vorsieht, andererseits aber die absolute Mehrheitswahl des Präsidenten (Art. 3 Abs. 3 und 7 Abs. 1); ähnlich Italien mit der Betonung der Wahlrechtsgleichheit in Art. 48 Abs. 2 der Verfassung und einem – inzwischen häufig geänderten – konzentrativen Wahlrecht, das sogar eine Prämie für die stärkste Partei vorsieht. In BVerfGE 95, 335 („Mindermeinung" S. 367 ff. [371 f.]) wird die Argumentation von Lenz ohne überzeugende Begründung zurückgewiesen.

[23] BVerfGE 120, 82 (103); 131, 316 (336). Die schleswig-holsteinische Landesverfassung schreibt für die Landtagswahl ein gemischtes Wahlsystem vor, „das die Persönlichkeitswahl mit den Grundsätzen der Verhältniswahl verbindet" (Art. 10 Abs. 2 LV). Daraus resultieren zusätzliche Probleme wie die Entstehung von Überhangmandaten. Im Zwei-Stimmen-System wirken sich die beiden Stimmen notwendigerweise unterschiedlich aus. Erst durch eine weitere Berechnung (auf der Basis der Listenstimmen) wird das Verhältnis der Parteien zueinander bei der Sitzverteilung wieder ausgeglichen. Wie kompliziert diese Berechnung ist,

schwer nachzuvollziehen, dass beim Verhältniswahlsystem die Nichtberücksichtigung eines kleinen Teils der Wählerstimmen nur unter erschwerten Bedingungen zulässig sein soll. Das BVerfG und die ihm folgenden anderen Gerichte und Autoren sehen Mehrheits- und Verhältniswahl als Gegensätze an, für deren Ausgestaltung angeblich unterschiedliche Gebote gelten.

Christofer Lenz hat darauf hingewiesen, dass damit die zwingende Folge der auch vom BVerfG für zulässig gehaltenen *Kombination* der beiden Ansätze vernachlässigt wird.[24] Lenz führt diese strikte Gegenüberstellung ad absurdum, indem er darauf aufmerksam macht, dass das BVerfG höhere Sperrklauseln (z.B. 10- oder 20-Prozent-Hürden), bei denen ein großer Teil der Wählerstimmen „unter den Tisch fällt", eigentlich als verfassungskonforme Ausgestaltungen der Mehrheitswahl billigen müsste".[25]

Andererseits ist eine vollständig gleiche Gewichtung aller Wählerstimmen nur bei der reinen Verhältniswahl möglich.[26] Dabei müssten „alle Mandate in einem einzigen Wahlkreis vergeben werden (...], auf Sperrklauseln verzichtet und insgesamt eine große Zahl von Abgeordneten gewählt" werden. „Bei 500 Abgeordneten ist es dann möglich, die maximale natürliche – Sperrgrenze auf 0,2 Prozent abzusenken." Tatsächlich enthalten „nahezu alle Wahlgesetze" Anreize oder üben Druck aus, „um die Konzentration" der Wählerstimmen auf wenige Parteien zu fördern".[27] Diese Konzentrationswirkung ist ein legitimes Ziel, das im Ergebnis für die Bundestags- und Landtagswahlen auch von der Rspr. akzeptiert ist – nur eben auf dem Umweg über die als mehr oder weniger „zwingend" empfundenen Rechtfertigungsgründe der Sperrklauseln. Bei der hier vorgeschlagenen Sichtweise bedarf es dieses Umwegs nicht.

3. Das Spezialproblem der Überhangmandate

Die Problematik der Überhangmandate ist anders gelagert als die der Sperrklauseln. Es muss daher auf andere Weise gelöst werden. Es leuchtet zwar ein, dass „sich die Zahl der Überhangmandate in Grenzen halten" muss,[28] aber wie streng die Gleichheitsanforderung verstanden werden muss, ist auch vom

zeigt die Rspr. zu den Überhangmandaten und zum „negativen Stimmgewicht" (zuletzt BVerfGE 131, 316). Auch die mathematischen Methoden der Sitzverteilung nach d'Hondt und Hare-Niemeyer, Sainte-Lague/Schepers (vgl. BVerfGE 121, 266 [272]; 131, 316 [325]) führen nicht zu streng „formaler" Gleichverteilung der Sitze, sondern begünstigen die kleinsten Parteien, müssten also eigentlich als „ungleiches" Wahlrecht beanstandet werden.

[24] *Lenz* (Fn. 22), S. 339. Krit. dazu wiederum BVerfGE 95, 335 (371 f. – Abweichende Meinung).

[25] *Lenz* ebd. (Fn. 22), S. 353.

[26] *Lenz* (Fn. 22), S. 340. Dort auch die folgenden Zitate.

[27] *Lenz* (Fn. 22), S. 341 mit Beispielen.

[28] BVerfGE 95, 335 (349 und 365 f.).

BVerfG nicht überzeugend erklärt worden.[29] Das Verfahren der Mandatsverteilung muss frei sein von „willkürlichen oder widersinnigen Effekten" wie dem „negativen Stimmgewicht",[30] aber diese Effekte können auch mit anderen Argumentationen verhindert werden als mit der (vermeintlich!) strengen Beachtung der „Erfolgswertgleichheit". In der umstrittenen Entscheidung vom 10.4.1997 wird als „Orientierungspunkt" bzw. als „Anhalt" für die zulässige Zahl der Überhangmandate gerade auf die Fünf-Prozent-Klausel verwiesen,[31] in der Entscheidung vom 25.7.2012 wird es für unzulässig erklärt, wenn ausgleichslose Überhangmandate „in einem Umfang anfallen, der den Grundcharakter der Bundestagswahl als Verhältniswahl aufheben kann".[32] Das ist nur noch eine ziemlich grobe Richtlinie; die „richterliche Normkonkretisierung", die das Gericht im Anschluss daran vornimmt – wonach nämlich 15 Überhangmandate zulässig sein sollen – kann nach dem eigenen Bekunden des Gerichts „nicht vollständig begründet werden".[33] Nach diesen Überlegungen ist die strenge Durchsetzung einer subjektiven „Erfolgswertgleichheit" aller Stimmen nicht geboten, um materielle Wahlrechtsgleichheit zu gewährleisten; der Wahlrechtsgesetzgeber ist vielmehr aufgefordert, eine in sich stimmige, verständliche Regelung zu schaffen, auf deren Grundlage die Chancen der Bewerber auf Parlamentssitze im Großen und Ganzen eingeschätzt werden können.

V. Ersatzstimme als vermittelnde Lösung?

Als Kompromiss zwischen der Abschaffung von Sperrklauseln und der Vernachlässigung der Stimmen für die Kleinstparteien wird vorgeschlagen, den Wählern eine Ersatz- oder Eventualstimme einzuräumen.[34] Als Vorbilder werden die Wahlgesetze von Irland, Malta und Australien genannt. Den Wählern würde damit der Zwang zur Entscheidung für eine Partei oder einen Bewerber genommen; die Wahlentscheidungen würden undeutlicher und diffuser. In den genannten Ländern bildet die Eventualstimme (Single Transferable Vote, STV) ein Element eines Mehrheitswahlsystems; schon deshalb wäre ihre Übertragung auf das deutsche Wahlrecht fragwürdig.[35]

---

[29] Auch dazu BVerfGE 95, 335 (364 f., 366 f.) und die „Mindermeinung" in derselben Entscheidung S. 367 ff. (376 ff.).

[30] BVerfGE 121, 266 (300); 131, 316 (336).

[31] BVerfGE 95, 335 (349, 365 f.).

[32] BVerfGE 131, 316 (357).

[33] BVerfGE 131, 316 (370).

[34] *Heußner* (Fn. 6).

[35] Skeptisch zur Übertragbarkeit auch *Farrell*, Electoral Systems, 2. Aufl. 2011, S. 151 f. Zur Praxis des STV in Irland vgl. *Evert*, Das politische System Irlands, in: Ismayr (Hrsg.), Die politischen Systeme Westeuropas, 4. Aufl. 2009, S. 307 (319 ff.). In Malta wird die Ersatzstimme kaum genutzt, vgl. *Bestler*/*Waschkuhn*, Das politische System Maltas, ebd. S. 869 (883)

VI. Konsequenzen

Kein anderer Staat hat sein Wahlrecht so strikt auf die verhältnismäßige Abbildung der Stimmenanteile ausgerichtet, wie es das BVerfG als Konsequenz „strikt formaler" Gleichheit jedenfalls im Ansatz fordert. Auf diesem Sonderweg könnte die bisher relativ große Stabilität des deutschen politischen Systems verloren gehen.

Die Entscheidungen in Sachen Europawahl und Kommunalwahlen haben den Eindruck erweckt, als bewerte das Gericht das Europäische Parlament und die kommunalen Vertretungskörperschaften als Volksvertretungen zweiter oder dritter Klasse. Schon das ist bedauerlich; denn es ist für die Demokratie in Deutschland durchaus bedeutsam, dass auch in den Kommunen eine nachhaltige, langfristig angelegte Politik ohne allzu große Reibungsverluste möglich ist, und erst recht ist die effektive Arbeit des Europäischen Parlaments wichtig für Deutschland wie für alle anderen Mitgliedstaaten. Noch bedauerlicher aber ist, dass die zunehmende Disqualifizierung der Fünf-Prozent-Hürde die ohnehin starke Tendenz zur *Desintegration* der staatlichen Ordnung verstärkt. Belohnt werden kleine Gruppen, die nur einzelne oder ganz wenige Interessen vertreten und damit die notwendigen Kompromisse hinauszögern, erschweren oder gar unmöglich machen können. Diejenigen Kandidaten und Parteien aber, die sich um Konfliktlösungen im Interesse der Allgemeinheit bemühen, werden benachteiligt. Die Interessen und darüber hinaus die Erwartungen und Wunschvorstellungen des Individuums gewinnen zunehmend den Vorrang vor den Gründen, die für allgemeinverträgliche Lösungen sprechen. Das Denken in individuellen Freiheiten überwiegt die Vorstellung von der gemeinsamen Sache, der res publica.

Das alles liegt zwar auf der Linie der üblichen Entgegensetzung von „etablierten", „machtversessenen" und „volksfernen" Politikern einerseits, „kreativen", „volksverbundenen" politischen Neulingen und Aufsteigern andererseits, sollte aber von Verfassungsgerichten, die es ja besser wissen können, nicht gefördert werden. Das heißt: Wie das Wahlrecht im Rahmen der grundlegenden Verfassungsprinzipien ausgestaltet wird, vor allem wie gerecht, „transparent" und in seiner Wirkung vorhersehbar es sein muss, damit es seine Aufgabe der Schaffung funktionsfähiger Staatsorgane erfüllen kann, sollten die gesetzgebenden Körperschaften und nicht die Verfassungsgerichte entscheiden.[36]

(aufgrund einer empirischen Untersuchung). Vgl. a. den Einleitungsartikel von Ismayr edb. S. 44. S. a. oben S. 216.

[36] Zur Kritik der Verfassungsrechtsprechung s. neuestens *Nettesheim*, Postpolitik aus Karlsruhe, Merkur 781 (Juni 2014), S. 481 ff. „Sorge um die Sperrklauseln in Bund und Land" und Kritik an der einschlägigen Rspr. äußert auch *Haug*, Muss wirklich jeder ins Europäische Parlament?, in: ZParl 45 (2014), S. 467 (486 f.).

Dass in den Parlamenten immer auch Machtinteressen der Parteien eine Rolle spielen, ist selbstverständlich – und es ist nicht anstößig. Ohne Macht kann keine Regierung zukunftsfähige Politik betreiben. Um die Macht zur Politikgestaltung bewerben sich stets konkurrierende Personen und Gruppen, und innerhalb wie außerhalb der Parteien herrscht harter Wettbewerb. Minderheiten und neue Kräfte brauchen gleiche Startchancen, aber keine Erfolgsgarantie.

Durch die verschiedenen Änderungen der letzten Jahre ist das Bundestagswahlrecht immer komplizierter geworden. Dass der Bundestag in absehbarer Zeit ein einfacheres und transparentes Wahlrecht schaffen, dass er insbesondere die irritierende Aufteilung in „Erst"- und „Zweitstimme" beseitigen und mehrheitsfördernde Vorschriften erlassen wird, ist nicht zu erwarten. Die Politik ist auf diesem Gebiet vom BVerfG so sehr „gezähmt", dass sie nicht mehr eigenständig entscheidet.

9.

Bürgernähe und Parteienkalkül

Berliner Verwaltungspolitik – vor und nach dem Wahlkampf

Über die öffentliche Verwaltung wird viel gelästert,[1] aber viel seltener wird über die Gründe der Kritik und über konkrete Verbesserungsmöglichkeiten gesprochen. Umso verdienstvoller ist es, dass die Redaktion von *Recht und Politik* vor der Wahl zum Abgeordnetenhaus die Parteien befragt hat, welche Vorstellungen sie zu wichtigen Fragen der Berliner Verwaltungspolitik haben.[2] Inzwischen ist der Wahlkampf beendet, eine neue Regierung gebildet, und wenn man in die Koalitionsvereinbarung der neuen Partner SPD und CDU[3] blickt, findet man kaum noch Spuren der früheren Auseinandersetzung. Das zuvor lebhaft umstrittene Thema, wie das Verhältnis zwischen Hauptverwaltung und Bezirken künftig gestaltet sein soll, wird als solches gar nicht angesprochen.

Ist damit die Verwaltungspolitik in Berlin für die nächsten Jahre „abgehakt"? Das wäre bedauerlich; denn die Probleme sind mit der Senatsbildung nicht bewältigt. Vielleicht ist gerade jetzt ein geeigneter Zeitpunkt, die grundsätzlichen Fragen sachlich zu erörtern, fern dem Wahlkampfgetöse und ohne große öffentliche Aufregung. Zu dieser Diskussion soll der folgende Kommentar aus verwaltungswissenschaftlicher Sicht beitragen; die Umfrage von *Recht und Politik* dient dabei als Gliederungsschema.

---

[1] Ein Beispiel: „Die Berliner Verwaltung ist auf den Hund gekommen"; „Viele überalterte, demotivierte Mitarbeiter, Mittelmaß in den Führungsetagen und veraltete IT-Technik"; „Die Bezirke sind als kommunale Dienstleister überfordert. Für junge Leute ist der öffentliche Dienst wenig attraktiv. Die Verwaltungsreform ist gescheitert" (*Zawatka-Gerlach* im „Tagesspiegel" vom 16.6.2011).

[2] RuP 2011. S. 107 f.

[3] Vom 21. November 2011, dort Kapitel 3: „Leistungsfähiges Berlin: Solide Finanzen. Bürgernahe Verwaltung" (S. 40–46).

I. Notwendigkeit einer zweistufigen Verwaltung

Die erste Frage an die fünf bis dahin im Abgeordnetenhaus vertretenen Parteien lautete, ob die Gliederung des Stadtstaates Berlin in Haupt- und Bezirksverwaltungen „überhaupt noch sinnvoll" ist. In ihren Antworten haben sich alle Parteien zur Zweistufigkeit bekannt. In den Äußerungen findet sich viel politische Lyrik. So bezeichnet „*Die Linke*" die zweistufige Verwaltung als „Kraftquell für die Bürgergesellschaft",[4] und *Bündnis 90/Die Grünen* bekräftigt: „Ein starkes Berlin braucht starke, bürgernahe Bezirke aber auch eine steuernde Hauptverwaltung".

Eine Metropole wie Berlin kann in der Tat nicht allein von einer Zentrale aus verwaltet werden. Es muss Verwaltungsstellen geben, die für die Einwohner ohne allzu lange Wege erreichbar sind und die mit den örtlichen Problemen vertraut sind. Es kommt hinzu, dass die Modalitäten unmittelbar-demokratischer Entscheidungen auf der Ebene der Bezirke großzügiger gestaltet werden können als auf Landes- oder Bundesebene; Bürgerentscheide, die nur für einen Bezirk gelten, sind im allgemeinen eher akzeptabel als solche, die einen größeren Verband binden sollen. Für die Parteien bilden die Bezirksverwaltungen überdies ein Reservoir an attraktiven Positionen, die sie besetzen können.

Berlin insgesamt hat fast 3,5 Mio. Einwohner, in den Bezirken leben zwischen 226.000 (Spandau) und 333.000 (Mitte) Menschen und damit ungefähr ebenso viele wie in Kiel (238.000), Karlsruhe (292.000) oder Bonn (320.000). Die Bezirke sind, verfassungsrechtlich gesehen, keine Gemeinden, sie können sich also nicht auf das Selbstverwaltungsrecht der Kommunen nach Art. 28 Abs. 2 GG berufen.[5] Die Berliner Verfassung schreibt jedoch vor, dass sie „an der Verwaltung nach den Grundsätzen der Selbstverwaltung zu beteiligen" sind (Art. 66 Abs. 2 VvB). Das Bezirksverwaltungsgesetz bezeichnet sie als „Selbstverwaltungseinheiten ohne Rechtspersönlichkeit".[6] In Teilen der Literatur wird angenommen, dass die Bezirke mit „echten" Kommunen „nahezu gleichgestellt" oder „weitgehend angenähert" seien.[7] Der Berliner Verfassungsgerichtshof (BlnVerfGH) hat betont, dass die Verfassung zwar „vom Leitbild einer Einheitsgemeinde" ausgehe, dass die Bezirke aber eigene Rechte haben und dass die Aufgabenwahrnehmung durch die Bezirke die Regel, durch die Hauptverwal-

---

[4] Überschrift der Stellungnahme der Partei „*Die Linke*".

[5] Grundsätzlich zur verfassungsrechtlichen Stellung der Bezirke u.a.: *Musil/Kirchner*, Das Recht der Berliner Verwaltung, 2002, Rn. 31–63; *Zivier*, Verfassung und Verwaltung von Berlin, 4. Aufl. 2008, § 88; *Pfennig/Neumann*, Verfassung von Berlin, Kommentar, 3. Aufl. 2000, Art. 66/67 Rn. 8 ff.

[6] § 2 Abs. 1 Bezirksverwaltungsgesetz i.d.F.v. 14.12.2005, GVBl. 2006 S. 2.

[7] *Haaß*, Die Rechtsstellung der Bezirke Berlins nach der Verfassungsreform, LKV 1996, 84–87 (84). Ähnlich *Durinke/Zepf*, Einheit der Abwägung und bezirkliche Selbstverwaltung in Berlin bei der Aufstellung von Bebauungsplänen, LKV 2011, 385 (388 ff.).

tung aber die Ausnahme darstelle und daher einer besonderen Rechtfertigung bedarf.[8]

Untereinheiten einer Metropole werden gerade auch zu dem Zweck gebildet, dass sich in ihnen und durch sie eine eigene „Identität", also das Gefühl der Zusammengehörigkeit entwickeln kann. Die „Integration" in einen räumlich abgegrenzten Verband sollte zwar nicht überbewertet werden; sie kann stets nur bis zu einem gewissen Grade gelingen, aber sie ist sozialpsychologisch und damit politisch nicht ohne Bedeutung. In einer so angelegten zweistufigen Organisation können die Bezirke nicht streng an die Weisungen der Zentrale gebunden sein. Es ist gerade der Sinn der Aufteilung in Bezirke, dass diese auch Entscheidungsspielräume haben.[9] Insbesondere örtliche Besonderheiten sollen zur Geltung kommen, aber es ist legitim und vom Sinn der Dezentralisierung umfasst, dass auch unterschiedliche *politische* Ausrichtungen sich auswirken. Andererseits können die Bezirke nicht „autonom" sein, auch wenn sie auf einem wichtigen Gebiet Verordnungen erlassen.[10]

Die örtlichen Stellen müssen eine gewisse Selbständigkeit genießen – aber wie weit diese gehen sollte, ist umstritten. Dieser Streit ist unvermeidbar und wird immer wieder aufkommen. Vor der Abgeordnetenhauswahl wurden insbesondere zwei Aspekte diskutiert, die „Trennung der Verwaltungsebenen" (dazu II. 1.) und die Reichweite der Aufsicht durch die Zentralverwaltung (II. 2.). Mit diesen Vorschlägen zur Neubestimmung des Verhältnisses von Bezirken und Zentralebene wurden auch Vorschläge zur Neuorganisation der Bezirksämter und zur Kooperation der Bezirke verbunden. Sie müssen besonders besprochen werden (III. und IV.). Am Schluss werden weitere Ansätze der Verwaltungsreform benannt, die in der vorangegangenen Diskussion relativ wenig beachtet wurden, z.T. aber in der Koalitionsvereinbarung erwähnt sind (V.).

---

[8] *BlnVerfGH*, U.v.10.5.1995, LKV 1995, 366 ff. (Landesschulamt). *Pfennig/Neumann* (Fn. 5) Rn. 14 sprechen mit Recht von einer „Grundentscheidung für eine dezentrale Verwaltung".

[9] Auch in Hamburg ist dies so bestimmt, vgl. Art. 4 Abs. 2 der Hamburger Verfassung (HV): „Durch Gesetz sind für Teilgebiete (Bezirke) Bezirksämter zu bilden, denen die selbstständige Erledigung übertragener Aufgaben obliegt".

[10] Nämlich kraft spezieller Regelung in Art. 64 Abs. 2 VvB auf dem Gebiet der Bauleitplanung, vgl. *Pfennig/Neumann* (Fn. 5) Rn. 14, und *Zivier* (Fn. 5), § 88.1.3 S. 350.

II. „Neujustierung" der Berliner Verwaltung?

1. „Alles auf einer Ebene entscheiden"?

Kritisiert wurde, dass die beiden Ebenen nicht „sauber" voneinander „getrennt" sind. Dies verursache „komplizierte Verwaltungsprozesse und ein Hin und Her der zwei Ebenen, das weder effizient ist noch die nötige Transparenz für die Bürger aufweist".[11] „Erhebliche Doppelarbeit" sei die Folge.[12] Die Zweistufigkeit der Berliner Verwaltung müsse „neu justiert werden".[13] Richtig sei es, „die rein bezirklichen Entscheidungen fachlich auf der Bezirksebene zu treffen". In der Realität hätten allerdings die Hauptverwaltungen weiter versucht, fachlichen Einfluss auf bezirkliche Entscheidungen zu nehmen". Eine andere Partei meinte, in den Einzelplänen der Hauptverwaltung würden jährlich über 250 Mio. Euro für Aufgaben veranschlagt, „die eigentlich in bezirklicher Zuständigkeit liegen".[14]

a) Verfassungsrechtliche und gesetzliche Vorgaben

In der Verfassung von Berlin sind die Aufgaben in der Tat auf Hauptverwaltung und Bezirke so verteilt, dass entweder die eine oder die andere Ebene zuständig sein soll. Diese Verfassungsnormen sind gerade erst vor einigen Jahren geändert worden. Die zentrale Vorschrift ist Art. 67 Abs. 1:

> „Der Senat nimmt durch die Hauptverwaltung die Aufgaben von gesamtstädtischer Bedeutung wahr. Dazu gehören:
>
> 1. die Leitungsaufgaben (Planung, Grundsatzangelegenheiten, Steuerung, Aufsicht),
> 2. die Polizei-, Justiz- und Steuerverwaltung,
> 3. einzelne andere Aufgabenbereiche, die wegen ihrer Eigenart zwingend einer Durchführung in unmittelbarer Regierungsverantwortung bedürfen."

Die Bezirke nehmen nach Art. 66 Abs. 2 Satz 2 „regelmäßig die örtlichen Verwaltungsaufgaben wahr"; in Art. 67 Abs. 1 heißt es in Abgrenzung zu den Aufgaben des Senats, dass die Bezirke „alle anderen Aufgaben" wahrnehmen. Um diese Aufteilung verlässlicher zu gestalten, schreibt Art. 67 Abs. 3 vor:

---

[11] „Berliner Verwaltungsstruktur effektiv und bürgernah gestalten", Stellungnahme der *FDP*, S. 1.

[12] „Doppelzuständigkeiten" stellt auch die *CDU* in ihrer Stellungnahme fest.

[13] Überschrift der Stellungnahme der Abgeordnetenhaus-Fraktion „Bündnis 90/Die Grünen" (*Thomas Birk*).

[14] Stellungnahme der *CDU*.

„Die Aufgaben des Senats außerhalb der Leitungsaufgaben werden im einzelnen durch Gesetz mit zusammenfassendem Zuständigkeitskatalog bestimmt. Im Vorgriff auf eine Kataloganderung kann der Senat durch Rechtsverordnung einzelne Aufgaben der Hauptverwaltung den Bezirken zuweisen."

Offensichtlich haben diese Regelungen bisher nicht zu der erwünschten Klarheit geführt. Das ist nicht verwunderlich. Ähnliche Versuche in anderen Ländern haben die Auseinandersetzungen ebenso wenig beenden können wie die Verfassungsänderung und die darauf aufbauende neue Gesetzgebung in Berlin. In einer ganzen Reihe von Landesverfassungen ist das sog. „monistische System" der Verwaltungsaufgaben festgeschrieben worden, wonach „alle öffentlichen Aufgaben" bzw. „alle Aufgaben der öffentlichen Verwaltung", die nicht ausdrücklich einem anderen Träger zugewiesen sind, den Gemeinden obliegen. Es liegt auf der Hand, dass eine solche Regelung nur bei einer Vielzahl von Ausnahmevorschriften durchführbar ist. Berlin hat diese Formulierung vermieden, und es hat gut daran getan. Der Begriff „örtliche Verwaltungsaufgaben" gibt immerhin eine Richtung für die Aufgabenaufteilung an, ist aber nicht eindeutig genug, um schwierige Abgrenzungen vorzunehmen.

Letztlich kann niemand mit Sicherheit bestimmen, welche Aufgaben „örtlich" sind und welche „zwingend einer Durchführung in unmittelbarer Regierungsverantwortung bedürfen". Das BVerfG hat zwar zu Art. 28 Abs. 2 GG eine Definition geliefert, wonach als „Angelegenheiten der örtlichen Gemeinschaft" „diejenigen Aufgaben und Bedürfnisse" anzusehen sind, die „in der örtlichen Gemeinschaft wurzeln oder auf sie einen spezifischen Bezug haben, die also den Gemeindeeinwohnern gerade als solchen gemeinsam sind, indem sie das Zusammenleben und -wohnen der Menschen in der Gemeinde betreffen".[15] Die FDP will der örtlichen Ebene alle Entscheidungen zuordnen, die „das direkte Lebensumfeld der Bürger betreffen". Aber wie unterscheidet sich das „direkte" Lebensumfeld vom „indirekten"? Und lässt sich wirklich eindeutig entscheiden, welche der sozialen Leistungen, die den Bürgern heute zustehen, „örtlich radiziert" sind? Ist der Umweltschutz eine örtliche Aufgabe, die (nur oder jedenfalls in erster Linie?) den Gemeindeeinwohnern gemeinsam ist? Am Denkmalschutz, der ebenfalls zunächst eine örtliche Aufgabe darstellt, hat sogar die ganze Welt, vertreten durch die UNESCO, ein lebhaftes Interesse.

Im Kern ist schon die Rede von der „örtlichen Gemeinschaft" problematisch, zumindest wenn eine große Zahl von Menschen in einer Verwaltungseinheit zusammengefasst wird; die „Gemeinschaft" kann immer erst durch langsames Zusammenwachsen kleinerer Einheiten wachsen. Gibt es zehn Jahre nach der Bezirksneuordnung schon Berliner, die sich als Friedrichshain-Kreuzber-

---

[15] BVerfGE 79, 127 (LS 4 und S. 151 f.) (Rastede-Beschluss). Krit. zu dieser Formel *Bull*, Kommunale Selbstverwaltung heute – Idee, Ideologie und Wirklichkeit, DVBl 2008, 1 (4); *ders.*, Modernisierung der kommunalen Selbstverwaltung, in: Blanke/Nullmeier/Reichard/Wewer (Hrsg.), Handbuch zur Verwaltungsreform, 4. Aufl. 2011, S. 545 (548).

ger, Treptow-Köpenicker oder Steglitz-Zehlendorfer bezeichnen würden? Was verbindet die Menschen in Karlshorst mit denen in Wartenberg, außer dass sie demselben (Verwaltungs-)Bezirk angehören?

Die Voraussetzungen, unter denen nach Art. 67 VvB die Hauptverwaltung zuständig ist, scheinen eine recht hohe Hürde zu bilden. Durch den Gesetzesvorbehalt in Art. 67 Abs. 3 VvB ist aber sichergestellt, dass Zuständigkeitsstreitigkeiten vom Abgeordnetenhaus geklärt werden. Der dem Allgemeinen Zuständigkeitsgesetz (AZG)[16] angehängte Zuständigkeitskatalog mit seinen 17 z.T. sehr umfangreichen Nummern lässt erkennen, wie viele Angelegenheiten der Gesetzgeber als „gesamtstädtisch" bedeutsam ansieht.[17] Dass diese sämtlich „zwingend einer Durchführung in unmittelbarer Regierungsverantwortung bedürfen", wie es in Art. 67 Abs. 1 Satz 2 Nr. 3 VvB heißt, drängt sich jedenfalls nicht auf – aber es dürften in jedem Einzelfall gute verwaltungspraktische Gründe sein, die für die zentrale Erledigung sprechen, und das Beharren auf einer engeren Praxis – also die Überlassung mancher dieser Aufgaben an die Bezirke – würde voraussichtlich neue (Koordinierungs-)Probleme mit sich bringen. Die Formulierungen des Kataloges sind übrigens teilweise so allgemein gehalten, dass doch Raum für Interpretationsstreitigkeiten und damit für politische Entscheidungen bleibt.[18]

Bei der Diskussion um die spezifisch „örtlichen" oder „überörtlichen" Aufgaben kann leicht übersehen werden, dass auf der Bezirksebene auch eine Vielzahl anderer Verwaltungsleistungen erbracht werden muss. Es gibt auf dieser Ebene keine „örtlichen" bzw. „bezirklichen" Stellen der *Landes*verwaltung,

---

[16] G.v.2.10.1958 i. d. F. v. 22.7.1996 mit weiteren Änderungen, Landesrechts-Sammlung Nr. 2001 – 1, Anlage zu § 4.Abs. 1 Satz 1. Für die Zuständigkeiten „bei Polizeiaufgaben und Ordnungsaufgaben" besteht ein besonderer gesetzlicher Zuständigkeitskatalog, vgl. § 4 Abs. 2 Satz 1 AZG.

[17] Dass „gesamtstädtisch" ein unbestimmter Rechtsbegriff ist, hat der *BlnVerfGH* (s. oben Fn. 8) ausdrücklich bestätigt und damit dem Gesetzgeber einen Beurteilungsspielraum eingeräumt. Der BlnVerfGH prüft danach nur, „ob die Beurteilung des Gesetzgebers aufgrund von in das Gesetzgebungsverfahren eingeflossenen Erklärungen und Stellungnahmen oder sonstigen Überlegungen nachvollziehbar und vertretbar ist" (LKV 1995, 366 LS 2). Im konkreten Fall hat es die „gesamtstädtische Bedeutung" der Lehrer-Personalverwaltung anerkannt und dabei auch der „politischen Schwerpunktbildung" der Abgeordnetenhaus-Mehrheit eine Rolle zugebilligt (LS 5, S. 367). Als Argumente wurden gebilligt: Förderung des Zusammenwachsens der Stadt, flexiblere Versetzung von Lehrern und sogar die Spareffekte einer zentralen Personalzuständigkeit (S. 368). Grundsätzliche Ausführungen zu den Eingriffsrechten der Hauptverwaltung bei *Durinke/Zepf* (Fn. 7), S. 390 und 391 ff. (auch mit Beispielen angemessener wie unangemessener Interpretation der Eingriffsvoraussetzungen).

[18] Beispiele: in Nr. 1 „Serviceleistungen für die Berliner Verwaltung; finanzielle Förderungen auf Landesebene", in Nr. 11 „stadtpolitisch herausragende Projekte der Freiraumgestaltung", in Nr. 14 „allgemeine Angelegenheiten des örtlichen und überörtlichen Trägers der Sozialhilfe", in Nr. 17: „Landesangelegenheiten der Kunst, der Theater, der Orchester, des Films und der Museen".

sondern eben nur die Bezirksverwaltung, die daher auch die allgemeinen Verwaltungsaufgaben – sowohl der Ordnungs- wie der Leistungsverwaltung – erfüllen muss. Diese Aufgaben sind den Bezirken nicht – wie in anderen Ländern den Kommunen – vom Land „übertragen", sondern ungetrennt von „eigentlichen" Selbstverwaltungsaufgaben schon durch Art. 67 Abs. 2 Satz 2 VvB den Bezirken anvertraut.[19] Das hat Konsequenzen für die Aufsicht (dazu unten 2.).

b) Vergleich mit Hamburg

Die Aufgaben- und Zuständigkeitsverteilung zwischen Zentralbehörden und Bezirksverwaltung ist auch in Hamburg eine dauernde Quelle von Streitigkeiten. Den Hamburger Fachbehörden sind viele Entscheidungen oder zumindest die Mitwirkung daran vorbehalten, die bei konsequenter Anwendung des Subsidiaritätsprinzips von den Bezirksverwaltungen erfüllt werden könnten.

Die Zuständigkeiten der Hamburger Fachbehörden[20] und der Bezirksämter sind durch Gesetz nur in allgemeiner Form abgegrenzt. Aufgaben der Bezirksämter sind nach § 2 BezVG „Aufgaben der Verwaltung, die nicht wegen ihrer übergeordneten Bedeutung oder ihrer Eigenart einer einheitlichen Durchführung bedürfen". Die Abgrenzung dieser beiden Aufgabenbereiche erfolgt nicht durch Gesetz wie in Berlin, sondern „durch den Senat"; dieser erlässt Zuständigkeitsanordnungen, die in Umfang und Detaillierungsgrad sogar noch erheblich über den Berliner Katalog hinausgehen. Ein genauer Vergleich würde vermutlich ergeben, dass die Hamburger Fachbehörden wesentlich mehr Kompetenzen haben als die Berliner Hauptverwaltung.

Ein früherer Hamburger Finanzsenator hat (in seiner Zuständigkeit für die Bezirksaufsicht) sogar den Plan entwickelt, die Bezirksverwaltungen als solche abzuschaffen und die bezirklichen Verwaltungsstellen in die Fachbehörden einzugliedern; er hatte freilich Art. 4 Abs. 2 der Hamburger Verfassung übersehen, der die Einrichtung von Bezirksämtern garantiert, „denen die selbstständige Erledigung übertragener Aufgaben obliegt".

Auch in Hamburg zieht der Senat immer wieder – aber nicht in großer Zahl – Entscheidungen an sich, die „eigentlich" die Bezirke abschließend treffen könnten, und zwar sogar aufgrund einer gesetzlichen Ermächtigung zur „Evokation", die der Berücksichtigung gesamtstädtischer Interessen dienen soll. „Der Senat kann allgemein und im Einzelfall Weisungen erteilen und Angelegenheiten selbst erledigen, auch soweit eine Fachbehörde oder ein Bezirksamt zu-

[19] Es gibt keine durch den Senat „übertragenen" Aufgaben der Bezirke (wie nach dem früheren Art. 67 Abs. 4 VvB) mehr; vgl. *Pfennig/Neumann* (Fn. 5), Art. 66/67 Rn. 30.

[20] Vgl. § 4 VerwBehG. Die Fachbehörden sind zugleich Ministerien und quasi-kommunale Verwaltungsdezernate.

ständig ist".[21] Dabei geht es meist um große Bauprojekte, denen gesamtstädtische Bedeutung zugemessen wird. Außerdem ist der Senat grundsätzlich für die Aufstellung der Bauleitpläne zuständig, soweit er diese Befugnis nicht auf die Bezirksämter überträgt (was in erheblichem Umfang geschehen ist).[22]

c) *Änderungsansätze?*

Die Äußerungen der Parteien gegenüber *Recht und Politik* enthielten keine konkreten Vorschläge zur weiteren „Entflechtung" der Berliner Verwaltung, und auch die Koalitionsvereinbarung sagt darüber nichts. Dieses Thema kann sinnvoll nur für die einzelnen Verwaltungsbereiche diskutiert werden. Die Kompetenzverteilungen sind im allgemeinen nicht willkürlich, aber auch nicht nach übergreifenden Grundsätzen zustande gekommen, sondern aus der Erfahrung mit praktizierten Gestaltungsformen, die in manchen Fällen als bewährt, in anderen als nicht praktikabel oder sonst unerwünscht angesehen wurden.

Es wäre vergebliche Mühe, nunmehr etwa zu versuchen, das *Subsidiaritätsprinzip*[23] generell durchzusetzen. Dieses Prinzip gehört, richtig verstanden, zu den „Sprichwörtern der Verwaltung", deren Fragwürdigkeit *Herbert A. Simon* in einem berühmten Aufsatz glossiert hat: „Für beinahe jedes Prinzip kann man ein ebenso plausibles und akzeptables Gegenprinzip finden".[24] Schon Simon hat darauf hingewiesen, dass „auf der einen Seite Zentralisierung der Entscheidungsfunktionen wünschenswert ist; auf der anderen Seite die Dezentralisierung definitive Vorteile besitzt".[25] Für manche Aufgaben ist spezialisiertes Personal nötig, das nur auf der zentralen Ebene vorgehalten werden kann; manche Aufgaben kommen auf der örtlichen Ebene in zu geringer Fallzahl vor, als dass sie dort sachkundig bearbeitet werden könnten – und so weiter. Simon schließt aus dem Dilemma der sprichwort-geleiteten Organisationsweise, dass „beim Entwurf von Verwaltungsorganisationen, wie bei ihrem Betrieb, die Gesamteffizienz das Leitkriterium sein" muss: „Wechselseitig unvereinbare Vorteile

---

[21] § 1 Abs. 4 Gesetz über Verwaltungsbehörden (VerwBehG) i.d.F.v. 30.7.1952 (HmbBL I 2000–a), zuletzt geändert durch G.v.30.5.2008 (HmbGVBl. S. 215), ausdrücklich bestätigt in § 42 S. 2 Bezirksverwaltungsgesetz (HmbBezVG) v. 6.7.2006 (HmbGVBl. S. 404, 452, zuletzt geändert durch G.v.15.12.2009 (HmbGVBl. S. 405, 433).

[22] Bauleitplanaufstellungsgesetz i.d.F.v.30.11.1999 (HmbGVBl. S. 271), zuletzt geändert durch G.v.14.7.2009 (HmbGVBl. S. 306), und WeiterübertragungsVO v. 8.8.2006 (HmbGVBl. S. 481, s.a. HmbGVBl. 2008 S. 408. Mehr dazu bei *Koch*, Bürgerentscheide und Bebauungsplanverfahren, in: Mehde/Ramsauer/Seckelmann (Hrsg.), Staat, Verwaltung, Information, FS Bull, Berlin 2011, S. 203 ff. (216 ff.).

[23] Dazu *Pfennig/Neumann* (Fn. 5), Art. 66/67 Rn. 11.

[24] *Simon*, The Proverbs of Administration, Public Administration Review VI (1946), S. 53–67, dt.: Die Sprichwörter der Verwaltung, in: Siedentopf (Hrsg.), Verwaltungswissenschaft, Darmstadt 1976, S. 195–224 (195).

[25] *Simon* (Fn. 24), S. 213. Dort auch das folgende Zitat.

müssen gegeneinander abgewogen werden". „*Alle* relevanten diagnostischen Kriterien" müssen bestimmt, „jede administrative Situation im Hinblick auf die gesamte Kriterienkette analysiert" werden.[26]

Es muss also immer wieder versucht werden, die Erfüllung der verschiedenen Verwaltungsaufgaben *spezifisch* zu überprüfen und nach Verbesserungen zu suchen. Eine Zauberformel gibt es dafür nicht. Die Trennung der Ebenen kann nur ein möglicher Verbesserungsansatz sein; die „Geschäftsprozesse" der Verwaltung können unter Umständen sehr wohl *ebenenübergreifend* gestrafft werden. Die entscheidenden Schritte werden regelmäßig in unspektakulärer, mühsamer Kleinarbeit getan, nicht bei der Konzeption großer Reformvorhaben.

Die wichtigste Aufgabe, die den Bezirken als Selbstverwaltungsinstanzen (im politischen, nicht im Rechtssinne) obliegt und die auch weitgehend unumstritten sein dürfte, ist die Entscheidung über die *konkrete Nutzung des Raumes*, also die Bauleitplanung und die Standortbestimmung für bezirksbezogene Einrichtungen und Vorhaben sowie die Festlegung und Gestaltung von Grünflächen und anderen Vorhaben, die dem örtlichen Umweltschutz dienen – selbstverständlich im Rahmen der Gesetze. Bei anderen Aufgaben – etwa solchen der Sozial- und Jugendhilfe – können ebenfalls örtliche Aspekte bei der Ausgestaltung Beachtung verlangen, aber soweit es sich um Probleme handelt, die in gleicher Weise auch in anderen Bezirken vorkommen, spricht gegen die Autonomie der Bezirke, dass die Betroffenen im ganzen Land gleiche oder zumindest gleichwertige Lebensverhältnisse erwarten. Sicher wird man dem zuständigen Bezirk zugestehen, dass er „kiezorientierte Jugendarbeit" betreibt,[27] aber damit wird nicht die Jugendarbeit in ganz Berlin eine Aufgabe, zu der die Senatsverwaltung nichts mehr beizutragen hat.

Vorgeschlagen wird, neben der Verordnung das Instrument der *Zielvereinbarungen* zu nutzen, um zu klareren Aufgabenabgrenzungen zu gelangen.[28] Das mag um des politischen Friedens willen bei Fragen sinnvoll sein, die einvernehmlich gelöst werden können, aber letztlich kann ein Streit zwischen den Ebenen nur durch verbindliche Normen, also Gesetz oder Rechtsverordnung ausgeräumt werden. Abgeordnetenhaus und Senat dürfen nicht auf ihre Befugnis zur Rechtsetzung verzichten, und die Bezirke können sich notfalls vor dem Verfassungsgerichtshof wehren.[29]

Eine andere Tendenz, die in einigen Stellungnahmen zum Ausdruck kommt, kollidiert mit dem Ziel, die Bezirke zu stärken: Wenn nämlich gefordert wird, die

---

[26] *Simon* (Fn. 24), S. 214.

[27] So eine Forderung in der Stellungnahme der *Grünen* („ressortübergreifende Sozialraumorientierung sinnvoll nur auf dezentraler Ebene").

[28] In diesem Sinne sowohl *Bündnis 90/Die Grünen* wie *Die Linke*. – In der Koalitionsvereinbarung ist nur von der Evaluierung der bestehenden Zielvereinbarungen die Rede (S. 46).

[29] Art. 84 Abs. 2 Nr. 3 VvB, § 14 Nr. 9 VerfGHG. Als Beispiel vgl. nochmals *BlnVerfGH*, LKV 1995, 366 (oben Fn. 8).

Strukturen der Bezirksverwaltung zu vereinheitlichen („transparente und einheitliche Ressortzuschnitte“[30], „Musteramtsmodelle“ nach „best-practice-Modellen“[31] usw.), so kann das eine Verringerung des Spielraums bezirklicher Eigenständigkeit bedeuten.[32] Organisationsstrukturen und Verfahrensabläufe festzulegen, ist eine wichtige Funktion jeder Verwaltungsleitung. Andererseits ist es richtig, dass „der unterschiedliche Umgang mit den gleichen Aufgaben je nach Bezirk [...] für die BürgerInnen verwirrend“ und „auch unwirtschaftlich“ ist.[33] Man kann nicht beides „hundertprozentig“ haben, man muss – wie immer – abwägen, hier zwischen Eigenständigkeit der Bezirke und Einheitlichkeit der Verwaltung.

Deshalb ist auch der oft beschworene *Wettbewerb* zwischen den Bezirken kein Zaubermittel: Wenn er wirksam sein soll, muss er zu Unterschieden zwischen den Bezirksverwaltungen führen; das aber kann nur bis zu einem gewissen Grade akzeptiert werden. Ein solcher Wettbewerb um die Gunst der Wähler kann aber schon deshalb nicht sehr wirksam sein, weil niemand wegen mangelnder Leistungsfähigkeit seiner Bezirksverwaltung in einen anderen Bezirk umziehen wird.

2. *Weniger Aufsicht des Senats über die Bezirke?*

Die Aufsicht des Senats über die Bezirke wurde in den Stellungnahmen nur am Rande und vor allem in Bezug auf die Finanzwirtschaft beklagt. Es wäre auch kaum verständlich, wenn die Berliner Bezirke die Aufsichtsrechte der Zentralebene als übermäßig ansähen. Sie sind nämlich deutlich eigenständiger als Kommunen in Flächenländern und als die Hamburger Bezirke. Mit der Abschaffung der übertragenen Aufgaben (s. oben zu II. 1. a)) ist auch die Fachaufsicht der Hauptverwaltung über die Bezirke weggefallen. Der „Ersatz“ dieser Befugnis durch das „Eingriffsrecht“ des zuständigen Senatsmitglieds nach § 13a AZG dürfte diesen Verlust der zentralen Steuerungsmöglichkeit nicht aufwiegen. Die Senatoren können nur in besonders gravierenden Fällen eine Weisung erteilen

---

30 So eine Forderung der *CDU*-Fraktion, jetzt auch in der Koalitionsvereinbarung (S. 46: „Schaffung einheitlicher Bezirksstrukturen“). Die *FDP* hat sich gegen die Vereinheitlichung der Bezirksverwaltungen ausgesprochen. Diese Forderung verursache „erheblichen zusätzlichen Koordinationsaufwand“.

31 Die *Grünen* haben in ihrer Stellungnahme beklagt, dass solche Modelle von der Senatsverwaltung für Finanzen „ausgebremst“ worden seien.

32 So auch *Zivier* (Fn. 5), S. 6.

33 Stellungnahme der *Grünen*. Als „Kritikpunkt“ hat auch die *SPD* den unterschiedlichen Zuschnitt der Fachämter und Serviceeinheiten der Bezirksämter betrachtet. Sie erwartete eine Verbesserung vom Inkrafttreten des Achten Bezirksverwaltungs-Änderungsgesetzes (GVBl. 2008, S. 292).

oder eine Angelegenheit an sich ziehen.[34] Die gesetzliche Voraussetzung, dass „ein Handeln oder Unterlassen eines Bezirksamts im Einzelfall dringende Gesamtinteressen Berlins beeinträchtigt" (und die Bezirksaufsicht nicht tätig werden kann, weil kein Verstoß gegen Rechts- oder Verwaltungsvorschriften vorliegt), schafft eine sehr hohe Hürde. Ob und wie häufig von dieser Eingriffsbefugnis Gebrauch gemacht wird, ist unbekannt.

Auch die Hamburger Regelung stärkt im Ergebnis – bei anders ansetzender Regelung – die Bezirke. Zwar unterliegen diese außer der Rechtsaufsicht[35] der Bezirksaufsichtsbehörde auch der Fachaufsicht der zuständigen Fachbehörde („soweit in den maßgeblichen Rechtsvorschriften kein Ermessensspielraum vorgesehen ist"). Das heißt, dass die Bezirke nicht nur – wie in Berlin – an „Grundsätze und allgemeine Verwaltungsvorschriften" (Art. 67 Abs. 2 Satz 2 VvB) gebunden sind, sondern auch Einzelweisungen erteilt werden können. Doch sind sowohl die allgemeinen Vorschriften (in Hamburg: „*Fachanweisungen*") wie auch die Weisungen für Einzelfälle speziell geregelt: Fachanweisungen werden „im Einvernehmen mit den Bezirksamtsleitungen unter Beteiligung der Bezirksaufsichtsbehörde von dem Präses oder dem Senatssyndicus der zuständigen Fachbehörde erlassen"; im Streitfall entscheidet nach Ablauf einer von der Fachbehörde gesetzten Frist der Senat.[36] Weisungen kann der Präses oder der Senatssyndicus der zuständigen Fachbehörde den Bezirksämtern „in besonders gelagerten Einzelfällen, insbesondere zur Abwehr einer gegenwärtigen Gefahr für die öffentliche Sicherheit oder Ordnung" erteilen.[37]

Der Hamburger Gesetzgeber hat sich also ähnlich wie der Berliner darum bemüht, das Verhältnis zwischen Senatsebene und Bezirken jedenfalls teilweise konsensual zu gestalten, und entsprechende Verfahrenspflichten eingeführt.[38] In einer besonderen Vorschrift hat er darüber hinaus das Instrument der „*Globalrichtlinien*" eingeführt. Das sind „ausfüllungsfähige und -bedürftige Vorgaben für die Umsetzung von politischen Zielen und Programmen in Angelegenheiten, in denen keine Rechtsvorschriften vorhanden sind oder in denen auf Grund der maßgeblichen Rechtsvorschriften ein Entscheidungsspielraum

---

[34] § 13a Abs. 1 Satz 1 i.V.m. § 9 Abs. 3 Satz 1 AZG; Einbeziehung von Bundesinteressen und europäischem Gemeinschaftsrecht in die „dringenden Gesamtinteressen Berlins" in Satz 2. *Durinke/Zepf* (Fn. 7) S. 391 ff. berichten jedoch von Fällen extensiver Auslegung und daher unverhältnismäßiger Eingriffe der Hauptverwaltung (S. 395: „willkürlich"). Sie halten die Eingriffsbefugnis bei Bauleitplänen für unvereinbar mit Bundes- und Landesverfassungsrecht (aaO. S. 395).

[35] Diese umfasst auch – wie in Berlin – die Einhaltung von Verwaltungsvorschriften, wobei Hamburg von „Rechtsvorschriften und Senatsbeschlüssen" spricht, vgl. § 44 Abs. 1 HmbBezVG.

[36] § 45 Abs. 2 HmbBezVG.

[37] § 45 Abs. 5 HmbBezVG.

[38] Vgl. a. § 45 Abs. 4 Satz 2 HmbBezVG (betr. Auslegungsstreitigkeiten). Die Senatssyndici heißen jetzt Staatsräte (entsprechend den Staatssekretären anderer Länder).

besteht, in dem örtliche Belange Berücksichtigung finden müssen oder dürfen". Für die Bezirke sind diese Globalrichtlinien bindend, aber bevor sie beschlossen werden, können die Bezirke Stellung nehmen.[39]

3. Änderungsmöglichkeiten?

An dem Berliner System der Bezirksaufsicht will wohl niemand etwas ändern, wohl aber werden immer wieder Forderungen erhoben, den Bezirken *mehr Mittel* zur Verfügung zu stellen und ihnen mehr Spielräume zu deren Bewirtschaftung zu belassen. Zwar hat sich die Einrichtung der Globalhaushalte bewährt, aber ihre Höhe lässt angeblich kaum noch eigene Entscheidungen der Bezirke zu, der Großteil der Beträge sei durch Pflichtaufgaben gebunden.[40] Aus der Sicht der Bezirke ist dieser Wunsch verständlich, aber seine Erfüllung stößt sich vermutlich an der harten Realität der Finanzknappheit. Eigene Einnahmen haben die Bezirke nur in ganz geringem Ausmaß (Verwaltungsgebühren), und neue Quellen, die man anzapfen könnte, sind nicht ersichtlich. Das Land als Gesetzgeber muss darauf achten, die erzielbaren Einnahmen so zu verteilen, dass gesamtstädtische und bezirkliche Aufgaben gleichermaßen erfüllt werden können. Auch die konsequentere Anwendung des *Konnexitätsprinzips*, die von einigen eingefordert wird, dürfte im Verhältnis von zentraler und Bezirksebene kaum andere Ergebnisse bringen.[41] Denn die Berechnung der Kosten ist von allzu vielen Faktoren abhängig, und wenn man versucht, die Kosten den einzelnen Aufgaben zuzuordnen, taucht sogleich die Frage auf, wie denn die „Overhead-Kosten", also insbesondere die Personalkosten verteilt werden sollen. Will man dabei die Parallele zu den kommunalen Selbstverwaltungsaufgaben ziehen, so müsste im Gegenzug die Eigenfinanzierung der bezirklichen „Selbstverwaltungsaufgaben" gefordert werden.

Von außen ist schwer zu ermitteln, ob der Berliner Haushalt noch Einsparpotentiale aufweist. Dass sie durch „Konzentration der Hauptverwaltung auf gesamtstädtische Aufgaben" generiert werden könnten,[42] erscheint mir zweifelhaft. Die volle „dezentrale Aufgaben- und Ressourcenverantwortung" kann den Bezirken wohl kaum übertragen werden, solange sie einerseits von den Zuweisungen des Senats abhängig sind, andererseits zahlreiche Pflichtaufgaben zu erfüllen haben.[43]

---

[39] § 46 HmbBezVG.

[40] Stellungnahme der *FDP*.

[41] Etwas anderes gilt möglicherweise für das Verhältnis des Landes Berlin zum Bund; nach der Koalitionsvereinbarung (S. 40) soll vom Bund verlangt werden, sich stärker an den Kosten der Hilfen zur Erziehung oder der Eingliederungshilfe zu beteiligen.

[42] So ebenfalls die *FDP*.

[43] Anders offenbar die Ansicht der Fraktion *Die Linke*, die das „erfolgreiche betriebswirt-

III. Die innere Organisation der Bezirke

1. Parlamentarisches Regierungssystem auf kommunaler Ebene

„Organe der Bezirke sind die Bezirksverordnetenversammlungen und die Bezirksämter." So sagt es § 2 Abs. 2 BezVG. Damit wird für die Bezirke das Regierungssystem des Landes nachgebildet. Die Bezirksverordnetenversammlung (BVV) wird als „politisches" Organ verstanden; sie „bestimmt die Grundlinien der Verwaltungspolitik des Bezirks" und wählt das Bezirksamt, die kollegiale Verwaltungsbehörde des Bezirks (§ 12 Abs. 1 Satz 1 BezVG). Dennoch ist die BVV nicht mit der Legislative und das Bezirksamt nicht mit der Exekutive auf staatlicher Ebene gleichzusetzen; das Modell ist vielmehr in wesentlichen Aspekten der kommunalen Selbstverwaltung abgeschaut, wo ebenfalls zwei Organe sich die Befugnisse teilen: die gewählte Vertretungskörperschaft und die (direkt oder indirekt) gewählte Verwaltungsspitze. Wie die Gemeinderäte und Kreistage haben sich auch die Vertretungskörperschaften der Bezirke zu kleinen Quasi-Parlamenten entwickelt.

Das „politische" Gremium ist bei den Kommunen für alle „wichtigen" Entscheidungen der Gemeinde oder des Kreises zuständig und beschließt die Satzungen, zu deren Erlass die Kommunen befugt sind, und den Haushaltsplan, aber es hat auch noch andere Kompetenzen. So auch in Berlin: Außer durch die verwaltungspolitischen „Grundlinien" befasst sich die BVV auch mit konkreten Einzelthemen der Verwaltungspraxis: Sie „regt Verwaltungshandeln an durch Empfehlungen und Ersuchen, kontrolliert die Führung der Geschäfte des Bezirksamts, entscheidet in den ihr vorbehaltenen Angelegenheiten und nimmt die in diesem Gesetz" (d.h. dem BezVG) „vorgesehenen Wahlen, Abberufungen und Feststellungen vor" (§ 12 Abs. 1 Satz 2 BezVG). Da die Bezirke keine Autonomie im Sinne des Kommunalrechts genießen, ist die BVV bei ihren Beschlüssen nicht nur an die Rechtsvorschriften, sondern auch an „die vom Senat oder den einzelnen Mitgliedern des Senats erlassenen Verwaltungsvorschriften" gebunden (§ 12 Abs. 1 Satz 1 BezVG).

Einige Vorschläge zur Berliner Verwaltungspolitik zielten nun darauf ab, auch das andere Organ der Bezirke konsequenter an dem Vorbild der Landesregierungen auszurichten. Drei der bisher im Abgeordnetenhaus vertretenen Parteien forderten die Einrichtung des „politischen Bezirksamts".[44] Diese Forderung ist aus der Sicht der Parteien konsequent und setzt den Trend zur Parlamentarisierung der Bezirksverwaltung fort. Unproblematisch ist sie freilich nicht. Schon gegen die ähnlichen Tendenzen in der Kommunalpolitik der

schaftliche Prinzip" als „Analogiemodell zu dem riesigen, komplexen und widersprüchlichen Gemeinwesen Berlin" ansieht.

[44] So die Stellungnahmen von *Bündnis 90/Die Grünen*, *FDP* und *Die Linke*.

Flächenländer ist immer wieder ins Feld geführt worden, dass die kommunale Selbstverwaltung eben „Verwaltung" ist und für materiell politische Entscheidungen zu wenig Raum bietet.

Da der Senat, wie erwähnt, durch Verwaltungsvorschriften eine Vielfalt von Vorgaben für die bezirkliche Verwaltungspraxis machen kann, ist es recht hoch gegriffen, dass im BezVG von „Grundlinien der Verwaltungspolitik" gesprochen wird. „Politik" wird zwar auch durch Verwaltungsentscheidungen gemacht; die Bindung an Recht und Gesetz prägt, für sich genommen, keineswegs alle Verwaltungsakte bis ins Detail. Andererseits ist es nicht sicher, dass die bewusste (Partei-)Politisierung der Gesetzesumsetzung, wie sie den bürgernahen Behörden der unteren Ebene obliegt, stets den Interessen der betroffenen Bürger entspricht – sie kann nämlich zu umständlicheren und längeren Entscheidungsverfahren führen. Die zu beschließenden „verwaltungspolitischen Grundlinien" werden überdies in der Sprache von Wahlprogrammen, also unbestimmt euphemistisch formuliert sein und damit wenig Unterscheidungskraft besitzen.

2. *Der Parteienproporz und das „politische Bezirksamt"*

a) Die unklare Rechtslage und die Motive des Reformvorschlags

Das Berliner Bezirksamt ist eine kollegiale Verwaltungsbehörde, die aus dem Bezirksbürgermeister und fünf Bezirksstadträten besteht (Art. 74 VvB, § 34 Abs. 1 Satz 1 BezVG). Die Mitglieder sollen nach dem bisherigen Recht von der Bezirksverordnetenversammlung nach den Vorschlägen der Fraktionen entsprechend deren Stärkeverhältnis gewählt werden. Sowohl in der Verfassung (Art. 74 Abs. 1 Satz 2 VvB) wie im Bezirksverwaltungsgesetz (§ 35 Abs. 2 Satz 1) ist die Wahl nach Fraktionsproporz nur als „Soll"-Vorschrift formuliert. Nach § 35 Abs. 2 Satz 5 ist diese Vorschrift am 1.1.2010 außer Kraft getreten, so dass seitdem keine entsprechende Vorgabe mehr gilt.[45] Die Fraktion *Bündnis 90/Die Grünen* hat darauf verwiesen, dass die bisher regierende Koalition „im Bündnis mit der CDU die Möglichkeit zum „politischen Bezirksamt", die in der Verfassung von Berlin mit Gültigkeit zum 1.1.2010 verankert gewesen sei, ohne Not mit Zweidrittelmehrheit gestrichen" habe, und hat gefordert, künftig „die Mehrheiten in den Bezirksverordnetenversammlungen bei den Wahlen der Bezirksamtsmitglieder abzubilden".[46]

---

[45] *Nachtrag 2022:* Die angebliche Streichung des § 35 Abs. 2 Satz 1 BezVG ist in der Berliner Vorschriften- und Rechtsprechungsdatenbank (www.berlin.de/sen/justiz/service/gesetze-und-verordnungen/) nicht nachvollziehbar (Abruf 8.11.2022). Es gilt nach wie vor die Beteiligung aller Fraktionen an der Zusammensetzung des Bezirksamts nach dem Höchstzahlverfahren (d'Hondt).

[46] Stellungnahme der Fraktion *Bündnis 90/Die Grünen*.

Nach Ansicht der *Grünen* „ignoriert" die Besetzung der Behörde als „Allparteien-Bezirksamt" „den Wählerwillen, führt zu gegenseitigen Blockaden im Bezirksamt und macht politisches Handeln intransparent". Die *FDP* meinte, durch ein Allparteien-Bezirksamt sei „die Verantwortung für bezirkliche politische Entscheidungen für den Adressaten und alle Bürger im Bezirk nicht mehr politisch zuordenbar" und habe „keinen Zusammenhang mehr mit ihrer Wahlentscheidung". Das „politische Bezirksamt", das von einer Mehrheit der BVV besetzt wird, sei „damit für die Umsetzung seiner Politik legitimiert". „Durch unterschiedliche Politikansätze" werde „auch ein Wettbewerb zwischen den Bezirken um die besten Lösungskonzepte ermöglicht".

Diese Erwägungen klingen auf den ersten Blick plausibel, aber sie verraten ein gehöriges Maß an Selbsttäuschung über die Bedeutung der Parteipolitik für die „Kunden" der Verwaltung. Die Verantwortung für ihre Entscheidungen tragen die Stadträte und Bezirksbürgermeister schon jetzt,[47] und das können die Bürger auch erkennen – einschließlich der Parteizugehörigkeit der Akteure. In einer Koalitions-„Regierung" des Bezirks sind zwar auch die gemeinsamen Beschlüsse des Gremiums den Parteien leichter zurechenbar, aber diese Form von Transparenz ist vermutlich für die meisten Bürger von deutlich geringerem Interesse als die Sachgerechtigkeit und Bürgerfreundlichkeit der Entscheidungen. Dass „der Wählerwille" jeweils auf eine bestimmte Koalition gerichtet sei, ist eine Legende. Umfragen mögen im Einzelfall eine klare Mehrheit für das Zusammengehen zweier Parteien ergeben, aber das Wahlrecht ist nicht darauf angelegt, solche Koalitionspräferenzen zum Ausdruck zu bringen. Die gewünschte Transparenz leidet auch darunter, dass in Koalitionen stets Kompromisse eingegangen werden müssen, die den Anteil der einzelnen Partei relativieren.

Es ist außerdem durchaus angemessen, dass die Verantwortung des Stadtrats nicht immer auf dessen Partei „durchschlägt" – der einzelne Amtsträger ist dadurch weniger strikt an die Beschlüsse seiner Partei gebunden, und eben das kann durchaus angemessen sein; rechtlich ist es sogar geboten. Parteipolitische Transparenz ist jedenfalls keine Garantie für bessere Verwaltungsqualität. Die Parteien denken insofern zu stark aus der Perspektive des Parteienwettstreits um Bürgerzustimmung und künftige Wählerstimmen. Es ist also zu begrüßen, dass die neue Koalition sich auf diese Vorschläge nicht eingelassen hat.

---

[47] Vgl. Art. 75 Abs. 2 Satz 3 VvB. Die *CDU* fordert daher von den Bezirksstadträten „Mut zur Entscheidung", „Sacharbeit" und „kein dauerhaftes Schielen nach politischen Mehrheiten im Bezirk".

b) Vergleich mit Hamburg

Hamburg kennt das kollegiale Bezirksamt nicht. Hier genügt ein „monokratischer" Bezirksamtsleiter (oder eine Leiterin),[48] der oder die vom Senat für sechs Jahre bestellt wird, nachdem die Bezirksversammlung ihn oder sie „durch Wahl vorgeschlagen" hat.[49] Schon die Konstruktion des Berliner Bezirksamts als Kollegialbehörde ist also nicht zwingend. Sie verursacht einen erhöhten Aufwand an interner Koordination. Ob die Bezirksverwaltung wirklich „politisch" genug ist, um eine quasi-parlamentarische „Regierung" zu rechtfertigen, ist jedenfalls nicht selbstverständlich. Das Argument, dass Bürgerentscheide auf Bezirksebene einleuchtender wären, wenn die politische Verantwortung der Bezirksspitze deutlicher wäre, ist nicht von der Hand zu weisen, aber die unmittelbare Bürgerbeteiligung ist auch ohne diese Konstruktion möglich und wird in allen anderen Bundesländern praktiziert.

3. Die Stellung der Bezirksverordnetenversammlung

Die BVVen haben außer der Kompetenz, das Bezirksamt zu wählen, und der erwähnten „Richtlinienkompetenz" eine ganze Reihe von Entscheidungsbefugnissen: Nach § 12 Abs. 2 BezVG entscheiden sie insbesondere über den Bezirkshaushalt und die Genehmigung von über- und außerplanmäßigen Ausgaben, über die Verwendung von Sondermitteln und über Rechtsverordnungen zur Festsetzung von Bebauungsplänen, Landschaftsplänen und anderen baurechtlichen Satzungen sowie naturschutzrechtlichen Veränderungsverboten. Auch ihre in § 12 Abs. 1 Satz 2 BezVG bestimmte Aufgabe, Verwaltungshandeln durch „Empfehlungen und Ersuchen" „anzuregen", hat Gewicht (vgl. § 13 BezVG), und das gilt auch für die Aufgabe, „die Führung der Geschäfte des Bezirksamts zu kontrollieren" (§ 12 Abs. 1 Satz 2 i.V.m.17 BezVG). – Von einem Parlament unterscheidet sich die Bezirksverwaltung dadurch, dass sie nicht aufgelöst werden kann (§ 5 Abs. 2 Satz 1BezVG).

„Ein verbindliches Entscheidungsrecht" der BVVen für *alle* Bezirksaufgaben, wie es die *Grünen* gefordert haben, wäre mit der Funktionenteilung zwi-

---

[48] Das Gesetz spricht zwar von der „Bezirksamtsleitung" (§ 34 Abs. 1 HmbBezVG), aber nur um die umständliche Formulierung „Bezirksamtsleiter oder Bezirksamtsleiterin" zu vermeiden

[49] § 34 Abs. 1 Satz 1 i.V.m. Abs. 4 Satz 1 HmbBezVG. Den Streit darüber, ob der Senat verpflichtet ist, die von der Bezirksversammlung gewählte Person zu ernennen, hat das *HmbVerfG* entschieden: Die Bezirksamtsleitung müsse das politische Vertrauen des Senats genießen, daher könne dieser einen Vorschlag ablehnen. Vgl. *HmbVerfG*, U.v. 17.12.2003, NordÖR 2004, 18. Näheres bei *Bull*, Recht der Verwaltungsorganisation und des Verwaltungshandelns, in: Hoffmann-Riem/Koch (Hrsg.), Hamburgisches Staats- und Verwaltungsrecht, 3. Aufl. 2006, S. 89–146 (106 f.).

schen „Volksvertretung" und ausführenden Organen unvereinbar, die – bei allen Besonderheiten der „Kommunal"-Verwaltung – auch in diesem Bereich gelten muss. Kein Parlament kann alle Einzelentscheidungen der Exekutive an sich ziehen. Die Rollenteilung zwischen dem Organ, das für die allgemeinen und die besonders wichtigen besonderen Entscheidungen zuständig ist, und demjenigen, das die Umsetzung und Konkretisierung betreibt, ist auch um der Machtbegrenzung willen nötig, die ihrerseits dem Minderheitenschutz dient.

4. Bezirkliche Bürgerentscheide erleichtern?

Bezirkliche Bürgerentscheide setzen eine klare, der Öffentlichkeit erkennbare Aufgabenteilung zwischen Zentralebene und Bezirken voraus. Wird der Bürgerwille auf der falschen Ebene mobilisiert, läuft der Protest ins Leere. Aber dieses Risiko kann nicht durch interne Organisationsänderungen ausgeräumt werden, sondern allenfalls durch die kontinuierliche Verbesserung der Zuständigkeitskataloge (s. oben II. 1.). Es verrät überdies ein geringes Selbstbewusstsein der Parteien, wenn gerade sie die Ausweitung oder Erleichterung der Bürgermitwirkung verlangen. Sie stellen damit ihrer eigenen Arbeit in den Bezirksämtern ein schlechtes Zeugnis aus – oder aber die Bemühung um Bürgerbeteiligung ist nicht wirklich ernst gemeint.

IV. Vom Rat der Bürgermeister zum „Rat der Bezirksämter"?

Mit dem Wunsch nach Straffung und Vereinfachung der Bezirksverwaltungen und dem Versprechen größerer Transparenz wäre es unvereinbar, eine zusätzliche Entscheidungsebene in die Berliner Verwaltung einzuziehen. Die Forderung der *Grünen*, den Rat der Bürgermeister[50] zu einem Rat der Bezirksämter „mit echter Entscheidungsrelevanz" und einer eigenen Geschäftsstelle auszubauen, ist daher mit Recht abgelehnt worden. Die Bezirke sind nach der Verfassung als Teil der Exekutive, nicht als politische Gegenspieler des Senats konzipiert und dürfen sich diese Rolle nicht anmaßen.

Durch den bestehenden Rat der Bürgermeister können die Bezirksämter ihre Interessen in die Landespolitik einbringen; sie haben nach Art. 68 VvB „die Möglichkeit, zu den grundsätzlichen Fragen der Verwaltung und Gesetzgebung Stellung zu nehmen".[51] Soweit es darüber hinaus etwa doch noch einer

---

[50] S. dazu *Zivier* (Fn. 5), § 47 S. 186 ff.; *Musil/Kirchner* (Fn. 4), Rn. 335 ff.

[51] Die *FDP* beklagt schon die bisherige „einflussreiche Rolle" des Rates der Bürgermeister; dieser entwickle sich „de facto immer mehr zu einer Art zweiter Kammer". *Zivier* (Fn. 5), S. 188 weist darauf hin, dass der Rat der Bürgermeister politisch stark ist, weil die Bezirksbürgermeister in den Bezirksverbänden ihrer Parteien großen Einfluss ausüben.

„horizontalen Zusammenarbeit der Bezirksämter" bedarf, ist und bleibt es eine „originäre Aufgabe" des Senats und der Hauptverwaltung, diese zu organisieren und inhaltlich auszugestalten. In aller Regel ist horizontale Koordination nur zwischen benachbarten Bezirken erforderlich; dazu braucht man keine Geschäftsstelle.

V. Nach dem Wahlkampf: Finanzen, Personal und Informationstechnik

Nach allem spricht viel für die schon vor der Wahl geäußerte Ansicht der SPD, dass „neue grundlegende Reformen, die über Einzelkorrekturen hinausgehen", nicht sinnvoll und nicht notwendig seien, und für die Konzentration auf pragmatische Ansätze, wie sie auch in den Äußerungen der anderen Parteien genannt werden. „Eine Verwaltung arbeitet nicht dadurch besser, dass man sie alle zehn Jahre reformiert, so dass sie sich in erheblichem Maße mit sich selbst beschäftigen muss".[52] In Berlin ist immerhin schon Mitte der 90er Jahre „eine der ambitioniertesten Projekte der Verwaltungsmodernisierung gestartet worden",[53] die auch bundesweit beachtet wurden, und die Bilanz ist nicht schlecht.[54] Die Zusammenlegung der Bezirke und die interne Neuorganisation stellen große Leistungen dar. Durch die Einrichtung der Leistungs- und Verantwortungszentren (§ 37 BezVG) und speziell der Bürgerämter (§ 37 Abs. 2 Satz 1 Nr. 1 und Abs. 3 BezVG) wurde die Bürgernähe der Verwaltung deutlich verbessert.[55]

Auf diesem Wege sollte Berlin weitergehen, und es scheint so, als sei das auch das Ergebnis der Koalitionsgespräche. Der neue Senat will sich offenbar auf die Lösung der Finanzprobleme konzentrieren und im Übrigen den bewährten Weg der moderaten Reform der Verwaltungsabläufe – insbesondere mit Hilfe der Informationstechnik – weitergehen. Zur Verwaltungspolitik im engeren Sinne heißt es zusammenfassend, man wolle „die Verwaltung modernisieren, Nachwuchskräfte für den öffentlichen Dienst gewinnen und Personal verantwortungsbewusst reduzieren" und dann noch einmal pauschal: „Wir werden die Reform der Verwaltung vorantreiben".[56] Unter dem Stichwort „Moderni-

[52] So die Stellungnahme der *SPD*.

[53] *Röber*, „Unternehmen Verwaltung Berlin" – ein Zwischenbilanz zur Verwaltungsmodernisierung, LKV 1999 Beilage 1, S. 13–17 (13).

[54] Ausführliche Darstellung: *Engelniederhammer/Köpp/Reichard/Röber/Wollmann*, Hauptweg und Nebenwege: Eine Zwischenbilanz zur Verwaltungsreform Berlin, 2000; vgl. a. *Wollmann*, Licht und Schatten des Berliner Verwaltungsreformprojekts, in: Grunow/Wollmann (Hrsg.), Lokale Verwaltungsreform in Aktion: Fortschritte und Fallstricke, 1998, S. 218–242.

[55] Dazu *Rienaß/Tietz*, Bürgerdienste in Berlin und Warschau, in: Verwaltung & Management 17 (2011), S. 88–103.

[56] Koalitionsvereinbarung S. 40.

sierungsprogramm" verweist die Koalitionsvereinbarung auf das Programm „ServiceStadt Berlin"; dieses soll evaluiert werden, „begonnene und Effizienz versprechende Maßnahmen" sollten fortgesetzt und zentral finanziert werden. Dieses Programm[57] ist durchaus ehrgeizig; es setzt an einer Mehrzahl von Stellen an und ist offensichtlich in vielen Details von den Ideen und Erfahrungen der Verwaltung selbst geprägt; nur an wenigen Stellen stehen die üblichen inhaltsarmen Großformeln. Aber alle diese Projekte seien „auf ihre Breitenwirkung für die Berliner Verwaltung hin zu überprüfen"[58] – offenbar ein Vorbehalt, nicht alle Projekte und Vorhaben unverändert fortlaufen zu lassen.

„Bürgernähe" taucht als Stichwort auch in den Überschriften auf,[59] aber konkret wird ausführlich über Ausgabenbegrenzung, Benchmarking, Qualitätskontrolle, Verwendungsnachweisprüfung und Budgetierung gesprochen,[60] und es wird dargelegt, wie die Personalentwicklung in Landes- und Bezirksverwaltung bei langsamer steigenden Personalausgaben geplant ist (mit einem gewissen Bonus für die Bezirke).[61] Bei der Aufgabenkritik ist für die Zukunft nur die Beseitigung der noch existierenden Doppelstrukturen erwähnt; außerdem soll geprüft werden, ob „unter Beibehaltung der Zuständigkeitsverteilung zwischen Bezirken und Hauptverwaltung gleichartige Verwaltungsleistungen gebündelt werden können" (Stichwort „shared services").[62] Über „mehr Bürgerbeteiligung" steht nichts in dem Papier, obwohl doch die heftige Diskussion um „Stuttgart 21" Anlass geboten hätte, zu diesem Thema Stellung zu beziehen. Im Übrigen behandelt die Vereinbarung vorrangig die Verbesserung des IT-Einsatzes.[63]

VI. Fazit

Dass die Verwaltungsreform im engeren Sinne in der Koalitionsvereinbarung keine zentrale Rolle spielt, braucht man nicht zu beklagen. Wichtiger ist, dass die erfolgreich begonnenen Vorhaben zur Verbesserung der Dienstleistungen fortgeführt werden – sie begründen Bürgernähe im unpolitisch-praktischen Sinne. Einige der vorgesehenen Reformen waren auch in den Stellungnahmen der Parteien enthalten, so die Erleichterung des Zugangs zu den zuständigen

---

[57] Im Internet unter www.berlin.de/verwaltungsmodernisierung/servicestadt-berlin.

[58] S. 46.

[59] S. 40 und 46.

[60] S. 41 f.

[61] S. 42 f.

[62] S. 46.

[63] Koalitionsvereinbarung S. 46 (dort auch zum „Bürgertelefon 115", zu den „Onlinebürgerdiensten" und dem „Open Government") und S. 14 („Wirtschaftsfreundliche Verwaltung": „Bürokratie-TÜV", „digitale Akte" etc.).

Stellen, das Prinzip der One-Stop-Agency und immer wieder die (konkrete) Aufgaben- und Verfahrenskritik und die bessere Koordination zwischen den verschiedenen (notwendigen) Beteiligten.[64] Diese Themen werden mit Sicherheit auch in der Zukunft auf der Tagesordnung erscheinen.

Ebenso wichtig ist eine Besinnung auf die grundsätzlichen Weichenstellungen. So sollten auch die engagierten Bezirkspolitiker, die ihre speziellen Anliegen in der Koalitionsvereinbarung nicht wiederfinden, doch anerkennen, dass ihre Behörden nicht die einzigen sind, die angemessen, bürgerfreundlich und effektiv mit den Anliegen der Bürger umgehen können. Die politische Stärkung der Bezirke dient nicht notwendig und nicht immer den Interessen der Mehrheit ihrer Einwohner; sie kann auch Teil eines Machtkampfes der Parteien und innerhalb der Parteien sein. Parteipolitisches Kalkül ist in einer Demokratie zwar legitim, aber das Machtinteresse der Parteien muss rechtlich und praktisch-politisch immer wieder eingegrenzt werden.

Nicht angebracht wäre es jedenfalls, bei der Aufgabenverteilung das Heil in der unkritischen Verwirklichung des Subsidiaritätsprinzips zu suchen. Eine vollständige „Kommunalisierung" der Bezirke würde übrigens eine Verfassungsänderung von fragwürdigem Nutzen bedingen. Das erwähnte Programm „ServiceStadt Berlin" weist ebenfalls in die andere Richtung, indem es die Erarbeitung der einzelnen Maßnahmenpakete im Wesentlichen der Hauptverwaltung überträgt und u.a. die bezirksübergreifende Entgegennahme von Anträgen bei den Bürgerämtern vorschlägt.

Verwaltungswissenschaftliche Beratung kann nützlich sein – wenn auch nicht jeder Vorschlag von Experten wert ist, übernommen zu werden: Manches ist immer noch (zu) stark von Reformdogmen wie dem New Public Management geprägt, als dass es unter den gegebenen Verhältnissen umgesetzt werden könnte oder auch nur empfehlenswert wäre.[65]

Eine wesentliche Erfolgsbedingung jeder Verwaltungsreform ist die Qualitätsverbesserung des *Personals*. Ein Kritiker meint sogar ganz allgemein: „Eine Verwaltungsreform muss bei den handelnden Menschen ansetzen, nicht bei den abstrakten Organigrammen".[66] Das ist wohl etwas zu einseitig; notwendig ist stets ein umfassender, mehrdimensionaler Reformansatz. Aber Personalpolitik und Personalmanagement – bis hin zur Anstellung, Beförderung oder Umset-

---

[64] Verschiedene Ansätze dazu auch in den Stellungnahmen der *Grünen* und der Partei *Die Linke*.

[65] In diesem Sinne auch die Kritik von *Zivier* (Fn. 5), § 93, S. 393 ff.; s. a. schon *Dehnhardt*, Neues Berliner Verwaltungsmanagement, in: Verwaltung & Management 1996, 229–232 und 303–308, und *Röber* (Fn. 53), S. 16, der mit Recht bemerkt, dass die im Neuen Steuerungsmodell verlangte Trennung von Politik und Verwaltung „in dieser Einfachheit weder konzeptionell noch praktisch tragfähig" ist: „Verwaltung ist nie unpolitisch, und die Politik wird sich auch immer wieder das Recht nehmen, den administrativen Vollzug von politischen Entscheidungen zu beeinflussen".

[66] *Dehnhardt* (Fn. 65), S. 306.

zung einzelner Mitarbeiterinnen und Mitarbeiter – können in ihrer Bedeutung für die Außenwirkung und das Betriebsklima und damit für die Leistungsfähigkeit der Verwaltung kaum überschätzt werden. Der Senat sollte seine Fürsorge für den öffentlichen Dienst Berlins besonders ernst nehmen und es keinesfalls bei Sparanstrengungen bewenden lassen. Bald werden alle Länder und Kommunen um qualifizierten Nachwuchs werben. Dann müssen das Land Berlin und seine Bezirke gleichermaßen darauf achten, dass sie für die Bewerber ebenso attraktiv bleiben wie andere Länder und Gemeinden und der Bund.

Zweiter Teil:
Staatsziele und Grundrechte

10.

Daseinsvorsorge im Wandel der Staatsformen*

I. Was heißt eigentlich „Daseinsvorsorge"?

1. Ein „metaphysischer" Staatszweck?

„Daseinsvorsorge" ist ein merkwürdiger Begriff. Als Bezeichnung einer Aufgabe des Staates ist er zumindest ungenau, eigentlich sogar offensichtlich falsch. „Dasein" heißt doch zunächst schlicht das Vorhandensein von Leben überhaupt oder von lebenskräftigen Individuen – dafür kann nicht der Staat verantwortlich sein, sondern nur Gott oder das Schicksal. Ein jüngerer Autor schreibt denn auch, Daseinsvorsorge sei ein „metaphysischer" Staatszweck.[1]

Geht man das Thema etwas realistischer an, so mag man von „Existenzsicherung" sprechen, also von der Sorge für die materiellen Existenzvoraussetzungen des Einzelnen.[2] Darunter fiele dann auch die Versorgung mit allen notwendigen Lebensmitteln – das aber ist in normalen Zeiten Sache der Wirtschaft und wird als Staatsaufgabe allenfalls bei Katastrophen akut. Im herrschenden Sprachgebrauch wird „Daseinsvorsorge" vornehmlich auf die kollektive Vorsorge durch Schaffung von Infrastruktur und Leistungsbereitschaft der Verwaltung bezogen. Georg-Christoph von Unruh spricht von „zivilisatorischer Grundversorgung",[3] und Reiner Schmidt umschreibt „Daseinsvorsorge" als „die durch das Gemeinwesen sicherzustellende Versorgung mit wesentlichen Gütern und Dienstleistungen (einschließlich der Infrastruktur)".[4] Was aber ist „wesentlich"?

---

* Lonz von Stein-Gedächtnisvorlesung am 15. November 2007 in Kiel, für den Druck leicht überarbeitet und um Fußnoten ergänzt.

[1] *Jellinghaus*, Zwischen Daseinsvorsorge und Infrastruktur, 2006, S. 19.

[2] Zum Begriff „Existenzsicherung" s.a. *W. G. Leisner*, Existenzsicherung im öffentlichen Recht: Minimum – Grundlagen – Förderung, 2007.

[3] DÖV 2005, 779 (781).

[4] *R. Schmidt*, Die Liberalisierung der Daseinsvorsorge, Der Staat 42 (2003), S. 225. Dass die Schaffung und Pflege der nötigen Infrastruktur einen zentralen Bestandteil der Daseinsvorsorge ausmacht, wird besonders deutlich in den Schriften von *Hermes*, Staatliche Infrastrukturverantwortung, 1998, und *Pielow*, Grundstrukturen öffentlicher Versorgung, 2001. Auch *Kämmerer*, Privatisierung: Typologie – Determinanten – Rechtspraxis – Folgen, 2001, verwendet als Referenzgebiete überwiegend solche der Infrastruktur, speziell des Verkehrswesens.

Ich will den Begriff und die Sache „Daseinsvorsorge" auf mehreren Wegen untersuchen und diese verschiedenen Ansätze zunächst einmal auseinanderhalten, ehe ich sie in der zweiten Hälfte des Referats wieder aufeinander zu führe.

2. Erste Orientierung: Forsthoffs Begriff von „Daseinsvorsorge"

Als erste „Leitplanke" zitiere ich Ernst Forsthoffs „klassische" Definition. Sein gedanklicher Ansatz ist nach wie vor so eingängig, dass es angebracht ist, sich zunächst daran zu orientieren, auch wenn später deutliche Korrekturen notwendig sein werden.[5]

In seiner Schrift „Die Verwaltung als Leistungsträger" hat Forsthoff im Jahre 1938 den Versuch unternommen, das Verwaltungsrecht auf eine neue Grundlage zu stellen, nachdem – wie er meinte – die bisherige Fundierung in den Grundrechten „der Geschichte angehörte".[6] Eine Dogmatik, „die sich an Eigentum und Freiheit orientiert", werde „die Wirklichkeit der modernen Verwaltung nicht in ihr Blickfeld bekommen".[7] Forsthoff beklagt den „verhängnisvollen Mangel an Empirie", den die Lehre von der Verwaltung nach dem Tode Lorenz von Steins erlitten habe. Seine eigene Theorie der Verwaltung knüpft an die Beobachtung an, dass der einzelne Mensch in der heutigen Gesellschaft seinen Lebensraum nicht mehr beherrschen könne. Der „effektive Lebensraum" des Menschen habe sich infolge der industriell-technischen Entwicklung, vor allem der Ausbildung des modernen Verkehrswesens gewaltig erweitert, während der „beherrschte Lebensraum" sich bis zur „Minimalisierung" verengt habe. Forsthoff konfrontiert das Bild des (vermeintlich) autarken Bauern oder Handwerkers vergangener Zeiten mit der Lebensweise des großstädtischen Proletariats: Da steht der Grundeigentümer, dem „Hof" und „Acker" gehören, der sich als „sein (eigener) Herr" bezeichnen darf, dem Stadtmenschen gegenüber, der von anderen abhängig ist, bei dem „an die Stelle des Hauses" „die Etage, das möblierte Zimmer, die Schlafstelle getreten" ist.[8] Damit ist die „soziale Bedürftigkeit" der Menschen gewachsen, d.h. die Notwendigkeit, sich die Lebensgüter „nicht durch Nutzung einer eigenen Sache, sondern im Wege der

---

[5] *Forsthoff*, Die Verwaltung als Leistungsträger, 1938, auszugsweiser Nachdruck unter dem Titel: Die Daseinsvorsorge als Aufgabe der modernen Verwaltung, in: *ders.*, Rechtsfragen der leistenden Verwaltung, 1959, S. 22 ff. (22). Zu Forsthoffs Vorverständnis s.a. *Stolleis*, Geschichte des öffentlichen Rechts in Deutschland, III. Band, 1999, S. 366 ff. Ausführliche Auseinandersetzungen mit Forsthoff finden sich u.a. bei *Hermes* (Fn. 4), S. 94 ff., *Pielow* (Fn. 4), S. 353 ff. und bei *Schütte*, Progressive Verwaltungsrechtswissenschaft auf konservativer Grundlage, 2006, S. 36 ff.

[6] *Forsthoff*, Leistungsträger (Fn. 5), S. 22.

[7] Ebd. (Fn. 6), S. 23.

[8] *Forsthoff* (Fn. 5), S. 25.

Appropriation" zu verschaffen. Diesen Begriff hat Forsthoff von Max Weber übernommen, der ihn als einen „soziologischen Grundbegriff" bei der Analyse der Chancenverteilung in sozialen Beziehungen verwendet und eine ganze Wirtschaftslehre darauf aufbaut.[9] Forsthoff will die staatliche Aufgabe der Daseinsvorsorge „scharf geschieden" sehen von der (ökonomisch begründeten) „sozialen Fürsorge, der Fürsorge in Fällen der Armut, Krankheit oder sonstiger Not".[10] Die „Appropriationsbedürftigkeit", also das Angewiesensein auf die Verwertung der Arbeitskraft und die Beschaffung der lebensnotwendigen Güter, wächst „in dem Maße, in dem sich der beherrschte Lebensraum verengt und sich der effektive Lebensbereich ausdehnt".[11]

Als „Daseinsvorsorge" bezeichnet Forsthoff auf dieser Grundlage „diejenigen Veranstaltungen, welche zur Befriedigung des Appropriationsbedürfnisses getroffen werden". „Die Verantwortung für die Befriedigung dieser Appropriationsbedürfnisse" nennt Forsthoff „Daseinsverantwortung".[12] „Die Verpflichtungen, welche den Trägern der politischen Gewalt mit der politischen Daseinsvorsorge zugefallen" seien – und er meint damit „Staat und Partei", also „den Nationalsozialismus" –, „richten sich" in dem umfassenden Sinne dieser Großformel „auf eine gerechte, sozial angemessene Gestaltung der Appropriationschancen". Dazu gehören auch „die Gewährleistung eines angemessenen Verhältnisses von Lohn und Preis", das Recht auf Arbeit und auf angemessenen Lohn sowie „die Lenkung des Bedarfs, der Erzeugung und des Umsatzes".[13]

In den folgenden Ausführungen konzentriert sich Forsthoff auf einen Ausschnitt aus dieser umfassenden Vorstellung der Staatsfunktionen, nämlich auf „die Darbringung von Leistungen, auf welche der in die modernen massentümlichen Lebensformen verwiesene Mensch lebensnotwendig angewiesen ist". Wenn heute von „Daseinsvorsorge" die Rede ist, wird ebenfalls nur diese engere Definition in Bezug genommen.[14]

Lorenz von Stein hat diesen Gedanken schon achtzig Jahre vorher artikuliert, und er hat es in größerer Klarheit und mit schärferem politischem und historischem Durchblick getan. Ich zitiere Christian-Friedrich Menger: „Wir finden [...] schon bei Stein die Erkenntnis, dass unter den Daseinsbedingungen des modernen technischen Zeitalters jeder Mensch auf die Verwaltungsleistungen angewiesen ist, durch die der Staat ihm das Dasein ermöglicht".[15] Stein

---

[9] *Weber*, Wirtschaft und Gesellschaft, Studienausgabe 1964, S. 31 f., 75, 91 ff.

[10] *Forsthoff*, Die Verwaltung als Leistungsträger (Fn. 5), S. 26 Anm. 6.

[11] Ebd., S. 26.

[12] Ebd.

[13] Ebd., S. 27.

[14] Vgl. nochmals *Schmidt* (Fn. 4), S. 225.

[15] *Menger*, Lorenz von Steins wissenschaftliches Werk, in: *ders.*, Verfassung und Verwaltung in Geschichte und Gegenwart, 1982, S. 76 ff. (79 f.). Vgl. a. die grundlegenden Aufsätze von *Huber*, Vorsorge für das Dasein – Ein Grundbegriff der Staatslehre Hegels und Lorenz von Steins, in: FS Forsthoff 1972, S. 139–162; auch in: *Huber*, Bewahrung und Wand-

gilt als einer der ersten Verfechter des „Sozialstaats".[16] Stein hatte die sozialen Spannungen infolge der beginnenden Industrialisierung und Urbanisierung, die Not der „niederen Klasse" und die Zwangsläufigkeit sozialer Konflikte in aller Deutlichkeit erlebt und die geistigen und politischen Auseinandersetzungen darüber in seiner „Geschichte der sozialen Bewegung in Frankreich von 1789 bis auf unsere Tage"[17] zu einer Staats- und Gesellschaftstheorie verarbeitet, aus welcher sich als unausweichliche Konsequenz die grundlegende Veränderung des Staatsverständnisses zu einem sozialen Staat (in Gestalt eines sozialen Königtums)[18] ergab.

Bei Forsthoff stehen die Überlegungen zur staatlichen Daseinsvorsorge in einem Zusammenhang u.a. mit Vorstellungen wie „Volksgemeinschaft" (also Ausschluss von „Nichtdeutschen") und „Führerprinzip" (also obrigkeitlichen Strukturen);[19] ein subjektives Recht auf die daseinsvorsorgenden Einzelleistungen kam darin nicht vor.[20] Später, unter dem Grundgesetz, schrieb Forsthoff, der neue Begriff biete die Möglichkeit, die Schutzfunktionen des öffentlichen Rechts, insbesondere der Grundrechte, zum Zuge zu bringen.[21] Stein hätte den staatstheoretischen Hintergrund von Forsthoffs Lehre schon deshalb höchst kritisch betrachtet, weil die Vorstellung von der „Volksgemeinschaft" mit sei-

---

lung – Studien zur deutschen Staatstheorie und Verfassungsgeschichte, 1975, S. 319–342; *Böckenförde*, Lorenz von Stein als Theoretiker der Bewegung von Staat und Gesellschaft zum Sozialstaat, in: FS Brunner, 1963, S. 248–277; auch in: Forsthoff (Hrsg.), Lorenz von Stein: Gesellschaft – Staat – Recht, 1972, S. 513–547. – Zur wissenschaftlichen und politischen Biographie Lorenz von Steins jetzt auch *Blasius*, Lorenz von Stein – Deutsche Gelehrtenpolitik in der Habsburger Monarchie –, 2007.

[16] *Menger*, Verfassung und Verwaltung (Fn. 15), S. 77.

[17] 3 Bände: I. Band: Der Begriff der Gesellschaft und die soziale Geschichte der Französischen Revolution bis zum Jahre 1830; II. Band: Die industrielle Gesellschaft, der Sozialismus und Kommunismus Frankreichs von 1830 bis 1848; III. Band: Das Königtum, die Republik und die Souveränität der französischen Gesellschaft seit der Februarrevolution 1848, 1849/50, hrsg. von Gottfried Salomon, 1921; Neudruck 1959.

[18] *Stein*, Geschichte der sozialen Bewegung in Frankreich, III. Band (Fn. 17), S. 36 ff., 41 („Königtum der sozialen Reform"). S. dazu auch *Böckenförde*, in: Forsthoff (Hrsg.), Lorenz von Stein (Fn. 15), S. 513 (534 ff.), sowie *Blasius*, Lorenz von Steins Lehre vom Königtum der sozialen Reform und ihre verfassungspolitischen Grundlagen, in: Forsthoff (Hrsg.), Lorenz von Stein (Fn. 15), S. 549–570.

[19] S. dazu *Jellinghaus* (Fn. 1), S. 18 ff. m.w.N. Nach Ansicht von *Michael Ronellenfitsch* (Daseinsvorsorge als Rechtsbegriff, in: Willi Blümel [Hrsg.], Ernst Forsthoff. Kolloquium aus Anlass des 100. Geburtstages, 2003, S. 53 ff. [62]) „passte die Konzeption der Daseinsvorsorge, die sogar die leistende Verwaltung öffentlich-rechtlichen Bindungen unterwarf, ebenso wenig in das nationalsozialistische Weltbild wie Forsthoffs Versuch, die gesetzesgebundene bürokratische Verwaltung durch eine klare Trennung vom Führerprinzip in ihrem Bestand zu erhalten und gegen den Machtanspruch der Partei zu verteidigen". Als Zeitzeuge berichtet *Georg-Christoph von Unruh*, dass „die Funktionäre der NS-Partei die Kritik an ihren eigenen Grundsätzen durchaus begriffen" hätten (Brief an den Verfasser vom 6.12.2007).

[20] *Bullinger*, Französischer service public und deutsche Daseinsvorsorge, JZ 2003, 597 ff. (599).

[21] *Forsthoff*, Die Verwaltung als Leistungsträger (Fn. 5), S. 10.

ner Gesellschaftstheorie unvereinbar ist, und er hätte den Rechtsstaat gegen das Unrechtsregime der Nationalsozialisten vehement verteidigt.[22]

3. *Die verschiedenen Ebenen der Begriffsverwendung*

a) Staatstheorie: Die Tätigkeiten der öffentlichen Verwaltung, um die es bei der „Daseinsvorsorge" geht, sind seit je Gegenstand der Staatstheorie. In diesem Zusammenhang bezeichnet der Begriff einen *Staatszweck*, aus dem *Aufgaben* und *Funktionen* der Verwaltung abzuleiten sind (dazu unten II.).

b) Verwaltungswissenschaft: Besonders fruchtbar ist der Begriff der Daseinsvorsorge für die verwaltungswissenschaftliche, also empirisch-sozialwissenschaftliche Betrachtung der öffentlichen Verwaltung. Er dient zur Charakterisierung und Veranschaulichung des „tätigen Staates" in empirischer Beschreibung und systematischer Analyse; er weist damit auf die Staatstheorie zurück und gibt der Rechtsdogmatik „Stoff". Von besonderem Interesse sind dabei die historische Entwicklung (s.u. III.) und die künftigen Risiken und Chancen (IV.).

c) Verfassungs- und Verwaltungsrecht: Von „Daseinsvorsorge" wird auch in juristischen Texten viel gesprochen – im Kommunalrecht wie in anderen Bereichen des besonderen Verwaltungsrechts bis hin zum europäischen Gemeinschaftsrecht. Damit reagiert die Rechtswissenschaft auf ihre eigene Vergangenheit: Seit dem Aufkommen des radikalen rechtswissenschaftlichen Positivismus war diese Seite der Verwaltungswirklichkeit vielfach verdrängt worden – wenn auch keineswegs in dem Maße, wie Forsthoff behauptete. In den Lehrbüchern jener Zeit kommt keineswegs nur das „Polizeirecht" vor,[23] sondern auch die fördernde und leistende Verwaltungstätigkeit. Georg Jellinek behandelt in seinem System der subjektiven öffentlichen Rechte ausführlich auch den „status positivus".[24] Forsthoff wollte „das öffentlich-rechtliche Element in den leistenden Funktionen des modernen Staates aufweisen".[25] Aber er hat auf dieser Absicht jedenfalls kein dogmatisches System aufgebaut, wie es nach seinen programmatischen Äußerungen und wegen der tatsächlichen Veränderung des Erscheinungsbildes der Verwaltung zu erwarten gewesen wäre. Bei der Abfassung seines großen Verwaltungsrechtslehrbuches hätte er dazu Gelegenheit gehabt; dort

---

[22] Vgl. *Steins* Überlegungen zum Rechtsstaat und zur Theorie des Verwaltungsrechts, in: Die Verwaltungslehre, II. Teil: Die Lehre von der Innern Verwaltung, Stuttgart 1866, S. 21 ff. und 74 ff.

[23] Vgl. dazu *Bachof*, Vorwort zum Neudruck von Walter Jellinek, Verwaltungsrecht, 3. Aufl. 1966, S. VIII f., sowie die Hinweise bei *Jellinghaus* (Fn. 1) S. 20 f., insbesondere auf *Steins* Verwaltungslehre (Fn. 18) S. 72 f. (Unterscheidung zwischen schützender und fördernder bzw. negativer und positiver Tätigkeit der Verwaltung).

[24] *Georg Jellinek*, System der subjektiven öffentlichen Rechte, 1892, S. 109 ff.; 2. Aufl. 1905/1919, Neudruck 1964, S. 114 ff.

[25] Rechtsfragen (Fn. 5), S. 9.

wird die daseinsvorsorgende Verwaltung jedoch wie zuvor bei Walter Jellinek – kaum weiterführend – bei den öffentlichen Sachen und Anstalten behandelt.[26]

Heute ist es herrschende Meinung, dass die verschiedenen Ausprägungen der „Daseinsvorsorge“ Staatsaufgaben darstellen[27] und der Begriff insofern auch verfassungs- und verwaltungsrechtliche Bedeutung hat. Aber obwohl er in verschiedenen Rechtsnormen aufgegriffen worden ist und auch in zahlreichen Gerichtsentscheidungen vorkommt,[28] bleibt er meist doch zu unbestimmt, als dass sich aus ihm bestimmte Rechtsfolgen unmittelbar ableiten ließen.[29]

II. Der soziale Staat

1. Lorenz von Steins Staatsverständnis

Stein argumentiert streng von Grundsätzen aus, die er aus tiefgreifender Beobachtung von Staat und Gesellschaft, Recht und Staat abgeleitet hat. Mit viel Understatement schreibt er, es sei „doch vielleicht nicht ohne Wert, auch in praktischen Dingen den höchsten, abstraktesten Standpunkt festzuhalten“.[30] Eine Kernthese dieser seiner abstrakten Sichtweise steht im Vorwort zu Band I der „Geschichte der sozialen Bewegung“:[31] Die Verfassungen wie die Verwaltungen der Staaten sind „den Elementen und Bewegungen der gesellschaftlichen Ordnung unterworfen“, kurz: Die „gesellschaftliche Ordnung“ herrscht „über Staat und Recht“. Für seine Zeit hält es Stein für unausweichlich, dass die „bloß arbeitende“, kapitallose Klasse der Gesellschaft, die von der kapitalbesitzenden abhängig ist, ihren Anteil an der Staatsgewalt dazu nutzen wird, sich aus die-

---

[26] *Forsthoff*, Lehrbuch des Verwaltungsrechts, I. Band, Allgemeiner Teil, 8. Aufl. 1961, S. 320 ff. Zu Jellinek s. nochmals *Bachof* (Fn. 23). – Die Unterscheidung zwischen Leistungs- und Eingriffsverwaltung, die Forsthoff in „engstem Zusammenhang“ mit der „Daseinsvorsorge“ sieht (in: Rechtsfragen [Fn. 5], S. 9), ist sowohl innerhalb der „daseinsvorsorgenden“ Verwaltung vorzunehmen wie auch in anderen Verwaltungsbereichen, z.B. der sozialen Fürsorge.

[27] Dazu bereits *Bull*, Die Staatsaufgaben nach dem Grundgesetz, 2. Aufl. und Studienausgabe 1977, S. 176 f., 220, 242 f. – Die steuerungstheoretische Schule der Verwaltungswissenschaft ersetzt den Begriff der „Staatsaufgaben“ durch den der „staatlichen *Verantwortung*“, vgl. etwa *Hermes* (Fn. 4) S. 146 ff.; s.a. *Pielow* (Fn. 4) S. 322 ff. Am Ergebnis, eben der Verpflichtung des Staates zu „sozialstaatlichen“ Leistungen und Einrichtungen, ändert sich dadurch nichts.

[28] Vgl. u.a. *Bullinger* (Fn. 20), JZ 2003, 597 (601) sowie *Ronellenfitsch* (Fn. 19) S. 81 f. mit Anm. 121–124.

[29] In diesem Sinne etwa *Rüfner*, Daseinsvorsorge in Deutschland vor den Anforderungen der Europäischen Union, in: FS Frotscher, 2007, S. 423 (424); *Schmidt* (Fn. 4) S. 247; s. a. *Di Fabio*, Privatisierung und Staatsvorbehalt, JZ 1999, 585 (586); *von Unruh* (Fn. 3), DÖV 2005, 781. Weitere Nachweise bei *Ronellenfitsch* (Fn. 19), S. 72 Anm. 97 f.

[30] *Stein*, Verwaltungslehre (Fn. 22), Bd. I, Vorwort S. VIII.

[31] *Stein*, Geschichte, Bd. I (Fn. 17), S. 3. S. a. *Menger* (Fn. 15), S. 77 f.

ser Lage zu befreien und zu einer „unabhängigen, materiell freien" Klasse zu werden.[32] Diese geschichtsphilosophische[33] Betrachtung macht also die soziale Frage zur Kernfrage der Verfassungsentwicklung.[34] Mit „wohlfahrtsstaatlicher Sozialpolitik" hat der so verstandene Sozialstaatsgedanke „wenig zu tun"; die „bloße Verbesserung der ökonomischen Verhältnisse der abhängigen Schichten" reicht nicht aus; nötig erscheint vielmehr eine „qualitative Veränderung der Gesellschaftsstruktur".[35] Dies soll nach Steins Vorstellung im Rahmen der damaligen konstitutionellen Monarchie geschehen; sein Ideal ist das „soziale Königtum".

Die staatliche Fürsorge darf nicht zur Freiheitsbeschränkung führen – *Stein* hat das in einer Weise formuliert, die wir heute wohl als neoliberal bezeichnen würden:

> „Der Staat soll durch seine Verwaltung niemals und unter keinen Umständen etwas anderes leisten, als die Herstellung der Bedingungen der persönlichen, wirtschaftlichen und gesellschaftlichen Entwicklung, welche der Einzelne sich nicht selbst zu schaffen vermag, und es dem Einzelnen und seiner freien selbständigen Tat überlassen, aus der Benützung dieser Bedingung sich sein eigenes Leben zu bilden und zu entwickeln."[36]

Dabei ist Stein durchaus optimistisch, was die Realisierungschancen angeht. Er beschwört sogar eine höhere Macht oder eine „unsichtbare Hand", die aus den Opfern der einen den Fortschritt für alle macht:

> „Auf allen Gebieten arbeitet die Welt dahin, die niedere Klasse durch ein immer steigendes Maß an Opfern zu heben, die sie den höheren auferlegt; und wunderbar, diese Opfer, die die letztere bringt, werden in ihrer Hand zuletzt zu einem Segen und Genuss für sie selber."[37]

Er verweist geradezu schwärmerisch auf Veränderungen zugunsten der „niederen Klasse": Schulen, Krankenhäuser, „Kredit und Hilfe", Sorge für die Gesundheit, Verbesserung der Wohnverhältnisse, Wasserversorgung, Bildungswerbung usw. „Der große Organismus", durch den diese soziale Pflicht erfüllt wird, ist die Verwaltung.[38] Die Verwaltung ist in anderer Formulierung „die Realisation der Staatszwecke" oder „die tätig werdende Verfassung".[39]

---

[32] *Stein* (Fn. 31), S. 4.

[33] *Von Beckerath/Kloten* nennen Steins Philosophie „spekulativ" (Lorenz von Stein, in: Handwörterbuch der Sozialwissenschaften 10, 1959, S. 89).

[34] S. nochmals *Stein*, Geschichte, Bd. I (Fn. 17), S. 5.

[35] Formulierungen von *Menger*, Verfassung und Verwaltung (Fn. 15), S. 81 f.

[36] *Stein*, Verwaltungslehre (Fn. 22), S. 59.

[37] AaO. (Fn. 22), S. VII.

[38] Ebd.

[39] *Stein*, Handbuch der Verwaltungslehre, bei *Menger*, Verfassung und Verwaltung (Fn. 15), S. 77 ohne Seitenangabe; *ders.*, Verwaltungslehre (Fn. 22) S. 3: die Verwaltung als „die Tat des Staates", die Gesetzgebung als „sein Wille".

2. *Liberalismus und Antiliberalismus*

Steins enthusiastisches Staatsdenken fand zu seiner Zeit kaum Anhänger. Dem dominierenden liberalen Zeitgeist stellten sich später zwar auch die „Kathedersozialisten“ wie Adolph Wagner, Lujo Brentano und Gustav Schmoller entgegen.[40] Vor ihren Ideen soll Stein gerade eindringlich gewarnt haben.[41] Immerhin sollen Steins Reformvorstellungen auf Bismarcks sozialpolitisches Programm eingewirkt haben, vermittelt durch den konservativen preußischen Publizisten und Politiker Hermann Wagener.[42]

Der Nationalsozialismus bekämpfte Liberalismus und Rechtsstaat und mit ihm die Vorstellung von der rechtlich geordneten, dem Individuum verpflichteten Verwaltung. Forsthoff setzte sich in der Schrift von 1938 von der liberalen Tradition ab, indem er behauptete, der Nationalsozialismus habe die Sozialverfassung der Weimarer Republik überwunden. Während damals die Daseinssicherung durch die „Solidarität der sozialen Gruppe“ gesucht worden sei, habe der neue Staat die Daseinsverantwortung den Trägern der politischen Gewalt übertragen.[43] Aber gerade die Weimarer Verfassung hatte (vor allem in den Artikeln 151–165) die Verantwortung des Staates für die soziale Entwicklung betont und eine soziale Politik gefordert – nur ist der Staat in jenen Jahren seiner Verantwortung nicht gerecht geworden, und zwar u.a. weil die konservative Staatskritik seine Autorität untergraben hat.

3. *Das Sozialstaatsverständnis der Nachkriegszeit*

Die Bundesrepublik Deutschland ist ein demokratischer und sozialer (Bundes- bzw.) Rechtsstaat – so steht es in Art. 20 Abs. 1 und Art. 28 Abs. 1 GG, und so lautet die staatstheoretische Selbsteinschätzung dieser Republik. Die Sozialstaatlichkeit hat sich insbesondere in der umfangreichen Sozialgesetzgebung der Nachkriegszeit manifestiert, dann aber auch in der Entwicklung anderer Staatsaufgaben von der Infrastrukturschaffung bis zum Bildungswesen.[44] Sozialstaatlichkeit bedeutet auch die Kompetenz des Staates, die gesellschaftliche Ordnung umzugestalten, wenn dies um der großen Staatsziele oder der Verwirklichung

---

[40] Zu ihnen *Schmölders*, Geschichte der Volkswirtschaftslehre, 1962, S. 58 ff.

[41] *von Beckerath/Kloten* (Fn. 33), S. 90, sprechen von einer „Polemik“ gegen A. Wagner. Vgl. a. die Analyse von Steins Verhältnis zur Historischen Schule der Nationalökonomie und zur „ethisch-anthropologischen Schule“ in dem tiefschürfenden Werk von *Koslowski*, Zur Philosophie von Wirtschaft und Recht: Lorenz von Stein im Spannungsfeld zwischen Idealismus, Historismus und Positivismus, 2005, S. 389 ff. Gustav Schmoller war nach *Koslowski* (S. 361) „einer der größten Verehrer Lorenz von Steins“.

[42] Dazu *Blasius* (Fn. 18), S. 549 f.

[43] *Forsthoff*, Leistungsträger (Fn. 5), S. 27.

[44] Vgl. a. *Bull*, Staatsaufgaben (Fn. 27).

der Grundrechte willen notwendig ist.[45] Genau genommen, braucht als staatstheoretische Grundlage der öffentlich organisierten Daseinsvorsorge gar nicht das „soziale" Element der Verfassung herangezogen zu werden, weil nämlich die Vorsorge für die Existenzbedingungen der Menschen in der modernen Zivilisation, wie Dieter Suhr formuliert hat, eine *„staatliche* Selbstverständlichkeit" ist; auch ein „unsozialer" Staat muss für Verkehrsmittel und Wasserversorgung, für Kommunikationsmittel und Ausbildungsstätten und vieles mehr sorgen.[46]

4. Der gewährleistende Wirtschafts- und Sozialstaat als neue europäische Staatsform

Inzwischen ist ein neuer Ton in die Staatsdiskussion gekommen. Zunächst kaum bemerkt, seit den neunziger Jahren aber unüberhörbar melden sich diejenigen wieder zu Wort, die den Staat auf seine angeblichen „Kernaufgaben" zurückführen wollen und für erhebliche Bereiche bisheriger staatlicher und kommunaler Aktivitäten den Vorrang der Privatwirtschaft reklamieren. Die Europäische Gemeinschaft trägt kräftig dazu bei, dass der Bund, die Länder und die Kommunen als Träger öffentlicher Unternehmen dem wirtschaftlichen Wettbewerb ausgesetzt werden und früher unbestritten „öffentliche" Aufgaben nunmehr von Privatunternehmen wahrgenommen werden.

Allerdings ist der Staat damit nicht aus dem Spiel: Er soll zwar viele Aufgaben nicht mehr selbst erfüllen, aber für ihre Erfüllung einstehen. Das ist das Konzept des „Gewährleistungsstaates"[47] – in der einen Perspektive eine Reduktion der Staatsaufgaben, in der anderen nur eine Veränderung der Erfüllungsmodalitäten. Der Staat (und die Kommunen) sollen sich nicht mehr allenthalben um die unmittelbare Aufgabenerfüllung mit eigenen Kräften und unter strikter eigener Regie kümmern, wohl aber sollen sie dafür sorgen, dass die Ziele angemessen erreicht werden, also: dass Armut bekämpft, soziale Hilfe organisiert, Infrastruktur geschaffen und erhalten wird, dass Schulen und Hochschulen existieren und gute Arbeit leisten, Krankenhäuser für die Behandlung aller möglichen gesundheitlichen Defizite und Störungen bereitstehen usw. usw. Typisch für diese Form der öffentlichen Verantwortung ist die Zusammenarbeit bei ihrer

---

[45] S. etwa *Badura*, Verwaltungsrecht im liberalen und im sozialen Rechtsstaat, 1966, S. 16; *Bull*, Sozialstaat – Krise oder Dissens?, in: FS Badura, 2004, S. 57 ff. (58 ff.).

[46] *Suhr*, Rechtsstaatlichkeit und Sozialstaatlichkeit, Der Staat 9 (1979), S. 67–93 (73 m.w.N.).

[47] Erste Erwähnungen dieses Begriffs: *Schuppert*, Vom produzierenden zum gewährleistenden Staat, in: Klaus König/Artur Benz (Hrsg.), Privatisierung und staatliche Regulierung, 1997, S. 539 ff.; *Eifert*, Grundversorgung mit Telekommunikationsleistungen im Gewährleistungsstaat, 1998; s. a. *Voßkuhle*, Beteiligung Privater an der Wahrnehmung öffentlicher Aufgaben und staatliche Verantwortung, in: VVDStRL 62, 266 (284). Aus der reichhaltigen neueren Lit. s. etwa *Knauff*, Der Gewährleistungsstaat: Reform der Daseinsvorsorge, 2004.

Wahrnehmung, das Nebeneinander und Miteinander von staatlicher oder kommunaler Gemeinwohlverpflichtung und privatwirtschaftlichem Eigeninteresse. Während Staat und Kommunen Aufgaben und Kompetenzen wahrnehmen, handeln die beteiligten Privatrechtssubjekte in Ausübung ihrer Grundrechte. „PPP" wird zum Merkmal des neuen Staates.

Wir erleben also, dass ein neuer Staatstyp entsteht: der europäische *Staat der Wirtschaftsgesellschaft mit sozialer und kultureller Verantwortung*. Verkürzt kann man ihn als den *„gewährleistenden Wirtschafts- und Sozialstaat"* bezeichnen. Das Wirtschaften überlässt er weitgehend – aber nicht ganz – den Privaten; er installiert und unterhält aber den Rahmen, innerhalb dessen gewirtschaftet wird, und tritt subsidiär wieder als unmittelbar Handelnder auf, wenn die Privaten versagen. Darüber hinaus unterhält er das Auffangnetz für die Menschen, die nicht oder nicht mehr aktiv an der wirtschaftlichen Produktion und Verteilung teilnehmen. Gesellschaft und Staat sind darin aufs engste miteinander verflochten und aufeinander angewiesen – was uns freilich nicht daran hindern darf, sie analytisch zu unterscheiden; denn jede Seite hat ihr eigenes Recht und ihre eigene Verantwortlichkeit: Die Unternehmen sind ihren Eigentümern verantwortlich, der Staat und die Kommunen der Allgemeinheit, konkret den Wählern.

Auch die Europäische Union selbst ist auf dem Wege, ein ökonomisch und sozial verantwortliches Gemeinwesen zu werden. Über den europäischen Nationalstaaten hat sich eine quasi-staatliche Organisation etabliert, die das nationale Recht teilweise verdrängt und die gesellschaftliche Wirklichkeit der Mitgliedstaaten verändert. Der vom BVerfG benutzte Begriff des „Staatenverbundes"[48] lässt diesen Einfluss der suprastaatlichen Ebene geringer erscheinen als er tatsächlich ist. Die Staatslehre wird nicht darum herumkommen, die Europäische Union als „Oberstaat" anzuerkennen. Auf die Souveränität kommt es nicht mehr an, wie ja auch im Verhältnis der Länder zum Bund niemand mehr ernsthaft die Souveränitätsfrage stellt.

III. Die Entwicklung der Daseinsvorsorge vor dem Hintergrund dieser Wandlungen des Staates

Kommen wir nun zu den einzelnen Feldern der „Daseinsvorsorge" und ihren Wandlungen insbesondere im Laufe der letzten Jahrzehnte. Bei der Einteilung folge ich Christian-Friedrich Menger, der sich seinerseits an Erich Becker orientiert hat.[49] Dabei wird der Begriff weit verstanden; neben der Herstellung und

---

[48] BVerfGE 89, 155 (188).

[49] *Menger*, Die Bestimmung der öffentlichen Verwaltung nach den Zwecken, Mitteln und Formen des Verwaltungshandelns, DVBl. 1960, S. 297 ff.; auch in: *ders.*, Verfassung und Ver-

Aufrechterhaltung der öffentlichen Ordnung ist die gesamte andere Staatstätigkeit „Daseinsvorsorge".

1. Soziale Vorsorge

Mit Lorenz von Stein ist nochmals zu betonen, dass Sozialstaatlichkeit und Daseinsvorsorge sich nicht in Maßnahmen der Sozialpolitik erschöpfen. Aber für einen großen Teil der Menschen sind solche Maßnahmen die wesentliche Grundlage der Existenzsicherung. Das System der Sozialleistungen ist seit den fünfziger Jahren des vorigen Jahrhunderts erheblich ausgebaut worden. Herausragend sind die Rentenreform von 1957 mit der Dynamisierung der Altersrente, aber auch der Ausbau von Kinder- und Jugendhilfe, die vielfältigen Bemühungen um die Gesundheitsfürsorge und die Verbesserung des Arbeitsschutzes.

Inzwischen aber hat die Kritik des vermeintlich überdimensionierten Sozialleistungssystems dazu geführt, dass viele Leistungen abgebaut und in vielen Fällen die Voraussetzungen verschärft wurden. Dabei besteht eine Wechselwirkung zwischen der ökonomisch bedingten Finanznot der öffentlichen Hände und der gesellschaftstheoretischen und politischen Debatte. Ich brauche auf die Stichworte „Agenda 2010", „Hartz IV" usw. wohl nicht näher einzugehen.

2. Wirtschaftliche Vorsorge, Infrastrukturschaffung

Die Wirtschaft baut fast überall auf einer staatlich und kommunal geschaffenen Infrastruktur[50] auf. Allein der Wiederaufbau der zerstörten Straßen und Eisenbahnen und die dauerhafte Sicherung der Energieversorgung und der Wasserver- und -entsorgung sind gewaltige Leistungen des Staates und der Kommunen. Becker hat als „vorsorgende Leistungen auf dem Gebiet der Wirtschaft" auch Landschaftsplanung, Bau-, Wohnungs- und Siedlungswesen genannt. In der Tat sind auch solche planenden und unterstützenden Funktionen von Bedeutung, während Stichworte wie „Versorgung der Bevölkerung" und „Lenkung und Förderung der Privatwirtschaft", die Becker ebenfalls bringt, allzu unspezifisch sind. Die Versorgung mit Lebens- und Genussmitteln und mit Ge-

waltung in Geschichte und Gegenwart, 1982, S. 184 ff.; *Becker*, Die Leistungsaufgaben der öffentlichen Verwaltung, o.J., S. 8 ff.

[50] Vgl. etwa *Stober*, in: Wolff/Bachof/Stober/Kluth, Verwaltungsrecht I, 12. Aufl. 2007, § 4 Rn. 17 ff. mit konkreten Beispielen. Zur Bedeutung der „Infrastrukturverwaltung" s. schon *Faber*, Vorbemerkungen zu einer Theorie des Verwaltungsrechts in der nachindustriellen Gesellschaft, in: FS Ridder, 1989, S. 291 ff. Zur Geschichte: *Van Laak*, Der Begriff „Infrastruktur" und was er vor seiner Erfindung besagte, in: Archiv für Begriffsgeschichte 41 (1999), S. 280 ff.; zur heutigen Rechtslage der Netzwirtschaften vgl. insbesondere *Hermes* (Fn. 4) und *Pielow* (Fn. 4).

genständen des alltäglichen Gebrauchs ist nie ganz in öffentliche Regie übernommen worden; sie ist seit langem fast ausschließlich Sache von privatem Handel und Gewerbe.

Vor dreißig Jahren besaßen Bund, Länder, Kreise und Gemeinden noch ein gewaltiges Reich an öffentlichen Unternehmen, die sie zum Teil in der Vergangenheit von Privaten übernommen, zum Teil aus jeweils aktuellen Gründen aufgebaut hatten. Die Stadtwerke, die im Besitz von Kommunen befindlichen Elektrizitätsunternehmen, Versorgungs-, Verkehrs- und Abfallbeseitigungsunternehmen wurden und werden teilweise nach wie vor mit dem „öffentlichen Zweck" der „Daseinsvorsorge" gerechtfertigt, wie er in den Gemeinde- und Kreisordnungen als Zulässigkeitsvoraussetzung kommunaler Wirtschaftstätigkeit festgelegt war und ist. Aber es gab auch Stahlwerke und Automobilfabriken in staatlicher Hand, mit denen anfangs wohl ebenfalls „öffentliche Zwecke" verfolgt werden sollten – sie sind inzwischen zum größeren Teil veräußert und damit privatisiert worden.[51] Während die Vermögensprivatisierung relativ früh begann und weitgehend durchgeführt wurde, nutzte die Kommunalwirtschaft zunächst die Lockerung der rechtlichen Regelungen, um zu Expansionen anzusetzen. So begannen Stadtwerke, auch außerhalb ihres örtlichen Bereichs tätig zu werden, schlossen manche öffentlichen Unternehmen Kooperationsverträge mit benachbarten oder sogar entfernteren gleichartigen Unternehmen ab und dehnten einige Kommunen ihre wirtschaftliche Tätigkeit auf den lukrativ erscheinenden Markt der Telekommunikation aus.[52] Das Regionalprinzip geriet zeitweise in Vergessenheit, das eine oder andere öffentliche Unternehmen ließ sich sogar auf wirtschaftliche Abenteuer in Entwicklungsländern ein.

Die größten Unternehmen in staatlicher Hand waren Post und Bahn. Sie wurden in „bundeseigener Verwaltung" betrieben. Die von der EU verlangte „Liberalisierung" des Verkehrs- und Kommunikationssektors führte ab 1994 zur (zunächst nur formellen) Privatisierung der beiden staatlichen Großorganisationen und zur Eröffnung von Wettbewerb auf diesen Sektoren.

Die Wettbewerbshüter der EG entdeckten immer mehr offene oder versteckte Verwaltungsmonopole und unterwarfen neue Wirtschaftszweige ihrem strengen Regiment. Die Landesbanken und Sparkassen sahen sich Eingriffen der Brüsseler Instanzen ausgesetzt, die ihre Position im Wettbewerb mit den privaten Banken verschlechterten – jetzt wurden ihnen die nach heutiger An-

---

[51] Einzelheiten zur Vermögensprivatisierung seit den 80er Jahren bei *König*, Kritik öffentlicher Aufgaben, 1989, S. 54 ff.

[52] Vgl. dazu etwa die problematische Erweiterung der kommunalen Wirtschaftskompetenz in § 107 Abs. 1 S. 1 Nr. 3 und Abs. 3 NW GO i.d.F.v. 14.7.1994 mit der Privilegierung der öffentlichen Unternehmen bei Telekommunikationsleistungen und der Erlaubnis zu wirtschaftlicher Betätigung außerhalb des Gemeindegebietes. Zu den (von der Praxis z.T. wohl unterlaufenen) verfassungsrechtlichen Hürden wirtschaftlicher Betätigung der Kommunen außerhalb ihres Gebietes im In- und Ausland s. *Brosius-Gersdorf*, in: AöR 130 (2005), S. 392 ff. mit frappierenden Beispielen (S. 393 f.).

sicht nicht mehr zu rechtfertigenden Vorteile genommen, die sie bis dahin vom Wettbewerb weitgehend abgeschirmt hatten. Sogar die Gebührenfinanzierung des öffentlich-rechtlichen Rundfunks geriet in eine kritische Diskussion; sie wurde zwar 1997 in einem Protokoll zum EGV[53] ausdrücklich gebilligt, aber nur mit Einschränkungen; die Konkurrenz zu den Privaten beim Angebot von Rundfunkwerbung bleibt problematisch.

3. Kulturelle Vorsorge

Nimmt man den Grundgedanken der Lehre von der Daseinsvorsorge ernst, so sind Staat und Kommunen auch auf kulturellem Gebiet voll in der Verantwortung. Rein theoretisch wäre es zwar denkbar, alle Schulen und Hochschulen privaten Trägern zu überlassen. Aber diese Vorstellung ist irreal; wer sie heute in Europa ernsthaft verträte, hätte politisch minimale Chancen. Die Bürger verlangen als Mindestes, dass der Staat die Maßstäbe setzt, die Bildungsziele definiert und ihre Einhaltung kontrolliert und den Zugang aller zu den Bildungsstätten garantiert. Auch darüber hinaus steht zumindest die Teilhabe an einem „Grundangebot" kultureller Güter und Leistungen jedem und jeder zu; deshalb kann der Staat auch die übrigen Felder des kulturellen Geschehens nicht vollständig der privaten Initiative und privaten Finanzierung überlassen.[54]

IV. Gegenwart und Zukunft des europäischen Wirtschafts- und Sozialstaates

1. Die aktuelle Kritik am Konzept der öffentlichen Daseinsvorsorge

Im Zuge der Privatisierungs- und Deregulierungspolitik ist das Konzept der „Daseinsvorsorge" insgesamt in die Kritik geraten. Es ist kein Versprecher, sondern Ausdruck einer ordnungspolitischen Grundüberzeugung, wie sie in der gegenwärtigen Wirtschaftspolitik wieder weithin vertreten wird, wenn der Wirtschaftsminister eines Bundeslandes das Leitbild der öffentlichen Daseinsvorsorge als „überaltert" bezeichnet. Dieser niedersächsische Politiker meint, das Leitbild müsse „entsprechend dem Wandel unserer gesellschaftlichen Ver-

---

[53] Protokoll Nr. 32, abgedruckt in: Sartorius II: Internationale Verträge – Europarecht, Nr. 151.

[54] A. A. jedoch *von Unruh* (Fn. 3), DÖV 2005, 781, der „kulturelles Wirken im weitesten Sinne" nicht zur staatlichen Daseinsvorsorge rechnet und allenfalls die Förderung des Breitensports akzeptiert.

hältnisse und den sich verändernden Bedürfnissen der Menschen angepasst werden".[55] Udo Di Fabio schreibt, mit dem „uferlosen" Begriff der Daseinsvorsorge habe sich der Staat „tief in die Wirtschaft vorgewagt", er bewege sich heute wieder zurück.[56]

Wie weit soll und darf die Abkehr vom alten Staatsbild gehen? Wohin führen uns die fortschreitende „Liberalisierung", „Deregulierung", „Privatisierung" und generell die „Ökonomisierung"? Robert Nozicks Theorie des Minimalstaates[57] wird nach wie vor viel zitiert.[58] In den USA wird neuerdings auch die Meinung vertreten, die Roosevelt'sche Sozialstaatspolitik des „New Deal" sei grundfalsch gewesen.[59] Auch in Deutschland führt zugespitztes neoliberales Denken zu sozialstaatskritischen Äußerungen. So bemerkt der in Kiel lehrende Philosoph Wolfgang Kersting – also ein Nachfolger Lorenz von Steins! –, „selbst die maßvollste soziale Umverteilung" bedeute „eine Einschränkung der bürgerrechtlichen Verfügungsfreiheit über den Ertrag der eigenen Leistung"[60] – eine Verkennung dessen, was Staat und Gesellschaft vorleisten, ehe eine „eigene Leistung" entstehen kann, und sozialphilosophisch ein Schritt zurück hinter Lorenz von Stein.

Die Blickverengung, die in solchen vermeintlich freiheitlichen Theorien vorherrscht, sollte überwunden werden. Extreme Positionen sind von vornherein verdächtig – ganz gleich ob sie auf der parteipolitischen Skala „links" oder

---

[55] *Hirche*, Kommunale Körperschaften als Wirtschaftsfaktor, in: Ipsen (Hrsg.), Unternehmen Kommune? 17. Bad Iburger Gespräche, 2007, S. 10 ff. (20 f.).

[56] *Di Fabio*, Privatisierung und Staatsvorbehalt, JZ 1999, 585 ff. (586).

[57] *Nozick*, Anarchie – Staat – Utopia, o.J. (1976) (mit Einführung von F.A.Hayek), S. 11 (engl.: Anarchy, State, and Utopia, New York 1974). Krit. dazu u.a. *Hoffmann-Negulescu*, Anarchie, Minimalstaat, Weltstaat: Eine Kritik der libertären Staats- und Rechtstheorie R. Nozicks, 2001, insbes. S. 125 ff.

[58] *Rainer-Olaf Schultze* nennt Nozick den „gegenwärtig authentischsten Politiktheoretiker des Minimalstaates" (in: Nohlen/Schultze [Hrsg.], Lexikon der Politikwissenschaft, Bd. 1, 2. Aufl. 2004, S. 555.

[59] Eine grundsätzliche Auseinandersetzung mit der Rspr. des U.S. Supreme Court nach 1937 findet sich bei *Epstein*, How Progressives Rewrote the Constitution, Washington (Cato Institute) 2006.

[60] *Kersting*, Theorie der sozialen Gerechtigkeit, 2000, Vorwort S. 1. An anderer Stelle (nämlich in dem Vortrag: Rechtsphilosophische Probleme des Sozialstaats, 2000, S. 14, 16 ff., 21) führt Kersting jedoch eine „gerechtigkeitsphilosophische Reflexion" vor, mit der er die „freiheits-, gleichheits- oder demokratiefunktionale Unerlässlichkeit des Sozialstaates nachweisen" will; er gelangt dabei zur Konzeption einer „freiheitsfürsorglichen", „autonomie-ethischen" Sozialstaatlichkeit, wie sie das BVerfG seiner Numerus-clausus-Entscheidung (E 33, 303 [331]) zugrunde gelegt habe und die zuerst von Lorenz von Stein vorgetragen worden sei (Hinweis auf: Geschichte der sozialen Bewegung in Frankreich [s.o. Fn. 17], S. 104; s.a. oben den Text zu Fn. 36). Kersting wiederholt an dieser Stelle jedoch seine temperamentvolle Kritik an jeglicher Umverteilungspolitik: die „Egalitaristen" wollten „die Verteilungsentscheidungen des Zufalls, des Glückes" korrigieren, „die Verteilungsergebnisse der genetischen Lotterie" „rektifizieren" (S. 31). Solche Gleichheitsfanatiker prägen aber nicht die Diskussion über die Notwendigkeit von Besteuerung und Umverteilung.

„rechts" angesiedelt sind. Das Ziel demokratischer Politik kann nicht sein, die eine oder die andere Entwicklung zum Maximum zu treiben, sondern die Interessen der verschiedenen Beteiligten miteinander vereinbar zu machen, also gerade auch widerstreitenden Interessen so weit wie möglich entgegen zu kommen. „Die Kunst der Politik besteht in der Balance".[61]

So ist es im Ansatz selbstverständlich angemessen, dass der Gesetzgeber von Zeit zu Zeit neu entscheidet, „ob die Versorgung mit Elektrizität eine öffentliche Aufgabe ist oder privatwirtschaftliche Betätigung, die wegen der bedeutsamen auf dem Spiel stehenden öffentlichen Interessen einer vergleichsweise intensiven Wirtschaftsaufsicht unterworfen wird, ob und inwieweit die Abfallwirtschaft von der öffentlichen Daseinsvorsorge auf die Verursacherverantwortung umgestellt wird" usw.[62] Aber hat auch Martin Bullinger Recht, wenn er formuliert, die „Daseinsvorsorge" verkörpere nicht mehr eine „staatstragende Idee" („wie heute noch der französische service public"), sondern sei „banalisiert"?[63] Ich meine, das ist ein falscher Zungenschlag, denn damit wird ausgeklammert, dass der Staat weiter die („Gewährleistungs"-)Verantwortung für das Ziel behält: für den „sozialen" Charakter des Gemeinwesens. Gegenstand der Gewährleistungsfunktion, die den heutigen Wirtschafts- und Sozialstaat kennzeichnet (s.o. II. 4.), ist unter anderem das, was mit der „Staatsaufgabe Daseinsvorsorge" im Großen und Ganzen zutreffend umschrieben wird. Die Bestimmung von Art und Weise der Gewährleistung obliegt überwiegend dem Gesetzgeber, der sich dabei auch an den Grundrechten der Beteiligten und den daraus teilweise ableitbaren Schutzpflichten zu orientieren hat.

So besehen, wäre eine unreflektierte pauschale Privatisierung staatlicher und kommunaler Funktionen nicht verfassungskonform. Auch die vielfach praktizierte Zusammenarbeit von öffentlichen und privaten Stellen bei der Erbringung von Leistungen für die Allgemeinheit ist nicht immer so lobenswert, wie die Wirtschaftspolitiker behaupten (sie sehen in ihr übrigens ausdrücklich auch eine Vorstufe zur Privatisierung[64]). Dass die PPP-Euphorie unangebracht ist, dass man vielmehr gut daran tut, neben den Vorteilen auch die negativen Folgen der Verschränkung in die Rechnung einzustellen, wird auch von Ökonomen erkannt.[65]

---

[61] *Münkler*, Vorsicht vor den Zuckerbäckern, in: Die Zeit Nr. 42 v. 11. Oktober 2007 S. 6.

[62] *Di Fabio* (Fn. 56).

[63] *Bullinger* (Fn. 20), JZ 2003, 597 (601).

[64] Vgl. *Hirche* (Fn. 55), S. 21.

[65] Skeptisch zur PPP auch *Budäus/Grüb*, Public Private Partnership: Theoretische Bezüge und praktische Strukturierung, in: ZögU 2007, S. 245 ff. (249, 269).

2. Die Angst vor der Europäischen Union

Andererseits braucht das in den Nationalstaat hineinwirkende Recht der Europäischen Union[66] nicht pauschal als Anschlag auf die tradierten Werte abgelehnt zu werden.[67] Nicht alle Organisationsformen haben sich in der Vergangenheit bewährt, und nicht alle, die sich bewährt haben, sind auch zukunftsträchtig. Wenn Wettbewerb zur Verbesserung und Verbilligung der Leistungsangebote führt, nützt er allen. Wenn bisherige Verwaltungsmonopole dem Wettbewerb ausgesetzt werden, können ganz neue Entwicklungen angestoßen werden. Der atemberaubende Erfolg der Kommunikations- und Informationstechnik zeigt unübersehbar, dass unternehmerisches Handeln in privatwirtschaftlichen Formen bessere Ergebnisse erzielen kann, als es Behörden bei noch so großem Engagement möglich ist. So besehen, ist es durchaus angemessen, die Wettbewerbsregeln als einen Allokationsmechanismus zu bezeichnen, der die Daseinsvorsorge „optimieren", also zu einer „gemeinwohlorientierten Qualitätssteigerung der Daseinsvorsorge" führen kann.[68]

Das europäische Recht lässt die Eigentumsordnung der Mitgliedstaaten unberührt (Art. 295 EGV). „Liberalisierung der Daseinsvorsorge ist nicht gleichbedeutend mit deren Privatisierung".[69] Aber die Grundfreiheiten der EU und speziell das Wettbewerbsgebot (Art. 81 ff. EGV) wie auch das Beihilfeverbot (Art. 87 EGV) begründen einen erheblichen Privatisierungsdruck.[70] Damit wird die Lenkung durch die gewählten Vertreter der Allgemeinheit schwerer, wenn nicht unmöglich, und die Arbeitnehmer und die Aktionäre müssen zumindest vorübergehend Nachteile in Kauf nehmen. Erst im Notfall, etwa wenn die beteiligten Unternehmen in Konkurs fallen, ist wieder der Staat aufgerufen, selbst die Zügel in die Hand zu nehmen.

Art. 86 Abs. 2 EGV unterstützt demgegenüber das Bemühen der Mitgliedstaaten, die „Dienste von allgemeinem wirtschaftlichem Interesse"[71] zumin-

---

[66] Materialreich dazu: *Hrbek/Nettesheim*, Europäische Union und mitgliedstaatliche Daseinsvorsorge, 2002.

[67] In diesem Sinne auch *Boysen/Neukirchen*, Europäisches Beihilferecht und mitgliedstaatliche Daseinsvorsorge, 2007, S. 15; *Voßkuhle* (Fn. 47), S. 288 ff. Vgl. a. *Welti*, Die kommunale Daseinsvorsorge und der Vertrag über eine Verfassung für Europa, AöR 130 (2005), S. 529–569.

[68] So *Koenig*, Daseinsvorsorge durch Wettbewerb: Wider der [sic] Trübung des scharfen Blicks gegen soziale oder kulturelle Misswirtschaft durch das Wettbewerbsopiat von Ausnahmebereichen, in: FS Isensee, 2007, S. 375–388 (375, 381).

[69] *Schmidt* (Fn. 4), S. 228.

[70] So auch *Rüfner* (Fn. 29), S. 434.

[71] Zur Definition vgl. die Mitteilung der Kommission: Leistungen der Daseinsvorsorge in Europa, KOM (2000) 580 endg. v. 20.9.2000, abgedruckt bei *Hrbek/Nettesheim* (Fn. 66) S. 222–252. Danach sind „Leistungen der Daseinsvorsorge (oder gemeinwohlorientierte Leistungen)" „marktbezogene oder nichtmarktbezogene Tätigkeiten, die im Interesse der Allgemeinheit erbracht und daher von den Behörden mit spezifischen Gemeinwohlverpflichtungen

dest teilweise von den Bindungen des europäischen Wettbewerbsrechts freizuhalten.[72] Nichtmarktbezogene Tätigkeiten der Behörden unterliegen ihm ohnehin nicht; damit scheiden Teile der herkömmlichen Daseinsvorsorge aus diesem Rechtsregime aus.[73] EU-Kommission und EuGH scheinen bisher eine insgesamt moderate Linie zu verfolgen, was die Einbeziehung der öffentlichen Unternehmen in das Wettbewerbsregime angeht.[74] Die durch den Amsterdamer Vertrag 1999 eingeführte Vorschrift des Art. 16 EGV gebietet darüber hinaus der Gemeinschaft wie den Mitgliedstaaten, für die Funktionsfähigkeit der „Dienste von allgemeinem wirtschaftlichen Interesse" zu sorgen. Die Vorschrift soll zwar nichts an den allgemeinen Vorgaben des Wettbewerbsrechts ändern, aber sie liefert einen Auslegungsansatz bei streitigen Abwägungen. Ob sie sogar eine *Bestandsgarantie* für die besagten Dienste enthält,[75] scheint mir aber zweifelhaft. Christian Koenig meint, Art. 16 EGV garantiere das „Prinzip Daseinsvorsorge", während Art. 81 ff. und 86 ff. „Regeln" enthielten, die dieses Prinzip „optimieren" sollen.[76]

Das Beihilferecht der EU läutet jedenfalls nicht das Ende der öffentlichen Daseinsvorsorge-Unternehmen ein. Leitlinie der von der Kommission verfolgten Beihilfekontrolle ist es, dass die Mitgliedstaaten zwar die Erbringung von Leistungen von allgemeinem wirtschaftlichem Interesse unterstützen dürfen, aber nicht über den Wert der Mehrkosten hinaus, die den Unternehmen dabei entstehen.[77] Das erscheint mir durchaus sinnvoll.

Die „Liberalisierung der Daseinsvorsorge"[78] ist also mit einer angemessenen Entwicklung des Sozialstaats jedenfalls im Ansatz vereinbar. Anders ausgedrückt, hat die EU ein „neues Modell der Daseinsvorsorge" geschaffen.[79]

---

verknüpft werden". Der Begriff „Dienstleistungen von allgemeinem wirtschaftlichem Interesse" i.S.v. Art. 86 EGV verweist danach auf die *marktbezogenen* Tätigkeiten dieser Art; „gemeint sind insbesondere Verkehrs-, Energieversorgungs- und Telekommunikationsdienste" (aaO. S. 251, Anhang II des Dokuments).

[72] S. nochmals *Voßkuhle* (Fn. 47) S. 289 f.

[73] Zum Bereich der Kultur s. *Hentschel*, Die Vereinbarkeit der deutschen Kulturförderung mit dem Beihilferecht der Europäischen Gemeinschaft, 2006, die nur bei einem geringen Teil der behandelten Förderungen den Tatbestand möglicherweise europarechtswidriger Beihilfen verwirklicht sieht.

[74] *Schmidt* (Fn. 4) S. 233 ff. m.w.N.

[75] *Schmidt* (Fn. 4) S. 238 f.

[76] *Koenig* (Fn. 68), S. 387.

[77] Europäische Kommission, Bericht für den Europäischen Rat in Laken: Leistungen der Daseinsvorsorge, KOM (2001) 598 endg. v. 17.10.2001, Tz. 16 ff., abgedruckt bei *Hrbek/Nettesheim* (Fn. 66), S. 265 ff. (269 f.); s. a. *Schmidt* (Fn. 4), S. 240.

[78] So der Aufsatztitel von *Schmidt* (s.o. Fn. 4).

[79] *Nettesheim*, Europäische Beihilfeaufsicht und mitgliedstaatliche Daseinsvorsorge, EWS 2002, 253; zust. *Voßkuhle* (Fn. 47) S. 288 Anm. 81.

3. Ausblick

Es stimmt: Das Klima ist rauer geworden. Der grenzüberschreitende Wettbewerb der Unternehmen senkt zwar die Preise der Waren und Dienstleistungen, aber er treibt andere Kosten in die Höhe. Während manche es sich früher in der gut abgeschirmten Sphäre der öffentlichen Unternehmen behaglich eingerichtet und bisweilen wahrlich Misswirtschaft betrieben haben, dringt heute der scharfe Wind des Wettbewerbs durch alle Wände. Auch der demographische Wandel bedroht den status quo. Das Schrumpfen der Bevölkerung nötigt zu Anpassungs- und Rückbaumaßnahmen bei der technischen Infrastruktur, aber auch zu Einschränkungen bei den sozialen und kulturellen Einrichtungen.[80] Wir werden uns deshalb daran gewöhnen müssen, dass manche Leistungen teurer werden, und die günstigeren Tarifverträge des öffentlichen Sektors werden auslaufen, so dass möglicherweise Arbeitskämpfe ausgetragen werden. Wenn auch die kommunale Wirtschaft schärfer kalkulieren muss und sich nicht mehr auf auskömmliche Subventionen und rechtliche Vergünstigungen verlassen kann, ist das also für die unmittelbar Beteiligten zunächst schmerzlich. Auf lange Sicht aber kann dadurch das Ziel der Daseinsvorsorge besser gesichert werden, als es bei Fortschreibung des bisherigen Status möglich wäre.

Auf den Begriff der Daseinsvorsorge könnten wir unter diesen Umständen sogar verzichten. Als Ersatz könnte dienen: „gemeinwohlorientierte Leistungen"; aber das könnte etwas zu abgehoben erscheinen, zumal gemeinnützige Motive auch von Privaten in Anspruch genommen werden.[81] Genügen würde es schon, von „staatlicher Grundversorgung" zu sprechen; das deckt sowohl die individuelle Versorgung mit sonst nicht verfügbaren Leistungen als auch die gemeinnützige Infrastruktur ab.

Entscheidend ist jedenfalls die Betonung der staatlichen Aufgabe und Verantwortung: Der Staat ist verpflichtet, den Menschen die Leistungen und Güter zu gewährleisten, die für eine menschenwürdige Existenz in der gegenwärtigen Gesellschaft unverzichtbar sind.[82] Mögen Staat und Kommunen in manchen

---

[80] Dazu *Brosius-Gersdorf*, Demographischer Wandel und Daseinsvorsorge, in: VerwArch 98 (2007), S. 317–355 (354 f.).

[81] Der Satz, dass es „kein Gemeinwohlmonopol des Staates" gebe (so *Isensee*, Diskussionsbeitrag, VVDStRL 54, 305), ist aber missverständlich und enthält letztlich eine unbegründete Verklärung des privaten Handelns. Mag im Einzelfall der Private auch an das Gemeinwohl denken oder im Ergebnis das Gemeinwohl fördern, so ist dessen planmäßige Verwirklichung doch ausschließlich Sache des Staates, nämlich der verfassungsmäßigen Organe und Amtswalter, die dem Volk verantwortlich sind (selbstverständlich einschließlich der Kommunen).

[82] Vgl. nochmals *Hermes* (Fn. 4), der im Vorwort seiner Schrift (S. V) herausstellt: „Die zentrale These dieser Arbeit ist, dass [...] sich lediglich die Art und Weise des staatlichen Einflusses wandelt [...]. Unverändert trägt der Staat die Verantwortung dafür, dass Transport- und Übertragungssysteme zur Verfügung stehen, die – flächendeckend und für alle

Beziehungen aus der unmittelbaren Leistungsverantwortung ausscheiden – ihre Garantiefunktion bleibt. In dieser Kernfrage hat Lorenz von Stein nach wie vor Recht.

---

zugänglich – die Mobilität von Personen, den Transport von Gütern und die Übermittlung von Informationen gewährleisten". Ähnlich *Pielow* (Fn. 4), S. 482 ff. (486).

11.

Steuerpflicht, Sozialstaat und Freiheit des Individuums

I. Steuerprotest in Vergangenheit und Gegenwart

Steuern und Zölle, die als ungerecht empfunden wurden, haben Revolutionen ausgelöst. Die ungleiche und übermäßige Belastung der französischen Bauern bei enormen Steuerprivilegien von Adel und Klerus haben vermutlich mehr zur Umwälzung 1789 beigetragen als die Schriften von Rousseau und anderen radikalen Denkern.[1] Auch in der amerikanischen Unabhängigkeitsbewegung spielten Zölle und Steuern eine wesentliche Rolle. Die Kolonien empörten sich u.a. gegen das „Zuckergesetz“ von 1764; der bis dahin „wohlwollend vernachlässigte“ Zoll auf westindische Molasse wurde rigoros beigetrieben. Produktions- und Handelsbeschränkungen zugunsten britischer Wirtschaftsinteressen, ein Einquartierungsgesetz und ein Stempelsteuergesetz fachten den Protest an. Der Satz „No Taxation without Representation“ wurde zu einem Leitgedanken der Demonstranten gegen die britische Kolonialherrschaft.[2] Das Stempelsteuergesetz musste zurückgenommen werden,[3] und der Widerstand gegen die britischen Statthalter wurde immer stärker. Im Verlauf dieser Auflehnung spielte auch die Bostoner „Tea Party“ von 1773 eine Rolle: Als Indianer verkleidete Männer schlichen sich an Bord dreier Schiffe der East India Company und warfen wegen der verhassten Zollbestimmungen 342 Teekisten ins Wasser – was wiederum scharfe Gegenmaßnahmen der Londoner Regierung auslöste und den Konflikt so anheizte, dass die revolutionäre Wirkung der „Tee-Gesellschaft“ später mit dem Sturm auf die Bastille verglichen wurde.[4]

---

[1] Vgl. dazu etwa *Tocqueville*, Der alte Staat und die Revolution (1856), 1978, S. 105 ff., 125 ff.; *Wahl*, Vorgeschichte der Französischen Revolution, 2 Bände 1905, Neudruck 1971 (z.B. Bd. 1 S. 55 f., 61, 183 ff., 313, Bd. 2 S. 5 ff., 52 ff.). Reformen, die das Steuersystem gleichmäßiger gestalten sollten, wurden zu spät versucht; das war wohl der Grund dafür, dass sich der Aufstand des Volkes auch dagegen richtete (*Wahl* Bd. 2 S. 60). S. a. *Göhring*, Weg und Sieg der modernen Staatsidee in Frankreich, 1947, S. 31 ff. (zum „verhassten“ Steuersystem) und S. 270 (zur Wirkungsgeschichte von Rousseau).

[2] *Dippel*, Geschichte der USA, 8. Aufl. 2007, S. 18 ff.

[3] *Dippel* (Fn. 2), S. 20.

[4] *Dippel* (Fn. 2), S. 23.

So sind das Streben nach politischer Freiheit und der Protest gegen bedrückende Steuern eng miteinander verwoben. Solange die Abgaben mäßig sind, halten sich die Regierungen an der Macht. Die Bürger ertragen die meisten Steuern geduldig. Wenn sie aber das Gefühl haben, ausgebeutet zu werden oder keine angemessene Gegenleistung zu erhalten, reagieren sie mit Widerstand von der „Steuervermeidung" über die Steuerflucht – soweit sie dazu in der Lage sind – bis hin zum Aufruhr. Heute verspricht die Politik in aller Regel lieber Steuersenkungen als dass sie höhere Abgaben beschließt. Im gesellschaftlichen Diskurs wie in Teilen der Fachliteratur wird darüber hinaus die Legitimation der Steuern angezweifelt. Eine besonders originelle Form der Steuerverweigerung propagiert der Philosoph Peter Sloterdijk, indem er die Ersetzung der Steuerpflicht durch freiwillige Abgaben vorschlägt.[5] Die Steuergesetze stünden „in Tradition einer obrigkeitlichen Staatlichkeit". Die Steuern sollten nicht als Verpflichtung angesehen werden, sondern als „Gaben des Bürgers an den Staat". An der Spendenbereitschaft bei Katastrophen sehe man, dass die Menschen zu solchen Gaben bereit seien. Wichtig sei, dass die Bürger selbst entscheiden könnten, wofür das Geld verwendet werde.[6]

Die Zeitung berichtet, dass die Zuhörer dem Philosophen „amüsiert" gefolgt sind.[7] Aber für manche sind diese Erwägungen keineswegs so abwegig, dass man sie belustigt beiseite legen könnte. Sloterdijk spricht die Uninformierten an, die sich keine oder falsche Vorstellungen davon machen, wofür die Steuern verwendet werden und die auch den Entscheidungsprozess des Haushaltsgesetzgebers nicht kennen. So schön es ist, sich die freiwillige Finanzierung des Staates und der Kommunen durch die leistungsfähigen Bürger vorzustellen (einschließlich derer, die eigentlich nichts abzugeben haben, aber aus Mitleid mit Katastrophenopfern doch etwas spenden), so wenig lässt sich daraus für die Praxis lernen. Auf die private Spendenbereitschaft würden wir uns nicht verlassen, und zwar schon deshalb, weil die zu erwartenden Beträge viel zu niedrig wären; die daraus finanzierbaren öffentlichen Leistungen wären entsprechend unzureichend.[8] Vor allem aber ist das dahinter stehende Staatsbild irreal: Das als Staat organisierte Gemeinwesen ist keine Idylle, in der rational und human denkende Bürger sich zusammentun, über die gemeinsamen Angelegenheiten beschließen und anschließend ihre Konten entsprechend dem festgestellten Bedarf erleichtern. Bei aller berechtigten Kritik an der Fähigkeit der gewählten Repräsentan-

---

[5] Zuletzt *Sloterdijk*, Warum ich doch recht habe, in: Die Zeit v. 2.12.2010, S. 51.

[6] Vgl. den Bericht von *Wilhelm*, Sloterdijks Welt, in der Süddeutschen Zeitung vom 29.11.2010 S. 18.

[7] Ebd. – Krit. auch *Speicher*, Schutz vor dem Staat – Warum das Steuerzahlen eine moderne Tugend ist, in: Süddeutsche Zeitung v. 15.12.2010. Ausführliche Diskussion: Rehmann/Wagner (Hrsg.), Angriff der Leistungsträger?, 2010.

[8] *Haller*, Die Steuern: Grundlagen eines rationalen Systems öffentlicher Abgaben, 1964, S. 17.

ten, stets die besten und allseits akzeptablen Entscheidungen zu treffen – auch wenn man also für eine Verstärkung der plebiszitären Elemente der staatlichen Willensbildung eintritt – ist die Formel, „die Bürger" sollten über die Verwendung ihrer „Gaben" „selbst entscheiden" können, allzu schlicht. Das politische System ist komplex, daher können auch das Steuersystem und das Verfahren der Steuererhebung nicht wirklich einfach sein. Das gilt für den früheren Obrigkeitsstaat wie für den demokratischen Verfassungsstaat von heute.

II. Steuerpflicht als Voraussetzung moderner Staatlichkeit

Wer jegliche Besteuerung ablehnt, negiert den Staat und jede andere Art gemeinsamer Organisation. Diese anarchistische Variante hat keinerlei Realisierungschance und wird denn auch innerhalb des politisch relevanten Meinungsspektrums nicht vertreten. Aber Politik und Wissenschaft beschäftigen sich früher wie heute intensiv mit den Möglichkeiten von Steuersenkungen; sie werden derzeit vornehmlich als Allheilmittel einer auf Wachstum ausgerichteten Wirtschaftspolitik propagiert, von der wiederum die finanzielle Gesundheit der Staaten abhänge.

Dabei bestehen unter den Staaten erhebliche Unterschiede, was die Höhe der Steuern angeht. Während die skandinavischen Staaten nach wie vor einen großen Teil des Sozialprodukts über den Staatshaushalt verteilen,[9] haben die USA weiter eine niedrige Steuerquote[10] und ungleiche Vermögensverteilung, debattieren aber über geforderte Steuerermäßigungen für Wohlhabende im Umfang von mehreren hundert Millionen Dollar.[11] Der Wunsch nach „Staatsfreiheit" scheint in Nordamerika immer noch so stark zu sein, dass schon die Organisation einer sozialen Krankenversicherung von vielen als unerhörte Zumutung angesehen wird. Aus europäischer Sicht wird durch diese „Freiheitsliebe" die Fähigkeit des Staates geschwächt, die wachsenden Spannungen in der Bevölkerung abzumildern und damit soziale Unruhen zu vermeiden. Wir wissen nicht, ob sich die Benachteiligten in den USA weiter so geduldig in ihr Schicksal ergeben werden wie bisher. Zwar hat Amerika eine erstaunliche Kraft bewiesen, soziale Gegensätze zu überwinden (oder wohl besser: zu ignorieren), aber ob das für immer gelingt?

---

[9] Nach Angaben der OECD beträgt die Steuerquote des Bruttosozialprodukts in Dänemark 49,1 %, in Norwegen 43,9 % und in Schweden 49,1 % (OECD in Figures 2009, Paris 2009, S. 58 f.; Angaben für 2006).

[10] Nämlich 28,0 %. Zum Vergleich: EU-Durchschnitt 39,8 %, Deutschland 35,6 %. Bei der Bewertung ist selbstverständlich auch die Höhe der Sozialabgaben zu berücksichtigen, die in Deutschland relativ hoch sind, weil die Sozialleistungen in geringerem Maße als z.B. in Skandinavien aus Steuermitteln finanziert werden.

[11] Dazu scharf kritisch wegen der sozialen Ungleichheit *Kristof*, A Hedge Fund Republic?, in: The New York Times/Süddeutsche Zeitung v. 29.11.2010.

Die weltweite Wirtschaftsfreiheit führt unvermeidlich zu ungleichen Entwicklungen – sowohl im Verhältnis der Staaten zueinander wie innerstaatlich zwischen denen, die von wirtschaftlichem Aufschwung profitieren, und denen, die durch Rationalisierung und Wettbewerb ihre Arbeitsplätze verlieren und auf Unterstützung der Gemeinschaft angewiesen sind. Nationale Regierungen und inter- und supranationale Organisationen versuchen zwar, dem internationalen Wirtschaftsverkehr Bedingungen aufzuerlegen, die das Funktionieren der Märkte in einem für alle Beteiligten erträglichen Rahmen sichern und allzu große Ausbeutung der Schwächeren verhindern. Aber wie erfolgreich diese Bemühungen auch sein mögen, es bleiben stets Ungleichentwicklungen, die den Staat herausfordern. Kein anderer Akteur kommt in Betracht, wenn es gilt, die Existenz der Arbeitslosen und Alten zu gewährleisten. Private Mildtätigkeit ist nicht ausgestorben, aber sie kann niemals die ganze Zahl der Bedürftigen erfassen, und nur der Staat kann den Individuen das Existenzminimum garantieren, ohne sie zu Empfängern von Almosen zu machen. Die staatliche Garantie der notwendigen sozialen Leistungen ist keine Gnade, sondern der verfassungsrechtlich gebotene Ausgleich für die ebenfalls verfassungsrechtlich gesicherte Freiheit des Wirtschaftens.

Die Steuern sind der Preis, den die Wirtschaftenden dafür zu zahlen haben, dass die Gemeinschaft ihnen die Voraussetzungen für ihr Wirtschaften schafft und erhält. Dieser Gedanke ist schon von Lorenz von Stein ausgedrückt worden. Er schreibt in seinem Lehrbuch der Finanzwissenschaft (1886), da der Einzelne wirtschaftliche Erfolge nicht ohne Unterstützung durch die staatliche Gemeinschaft erzielen könne, gebe er mit der Steuer „einen Teil der durch sie gewonnenen wirtschaftlichen Entwicklung zurück".[12] Auch das Sozialleistungssystem gehört im heutigen Staat zu den Voraussetzungen erfolgreichen Wirtschaftens. Deshalb sind in die Überlegungen, wofür Steuern geschuldet werden, auch die Sozialleistungen einzubeziehen. Josef Isensee hat das besonders entschieden zum Ausdruck gebracht, indem er schrieb:

> „Der Sozialstaat findet in der Steuer sein gemäßes Instrumentarium zur Herstellung der sozialen Gerechtigkeit. [...] Die Steuer löst das Spannungsverhältnis zwischen dem sozialen Staatsziel, das auf den Ausgleich der tatsächlichen Unterschiede angelegt ist, und den rechtsstaatlichen Institutionen, die Individualfreiheit gewährleisten und damit reale Ungleichheit ermöglichen. [...] Nur der Steuerstaat ermöglicht die Symbiose des Sozialstaats und des Rechtsstaats. Die Steuer bildet den Preis für den Bestand der freiheitlichen Ordnung [...]".[13]

---

[12] *Lorenz von Stein*, Lehrbuch der Finanzwissenschaft, 5. Aufl. 1885, Neudruck 1975, II. Teil, 1. Abt. S. 348. S. a. *Vogel*, Der Finanz- und Steuerstaat, in: Isensee/Kirchhof (Hrsg.), Handbuch des Staatsrechts, Bd. 2, 3. Aufl. 2004, § 30, Rn. 64 ff.

[13] *Isensee*, Steuerstaat als Staatsform, in: Stödter/Thieme (Hrsg.), Hamburg – Deutschland – Europa. Festschrift für Hans Peter Ipsen, 1977, S. 409 ff. (432 f.).

III. Historische Theorien zur Rechtfertigung der Steuern

1. *Überblick*

In der Vergangenheit sind allerdings auch ganz andere Vorstellungen von Staat und Steuern vertreten worden. Klaus Vogel, der diese Thematik besonders gründlich aufgearbeitet hat, ordnet die historischen Steuertheorien in zwei Grundströmungen (wobei er sogleich konzediert, dass es sich nicht um einzelne Ansätze, sondern um ganze Gruppen von Theorien handelt), nämlich einerseits die Äquivalenz- oder Nutzentheorie(n), andererseits die Opfer- oder Leistungsfähigkeitstheorie(n).[14]

Der Ansatz bei der „Äquivalenz" von Steuern und staatlichen Leistungen oder bei dem „Nutzen", der den Steuerzahlern zugutekommt, wird vielfach missverstanden – als handle es sich sozusagen um ein Geschäft auf Gegenseitigkeit. Man kann allenfalls von einer pauschalen Gleichwertigkeit der beiderseitigen Leistungen sprechen. Demgegenüber ist die Begründung der Steuern als „Opfer" mit einer Staatsauffassung verknüpft, die nicht mehr die unsere ist. In den entsprechenden Äußerungen von Karl Heinrich Rau, John Stuart Mill, Gustav Schmoller und anderen[15] erscheint der Staat im Verhältnis zu den Individuen als höhere und höherwertige Einheit, ja als gottgleich[16] oder als „objektive sittliche Macht".[17] Auf dem Boden der Romantik wuchs eine „organische" Staatslehre heran, die in der Vergötterung des Staates gipfelte und für die nicht nur Adam Müller und Novalis, sondern später sogar Otto Mayer schwärmte.[18] Es liegt auf der Hand, dass diese Überhöhung des Staates heute nicht mehr vertretbar ist und daher nicht als sozialphilosophische oder verfassungstheoretische Grundlage irgendwelcher Pflichten der Individuen dienen kann. Statt vom Opferprinzip war denn auch schon mit dem Aufkommen des Positivismus in der Rechts- und Sozialwissenschaft nur noch vom Leistungsfähigkeitsprinzip die Rede – und zwar als Maßstab, nicht als Grund der Steuerpflicht[19] (dazu Weiteres unten zu VI.).

---

[14] *Vogel*, Rechtfertigung der Steuern: Eine vergessene Vorfrage. Zugleich zur „heimlichen Steuerrevolte" und zum Dreieck Staat/Wirtschaft/Gesellschaft, in: Der Staat 25 (1986), S. 481 ff. (485).

[15] Vgl. die ausführlichen Zitate bei *Vogel* (Fn. 14), S. 488 ff.

[16] Zitat von Novalis bei *Vogel* aaO. (Fn. 14) S. 488 mit Anm. 47/48.

[17] *Schmoller*, Die Lehre vom Einkommen in ihrem Zusammenhang mit den Grundprinzipien der Steuerlehre, in: Zeitschrift für die gesamte Staatswissenschaft 19 (1863), S. 1 ff. (46).

[18] *O. Mayer*, Deutsches Verwaltungsrecht, 2. Aufl. 1914 und 3. Aufl. 1915, Bd. 2 S. 15; vgl. *Vogel* (Fn. 11), S. 488 Anm. 49.

[19] *Vogel* (Fn. 14), S. 491 f. S. a. *ders.*, Die Steuergewalt und ihre Grenzen, in: Badura/Dreier (Hrsg.), Festschrift 50 Jahre Bundesverfassungsgericht, II. Band, 2001, S. 527 ff. (541 ff.).

2. Gustav Schmoller und Lorenz von Stein

Schaut man die verschiedenen Steuertheorien genauer an, so ergeben sich überraschende Übereinstimmungen. So vertritt zwar Gustav Schmoller, wie erwähnt, eine anti-utilitaristische Staatstheorie und sieht daher den Grund der Steuern

> „nicht in dem Genuss oder Vorteil des Individuums, nicht in der Assekuranz des Staats für das Vermögen, sondern [...] schlechthin in der Untertanenschaft oder [...] in der Bürgerpflicht als solcher".[20]

Abgesehen davon, dass es einen Zirkelschluss darstellt, die Steuerpflicht als Untertanen- oder Bürgerpflicht „als solche" zu deklarieren, ist bemerkenswert, dass Schmoller diese Behauptung aus einer These ableitet, die eben doch auf den – wenn auch generalisierten – Vorteil des Individuums abstellt, nämlich auf die zutreffende Feststellung in dem unmittelbaren vorangehenden Satz:

> „Der Einzelne wirtschaftet nie für sich allein, weil er nie rein in und für sich geschlossene Individualexistenz, sondern stets und in allen Beziehungen zugleich Glied der Familie, der Gemeinde, des Staats ist und als solches handelt. Darum hat er auch auf das, was er in dieser Doppelstellung erwirbt, nicht allein das Recht; er muss diese Organismen und also vor allem den Staat an den Früchten seiner Tätigkeit Teil nehmen lassen."[21]

Das ist im Kern dieselbe Begründung, die Lorenz von Stein herausgestellt und aus der er „Prinzipien der Steuer" abgeleitet hat, die auf eine Begrenzung der Steuererhebung abzielen.[22] Er nannte sie das volkswirtschaftliche, das finanzielle und das staatswirtschaftliche Prinzip. Danach darf die Steuer niemals das Kapital angreifen, weil sie „damit zugleich den Prozess der Neubildung desselben durch Einkommen und Kapitalbildung langsam vernichten würde". Jede Steuer könne nur eine Steuer auf das Einkommen sein. Die Steuer dürfe „nie so groß sein, „dass sie das Einkommen bis zu dem Grade aufzehrt, wo dasselbe seine kapitalbildende Kraft verliert". Dies sind nach Stein „die drei Grundsätze des wirtschaftlichen Prinzips für alle Steuer".[23] Ferner verlangt nach Stein das „finanzielle Prinzip", dass nicht mehr Steuern erhoben werden dürfen als „das Gesamtbedürfnis" verlangt.[24] Schließlich formuliert er das „staatswirtschaftliche Prinzip der Steuer", nämlich das Prinzip der „Reproduktivität des Steuer-

---

[20] *Schmoller* (Fn. 17).

[21] *Schmoller* ebd. (Fn. 17).

[22] *Stein* (Fn. 12), S. 353 ff.

[23] *Stein* (Fn. 12), S. 354 f.

[24] Ebd. S. 356. Außerdem heißt es, dass „der Prozess, durch welchen der Einzelne einen Teil seines Einkommens dem Staat übergibt, mit so wenig Aufwand an Zeit und Arbeitskraft geordnet werden muss, als das wirtschaftlich möglich ist" – eine historische Aufforderung zur Reform des Steuerverfahrens.

wesens".[25] Damit wird der „Kreislauf des Güterlebens" betont, der mit dem Eingang der Steuern beim Staat nicht abgeschlossen ist, sondern neu beginnt.[26] Stein setzt hier bei der *Steuerkraft* an;

> „sie ist die als Kapitalbildung jedes Einzelnen sich betätigende Resultante *aller* im Güterleben liegenden Bedingungen der persönlichen Entwicklung. Unter diesen sind nun die Leistungen der Staatsgewalt für die Voraussetzungen des individuellen Fortschritts das Wesentlichste. Die Gesamtheit dieser Leistungen, ihrer Begriffe, Ordnungen und Regeln fassen wir zusammen in dem Begriffe der Verwaltung... Will [...] der Staat *für* seine Verwaltung die wirtschaftlichen Mittel durch das Steuerwesen empfangen, so muss er wiederum *durch* seine Verwaltung die Bedingung eben jener Steuerkraft des Volks herzustellen wissen, aus der das Steuerwesen entfließt. Und damit entsteht jener organische Kreislauf im innersten Leben des Staats [...]: *die Steuerkraft soll die Steuer, die Steuer die Verwaltung*, die Verwaltung *aber wieder die Steuerkraft erzeugen.*".[27]

Folglich müsse jede Steuer „eine reproduktive sein und mindestens so viel erzeugen, als sie selber beträgt".[28] Klaus Vogel hat dazu festgestellt, dass auch die Wahrnehmung sozialstaatlicher Aufgaben eine Leistung ist, „die an die Gesamtheit zurückfließt".[29] Das Reproduktivitätsprinzip werde mit dieser Interpretation nicht entleert.

> „Nach wie vor verpflichtet es dazu, die Leistungen des Staats zu bewerten und seine Ausgaben darauf zu überprüfen, ob sie zur Erfüllung seiner Aufgaben erforderlich sind. Werden Abgaben von Bürgern erhoben, nur um nach einem Kreislauf durch die Verwaltungsinstanzen (und vermindert um die Kosten des Kreislaufs) wieder an dieselbe Gruppe von Besteuerten zurückzufließen, so ist die Abgabe nicht gerechtfertigt. Wo der Staatsapparat leerläuft, wo Funktionäre sich vorzugsweise selber versorgen, wo Aufgaben wahrgenommen werden, die eine private Wirtschaft billiger (vielleicht sogar gerechter) bewältigen würde, kann nichts anderes gelten."[30]

Es wird aber nicht gefordert, die Reproduktivität einer jeden staatlichen Ausgabe nachzuweisen. Allenfalls ließen sich „bestimmte Fälle ausgrenzen, in denen ein Aufwand des Staates seinen wirtschaftenden Bürgern nicht mehr, auch nicht mittelbar zugute kommt". Für die Reproduktivität einer Staatsausgabe spreche grundsätzlich eine Vermutung.[31]

---

[25] Ebd. (Fn. 12), S. 356.
[26] Ebd. (Fn. 12), S. 357 f.
[27] Ebd. (Fn. 12), S. 357 (Hervorhebungen im Original).
[28] Ebd. (Fn. 12), S. 359; s.a. *Vogel* (Fn. 12), HStR Bd. 2, § 30 Rn. 65, 67 und 75.
[29] *Vogel* (Fn. 12), Rn. 67.
[30] Ebd.
[31] *Vogel* (Fn. 12), Rn. 75.

3. Steuern als Gegenleistung wofür?

Wenn die Steuer nicht als (zweckfreies) Opfer an den Staat, sondern als pauschale Gegenleistung für dessen Leistungen verstanden wird, taucht die Frage auf, ob „Gabe“ und „Gegengabe“ in angemessenem Verhältnis zueinander stehen, ob sie also wirklich „äquivalent“ seien. Man kann hier auf unterschiedliche Weise rechnen:[32] Kommt es auf die Leistung des Einzelnen und die diesem gewährten Gegenleistungen an oder ist entscheidend das Gleichgewicht zwischen den von allen Pflichtigen in der Summe gezahlten Steuern und den staatlichen Leistungen an alle Steuerpflichtigen? Die erste Methode würde – wäre sie denn überhaupt durchführbar – notwendigerweise zur Feststellung erheblicher Ungleichgewichte führen; es wäre zu eng, das Verhältnis von Leistung und Gegenleistung nur für den Einzelnen und die von ihm geschuldete Abgabe zu beschränken. Niemand kann eine solche „Kosten-Nutzen-Rechnung“ auch nur für einen kleinen Teil der Steuerzahler aufstellen: Die öffentlichen Leistungen und Güter werden nur zu einem kleinen Teil marktmäßig angeboten, die Individuen sind nicht frei, sie in Anspruch zu nehmen oder nicht.[33] Der Versuch einer Zurechnung der öffentlichen Güter und der Leistungen an die Allgemeinheit zu den Einzelnen wäre durch ein hohes Maß an Willkür gekennzeichnet.

Für die deutsche finanzpolitische Diskussion muss bedacht werden, dass ein großer Teil der Leistungen, die in anderen Ländern aus Steuermitteln finanziert werden oder aber privat beschafft werden müssen, bei uns aus *anderen Abgaben* bezahlt werden, nämlich aus den Beiträgen zu den verschiedenen Zweigen der Sozialversicherung, aus Beiträgen für die Bereitstellung von Leistungen und aus Gebühren für deren Inanspruchnahme (neuerdings auch vielfach aus formal privatrechtlichen Entgelten gleicher Wirkung). Jedenfalls die Beiträge an die großen Sozialversicherungen, die fast die gesamte Bevölkerung umfassen, sind aus der Sicht des Einzelnen quasi-staatliche Pflichtabgaben, die – für den jeweiligen Mitgliederkreis – nicht weniger gut gerechtfertigt sind als der Steuern (im engeren Sinne)[34] erhebende Staat. Es geht hier aber auch um die Kommunen, die sowohl Steuern als auch Beiträge und Gebühren erheben; für deren Rechtfertigung vor dem Kommunalvolk gilt das gleiche wie im Staat für die Gesamtheit der Steuern und andern Abgaben. Zu Transparenz und Akzeptanz der Abgaben trägt auch hier das Äquivalenzprinzip bei.

Nach allem genügt es zur Rechtfertigung der Abgaben, wenn diese „an die Gesamtheit der Bürger zurückfließen“.[35] Möglich und sinnvoll ist also eine pauschale Gegenüberstellung, aus der sich die Sinnhaftigkeit und Nützlichkeit des

---

[32] Zu den verschiedenen Ausprägungen des Äquivalenzprinzips s.a. *Haller* (Fn. 8), S. 12 f. und 15 ff.

[33] *Haller* (Fn. 8), S. 15 ff.

[34] Vgl. § 3 Abs. 1 AO.

[35] *Vogel* (Fn. 12), Rn. 68.

größeren Teils der wahrgenommenen Aufgaben und der entsprechenden Ausgaben ergibt. Ein Teil der Gesamtsumme wird immer umstritten bleiben; nur auf diesen bezieht sich in aller Regel der politische und bisweilen auch rechtliche Streit, der trotz Bejahung der Grundsatzfrage immer wieder aufkommt. Für die Auseinandersetzung über die grundsätzliche Berechtigung der Steuerpflicht genügt die Feststellung, ob der größere Teil der erhobenen Steuersumme durch die unbestrittenen Aufgaben und Leistungen des Staates gerechtfertigt wird.

Auch bei dieser Rechnung ergibt sich natürlich, dass ein Teil der Steuerpflichtigen tatsächlich erheblich größeren Nutzen von staatlichen Leistungen hat als ein anderer, und auch dies wird von Vielzahlern als ungerecht empfunden. Diese Ungleichbehandlung rechtfertigt keine vollständige Verweigerung der Steuer; sie kann und sollte möglichst im Rahmen des Steuerrechts, etwa durch unterschiedliche Tarife, ausgeglichen werden. Das entscheidende Argument zur Rechtfertigung einer pauschalen Berechnung liegt darin, dass die Vor- und Nachteile jeweils nur teilweise ausschließlich der einen oder der anderen Gruppe (den „Reichen“ oder den „Armen“) zugerechnet werden können, sondern zu einem großen Teil darin bestehen, dass *alle* Steuerzahler zumindest potentiell Nutzen haben. Dies ist offensichtlich bei den zahlreichen Einrichtungen der Infrastruktur von der Wohnstraße bis zum Flughafen, aber es gilt auch für viele andere Einrichtungen und Leistungen des Staates von der Justiz bis zur Pflegeversicherung.

Manchen Autoren erscheinen auch solche gesamtökonomischen Überlegungen noch zu vordergründig von individuellen Nutzenkalkülen geprägt. So lehnt Heinz Haller „Nutzenerwägungen“ insgesamt ab, weil sie „den Notwendigkeiten nicht Rechnung tragen“. Er schreibt: „Nur derjenige, der seinen individualistischen Betrachtungsstandpunkt aufgibt und sich auf das Niveau ‚staatsbürgerlichen Denkens‘ erhebt, in dem Sinne, dass er Einsicht gewinnt in die Erfordernisse der überindividuellen, eben der staatlichen Aufgabe, erlangt denjenigen Horizont, der ihn erst befähigt, bei der Bemessung der Höhe der Staatsausgaben mitzubestimmen. Wir können auch sagen, nur derjenige, der die Zusammenhänge mit politischen Augen sieht, der das ‚Gemeinwohl‘ in Rechnung stellt, bekommt den richtigen Zugang. Wer nur sagt: was sind mir diese Dienste wert, welches ist ihr Grenznutzen, entscheidet nicht als politisch denkender Staatsbürger, sondern als reiner Individualist. Der Staat aber muss etwas mehr verlangen, auch wenn er die Freiheiten und Rechte des Individuums noch so hoch achtet.“[36]

---

[36] *Haller* (Fn. 8), S. 18.

IV. Der staatliche „Hintergrund“ des individuellen Wirtschaftens

Versucht man gleichwohl, die Leistungen und Angebote des Staates zusammenzustellen, die das Fundament und den Rahmen individueller Leistungen bilden und diese erst ermöglichen, so kommt man schnell auf eine lange Liste von Staatsleistungen, die überwiegend *allen* Staatsbürgern (und darüber hinaus allen auf dem Staatsgebiet sich aufhaltenden Menschen) zugutekommen, ob sie dies wünschen oder nicht.[37]

1. Infrastruktur im engeren Sinne

Die Einrichtungen und Unternehmen der *Versorgung* (Wasser, Strom, Gas und Fernwärme, aber auch Kommunikationsnetze) und die der *Entsorgung* (Entwässerung, Müllabfuhr und -beseitigung, Recycling, Straßenreinigung) machen heute das Zusammenleben in den Agglomerationen überhaupt erst möglich. Ohne sie wäre keinerlei unternehmerische Investition möglich. Dass die Begünstigten nicht nur Steuern zahlen, sondern die Bereitstellung und Unterhaltung der Netze teilweise durch Beiträge und Gebühren finanzieren, ändert – wie schon ausgeführt (s. oben III. 3.) nichts an der grundlegenden Zurechnung. Zwar sind die Netze teilweise aus dem Eigentum der öffentlichen Hand in private Verfügungsbefugnis übergegangen, und damit ist der staatliche oder kommunale Bedarf an Steuer-, Beitrags- oder Gebühreneinnahmen gesunken. Aber dieser Entlastung steht eine zusätzliche Belastung der Nutzer durch privatwirtschaftliche Entgelte für die Leistungen gegenüber, und in dem Moment, wo die privaten Netzträger und Versorgungsleister sich verkalkulieren, sich übernehmen oder sonstwie schwach werden, muss doch der Staat oder die Kommune wieder einspringen.

2. Verkehrsinfrastruktur

Staat und Kommunen bauen und unterhalten Straßen aller Art, schaffen oder unterhalten Transportmöglichkeiten auf Flüssen und Kanälen und errichten und betreiben Flughäfen. Besonders die Autobahnen dienen in wesentlich stärkerem Maße dem Lastentransport der Wirtschaft als dem Pkw-Verkehr, und sie werden von den Lkw so intensiv beansprucht, dass schon nach kurzer Zeit Reparatur- oder Neubaubedarf auftritt. An die Stelle der Steuerfinanzierung tritt zwar zunehmend private (Vor-)Finanzierung, die durch Abtretung von Maut-

---

[37] So schon *Haller* (Fn. 8), S. 16.

einnahmen ausgeglichen wird. Es ist aber nicht möglich, alle Infrastrukturleistungen privat zu finanzieren und den Nutzern privatrechtliche Entgelte aufzuerlegen – man denke nur an die Straßenbeleuchtung und die Unterhaltung von Parks und Grünanlagen; es wäre unsinnig, hier jeweils die einzelne Nutzung abzurechnen.

Die Eisenbahnen sind aus privatwirtschaftlichen Gründungen entstanden, aber bald in ganz Deutschland Staatsbahnen geworden (nicht zuletzt aus Gründen der Militärpolitik),[38] heute sind sie überwiegend zumindest formal privatisiert. Aber auch die anfänglich privaten Eisenbahnunternehmen waren nie frei von Staatseinfluss und -aufsicht.[39] Das Schienennetz bleibt auch nach der Verfassungsänderung von 1994 im Eigentum des Bundes (Art. 87e Abs. 3 Satz 2 GG). Bei den Unternehmen des Personennahverkehrs verlief die Entwicklung ähnlich, wobei hier die Kommunen eine zentrale Rolle spielten und spielen. Von der Subventionierung des ÖPNV profitieren auch die Arbeitgeber, die sonst z.B. mehr Werksverkehre organisieren müssten.

3. Soziale Infrastruktur

Die Sozialversicherung dient durch Gesundheitsfürsorge und Rehabilitation nicht nur den Einzelnen (weshalb manche verzerrend von der Sorge für menschliches „Glück“ sprechen), sondern auch der Allgemeinheit, weil damit die Reproduktion der Arbeitskraft verbunden ist. Die immer höhere Produktivität der Unternehmen führt zu struktureller Arbeitslosigkeit, die in Krisenzeiten nicht mehr durch Wachstum kompensiert wird. Zum Ausgleich der nachteiligen Folgen ist die soziale Infrastruktur letztlich noch wichtiger als die technisch-organisatorische.[40] Im Auf und Ab der Konjunkturzyklen stabilisiert sie die Wirtschaft. Die das Existenzminimum garantierende Mindestversorgung aller Menschen ist zugleich eine „Versicherung“ gegen soziale Unruhen, die sonst ausbrechen könnten. Kein Volk, das bessere Zeiten erlebt hat, hält es auf Dauer aus, dass ein Teil der Menschen in bitterer Not lebt, während ein anderer Wohlstand „erwirtschaftet“.

So ist es kein Zufall, dass heute die Zuschüsse des Staates an die Rentenversicherung und an die Bundesagentur für Arbeit die größten Einzelposten im Bundeshaushalt ausmachen. Dass die soziale Krankenversicherung zum größeren Teil über die Abgaben der Versicherten und ihrer Arbeitgeber und nicht über

---

[38] Eine detaillierte Schilderung der mehrfachen Rechtsformänderungen findet sich bei *Boehmer*, Grundlagen der bürgerlichen Rechtsordnung, I. Buch, 1950, S. 187 ff. S. a. *Vesting*, Art. 87e GG, in: AK-GG, 3. Aufl. 2001, Rn. 1 ff., 4.

[39] Vgl. *Vesting* (Fn. 38), Rn. 5 ff.

[40] Vgl. a. *Welti*, Wandel der Arbeit und Reform von Sozialstaat und Sozialrecht, in: Sozialer Fortschritt 50 (2001), S. 69 ff. (75 ff.).

Steuern finanziert wird, fällt für die grundsätzliche Argumentation – dass erst die Leistungen der Allgemeinheit den Erfolg wirtschaftlicher Unternehmungen ermöglichen – nicht ins Gewicht. – Zur sozialen Infrastruktur im weiteren Sinne gehören auch die öffentlich subventionierten Krankenhäuser, Sanatorien usw.

4. *Rechtliche Infrastruktur*

Der Staat hat durch seine Gesetzgebung und die Einrichtung der Justiz eine rechtliche Infrastruktur geschaffen, die zwar häufig übersehen wird, deren gelegentliche Fehler oder Versäumnisse aber sogleich deutlich machen, wie wichtig ihr Funktionieren ist. Der Ökonom Heinz Haller formuliert so: „Jeder ist zwangsläufig Nutznießer dieser Leistungen, indem er in der staatlichen Ordnung und unter dem staatlichen Schutz lebt. Keiner kann von der Teilhabe an diesen Leistungen ausgeschlossen werden, auch wenn er nicht bereit ist, einen Preis dafür zu entrichten."[41] Neben Gesetzgebung und Gerichtsbarkeiten ist auch die Verwaltung an der Gewährleistung von Rechtssicherheit und damit Planungssicherheit beteiligt.

5. *Innere und äußere Sicherheit*

Die Gewährleistung von Sicherheit nach außen und zwischen den Bürgern ist die wesentliche Funktion, die den Staat überhaupt rechtfertigt. Was Bodin, Hobbes und viele andere in Zeiten religiöser Bürgerkriege als Kern von Staatlichkeit herausgearbeitet haben, wird in friedlichen Zeiten als selbstverständlich angesehen und nicht so geschätzt, wie wenn das Land angegriffen oder von inneren Unruhen erschüttert wird. Selbstverständlich sind innere und äußere Sicherheit auch unverzichtbare Bedingungen von Handel und Wandel. Man mag bezweifeln, ob die Verteidigung Deutschlands „am Hindukusch" zwingend ist, aber dass Staaten ihre militärische Macht z.B. auch zur Sicherung der Schifffahrtswege gegen rechtswidrige Angriffe einsetzen, kann durchaus als Maßnahme der Selbsterhaltung gerechtfertigt sein; die Kosten dafür gehören also ebenfalls zu dem Preis der Rechtsstaatlichkeit.

---

41 *Haller* (Fn. 8), S. 16 f.

6. Bildung und Kultur

Bessere Bildung für alle Menschen gilt als der wichtigste Hebel, um die wirtschaftliche Entwicklung im Zeitalter der Globalisierung zu sichern. So ist es kein Zufall, sondern entspricht allgemeiner Überzeugung, dass wir für Schulen, Hochschulen und Berufsausbildung sehr viel Geld ausgeben müssen und dass dies nicht allein privat organisiert werden kann. Diejenigen, die sich private Schulen leisten können, profitieren mittelbar ebenfalls von dem staatlichen Bildungswesen, und die Wirtschaft profitiert davon, weil sie sonst mehr eigene Ausbildungsstätten unterhalten müsste. Auch die wissenschaftliche Forschung und die vielfältigen Produkte von Kunst und Kultur sind auf staatliche Förderung angewiesen, und auch sie zählen zu den Bedingungen positiver Entwicklung des Gemeinwesens und seiner Mitglieder.

7. Unmittelbare Wirtschaftssubventionen

Dass die zahllosen Subventionen kritisch betrachtet werden, ist verständlich; ihre Wirksamkeit ist häufig zweifelhaft. Immerhin aber erfüllen viele davon die Bedingung der Reproduktivität in besonders deutlicher Weise. So ist die Förderung von Städtebau und Wohnungsbau auch ökonomisch eine Erfolgsgeschichte: aus jedem Euro Förderungsmittel wird ein Mehrfaches an Auftragsvolumen.

V. Aktuelle Kritik: Steuern als „Raub" oder „Umverteilung"?

Manche Autoren bezeichnen noch heute die Besteuerung als „Wegnahme des selbst Erwirtschafteten durch den Staat".[42] Was das eigene „Erwirtschaften" angeht, war schon Lorenz von Stein klarsichtiger. In populistischen Äußerungen wird die Besteuerung als „Abzocke" durch „die Politiker", „Räuberei", „Bestrafung der Leistungsstarken" usw. beschimpft. Das alles ist ebenso abwegig wie es die Anknüpfungen an das Mittelalter bei Sloterdijk sind („Plünderungen in kriegerisch-beutemacherischer Tradition", „Staatsbereicherung", „Auflagen in autoritär-absolutistischer Tradition") oder gar seine „der Linken des 19. Jahr-

[42] So etwa *Homburg*, Allgemeine Steuerlehre, 6. Aufl. 2010, S. 8. Dieser Autor hält trotzdem das Äquivalenzprinzip für eine „tragfähige" Legitimation der Steuern, die „zum liberalen Rechtsstaat passe". Es komme darauf an, dass „keine endgültigen Nutzenverluste für die Gesamtheit der Bürger" eintreten, sondern die Besteuerung „eine Leistung für staatliche Gegenleistung" darstelle (ebd.).

hunderts“ zugeschriebene Behauptung, Steuern seien als „Gegenenteignung in sozialistischer Tradition“ („Eigentum ist Diebstahl“) anzusehen.[43]

Man mag zwar formulieren, dass Steuern insofern eine „Umverteilung“ bewirken, als ein Teil der Mittel nach dem Besteuerungsprozess nicht bei der Gruppe derjenigen ankommt, die sie abgeben mussten, aber die gängige Vorstellung, dass die Mittel damit aus einem Vermögen in ein anderes – das des Staates – umgelenkt würden und dort blieben, ist in doppelter Hinsicht schief. Erstens wird nicht das *Vermögen* der Wirtschaftenden besteuert (jedenfalls in Deutschland nicht in relevantem Ausmaß), sondern es werden die *Kosten des Wirtschaftens* anders verteilt als wenn der Staat keine Beteiligung an seinen „Aufwendungen“ verlangte, und zweitens verbleibt beim Staat überhaupt kein „Vermögen“, aus dem sich jemand etwa „Wohltaten“ leisten könnte,[44] sondern es findet ein hochkomplexer Transfer statt, der einerseits Private in die Lage setzt zu konsumieren oder mehr zu konsumieren als sie es ohne diesen Transfer könnten, damit aber andererseits wieder Gewinnchancen der Unternehmen begründet. Die Steuerquote, die als Indiz für die Freiheitlichkeit eines Landes gewertet wird, führt in die Irre; denn sie sagt nichts über die Verwendung der Mittel.

In der gegenwärtigen Situation sieht Vogel – gemeinsam mit vielen anderen – die Gefahr, dass der Staat einen zu großen Teil der wirtschaftlichen Erträge in Anspruch nimmt „und am Ende seine Quellen überfordert“. Der Staat müsse ein „ausgeglichenes Verhältnis zur Wirtschaft“ anstreben und sowohl Unter- wie Überbesteuerung vermeiden.[45] Die heutige Steuerbelastung der Bürger müsse schon deshalb kritischer betrachtet werden, weil die Steuersätze im Vergleich mit dem 19. Jahrhundert wesentlich höher sind. Vogel räumt aber andererseits ein, dass die Belastbarkeit der Wirtschaft mit steigender Produktivität steige.[46]

Im Grunde wird überall fast ausschließlich über die Höhe der Steuern debattiert und nicht über ihre grundsätzliche Berechtigung. Allerdings liegen die Auffassungen auch hierüber weit auseinander, und bei der Abwägung spielen die grundsätzlichen Sichtweisen durchaus eine – wenn auch meist verborgene – Rolle.

---

[43] *Sloterdijk* (Fn. 5).

[44] Dass neuerdings in Parallele zu Unternehmensbilanzen auch staatliches und kommunales Vermögen bewertet und in einer Vermögensbilanz zusammengestellt wird, hat eine ganz andere Bedeutung: Die bilanzierten Straßen, Schienenwege, Kanäle, Rathäuser, Schulgebäude, Museen, Forsten usw. usw. stehen im Gemeingebrauch oder sind „Verwaltungsvermögen“ und daher nicht zu konsumtiven Zwecken verwertbar. Sie müssen im Allgemeininteresse erhalten und gepflegt werden – was die dafür erforderlichen Ausgaben rechtfertigt, die durch entsprechende „Abschreibungen“ im Haushalt vorbereitet werden müssen.

[45] *Vogel* (Fn. 12), Rn. 74.

[46] Ebd.

VI. Konsequenzen für das Maß der Besteuerung

Aus der zugrunde gelegten Steuertheorie folgen keine hinreichend eindeutigen und praktikablen Maßgaben für die Bemessung der Steuerhöhe.[47] Einige Maßstäbe hat die Steuertheorie entwickelt,[48] und wiederum weitere Überlegungen hat die Verfassungsgerichtsbarkeit beigetragen.[49] Alle diese „Hilfsnormen“ zielen im Kern darauf ab, eine *gleichmäßige* Besteuerung herbeizuführen. Gleichmäßigkeit bedeutet zunächst Gesetzmäßigkeit (und umgekehrt): Da die Normen allgemein gelten sollen, müssen sie auch auf alle Betroffenen in gleicher Weise angewendet werden. Dabei ist aber auch ein progressiver Steuertarif zulässig; denn die Steuer träfe Arme und Reiche unterschiedlich, wenn sie bei geringen wie bei hohen Einkommen gleich hoch wäre (sei es absolut, sei es relativ). Die Brücke zu diesem Ergebnis schlägt das Leistungsfähigkeitsprinzip: Nicht nach der Höhe des verbleibenden Einkommens oder Vermögens, sondern nach dem Grad der Einschränkung privater Bedürfnisbefriedigung bestimmt sich – in der Theorie – die Gleichheit oder Ungleichheit der Belastung.[50] Gleichheit der Besteuerung muss auch dadurch angestrebt werden, dass die Steuer auch möglichst vollständig erhoben und notfalls eingetrieben wird.[51]

Konkreter sind die Maßstäbe, die das BVerfG denjenigen Entscheidungen zugrunde legt, in denen es die Berechtigung bestimmter Abgaben überprüft. In dem Streit um die Erbschaft- und Vermögensteuer hat das Gericht den „Halbteilungsgrundsatz“ aufgestellt. Danach darf die Vermögensteuer „zu den übrigen Steuern auf den Ertrag nur hinzutreten, soweit die steuerliche Gesamtbelastung des Sollertrages ... in der Nähe einer hälftigen Teilung zwischen privater und öffentlicher Hand verbleibt“.[52] Das BVerfG stützt sich für diese Auffassung auf eine „bereichsspezifische“ Anwendung des Gleichheitssatzes, wonach „die Steuerpflichtigen durch ein Steuergesetz rechtlich und tatsächlich gleich behandelt werden“ müssen.[53] Verfassungswidrig war danach die ungleiche vermögensteuerliche Belastung von Grund- und Finanzvermögen.[54] In der öffent-

---

[47] So auch *Vogel* (Fn. 12), Rn. 68.

[48] Dazu insbes. *Tipke*, Die Steuerrechtsordnung, Bd. 2, 2. Aufl. 2003.

[49] Ausführliche Darstellung: *Vogel*, in: FS 50 Jahre BVerfG (Fn. 19), S. 529 ff., 548 ff.

[50] *Haller* (Fn. 8), S. 39.

[51] Vgl. die grundlegenden Entscheidungen des BVerfG zur Steuerehrlichkeit: BVerfGE 84, 239 (271 f.) und 110, 94 (113).

[52] BVerfGE 93, 121 LS 3. Krit. dazu *Bull*, Vom Eigentums- zum Vermögensschutz – ein Irrweg, NJW 1996, 281; Erwiderung hierauf: *Vogel*, NJW 1996, 1257; s.a. *ders.*, in: FS 50 Jahre BVerfG, S. 538 f. sowie *Wieland*, Finanzverfassung, Steuerstaat und föderaler Ausgleich, ebd. S. 771 ff. (774 f.).

[53] BVerfGE 93, 121 (134 ff.). Vgl. a. BVerfGE 115, 97 (108 ff.) (Keine Belastungsobergrenze entsprechend dem „Halbteilungsgrundsatz“ für die Gesamtbelastung aus Einkommen- und Gewerbesteuer).

[54] BVerfGE 93, 121 (142 ff.). S. a. BVerfGE 117, 1 (30 ff.) (Verfassungswidrigkeit unterschiedlicher Bewertung verschiedener Gruppen von Vermögensgegenständen bei der Erb-

lichen Wahrnehmung ist daraus die Verfassungswidrigkeit der Vermögensteuer geworden, obwohl das BVerfG ausdrücklich ihre Verfassungskonformität festgestellt hat.[55] In seinen grundlegenden Aussagen hat das Gericht dem Gesetzgeber Spielraum für ausgewogene Lösungen eingeräumt:

„In der freiheitlichen Ordnung des Grundgesetzes deckt der Staat seinen Finanzbedarf grundsätzlich durch steuerliche Teilhabe am Erfolg privaten Wirtschaftens. Er belastet durch die Besteuerung von Einkommen und Ertrag den privaten Vermögenserwerb und durch die Besteuerung von Umsatz, Verkehrs- und Verbrauchsvorgängen die private Verwendung von Vermögen.

Auch der ruhende Bestand des Vermögens kann Anknüpfungspunkt für eine Steuerbelastung sein, wie dies insbesondere bei der Vermögensteuer und den Realsteuern der Fall ist [...]. Sie werden vom Grundgesetz bei Regelung der Ertragshoheit (Art. 106 Abs. 2 Nr. 1 und Abs. 6 GG) in ihrer historisch gewachsenen Bedeutung aufgenommen und als zulässige Form des Steuerzugriffs anerkannt[...]. Die Gesamtbelastung durch eine Besteuerung des Vermögenserwerbs, des Vermögensbestandes und der Vermögensverwendung ist vom Gesetzgeber so aufeinander abzustimmen, dass das Belastungsgleichmaß gewahrt und eine übermäßige Last vermieden wird. Dabei ist zu beachten, dass auch der Steuergesetzgeber nicht beliebig auf Privatvermögen zugreifen darf, der Berechtigte vielmehr von Verfassungs wegen einen Anspruch darauf hat, dass ihm die Privatnützigkeit des Erworbenen und die Verfügungsbefugnis über geschaffene vermögenswerte Rechtspositionen jedenfalls im Kern erhalten bleiben [...]"[56]

In verschiedenen weiteren Entscheidungen hat das BVerfG Einzelfragen des Steuerrechts verfassungsrechtlich überprüft und immer wieder die Gleichbehandlung der Steuerpflichtigen und die Folgerichtigkeit der Regelungen eingefordert.[57] Zu der grundsätzlichen Frage, wie die Steuerpflicht mit den Grundrechten des Einzelnen vereinbar sei, betont das BVerfG, dass es sich bei den einschlägigen gesetzlichen Regelungen um gerechtfertigte Inhalts- und Schrankenbestimmungen des Eigentums handle, die den allgemeinen Begrenzungen des Eingriffs unterliegen, also insbesondere mit dem Verhältnismäßigkeitsprinzip vereinbar sein müssen.[58]

---

schaftsteuer); zum Verhältnis zu der zuvor genannten Entscheidung s. BVerfGE 117, 1 (51 ff.). Die Auseinandersetzung um den Halbteilungsgrundsatz kann hier nicht fortgesetzt werden; vgl. dazu die Angaben in Fn. 52 sowie die umfangreiche Dissertation (Erlangen-Nürnberg 2005) von *Pausenberger*, Eigentum und Steuern in der Republik: Ein Beitrag zum steuerverfassungsrechtlichen Halbteilungsgrundsatz, Berlin 2008.

[55] BVerfGE 93, 121 (134 f.).

[56] BVerfGE 93, 121 (134 f.).

[57] Vgl. u.a. BVerfGE 112, 164 (Berechnung des Kinderfreibetrags); 112, 268 (Freistellung der erwerbsbedingten Kinderbetreuungskosten); 116, 164 (Kappung des Einkommensteuertarifs bei gewerblichen Einkünften); 120, 125 (Umfang des steuerfreien Existenzminimums; Beiträge zu privaten Krankheits- und Pflegeversicherungen); 120, 169 (Abzugsfähigkeit von Vorsorgeaufwendungen); 122, 210 (Erwerbsaufwendungen, hier: Pendlerpauschale).

[58] BVerfGE 115, 97 (113 ff.). S. a. die Rspr. zum Eigentumscharakter und zur Änderbarkeit von Rentenansprüchen, zuletzt BVerfG, DVBl. 2007, 1228.

„Was der Staat dem Einzelnen voraussetzungslos aus allgemeinen Haushaltsmitteln zur Verfügung zu stellen hat, das darf er ihm nicht durch Besteuerung seines Einkommens entziehen."[59] Diese unbestreitbare Einsicht kann auch in die Feststellung umgekehrt werden, dass der Staat (u.a.) das Ausmaß an Steuereinnahmen braucht, das zur Sicherung des Existenzminimums der Hilfsbedürftigen erforderlich ist. So gesehen, besteht eine andere Methode zur Begründung der Steuerlast darin, von den notwendigen Ausgaben her zu rechnen. Auch auf diesem Weg ist selbstverständlich keine exakte Berechnung der Steuertarife zu erreichen, aber sie liefert Hinweise zu Größenordnungen in dem besonders wichtigen Bereich der sozialen Infrastruktur. In diesem Sinne sind auch die Entscheidungen des BVerfG zu Berechtigung und Höhe von Sozialleistungen für steuerpolitische Diskussionen relevant, zuletzt die Entscheidung zu den Regelsätzen der Grundsicherung für Arbeitsuchende („Hartz IV") und speziell zur Förderung der Kinder.[60] Das Gericht stellt hier in erster Linie darauf ab, dass der Gesetzgeber „zur Ermittlung des Anspruchsumfangs [...] alle existenznotwendigen Aufwendungen in einem transparenten und sachgerechten Verfahren realitätsgerecht und nachvollziehbar auf der Grundlage verlässlicher Zahlen und schlüssiger Berechnungsverfahren zu bemessen" hat.[61]

In gewisser Weise gehören auch die Entscheidungen zur Beamtenbesoldung und -versorgung[62] in diesen Zusammenhang; diese werden zwar nicht als „soziale" Leistungen verstanden, erfüllen aber für einen großen Teil der arbeitenden Bevölkerung die Funktion der Existenzsicherung.

VII. Wie frei ist das Individuum im steuerfinanzierten Sozialstaat?

Als Maßstab für die Freiheitlichkeit eines Gemeinwesens taugen Art und Ausmaß der Besteuerung nur bedingt. Wenn Klaus Vogel schreibt, die Steuergewalt des Staates sei „auf Verminderung von Freiheit gerichtet",[63] so behandelt er eine *Folge* der Steuerpflicht (Entzug der Verfügungsbefugnis über Geld) als deren *Zweck* und übersieht den *Zusammenhang* der vordergründig eintretenden Vermögensminderung des Einzelnen mit den hier dargestellten freiheitschaffenden und -sichernden Funktionen des Steuerstaates; der übergreifende Zweck dieser Ordnung besteht darin, ein *Gemeinwesen* zu konstituieren, in dem das Individuum starke Rechte hat, die aber um des Gemeinwohls willen beschränkt sind. In Art. 14 Abs. 2 GG ist das in klassischer Form zum Ausdruck gebracht.

---

[59] BVerfGE 120, 125 (155).
[60] BVerfGE 125, 175.
[61] BVerfGE 125, 175, LS 3.
[62] BVerfGE 44, 249 (kinderreiche Professoren); 81, 363 (insbes. S. 375 ff.); 99, 300 (320).
[63] *Vogel*, in: FS 50 Jahre BVerfG (Fn. 19), S. 527.

Gewiss wäre ein Staat illiberal, der seinen Bürgern den größten Teil ihres Einkommens oder gar Vermögens wegsteuerte. Aber das versucht kein demokratischer Staat, schon weil er dadurch die Legitimität der Besteuerung gefährden und zur Steuerflucht einladen würde. Die steuerpolitische Diskussion kreist vielmehr immer nur um die Forderung nach Steuersenkungen und insbesondere solche für die Bezieher höherer Einkommen; die Freiheitsdiskussion bleibt dabei oberflächlich.

1. Die steuerrechtliche Offenbarungspflicht

Anlass zur Kritik liefert schon die Offenbarungspflicht der Steuerschuldner. Der Staat braucht Daten über sämtliche wirtschaftlichen Vorgänge, an die das Gesetz eine Steuerpflicht knüpft. Dazu bedarf es der Steuererklärung und der Mitwirkung bei der Feststellung streitiger Sachverhalte. Diese Pflichten sind unangenehm, weil sie auf die Preisgabe von Informationen zielen, die wir – anders als manche unserer Nachbarvölker[64] – gemeinhin für uns behalten möchten. Sie sind aber gesetzlich genau festgelegt und nach Voraussetzungen und Umfang beschränkt. Das Steuergeheimnis schützt die Steuerdaten vor der Neugierde Dritter, vor allem auch anderer Behörden. Die Finanzbehörden sorgen auch durch eine streng restriktive Praxis der Datenweitergabe dafür, dass die Bereitschaft der Steuerpflichtigen zur Offenlegung ihrer Finanzen nicht durch Sorge vor der Kenntnis anderer beeinträchtigt wird.

Korrespondierend bestehen Pflichten zur Auskunft und Mitwirkung derjenigen, die staatliche Leistungen empfangen. An dieser Stelle pflegt die Kritik anzusetzen, der Sozialstaat sei freiheitsfeindlich. In der Tat sind solche Pflichten unvermeidlich und müssen durchgesetzt werden, weil anders keine Gleichbehandlung der Leistungsempfänger möglich ist. Macht man sich den Zusammenhang von Steuern und Sozialleistungen klar, so wird auch besser verständlich, dass die eine wie die andere Informationspflicht zwingend ist. Beide Seiten müssen etwas aufopfern, um das Ganze – die Funktionsfähigkeit des Sozialstaates – zu sichern.

2. Freiheit des Individuums von staatlicher Bedrückung

Ist dieses Ganze deshalb unfreiheitlich? Nur wenn man Zusammengehöriges trennt! Weder die Steuerpflicht noch die Anspruchsberechtigung nach Sozialrecht beruht auf Willkür der Herrschenden, und weder die Auskunftspflicht

[64] So entspricht es der Mentalität schwedischer Steuerzahler, das eigene Ansehen durch Angaben über die gezahlten Steuern zu erhöhen; diese Beträge werden regelmäßig in den Zeitungen veröffentlicht.

des Steuerpflichtigen noch die des Hilfeempfängers ist ein Akt der Unterdrückung. Beide, der Steuerzahler wie der Hilfeempfänger, sind und bleiben autonome Subjekte, beide sind in ihrer finanziellen Lage abhängig von Umständen, die außerhalb ihrer Einflussmöglichkeiten liegen. Und vor allem: auf beiden Seiten dieser Beziehung sind die Rechte und Pflichten durch das allgemeine Gesetz bestimmt und eben nicht von Fall und Fall durch ein Staatsorgan erst zu bestimmen. Das BVerfG konkretisiert und spezifiziert – wie soeben zu VI. dargelegt – die gesetzlichen Pflichten unter dem Aspekt, die Gleichbehandlung der Steuerpflichtigen zu sichern und damit das Eigentum und die freie Verfügung über Erworbenes möglichst zu schonen. Die sozialen Hilfen sind seit einer der ersten Entscheidungen des BVerwG[65] keine Gnadenentscheidungen, keine Ermessenssachen mehr, sondern stehen als einklagbarer Anspruch jedem Menschen zu, der die Voraussetzungen erfüllt. Freiheit *von* staatlicher „Bedrückung" ist in eben dem Maße garantiert, in dem die gesetzlichen Pflichten mit der Verfassung vereinbar sind. Die Verfassung schränkt den Staat ein – das ist der Grundsatz, und seine Umsetzung in konkrete Rechte und Pflichten der Bürger liegt (innerhalb der Grenzen, die das BVerfG zieht) in der Verantwortung des Gesetzgebers, also der Politik.

3. Freiheit zu selbstbestimmtem Handeln

Die Steuerpflicht mindert die Fähigkeit des Steuerschuldners, nach eigenen Prioritäten zu entscheiden, also die Freiheit *zu* selbstbestimmtem Handeln. Aber diese Freiheit ist von vornherein ebenso ungleich verteilt wie Einkommen und Vermögen. Der Staat ist notwendig und immer aufs Neue in der Pflicht, die Interessen gegeneinander abzuwägen und damit auch Freiheitsräume gegeneinander abzugrenzen. Zugespitzt formuliert Wolfgang Kersting: „Erst der Staat lässt uns leben, gibt uns Zukunft".[66] Das hindert diesen Autor freilich nicht, dem gegenwärtigen „Wohlfahrtsstaat" alle möglichen negativen Etiketten aufzudrücken, z.B. „moralische Kontraproduktivität", „Abschaffung der Selbständigkeit", „Verhinderung von Bürgerlichkeit".[67] Die sozialstaatliche Politik wird nach Kersting „unordentlich", das Gemeinwesen wird „unregierbar".[68] Damit folgt Kersting der Linie der Herausgeber und anderer Autoren des *Merkur*, die von dem historischen „Kampf gegen die Unfreiheit des So-

[65] BVerwGE 1, 159; s.a. BVerwGE 3, 58 (60). S.a. BVerfGE 125, 175 („Hartz IV"), LS 1 und S. 222 f.

[66] *Kersting*, Gefährdungen der Freiheit – Über die Notwendigkeit des Liberalismus, in: Merkur 736/737, Sonderheft „Die Grenzen der Wirksamkeit des Staats", Sept./Okt. 2010, S. 875.

[67] Ebd. (Fn. 66), S. 878.

[68] Ebd. (Fn. 66), S. 877.

zialismus" sprechen und den heutigen Staat als „fürsorglichen Volksbeglücker" bezeichnen. Der Sozialstaat sei nicht mehr finanzierbar, aber das größere Problem bestehe darin, dass „mit Wieselwörtern wie ‚soziale Gerechtigkeit' ein gesellschaftliches Klima geschaffen" werde, das Züge einer Entmündigung, ja Infantilisierung" trage.[69] Norbert Bolz meint, es herrsche „Paternalismus". „Die Sklaven sind glücklich, weil sie von der Freiheit entlastet sind – das war schon die Weisheit des Großinquisitors, und das ist heute das Credo des vorsorgenden Sozialstaates."[70] Mit solchen psychologisierenden Beschreibungen sozialer, ökonomischer und politischer Zusammenhänge lässt sich freilich keine Staatstheorie begründen und keine Politik machen – außer einer Emotionalisierung und Polarisierung der Diskussion.

Es ist nicht möglich und es würde auch nicht lohnen, diese Sicht der Dinge im Einzelnen darzustellen und zu kommentieren; es genügt festzustellen, dass derartige philosophisch gemeinte Aussagen durch keinerlei empirische Befunde gestützt werden. Eine Behauptung wie die, der vorsorgende Sozialstaat „entziehe" „seinen Bürgern Freiheiten, um sie zu bessern und vor sich selbst zu schützen",[71] gehört zwar zum Standardrepertoire vermeintlich liberaler Kommentatoren, ist deswegen aber nicht richtiger.[72] Richtig ist nur, dass Sozialleistungen von Voraussetzungen abhängig gemacht werden müssen und zu Zwecken gewährt werden, die nicht von den Empfängern selbst bestimmt werden können, sondern unter dem Gesichtspunkt gerechten oder zumindest akzeptablen Einsatzes öffentlicher Mittel festgelegt werden. Das kann zu Verhaltensänderungen der Leistungsempfänger führen, die sich auf die Gesetzeslage einstellen, um die angebotenen Vorteile nutzen zu können. Die eigentlich relevanten Verhaltensmuster aber beruhen auf der tatsächlichen Situation, der – manchmal großen, manchmal kleinen – Notlage, die der Gesetzgeber vorfindet. Die Unterstellung freiheitsfeindlicher Motivation ist falsch, sie polarisiert die Gesellschaft unnötig und diffamiert alle, die sich für soziale Leistungen an Bedürftige einsetzen.

Die individuelle Freiheit hängt, wie dargestellt, in vielfacher Weise von den Eingriffen und Leistungen des Staates ab – seien sie korrigierend gegenüber der Willkür der Wirtschaftsentwicklung, seien sie konstitutiv für die Entfaltung der wirtschaftlichen Aktivitäten. Ohne die Steuerpflicht (und die Steuerehrlichkeit der meisten!) wäre diese Freiheit zur Selbstbestimmung wesentlich geringer, denn es fielen all die dargestellten „Gegenleistungen" des Staates weg, die jetzt durch Steuern finanziert werden. Kurz: Ohne Steuern ist keine freiheit-

[69] *Bohrer/Scheel*, Zu diesem Heft, ebd. (Fn. 66), S. 749 f.

[70] *Bolz*, Agenda Freiheit, in: Merkur 736/737 (s. Fn. 66), S. 884.

[71] *Bolz* (Fn. 70), S. 885

[72] Zur „Kritik neoliberaler Menschen- und Gesellschaftsbilder und Konsequenzen für ein neues Verständnis von ‚sozialer Gerechtigkeit'" s. a. die so überschriebene Analyse von *Nullmeier*, in: Friedrich-Ebert-Stiftung (Hrsg.), WISO Diskurs, Expertisen und Dokumentationen zur Wirtschafts- und Sozialpolitik, November 2010.

liche Ordnung möglich. Das lehren schon die historischen Erfahrungen – ein schwacher Staat kann die schwachen Individuen nicht schützen, sondern ist den Starken ausgeliefert und kann daher die Freiheit der vielen nicht garantieren.

Solche Einsichten scheinen in den USA als abwegig zu gelten. Dort meint offenbar eine große Zahl von Menschen, wenn nicht sogar die Mehrheit, die Individuen – und zwar alle, unabhängig von ihrer aktuellen sozialen Lage – könnten ihr Leben bei geringer oder gegen Null gehender Steuerlast weitgehend nach eigenen Interessen und Präferenzen gestalten. Dabei wirkt offenbar immer noch die Erinnerung an die Gesellschaft im Aufbruch, deren führende Schicht von dem Glauben an die Fähigkeit aller Menschen zur Autonomie und Autarkie beseelt war. Aus deutscher Sicht ist dies eine historische Reminiszenz an eine unendlich ferne soziale Idylle.

12.

Erwerbenes, Ererbtes und Verdientes

Zum Eigentumsbegriff in Staatstheorie und Verfassungsrecht

I. Helmut Rittstiegs Denkansatz – neu betrachtet

Helmut Rittstieg war nicht nur Jurist, sondern auch ein Kämpfer für Gerechtigkeit. Ihm waren stärker als manchen anderen die historischen Wurzeln und die ökonomischen Hintergründe und Bezüge der Verfassung bewusst, und er wusste die geistesgeschichtlichen Zusammenhänge herzustellen, die in der aktuellen Diskussion nicht in Vergessenheit geraten sollten. In aller Klarheit hat er die politische Bedingtheit des Rechts zum Ausdruck gebracht. Insbesondere mit seinem Buch über „Eigentum als Verfassungsproblem" hat er die herrschende konservative Lehre vom Privateigentum als Grundlage der bürgerlichen Gesellschaft herausgefordert.[1] In der Rechtsprechung des BGH zu Art. 14 Abs. 3 GG und der sie unterstützenden Literatur sah Rittstieg die Gefahr, dass „die Eigentumsgewährleistung wiederum zum Angelpunkt einer verfassungsjuristischen Strategie des gesellschaftlichen Status quo werden könnte".[2] Vermutlich hat er mit seiner Kritik den großen Schwenk mit ausgelöst, den das BVerfG mit dem Nassauskiesungs-Beschluss vollzog.[3]

Für seine ideologiekritische Prinzipientreue musste Rittstieg einen hohen Preis zahlen: Die bereits in der Wissenschaftlichen Buchgesellschaft erschienene Arbeit wurde als Habilitationsschrift von der Hamburger Rechtsfakultät mehrheitlich – gegen das Votum von Werner Thieme – abgelehnt, und die wissenschaftliche Karriere des Autors wäre beendet gewesen, wenn nicht der neugegründete Fachbereich Rechtswissenschaft II, der sich einer grundlegenden Reform der Juristenausbildung widmete, ihn berufen hätte. Über diese bitte-

---

[1] *Rittstieg*, Eigentum als Verfassungsproblem. Zu Geschichte und Gegenwart des bürgerlichen Verfassungsstaates, 1975.

[2] Ebd. S. 285; s. a. S. 287, 291 ff.

[3] BVerfG, B. v. 15.7.1981, BVerfGE 58, 300. Als „Vorarbeit" der Wende in der Eigentumsdogmatik nennt auch Lerke Osterloh Rittstiegs Buch, vgl. *Osterloh*, Der enteignende Eingriff – ein Relikt auf vorverfassungsrechtlicher Grundlage, in: Durner/Peine/Shirvani (Hrsg.), Festschrift für Hans-Jürgen Papier, 2013, S. 547 Fn. 2.

ren Erfahrungen hat Rittstieg viele Jahre später in einem sehr nachlesenswerten Festschriftbeitrag berichtet.[4]

Weitere zwanzig Jahre später, fast vierzig Jahre nach dem Erscheinen des umstrittenen Buches ist es wohl angebracht, die Wirkungen der darin niedergelegten Ansichten zu bilanzieren. Hat das sozialstaatliche Eigentumsverständnis, das Rittstieg der „bürgerlichen Idylle einer obrigkeitlich geschützten Sachgüter-Welt als Voraussetzung der Freiheit"[5] entgegengesetzt hat, sich durchgesetzt oder zumindest größere Bedeutung erlangt als es seinerzeit der Fall war? Das kann hier natürlich nur in groben Umrissen und ohne tiefere Begründung untersucht werden, und es soll dabei nicht um rechtliche Details des Eigentumsschutzes gehen, sondern um seine theoretischen Wurzeln.

Leitthema dieser Rückbesinnung soll sein, wie die Zuordnung von Rechten und Pflichten zum „Eigentum" staatstheoretisch und verfassungsrechtlich *gerechtfertigt* wird. Entsprechende Begründungen sind für die Aberkennung von Ausschließungs- oder Nutzungsrechten sowie für „Eingriffe" in das Eigentum erforderlich; insofern muss ein Korrespondenzverhältnis hergestellt werden.

In Literatur und Rechtsprechung werden diese Fragen meist nicht gestellt oder nur oberflächlich beantwortet. Vielmehr wird um „Inhalt und Schranken" (Art. 14 Abs. 1 Satz 2 GG) eines Rechtsinstituts Eigentum gestritten, das als solches und in seinen konkreten Erscheinungsformen vorausgesetzt wird. Streitigkeiten über die verfassungsrechtlichen Voraussetzungen der Enteignung und der Entschädigungspflicht für „Eingriffe" in einzelne Vermögenswerte wurden und werden ausgetragen, ohne die Rechtfertigung der generellen Zuordnung der betroffenen Güter und Chancen zu einem „Eigentümer" in Zweifel zu ziehen. Erst neuerdings werden auch bisher unbefragte Prämissen des Eigentums bedeutungsvoll, etwa in Streitigkeiten um die Rechte von Unternehmenseigentümern oder um die Verwertung geistiger Leistungen.

II. Staatstheoretische Grundfragen

1. Erste Überlegungen zur Theorie des Eigentums haben schon antike Staatsphilosophen angestellt. Schon *Platon* und *Aristoteles* fragten nach dem Sinn des Eigentums. Der eine vertritt das Ideal der Besitzlosigkeit des Einzelnen und hält daher das Gemeineigentum für die richtige Grundlage der Verfassung,[6] der

---

[4] *Rittstieg*, Eigentum als Verfassungsproblem – nach zwanzig Jahren oder: Zur Vergangenheit der westdeutschen Rechtsfakultäten, in: Becker/Bull/Seewald (Hrsg.), Festschrift für Werner Thieme zum 70. Geburtstag, 1993, S. 183–193.

[5] *Rittstieg* (Fn. 1), S. 295. Eine Zusammenfassung und Fortschreibung seiner großen Schrift stellt Rittstiegs Kommentierung von Art. 14/15 GG im AK-GG dar (3. Aufl. 2001).

[6] *Th. S. Hoffmann*, Die Güter, das Gute und die Frage des rechten Maßes: Platon und das Eigentum, in: Eckl/Ludwig (Hrsg.), Was ist Eigentum? Philosophische Eigentumstheorien

andere stellt umgekehrt die Vorzüge des Privateigentums heraus, fordert aber dessen gemeinwohldienlichen Gebrauch.[7]

In einem Umfeld, in dem noch große Teile der Erdoberfläche unbesiedelt und ungenutzt waren, stellten sich viele den Erwerb von Eigentum zunächst als Inbesitznahme von Grund und Boden vor. So wurde in der Antike die Begründung von Eigentum als ein konsentierter Akt der *Besitzergreifung* eines Grundstücks verstanden, das ursprünglich in Gütergemeinschaft gestanden habe.[8] Im Zuge der frühen Kolonialisierung wurde die Okkupation als Rechtstitel auch von den Heimatstaaten der ersten Eroberer in Anspruch genommen; so sollen die Portugiesen behauptet haben, der Seeweg von Europa nach Indien um das Kap der guten Hoffnung gehöre allein ihnen, nachdem sie – genauer: *Vasco da Gama* in ihrem Auftrag – ihn entdeckt hatten.[9] Die konkurrierenden Nationen haben diese Rechtfertigung verständlicherweise bestritten.[10]

Die Okkupation war von Anfang an eine schwache Grundlage für dauerhaften Rechtserwerb. Bei Cicero hing die Rechtfertigung von dem Fortbestand des unterstellten Konsenses ab, und die durch einseitigen Akt regelmäßig begründete Ungleichheit der Akteure konnte faktisch nicht – wie es wohl intendiert war – durch eine soziale Pflicht zur Unterstützung Schwächerer ausgeglichen werden.[11] In der heutigen Welt ist schon die Grundlage dieser Theorie entfallen: Einerseits ist die Erdoberfläche vollständig verteilt, es gibt kein Territorium mehr, an dem nicht zumindest ein Verfügungsrecht einer öffentlichen Organisationseinheit besteht. Für ein privates Aneignungsrecht an Grundstücken ist daher selbst in unbesiedelten Gegenden kein (rechtlicher) Raum mehr. Andererseits ist Grund und Boden ja nicht der einzige Gegenstand von Eigentum. Sacheigentum kann an unermesslich vielen Gegenständen bestehen, und

---

von Platon bis Habermas, 2005, S. 29 ff. mit Belegen aus Platons Schriften Euthydemos, Politeia und Nomoi.

[7] *Szaif*, Aristoteles – eine teleologische Konzeption von Besitz und Eigentum, in: Eckl/Ludwig (Fn. 6), S. 43 ff. mit Hinweisen insbesondere auf die „Politik" des Aristoteles.

[8] So versteht z.B. *Hösch*, Eigentum und Freiheit, Tübingen 2000, S. 85 die Ausführungen von *Cicero*, De officiis (dt.: Vom rechten Handeln, hrsg. u. übersetzt von Karl Büchner, 4. Aufl. 1994, I, 21 und 51); bei Hösch auch Verweis auf *Brocker*, Arbeit und Eigentum, 1992, S. 30–33. Cicero erkannte aber auch andere Möglichkeiten der Eigentumsbegründung, wenn er schreibt: „Es gibt aber Privates nicht von Natur, sondern entweder durch alte Inbesitznahme, wie von denen, die einst in unbesetztes Gebiet kamen, oder durch Sieg, wie von denen, die sich seiner im Krieg bemächtigt haben, oder durch Gesetz, Abmachung, Vertrag, Los" (aaO. I, 21, S. 21). – Erstaunlicherweise hat auch *Kant* seiner Eigentumslehre die Okkupation („Bemächtigung") zugrunde gelegt (Die Metaphysik der Sitten, Erster Teil: Rechtslehre, I. Teil, 2. Hauptstück, § § 10, 1990, S. 101 ff. (103). Vgl. dazu *Unruh*, Die vernunftrechtliche Eigentumsbegründung bei Kant, in: Eckl/Ludwig (Fn. 6), S. 133 ff.

[9] *Hösch* (Fn. 8), S. 86; *Brocker* (Fn. 8), S. 87 ff.

[10] Vorkämpfer der Freiheit der Meere war *Grotius* mit seiner Schrift: Mare liberum, 1609 (Neudruck 1978).

[11] Vgl. nochmals *Hösch* (Fn. 8), S. 85.

täglich werden riesige Mengen neuer Sachen produziert und sogleich auf den Markt gebracht. Der Erwerb des Eigentums an ihnen kann nicht angemessen durch eine Besitzergreifung des Produzenten oder des Händlers erklärt werden; diesen Formen von „Aneignung" liegen vielmehr sehr viel kompliziertere Vorgänge zugrunde, u.a. „Arbeit" und „Leistungen". Das soll im Folgenden weiter untersucht werden.

2. In der neuzeitlichen europäischen Staatsphilosophie war es insbesondere *John Locke*, der sich mit dem Eigentum der Individuen befasst hat. Er lehnt die Okkupation als Erwerbsgrund ab: Mochte unbewohntes Land zu Zeiten *Adams* oder *Noahs* (und zu Lockes Zeit „im Innern *Amerikas*")[12] ohne Schaden für andere okkupiert werden (weil nach seiner Meinung jeder nur so viel beanspruchen würde, wie er nutzen konnte) – die Einführung des Geldes hat die Bildung größerer Besitztümer ermöglicht, so dass die einseitige Aneignung andere benachteiligen kann.[13]

Locke begründete die *Arbeitstheorie*, die noch heute einen wesentlichen Pfeiler der Eigentumstheorie darstellt. Der Kernsatz ist auf den ersten Blick schlechthin überzeugend: Das Ergebnis meiner Arbeit steht mir zu, ist mein Eigenes.

a) Locke kommt dazu freilich auf einem Umweg, indem er zunächst feststellt, dass „jeder Mensch ein Eigentum an seiner eigenen *Person*" hat, und sodann fortfährt:

„Auf diese hat niemand ein Recht als nur er allein. Die *Arbeit* seines Körpers und das *Werk* seiner Hände sind, so können wir sagen, im eigentlichen Sinne sein Eigentum. Was immer er also dem Zustand entrückt, den die Natur vorgesehen und in dem sie es belassen hat, hat er mit seiner *Arbeit* gemischt und ihm etwas Eigenes hinzugefügt. Er hat es somit zu seinem *Eigentum* gemacht. Da er es dem gemeinsamen Zustand, in den es die Natur gesetzt hat, entzogen hat, ist ihm durch seine *Arbeit* etwas hinzugefügt worden, was das gemeinsame Recht der anderen Menschen ausschließt. Denn da diese *Arbeit* das unbestreitbare Eigentum des Arbeiters ist, kann niemand außer ihm ein Recht auf etwas haben, was einmal mit seiner Arbeit verbunden ist. Zumindest dort, wo genug und ebenso gutes den anderen gemeinsam verbleibt."[14]

Der gedankliche Weg über das Eigentum an der Person wird bei Locke im folgenden Paragraphen vorübergehend durch einen anderen Ansatz beiseitegeschoben: Dort wird nämlich gefragt, wodurch das Eigentum an den Früchten

[12] *Locke*, Zwei Abhandlungen über die Regierung (1690), hrsg. und eingeleitet von Euchner, Frankfurt/Wien 1967, Buch II, 5. Kapitel, § 36, S. 223. Hervorhebungen im Original, auch in den folgenden Zitaten.

[13] Ebd., § 36, S. 224. Dazu *Rittstieg* (Fn. 1), S. 77 ff.

[14] Ebd. § 27, S. 218.

erworben wird, die jemand „von den Bäumen des Waldes" pflückt, und auch hier kommt die Arbeit ins Spiel, nämlich die Arbeit des Aufsammelns:

> „Diese *Arbeit* bewirkte einen Unterschied zwischen ihnen [d.h. den aufgelesenen Früchten] und dem gemeinsamen Besitz. Sie fügte ihnen etwas hinzu, was mehr war, als die Natur, die gemeinsame Mutter von allen, ihnen gegeben hatte, und somit gelangte er zu seinem persönlichen Recht auf sie."[15]

Locke geht hier im Grunde auf die Okkupationstheorie zurück und senkt damit die Anforderungen an den Eigentumserwerb letztlich bis zu der einzigen Voraussetzung der *Bedürftigkeit*. Eigentlich hätten die anderen der Aneigung zustimmen müssen – so muss man Locke verstehen –, aber:

> „Wäre eine solche Zustimmung notwendig gewesen, so wären alle Menschen verhungert, ungeachtet des Überflusses, den Gott ihnen gegeben hat. Was auch durch einen Vertrag *gemeinsamer Besitz* bleibt, *beginnt*, wie wir sehen, dadurch *Eigentum zu werden*, dass irgendein Teil aus dem, was allen gemeinsam ist, herausgenommen und aus dem Zustand entfernt wird, in dem es die Natur belassen hat. Ohne dies ist der gemeinsame Besitz von keinerlei Nutzen. Es hängt nicht von der ausdrücklichen Zustimmung aller Mitbesitzer ab, wenn wir diesen oder jenen Teil nehmen".[16]

Locke behandelt auch den Fall, dass die Arbeit nicht von dem Eigentumsbewerber selbst geleistet wird, sondern von jemand, der sie für diesen ausführt. Dazu schreibt er (im unmittelbaren Anschluss an die zuletzt zitierte Stelle):

> „Das Gras, das mein Pferd gefressen, der Torf, den mein Knecht gestochen, und das Erz, das ich an irgendeiner Stelle gegraben, wo ich mit anderen gemeinsam ein Recht dazu habe, werden ohne die Anweisung und Zustimmung von irgend jemanden mein Eigentum. Es war meine *Arbeit*, die sie dem gemeinsamen Zustand, in dem sie sich befanden, enthoben hat und die mein *Eigentum* an ihnen *bestimmt* hat."[17]

Hier sind drei unterschiedliche Fälle von Besitzergreifung behandelt: das Pferd und der Knecht als lebendige Werkzeuge eines Herrn und das Schürfen nach Erz, das wohl ebenfalls nicht ohne fremde Hilfe gedacht war. Dass Eigentum (mit Werkzeugen des Herrn) durch abhängige Dienstleister erworben werden kann, ist zwar eine einleuchtende Ergänzung der Arbeitstheorie. Aber aus heutiger Sicht erscheint es doch keineswegs als selbstverständlich, dass sich auf diese Weise der eine die Arbeitskraft des anderen zu eigen macht und dabei in aller Regel mehr gewinnt als allein den Gegenwert dieser Arbeit oder die Reproduktionskosten (Lebensmittel i.w.S.) des anderen.[18] Konflikte bestehen schon

---

[15] *Locke* aaO. (Fn. 12), § 28 (S. 218 f.). „Er" meint hier den Menschen, der sich von den aufgelesenen Früchten ernährt.

[16] *Locke* aaO. (Fn. 12), § 28 (S. 219). S.a. § 29 (S. 219).

[17] *Locke* aaO. (Fn. 12), § 28 (S. 219).

[18] *Steinvorth*, Freiheitstheorien in der Philosophie der Gegenwart, 2. Aufl. 1994, S. 98, erkennt bei Locke eine Lösung dieses Problems darin, dass er „das Arbeitsprodukt nur *in dem Maß* zum Eigentum des Produzenten macht, in dem es von seiner Arbeit abhängt, und

immer, weil die Produktionsmittel „zu einem wichtigen Teil schon aufgeteilt sind“ und

> „im Erwerb von Produktionsmitteln die Nichtbesitzer den Besitzern von Produktionsmitteln so hoffnungslos unterlegen sind, dass selbst das mittels ihrer Arbeitskraft produzierte Produkt nicht im Maß der Arbeit, die sie aufwandten, zu ihrem Eigentum wird.“[19]

Für die moderne Industriegesellschaft, in der die Arbeitsteilung dominiert, hat die Herrschaft über die Arbeitsprozesse und die Arbeitsmittel grundlegende Bedeutung. Daher muss ihre Bedeutung für die Eigentumsordnung hinterfragt werden.

b) Walter Euchner meint, Lockes Denken könne „nicht als außerordentlich scharfsinnig gezeichnet werden“, sondern sei „bürgerlicher common sense, in seinem besten Vertreter zu einer bedeutenden Philosophie ausgebildet“.[20] In der Eigentumstheorie finden sich in der Tat Widersprüche und Unklarheiten, die dieses Urteil rechtfertigen. Eine besonders subtile Kritik hat Manfred Brocker geliefert. Er fragt zunächst mit Recht:

> „Sind *meine* (weltlichen) Güter – wie es die Arbeitstheoretiker wiederholt angedeutet haben – wirklich im gleichen Sinne ‚mein‘, wie meine Handlungen und meine Arbeit, meine Gedanken oder mein Körper *mein* sind?“[21]

und sodann:

> „[…] ‚eignete‘ ich mir äußere Gegenstände tatsächlich auf die gleiche Weise an, wie ich mir Gedanken und Handlungen aneignete, um sie zu den ‚meinen‘ zu machen und mich mit ihnen zu identifizieren, und waren diese Gedanken und Handlungen, der Tätigkeiten ausführende und Arbeiten verrichtende Körper so ‚mein‘, wie ein Haus oder ein Hammer ‚mein‘ war?“[22]

Die Antwort ist selbstverständlich: Diese Form von „Aneignung“ ist allenfalls metaphorisch zu verstehen.[23] Locke und seine Nachfolger haben versucht, „den kategorialen *Unterschied*“ zu verdecken, der zwischen dem Besitz äußerer Gegenstände und dem […] ‚Besitz‘ physischer Eigenschaften und Fähigkeiten“ besteht, und „identifizierten (gegen alle Logik) das ‚mein‘ (im *possessiven* Sinne) in ‚mein‘ Eigentum (*mein* Hammer, *mein* Apfel) mit dem ‚mein‘ (im nicht-possessiven Sinne) in ‚mein‘ Wille, ‚mein Körper‘ oder ‚meine Arbeit‘“.[24]

---

ein gemeinsames Maß zur Berechnung des Anteils oder des Werts der Faktoren des Arbeitsprodukts findet“.

[19] *Steinvorth* (vorige Fn.), S. 102.

[20] Einleitung des Herausgebers, in: *Locke*, Zwei Abhandlungen (Fn. 12), S. 5 (6).

[21] *Brocker* (Fn. 8), S. 355 (Hervorhebungen im Original).

[22] Ebd. S. 356.

[23] Ebd. S. 357, 359.

[24] Ebd. S. 359.

c) Die Stärken und Schwächen von Lockes Arbeitstheorie[25] werden noch deutlicher, wenn man sie als ein Element seiner Staatstheorie begreift.[26] Sie ist nämlich durch die Intention geprägt, die *Vorstaatlichkeit* des Eigentums zu begründen. Der Staat ist dazu bestimmt, das Eigentum der Bürger zu schützen, er darf es nicht ohne Not beschränken und soll die Eigentümer davor bewahren, dass andere ihnen ihr Recht nehmen. Gerade dadurch ist der Staat überhaupt gerechtfertigt. Fällt jedoch die naturrechtliche Begründung weg, so verblasst Lockes Eigentumstheorie zu einer auf den ersten Blick einleuchtenden Erzählung vom Individuum, die in der harten Wirklichkeit des weltweiten Kapitalismus nur noch geringen Erklärungswert besitzt und die Ungleichheit der Besitzverhältnisse nicht rechtfertigen kann.

3. Als ein vorstaatliches (naturrechtliches) Menschenrecht haben auch die ersten Menschenrechtserklärungen das Eigentum aufgefasst. So wird das Eigentum in Art. 2 der französischen Menschen- und Bürgerrechtserklärung vom 26. August 1789 als eines der „natürlichen und unveräußerlichen Menschenrechte" bezeichnet, und in Art. 17 wird es sogar „heilig" genannt.[27] In dieser Tradition stehen – bei grundsätzlich anderem Staatsverständnis als Locke und seine Anhänger – viele andere.[28] Auch die katholische Kirche[29] hat diese naturrechtliche Ableitung betont. „Hymnische" Beschreibungen des Eigentümers finden sich z.B. bei Zachariä 1808;[30] das Eigentum wird als „von Gottes Gnaden"[31] mit höchsten Weihen versehen. Herbert Krüger formuliert, man habe „das Eigentum nicht als eine menschliche Zweckschöpfung, sondern als einen offenbarten Glaubensartikel" aufgefasst – und angesichts der Herausforderung des (Produktionsmittel-)Eigentums durch den Marxismus konstatiert er bei den heu-

---

[25] Vgl. etwa *Macpherson*, Die politische Theorie des Besitzindividualismus, 1973, S. 219 ff., 249 ff., und nochmals *Steinvorth* (Fn. 18) S. 100 ff., der mit Recht darauf hinweist, dass Locke keine Begründung für das angebliche Recht liefert, sich *knappe Güter* anzueignen. Auch hier spielt also die Frage der Arbeitsmittel i.w.S., der Rohstoffe und der Organisation der Arbeit eine wesentliche Rolle.

[26] Vgl. *Rittstieg* (Fn. 1), S. 72 ff. („Eigentum als Aufgabe und Schranke der Staatsgewalt"), 85.

[27] Abdruck in Franz (Hrsg.), Staatsverfassungen, 2. Aufl. 1964, S. 302 ff. Die Virginia Bill of Rights vom 12. Juni 1776 nennt unter den „angeborenen Rechten" u.a. – bezogen auf das Eigentum – nur „die Mittel zum Erwerb und Besitz von Eigentum" (Abschnitt 1, bei Franz S. 6 f.).

[28] Vgl. die Hinweise auf Bluntschli, Zachariä, Gerber, O. v. Gierke u.a. bei *Stödter*, Öffentlich-rechtliche Entschädigung, 1933, S. 53 ff. und vor allem die umfassende Darstellung von *Schwab*, Eigentum, in: Brunner/Conze/Koselleck, Geschichtliche Grundbegriffe, Bd. 2, Stuttgart 1975, S. 65–115 (Nachdruck 3. Aufl. 1992).

[29] Enzyklika „Rerum novarum" von Papst *Leo XIII.* vom 15.5.1891; daran anschließend Enzyklika „Qudragesimo anno" von Papst *Pius XI.* v. 15.5.1931.

[30] Zitiert von *Schwab* (Fn. 28), S. 78.

[31] *Leist* 1859, zitiert nach *Schwab* (Fn. 28), S. 78 f.

tigen Liberalen „Sorglosigkeit", was die Erklärung und Rechtfertigung des Eigentums und seiner Freiheit angeht.[32]

Zu Beginn des 19. Jahrhunderts wird die alte Eigentumsordnung abgeschafft, die überkommenen Bindungen und Lasten des Eigentums werden aufgehoben, die Bauern „befreit"; der Inhalt des Eigentums ändert sich. Doch mit der Freisetzung (und Vereinzelung) des Eigentümers wächst auch die Einsicht, dass die ungleiche Verteilung des Eigentums ungerecht ist und dass es sozialer Bindungen des Eigentums bedarf, wenn der soziale Zusammenhalt des Staates bewahrt werden soll. Der frühe Sozialismus entwickelt solche Vorstellungen von Sozialbindung; später vertreten auch konservative Publizisten entsprechende Thesen, die wir heute sozialstaatlich nennen.[33]

In den meisten naturrechtlichen Beschwörungen der Bedeutung des Eigentums findet sich die Begründung, dass es einen *Vertrag* zwischen den Menschen gegeben habe – bzw. dass ein solcher fingiert werden müsse –, durch den die Befugnis der Einzelnen begründet werde, sich Gegenstände anzueignen oder durch „Arbeit" das Eigentum an den hergestellten Gegenständen zu erwerben. Es ist die uralte Figur des Sozialvertrags, die den eigentlichen Grund dafür darstellt, dass Menschen Eigentümer werden. Dieser Sozialvertrag ist unterschiedlich konstruiert worden – teils (wie bei Hobbes) als Unterwerfung unter eine uneingeschränkte Staatsgewalt,[34] teils als Herrschafts- und Schutzvertrag mit der Garantie grundlegender Rechte wie eben des Eigentums.[35] In der letzteren Form bildet der Sozialvertrag nach wie vor eine Erklärung und Rechtfertigung dafür, dass Menschen nach einer Ordnung leben sollen, die ihre eigenen Interessen mit denen anderer vereinbar macht. Auch die Entstehung von Eigentum auf der Grundlage von Rechtsnormen lässt sich so deuten.

---

32 *Krüger*, Allgemeine Staatslehre, 1964, S. 422 mit Fn. 59.

33 Hier ist insbesondere Lorenz von Stein mit seiner Lehre vom „sozialen Königtum" zu nennen; vgl. u.v.a. die Beiträge von Ernst Rudolf Huber, Ernst-Wolfgang Böckenförde und Dirk Blasius in: *Lorenz von Stein*, Gesellschaft – Staat – Recht, hrsg. v. Ernst Forsthoff, 1972, S. 495, 513 und 549.

34 Vgl. etwa *Kersting*, Vertragstheorien, in: Nohlen/Schultze (Hrsg.), Lexikon der Politikwissenschaft, 4. Aufl. 2010, Bd. 2, S. 1174 (1176).

35 *Kersting* aaO. (vorige Fn.). Die ideengeschichtlich- politische Ambivalenz der Eigentumsgarantie – sie wirkte sowohl bewahrend wie verändernd; der Sozialismus konnte „mit wenigen gedanklichen Optionen zu entgegengesetzten Ergebnissen gelangen", indem er die *personale* Bestimmung des „wahren" Eigentums betonte –, hat *Schwab* herausgearbeitet (Arbeit und Eigentum. Zur Theorie ökonomischer Grundrechte im 19. Jahrhundert, in: Quaderni Fiorentini per la storia del pensiero giuridico moderno 3-4/1974-1975, Milano 1975, S. 509 ff. [514 ff., 517]).

III. Die Begründungslücke in heutiger Sicht

1. Mit der Berufung auf einen Sozialvertrag ist aber noch nicht geklärt, wie denn der gesellschaftlich und rechtlich akzeptierte Eigentumserwerb von dem strittigen zu unterscheiden sei. Nicht nur das Verfassungsrecht, sondern auch die Sozialphilosophie macht oft einen Bogen um die heikle Frage der Eigentumsbegründung. Man beschäftigt sich zwar mit dem Ausgleich von Folgen der gegebenen Ungleichheit, hinterfragt deren Ursachen aber nur noch selten. So ist Eigentum bei Jürgen Habermas unangefochtenes Element eines Systems von Freiheitsrechten.[36] Auch in der „komplexen und elaborierten" Theorie von John Rawls findet sich „wenig und nicht allzu Konkretes" zu der Frage, wie Eigentum begründet wird.[37] Karl Marx betrachtet Eigentum nur als Arbeitsmittel und konzentriert sich daher auf das Produktionseigentum; das persönliche, zum Konsum dienliche Eigentum ist nicht sein Thema.[38]

Nach der libertären Auffassung der Minimalstaatstheoretiker wie Nozick ist jeder Eingriff in das „menschenrechtlich zugesicherte Eigentum" ein Rechtsbruch. In der Erhebung von Steuern sehen sie generell „Zwangsarbeit" oder „Raubüberfall", einen verbotenen und sozialethisch verwerflichen Eingriff in die Rechte der Wohlhabenden.[39] Nozick spricht zwar auch von „Verteilungsgerechtigkeit", aber die bleibt bei ihm abstrakt, indem sie nur auf frühere Akte gerechter Verteilung verweist.[40] Umverteilung ist für Nozick und seine Anhänger ein Unwort, obwohl auch er konzediert, dass sie ausnahmsweise zur „Berichtigung ungerechter Besitzverhältnisse", zur Korrektur historischer Ungleichheiten zulässig sei.[41]

---

[36] Dazu *Llanque*, Eigentum in der Kritischen Theorie, in: Eckl/Ludwig (Fn. 6), S. 205 (211 f.) unter Bezugnahme auf *Habermas*, Faktizität und Geltung, 1992, S. 159 f. Llanque verweist jedoch auf einen „politisch-juridischen Seitenstrang der Kritischen Theorie", der durch Otto Kirchheimer und Franz Leopold Neumann repräsentiert wird. Für sie ist der individualistische Eigentumsbegriff „weder naturrechtlich noch menschenrechtlich ein für alle Mal festgeschrieben, sondern Ausdruck der bürgerlichen Gesellschaft und zielt darauf ab, bestimmte Privilegien bezüglich der privaten Verfügung über gesellschaftlich relevante Güter dem Zugriff des demokratischen Gesetzgebers zu entziehen". (S. 207). *Rittstieg* zitiert Kirchheimer und Neumann zustimmend und kritisiert die naturrechtliche Ableitung des Eigentums durchgehend (Eigentum als Verfassungsproblem, u.a. S. 251, 256, 266, 289 ff.).

[37] *Esser*, Faire Verteilung oder absoluter Schutz des Eigentums? Eine klassische Alternative in der neueren Diskussion: John Rawls und Robert Nozick, in: Eckl/Ludwig (Fn. 6), S. 217 (218).

[38] *Zintl*, Privateigentum, Ausbeutung, Entfremdung: Karl Marx, in: Eckl/Ludwig (Fn. 6), S. 176. – Marx hat allerdings für eine Übergangszeit bis zur vollständigen Verwirklichung des Kommunismus das „bürgerliche" Eigentum an *Konsummitteln* anerkannt und Lenin hat diese Position übernommen. Vgl. *Reich*, Sozialismus und Zivilrecht, 1972, S. 46 ff.

[39] *Nozick*, Anarchie Staat Utopia, München 1976, S. 143 ff., 159; *Esser* (Fn. 35), S. 227 ff.

[40] *Nozick* (Fn. 39), S. 145; Esser (Fn. 37), S. 228 f.

[41] *Nozick* (Fn. 39), S. 159.

Letztlich ist es bei solchen Ansätzen der *Markt*, der die Unterscheidung zwischen „Eigentümern" – d.h. den stärker Berechtigten – und Nichteigentümern – den Schwächeren – trifft. Der Markt ist aber kein Akteur, der an Regeln gebunden werden könnte, sondern er ist der ständige Kampf aller seiner Teilnehmer um die jeweils bessere Position. Die damit verursachte „gegenseitige Anpassung der spontanen Tätigkeiten der Einzelnen" wird von Markttheoretikern als „Geordnetheit des sozialen Handelns" positiv beurteilt.[42] Man glaubt – oder hofft –, dass derjenige gewinnt, der das „günstigere" Angebot macht, und das Ergebnis sei ständiger „Fortschritt". *Ex ante* ist aber keine Aussage möglich, wer auf welche Weise etwas Brauchbares produziert und dadurch „Eigentum" schafft. Damit ist es unmöglich, Regeln über angemessenes Handeln und damit über die Entstehung von Eigentum aufzustellen und zu befolgen. Für den Betrachter sind nur *Zufallsergebnisse* erkennbar. Dass der Markt als „unsichtbare Hand" zu einem allgemein befriedigenden Gesamtzustand führe, wie Adam Smith meinte und wie manche Liberale immer noch behaupten, ist nach den Erfahrungen mit zahllosen Wirtschaftskrisen zur Ideologie geworden. Die zu große Ungleichheit, die durch Konzentration des Grundbesitzes in wenigen Händen entsteht, ist sogar von Adam Smith schon kritisiert worden.[43]

2. Die *Rechtsgeschäfte*, die nach geltendem Recht zum Eigentumserwerb führen, sind Elemente des Marktgeschehens. Wir kaufen oder tauschen Gegenstände und schließen über immaterielle Rechte Nutzungsverträge, die eine eigentumsgleiche Stellung begründen. Aber all diese Vorgänge begründen nicht „aus sich heraus" oder „von Natur aus" ein so stark geschütztes Recht wie das Eigentum im Sinne von Art. 14 GG. Sie sind vielmehr nur dann bedeutsam, wenn sie sich auf vorhandene Rechtsnormen beziehen, die den Rahmen für das entsprechende Rechtsgeschäft hergeben und die ihrerseits auf Abwägungen über die Notwendigkeit oder Wünschbarkeit eines starken rechtlichen Schutzes beruhen. Eigentumserwerb setzt also die schuld- und sachenrechtlichen Bestimmungen des Bürgerlichen Gesetzbuches und die Spezialnormen des Immaterialgüterrechts (Urheberrechtsgesetz usw.) voraus, und die materielle Rechtfertigung der bewirkten Rechtsbegründung oder -änderung liegt wiederum diesen Normen voraus.

Auf die Ebene des Individuums bezogen, bedeutet dies: Ich muss schon Geld oder anderes Eigentum haben, um etwas kaufen oder eintauschen zu können – wie aber ist dieses vorher Vorhandene zu rechtfertigen und warum wird es durch die positiven Gesetze gerechtfertigt? Welche Kriterien helfen weiter?

---

[42] *Von Hayek*, Die Verfassung der Freiheit, 2. Aufl. 1983, S. 192 f.

[43] Vgl. die Zitate und den Kommentar bei *Künzli*, Mein und dein. Zur Ideengeschichte der Eigentumsfeindschaft, 1966, S. 206 ff. (207).

3. Dass die Frage der Rechtfertigung von Eigentumserwerb nicht vertieft wird, führt tendenziell zur Bestätigung des *faktischen Zustandes*, bei körperlichen Gegenständen also zum „Recht" des Besitzers vor dem eines ideell besser berechtigten „wahren Eigentümers"; nichtkörperliche Gegenstände wie die immateriellen Rechte sind faktisch durch die Praxis der Verwerter und die entsprechende Rechtsprechung geschützt.

Die Rechtswissenschaft kümmert sich vor allem um den Schutz dieses bestehenden Zustandes (und damit der bestehenden Vermögensverteilung) gegen staatliche Einschränkungen oder den Entzug der Eigentumsnutzung, vor allem aber gegen den Zugriff der Steuerbehörden.[44] Dieselbe Verkürzung findet beim *Erbrecht* statt: Das Ererbte wird wie das Selbsterworbene vor dem Zugriff anderer oder der Teilhabe der Gemeinschaft geschützt; die Erbschaftsteuer gilt vielen als „Diebstahl".

Es käme aber darauf an, den *Erwerbsgrund* von Erworbenem und Ererbtem seinerseits genauer zu untersuchen. Bei sorgfältiger Prüfung ist nicht jeder Vorgang, der am Ende das Eigentum eines Einzelnen begründet, im sozialethischen Sinne gerechtfertigt. Die übergreifende Frage lautet also: Was ist *„verdient"*? Sicher dasjenige, was allein durch eigene Anstrengung geschaffen worden ist. Doch das ist der Ausnahmefall. Wir müssen weiter fragen: Welchen tatsächlichen Anteil haben andere und hat vor allem die Allgemeinheit an meinem Eigentumserwerb? Es genügt nicht, eine eigene „Leistung" zu behaupten, die Beiträge Dritter sind oft mindestens ebenso gewichtig wie die Anstrengung, die ich selbst aufgebracht habe. Bei der Auslegung des Art. 14 GG sollte diese Abhängigkeit des Eigentumserwerbs von seinen außerindividuellen Voraussetzungen berücksichtigt werden. Je größer der Anteil Dritter oder der Allgemeinheit an der Entstehung eines Eigentumstatbestandes, desto größer muss auch die Möglichkeit der anderen und vor allem des Staates sein, die rechtliche Befestigung dieses Zustandes zu relativieren, die Nutzung durch den Eigentümer einzuschränken und eventuell das Recht insgesamt wieder zu entziehen.

IV. Eigentum als Produkt rechtlicher Regelung

Eigentum in seinen verschiedenen Erscheinungsformen ist nicht naturrechtlich „vor"-gegeben, sondern im Wesentlichen Produkt rechtlicher, also in aller Regel staatlicher Regelung.[45] Der Staat hat nicht nur – in der Verfassung – das

[44] Beispiele: BVerfGE 93, 121 (Halbteilungsgrundsatz bei der Vermögensteuer); dazu auch unten bei Fn. 98/99; vgl. aus der letzten Zeit etwa *Di Fabio*, Grenzfälle des Eigentums, in: FS Papier (Fn. 3), S. 493 (505 ff.).

[45] In diesem Sinne zitiert *Kersting* (Politische Philosophie des Sozialstaates, 2000, S. 23) *Thomas Hobbes:* „Ohne menschliches Gesetz" wären „alle Dinge Gemeingut" (Dialog zwischen einem Philosophen und einem Juristen über das englische Recht, hrsg. v. Willms, 2000,

Rechtsinstitut Eigentum geschaffen und stellt es den Bürgern zur Verfügung, sondern regelt auch die Zuordnung der verschiedenen Gegenstände zu diesem rechtlichen Eigentum.[46] Er verteilt durch sein Recht – ausdrücklich oder unausgesprochen, deutlich oder undeutlich, aber letztlich autoritativ – die Güter, die auf seinem Territorium zu finden sind bzw. erarbeitet werden; anders gesagt: er ordnet die Beziehungen der Individuen zu den körperlichen und unkörperlichen Gegenständen, wobei er zwischen den unterschiedlichen Arten von Eigentumsgegenständen unterscheidet.[47] Neuerdings beteiligen sich auch supra- und internationale Instanzen an dieser Aufgabe. Diese Mächte handeln mit dem Anspruch, eine gerechte Ordnung herzustellen. Dabei benutzen sie die schon angesprochenen und weitere Kriterien.

Als tragfähige Begründungen für den Erwerb und den Schutz von Eigentum kommen unter heutigen Bedingungen nur „die eigene Leistung, investiertes Vertrauen und die gesetzliche Zuteilung“ in Betracht. Ulrich Hösch entnimmt diesen überzeugenden Ansatz dem Grundgesetz, und zwar „dem Gebot der Achtung der Menschenwürde sowie dem Rechts- und Sozialstaatsprinzip und dem Umweltstaatsprinzip“.[48] Das Grundgesetz ist zwar keine Bibel der Sozialethik, aber ein großer Teil der grundgesetzlichen Prinzipien beruht auf sozialethischen Sätzen oder bestätigt diese. Sozialethische Ableitungen aus dem Grundgesetz haben sich in den vergangenen Jahrzehnten als weitgehend konsensfähig erwiesen. Dem Grundgesetz zugrunde liegende Gebote für das Zusammenleben in Staat und Gesellschaft ersetzen daher in heutigen politischen und medialen Diskussionen nicht selten das, was früher aus dem Naturrecht deduziert wurde.[49]

S. 47 f.). Hobbes malt dieses Szenario weiter aus: Da nämlich „diese Gemeinsamkeit ein Anlass für Übergriffe, Neid, Totschlag und dauernden Krieg untereinander wäre, befiehlt dasselbe Recht der Vernunft der Menschheit, (zu ihrer eigenen Erhaltung) Land und Güter so zu verteilen, dass jeder Mensch wissen kann, was sein eigen ist, und dass kein anderer darauf ein Recht beanspruchen oder ihn an der Benutzung derselben hindern kann. Diese Festlegung bedeutet erst Gerechtigkeit, und dies ist genaugenommen gemeint, wenn wir sagen, dass jeder ‚das Seine‘ haben soll“ (aaO. S. 48).

[46] *Wieland*, in: Dreier (Hrsg.), GG, I. Bd., Tübingen 1996, Art. 14 Rn. 21 und 24: Eigentum ist als Abwehrrecht „normativ geschaffen“, aber als Rechtsinstitut dem Gesetzgeber vorgegeben.

[47] Den letztgenannten Aspekt betont *Rittstieg* mit der Unterscheidung zwischen persönlichem Eigentum, Wohnung, Haus- und Grundeigentum, Produktionsmitteln, den Ergebnissen geistiger Arbeit sowie schließlich vermögenswerten öffentlichen Rechten und „Neuem Eigentum“ (S. 315 ff.). Auch *Rudolf Wendt*, der sich gegen Unterscheidungen nach dem Persönlichkeits- oder Leistungsbezug wendet, akzeptiert die Differenzierung nach der „Eigenart der Eigentumsrechte“ (in: Sachs, GG, 6. Aufl. 2011, Rn. 89 ff., 96).

[48] *Hösch* (Fn. 8), S. 120.

[49] Eine originär philosophische Deutung von sozialer Gerechtigkeit gibt z.B. – in Anknüpfung an Platon und Aristoteles – *Tugendhat*, Vorlesungen über Ethik, 1993, S. 364 ff.: „Auch bei der distributiven Gerechtigkeit ist der Grundbegriff der des Verdienstes“ (S. 368). Verteilungsmaßstab anstelle von Gleichheit können nach Tugendhat sein: Bedürfnis, Ver-

Die drei zentralen Ansätze – Leistung, Vertrauen und Zuteilung – hängen miteinander zusammen. Die staatliche (oder internationale) Regelung, die „Eigentum“ begründet und rechtfertigt, beruht entweder auf diesen Bewertungen oder knüpft bei neuen Phänomenen an sie an.

1. *Die „eigene Leistung“ und der Anteil der Allgemeinheit*

So überzeugend zunächst die Berufung auf die *eigene Leistung* auch ist – sie deckt häufig nur einen Teil der Faktoren ab, die das gesamte wirtschaftliche Ergebnis eines Produktionsvorgangs ausmachen. In vielen, wenn nicht den meisten Fällen sind Dritte an den Produkten beteiligt. Ja, man kann sagen, dass heute keine einzige individuelle Leistung ohne die Nutzung der vorhandenen, von der Gemeinschaft oder von privaten Unternehmen geschaffenen, öffentlich beaufsichtigten *Infrastruktur* möglich ist.

a) Die quantitativ bedeutsamste Form der gemeinsamen Güterproduktion und Leistungserstellung findet in den (privaten oder öffentlichen) *Unternehmen* statt. Hier arbeiten Menschen an Maschinen und Schreibtischen, neuerdings fast immer schon vor einem Computerbildschirm, mit anderen Menschen zusammen. Das dafür eingesetzte Kapital stammt teils von persönlich haftenden Unternehmern, teils von externen Geldgebern, seien es Aktionäre, Gesellschafter, Banken oder andere Kreditgeber. Mit dem Fortschreiten der Technik verschiebt sich das Verhältnis zwischen Arbeit und Kapital, am auffälligsten bei der Kernkrafttechnik, wo gewaltige finanzielle Investitionen einem relativ geringen Anteil an menschlicher Arbeit gegenüber stehen, die ihrerseits zum großen Teil bei der Planung und Konstruktion und im Management geleistet wird und nicht „vor Ort“ im Betrieb. In kleinerem Maßstab findet eine vielfältige Kooperation auch bei kleineren Gewerbebetrieben, Handwerkern, Landwirten und Freiberuflern statt. Der wirtschaftliche Erfolg eines Unternehmens hängt darüber hinaus von der Marktlage, der Stärke der Wettbewerber, den örtlichen Verhältnissen, der Verkehrsanbindung, dem geltenden Steuer- und Umweltrecht usw. usf. ab. Die „Gegebenheiten und Chancen, innerhalb deren ein Unternehmen tätig wird“, können daher nicht zum „geschützten Bestandswert des einzelnen Unternehmens“ gehören.[50]

---

dienst im engeren Sinne (Leistung) und erworbene Rechte (S. 378). Leistung und Erbfolge sind, wie schon angedeutet ist und weiter ausgeführt wird, auch Ansatzpunkte des verfassungsrechtlichen Eigentumsschutzes, während aus der Bedürftigkeit i.d.R. kein Recht auf Eigentum (an bestimmten Gegenständen) hergeleitet wird, sondern nur das Existenzminimum garantiert ist.

[50] *Wieland* (Fn. 46), Rn. 42 m. N. aus der Rspr., z.B. BVerfGE 77, 84 (118); s.a. BVerfGE 110, 274 (290) (Ökosteuer); in der Tendenz anders *Wendt* (Fn. 47), Rn. 47 f.

Die zivilrechtliche Formel vom „eingerichteten und ausgeübten Gewerbebetrieb“ wird der Komplexität dieser Lage nicht gerecht.[51] Diese Formel beschreibt vielmehr zunächst nur den Tatbestand, dass eine funktionierende, koordiniert handelnde Organisation besteht, die nach außen abgrenzbar ist, und betont die Erhaltenswürdigkeit eines solchen Zusammenhangs aus Grundstücken, Maschinen, Rohstoffen, Know-how, Kundenstamm, Marken usw.

Zur Infrastruktur gehört die Vielfalt der Verkehrs-, Versorgungs- und Entsorgungsnetze sowie der Energieerzeugung und -verteilung. Straßen, Schienennetze und Wasserstraßen mitsamt Zubehör werden von der Allgemeinheit vorgehalten und finanziert. Der wegen des Schwerlastverkehrs immer teurer werdende Ausbau der Autobahnen bedeutet eine Subvention der Industrie, auch wenn sich der Staat neuerdings teilweise durch private Vorfinanzierung entlastet. Würde man alle Beiträge der Allgemeinheit zur Leistungserstellung eines Unternehmens in eine Bilanz einstellen, so würde sich der Anteil der Unternehmenseigner weiter verringern.

Zieht man den Kreis weiter, so bilden auch Schulen und Hochschulen einen Teil der (sozialen und kulturellen) Infrastruktur, auf der die Leistung von Unternehmern und Unternehmen wie von Handwerkern und Freiberuflern aufbaut.

Zu bedenken ist darüber hinaus stets auch der rechtliche, wirtschaftliche und soziale Rahmen, innerhalb dessen sich die technische und wirtschaftliche Initiative entwickeln kann. Er ist seinerseits das Ergebnis zahlloser früherer Entscheidungen, die nur zu einem Teil von den Unternehmen selbst (oder ihren Interessenvertretern) geprägt worden sind, sondern auf staatliche und kommunale, aber auch auf supra- und internationale Instanzen zurückgehen. Verkürzt kann man sagen: Die *Rechtsordnung* bestimmt die Chancen unternehmerischer Aktivität, die im Zuge der Wirtschaftsentwicklung teils realisiert, teils enttäuscht werden. Daher können und müssen auch die Institutionen und Personen, die das Recht produzieren und verwalten, in die Rechnung einbezogen werden, wie das Entstehen einer „eigenen Leistung“ genauer aufgeschlüsselt werden kann.

b) Ob und wodurch *Geldvermögen* (Forderungen aller Art, insbesondere gegen Banken) gerechtfertigt ist, lässt sich pauschal überhaupt nicht sagen; denn dies ist immer das Ergebnis einer Vielzahl von Tauschvorgängen und Rechtsgeschäften diverser Art, also in aller Regel nicht bestimmten Aktionen zurechenbar. Soweit die einzelne Forderung eine Gegen*leistung* darstellt, ist zwar die Frage nach ihrer Rechtfertigung möglich, aber es gibt unterschiedliche Antworten je nach der Art der „Leistung“ (bis hin zur Gegenleistung aus einem verbotenen oder unsittlichen Geschäft).

Der *Wert* dessen, was wir besitzen, bestimmt sich nicht allein nach rechtlichen Vorgaben. Bei der „Umrechnung“ einer Leistung in Geld spielt der Markt eine entscheidende Rolle. Das BVerfG hat schon vor der Weltfinanzkrise 2008

---

[51] *Wieland* (Fn. 46), Rn. 43 m.w.N.

zutreffend bemerkt, dass „der Geldwert in besonderer Weise gemeinschaftsbezogen und gemeinschaftsabhängig" ist:

> „Er bildet sich im Rahmen der staatlichen Währungshoheit und Finanzpolitik wesentlich auch durch das Verhalten der Grundrechtsberechtigten selbst, insbesondere über Preise, Löhne, Zinsen, wirtschaftliche Einschätzungen und Bewertungen. Der Außenwert des Geldes folgt aus der Beziehung des nationalen Geldes zu anderen Währungen und deren staatlichen, wirtschaftlichen und gesellschaftlichen Grundlagen. In diesen Abhängigkeiten kann der Staat den Geldwert nicht grundrechtlich garantieren."[52]

Schon durch die große Inflation 1923 und durch Währungsreformen wie 1948 war allgemein klar geworden, dass Geldvermögen in seinem Wert durch Vorgänge gefährdet ist, die der Nationalstaat nicht abwehren kann. Zwischen den Staaten und Wirtschaftsgemeinschaften herrscht Wettbewerb, der zwar häufig, aber keineswegs immer Leistungen belohnt; fällt ein Land zurück, wird seine Währung abgewertet. Die Abhängigkeit der nationalen Volkswirtschaften von internationalen Kapitalflüssen macht die wirtschaftliche Entwicklung und damit den Wert einer Währung neuerdings geradezu zum Glücksspiel. Kein Staat und keine supra- oder internationale Gemeinschaft kann eine dauerhafte Garantie des Geldwertes versprechen.[53] Die Anstrengungen der EU zur Stabilisierung der gemeinsamen Währung zeigen zwar Wirkungen, aber die schwächeren Mitgliedstaaten konnten bisher ihren Rückstand nicht aufholen. Die Geldeigentümer in diesen Ländern und ihre Gläubiger müssen teilweise erhebliche Wertverluste hinnehmen. Das Eigentum an Geldforderungen ist insoweit faktisch eingeschränkt.

c) „*Geistiges Eigentum*" kommt anders zustande als das Eigentum an Sachgütern; es ist Produkt der individuellen Persönlichkeit seines „Schöpfers". Daher ist die Zuordnung der Nutzungs- und Verwertungsmöglichkeit bei „immateriellen Gütern" zu ihrem Urheber[54] noch plausibler als bei selbst erarbeiteten Sachen. Allein das Problem besteht in diesem Bereich darin, dass die „Schöpfung" sich nur schwer von anderen menschlichen Äußerungen (und von den ähnlichen Äußerungen anderer Menschen) abgrenzen lässt. Nicht alles, was

---

[52] BVerfG, B. v. 31.3.1998, BVerfGE 97, 350 (371) (Euro-Einführung).

[53] Im Kern ebenso schon BVerfG aaO. (vorige Fn.). In dieser Entscheidung hat das BVerfG die vorgetragene Rüge einer Verletzung des Art. 14 GG zwar ausführlich referiert (aaO. S. 364 ff.), die Verfassungsbeschwerden jedoch a limine (§ 24 BVerfGG) verworfen, weil „der Geldeigentümer [...] nicht das Recht" hat, die „parlamentarisch mitzuverantwortende Entscheidung in dem Verfahren der Verfassungsbeschwerde inhaltlich überprüfen zu lassen" (S. 368, 370 ff.). Wie hier auch *Wieland* (Fn. 46), Rn. 49. Aus der älteren Lit.: *Hoffmann(-Riem)*, Rechtsfragen der Währungsparität, 1969, S. 57 ff., 65 (Art. 14 GG als Schutz des Tauschwertes gegen Währungsab- und aufwertungen). Neuerdings tendenziell für eine Gewährleistung des Tauschwertes und ein „Grundrecht auf stabile Währung" *Papier*, in: Maunz/Dürig, GG, Stand Juli 2010, Art. 14 Rn. 184 ff.

[54] In der Leitentscheidung BVerfGE 31, 229 heißt es knapp: „Das Urheberrecht ist als Nutzungsrecht ‚Eigentum' im Sinne des Art. 14 Abs. 1 Satz 1 GG" (Leitsatz 1).

Individuen als ihr ureigenes Produkt exklusiv nutzen oder verwerten wollen, ist nach allgemeiner Anschauung wirklich schutzwürdig. Es gibt keinen „natürlichen" Begriff der schutzwürdigen geistigen oder künstlerischen Leistung. Bis ins 19. Jahrhundert hinein fehlte es am Urheberrechtsschutz selbst für die bedeutendsten Werke der Literatur und Musik. Erst spät setzte sich die Vorstellung von einem geistigen Eigentum durch.[55] In Frankreich erschien dieser Begriff erstmals im Patentgesetz von 1791; in Deutschland war es die Paulskirchen-Verfassung, die ihn aufgriff (als Gesetzgebungsauftrag in § 40 und als Grundrecht in § 164 Abs. 3).[56] Die Idee vom geistigen Eigentum wurde aber vielfach als „unjuristisch", „metaphysisch" oder schlicht „unbrauchbar" kritisiert, und speziell der Schutz von Erfindungen durch Patente wurde von starken Kräften als „Fortschrittshindernis" bekämpft[57] – letztlich erfolglos.

In unseren Tagen wird die Theorie des geistigen Eigentums wieder in Zweifel gezogen, sobald es um Äußerungen in der virtuellen Welt des Internets geht. Die „Freiheit des Internet" wird als Grund der geforderten Unentgeltlichkeit aller elektronischen Nutzungen geistiger Produkte behauptet – was die Gegenseite jedoch heftig bekämpft. Tatsächlich finden gerade auf dem Gebiet der elektronischen Kommunikationstechnik harte Auseinandersetzungen um Patentverletzungen statt, und mit großem Einsatz wird juristisch um Entgelte für die Nutzung der immateriellen Internetangebote gefochten. Diese Thematik ist also unter einem anderen Aspekt wieder aufzugreifen (s. unten 3.).

d) Als eine Art von Leistung gilt gemeinhin auch der Einsatz von *Kapital* mit dem Risiko, es zu verlieren.[58] Die Kapitalbeteiligung verschafft dem Geldgeber gesellschaftsrechtliche Anteile an dem Unternehmen, begründet also „Unternehmenseigentum". Angesichts einer durch und durch kapitalistisch organisierten Wirtschaft wäre es weltfremd, diese Form der Eigentumsbegründung als ungerechtfertigt anzusehen. Die Frage kann nur sein, wie weit die aus dem Unternehmenseigentum abgeleiteten Rechte gehen. Das BVerfG hat sich damit im Mitbestimmungs-Urteil intensiv auseinandergesetzt und dabei insbesondere auf den sozialen Bezug und die soziale Funktion des Eigentumsobjekts abgestellt.[59] Maßgebend sei, dass

---

[55] Ausführlich dazu *Seckelmann*, Industrialisierung, Internationalisierung und Patentrecht im Deutschen Reich, 1871–1914, 2006, S. 127 ff.

[56] Vorangegangen war 1837 der Begriff des „literarischen Eigentums"; dazu *Seckelmann* (vorige Fn.), S. 132.

[57] *Seckelmann* (Fn. 55), S. 132 ff., 139 ff.

[58] Einen Spezialfall bildet der unternehmerische Einsatz eines Verlegers besonders kostspieliger Druckwerke, der sich mit Erfolg gegen die Pflicht zur Ablieferung jeweils eines Exemplars an die Staatsbibliothek wandte: Das BVerfG bescheinigte ihm, dass er ein „wesentlich erhöhtes wirtschaftliches Risiko eingegangen sei; „erst durch seine private Initiative und Risikobereitschaft" werde es möglich, „wissenschaftlich und literarisch exklusives Schaffen der Öffentlichkeit zu erschließen" (BVerfGE 58, 137 [150]).

[59] BVerfGE 50, 290 (339 ff.).

„Nutzung und Verfügung in diesem Fall nicht lediglich innerhalb der Sphäre des Eigentümers bleiben, sondern Belange anderer Rechtsgenossen berühren, die auf die Nutzung des Eigentumsobjekts angewiesen sind. Unter dieser Voraussetzung umfasst das grundgesetzliche Gebot einer am Gemeinwohl orientierten Nutzung das Gebot der Rücksichtnahme auf den Nichteigentümer, der seinerseits der Nutzung des Eigentumsobjekts zu seiner Freiheitssicherung und verantwortlichen Lebensgestaltung bedarf."[60]

e) Andererseits honoriert unsere Rechtsordnung auch „Leistungen", die *ohne Anstrengung* erbracht werden, z.B. spekulative Finanz- oder Warengeschäfte, und schützt die Gewinne aus Wetten und Lotterien. Wer das Hohelied des Eigentums singen möchte, sollte diese Strophe lieber auslassen. Wertpapiere, die an der Börse ohne jegliche Leistung ihrer Besitzer sprunghaft an Wert gewinnen, sind von vornherein mit dem Risiko behaftet, ebenso schnell wieder zu verlieren. Die Gläubiger wissen um dieses Risiko und brauchen keinen staatlichen Schutz gegen Kursverlust.

f) Weitere eigentumsgleiche Rechte wie die Versorgungsansprüche der Beamten und die Sozialleistungsansprüche beruhen auf *früherer* Leistung, sind also „verdient", auch wenn sie unmittelbar aus Steuermitteln oder durch Umlage finanziert werden. Ansprüche und Anwartschaften auf beitragsfinanzierte Sozialversicherungsrenten sind durch Art. 14 GG geschützt, Ansprüche auf steuerfinanzierte Sozialhilfe einschließlich der früheren Arbeitslosenhilfe hingegen nicht.[61] Bei geringem („unerheblichen") eigenen Anteil der Versicherten ist eine Einschränkung sozialversicherungsrechtlicher Ansprüche aufgrund von Art. 14 Abs. 1 Satz 2 GG zulässig.[62] Versorgungsansprüche von Hinterbliebenen stehen nicht unter dem verfassungsrechtlichen Eigentumsschutz; es fehlen nach Ansicht des BVerfG insofern die „dem Versicherten zurechenbare Eigenleistung" bzw. „der hinreichend personale Bezug zwischen der Beitragsleistung des Versicherten und der später an seine Hinterbliebenen geleisteten Rente".[63]

2. *Der Schutz des „investierten Vertrauens"*

„Investiertes Vertrauen" stellt den Grund für eine Form des Eigentumsschutzes dar, der insbesondere in den internationalen Wirtschaftsbeziehungen eine große Rolle spielt.[64] Wer in einer unsicheren Zeit an Orten investiert, die unter fremder Staatsgewalt stehen, vertraut darauf, dass er vor Verlusten durch Ent-

---

[60] BVerfGE 50, 290 (340 f.).

[61] Vgl. einerseits BVerfGE 53, 257 (289 ff.); 69, 272 (300); 100, 1 (32 ff. – DDR-Versorgungssystem) sowie 117, 272 (292 f.), andererseits BVerfGE 128, 90 (101 – Abschaffung der Arbeitslosenhilfe [„Hartz IV"] mit Art. 14 Abs. 1 GG vereinbar).

[62] BVerfGE 117, 272 (293 ff.); 128, 90 (101).

[63] BVerfGE 97, 271 (284 f.).

[64] Zur Bedeutung des investierten Vertrauens vgl. nochmals *Hösch* (Fn. 8), S. 97.

zug oder Zerstörung seiner investierten Güter geschützt wird. Der fremde Staat hat ein Interesse am Import von Kapital und Know-how und gewährleistet im Gegenzug Rechtssicherheit, schützt zumindest die Chance des Unternehmens, sich auf dem Markt zu behaupten. Wo diese Investitionssicherheit nicht besteht, ist das ausländische „Eigentum" gefährdet. Häufig verursacht der fremde Staat selbst diese Unsicherheit; damit dies nicht geschieht, werden internationale Abkommen abgeschlossen. (Vertrauensschutz ist freilich nicht möglich, wenn wirtschaftliche Entwicklungen durch Spekulation und unlautere Methoden oder infolge unwirksamer Regelungen aus dem Ruder laufen.)

Vertrauen wird aber auch im nationalen Rahmen vielfach investiert. Einerseits ist gegenseitiges Vertrauen die Voraussetzung dafür, dass Individuen Verträge schließen. Dahinter steht aber das Grundvertrauen auf die Rechtsordnung („pacta sunt servanda") und ihre Wirksamkeit. Es ist letztlich neben dem individuellen Gewinnstreben dieses Vertrauen auf das Recht, das zu neuen Geschäftsmodellen anreizt. Was nicht verboten ist, ist erlaubt. So wird aus dem Grundrecht des Art. 2 Abs. 1 GG eine Quelle des Eigentumsschutzes nach Art. 14 Abs. 1 GG. Diese Schlussfolgerung gilt aber nicht uneingeschränkt. Der Gesetzgeber beobachtet die Entwicklung und kann steuernd und begrenzend eingreifen. Darin liegt keineswegs stets schon ein „Eingriff" in bestehende Rechte. Erst wenn die Zuordnung von Nutzungsrechten und Gewinnchancen zu einer bestimmten Gruppe von Urhebern oder sonst Berechtigten vom Gesetzgeber bestätigt wird – also Art. 14 Abs. 1 Satz 2 GG insofern mit Leben erfüllt wird –, kann in Bezug auf diese Rechte von „Eigentum" gesprochen werden. Das gilt z.B. für manche öffentlich-rechtliche Genehmigungen (Kraftwerke!) und Lizenzen (private Rundfunkveranstalter). In diesen Fällen ist besonders gut erkennbar, dass Eigentum und eigentumsähnliche Rechte durch staatliche Regelung begründet (und beschränkt) werden.

3. Weitere Rechtsbegründung durch staatliche Zuweisung

Nutzungs- und Verwertungsrechte an beweglichen oder unbeweglichen Sachen und erst recht an immateriellen Gegenständen sind weder „natürlich" verteilt noch können sie bestimmten Subjekten stets eindeutig, kraft „Natur der Sache" zugeordnet werden, wie sich z.B. bei dem Streit um das „geistige Eigentum" gezeigt hat (s. oben IV. 1. c). Entwicklungen in Wirtschaft und Technik nötigen den Gesetzgeber regelmäßig zu ordnenden und einschränkenden Regelungen. Solche staatliche Zuweisung von Rechten[65] auf der Grundlage eines Interessen-

---

[65] Damit ist jedoch nicht die staatliche „*Gewährung*" von Ansprüchen gemeint, die wie die Arbeitslosenhilfe über das nach Art. 14 GG Gebotene hinaus eingeführt werden

ausgleichs[66] geschieht nicht immer und nicht ausschließlich danach, wer zu ihrer Entstehung am meisten geleistet hat oder wer das größte Maß an Vertrauen investiert hat, sondern es gibt auch Situationen, in denen (auch) andere Kriterien zur Verteilung neuer Nutzungsmöglichkeiten herangezogen werden (müssen), etwa die faktische Möglichkeit der Beteiligten, sie zu realisieren, oder die Bereitschaft, die Risiken eines neuen Geschäftsmodells oder eine Gewährleistung der Leistungsbereitschaft zu übernehmen. Für den Patentschutz hat sich der Gesetzgeber seinerzeit nicht nur um der gerechten Zuordnung geistiger Leistungen oder um des Vertrauens in die investierte Arbeit willen entschieden, sondern (auch) zur Förderung von Technik und Wirtschaft, auch als Instrument der nationalen Industriepolitik im Wettbewerb mit anderen Ländern.[67]

a) Beispiele für die Kombination und gegenseitige Überlagerung unterschiedlicher Begründungsansätze – Leistung, Vertrauen und Allgemeininteresse – liefern insbesondere das Urheber- und Leistungsschutzrecht, aber auch die Telekommunikations- und Mediengesetzgebung. In der grundlegenden Entscheidung des BVerfG zu diesem Komplex heißt es:

> „Das Urheberrecht schützt den Urheber in seinen geistigen und persönlichen Beziehungen zu seinem Werk und in der Nutzung des Werkes", sowie:
>
> Die „sichernde und abwehrende Bedeutung der Eigentumsgarantie gebietet, die vermögenswerten Befugnisse des Urhebers an seinem Werk als ‚Eigentum' im Sinne des Art. 14 GG anzusehen und seinem Schutzbereich zu unterstellen."[68]

Manche Einzelheiten in diesem Bereich sind durchaus umstritten, so etwa der Umfang der geschützten Rechte, die Ausdehnung der Leistungsschutzrechte, zuletzt die Einräumung eines solchen Rechts an Presseverlage für die aus ihren Nachrichten gefertigten Pressespiegel.[69] In den Details (z.B. Einschränkungen von Urheberrechten im Interesse der Allgemeinheit oder des Wettbewerbs, Registrierungspflichten, Zwangslizenzen usw.) zeigt sich die Vielfalt der Rechtfertigungsmöglichkeiten, aber eben auch deren Relativität.

(BVerfGE 128, 90 [101]). In dem Begriff „Gewährung" schwingt das Moment der Gnade, der freiwilligen Fürsorge mit, während hier die rechtstheoretische Begründung einer Ordnung und Verteilung subjektiver Rechte im Rahmen demokratischer Gleichheit entwickelt werden soll. *Hösch* aO. spricht von „Zuteilung".

[66] So schreibt *Ohly*, Urheberrecht in der digitalen Welt – Brauchen wir neue Regelungen zum Urheberrecht und dessen Durchsetzung? Gutachten F zum 70. Deutschen Juristentag Hannover 2014, S. 126: „Das Urheberrecht dient nicht nur dem Schutz des Urhebers, sondern es bezweckt auch einen angemessenen Ausgleich zwischen den Interessen der Urheber, der Verwerter und der Nutzer".

[67] Dazu nochmals *Seckelmann* (Fn. 55), u.a. S. 10 ff., 20, 30 ff., 139 ff. (zu der Gegenthese vom Patentschutz als Fortschrittshindernis), 151 ff.

[68] BVerfGE 31, 229 (238 f.).

[69] Gesetz v. 7.5.2013, BGBl. I S. 1161 (§§ 87 f, 87g und 87 h UrhRG).

b) Der Eigentumsschutz hätte auch in dem Streit um das „Recht auf nachrichtenmäßige Kurzberichterstattung im Fernsehen" eine Rolle spielen können, das den Gegenstand eines BVerfG-Urteils[70] bildete: Die Länder haben dieses Recht „jedem in Europa zugelassenen Fernsehveranstalter" zugebilligt, und zwar unentgeltlich. Nach Ansicht der Bundesregierung[71] schränkt diese Regelung u.a. das Eigentum der Fernsehunternehmen, die vertraglich Exklusiv-Übertragungsrechte erworben haben, in verfassungswidriger Weise ein.[72] Eigentum im Sinn von Art. 14 GG sei

> „auch das Recht am eingerichteten und ausgeübten Gewerbebetrieb. Dazu gehörten alle wirtschaftlichen Erwerbspositionen, die auf einer vorhandenen Organisation sächlicher, persönlicher und sonstiger Mittel gründeten. Die Durchführung von öffentlichen Veranstaltungen, insbesondere von Sportveranstaltungen, könne danach Ausfluss des Rechts am eingerichteten und ausgeübten Gewerbebetrieb sein und folglich von Art. 14 Abs. 1 GG erfasst werden. Die Vereine der ersten und der zweiten Fußball-Bundesliga übten einen ‚Gewerbebetrieb' im Sinne des verfassungsrechtlichen Eigentumsschutzes aus."[73]

Das BVerfG ist aber auf diese Erwägungen nur ganz kurz eingegangen[74] und hat seine Entscheidung ausschließlich auf Art. 12 Abs. 1 GG gestützt. Gewerbliche, unternehmerische und freiberufliche Tätigkeit ist gegen lenkende und beschränkende Eingriffe des Gesetzgebers weniger strikt geschützt als das Eigentum;[75] das „ehrlich Erworbene" wird besser geschützt als der Vorgang des Erwerbs. Daraus folgt, dass die Abgrenzung zwischen den beiden Bereichen von großer Bedeutung ist.

Der EuGH hat ebenso geurteilt; in seiner Entscheidung zur Kurzberichterstattung lehnt er es ab, in der Einräumung dieses Rechts einen Eingriff in das „Eigentum" (right to property, Art. 17 der GRCh) der privaten Fernsehgesellschaft zu erkennen.[76] Dem Grundrecht auf freie Berufsausübung (Art. 16 GRCh) hält der EuGH einen Informationsanspruch der Allgemeinheit entgegen.[77]

---

[70] BVerfGE 97, 228.

[71] Sie war in diesem Verfahren durch Hans-Jürgen Papier vertreten, der kurz nach dem Urteil Vizepräsident des Gerichts wurde (BVerfGE 97, 416).

[72] BVerfGE 97, 228 (235 ff.).

[73] BVerfGE 97, 228 (236) mit weiteren Ausführungen im Folgetext. Kritisch ist dazu zu sagen, dass es fragwürdig ist, zunächst aus einzelnen Leistungselementen („Erwerbspositionen") ein neues „Gesamtrecht" zu konstruieren und im zweiten Schritt eben daraus Einzelbefugnisse abzuleiten („Ausfluss") und gesondert zu schützen.

[74] BVerfGE 97, 228 (264 f.).

[75] St. Rspr. seit BVerfGE 7, 377.

[76] Rs. C-283/11 SKY Österreich v. Österreichischer Rundfunk, E. v. 22.1.2013. Für den EuGH spielt es eine Rolle, dass die Übertragungsrechte nur *vertraglich* erworben wurden.

[77] Vgl. dazu *Reich*, Consumer/Citizen Access to Information – A New Fundamental Right under the EU Charter, in: Terryn et al. (eds.), Landmark Cases of EU Consumer Law – in Honor of Jules Stuyck, 2013, S. 35–53.

c) Als Eigentum anerkannt sind auch „schuldrechtliche Ansprüche, die den Charakter eines Äquivalents für *Einbußen an Lebenstüchtigkeit* besitzen“.[78] Das BVerfG bezieht sich hier auf seine Entscheidung zur Entschädigung der Contergan-Opfer (BVerfGE 42, 263 [293]). Auch die Versorgung von Kriegsopfern gehört in diesen Zusammenhang.

d) Einen theoretisch kaum lösbaren Sonderfall behandelt die Entscheidung BVerfGE 112, 93: Darin wird die Umformung von Schadensersatz- und Schmerzensgeldansprüchen ehemaliger *Zwangsarbeiter* gegen deutsche Unternehmen in Ansprüche gegen die Stiftung „Erinnerung, Verantwortung und Zukunft“ für verfassungskonform erklärt.

Mit Folgen der „grundlegenden Veränderungen der wirtschaftlichen und gesellschaftlichen Verhältnisse“ durch die deutsche Wiedervereinigung befasst sich der Beschluss BVerfGE 101, 54: Die *Anpassung schuldrechtlicher Nutzungsverhältnisse* in der DDR an das westdeutsche Bürgerliche Recht verstieß teilweise gegen Art. 14 GG; das BVerfG entwickelt hier eine Konfliktlösung, die differenzierter und damit angemessener erschien als die in dem Gesetz beschlossene.

4. Die Bedeutung von Privatnützigkeit und Verfügungsbefugnis

Eigentum soll es geben, damit Freiheit herrsche – so wird es seit den Anfängen der Eigentumsdiskussion proklamiert.[79] Und es ist richtig, dass meine Handlungsfreiheit wächst, wenn ich Eigentum habe und nicht auf die Hilfe anderer oder des Staates angewiesen bin. Idealiter sollen alle Menschen existenz- und freiheitssicherndes Eigentum haben. Aber die Wirklichkeit ist anders. Viele haben nichts oder wenig – ist ihr Wunsch nach Freiheit deshalb irrelevant? Der demokratische Staat kann es nicht hinnehmen, dass ein großer Teil seiner Bürger eigentumslos ist, aber er kann auch nicht akzeptieren, dass diesen Bürgern die Grundfreiheiten fehlen. Dieses Dilemma lässt sich vermeiden, wenn man die generelle Verkoppelung von Eigentum und Freiheit aufgibt. Sie ist ohnehin historisch belastet, weil sie als Begründung für den Ausschluss der Besitzlosen vom Wahlrecht benutzt wurde,[80] und gehört mehr zum ideologischen Überbau als zur Begründung des Rechtsinstituts Eigentum.

---

[78] BVerfGE 112, 93 107).

[79] Die Geschichte der Formel von „Freiheit und Eigentum“ kann hier nicht behandelt werden. Sie reicht zurück bis zu den amerikanischen Freiheitserklärungen und dem deutschen philosophischen Idealismus. Vgl. etwa *Badura*, Eigentum, in: Benda/Maihofer/Vogel (Hrsg.), Handbuch des Verfassungsrechts der Bundesrepublik Deutschland, 1983, S. 653 (657) m.w.N. – Einzelstudien: *Von Manz*, J. G. Fichte, Eigentum als Handlungsmöglichkeit, in: Eckl/Ludwig (Fn. 6), S. 148 ff.; *Eckl*, Der Begriff des „Eigentums“ in der Rechtsphilosophie Hegels, ebd. S. 161 ff.

[80] Vgl. *Rittstieg* (Fn. 1), S. 233 ff. mit zahlreichen historischen Details.

In der verfassungsrechtlichen Rechtsprechung und Literatur werden als begrifflich notwendige Elemente oder sogar als „Wesensmerkmale" des verfassungsrechtlichen Eigentumsbegriffs vielfach die „Privatnützigkeit" und die grundsätzliche Verfügungsbefugnis angesehen.[81] So heißt es in einer frühen Entscheidung des BVerfG, die später immer wieder zitiert wird:

> „Das Privateigentum im Sinne der Verfassung zeichnet sich in seinem rechtlichen Gehalt durch Privatnützigkeit und grundsätzliche Verfügungsbefugnis über den Eigentumsgegenstand aus (BVerfGE 31, 229 [240] mit Nachweisen)."[82]

In dem Urheberrechtsurteil, das hier in Bezug genommen wird, hat das Gericht entscheidend auf die „Aufgabe" des Art. 14 GG abgestellt, dem Rechtsträger einen Freiheitsraum zu gewährleisten. Das ist zwar ein Zirkelschluss – zu entscheiden war und ist ja gerade, *ob* ein Recht einem Einzelnen zum Zwecke der Freiheitssicherung zugewiesen werden soll. Privatnützigkeit und Verfügungsbefugnis sind Rechts*folgen* der Zuordnung zum Privateigentum, nicht deren *Voraussetzung*.[83] Trotzdem ist es angemessen, in streitigen Fällen danach zu fragen, ob durch die Begründung einer Eigentumsposition individuelle Freiheit gesichert werden kann. Wenn dem so ist und im Übrigen z.B. eine eigene Leistung oder ein schutzwürdiges Vertrauen vorliegt, können die Kriterien Privatnützigkeit und Verfügungsbefugnis eine zusätzliche Rechtfertigung liefern. Das BVerfG kombiniert diese Ansätze daher regelmäßig miteinander. Nicht ausreichend wäre es freilich, ohne Feststellung eines materiellen Begründungsfaktors wie eigene Leistung allein aus der Privatnützigkeit einer behaupteten Rechtsposition auf ihre Rechtfertigung zu schließen.

5. *Marktwert*

Gesellschaftliche Wertschätzung allein stellt keinen ausreichenden Grund dar, eine faktische Position zu einem Eigentumsrecht erstarken zu lassen. Derartiges propagiert die Property-Rights-Theorie.[84] Der übliche und um der Rechtssicherheit willen auch erforderliche Schutz erreichter wirtschaftlicher Positionen ist aber durch Rechtsnormen unterhalb der Ebene der Grundrechte hin-

---

[81] BVerfGE 37, 132 (140); 50, 290 (339); 52, 1 (30); 98, 17 (35); aus der Lit. etwa *W. Leisner*, Eigentumsschutz von Nutzungsmöglichkeiten, Betriebs-Berater 1992, 73 (74).

[82] BVerfGE 37, 132 (140); später z.B. BVerfGE 101, 54 (74 f.); 112, 93 (107).

[83] So auch *Sieckmann*, Modelle des Eigentumsschutzes, 1998, S. 112 ff., 117. In BVerfGE 97, 271 (284) wird die Privatnützigkeit der Hinterbliebenenversorgung mit dem Argument verneint, es handle sich um eine „bloße Aussicht auf die Leistung, die mit der Auflösung der Ehe oder dem Vorversterben des Partners entfällt" – das ist logisch nicht nachvollziehbar. Die Ungenauigkeit erklärt sich daraus, dass das Gericht Privatnützigkeit „als Rechtsposition" meint und das Erstarken der Anwartschaft zum „Vollrecht" bestreitet.

[84] *Hösch* (Fn. 8) S. 94 ff. m.N. („Erstarken zu Eigentumsrechten durch gesellschaftliche Wertzumessung – Vermögens- und Marktwerttheorie").

reichend gewährleistet, insbesondere durch die Bindung an Verträge und im Verhältnis zum Staat durch das Rechtsstaatsprinzip. Tatsächlich werden in allen demokratischen Staaten der Gegenwart die Ergebnisse der Marktvorgänge in größtem Maße akzeptiert und nicht in Zweifel gezogen werden. Dass der Markt keine rational oder moralisch begründbaren Ergebnisse hervorbringt, ist schon gesagt worden (s. oben III. 1.).

In umgekehrter Richtung argumentieren libertäre Autoren, dass „vernünftigerweise" „niemandem mehr zustehen" kann, „als er für seine Talente, Leistungen und Fähigkeiten auf dem Markt erhalten kann".[85] Damit wird unterstellt, dass der Markt stets für gerechte Verhältnisse sorge. Diese Annahme aber wird jeden Tag aufs Neue widerlegt. Der Markt „belohnt" generell weder Begabung noch Leistung oder Fähigkeit und „bestraft" weder Faulheit noch Frechheit, sondern reagiert auf Faktoren, die überwiegend nicht zurechenbar sind. Ein mittelmäßig begabter Unternehmenserbe hat unverhältnismäßig größere Chancen, sein Vermögen auszuweiten, als ein hochbegabtes Kind einer Arbeiterfamilie, das trotz exzellenter Examina keine adäquate Stelle findet (z.B. weil sich die Branche, für die er oder sie ausgebildet ist, in einer Krise befindet). Das Spiel von Angebot und Nachfrage kann zwar unter günstigen Bedingungen funktionieren, und dann schaffen es manche, auf der sozialen Leiter aufzusteigen – aber eben nur dann, wenn der Markt wirklich vollständig funktionsfähig ist und auch dann nicht, wenn die Wertschätzung für die positiven Eigenschaften der Beteiligten zu gering ist.

Eine sozialstaatliche Verfassung kann es jedenfalls nicht hinnehmen, dass die irrationalen Marktergebnisse als letzte Weisheit und als Maßstab gerechter Güterordnung angesehen werden. Eine allgemeine Verteilungslehre kann so nicht begründet werden.

6. Das Erbrecht

„Anders als das erworbene ist das ererbte Vermögen genau genommen vom Standpunkt des Leistungsprinzips nicht ohne weiteres zu rechtfertigen."[86] Herbert Krüger rekonstruiert den Zusammenhang von Leistung und Erbe durch Äußerungen aus der Literatur, nach denen „erst die Gewissheit, das durch eigene Arbeit erworbene Vermögen seinen Nachkommen hinterlassen zu können, [...] dem Antrieb zur Arbeit die letztmögliche Kraft" verleiht.[87] Diese „arbeitspsychologische" These dürfte nicht verifizierbar sein; sie reicht jedenfalls nicht aus, um das Erbrecht in seinen verschiedenen Dimensionen zu legitimie-

[85] So *Nozick*, zitiert nach *Kersting*, Politische Philosophie des Sozialstaates (Fn. 41), S. 34.
[86] *Krüger* (Fn. 32), S. 425 Fn. 73.
[87] AaO., S. 425. Krüger verweist pauschal auf Adam Smith, Wilhelm von Humboldt, Robert von Mohl und mit einem Zitat auf M. A. Thiers.

ren. Allenfalls mittelbar wird eine Leistung dadurch honoriert, dass ihr Ergebnis vererbt werden kann.

Es gibt zwei Ansätze einer überzeugenderen Rechtfertigung, nämlich einerseits den Respekt vor der *Freiheit des Erblassers*, über sein Vermögen zu verfügen, und andererseits das Interesse der Allgemeinheit an der *Kontinuität von Vermögensbeständen*. Die einen haben die „Freiheit zu vererben", die anderen achten darauf, dass wirtschaftliche Unternehmen nicht ohne Not aufgeteilt werden müssen und dadurch an Produktivität verlieren. Für das landwirtschaftlich genutzte Eigentum ist der letztere Gesichtspunkt über Jahrhunderte hin allgemein akzeptiert worden;[88] wo er aufgegeben wurde, haben sich große soziale Veränderungen ergeben. Den Fortbestand des gewerblichen Unternehmens sehen viele durch die Erbschaftsteuer gefährdet. Das Steuerrecht nimmt aber weitgehend Rücksicht auf das Interesse der Erben an dem Erhalt der Unternehmenseinheit – so viel Rücksicht, dass die Erben anderer Vermögensgegenstände sich wegen der ungleichen Besteuerung an das BVerfG gewandt haben.[89] Das geltende Recht perpetuiert die Ungleichheit der Vermögensverteilung; für Korrekturen – etwa durch höhere Erbschaftsteuer – wäre hier durchaus Spielraum vorhanden.[90]

Die Ausgangslage ist heute anders als in der Vergangenheit. Eigentum an Unternehmen besteht in unterschiedlichen Formen. Der mittelständische Gewerbetreibende, der sein „Haus" wie ein Familienvater führt und dabei zu Wohlstand gelangt, ist nicht mehr der Prototyp. In den großen Konzernen, aber vielfach auch in kleinen und mittleren Unternehmen sind Manager an die Stelle der Gründer/Eigentümer getreten; das nominelle Eigentum hat sich „verflüchtigt",[91] und das Verhältnis der Manager zu den Unternehmen ist wesentlich von der Ertragskraft, also den erzielbaren Gewinnen bestimmt, weil sie sich den Anteilseignern verantwortlich fühlen, nicht aber auch den Arbeitnehmern. Die ein uneingeschränktes Erbrecht rechtfertigenden Gründe sind damit schwächer geworden: Die Aktionäre vererben nicht das Unternehmen, sondern eben nur ihre Aktien; das Unternehmen kann bei ausreichender Eigenkapitalisierung ohne weiteres überleben. Zumindest kann dies für die Intensität des steuerlichen Eingriffs bedeutsam sein.

Die angesprochene Grundsatzfrage, ob es nämlich angemessen sei, wenn Hinterbliebene an dem rechtmäßig Erworbenen partizipieren, wird kaum noch einmal gestellt. Offen bleibt z.B., ob es gerecht ist, auch andere Erben als die nächsten Verwandten und die Ehepartner zu beteiligen – die Testierfreiheit er-

---

[88] Z. B. in Gestalt der Höfeordnungen mit ihrem Verbot der Aufteilung; dazu BVerfGE 91, 346 (360 ff.).

[89] Vgl. BVerfGE 138, 136; über die Verhandlung berichtet *Janisch*, Die Zweifel der Richter, Süddeutsche Zeitung vom 9.7.2014.

[90] *Rittstieg*, AK-GG (Fn. 5), Art. 14/15 Rn. 145.

[91] *Rittstieg* (Fn. 1), S. 346. S. a. *Krüger* (Fn. 32), S. 430 ff.

laubt eben dies bisher, und sie wird nicht in Frage gestellt.[92] Aber angesichts der relativ schwachen Rechtfertigung eines umfassenden Erbrechts ist auch die Frage angebracht, ob nicht manche Rechte für nicht vererblich erklärt werden könnten[93] oder in manchen Fällen die Allgemeinheit berechtigt sein könnte. Das kann und soll nicht für Gegenstände des persönlichen Eigentums gelten, sondern nur für Rechte mit sozialem Bezug.

V. Konsequenzen dieser Sichtweise

1. Die neue Denkweise, dass „Eigentum" durch das positive Recht geschaffen wird, dass Freiheit und Wohlstand durch das Eigentum an Sachen nicht hinreichend geschützt werden können und dass die sozialstaatliche und ökologisch geforderte Eingrenzung von Eigentumsrechten zwingend ist, ersetzt die alten Begründungen, insbesondere die Arbeitstheorie im Lockeschen Sinne und die Beschwörungen eines „von Natur aus" gegebenen Eigentums. Die „bürgerliche Idylle", die Helmut Rittstiegs Kritik herausgefordert hat, gehört der ideengeschichtlichen Vergangenheit an. Das BVerfG hat diese Kritik vor einiger Zeit noch einmal bestätigt, indem es feststellte:

> „In der heutigen Gesellschaft sichert die große Mehrzahl der Staatsbürger die wirtschaftliche Grundlage ihrer Existenz und ihrer Freiheiten ‚weniger durch privates Sachvermögen als durch den Arbeitsertrag und die daran anknüpfende solidarisch getragene Daseinsvorsorge, die historisch von jeher eng mit dem Eigentumsgedanken verknüpft war' (BVerfGE 40, 65 [84]; 53. 257 [290])."[94]

Aber die Kräfte, die ein neues Verständnis von Eigentum und Erbrecht propagieren, stoßen an manchen Fronten nach wie vor auf starken Widerstand.

2. Die Eigentumsordnung, die der Gesetzgeber geschaffen hat, ist verfassungsrechtlich gegen willkürliche Veränderungen geschützt. Der Staat darf seine eigene Ordnung nicht dadurch grundlegend stören, dass er die verfassungsrechtlich begründete und in ihren Einzelausgestaltungen demokratisch legitimierte Eigentumsordnung ohne gewichtige sachliche Rechtfertigung beiseiteschiebt. Er darf nicht das Rechtsinstitut Eigentum im Kern abschaffen. Dass dies drohe, ist freilich nicht erkennbar.

---

[92] Vgl. etwa BVerfGE 91, 346 (358); 99, 341 (350 f.).

[93] *Rittstieg*, AK-GG (Fn. 5), Rn. 141, weist darauf hin, dass es vermögenswerte Rechte gibt, die nach Bürgerlichem Recht nicht vererblich sind (Leibrente, persönliche Dienstbarkeiten, Mitgliedschaften in Vereinen u.ä.). Früher waren auch manche öffentlichen Ämter vererblich!

[94] BVerfGE 97, 350 (371).

Die Überlegungen zur grundsätzlichen Begründung des Eigentums sind aber von Bedeutung für das Verständnis von Art. 14 Abs. 1 Satz 2 und Abs. 2, also für die gesetzliche Umschreibung von *Eigentumsinhalt und -schranken* sowie der *Gemeinwohlverpflichtung.* „Die Sozialbindung (Art. 14 Abs. 2 GG) ist nicht äußere Schranke des Eigentums, nicht eine Bestimmung zur Abwehr von Missbräuchen; sie gehört vielmehr zur inneren Struktur des Grundrechts, ist immanenter Bestandteil des Eigentums."[95] Es gilt, diese innere Struktur bei den verschiedenen Eigentumsformen adäquat herauszuarbeiten. Wenn das Eigentum in vielen seiner Spielarten nicht wirklich durch individuelle Leistung begründet ist, sondern das Ergebnis der gesetzlichen Verteilung und Zuordnung von Rechten darstellt, das zwar teilweise an Leistungen und an investiertes Vertrauen anknüpft, aber teilweise auch auf anderen Erwägungen beruht, können und müssen die Befugnisse der Eigentümer entsprechend begrenzt sein. Der Staat hat einen Spielraum, das individuelle Interesse gegen das Allgemeininteresse abzuwägen. Er darf Nutzungen beschränken oder bei der öffentlichen Verwaltung bzw. bei öffentlichen Einrichtungen monopolisieren, und wenn er umfassende Leistungen erbringt, darf er auch hohe Steuern erheben.[96]

Dass und auf welchem rechtlichen Wege das Vermögen insgesamt gegen zu hohe Steuern geschützt sei, ist nach wie vor heftig umstritten.[97] Immerhin hat das BVerfG die früher – in einem stark beachteten obiter dictum – aufgestellte Behauptung, es gebe bei der Vermögensteuer einen „Halbteilungsgrundsatz", also das Gebot der etwa hälftigen Aufteilung des Vermögens(soll)ertrags zwischen Staat und Bürger,[98] nach vielfachem Widerspruch wieder aufgegeben.[99] Zu der Grundsatzfrage, ob überhaupt eine Vermögensteuer erhoben werden darf, ist nach wie vor das Abweichende Votum von Ernst-Wolfgang Böckenförde zu dem Vermögensteuerbeschluss lesenswert, in dem es u.a. heißt:

> „Die Abschaffung echter Vermögensteuern durch deren Umschreibung zu Sollertragsteuern trifft den sozialen Rechtsstaat an einer zentralen Stelle. Sie beschneidet empfindlich das staatliche Potential sozialer Korrekturmöglichkeiten gegenüber der Selbstläufigkeit gesellschaftlicher Entwicklungen."[100]

---

[95] *Vogel*, Abschließende Äußerungen, in: Benda/Maihofer/Vogel (Hrsg.), Handbuch des Verfassungsrechts, 1983, S. 1361 (1366).

[96] Dazu auch *mein* Beitrag: Steuerpflicht, Sozialstaat und Freiheit des Individuums, in: Schliesky/Ernst/S. E. Schulz (Hrsg.), Die Freiheit des Menschen in Kommune, Staat und Europa. Festschrift für Edzard Schmidt-Jortzig, 2011, S. 465 ff., in diesem Band Nr. 11, S. 277 ff.

[97] Vgl. dazu *Wendt* (Fn. 47), Rn. 143 f.

[98] BVerfGE 93, 121 (LS 3, S. 138). Krit. *Bull*, Vom Eigentums- zum Vermögensschutz – ein Irrweg, NJW 1996, 281.

[99] BVerfGE 115, 97 (114, s. aber auch S. 118). Dazu *Wendt* (Fn. 47), Rn. 145.

[100] BVerfGE 93, 121 (149, 162).

3. Nach allem ist es „erforderlich, die Abstraktion des Eigentumsbegriffes zu durchbrechen", also die faktischen Unterschiede zwischen den verschiedenen Arten von Eigentumsobjekten zu beachten.[101] „Mit der Sache nach Belieben verfahren und andere von jeder Einwirkung ausschließen" (§ 903 BGB) – das gilt schon nach dem Wortlaut des Gesetzes nur für „Sachen" im Sinne von § 90 BGB. Dieses Sacheigentum an körperlichen Gegenständen, das eine umfassende Sachherrschaft vermittelt, hat seine Leitfunktion verloren; in den Worten von Rittstieg: „Die Sachherrschaftshypothese beschränkt sich auf einen Teil der Eigentumsrechte".[102] Zu unterscheiden ist also zumindest wie folgt:

- Das *„persönliche Eigentum"* – also das Recht an den Sachen, die wir zum täglichen Gebrauch und zur Erhaltung unserer physischen und geistigen Existenz benötigen, einschließlich eines normalen Maßes an „Luxus" und Komfort – ist besonders schutzbedürftig und auch rechtlich wie faktisch besonders gut geschützt.[103] Sogar die sozialistische Verfassung der DDR erwähnte das persönliche Eigentum (im Gegensatz zum sozialistischen Eigentum an Produktionsmitteln).[104] Während die DDR-Verfassung paternalistisch formulierte, das persönliche Eigentum diene „der Befriedigung der materiellen und kulturellen Bedürfnisse der Bürger", wird heute die Freiheitsfunktion des persönlichen Eigentums betont und umgekehrt gefolgert: „Für Eigentum, das nicht primär die eigene Freiheit schützt, sondern Macht über andere verleiht", können „schon von seinem Inhalt her nicht einfach die gleichen Regeln gelten wie für Gebrauchseigentum oder ein Einfamilienhaus".[105]
- Demgegenüber ist der rechtliche Schutz der nur *gemieteten Wohnung* für eine Vielzahl von Menschen von existenzieller Bedeutung und immer wieder Gegenstand rechtlicher Auseinandersetzungen und begründeter Forderungen nach weitergehendem Schutz.[106]
- Wieder andere „Frontlinien" bestehen zwischen dem *Eigentum an Grundstücken* und der Planungshoheit des Staates und der Kommunen.[107] Die von der h. L. behauptete „Baufreiheit" („bauliche Nutzbarkeit als essentieller Be-

---

[101] *Rittstieg* (Fn,. 1), S. 315. Dort S. 205 f. auch zur Bedeutung der Pandektenwissenschaft für die Herausbildung des bürgerlichen Eigentumsbegriffs im 19. Jahrhundert. Entschieden gegen Unterscheidungen etwa nach Persönlichkeits- und Leistungsbezug des Eigentums *Wendt* (Fn. 47), Rn. 89 ff.

[102] *Rittstieg* (Fn. 1), S. 336.

[103] *Rittstieg* (Fn. 1), S. 315 ff., 322.

[104] DDR-Verfassung v. 8.4.1968, Art. 10 („sozialistisches Eigentum") und Art. 11 (persönliches Eigentum und Erbrecht). Der Text ist abgedruckt bei von Münch (Hrsg.), Dokumente des geteilten Deutschland, 2. Aufl. 1976, S. 525 (528).

[105] *Vogel* (Fn. 95), S. 1367.

[106] *Rittstieg* (Fn. 1), S. 324 ff. Inzwischen haben sich das BVerfG und der BGH wiederholt mit dem Mietrecht als Gegenstand des „Eigentums"-schutzes nach Art. 14 GG befasst, vgl. insbes. BVerfGE 89, 1 (5 ff.) (Besitzrecht des Mieters als Eigentum i.S.v. Art. 14 Abs. 1 GG); 91, 294 (310) (Mietpreisbindung); 95, 64 (84 ff.) (Sozialwohnungen).

[107] *Rittstieg* (Fn. 1), S. 334 ff.

standteil des Eigentums")[108] ist durchaus umstritten und eröffnet – wie auch eingeräumt wird[109] – angesichts des strengen geltenden Bauplanungs- und -ordnungsrechts nur noch geringe Spielräume. Wertsteigerungen, die durch Bauleitplanung (bzw. Fachplanungen) entstehen, sind kein Verdienst der Eigentümer, sondern beruhen auf Entscheidungen und Investitionen der Allgemeinheit.[110] „Der Bodenmarkt behindert und verhindert [...] die optimale Bodennutzung"[111] – aber das muss nicht so bleiben; die Verfassung steht einer Abschöpfung der Bodenwertgewinne nicht entgegen.[112] Für das Grundeigentum – und im Wesentlichen nur hier – besteht auch die potentielle Beschränkung durch die Befugnis des Staates, es für wichtige Zwecke (gegen Entschädigung) zu enteignen.[113]

- Das Eigentum an *Unternehmen* wird vielfach immer noch wie das Sacheigentum als Herrschaftsbefugnis verstanden, besteht aber tatsächlich in der Regel in Gesellschaftsanteilen, darunter Aktien, die den irrationalen Schwankungen der Börse ausgeliefert sind und selbstverständlich besteuert werden können. Der „eingerichtete und ausgeübte Gewerbebetrieb", der so viel juristischen Scharfsinn provoziert hat, gehört keineswegs immer einem Alleineigentümer; wird er gegen „Eingriffe" geschützt (etwa durch Schadensersatzansprüche), so kommt dies u.U. einer Mehrzahl von Berechtigten zugute.
- Bei den Ergebnissen geistiger Arbeit, dem *„geistigen Eigentum"*[114] schließlich ist es offensichtlich, dass dem Urheber eines Werkes nicht zwingend sämtliche nur denkbaren Nutzungsrechte zustehen müssen, sondern die rechtliche Zuordnung von spezielleren Gerechtigkeitsüberlegungen abhängt und daher Einschränkungen zugunsten bestimmter öffentlicher oder konkurrierender privater Interessen durchaus in Betracht kommen.
- Wieder andere Maßstäbe müssen für die *vermögenswerten öffentlichen Rechte* gelten, die in der amerikanischen Literatur als „Neues Eigentum" bezeichnet worden sind.[115]

---

[108] *Papier* (Fn. 53), Rn. 57. Dagegen u.a. *Wieland* (Fn. 46), Rn. 32.

[109] *Papier* (Fn. 53), Rn. 58.

[110] Scharf kritisch auch *Rittstieg* (Fn. 1), S. 335.

[111] *Rittstieg* (Fn. 1), S. 337.

[112] Vgl. dazu schon BVerfGE 21, 73. Zur Reformpolitik: *Vogel*, Bodenrecht und Stadtentwicklung, NJW 1972, 1544 ff., und: Reform des Bodenrechts, in: Recht und Politik 1974, S. 4 ff. Sehr deutlich für ein anderes Bodenrecht auch *Maihofer*, Abschließende Äußerungen, in: Benda/Maihofer/Vogel (Fn. 95), S. 1404 f. mit Fn. 53.

[113] Zu den Streitfragen um die Entschädigungspflicht nach Art. 14 Abs. 3 GG kann hier nicht Stellung genommen werden. Die These von *Papier* (Fn. 53; Art. 14 Rn. 8), Eigentumsentzug dürfe „per saldo kein Vermögensentzug" sein, bezieht sich jedenfalls nur auf die Fälle des Art. 14 Abs. 3 GG und des Art. 15 GG (aaO. Rn. 42). Die Behauptung (ebd. Rn. 5), Art. 14 Abs. 1 GG begründe „auch ein an den Staat gerichtetes grundsätzliches Vermögensentziehungs- und Umverteilungsverbot", schießt über diese tatbestandliche Grenze hinaus.

[114] *Rittstieg* (Fn. 1), S. 363.

[115] *Rittstieg* (Fn. 1), S. 369 ff. (375) (kritisch zu dem neuen Begriff).

- Das unspezifizierte *Geldvermögen* schließlich, das in seinem Bestand und seinem Wert besonders stark von den allgemeinen wirtschaftlichen Entwicklungen und von dem Austausch mit anderen abhängt, ist noch weniger „heilig“ als andere Formen von Eigentum. Der Rechtsstaat gewährleistet ein hohes Maß an Vertrauensschutz und Bestandssicherheit, aber stets ist auch eine Abwägung mit hochrangigen Gütern der Allgemeinheit geboten, und eine maßvolle Umverteilung ist nicht ausgeschlossen, wenn sonst die soziale Kluft zwischen Arm und Reich allzu groß wird.

VI. Fazit

Das Eigentum ist gestaltbar und einschränkbar. Schon die Tatsache, dass die unbeeinflusste Entwicklung der Wirtschaft zu unerträglich erscheinenden Ungleichheiten des Einkommens und Vermögens führt, weist auf die Notwendigkeit von Gegenstrategien hin. Der Staat muss darauf reagieren, dass einerseits unermesslicher Reichtum angehäuft wird, andererseits die große Mehrheit der Menschen nur über das Existenzminimum verfügt oder sogar in Armut lebt. Gewiss ist eine unmittelbare „Konfiskation“ übergroßer Vermögen nicht die gebotene Methode, um soziale Konflikte zu befrieden. Aber Abgaben und Steuern können und müssen u.U. so gestaltet werden, dass sie die soziale Kluft zwischen Arm und Superreich verkleinern.

Angesichts sich dramatisch verschlechternder Umweltbedingungen ist der Staat auch berufen, die Eigentumsordnung an die Notwendigkeiten der Gegenwart und Zukunft anzupassen. Wenn eine Klimakatastrophe droht – und dafür sprechen die naturwissenschaftlichen Erkenntnisse der letzten Jahre –, kann kein Staat darauf vertrauen, dass sich die Märkte „besinnen“ und den selbstmörderischen Umgang mit den natürlichen Ressourcen beenden werden. Dieselbe Überlegung, nämlich den Umweltschutz zur Geltung zu bringen, lag ja schon dem Nassauskiesungs-Beschluss[116] des BVerfG zugrunde; sie ist heute aktueller denn je. Um des Klimaschutzes willen müssen auch andere Umweltnutzungen kritisch bewertet werden. Außerdem sind große neue Problemfelder hinzugekommen, etwa die Gefahr, dass durch ungezügelte Finanztransaktionen ganze Volkswirtschaften in den Ruin getrieben werden. Wenn die gemeinsame Währung eines Staates oder eines Staatenverbundes zusammenzubrechen droht, darf der Staat und dürfen die supranationalen Organe auch solche Maßnahmen treffen, die das etablierte Gefüge von Eigentum und Vermögen verändern. Regulierungen können dann dringend notwendig sein, und die Berufung auf bestehende Forderungsrechte trägt im Krisenfall nicht weit.

---

[116] BVerfGE 58, 300; s. oben bei Fn. 3.

Erworbenes und Ererbtes ist nicht allein deswegen sakrosankt, weil es rechtmäßig erworben oder ererbt ist. Wir dürfen und müssen immer wieder fragen, ob es auch in höherem Sinne verdient ist.

13.

„Freiheit der Arbeit" als Unterdrückung der Koalitionsfreiheit

Die loi Le Chapelier von 1791 und ihre Folgen

I. Politische Krise und staatstheoretische Argumentation

Die Koalitionsfreiheit ist ein junges Grundrecht. Bis gegen Ende des 19. Jahrhunderts war sie in den meisten Ländern umstritten. Den Protagonisten der französischen Revolution war sie so suspekt, dass sie ein ausdrückliches Koalitionsverbot aussprachen. Sie schafften nicht nur alle Zünfte, Innungen und sonstigen Berufs- und Gewerbevereinigungen ab, sondern untersagten auch alle Vereinigungen und kollektive Aktionen der Arbeiter.

Das Gesetz, das dieses Verbot enthält, trägt den Namen von *Isaac René Guy Le Chapelier*, eines Anwalts aus Rennes, der in der Nationalversammlung als Deputierter des Dritten Standes eine wichtige Rolle spielte.[1] Le Chapelier war zeitweise Präsident der Versammlung. Später wurde er als zu moderat verfolgt und im Terrorjahr 1794 hingerichtet. Sein Gesetz galt fast hundert Jahre lang. Es ist mit Recht als eines der wichtigsten Gesetze der Revolution bezeichnet worden.[2]

Anlass des Verbotes waren Unruhen in der Arbeiterschaft, insbesondere im Bauhandwerk,[3] und der Zusammenschluss der Drucker.[4] Aber begründet

---

[1] Zur Biographie von Le Chapelier vgl. *Plessis*, Présentation du colloque, in: Naissance des libertés économiques. Liberté du travail et liberté d'entreprendre: le décret d'Allarde et la loi Le Chapelier, leurs conséquences, 1791 – fin XIXe siècle. Sous la direction d'Alain Plessis, 1993 (Histoire industrielle), S. 5. Es handelt sich um die Dokumentation eines internationalen Kolloquiums, das am 28. und 29. November 1991 vom Institut d'Etudes Politiques unter der Schirmherrschaft des Ministers für Industrie und Außenhandel in Paris veranstaltet wurde. Zu Le Chapelier s. a. Grand Larousse universel, Paris 1997, Bd. 9; *Furet/Richet*, Die Französische Revolution, 1981, S. 89 und 92. – Dass Le Chapelier kein Hinterbänkler war, lässt sich schon mit der Statistik der Wortmeldungen im „Moniteur" belegen, so *Simitis*, Die Loi le Chapelier: Bemerkungen zur Geschichte und möglichen Wiederentdeckung des Individualismus, in: Kritische Justiz 1989, S. 157 (159).

[2] *Ibarrola*, Mouvement ouvrier francais, loi Le Chapelier et luttes de classes, 1791–1869, in: Naissance des libertés économiques (Fn. 1), S. 253.

[3] *Plessis* ebd. (Fn. 1).

[4] *Gibaud*, La loi Le Chapelier et la spécificité du mutualisme francais, 1791–1864, in: Naissance des libertés économiques (Fn. 1), S. 245 ff. (246).

wurde das „schreckliche" Gesetz[5] grundsätzlicher: Versammlungen von Bürgern gleichen Standes oder Berufes seien ein Verstoß gegen wesentliche Prinzipien der Revolution – „ein Verstoß, aus dem große Gefahren für die öffentliche Ordnung entstehen".[6] So wie die ständische Ordnung des Ançien Regime als unerträgliche Schranke individueller Freiheit und Gleichheit galt, so erschien auch die Einbindung der Arbeiter in kollektive Organisationen als ein Hindernis für die freiheitliche Entwicklung des Gemeinwesens. Unternehmergeist und die Vertragsfreiheit sollten umfassend wirksam werden, auch jeder Arbeiter sollte frei sein, Verträge nach seinem freien Willen abzuschließen. So wurde der Gewerbefreiheit die „Freiheit der Arbeit" hinzugesellt. Die staatstheoretische Begründung geht darüber noch hinaus: Zwischen Individuum und Nation sollte keine intermediäre Organisation mehr bestehen. Darin wird ein wesentliches Merkmal der neuen Verfassung gesehen, und in den verschiedenen Stadien der Diskussion wird immer wieder betont, wie schwer die Verletzung dieses Verfassungsprinzips wiege.

Der offensichtliche Gegensatz zwischen dem unmittelbaren Ziel des Gesetzes, einen politischen und sozialen Konflikt durch ein rigoroses Verbot auszuräumen, und der theoretischen Begründung aus dem Geist der Revolution reizt zu näherer Untersuchung. Zunächst jedoch soll auf die Entstehung des Gesetzes eingegangen werden (II.), bevor sodann das historische Umfeld des Koalitionsverbots (III.) und seine spätere Aufhebung (IV.) dargestellt werden. Die Bewertung folgt in Abschnitt V.

II. Entstehung und Inhalt des Koalitionsverbots

1. Die Befreiung von alten Bindungen

Das Le Chapelier-Gesetz wurde im Juni 1791 beschlossen. Vorangegangen war ihm am 17. März 1791 das nach Pierre Gilbert, Baron *d'Allarde* benannte Dekret,[7] durch welches im Zeichen der allgemeinen Gewerbefreiheit alle Berufs- und Gewerbevereinigungen („les corps et communautés d'artisans et marchands") verboten und die Vorrechte und Privilegien bestimmter Berufs-

[5] *Jean Jaurès* sprach von einer „loi terrible", vgl. seine Histoire socialiste de la Révolution française, Bd. 1, 1924, S. 903.

[6] Bericht über die Beratung in der Assemblée Nationale am 14. Junni 1791, in: Archives Parlementaires de 1787 à 1860, I. Serie, Bd. 27, Paris 1887, Nachdruck 1969, S. 210 (Le Chapelier als Berichterstatter des Verfassungsausschusses: „Rapport du comité de Constitution sur les assemblées de Citoyens de même état ou profession"). S. a. *Soreau*, La loi Le Chapelier, in: Annales historiques de la Révolution Française, 8. Band, 1931, S. 287 – 314, auch abgedruckt in: Naissance ... (Fn. 1) Annexe V.

[7] Décret d'Allarde, abgedruckt in: Naissance des libertés économiques (Fn. 1) S. 333 ff. (nach *Duvergier*, Collection des Lois, f. II, S. 281–285).

gruppen abgeschafft wurden. Dementsprechend wurde die Freiheit der Berufswahl eingeführt:

> „A compter du 1er avril prochain, il sera libre à toute personne de faire tel négoce, ou d'exercer telle profession, art ou métier qu'elle trouvera bon" (Art. 7).

In den 28 Artikeln dieses Dekrets spiegelt sich konkret und lebensnah das bunte Bild der Berufe und Gewerbezweige, die im Frankreich des 18. Jahrhunderts existierten, und die Vielfalt der damit verbundenen Rechte und Vorteile wie auch der darauf bezogenen Einschränkungen. Die neue individuelle Berufsfreiheit ist nur noch davon abhängig, dass zuvor eine Urkunde (une patente) ausgestellt wird und die polizeilichen Reglements beachtet werden. Der Kern des Décret d'Allarde – dass es keine Zünfte und keine Körperschaften von Berufen, Künsten oder Handwerken mehr geben soll – wurde in die Präambel der Verfassung vom 3. September 1791 aufgenommen:

> „Il n'y a plus ni jurandes, ni corporations de professions, arts et métiers."

2. *Die neue Freiheit als Verbot gemeinschaftlichen Handelns*

In der loi le Chapelier[8] wird anschließend verfügt:

> Art. 1: „L'anèantissement de toutes les espèces de corporations des citoyens du même état et profession, étant unes des bases fondamentales de la constitution française, il est défendue de les rétablir de fait, sous quelque prétexte et quelques formes ce soit."

> Art. 2: „Les citoyens d'un même état ou profession, les entrepreneurs, ceux qui ont boutique ouverte, les ouvriers et compagnons d'un art quelconque, ne pourront lorsqu'ils se trouveront ensemble, se nommer ni présidents, ni secrétaires, ni syndics, tenir des registres, prendre des arretés ou délibération, former des réglements sur leurs prétendues intérêts communs."

Das ist wahrlich ein revolutionäres Gesetz! „Die Zerschlagung aller Arten von Zusammenschlüssen der Bürger gleichen Standes und gleichen Berufs" wird als ein fundamentaler Bestandteil der Verfassung bezeichnet, ihre Wiederherstellung wird verboten. Die Kühnheit dieser Entscheidung muss den Abgeordneten bewusst gewesen sein. Sie entschieden, nachdem Le Chapelier von Versuchen berichtet hatte, die verbotenen Korporationen auf diese oder jene Weise wiederherzustellen: durch Versammlungen von Handwerkern und Arbeitern, in denen Vorsitzende und Sekretäre gewählt worden seien und deren Ziel es gewesen sei, die Unternehmer und Meister zur Erhöhung des Tagelohns zu zwingen und diese höheren Löhne durchzusetzen:

---

[8] Abdruck in: Naissance des libertés économiques (Fn. 1) S. 341 (nach *Duvergier*, Collection des Lois, f. III, S. 25–26).

> „On emploie même la violence pour faire exécuter ces règlements; on force les ouvriers de quitter leurs boutiques, lors même qu'ils sont contents du salaire qu'ils recoivent.“

Es sei ein Fehler der Pariser Stadtverwaltung gewesen, die Versammlungen der Arbeiter zunächst zu erlauben. Le Chapelier räumt ein, dass die Löhne etwas höher sein könnten – was in der Versammlung Gemurmel („murmure“) auslöst, versucht das generelle Vereinigungsverbot aber damit zu rechtfertigen, dass auch die Arbeitgeber gehindert werden sollten, die Löhne zu senken. Für die Arbeitslosen und Kranken zu sorgen, sei Sache des Staates.[9]

Das Gesetz wurde einstimmig angenommen. Als Opponent wird einzig Jean-Paul Marat[10] genannt, der in seinem Journal ein Protestschreiben von vierzig Arbeitern veröffentlichte und die Interessenvertretung der verschiedenen Schichten des Volkes für legitim erklärte.[11]

3. Die Widersprüchlichkeit des Verbotsgesetzes

Dass dieses Verbot der Wahrnehmung eigener Angelegenheiten unvereinbar war mit der Vereinigungsfreiheit, wie sie in der seinerzeit bereits weitgehend vorbereiteten und am 3. September beschlossenen Verfassung statuiert wurde,[12] hat die Nationalversammlung zwar erkannt, aber offensichtlich bewusst verdrängt. Le Chapelier selbst hatte es angesprochen:

> „Il doit sans doute être permis à tous les citoyens de s'assembler; mais il ne doit pas etre permis aux citoyens de certaines professions de s'assembler pour leurs prétendus intérêts communs.“[13]

In der Verfassung (I. Titel, 4. Absatz) wird die Versammlungsfreiheit ohne solche Einschränkung garantiert; es heißt dort nur:

> „La Constitution garantit, comme droits naturels et civils: [...]
>
> – La Liberté aux citoyens de s'assembler paisiblement et sans armes, en satisfaisant aux lois de police.“

Ist es „unfriedlich“, wenn eine Versammlung sich für ihre gemeinsamen Interessen einsetzt? Oder sollte das Koalitionsverbot als „polizeigesetzliche“ Einschränkung der Versammlungsfreiheit anzusehen sein? In seiner Begründung

---

[9] Archives Parlementaires (Fn. 6) S. 210. Dazu vertiefend *Gibaud* (Fn. 4) S. 247. Ein Bericht und Kommentar zu den Beratungen in der Assemblée Nationale findet sich auch bei *Soreau* (Fn. 6).

[10] *Furet/Richet* (Fn. 1) S. 176; *Ibarrola* (Fn. 2) S. 256.

[11] *Ibarrola* (Fn. 2) S. 256. Zu Marats Position s. a. *Simitis* (Fn. 1) S. 170 f.

[12] So auch *Soreau* (Fn. 6) S. 296 unter Hinweis auf ein Gesetz vom 21.8.1791, in dem das Versammlungs- und Vereinigungsrecht (unter dem Vorbehalt der allgemeinen Gesetze) mit einer Ausnahme für Meister und Arbeiter gewährleistet wurde.

[13] Ebd.

beruft sich Le Chapelier nicht auf diese Vorbehalte in dem wenige Wochen später beschlossenen Verfassungstext, sondern auf die staatstheoretische Argumentation, es gebe nur einerseits das besondere Interesse des Einzelnen und andererseits das Allgemeininteresse, und:

> „Il n'est permis à personne d'inspirer aux citoyens un intérêt intermediaire, de les séparer de la chose publique par un esprit de corporations.“[14]

Die Nationalversammlung scheint dieser Theorie zugestimmt zu haben; sie stimmte über die einzelnen Artikel sofort ab und lehnte einen Antrag ab, erst am folgenden Tage, nach sorgfältiger Prüfung zu beschließen.[15] Allerdings provozierten Deputierte der Rechten die Befürworter des Gesetzes mit deren eigener Begründung: Erst fragte jemand schlicht: „Et les clubs?“, später wurde ein förmlicher Änderungsantrag gestellt, den entscheidenden Artikel 2 auf alle Vereinigungen auszudehnen, womit eben auch die politischen Clubs gemeint waren, die im Vorfeld der parlamentarischen Beratungen bereits eine zentrale Rolle spielten.[16]

Nach der Verabschiedung fiel jemandem ein, dass damit auch die Handelskammern verboten seien – was offenbar nicht im Sinne der Initiatoren war. Le Chapelier erklärte daraufhin, er habe gehört, dass man eine Ausnahme für die Handelskammern machen müsse, und versicherte, niemand habe beabsichtigt, die Kaufleute daran zu hindern, über ihre Angelegenheiten zu sprechen. Er beantragte, den folgenden Beschluss ins Protokoll aufzunehmen:

> „L'Assemblée Nationale, considérant que le décret qu'elle vient de rendre ne concerne point les chambres de commerce a passé à l'ordre du jour.“

Diese „Panne“ war durch Annahme des Antrages halbwegs überwunden,[17] da schlug ein Kleriker auf der Rechten vor, einen Zusatzartikel einzufügen, durch den die Clubs ebenso verboten werden sollten wie die Arbeitervereinigungen.[18] Das Protokoll verzeichnet hier Beifall rechts für den Zwischenruf „Laissez, laissez-les faire; il sont à l'agonie“.[19] Von Agonie der Clubs konnte freilich in Wahrheit nicht die Rede sein, und auf der Linken gab es wieder „murmures“. Die politische Polarisierung kam dann auch zum Ausdruck in dem Antrag des Abbé Jallet, einen Zusatzartikel gegen die „Zusammenrottung“ der Landarbei-

---

[14] Ebd.

[15] Antrag von *Gaultier-Biauzat*, Archives Parlementaires (Fn. 6) Bd. 27 S. 211.

[16] Archives Parlementaires (Fn. 6) S. 212 („un membre“).

[17] Der Protokollbeschluss ist dem Abdruck des Gesetzes bei *Duvergier* (vgl. Fn. 8) als Fußnote beigefügt (s.a.: Naissance ... S. 342). Die Handelskammern waren damit zunächst gerettet, wurden aber wenig später (durch ein Dekret vom 27. September 1791) aufgelöst und unter dem Konsulat wieder ins Leben gerufen, vgl. *Plessis*, Présentation du Colloque, in: Naissance ... (Fn. 1) S. 3. Zur Bedeutung der Ausnahme zugunsten der Handelskammern s. a. *Hirsch* in: Naissance ... S. 160 ff.

[18] *Soreau* (Fn. 6) S. 298 charakterisiert diesen Einwurf als „malicieux“.

[19] Zwischenruf von *Malonet*, Archives Parlementaires (Fn. 6) S. 212.

ter während der Erntezeit einzufügen – eine andere Front der sozialen Auseinandersetzung, an der ständig Unruhe herrschte.

4. Die umfassende Absicherung des Vereinigungsverbots

Das Koalitionsverbot ist in der loi Le Chapelier vielfach abgesichert. Auf die zitierten Artikel 1 und 2 folgen Vorschriften, die sich mit speziellen Erscheinungsformen des gemeinschaftlichen Auftretens befassen. So verbietet Art. 3 den Organen des Staates und der Kommunen, Aufrufe und Petitionen unter dem Namen eines Standes oder eines Berufes auch nur entgegenzunehmen, geschweige denn zu beantworten; vielmehr wird ihnen befohlen, Beschlüsse für nichtig zu erklären, die auf diese Weise zustande gekommen sein können, und sorgfältig darauf zu achten, dass sie nicht befolgt oder ausgeführt werden. Als Zuwiderhandlungen – „Verstöße gegen die Grundsätze der Freiheit und der Verfassung" – werden sodann in Art. 4 die Beschlüsse und Vereinbarungen genannt, die sich auf die Arbeitsbedingungen beziehen („délibérations" bzw. „conventions tendant à refuser de concert ou à n'accorder qu'à un prix déterminé le secours de leur industrie ou de leurs travaux"). Sie werden als verfassungswidrig und nichtig erklärt; die Behörden und Gemeindeverwaltungen sind gehalten, dies ausdrücklich festzustellen. Die „Urheber, Anführer und Aufwiegler" machen sich strafbar; sie sind vor das Polizeigericht zu zitieren und jeder einzeln zu einer Geldstrafe von 500 Livres zu verurteilen; außerdem verlieren sie alle aktiven Bürgerrechte für ein Jahr. Bei öffentlichen Arbeiten dürfen keine Unternehmer, Arbeiter und Gesellen beschäftigt, zugelassen oder geduldet werden, die solche Beschlüsse oder Vereinbarungen angeregt oder unterschrieben haben – es sei denn, sie erklären aus eigenem Antrieb förmlich vor dem Gerichtsschreiber einen Widerruf (Art. 5). Wenn in den besagten Beschlüssen oder Vereinbarungen, Plakaten oder Rundbriefen fremde Unternehmer, Handwerker, Arbeiter oder Tagelöhner, die ihre Leistung anbieten wollen, oder Personen, die sich mit einem niedrigeren Lohn zufrieden geben wollen, bedroht werden, sollen die Anstifter und Gehilfen solcher Drohungen mit einer Geldstrafe von 1000 Livres und drei Monaten Gefängnis bestraft werden (Art. 6). Art. 7 bekräftigt die Strafbarkeit dieser und ähnlicher Handlungsweisen; danach sollen diejenigen, welche die Arbeitswilligen („les ouvriers usant de la liberté accordée par les lois constitutionelles au travail et à l'industrie") bedrohen oder Gewalt gegen sie ausüben, wie Störer der öffentlichen Ruhe „mit der Härte der Gesetze" bestraft werden. Der Schlussartikel des Gesetzes bezeichnet „attroupements" von Handwerkern, Arbeitern, Gesellen und Tagelöhnern, die sich gegen die so verstandene Gewerbe- und Arbeitsfreiheit und die ihnen auferlegten Beschränkungen richten, als „aufrührerisch" – mit den entsprechenden Rechtsfolgen der Auflösung und der Bestrafung der Urheber und Anführer (Art. 8).

Am 20. Juli 1791 wurde das Gesetz auf die ländlichen Gebiete erweitert; Gutsbesitzer und Bauern, Knechte und Hauspersonal wurden denselben Bindungen unterworfen wie die städtischen Unternehmer und Arbeiter.[20] Das Koalitionsverbot wurde unter verschiedenen Regimen immer wieder bestätigt, so z.B. vom Wohlfahrtsausschuss,[21] vom Empire im Code pénal und von der Juli-Monarchie durch ein Gesetz vom 10. April 1834.[22]

Insgesamt enthält die loi Le Chapelier also ein umfassendes Paket repressiver Vorschriften gegen die kollektive Interessenwahrnehmung der Arbeiterschaft. An einigen Stellen werden zwar auch den Unternehmern und Meistern Beschränkungen auferlegt. So wird in Art. 2 ganz allgemein allen Angehörigen des gleichen Berufes und speziell auch den Unternehmern und Ladenbesitzern untersagt, sich (wieder) gemeinschaftlich zu organisieren, und in Art. 4 werden Kartellabreden ebenfalls allen Bürgern verboten, „die den gleichen Berufen, Handwerken oder Gewerben angehören“; das Angebot der Unternehmen („leur industrie“) wird dem Angebot der eigenen Arbeitskraft („leurs travaux“) gleichgesetzt. Diese Gleichsetzung erklärt sich aus dem immer wieder betonten Zusammenhang mit der Auflösung der Zünfte und Innungen, aber sie kaschiert doch nur die eindeutige Tendenz des Gesetzes. „Zusammenrottungen“ (Art. 8) der Unternehmer und Handwerksmeister waren gewiss nicht zu befürchten; denn diese hatten (und haben) es nicht nötig, durch Versammlungen und Demonstrationen Druck auszuüben, und die Umstände, unter denen, wie erwähnt, die Handelskammern aus dem Koalitionsverbot ausgeklammert wurden, sprechen Bände – man hielt es offensichtlich trotz gegenteiliger Bekundungen für selbstverständlich, dass im Kern nur die eine Seite gemeint war.

„Der ursprünglich breit angelegte Anwendungsbereich wurde schon bald nach der Verabschiedung gezielt eingeengt. Von den ‚Korporationen‘ war kaum noch die Rede, dafür umso mehr von den verschiedenen Versuchen der Arbeitnehmer, sich gewerkschaftlich zu organisieren. Das in Art. 1 formulierte allgemeine Korporationsverbot verwandelte sich so zunehmend in eine ausschließlich auf die Gewerkschaften anwendbare Regelung“.[23]

III. Das Umfeld des Koalitionsverbots

Die Koalitionsfreiheit ist zunächst nicht als Grundrecht anerkannt worden. Die Menschen- und Bürgerrechtserklärung vom 26. August 1789 garantierte zwar den freien Austausch der Gedanken und Meinungen („la libre communication des pensées et des opinions“), aber weder Vereinigungs- noch Versammlungs-

[20] *Soreau* (Fn. 6) S. 300.
[21] *Soreau* (Fn. 6) S. 307.
[22] *Spyropoulos*, La liberté syndicale, 1956, S. 12.
[23] *Simitis* (Fn. 1) S. 158.

freiheit. In der Verfassung von 1791 ist zwar die Freiheit zu friedlicher Versammlung – unter dem Vorbehalt polizeigesetzlicher Regelung – gewährleistet, aber die Vereinigungsfreiheit fehlt auch hier.

Auch im historisch-internationalen Vergleich steht das französische Gesetz von 1791 nicht allein. Immer wieder versuchten Regierende und Gesetzgeber, den Zusammenschluss von Arbeitern zu unterbinden. Allgemein gilt: „Vor der Koalitionsfreiheit stand das Koalitionsverbot".[24] Die etwa seit dem 14. Jahrhundert entstehenden Gesellenverbände wurden von Anfang an vielfach unterdrückt und durch die Reichspolizeiordnung 1530 und wieder durch die Reichs-Zunftordnung 1731 verboten, wenn auch nicht immer mit dem erstrebten Erfolg.[25] Seitdem bestand ein Koalitionsverbot, das später auch durch landesrechtliche Vorschriften bestätigt wurde.[26] Im Jahre 1835 fasste die Bundesversammlung einen Beschluss über „das Verbot des Wanderns, der Versammlungen und Verbindungen der deutschen Handwerksgesellen".[27] Noch im Jahre 1854 beschloss die Bundesversammlung, dass „die etwa noch bestehenden Arbeitervereine und Verbrüderungen, welche politische, socialistische oder communistische Zwecke verfolgen, binnen zwei Monaten aufzuheben und die Neubildung solcher Verbindungen bei Strafe zu verbieten" seien.[28] Das Grundrecht der Vereinigungsfreiheit fehlt auch noch in den meisten Verfassungen des frühen 19. Jahrhunderts; eine Ausnahme machte zunächst nur Belgien (1831).[29]

In Großbritannien und in den USA hatten sich im Zuge der beginnenden Industrialisierung Arbeiterkorporationen schon in der zweiten Hälfte des 18. Jahrhunderts gebildet, und auch dort wurden sie sogleich unterdrückt.[30] Über England berichtet Hans Hattenhauer,[31] dass im Jahre 1721 ein Gericht hart reagiert habe, als sich einige Schneidergesellen in Cambridge zusammenschlossen, um bei ihren Meistern höhere Löhne durchzusetzen. Das Gericht

---

[24] *Schwerdtfeger*, Die Koalitionsfreiheit des Arbeitnehmers in der Bundesrepublik Deutschland, in: Max-Planck-Institut für ausländisches öffentliches Recht und Völkerrecht, Die Koalitionsfreiheit des Arbeitnehmers, 1980, S. 149 (154).

[25] Eine höchst anschauliche Darstellung der tatsächlichen und rechtlichen Entwicklung hat *Ritscher* geliefert: Koalitionen und Koalitionsrecht in Deutschland bis zur Reichsgewerbeordnung, 1917, Neudruck 992.

[26] *Hueck/Nipperdey*, Lehrbuch des Arbeitsrechts, Bd. II, 1. Halbband, 7. Aufl. 1967, S. 113 ff. (115); *Gamillscheg*, Kollektives Arbeitsrecht, Bd. I, 1997, S. 82 f.

[27] B. v. 15. Januar 1835, Protokoll der Deutschen Bundesversammlung 1835, 3. Sitzung, § 36, abgedruckt bei *Huber*, Dokumente zur deutschen Verfassungsgeschichte, Bd. 1, 1961, S. 136.

[28] § 8 des Bundesbeschlusses vom 13. Juli 1854, Protokolle der Bundesversammlung 1854, 2. Sitzung, § 219, abgedruckt bei *Huber*, Dokumente zur deutschen Verfassungsgeschichte, Bd. 2, 1964, S. 6/7.

[29] *Bauer*, in: Dreier, Grundgesetz, Kommentar, Bd. 1, 2. Aufl. 2004, Art. 9 Rn. 3.

[30] *Spyropoulos* (Fn. 22) S. 10.

[31] *Hattenhauer*, Europäische Rechtsgeschichte, 2. Aufl. 1994, S. 578.

habe derartige Koalitionen – so wie später die französische Nationalversammlung – als strafbare Verschwörungen (conspiracy) gegen die öffentliche Ordnung angesehen.[32] Gegen Ende des Jahrhunderts habe aber der Rückgriff auf überliefertes Recht nicht mehr ausgereicht, um die vielfältigen Arbeiterkoalitionen (combination) zu unterbinden. Das englische Parlament beschloss im Jahre 1799 „in einer Art Überraschungsangriff“ „nach ungewöhnlich kurzer Debatte“[33] – wiederum eine Parallele zur loi Le Chapelier – ein gesetzliches Verbot von combination; ein Jahr später wurde dieses Gesetz nachgebessert.[34] Dieser Combination Act von 1799/1800 wurde allerdings nach Überprüfung durch einen Parlamentsausschuss schon im Jahre 1825 wieder aufgehoben. Man habe festgestellt, dass das Gesetz nicht nur ineffektiv sei, sondern auch dem Ansehen des Parlaments geschadet und sozialen Unfrieden geschürt habe.[35] Karl Marx schreibt, das Parlament habe „die grausamen Gesetze gegen Koalition“ nur widerwillig, wegen der drohenden Haltung des Proletariats aufgegeben und doch noch „einige Überbleibsel der alten Statute“ aufrechterhalten.[36]

IV. Das Aufkommen der Koalitionsfreiheit

Damit setzte sich England an die Spitze der Bewegung, die auf Anerkennung der Koalitionsfreiheit abzielte.[37] Andere Länder brauchten dazu sehr viel länger. Im Deutschen Bund wurde das Koalitionsverbot erst seit 1861 (zunächst durch Landesrecht) abgeschafft. Es wurde auf die ersten deutschen Gewerkschaften im heutigen Sinne zunächst noch angewendet.[38] Die Gewerbeordnung für den Norddeutschen Bund gewährte dann zwar den gewerblichen Arbeitern in § 152 Abs. 1 die Freiheit zur Koalition, verweigerte den Koalitionen aber in Abs. 2 den Rechtsschutz und schützte in § 153 die Einzelnen vor den Koalitionen; die Strafgerichte taten durch extensive Anwendung des Erpressungsparagraphen

---

32 Zur Conspiracy Doctrine und ihrer Übernahme durch US-amerikanische Gerichte vgl. *Albig*, Die Koalitionsfreiheit der Arbeitnehmer im Recht der Vereinigten Staaten von Amerika, Diss. Regensburg 1974, S. 16 ff.

33 *Hattenhauer* aaO. (Fn. 31).

34 Der Text von 1800 ist abgedruckt in: English Historical Documents (EHD), Bd. VIII (1783–1832), London/New York 1959 ff., Nr. 487, S. 749. Zu dem Gesetz s. a. *Spyropoulos* (Fn. 22) S. 12.

35 *Hattenhauer* (Fn. 31) m.w.N. S. a. EHD Bd. VIII (Fn. 34) Nr. 488, S. 752 ff.

36 *Marx*, Das Kapital, VII. Abschnitt, 24. Kapitel, Ausgabe Frankfurt/Main – Berlin 1969 S. 685. Text des Gesetzes von 1825: EHD Bd. VIII (Fn. 34) Nr. 491, S. 758 ff. (Verbot von Gewalt und Drohung).

37 So auch *Spyropoulos* (Fn. 22) S. 13.

38 *Kittner/Schiek*, in: AK-GG, 3. Aufl. 2001, Art. 9 Abs. 3 Rn. 5.

ein Übriges, um Arbeitskämpfe zu erschweren.[39] Die uneingeschränkte Koalitionsfreiheit brachte erst der Aufruf des Rates der Volksbeauftragten vom 12. November 1918. Beschränkungen der Vereinigungs- und Handlungsfreiheit von Arbeitern galten lange Zeit auch in anderen Staaten fort, selbst wenn sie – wie Belgien und Dänemark – die Vereinigungsfreiheit in ihrer Verfassung verankert hatten.[40]

Bei der Betrachtung der Rechtsentwicklung in Frankreich selbst muss zwischen „coalition" als dem „groupement temporaire" und „syndicat" als „groupement permanent" unterschieden werden.[41] Die Handlungsfreiheit der Arbeiter wurde in zwei Schritten hergestellt: Durch Gesetz vom 25.5.1864 wurde die Strafbarkeit der coalition und des Streiks abgeschafft; die betreffenden Artikel des Code pénal wurden aber durch eine Neufassung ersetzt, die das Delikt gegen die Freiheit der Arbeit beschrieb.[42] Die volle Koalitionsfreiheit im heutigen Sinne, d.h. die Freiheit zur Bildung von Gewerkschaften als dauerhafte Arbeitervereinigungen war erst Gegenstand des Gesetzes vom 21.3.1884, dem „Grundgesetz der Berufsvereinigungen"; die loi le Chapelier wurde erst damit vollständig aufgehoben.[43]

V. Historische und staatstheoretische Bewertung

1. Notwendiges Durchgangsstadium oder bürgerlicher Staatsstreich?

War die loi Le Chapelier ein „Maßnahmegesetz" aus aktuellem Anlass („loi de ‚circonstances'") oder eine Grundsatzentscheidung gegen die Arbeiterklasse, ein bewusstes Vorhaben zur Unterdrückung jeder gegenwärtigen oder künftigen Arbeiterorganisation, wobei die staatstheoretische Begründung vielleicht nur vorgeschoben wurde? Diese Frage beschäftigt die Literatur seit langem.[44]

Karl Marx hat sie am entschiedensten beantwortet: Er nennt das Gesetz einen „bürgerlichen Staatsstreich", welches „den Konkurrenzkampf zwischen

---

[39] *Hueck/Nipperdey* (Fn. 26) S. 116 f.; S. a. *Huber*, Deutsche Verfassungsgeschichte seit 1789, Bd. IV, 1969, S. 1134 ff. (Gewerkschaftsbewegung und Koalitionsverbote), S. 1137 ff. (Einführung der Koalitionsfreiheit) sowie S. 1170 f. (zum Sozialistengesetz).

[40] Einzelheiten bei *Spyropoulos* (Fn. 22) S. 12.

[41] *Spyropoulos* (Fn. 22) S. 16; s.a. die Artikel „Coalitions" und „Syndicats" im Grand Larousse (Fn. 1) Bd. 4 bzw. 14.

[42] *Spyropoulos* (Fn. 22) S. 13; s.a. *Burstin*, La loi Le Chapelier et la conjoncture révolutionnaire, in: Naissance des libertés économiques (Fn. 1) S. 63.

[43] *Spyropoulos* (Fn. 22) S. 16. Die volle Vereinigungsfreiheit der Gewerkschaften wurde nach Spyropoulos erst durch ein Gesetz vom 1. Juli 1901 erreicht.

[44] Dazu u.a. *Burstin* (Fn. 42) m.w.N.

Kapital und Arbeit staatspolizeilich innerhalb dem Kapital bequemer Schranken einzwängt“.[45] Für Dominique Strauss-Kahn[46] ist es – gemeinsam mit dem vorangegangenen Décret d'Allarde – Ausdruck des Liberalismus, wie er sich am Ende der Revolution definiert hat;[47] er meint, die französische Gesellschaft bedurfte nach der Epoche der korporatistischen Detailregulierung einer Gegenbewegung auf der Grundlage des Individualismus, bevor sie eine neue Form der Regulierung finden konnte. In der „Présentation“ des Pariser Kolloquiums von 1991 heißt es, mit der Trias von „Gewerbefreiheit, Handelsfreiheit und Freiheit zu arbeiten“ seien „die Fundamente der industriellen Revolution und der tiefgreifenden Umwandlung in Wirtschaft und Gesellschaft“ gelegt worden, die dann folgen sollte.[48] Dieser Einschätzung widerpricht u.a. Roger Martin. Die Ansicht, das Le Chapelier-Gesetz sei die Grundlage des Liberalismus, lasse ihn ratlos; Liberalismus und Gewerkschaften seien keineswegs unvereinbar („antinomiques“), wie er unter Hinweis auf den Beitrag der deutschen Gewerkschaftsbewegung zum Erfolg der deutschen Wirtschaft bekräftigt.[49]

Gegen seinen Charakter als provisorisches Maßnahmegesetz spricht schon die Tatsache, dass das Gesetz in den folgenden Jahren immer wieder bestätigt wurde. Die Arbeiterunruhen und Streiks jener Zeit waren wohl auch nicht so bedrohlich, die Lage nicht so alarmierend, dass der Gesetzgeber unüberlegt hätte „zuschlagen“ müssen.[50] So ist wohl anzunehmen, dass es der Nationalversammlung wirklich um die grundsätzliche Weichenstellung gegen die intermediären Gewalten ging.[51]

Die Geschichte ist abgeschlossen und irreversibel; unser Urteil darüber ist stets davon beeinflusst, wie wir die Probleme wahrnehmen. Wenn aber gesagt werden sollte, die Entwicklung habe nicht anders verlaufen können, so ist zu widersprechen. Richtig ist vielmehr, dass die Französische Revolution, so wie sie verlaufen ist, im Wesentlichen von den bürgerlichen Kräften bestimmt wurde und dass deren Interesse mit dem der Arbeiter und Gesellen kollidierte. So nennt Ibarrola das Le Chapelier-Gesetz

> „une loi bourgeois, imaginée par des bourgeois, votée par les représentants de la bourgeoisie et mettant en place la domination de celle-ci“.[52]

---

[45] *Marx*, Das Kapital (Fn. 36), S. 686.

[46] In seiner Funktion als Minister für Industrie und Außenhandel (1991, vgl. Fn. 1).

[47] *Strauss-Kahn*, Vies et morts des régulations, in: Naissance des libertés economiques (Fn. 1), S. XIII.

[48] In: Naissance des libertés économiques (Fn. 1), S. VII (vermutlich verfasst von Alain Plessis). Die Bezeichnung als „Basis des wirtschaftlichen Liberalismus“ findet sich auch im Grand Larousse, Artikel „Le Chapelier“.

[49] *Martin*, Avant-Propos, in: Naissance des libertés économiques (Fn. 1), S. XXI.

[50] So auch die Einschätzung von *Simitis* (Fn. 1) S. 165.

[51] *Simitis* (Fn. 1), S. 160 f.

[52] In: Naissance … (Fn. 1), S. 255.

Dieses Gesetz gilt als Durchbruch des extremen Individualismus und damit des Liberalismus gegen den Korporatismus.[53] Aber der Liberalismus schrieb auch die freie Assoziation auf seine Fahnen[54] – nur eben nicht für die Arbeiter.

Die List der Geschichte hat sich allerdings auch gegen diese Entscheidung durchgesetzt. So hat Le Chapelier indirekt die Weichen zu einer verstärkten Sozialfürsorge des Staates gestellt. Die verschiedenen Formen von sozialer Selbsthilfe sind nicht verschwunden; vielmehr wurden die genossenschaftlichen Hilfseinrichtungen unter staatlicher Aufsicht weiter ausgebaut; Napoleon III. schuf – vor Bismarck – eine erste staatliche Sozialversicherung.[55] Die Gewerkschaften blieben davon ausgeschlossen.

2. *Die staatstheoretische Problematik der intermediären Gewalten*

In der wiederholten Verurteilung intermediärer Instanzen wirkt Rousseaus Vorstellung von der Bildung der unverfälschten volonté générale nach, wie sie im „Contrat social“ dargestellt ist:

> „Hätten bei der Beschlussfassung eines hinlänglich unterrichteten Volkes die Staatsbürger keine feste Verbindung untereinander, so würde aus der großen Anzahl kleiner Differenzen stets der allgemeine Wille hervorgehen, und der Beschluss wäre immer gut. Wenn sich indessen Parteien, wenn sich kleine Genossenschaften zum Nachteil der großen bilden, so wird der Wille jeder dieser Gesellschaften in Beziehung auf ihre Mitglieder ein allgemeiner und dem Staate gegenüber ein einzelner; man kann dann sagen, dass nicht mehr so viele Stimmberechtigte wie Menschen vorhanden sind, sondern nur so viele, wie es Vereinigungen gibt. [...] Um eine klare Darlegung des allgemeinen Willens zu erhalten, ist es deshalb von Wichtigkeit, dass es im Staate möglichst keine besonderen Gesellschaften geben und jeder Staatsbürger nur für seine eigene Überzeugung eintreten soll.“[56]

Es liegt auf der Hand, dass diese abstrakte Staatsidee mit der politischen und wirtschaftlichen Realität unvereinbar war. Die darauf gegründete neue Freiheit musste denen, die sie geschenkt bekamen, höchst fragwürdig erscheinen. Die im alten System Benachteiligten konnten wirkliche „Freiheit“ nicht durch Befreiung von jeglichem Schutz der gemeinsamen Ordnung erlangen. Tatsächlich wurde die eine Abhängigkeit durch die andere ersetzt, die persönliche Bindung an den Herrn oder Meister wich einer neuen Unterwerfung unter die unpersönliche Macht des Marktes, des Kapitals, der „Verhältnisse“. Diese Konsequenz ist

---

[53] Vgl. etwa *Rinken*, in: AK-GG, 3. Aufl. 2001, Art. 9 Abs. 1 Rn. 2.

[54] *Bauer* (Fn. 29), Rn. 4.

[55] *Gibaud* (Fn. 4), S. 247 ff.

[56] *Rousseau*, Der Gesellschaftsvertrag oder Die Grundsätze des Staatsrechtes, zitiert in der Übersetzung von Denhardt, 1975, 2. Buch, 3. Kapitel (S. 32).

aus der preußischen Bauernbefreiung von 1807/1810 bekannt: Die von den alten Bindungen befreiten Bauern wurden wirklich frei nur, wenn sie die Rechte der Gutsherren ablösen konnten.[57] Auch wer sich nicht nach dem fürsorglichen Schutz der Stände und Zünfte zurücksehnte, konnte nicht damit rechnen, seine Interessen als Individuum besser durchzusetzen als in der Gemeinschaft mit anderen.

Die Wirklichkeit der bürgerlichen Gesellschaft war nach der empiriegestützten Ansicht von Ernst Rudolf Huber von dem theoretischen Modell des radikalen Individualismus „von Anfang an und von Grund auf verschieden“.[58] Nicht nur dass sich die vereinsfeindlichen Verbotsgesetze nur zum Teil durchsetzen ließen:

> „Die reine individualistische Gesellschaft, die organisationsfreie ‚atomistische Wirtschaft‘ hat es in der Realität niemals gegeben. [...] Nicht der Wettbewerb freier Einzelner, sondern das Neben-, Gegen- und Miteinander organisierter Gruppen war schon im 19. Jahrhundert das Bauprinzip der modernen Gesellschaft“.[59]

Dass intermediäre Gewalten die Bildung des „wahren“ Gemeinwillens behindern, ist aber auch theoretisch nicht überzeugend.[60] Rousseau scheint zu meinen, dass der demokratische Wert des Einzelwillens sich verringere, wenn er in eine gemeinsame Organisation eingebracht werde, die dann ihrerseits gegenüber dem Staat einen (veränderten) einheitlichen Willen vertritt. Anscheinend werden in seiner Sicht die Meinungs- und Willensunterschiede zwischen den Einzelnen durch das kollektive Auftreten vergrößert und dadurch die Lösung der Probleme erschwert. Aber diesem Bild liegen keine Anschauung und keine Erfahrung zugrunde. In Wahrheit erleichtern intermediäre Instanzen die Problembewältigung, weil sie die Komplexität der Interessen- und Willensäußerungen reduzieren. Rousseau ignoriert im Grunde die tatsächlich in jedem Volk vorhandenen Meinungs- und Interessenunterschiede; er geht eben von einem konstruierten Modell aus.

Vor allem unterscheidet er nicht zwischen Willen und Interessen – aber es ist ja keineswegs ausgemacht, dass die individuellen Willensentscheidungen, die zur Bildung des Gemeinwillens führen, wirklich aus der Interessenlage der (aller!) Individuen abgeleitet sind (würde sonst irgendein Volk einen Krieg beginnen?). Rousseau scheint auch zu übersehen, dass es in einem Volk im allgemeinen nicht eine Vielzahl von Interessen gibt, die sich wenig voneinander unterscheiden, sondern dass sich der politische und soziale Streit regelmäßig auf die Auseinandersetzung zwischen einigen wenigen zentralen Interessen zu-

---

57 *Frotscher/Pieroth*, Verfassungsgeschichte, 1997, Rn. 196 ff. (200 f.).

58 *Huber*, Deutsche Verfassungsgeschichte (Fn. 39) Bd. IV S. 989.

59 *Huber* ebd. (vorige Fn.).

60 Zum „Dilemma des Liberalismus“ in Bezug auf die intermediären Gemeinschaften s. a. *Tribe*, American Constitutional Law, 1978, S. 898.

spitzen lässt, die in deutlichem Gegensatz zueinander stehen (auch wenn man nicht von einer Trennung in „Klassen" reden will). Indem sich die Anhänger des radikal-liberalen Modells auf die Freiheit des individuellen Willens und der individuellen Entscheidung konzentrieren, pflegen sie von den betroffenen Interessen zu abstrahieren. Es ist bezeichnend, dass Le Chapelier in dem oben (zu II. 3.) wiedergegebenen Zitat von den „angeblichen" (prétendus) gemeinsamen Interessen der Berufsangehörigen spricht (die deren Versammlung nicht rechtfertigten).

Das Volk ist bei Rousseau hinlänglich unterrichtet, aber die Staatsbürger haben keine feste Verbindung untereinander, wissen also weniger über einander als wenn sie in „Gesellschaften" oder „Genossenschaften" organisiert sind. Ist hier schon der „Schleier der Unwissenheit" erkennbar, den Rawls später als Schlüsselelement seiner Sozialvertragslehre[61] benutzt hat? Eher ist es wohl so, dass Rousseau seine ideale Demokratie nur deshalb so entschieden vom Individuum her entwirft, weil er die seinerzeit – im Ançien Regime – vorhandenen intermediären Instanzen als Gegner ansieht; sie waren ja in der Tat anti-individualistisch, weil sie die Aktivität des Einzelnen einengten, und damit zugleich fortschrittsfeindlich, weil sie die wirtschaftliche Entwicklung hemmten. In dem Augenblick jedoch, in dem die alten Korporationen beseitigt wurden, entstand das Bedürfnis nach neuen Verbindungen – nicht nur der Kaufleute, die ihre Handelskammern behalten durften und in der Folge zahllose starke Verbände bildeten,[62] sondern gerade auch der von der alten Ordnung befreiten Arbeiter, Gesellen und Dienstboten. Deren Verbindungen zu verbieten, hieß zu versuchen, ihnen die Wahrnehmung ihrer gleichgerichteten Interessen zu nehmen. Die gemeinsame Beratung und das gemeinsame Auftreten – also die *Repräsentation* der Interessen – beseitigt die Unwissenheit der Betroffenen und macht sie stärker, während die Individuen in der *unmittelbaren* Beziehung zum Staat schwächer sind, der gemeinsame Wille dann also in höherem Maße von denjenigen geprägt werden kann, die sozial und wirtschaftlich schon einen Vorsprung besitzen. Die Zerschlagung aller Zwischeninstanzen kann sogar die Herausbildung autoritärer Regierungen begünstigen.

In der deutschen politischen Praxis hat die scharfe Ablehnung solcher vermittelnder Gruppierungen bisweilen einen besonders heiklen Hintergrund – man denke nur daran, dass deutsche Monarchen ihren Unwillen über die politischen Parteien in Reden gegen den „Parteigeist" zum Ausdruck brachten[63] und behaupteten, sie kennten „keine Parteien mehr, nur Deutsche".[64] Die heute

---

[61] *Rawls*, Eine Theorie der Gerechtigkeit, 1979, S. 159 ff.

[62] Vgl. nochmals *Huber*, Deutsche Verfassungsgeschichte (Fn. 58) S. 991 ff.

[63] Ein Beispiel: VO des preußischen Königs Friedrich Wilhelm III. v. 6.1.1816; bei *Huber*, Dokumente, Bd. 1 (Fn. 27), S. 57 f.

[64] Wilhelm II. in seiner Thronrede vom 4. August 1914; dazu *Büchmann*, Geflügelte Worte, 31. Aufl. 1964, S. 749.

grassierende „Parteienverdrossenheit“ ist ein gewiss extremes Beispiel für übertriebenes Einheitsdenken, aber eben auch ein Beleg für das Weiterleben unrealistischer und letztlich ideologischer Staatsvorstellungen.

Das staatstheoretische Problem, das damals wie heute ein Argument für die Idee der strikt unmittelbaren Beziehung von Individuen und Staat liefert, ist die *Ungleichheit* der Gewichte, mit denen organisierte Interessen auf die Entscheidung über das Gemeinwohl einwirken, und die Vernachlässigung nicht oder unzureichend organisierter Interessen, die tatsächlich eintreten kann und immer wieder eintritt. Die radikale Lösung der „identitären“ Demokratie hilft dagegen aber nicht. Es bedarf der vermittelnden Instanzen, schon damit Personen sich exponieren und Programme zustande kommen, die bei Wahlen und Abstimmungen zur Auswahl stehen. Überdies werden die Menschen sich immer wieder aufs Neue zu Vereinigungen zusammenfinden, um gemeinsam zu propagieren, was sie in der Vereinzelung nicht durchsetzen können. Die Verfassung muss darauf mit Regeln reagieren, die auf *Gleichbehandlung* aller Betroffenen und Interessenten abzielen. Anhörung derer, die etwas beizutragen haben, ist das passendere Verfahren zur Feststellung des Gemeinwohls als die Behinderung von Zwischenmächten. Die Individuen dürfen andererseits auch nicht einer neuen Abhängigkeit ausgesetzt werden, die sich bilden kann, wenn die Zwischengewalten zu mächtig werden. Innerorganisatorische Demokratie ist also ebenso geboten wie im Außenverhältnis die Gleichbehandlung der Verbände.

Gerechte Bedingungen für die Arbeitenden herzustellen, ist ohnehin nicht allein Aufgabe des Staates; das ökonomische Gemeinwohl kann und soll auf diesem Felde – jedenfalls „in erster Instanz“ – durch die Auseinandersetzung zwischen den Beteiligten gefunden werden. Die Vereinigungsfreiheit und – als ihr speziell geregelter Teilbereich– die Koalitionsfreiheit bilden heute wichtige Elemente der freiheitlichen Verfassung. Dass die Funktion dieser Freiheiten im Lichte neuerer Überlegungen und der Kritik an neokorporatistischen Entwicklungen[65] wieder umstritten ist, steht auf einem anderen Blatt.

[65] Vgl. etwa *Rinken* (Fn. 53), Rn. 11 ff., 32 ff. und *Bauer* (Fn. 29), Rn. 17 ff.

14.

Digitale Grundrechte für Europa

Eine rechtspolitische Initiative zur Einhegung des Internets: symbolische Politik oder effektive Rechtsetzung?

I. Der Appell der Bürgerinitiative

„Eine Gruppe von Bürgerinnen und Bürgern, denen die Gestaltung der digitalen Welt am Herzen liegt, hat in den vergangenen 14 Monaten einen Vorschlag für eine Digitalcharta erarbeitet, der hiermit dem Europäischen Parlament in Brüssel und der Öffentlichkeit zur weiteren Diskussion übergeben wird". So lautet die Einleitung zu dem Text, der unter der Überschrift „Wir fordern digitale Grundrechte" am 1. Dezember 2016 als Anzeige in deutschen Tageszeitungen veröffentlicht worden ist.[1] Als Initiatorinnen und Initiatoren sind u.a. aufgeführt: Jan Philipp Albrecht, Gerhart R. Baum, Heinz Bude, Johannes Caspar, Giovanni di Lorenzo, Byung-Chul Han, Wolfgang Hoffmann-Riem, Jeanette Hofmann, Yvonne Hofstetter, Sascha Lobo, Christoph Möllers, Bernhard Pörksen, Frank Rieger, Nikolas Schneider, Martin Schulz und Juli Zeh. Außerdem sind fast fünfzig „Unterstützerinnen und Unterstützer" angegeben – prominente Personen aus Politik, Wissenschaft, Publizistik und Philosophie – von Sabine Leutheusser-Schnarrenberger bis zu Jürgen Habermas.

Vorangegangen sind ähnliche Vorstöße des EU-Parlamentspräsidenten Martin Schulz[2] und von Bundesjustizminister Heiko Maas.[3] Auch auf übernationaler Ebene wird schon seit längerem über die rechtliche Einhegung der Informations- und Kommunikationstechnik debattiert.[4] Der neue Aufruf „liest sich

[1] Im Internet zugänglich unter www.digitalcharta.eu (letzter Abruf 24.8.2022). Der Einfachheit halber ist hier als Kurzbezeichnung vom „Albrecht-Entwurf" die Rede. [*Nachtrag 2022*: Eine Neufassung 2018 ist unter der gleichen Adresse zugänglich.]

[2] *Schulz*, Freiheit, Gleichheit, Datenschutz – Warum wir eine Charta der digitalen Grundrechte brauchen, in: Die Zeit v. 26.11.2015.

[3] *Maas*, Unsere digitalen Grundrechte, in: Die Zeit v. 10.12.2015, S. 9.

[4] S. a. bereits Art. 8 EU-Grundrechte-Charta sowie Art. 17 Internationaler Pakt über bürgerliche und politische Rechte. Wenig bekannt ist die Datenschutzkonvention des Europarates vom 28.1.1981, „das erste rechtsverbindliche internationale Instrument speziell für den Bereich des Datenschutzes" (*Drackert*, Die Risiken der Verarbeitung personenbezogener Daten,

wie ein Twitter-Kompendium der digitalen Feuilletons der letzten fünf Jahre".[5] Er verdient schon deshalb Beachtung, weil es nötig ist, von den allgemein gehaltenen politischen Appellen zu rechtspolitischen Schlussfolgerungen vorzudringen. Der Entwurf ist aber, wie die Autoren selbst betonen,[6] noch unfertig und soll intensiv diskutiert werden. Dazu haben die Initiatoren auf der Webseite eine Kommentarfunktion eingerichtet und zu Änderungs- und Verbesserungsvorschlägen aufgefordert. Diese Diskussion sollte allerdings nicht nur online geführt werden; sie gehört in eine größere Öffentlichkeit. Im Netz können zwar viele ihre Meinung einbringen, aber sowohl Sender wie Empfänger der Netzbotschaften sind zufällig entstehende, besonders netzaffine und alles andere als repräsentative Gruppen. Ein großer Teil der interessierten Öffentlichkeit bleibt diesem Forum ganz fern und wählt andere Wege, sich zu äußern. Ein Prozess der Rechtsetzung, der auf allgemeine Akzeptanz zielt, muss technikneutral in den Formen der demokratischen politischen Debatte geführt werden, also insbesondere in den Printmedien. Der folgende Text stellt einen Beitrag zu dieser Debatte dar. Er ist seinerseits nicht vollständig und auf weitere Diskussion angelegt.

II. Der gesellschaftliche, politische und rechtliche Rahmen der Initiative

1. Die Risikobeschreibung des Entwurfs

Die Initiatoren bekunden eingangs ihres Entwurfs ihre Sorge um die Bewahrung der Menschenwürde und der Bürgerrechte gegenüber der Macht der Internetkonzerne. In Art. 1 Abs. 2 des Entwurfs heißt es:

> „Neue Gefährdungen der Menschenwürde ergeben sich im digitalen Zeitalter insbesondere durch Big Data, künstliche Intelligenz, Vorhersage und Steuerung menschlichen Verhaltens, Massenüberwachung, Einsatz von Algorithmen, Robotik und Mensch-Maschine-Verschmelzung sowie Machtkonzentration bei privaten Unternehmen."

2014, S. 21; dort auch Weiteres zu dieser Konvention). Eine neuere detaillierte Darstellung des „transnationalen Privatsphären-Aktivismus" hat *Max-Otto Baumann* geliefert: Privatsphäre als neues digitales Menschenrecht? Ethische Prinzipien und aktuelle Diskussionen, hrsg. vom Deutschen Institut für Vertrauen und Sicherheit im Internet, 2015, S. 24 ff. (DIVSI Diskussionsbeiträge 07).

[5] So der Feuilleton-Chef *Andrian Kreye*, Kampfansage, in: Süddeutsche Zeitung vom 1.12.2016, S. 15.

[6] Vgl. die in Fn. 1 genannte Internetadresse. Lesenswert ist vor allem der Beitrag von *Juli Zeh*.

Damit werden all die Ängste zusammengefasst, die seit längerem in der Öffentlichkeit geäußert werden. Die Autoren werden wissen, dass hier zutreffende Beobachtungen technischer und sozialer Entwicklungen mit fragwürdigen Behauptungen über die Folgen für die Individuen verbunden worden sind. „Gefährlich" für die menschlichen Werte sind nicht die Methoden und Instrumente, sondern die Art und Weise ihres Einsatzes bzw. ihrer Nutzung; dabei sind Interessen zu hinterfragen, nicht Technologien. Wer sich gegen die Technologien als solche wendet, reiht sich unter die Fortschrittsgegner ein, die in vergangenen Zeiten die Maschinen stürmen wollten und Eisenbahn und Automobil für Teufelszeug hielten. „Die Menschenwürde" als solche wird durch die Erfindung von „Big Data" oder der künstlichen Intelligenz nicht berührt, und die Menschenwürde konkreter Individuen kann erst dann beeinträchtigt sein, wenn eine bestimmte Techniknutzung auf die Sphäre der Einzelnen einwirkt. „Vorhersage menschlichen Verhaltens" ist überhaupt kein Eingriff in die Menschenwürde, sondern ein alltägliches, sozialadäquates und legitimes, ja notwendiges Verhalten. Auch der Begriff „Steuerung menschlichen Verhaltens" ist in dem Entwurf zu allgemein verwendet; gemeint ist offenbar nur die nicht-menschliche, allein durch Technik bewirkte Beeinflussung; Verhaltenssteuerung an sich ist rechtlich neutral. Der „Einsatz von Algorithmen" ist eine selbstverständliche Notwendigkeit jeden Einsatzes von Computern; problematisch kann nur sein, in welchen Fällen, zu welchen Zwecken und unter welchen Modalitäten dies geschieht.[7] Auch die „Robotik", also die Nutzung von Robotern, ist an sich nicht „gefährlich", und „Massenüberwachung" findet statt, weil Institutionen, die sie für ihre Zwecke zu benötigen glauben, die verfügbare Technik dafür nutzen. Die „Verschmelzung" von Mensch und Maschine ist ein Zerrbild, das einige Technikkritiker malen, das aber – in positiv gewendeter Gestalt – auch Technikförderer vor Augen haben.[8] Es gibt Ansätze zu einer perfektionierten Koordination menschlicher und maschineller Funktionen, aber keine Mischwesen („Cyborgs"). Richtig ist allerdings, dass die weltweite Nutzung der Informations- und Kommunikationstechnik die Macht der Computer- und Internetkonzerne gestärkt hat; ihr Oligopol belastet die internationalen Wirtschaftsbeziehungen und provoziert im Gegenzug in Europa neue Formen von Protektionismus. Als ein Instrument, die Wettbewerbsposition der eigenen Unternehmen zu stärken,

---

[7] Der „Pirat" *Christopher Lauer* bringt dies bündig zum Ausdruck, indem er in einer Entgegnung auf die Vorschläge von Maas (Fn. 3) schreibt: „Das Problem sind […] nicht die Algorithmen, sondern die Geschäftsmodelle der Firmen, die Algorithmen einsetzen" (Die Zeit v. 7.1.2016, S. 9). Maas hatte formuliert: „Kein Mensch darf zum Objekt eines Algorithmus werden". S. a. unten III.4.

[8] So z.B. der Vorstandsvorsitzende der Deutschen Telekom AG, *Timotheus Höttges* (Interview in der „Zeit" vom 30.12.2015). Demgegenüber hält der Computerwissenschaftler *David Gelernter* diese Vorstellung für „fundamental falsch", „extrem gefährlich" und für die Menschheit „existenziell bedrohlich" (Süddeutsche Zeitung, Ostern 2016).

werden u.a.[9] die eigenen Wertmaßstäbe und Normen (z.B. das Datenschutzrecht nach deutschem und europäischem Verständnis) benutzt.[10]

2. *Welche Instrumente für welche Schutzziele?*

Eine Grundrechte-Charta ist kein Lehrbuch, deshalb braucht sie die reale Risiko- und Interessenlage nicht exakt zu beschreiben und braucht nicht systematisch korrekt zu sein. Wer Veränderungen in der realen Welt erzielen will, sollte aber die Risiken im Einzelnen und die entsprechenden Schutzziele genauer bezeichnen. Teilweise haben die Entwurfsautoren das geleistet, indem sie die Tatbestände der einzelnen Grundrechtsnormen umrissen haben. Es wäre indessen hilfreich, sich die Risikokategorien genauer zu vergegenwärtigen und dementsprechend die Schutzziele konkreter zu bestimmen, um die es geht. Einen guten Einstieg in diese Überlegung bietet die von Stefan Drackert[11] ausgearbeitete Unterscheidung zwischen *„strukturellen"* und *„überwiegend individuellen Risiken"*.

Die gesellschaftlich-politischen und wirtschaftlichen Risiken gehören zu der ersten, der „Makroebene"; die Stichworte dazu sind u.a. Informationsmacht, „konformistische Verhaltensanpassung durch Überwachungsdruck", Handelshemmnisse. Auf der „Mikroebene" nennt Drackert u.a. die „Erhöhung individueller Verletzlichkeit für Straftaten", „Schamgefühl und Publizitätsschäden", Diskriminierung und Stigmatisierung, Entkontextualisierung, Informationsfehlerhaftigkeit. Darüber hinaus bezeichnet Drackert Risiken, die für Gesellschaft *und* Individuum bestehen („Behandlung des Menschen als bloßes Objekt", „Fremdbestimmung", „Enttäuschung von Vertraulichkeitserwartungen"), und schließt die Grenzfälle und Nicht-Risiken aus (wozu er auch die sonst überwiegend geradezu verteufelten Fallgruppen „Werbung und Zielgruppenpräzisierung" sowie „Bonitätsprüfungen" und „Forderungsmanagement" zählt).[12]

Man muss diesem Autor nicht in den Einzelheiten folgen, um zu sehen, dass seine Unterscheidungen dabei helfen, die jeweils *geeigneten Instrumente* zu finden, um den gefühlten Risiken entgegenzutreten. So gehört zur Netzpolitik heute die Frage, inwieweit Europa der US-amerikanischen Wirtschaftsmacht mit Mitteln des Wettbewerbs- und Lauterkeitsrechts begegnen und wie die

---

[9] Verschärfungen des Wettbewerbsrechts mit Blick auf die Digitalisierung der Wirtschaft enthält das im Bundestag anhängige 9. Gesetz zur Änderung des GWB (BT-Drs. 18/10207).

[10] Vgl. das Urteil des EuGH zum internationalen Datenverkehr („Safe Harbor") v. 6.10.2015, Rs. C-362/14 (Schrems vs. Data Protection Commissioner [Ireland]); dazu *Bull*, Der transatlantische Machtkampf der Rechtssysteme, in: Privacy in Germany 2016, S. 1–7.

[11] *Drackert* (Fn. 4), S. 320 f.

[12] S. dazu die Einzelerörterung bei *Drackert* (Fn. 4) S. 278 ff., insbes. S. 312 ff.

Steuerpflicht der Unternehmen in Europa durchgesetzt werden kann. Der Albrecht-Entwurf erwähnt zwar die Gefahr der wirtschaftlichen Vermachtung, aber keine Ansätze zu ihrer Bekämpfung. Andererseits sollte klar sein, dass das auf das Individuum abstellende Datenschutzrecht kein wirksames Mittel gegen strukturelle Fehlentwicklungen der Wirtschaft bilden kann. Auch innerhalb der Gruppe der „überwiegend individuellen" Risiken sind ganz unterschiedliche Regelungsansätze möglich – teils sind sie geeignet, teils ungeeignet. Im öffentlichen Bereich sind Schutzstrategien leichter zu entwickeln als im privaten, aber die Anknüpfung an die Verarbeitung personenbezogener Daten nach dem Muster des deutschen und europäischen Datenschutzrechts ist durchaus nicht immer sinnvoll. Es gäbe auch andere Regelungsstrategien, um die Verletzung von Persönlichkeitsrechten zu bekämpfen, und möglicherweise wären sie sogar wirkungsvoller.[13] Schließlich sind manche der Risiken, die in der Literatur bezeichnet werden, gegen rechtliche Vorkehrungen vollkommen immun, weil die Handelnden gerade den Respekt vor dem Recht verweigern – man denke nur an die zahllosen Identitätsfälschungen und Betrügereien, die online wie offline tagtäglich geschehen, oder die Häufung von Beschimpfungen, Lügen und Hasstiraden, die in letzter Zeit im Internet zu beobachten ist. Auf einige dieser offenen Fragen wird hier unter IV. und V. eingegangen.

III. Die wesentlichen Inhalte der Vorschläge

1. Freiheitsrechte

Die ursprüngliche Idee der Internetfreiheit klingt noch einmal an, wenn in Art. 2 Satz 1 schlicht und klar gesagt wird: „Jeder hat ein Recht auf freie Information und Kommunikation". Satz 2 nennt dieses Recht „konstitutiv für die freie Gesellschaft". Irritierend antirationalistisch heißt es dann freilich in Satz 3: „Es beinhaltet das Recht auf Nichtwissen". Selbstverständlich kann jeder auf die Wahrnehmung seines Informationsrechts verzichten, aber soll die Gesellschaft des 21. Jahrhunderts, die doch durchgehend auf Aufklärung und Transparenz setzt, diesen Verzicht zum subjektiven Recht erklären?

Art. 5 über „Meinungsfreiheit und Öffentlichkeit" bekräftigt mit anderen Worten den eben zitierten Art. 2 Satz 1 und wiederholt inhaltlich einen Teil von Art. 5 des Grundgesetzes: „Jeder hat das Recht, im digitalen Zeitalter seine Meinung frei zu äußern. Eine Zensur findet nicht statt". Einen Mehrwert gegenüber dem Grundgesetz und den verschiedenen international-rechtlichen Meinungsfreiheits-Bekundungen enthält der jetzige Vorschlag nicht. Es war und ist in Rechtwissenschaft und Praxis unumstritten, dass die Grundrechte auch vor

[13] Hinweise dazu bei *Bull*, Sinn und Unsinn des Datenschutzes, 2015, S. 71 ff.

Beeinträchtigungen durch „digitale“ Handlungen und Äußerungen, also gegen Angriffe mittels des Internet schützen. Die Autoren wollen diesen Grundsatz offenbar denen vor Augen halten, die in Verkennung der Lage das Internet für einen rechtsfreien Raum halten.

In den Kontext der Freiheitsrechte gehört auch Art. 10 über die „Unversehrtheit der Wohnung“: „Jeder hat das Recht, in seiner Wohnung frei und unbeobachtet zu leben“. Neu gegenüber der grundgesetzlichen Norm ist die ausdrückliche Betonung des „Unbeobachtet-Seins“; in der Sache entspricht dies der Rechtsprechung des BVerfG.[14]

2. *Gleichberechtigte Teilhabe*

„Jeder Mensch hat das Recht auf eine gleichberechtigte Teilhabe in der digitalen Sphäre. Es gilt das in der Europäischen Grundrechte-Charta formulierte Diskriminierungsverbot“ (Art. 3 Abs. 1). Dieser Rechtsgrundsatz wird wieder aufgegriffen in Art. 15, der das Recht eines jeden Menschen „auf freien, gleichen und anonymen Zugang zu Kommunikationsdiensten“ statuiert. In Art. 3 Abs. 2 ist hinzugefügt, dass auch der Zugang zu Gütern und Dienstleistungen und die Teilhabe am gesellschaftlichen Leben nicht dadurch ausgeschlossen werden dürfen, dass automatisierte Verfahren verwendet werden (ähnlich Art. 14 für die Teilnahme an Wahlen). Art. 15 Abs. 1 enthält für seinen Bereich zusätzlich ein *Koppelungsverbot* (kein Verzicht auf „grundlegende Rechte“), und Art. 16 fügt mit dem Gebot der *Netzneutralität* einen spezifischen Aspekt der gleichen Teilhabe an der „digitalen Sphäre“ hinzu.

Art. 9 ergänzt, dass die Informationen staatlicher Stellen öffentlich zugänglich sein müssen und dass das Transparenzgebot „auch gegenüber Privaten“ gilt, „sofern diese über Informationen verfügen, die für die Freiheitsverpflichtung Betroffener von entscheidender Bedeutung sind“. Hier wird also die bisherige Systemgrenze zwischen staatlicher und privater Sphäre überbrückt – dass damit Probleme entstehen, liegt auf der Hand (dazu unten V. 2. und 3.).

3. *„Informationelle Selbstbestimmung“/Datenschutz*

In Art. 11 – überschrieben „Datenschutz und Datensouveränität“ – knüpft der Entwurf an die Rspr. des BVerfG, die EU-Grundrechte-Charta, die internationalen Verträge und die deutschen Landesverfassungen an, die dieses Thema behandeln.[15] Nach Art. 11 Abs. 1 hat jeder „das Recht auf den Schutz seiner Da-

[14] Vgl. etwa BVerfGE 109, 279 (309, 314, 382 f.; „Großer Lauschangriff“).

[15] Vgl. BVerfGE 65, 1 und st. Rspr.; Art. 8 EMRK; Art. 17 Internationaler Pakt über bür-

ten und die Achtung seiner Privatsphäre", nach Abs. 2 „das Recht, über seine Daten selbst zu bestimmen". Es folgen weitere Maßgaben für die Erhebung und Verarbeitung personenbezogener Daten („Treu und Glauben", Zweckbindung, Erforderlichkeit[16]). Übernommen wird auch das umstrittene „Verbot mit Erlaubnisvorbehalt", also der Grundsatz, dass personenbezogene Daten nur nach („informierter") Einwilligung oder „auf gesetzlicher Grundlage" verarbeitet werden dürfen. Die vielbeklagte Verrechtlichung des Alltags wird damit – in Übereinstimmung mit der neuen EU-Datenschutz-Grundverordnung – weiter gefördert.

Der Begriff „informationelle Selbstbestimmung" taucht überraschenderweise erst in der Überschrift von Art. 12 des Entwurfs auf, wonach das vom BVerfG gefundene spezielle Grundrecht auf „Unversehrtheit, Vertraulichkeit und Integrität informationstechnischer Systeme"[17] sichergestellt werden soll. Die „Sicherheit von informationstechnischen Systemen und der durch sie verarbeiteten Daten" kommt ein zweites Mal in Art. 13 Abs. 1 vor, diesmal als Element der „Datensicherheit". Ausdrücklich wird auch gesagt, dass jeder „ein Recht auf Verschlüsselung seiner Daten" hat (Art. 12 Abs. 2) und dass „Identitätsdiebstahl und Identitätsfälschung" zu bekämpfen sind (Art. 13 Abs. 2). Datensicherheit soll auf höchstem Niveau gewährleistet werden (Art. 13 Abs. 1 Satz 2). Die Einhaltung der Datenschutzrechte „wird von einer unabhängigen Stelle überwacht" (Art. 11 Abs. 3).

4. Internetspezifische Rechte bzw. Prinzipien

In einer Reihe von Vorschriften reagiert der Entwurf auf spezifische Risiken, die sich „im digitalen Zeitalter" herausgestellt haben. So werden Restriktionen für die Sicherheitsbehörden gefordert:

> „Bei der Ausübung der Schutzverantwortung des Staates sind enge rechtsstaatliche Grenzen zu beachten" (Art. 4 Abs. 1 Satz 2); „Sicherheitsbehörden dürfen nicht auf durch Private erhobene Daten zugreifen. Ausnahmen sind nur auf gesetzlicher Grundlage zum Schutz besonders wichtiger Rechtsgüter zulässig" (Art. 4 Abs. 2); „Eine anlasslose Massenüberwachung findet nicht statt" (Art. 4 Abs. 3).

---

gerliche und politische Rechte; Art. 8 EU-GRCh; Landesverfassungen von Berlin (Art. 33), Brandenburg (Art. 11), Mecklenburg-Vorpommern (Art. 6), Nordrhein-Westfalen (Art. 4 Abs. 2), Rheinland-Pfalz (Art. 4a), Sachsen (Art. 33), Sachsen-Anhalt (Art. 69) und Thüringen (Art. 69).

[16] Die Erforderlichkeit („für den Zweck der Benutzung") ist in Art. 11 Abs. 4 Satz 1 noch besonders erwähnt, außerdem müssen „die Grundsätze von privacy by design" und „privacy by default" eingehalten werden (ebd. Satz 2).

[17] Vgl. BVerfGE 120, 274. „Unversehrtheit" und „Integrität" bedeuten offensichtlich dasselbe.

„Profiling" soll nur auf gesetzlicher Grundlage zulässig sein, gleich ob es durch staatliche Stellen oder Private vorgenommen wird (Art. 6). Das ist eine weitgehende Einschränkung, die bei strenger Interpretation kaum einhaltbar ist – jeder bildet für seine Zwecke irgendwelche Persönlichkeitsprofile anderer, wenn auch nicht immer mit Hilfe von Computern. In der EU-DSGVO ist das Profiling als Erscheinungsform einer „ausschließlich automatisierten" Entscheidung geregelt (dort Art. 22). In dem Albrecht-Entwurf ist dieses Thema unter der irreführenden Überschrift „Algorithmen" behandelt. Dort (Art. 7 Abs. 1) heißt es:

> „Jeder hat das Recht, nicht Objekt von automatisierten Entscheidungen von erheblicher Bedeutung für die Lebensführung zu sein. Sofern automatisierte Verfahren zu Beeinträchtigungen führen, besteht Anspruch auf Offenlegung, Überprüfung und Entscheidung durch einen Menschen. Die Kriterien automatisierter Entscheidungen sind offenzulegen."

Damit ist ein besonders wichtiger Aspekt der „Digitalisierung" angesprochen. Entsprechende Normen gelten zwar bereits seit langem,[18] sie sind aber lange unbeachtet geblieben. Die „Objekt-Formel" stellt die Verknüpfung mit dem Schutz der Menschenwürde her.[19] Deren Abstraktheit hat sich aber bisher eher als Problem erwiesen, als dass der hohe Rang dieser Rechtsbindung die Praxis beeindruckt hätte. Jüngst hat nun der deutsche Gesetzgeber versucht, die in der Finanzverwaltung entwickelte Methode des (mit Hilfe von Risikomanagementsystemen) „vollständig automatisiert erlassenen" Steuerbescheids rechtlich so auszugestalten, dass das generelle Gebot menschlicher Beteiligung in der Regel beachtet wird.[20]

Der Gedanke, dass Maschinen keine Entscheidungen über Menschen treffen sollen, wird in Art. 8 (Überschrift: „Künstliche Intelligenz") noch einmal bekräftigt:

> „(1) Ethisch-normative Entscheidungen können nur von Menschen getroffen werden.
>
> (2) Der Einsatz und die Entwicklung von künstlicher Intelligenz in grundrechtsrelevanten Bereichen muss gesellschaftlich begleitet und vom Gesetzgeber reguliert werden.
>
> (3) Für die Handlungen selbstlernender Maschinen und die daraus resultierenden Folgen muss immer eine natürliche oder juristische Person verantwortlich sein."

---

[18] Schon das französische Datenschutzgesetz von 1978 enthielt eine entsprechende Norm (Loi no. 78–17 du 6 janvier 1978, Art. 10). Im BDSG schreibt § 6a vor, dass automatisierte Entscheidungen nur ausnahmsweise zulässig sind. S. a. Art. 15 der EU-Datenschutz-Richtlinie 1995.

[19] Zum Menschenwürdebegriff vgl. schon BVerfGE 30, 1 (25). Die Bedeutung der „Objektformel" ist vom BVerfG später relativiert worden, vgl. BVerfGE 109, 279 (312 f.). S. jetzt *Baldus*, Kämpfe um die Menschenwürde, 2016.

[20] Vgl. dazu *Schmitz/Prell*, Neues zum E-Government, NVwZ 2016, 1273; *Braun Binder*, Vollständig automatisierter Erlass eines Verwaltungsaktes und Bekanntgabe über Behördenportale, DÖV 2016,891; *Bull*, Der „vollständig automatisiert erlassene" Verwaltungsakt, DVBl 2017, 409.

Das Verbot, Waffensysteme vollautomatisch einzusetzen (Art. 4 Abs. 4), komplettiert klarstellend diesen Appell an die „humane" Nutzung der Technik. Internetspezifisch ist ferner das „Recht auf Vergessenwerden" (Art. 18).[21] – Für Kinder und andere besonders schutzbedürftige Personen soll in der „digitalen Welt" spezieller Schutz gelten (Art. 19).

5. Allgemeine, nicht internetspezifische Aussagen

Einige der „digitalen Grundrechtsnormen" begründen keine subjektiven Rechte, sondern enthalten Staats- und Politikziele wie „Pluralität und Wettbewerb" (Art. 17), das Recht auf Bildung (Art. 20)[22] und Bekenntnisse zur Arbeitsgesellschaft (Art. 21) und zum Immaterialgüterschutz (Art. 22). Die hier angesprochenen Großthemen betreffen nicht nur die „digitale" Welt, sondern auch die „Offline"- Gesellschaft. Es kann nur darum gehen, allgemein geltende Grundsätze und Politiken auch im Internet durchzusetzen. Gerade hierzu wären aber in einer Internet-Charta konkretere Aussagen erwünscht (dazu noch unten V.).

IV. Funktionen der vorgeschlagenen Rechtsnormen

Die Inhaltsübersicht zeigt, dass der Entwurf der „digitalen Grundrechte" in erster Linie die Öffentlichkeit und die nationalen und europäischen Instanzen dazu auffordern soll, das Internet als Regelungsgegenstand zu entdecken und zukunftsträchtige, humane Lösungen zu entwickeln. In der Präambel und einigen Textteilen werden dazu die höchsten Werte unserer westlichen Sozialethik beschworen. Wäre es dabei geblieben, müsste man von überwiegend *symbolischen* Politikvorschlägen sprechen. Doch zumindest ein Teil der Vorschläge greift darüber hinaus, indem er inhaltliche Aussagen zu wichtigen Fragen macht. Dass dabei die für die reale Welt geltenden Handlungsgrundsätze auf das Internet übertragen werden, ist kein Nachteil – wenn es nur um andere Formen der Informationsnutzung geht, brauchen die Grundsätze nicht modifiziert zu werden.

Als Anleitung für Gesetzgebung und Verwaltung sind die Vorschläge zum Teil aber zu abstrakt und zum Teil zu einseitig. Dass der informationstechnische Fortschritt zunächst einmal segensreich wirkt, wird verdrängt. Nicht geleistet

---

[21] Dazu das Urteil des EuGH v. 13.4.2014, Rs. C-131/12 Google Spain u.a.

[22] In Art. 20 Abs. 2 wird Digitalisierung als eine „elementare Bildungsherausforderung" bezeichnet, die einen „zentralen Stellenwert in den Lehrplänen öffentlicher Bildungseinrichtungen" „besitze". Das ist sprachlich verschwommen und inhaltlich unklar. Lehrgegenstände und Lernziele können nur die Fähigkeit zum *Umgang mit der Technik* und das Verständnis der *Inhalte* sein, gleich ob diese in digitalisierter Form oder traditionell vermittelt werden.

wird die zwingend erforderliche Gegenüberstellung von Risiken und Chancen der Technik; es fehlt auch der Hinweis darauf, dass die europäische Vereinheitlichung des Technikrechts manche der aufgezeigten Risiken ausräumen oder jedenfalls abschwächen wird.

Immerhin bilden die neuen Vorschläge Anknüpfungsprunkte für neue Argumentationen des BVerfG und des EuGH. Die damit verbundene weitere Justizialisierung ist aus der Sicht der Verfassungsgerichte und der Anwaltschaft positiv zu beurteilen, aber nicht notwendig aus der Sicht der Bürger. Die Verwaltung kann den Bürgern vermutlich schneller und vielleicht auch effektiver helfen, als wenn erst umständliche europaweite Abstimmungsprozesse und Gerichtsentscheidungen abzuwarten wären. Aus der Sicht der Politik ist die Verlagerung der Verantwortung auf die Gerichte durchaus fragwürdig. Auch die Aufsichtsbehörden werden gestärkt; sie bestimmen – in Unabhängigkeit von den gesetzgebenden Instanzen – faktisch über den Umfang subjektiver Rechte der Beteiligten und üben Kontrolle aus, ohne für ihre Entscheidungen politisch verantwortlich zu sein.

V. Kritische Punkte

1. *Auslegungs-, Abwägungs- und Anwendungsprobleme*

a) Die unbestimmten Großformeln

Die eigentliche Herausforderung für alle Beteiligten in Politik und Gesellschaft liegt in den erheblichen *Auslegungs-, Abwägungs- und Anwendungsproblemen*. Sie stellen sich auch dann, wenn über die großen Ziele Einigkeit herrscht. Wie immer bei der Verwirklichung von Grundrechten sind Konflikte zwischen verschiedenen Freiheitsrechten, zwischen gleichgerichteten konkurrierenden Rechten mehrerer Personen und zwischen der Abwehr- und der Schutzfunktion der Grundrechte zu gewärtigen. „Selbstbestimmung", der zentrale Begriff der Datenschutzdebatte, ist kein abgrenzbarer Tatbestandsbereich, sie zu schützen ist keine konkrete Rechtsfolge, sondern ein Prinzip, das bei der Gestaltung von Normen beachtet werden soll (so dass z.B. das Grundrecht der allgemeinen Handlungsfreiheit daraus hervorwächst).[23]

---

[23] Zur Kritik des Rechts auf „informationelle Selbstbestimmung" vgl. u.a. *Bull*, Neue Konzepte, neue Instrumente, ZRP 1998, 310 (312); *ders.*, Informationelle Selbstbestimmung – Vision oder Illusion? 2. Aufl. 2011, S. 22 ff. (m.w.N.); *ders.*, Sinn und Unsinn des Datenschutzes, 2015, S. 18 ff.; *Trute*, Verfassungsrechtliche Grundlagen, in: Roßnagel (Hrsg.), Handbuch Datenschutzrecht, 2003, S. 162 ff.; *Ladeur*, Das Recht auf informationelle Selbstbestimmung: Eine juristische Fehlkonstruktion?, DÖV 2009, 45 ff.

Die „digitalen Grundrechte" sind in erster Linie von den Interessen des Einzelnen her gedacht. Andere Grundrechte wie die Meinungs- und Versammlungsfreiheit sind nicht ohne ihre Wirkung auf Mitmenschen zu denken; eine Begrenzung ihres Normbereichs ist von vornherein mitgedacht: Wer unerwünschte Meinungen äußert oder Verkehrsteilnehmer durch Demonstrationen stört, kann die Grenzen seiner Freiheit aus den Maßstäben der Sozialadäquanz entnehmen; wer sich demgegenüber auf die informationelle Selbstbestimmung beruft, wird vom BVerfG an den Gesetzgeber verwiesen; wieviel Preisgabe von Daten erlaubt oder geboten ist, muss der Betroffene in dem („normenklaren und verhältnismäßigen") Gesetz nachlesen.

Die Auslegungs- und Abwägungsprobleme sind durch die Großformeln wie „Selbstbestimmung" und „Menschenwürde" nur überdeckt. Neue Formulierungen des Rechts auf Datenschutz wie in dem hier besprochenen Entwurf oder die „Gewährleistungs"-Formel in der 2015 ergänzten Landesverfassung von Schleswig-Holstein[24] bringen keinen wirklichen Fortschritt. Die Verdoppelung des Grundrechts durch Erwähnung einer „digitalen Privatsphäre" erweckt sogar den falschen Anschein, als sei dieses Recht bisher in der „digitalen Welt" gar nicht anwendbar. Dann könnte die gutgemeinte Verfassungsergänzung sogar als eine Schwächung des geltenden Rechts verstanden werden.

b) „Digitale Identität" und „Vergessenwerden"

Während sich der hier besprochene Entwurf auf die Selbstbestimmung über die („eigenen") „Daten" und die Achtung der Privatsphäre konzentriert (Art. 11 Abs. 1 und 2), fand sich in dem Entwurf von Heiko Maas (Art. 3) ein weitergehender Vorschlag:

> „Jeder Mensch hat das Recht, über seine digitale Identität selbst zu bestimmen."

Danach kann die „digitale Identität" von der Erscheinung des Einzelnen in der sichtbaren Welt abweichen. Das entspräche dem Charakter der „Online-Welt" als einer künstlichen Konstruktion mit einem Eigenleben ohne Fundament in der realen Gesellschaft. Vielleicht würde es gar nicht schaden, die Unterscheidung zwischen dem Internet als dem Reich der Fiktionen und Masken und der „analogen" Welt als der sozialen Wirklichkeit zu betonen. Aber das Internet wäre entscheidend entwertet, wenn dort schon der Anspruch aufgegeben würde, wahre Erkenntnisse anzustreben. Jedenfalls gilt ein Recht auf Fiktion nicht für die „Offline"-Welt. Denn die „Selbstdarstellung", von der häufig gesprochen wird, bedeutet keineswegs, dass andere der Eigenpräsentation des Einzelnen

---

[24] Art. 15 SH LV lautet in der Fassung v. 2.12.2014 (GVOBl. S. 344): „Das Land gewährleistet im Rahmen seiner Kompetenzen auch den Schutz der digitalen Privatsphäre der Bürgerinnen und Bürger". Das Wesentliche bleibt unklar, nämlich *wie* das Land diesen Schutz gewährleisten soll.

folgen müssen. Die Lehre von der informationellen Selbstbestimmung hindert niemanden daran, sich selbst ein Bild von den Menschen zu machen, denen man begegnet.[25] Die Gedanken sind frei ...

Dem Recht, die eigene Identität festzulegen, entspräche systematisch das Recht darauf, von der Welt vergessen zu werden. Dieses subjektive Recht ist sowohl in dem Entwurf von Maas wie in dem von Albrecht u.a. vorgesehen:

> „Jeder Mensch hat ein Recht auf Vergessenwerden" (Maas Art. 3);

> „Jeder Mensch hat das Recht auf digitalen Neuanfang. Dieses Recht findet seine Grenzen in den berechtigten Informationsinteressen der Öffentlichkeit" (Albrecht-Entwurf Art. 18).

Die neue EU-DSGVO hat das „Recht auf Vergessenwerden" als einen speziellen Löschungsanspruch aufgenommen, jedoch von der Erfüllung bestimmter Tatbestandsvoraussetzungen abhängig gemacht und durch mehrere Ausnahmen eingegrenzt (Art. 17). Mit dem Anspruch, die Menschenwürde eines jeden Individuums zu schützen, ist die Konstituierung eines allgemeinen Rechts auf Vergessenwerden jedoch schwer vereinbar. Die Achtung vor der Menschenwürde verlangt vielmehr, dass jeder Mensch in der Erinnerung seiner Umwelt weiterlebt, und es ist nicht einzusehen, dass alle Aufzeichnungen über ihn nach seiner willkürlichen Entscheidung zerstört werden sollen. Nicht nur die aktuelle Öffentlichkeit, sondern die Gemeinschaft aller Menschen hat ein Anrecht darauf, sich ihrer Mitglieder zu erinnern und dazu auch technische Hilfe zu nutzen.

Allenfalls die spezielle Internet-Variante, das Recht auf einen „digitalen Neuanfang", hat eine gewisse Plausibilität für sich (solange „analoge" Informationsquellen weiter sprudeln). Aber auch diese Neuerfindung wirft mehr Fragen auf als sie löst. Ein vollständiges „Zurück auf Null" gibt es im Spiel, aber nicht im realen Leben. Dem verständlichen Wunsch nach Neuanfang kommt das geltende Recht u.a. dadurch nach, dass es für das Strafregister Löschungsfristen vorsieht, und ein Neustart ist auch sonst möglich, wenn private Geheimnisse wirksam gehütet werden. Das neue subjektive Recht könnte also im Grunde durch eine Verweisung auf Datenschutz- und Informationsfreiheitsgesetze ersetzt werden.

c) Dateien der Sicherheitsbehörden

Für die umstrittenen informationellen Instrumente der *Sicherheitsbehörden* ist aus den vorgeschlagenen Grundrechtsnormen (Art. 4 des Entwurfs) wenig zu lernen. Dass es keine „anlasslose Massenüberwachung" geben soll, ist einhellige Meinung. Die meisten Methoden der Informationsgewinnung über große Mengen von Menschen werden jedoch sehr wohl aus konkreten Anlässen praktiziert,

---

[25] Vgl. BVerfGE 82, 236 (269); 97, 125 (149); 99, 185 (194); 101, 361 (380).

z.B. weil gewalttätige Anschläge drohen – mögen auch die genauen Umstände der befürchteten Handlungen und die Täter noch unbekannt sein. Welche Maßnahmen in solchen Fällen im Einzelnen zulässig sind, bleibt kontrovers. Weder Rasterfahndungen noch die Speicherung von Daten „auf Vorrat" für künftige Gefahrenabwehr oder Strafverfolgung sind vollkommen verboten; sowohl das BVerfG wie der EuGH haben sie – unter engen Voraussetzungen – zugelassen.[26] Dass Sicherheitsbehörden nur ganz ausnahmsweise auf Daten zugreifen dürfen, die von Privaten erhoben worden sind (Art. 4 Abs. 2), leuchtet nicht ein. Die Justiz darf seit je Unterlagen beschlagnahmen, die sich im Besitz Privater befinden – was wäre der Grund dafür, private Informationssammlungen generell von staatlicher Verwendung auszuschließen? Andererseits verwundert es, dass das die Betroffenen besonders stark belastende elektronische „Eindringen" in Wohnungen („Großer „Lauschangriff" und „optische Raumüberwachung", aber auch der Online-Durchgriff auf private Computer) nicht ausdrücklich erwähnt wird. Vielleicht ist dies alles aber ist mit dem Begriff „unbeoachtet" mitgemeint. Zu einem wirklich strengen Schutz der Privatsphäre hätte freilich auch das ausnahmslose Verbot des „Staats-Trojaners" gehört.

Ob die Ermittlungsmöglichkeiten der Sicherheitsbehörden eingeschränkt werden, hängt von der Konkretisierung der Grundrechtsnormen durch die Gesetzgebung ab. Es kann, muss aber nicht zu einer asymmetrischen Machtverteilung zwischen Behörden und Gefährdern/Straftatverdächtigen kommen.

d) Verbot der Profilbildung

Dass jegliche Form von *Profilbildung* unter Gesetzesvorbehalt stehen soll (Art. 6), ist unangemessen und unrealistisch. Automatisierte Persönlichkeitsbeurteilung ist gewiss oft defizitär oder falsch; ihre unkritische Verwendung führt zu falschen und ungerechten Ergebnissen. Deshalb ist das Verbot vollständig automatisierter *Entscheidungen* (s. oben III. 4.) richtig, aber nicht der Gesetzesvorbehalt für andere Methoden der Datenauswertung, die als Hilfsmittel für menschliche Entscheidungen geeignet sind.

e) „Teilhabe in der digitalen Sphäre"

Eine genauere Bestimmung wäre auch für das Recht auf gleichberechtigte *Teilhabe* „in der digitalen Sphäre" (Art. 3 Satz 1) wünschenswert. Unklar ist sowohl, an welche Leistungen und Angebote gedacht ist, wie auch, welche Voraussetzungen der Einzelne erbringen muss, um sein Recht auszuüben. Schuldet

---

[26] BVerfGE 125, 260 (316 ff.); EuGH, Urt. v. 8.4.2014, Rs. C-293/12 und C-594/12, NVwZ 2014, 709 und DVBl 2014, 708. Auch das Urteil des EuGH v. 21.12.2016, Rs. C-2013/15 und C-698/15 verbietet nur eine „allgemeine und unterschiedslose Vorratsdatenspeicherung" und lässt bestimmte Ausnahmen zu.

der Staat auch Maßnahmen zur Ausbildung der technischen Fähigkeiten zum erfolgreichen Eintritt in die virtuelle Welt? Muss er da, wo private Angebote fehlen, ersatzweise eigene Inhalte anbieten? Diese Fragen führen zu der grundsätzlichen nach dem Verhältnis von staatlicher zu privater Verantwortung (dazu sogleich mehr unter 2.).

f) Organisationsklarheit, Transparenz und Beteiligung

In mehreren Zusammenhängen wird Klarheit der Verantwortung gefordert, und mehrfach wird auch auf die Beteiligung der Bürger und die Transparenz der Vorgänge für alle Menschen gesetzt. Staatliche Kontrolle und Krisenvorsorge sollen für alle Infrastrukturen vorgesehen sein, die „für das Funktionieren der Gesellschaft essentiell sind" (Art. 8 Abs. 4). Eine notwendige Klarstellung ist es, dass „für die Handlungen selbstlernender Maschinen und die daraus resultierenden Folgen [...] immer eine natürliche oder juristische Person verantwortlich sein" muss (Art. 8 Abs. 3).

Das Gebot öffentlicher Zugänglichkeit aller staatlichen Informationen (Art. 9 Abs. 1) ist nach Jahrhunderten staatlicher Arkanpolitik zu einem wesentlichen Element politischen Fortschritts geworden.[27] Keineswegs selbstverständlich ist demgegenüber die Erstreckung des Transparenzgebots auf Private („sofern diese über Informationen verfügen, die für die Freiheitsverwirklichung Betroffener von entscheidender Bedeutung sind", Art. 9 Abs. 2). Offenbar wird hier übersehen, dass damit im Interesse der einen Seite Grundrechte anderer Beteiligter zur Disposition gestellt werden. Die Unterscheidung zwischen einem öffentlichen und einem privaten Bereich, die dabei aufgegeben wird, ist entgegen einer in der Datenschutzszene verbreiteten Auffassung von wesentlicher Bedeutung für die Freiheitlichkeit des Gemeinwesens. Abgesehen davon sind die Voraussetzungen des informationellen „Übergriffs" aus der einen in die andere Sphäre streitträchtig.

Eine Grenzüberschreitung wird auch gefordert, indem vorgeschrieben wird, dass „der Einsatz und die Entwicklung von künstlicher Intelligenz in grundrechtsrelevanten Bereichen [...] gesellschaftlich begleitet und vom Gesetzgeber reguliert werden" müsse (Art. 8 Abs. 2). „Gesellschaftliche Begleitung" ist ein vieldeutiger, verschwommener Begriff, dessen demokratietheoretische Verortung unklar ist. Wird hier staatliche Forschungsaufsicht mit unmittelbarer Beteiligung von Interessenten angestrebt? Eine rein „gesellschaftliche", interesselose Begleitung würde vermutlich mit der grundrechtlich gewährleisteten Forschungsfreiheit kollidieren, die eine individuelle Rechtsposition begründet und auch gegen Dritte gewährleistet sein muss.

[27] Gegen überzogene Erwartungen an die Transparenz des Staatshandelns jedoch mit empirischen Argumenten *Wewer*, Open Government, Staat und Demokratie, 2014.

2. Ansprüche gegen Private

Ein erheblicher Teil aller Leistungen, die über das Internet erbracht werden, wird von privatwirtschaftlich betriebenen Unternehmen angeboten; die wenigen großen Internetkonzerne besitzen weltweit überlegene Marktmacht und können daher die Konditionen der Netznutzung weitgehend allein bestimmen. Der Staat muss daher Maßnahmen zum Schutz von Individualrechten auch gegen Private treffen; die in dem Entwurf an mehreren Stellen festgelegte Verpflichtung Privater (Art. 1 Abs. 3, Art. 3 Abs. 2, Art. 5 Abs. 4, Art. 9 Abs. 2) ist insofern eine notwendige Konsequenz. Sie entspricht der Linie des BVerfG, Grundrechte auch als Pflichten des Staates zum Schutz vor Rechtsbeeinträchtigungen durch private Dritte zu verstehen.[28] Auch der EuGHG hat private Unternehmen (Suchmaschinenbetreiber) in die Pflicht genommen, Verletzungen von Rechten Dritter zu verhindern oder auszuräumen.[29] Aber je umfassender die Grundrechte formuliert sind, desto größer werden die Auslegungs- und Abwägungsprobleme. So stehen die gleichzeitig angestrebten Ziele Pluralität und Wettbewerb (Art. 17) unter Umständen quer zu den Verpflichtungen Privater, Daten zu schützen oder jeden Interessenten an den angebotenen Leistungen teilhaben zu lassen. Was für den Staat angemessen ist, gilt nicht zwingend auch im Verhältnis Privater zueinander.

Das Zensurverbot nach Art. 5 Abs. 1 Satz 3 Grundgesetz ist nur auf den Staat gemünzt: Der private Zeitungsverleger oder Redakteur darf willkürlich entscheiden, welche Inhalte er abdrucken lässt, Polizei und Justiz dürfen erst nachträglich auf die Veröffentlichung reagieren. Für Äußerungen in der „digitalen Welt" soll nach dem Albrecht-Entwurf die gleiche Regel gelten: freie Meinungsäußerung und keine Zensur (Art. 5 Abs. 1 des Entwurfs). Aber „digitale Hetze, Mobbing sowie Aktivitäten, die geeignet sind, den Ruf oder die Integrität einer Person ernsthaft zu gefährden, sind zu verhindern" (ebd. Abs. 2). Nicht nur „staatliche Stellen", sondern auch die privaten „Betreiber von Informations- und Kommunikationsdiensten" sollen verpflichtet sein, für die Einhaltung der einen wie der anderen Vorschriften zu sorgen (Abs. 4), also sowohl die Freiheit der Meinungsäußerung ohne Zensur wie auch deren Schranken zu garantieren und überdies einen „pluralen öffentlichen Diskursraum" sicherzustellen (Abs. 3).

Dieses Sowohl-als-auch ist unvermeidlich, und das mit den Vorbehalten verfolgte Ziel ist ebenfalls zwingend. Aber man sollte sich darüber im Klaren sein, dass die konsequente Verhinderung von Hetze, Beleidigungen und Verleumdungen den Status des Internet als eines freien Raumes der unzensierten

---

[28] Zu Abwehrfunktion und Schutzwirkung der Grundrechte vgl. etwa BVerfGE 115, 320 (358).

[29] EuGH, U. v. 13.4.2014, Rs. C-131/12 Google Spain.

Kommunikation erheblich beeinträchtigen kann. Wollte man unwahre oder „schädliche“ Äußerungen im Internet vollständig verhindern, so müsste man sämtliche zum Hochladen vorgesehenen „Botschaften“ genehmigungspflichtig machen und genaue Regeln vorgeben, welche Inhalte zulässig sind. Tatsächlich wird gefordert, Internetunternehmen wie Facebook sollten alle bei ihnen eingestellten Texte systematisch und zeitnah auf ihre Rechtmäßigkeit überprüfen und ggf. sofort löschen. Mag diese Praxis auch im strengen Sinn keine Zensur im Sinne von Art. 5 Abs. 1 Satz 3 GG sein, so kommt sie doch einer Zensur sehr nahe. Wenn darüber hinaus zum Kampf gegen „Hassreden“ auch andere unerwünschte (also nicht unstrittig rechtswidrige) Texte entfernt werden sollen, gerät dabei im Zeichen einer mehr oder weniger umstrittenen politischen und sozialen Korrektheit die Meinungs- und Kommunikationsfreiheit in Gefahr.[30]

Hinzu kommt das praktische Problem, dass die Informationsanbieter und -vermittler zum sofortigen Aussondern unwahrer oder strafbarer Äußerungen vielfach nicht in der Lage sind und auch staatliche Stellen in der Regel erst einmal prüfen müssen, ob die Voraussetzungen vorliegen. Private Unternehmen können überdies keine Beweise erheben, sondern sind auf die Angaben der Beteiligten angewiesen. Und wer soll die heiklen Abgrenzungen und Abwägungen zwischen kollidierenden Grundrechten vornehmen?

3. Die zentrale politische Frage: Staatsaufgabe Internet?

In dem Entwurf von Albrecht u.a. fehlt eine Aussage darüber, wer die *Kosten* der technisch gestützten Information und Kommunikation aller mit allen tragen soll. Tatsächlich werden die Internetangebote zum größeren Teil durch Werbung finanziert. Die Verwendung personenbezogener Daten für elektronische Werbung und Marketing gilt jedoch nach der herrschenden Meinung als anstößig, wenn nicht rechtswidrig, und soll nach dem Willen mancher Datenschützer möglichst ganz verhindert werden. Wer da meint, die Sammlung von Daten über persönliche Vorlieben, Suchprozesse und Kaufentscheidungen, Buchbestellungen und Reiseverträge entwürdige oder entmündige die Individuen, muss es folgerichtig in der Tat ablehnen, dass solche Daten überhaupt zusammengestellt und verwendet werden. Damit würde dann in Kauf genommen, dass die entsprechenden elektronischen Angebote eingestellt oder nur noch gegen Entgelt angeboten werden. Eine gesetzliche Durchnormierung der Wirtschaftswerbung in der Absicht, die Herstellung von Persönlichkeitsprofilen und Interessentengruppen zu verhindern, dürfte keine geeignete Alternative für die hochspezifizierte gezielte Ansprache potentieller Kunden sein. Wahrscheinlicher ist, dass

---

[30] Vgl. beispielhaft den Bericht von *Boie*, Was heißt hier Hass?, Süddeutsche Zeitung v. 22.8.2016 S. 11.

durch strikte Bekämpfung des Datenhandels eine Reihe von Geschäftsmodellen zerschlagen würden, die auf der Nutzung personenbezogener Daten beruhen. Es ist dann kaum zu vermeiden, dass Internetangebote eingestellt oder entgeltpflichtig gemacht werden. Das Internet wird vielleicht sogar inhaltlich verarmen.

Damit wird die Frage aktuell, ob der Ausbau der elektronischen Infrastruktur nicht künftig Gegenstand einer *Staatsaufgabe* sein soll oder muss. Die Initiative von Albrecht und anderen weicht dieser Frage aus. Sie spricht nur davon, dass das Internet „Bestandteil der Grundversorgung" sei (Art. 15 Abs. 1 Satz 2). Wenn die private Wirtschaft diese Grundversorgung nicht in ausreichendem Maße einrichtet, wenn etwa die notwendigen Ausbauschritte nicht schnell genug realisiert werden – müssen dann nicht die Staaten und supra- oder internationale Organisationen das Internet übernehmen? Angesichts der Zerstrittenheit der Staatenwelt und der globalen Macht- und Interessenverteilung ist freilich eine supra- oder internationale Lösung praktisch kaum noch vorstellbar. Die Nationalstaaten aber dürften immer stärker unter Druck geraten, den Ausbau der elektronischen Infrastruktur selbst in die Hand zu nehmen oder zumindest zu der Finanzierung wesentlich beizutragen. Damit müssen sie notgedrungen über die in Art. 8 Abs. 4 verordnete „Kontrolle und Krisenvorsorge" hinausgehen.[31] Mit all dem sind Belastungen der Staatshaushalte abzusehen, über die nicht konfliktfrei entschieden werden wird.

Auch die Gewährleistung der *Netzneutralität* fällt unter dem Gesichtspunkt der gleichen Teilhabe aller letztlich dem Staat anheim. Für die Bekämpfung von *Identitätsdiebstahl und -fälschung* ist der Staat neben den Unternehmen ebenfalls zuständig, auch wenn dies in Art. 13 Abs. 2 nicht ausdrücklich gesagt wird.

Noch aus einem anderen Grund wird sich die Frage der Staatsverantwortung künftig noch drängender stellen, nämlich weil inzwischen unsere gesamte Zivilisation von dem Funktionieren zentraler Computer und des weltweiten Datennetzes abhängig ist und deren *Fehlfunktion* – z.B. durch länger andauernden Stromausfall – zu unabsehbaren Störungen des Zusammenlebens führen kann. Die tatsächlich wahrgenommene subsidiäre Verantwortung der Staaten für die Funktionsfähigkeit des Internet sollte auch rechtlich ausdrücklich anerkannt werden.

---

[31] Schleswig-Holstein hat in die Landesverfassung eine Staatszielbestimmung aufgenommen, wonach das Land „im Rahmen seiner Kompetenzen den Aufbau, die Weiterentwicklung und den Schutz digitaler Basisdienste sowie die Teilhabe der Bürgerinnen und Bürger an diesen" gewährleistet (Art. 14 Abs. 1 LV). Gemeint sind aber nur Angebote des Landes selbst, nämlich „zentrale Dienste für die Abwicklung von Verwaltungsabläufen" (so die Gesetzesbegründung, LT-Drs. 18/2115, S. 20).

4. Die Arbeitswelt der Zukunft

Durch den zunehmenden Einsatz von Informations- und Kommunikationstechnik werden immer mehr Beschäftigte arbeitslos. Selbst wenn im Zuge des Strukturwandels zahlreiche neue Arbeitsplätze geschaffen werden, ist absehbar, dass die Zahl der Arbeitsmöglichkeiten insgesamt sinken wird – das ist ja die Absicht, die mit der Automatisierung verfolgt wird.[32] Aber zur Bewältigung des Arbeitsmarktproblems enthält der Entwurf keine Anstöße. Er begnügt sich mit der pauschalen Bemerkung, der digitale Strukturwandel sei „nach sozialen Grundsätzen zu gestalten" (Art. 21).[33]

Ökonomen verbreiten nach wie vor Optimismus und erwarten die Lösung aller Probleme vom ständigen Wachstum der Wirtschaft. Sie wehren Sorgen um die Arbeitsplätze als („typisch deutsche") Angst vor der Zukunft ab, und die kühnste Perspektive, die nachdenklichen Managern einfällt, ist die aus vielen Gründen höchst umstrittene Einführung eines „bedingungslosen Grundeinkommens" für jeden Menschen.[34] Dass gerade Arbeit (und nicht nur der Bezug eines Mindesteinkommens) zu einem menschenwürdigen Leben gehört, sollte über all den anderen Bezugnahmen auf die Menschenwürde nicht vergessen werden.

VI. Ausblick

Die Verfechter der digitalen Grundrechte wollen den *Technikeinsatz begrenzen* (vgl. Art. 1 Abs. 1 Satz 2). Man könnte deshalb erwarten, dass sie bestimmte Methoden und Instrumente verbieten oder mit strengen Auflagen versehen wollen. Das liegt aber offenbar nicht im Sinne der Initiatoren, wie auch sonst niemand ernsthaft darüber nachdenkt, ob die „digitale Revolution" wirklich schicksalhaft unvermeidlich ist oder ob nicht menschliche Intelligenz nach wie vor der vollständigen Automatisierung überlegen ist. Die von verschiedenen Instanzen betriebene Technikfolgenabschätzung[35] ist hier nicht verarbeitet, und sie wird von der Politik kaum wahrgenommen.

---

[32] Ein präziser Problemaufriss: *Hagelüken*, Angriff auf unsere Jobs, Süddeutsche Zeitung v. 17./18.12.2016, S. 24.

[33] *Christopher Lauer* plädiert in seiner Entgegnung auf Maas (Fn. 3) für einen „neuen Gesellschaftsvertrag".

[34] Vgl. etwa *Höttges* in dem „Zeit"-Interview (oben Fn. 8). Scharf kritisch demgegenüber *Alt*, Horrorvision, in: Süddeutsche Zeitung v. 11.1.2017.

[35] So unterhält der Deutsche Bundestag unterhält ein Büro für Technikfolgenabschätzung, das in „TAB-Briefen" regelmäßig berichtet. Daneben arbeiten wissenschaftliche Einrichtungen wie das Institut für Technikfolgenabschätzung und Systemanalyse am Karlsruher Institut für Technologie und das Institut für Zukunftsstudien und Technologiebewertung Berlin.

Nach der Präambel soll der neue Entwurf „das Fundament einer rechtsstaatlichen Ordnung im digitalen Zeitalter schaffen". Damit wird suggeriert, dass es bisher keine überzeugenden Regeln für das Internet gebe. Das ist ein Irrtum, selbst wenn man von den eingangs erwähnten internationalen Rechtsnormen absieht: Das geltende Gesetzesrecht, das an die „guten alten Menschen- und Bürgerrechte"[36] anknüpft, ist sehr wohl auf die neuen Probleme anwendbar, es bietet auch akzeptable Lösungen, die freilich bisher zum Teil nicht durchgesetzt werden, weil die Interessen- und Machtlage es nicht zulässt. Soweit das überkommene Recht keine angemessenen Vorschriften enthält, die den Eigenheiten der modernen Instrumente gerecht werden, sind gesetzliche Klarstellungen und Weiterentwicklungen möglich. Ob aber gerade Grundrechtsnormen wie in dem besprochenen Entwurf dem beklagten Vollzugsdefizit abhelfen können, ist fragwürdig.

*

Nachtrag 2022: Neue Grundrechte, z.B. ein Recht darauf, „in einer gesunden und geschützten Umwelt zu leben", und ein Recht auf „digitale Selbstbestimmung" propagiert auch *Ferdinand von Schirach*, Jeder Mensch, 2021. In nur sechs Artikeln wird das Traumbild einer humanen Welt von morgen entworfen: Die hehren Ziele, denen vermutlich die allermeisten Mitmenschen zustimmen, werden als Individualrechte ausgedrückt, die „vor den Europäischen Gerichten" eingeklagt werden können – bis hin zu dem Recht eines jeden Menschen, „dass Äußerungen von Amtsträgern der Wahrheit entsprechen". Der Autor ist Jurist und weiß, wie die Welt tatsächlich aussieht. Seine Vorschläge ignorieren alle realen Konflikte und können bei den Lesern allenfalls gute Gefühle auslösen, am Ende aber nur Enttäuschungen verursachen.

[36] *Martin Schulz* (Fn. 2).

15.

Über die rechtliche Einbindung der Technik

Juristische Antworten auf Fragen der Technikentwicklung

I. Die Angst vor den Maschinen

Wenn sich kritische Beobachter mit der Entwicklung der Technik befassen, geschieht dies hierzulande regelmäßig in zwei Schritten – der entscheidende dritte wird weggelassen oder allenfalls angetippt. Zuerst werden die *Möglichkeiten* dargestellt, die sich aus der Anwendung neuer Techniken ergeben; dabei werden die denkbaren Bedrohungen von Individualrechten oder die Veränderungen des Alltagslebens ausgemalt und zu Horrorszenarien zusammengefasst, während die neuen Chancen, die sich für Einzelne und für die Gemeinschaft eröffnen, von der Mehrheit der Autoren eher marginal behandelt werden (die anderen neigen zur Überhöhung und Glorifizierung der neuen Techniken). Der zweite Schritt besteht dann in der Aufzählung von *Fragen*, die unseren Umgang mit den Risiken betreffen: Wie wird die Informationstechnik unsere sozialen Beziehungen verändern? Werden die Unternehmen, die sich der Technik bedienen, immer mehr Macht gewinnen und schließlich das staatliche Recht aushebeln? Werden selbst Rechtsfindung und Rechtsprechung künftig von Automaten übernommen? Werden Roboter in der Arbeitswelt, in der öffentlichen Verwaltung und schließlich auch in der privaten Wohnung uns alle bisher ausgeführten Aufgaben abnehmen und uns damit arbeits- und betätigungslos machen? Die Sorge wird zugespitzt zu der Frage, ob die Computer (oder „die künstliche Intelligenz“) die „Herrschaft“ über die Menschen übernehmen werden.

Nur selten wird eine dieser Fragen am Maßstab des *geltenden Rechts* beantwortet, und ebenso wenig werden die *politischen Handlungsmöglichkeiten* erörtert, die zur Abwehr drohender Entwicklungen eingesetzt werden könnten. Es ist aber sehr wohl möglich, die Kernfragen juristisch zu beantworten oder zumindest die Richtung aufzuzeigen, in der rechtliche oder politische Lösungen für bisher ungeregelte oder unzureichend bearbeitete Themen gefunden werden können. Man muss nur über die allgemeinen Aussagen hinausgelangen und juristische wie politische Ansätze in den Blick nehmen, von denen aus die Fehlentwicklungen bekämpft werden können.

Es wäre allerdings falsch zu meinen, die Wissenschaft habe erst in den letzten Jahren damit begonnen, das Verhältnis von Recht und Technik zu klären. Die Grundsatzdiskussion – nicht nur aus philosophischer, theologischer und naturwissenschaftlicher Perspektive, sondern auch unter Juristen – hat lange vor dem Siegeszug des Computers begonnen.[1] Um die Verfassungsmäßigkeit der Kernenergienutzung ist von Anfang an heftig gestritten worden,[2] und auch andere großtechnische Planungen sind bereits vor Jahrzehnten intensiv überprüft und teilweise für rechtlich unvertretbar erklärt worden. Ebenso ist die Gentechnologie schon früh rechtstheoretisch und rechtspolitisch erörtert worden.[3] Die Informations- und Kommunikationstechnik war von ihren ersten Anwendungen an Gegenstand verfassungsrechtlicher Zweifel.[4] Viele der grundlegenden Fragen sind jedoch nach wie vor ungelöst oder heftig umstritten; viele vermeintlich widerlegte Einschätzungen[5] tauchen immer wieder als „aktuelle“ Erkenntnis auf.

Für die rechtliche Beurteilung neuer technischer Entwicklungen werden im folgenden Text einige Anregungen vorgetragen. Vor allen materiellen Überlegungen ist zu klären, welche Bedeutung der Begriff der Technik hat und welches die abzuwehrenden Gefahren sind (II.). Als Voraussetzung jeder rechtlichen Regelung wird die Verantwortlichkeit von Menschen herausgestellt (III.). Als grundlegende verfassungsrechtliche Ansätze der Technikkritik werden sodann die Achtung der Menschenwürde, die Freiheitsrechte der Beteiligten und das Prinzip der Rechtsstaatlichkeit besprochen (IV.). Die weiteren Abschnitte befassen sich mit den Regelungsstrukturen und den praktischen Ansätzen der rechtlichen Bewältigung neuer Technologien (V.) sowie mit den

---

[1] Vgl. schon die Rektoratsrede von *H. Huber*: Das Recht im technischen Zeitalter, 1960, sowie *Herzog*, Der Mensch des technischen Zeitalters in Recht und Theologie, in: Evangelisches Staatslexikon, 1966, S. XXI–XLVI. Zur Auseinandersetzung mit der frühen Computerwissenschaft nach wie vor lesenswert: *Weizenbaum*, Die Macht der Computer und die Ohnmacht der Vernunft (1976), 3. Aufl. 1982. Vgl. ferner die Schriften von *Hans Lenk*, u.a.: Zur Sozialphilosophie der Technik, 1982, und *Ropohl*, u.a.: Ethik und Technikbewertung, 1996.

[2] Dazu z.B. *Roßnagel*, Bedroht die Kernenergie unsere Freiheit, 1983; *ders.*, Radioaktiver Zerfall der Grundrechte? 1984; ders. (Hrsg.), Recht und Technik im Spannungsfeld der Kernenergiekontroverse, 1984; *Hasso Hofmann*, Rechtfragen der atomaren Entsorgung, Stuttgart 1981. Die ersten einschlägigen Urteile des BVerfG stammen aus den Jahren 1978 (Kalkar I – „Schneller Brüter“) und 1979 (Mülheim-Kärlich).

[3] Vgl. etwa *Damm/Hart*, Rechtliche Regulierung riskanter Technologie, KritV 1987, 183–216.

[4] S. etwa *Rossnagel/Wedde/Hammer/Pordesch*, Digitalisierung der Grundrechte? 1990. Zuvor u.a. *Karl Zeidler*, Über die Technisierung der Verwaltung, 1959; *Bull*, Verwaltung durch Maschinen. Rechtsprobleme der Technisierung der Verwaltung, 2. Aufl. 1964; dazu *Luhmann*, VerwArch 57 (1966), S. 86 ff. Zur optimistischen Sicht vgl. u.a. *Haefner*, Mensch und Computer im Jahre 2000. Ökonomie und Politik für eine human computerisierte Gesellschaft, 1984.

[5] Vgl. etwa *Bull* aaO. (vorige Fn.), S. 40 ff. m.w.N.

technikkritischen Aufgaben der Politik (VI.). Am Schluss wird auf die juristisch und politisch *nicht* beeinflussbaren Bedingungen der Technikentwicklung hingewiesen (VII.).

II. Was heißt „Technik" und welche Gefahren bringt sie mit sich?

1. Das Grundverhältnis von Technik und Recht

„Die Technik" selbst – wie immer man sie definiert[6] – hat gar keine Rechte; sie ist ihrerseits Gegenstand rechtlicher und anderer Regelungen. Die Technik ist auch keine Gegenkraft, die mit eigenen Interessen oder Ansprüchen in eine Auseinandersetzung mit „dem Recht" treten könnte. Wenn *Friedrich Georg Jünger* nach dem Zweiten Weltkrieg meinte, die Technik wende sich „nicht nur gegen die [...] Individualrechte, sondern auch gegen das Verbandsrecht, das Recht organisierter Gemeinschaften, das ihr widerstrebt", und sie mache auch „vor dem öffentlichen Recht, dem Recht des Staates und dem Staat selbst" nicht halt und greife „mit ungeheuren Wucherungen in das Leben und Recht des Staates" ein,[7] so hat er zuvor unter diesem Begriff eine Vielzahl von Vorgängen geistiger, physikalischer und sozialer Art zusammengefasst und zu einer Quasi-Person stilisiert. Darin liegt mehr Mystifizierung als Aufklärung. Jüngers Methode ist auch heute, nach enormen Veränderungen der Welt und ihres geistigen Zustandes, überaus beliebt. Sie prägt die Darstellungen in den Publikumsmedien und strahlt auch in die Fachdiskussionen aus, wie die zahllosen Bücher und Artikel beweisen, die vor der „Herrschaft der Computer" warnen.[8] Die marxistisch inspirierte gesellschaftstheoretische Variante der Technikkritik, die *Herbert Marcuse* propagiert hat,[9] ist weitgehend in Vergessenheit geraten, aber in Anlehnung an *Joseph Weizenbaums* berühmte Schrift „Die Macht der Computer und die Ohnmacht der Vernunft"[10] wird neuerdings „die Macht der Algorithmen und

---

[6] Z.B. als Nutzbarmachen der Erkenntnisse der Naturwissenschaften für den Menschen oder als Gesamtheit der menschengemachten Gegenstände (Maschinen, Geräte usw.) (so im Kern die Wikipedia-Definitionen). „Technologie" ist demgegenüber die Wissenschaft von der Technik oder aber die Gesamtheit der „technischen" Prozesse und Arbeitsgänge (so ebenfalls Wikepedia).

[7] *Friedrich Georg Jünger*, Die Perfektion der Technik (1947), 7. Aufl. 1993, S. 111.

[8] Z. B. *Hofstetter*, Das Ende der Demokratie. Wie die künstliche Intelligenz die Politik übernimmt und uns entmündigt, 2016.

[9] *Marcuse*, Der eindimensionale Mensch, 1967; dazu *Lenk* (Fn. 1), S. 25 ff.; s.a. *Ropohl* (Fn. 1), S. 26.

[10] *Weizenbaum* (Fn. 1).

die Ohnmacht des Rechts" propagiert.[11] *Volker Boehme-Neßler* meint, nicht nur unzählige Einzelnormen müssten geändert werden, „auch Grundideen und Basisstrukturen des Rechts" stünden „unter Änderungsdruck".[12]

Dabei ist es leicht, das Verhältnis von Recht und Technik grundsätzlich zu bestimmen, ohne in Geheimniskrämerei oder apokalyptische Warnungen zu verfallen: „Technisches Handeln und technische Sachverhalte werden im Recht immer erst als soziales Handeln und als soziale Sachverhalte von Belang", hat *Hans Huber* 1960 festgestellt und hinzugefügt: „Hüten wir uns sodann, die Technik aus der Gesellschaft zu isolieren und wie eine Person auf die Anklagebank zu setzen."[13] Selbst Huber war zwar nicht ganz frei von der Versuchung, Maschinen wie selbständige Akteure zu behandeln,[14] und sah Anzeichen einer „Erosion der Normen und Werte".[15] Aber er bemerkte auch: „Das Recht ist [...] immer wieder imstande, ohne dass seine Normen überhaupt geändert werden müssten, den naturwissenschaftlichen, technologischen und industriellen Wandel aufzunehmen und zu beherrschen".[16] 55 Jahre später bekräftigt *Klaus Ferdinand Gärditz* diese Erkenntnis mit den Worten: „Das Recht hat die umpflügenden Wirkungen von Technik stets begleitet, eingehegt und ermöglicht".[17] Wollte man diesen Anspruch aufgeben, wären nicht nur Rechtswissenschaft und -praxis sinnlos – die gesamte staatliche und überstaatliche Tätigkeit zur Bildung und Erhaltung einer Gemeinschaft wären obsolet.[18]

2. Die abzuwehrenden Gefahren

Bevor der Computer als zentraler Gegenstand der Technologiediskussion wahrgenommen wurde, waren es klar erkennbare, handfeste Gefahren, auf die sich die Rechtsgemeinschaft einstellen musste: Gefährdet waren *Leben und Gesundheit von Menschen* zuerst durch die neuen Verkehrsmittel Eisenbahn, Auto und Flugzeug, den Bergbau, die zahllosen Erfindungen im Maschinenbau, die Einführung von Elektrizität und Gas, später die Massenvernichtungswaffen und

---

[11] *Boehme-Neßler*, Die Macht der Algorithmen und die Ohnmacht des Rechts. Wie die Digitalisierung das Recht relativiert, NJW 2017, 3031–3037.

[12] AaO. (vorige Fn.), S. 3031.

[13] *Huber* (Fn. 1), S. 8.

[14] Vgl. *Huber* (Fn. 1), S. 21.

[15] *Huber* (Fn. 1), S. 19.

[16] *Huber* (Fn. 1), S. 16.

[17] *Gärditz*, Der digitalisierte Raum des Netzes als emergente Ordnung und die repräsentativ-demokratische Herrschaftsform, in: Der Staat 54 (2015), S. 113–139 (126).

[18] Eine umfassende rechtstheoretische Analyse des Spannungsverhältnisses von Recht und (technischen/technologischen, wirtschaftlichen, sozialen, kulturellen, künstlerischen und rechtlichen) *Innovationen* und der rechtlichen Regelungsansätze in den verschiedenen Entwicklungsbereichen hat *Wolfgang Hoffmann-Riem* geliefert: Innovation und Recht – Recht und Innovation. Recht im Ensemble seiner Kontexte, 2016 (s. dort S. 24 f.).

die militärische wie zivile Nutzung der Kernkraft. Weniger greifbar sind die Risiken der Biotechnologien, die in jüngerer Zeit in das Blickfeld der Kritik geraten sind; hier befürchten viele Beobachter, dass die menschliche Natur selbst gezielt (und um fragwürdiger Ziele willen) verändert, die Gattung „Mensch" also zum Objekt von Eingriffen wird, die bisher noch niemals vorgenommen worden sind.

In noch höherem Maße spekulativ, also nicht durch eigene Erfahrungen oder Empfindungen begründet sind die Gefahren der „*Computerisierung*" bzw. „*Digitalisierung*". Die weltweit bekannt gewordenen Skandale wie die technikgestützte Beobachtung der halben Welt durch bestimmte Geheimdienste und die intensive Nutzung personenbezogener Daten von vielen Millionen Menschen durch Internetunternehmen wie Facebook, Google und Amazon begründen die Sorge, dass Regierungen und private Unternehmen sich zu umfassenden Überwachungsagenturen entwickeln könnten. Immer leistungsfähigere *Prognose- und Überwachungssysteme* werden nicht nur von US-amerikanischen Unternehmen, sondern auch von chinesischen Wissenschaftlern entwickelt, und die chinesische Staatsführung bereitet angeblich den Einsatz dieser Instrumente zur Kontrolle der gesamten Bevölkerung vor.[19]

In Staaten mit einer stabilen Demokratie sind solche Befürchtungen aber unbegründet.[20] Der Staat darf, nein soll sich bei der Sicherung von Recht und Ordnung auch der modernen Informationstechnik bedienen. Es wäre keineswegs geboten, sondern überaus fragwürdig, auf an sich nützliche Datenverarbeitungsmethoden deswegen zu verzichten oder sie gar zu verbieten, weil diktatorische oder autoritäre Regime mit ihrer Hilfe Oppositionelle unterdrücken können. Die rechtlichen Hürden, die auch die an sich rechtstreuen Behörden an Übereifer und unnötigem Sicherheitsstreben hindern, sind unterhalb der Ebene des Verbots bzw. Verzichts anzusiedeln, also auf der Ebene der Maßgaben für den richtigen Einsatz der Instrumente. Noch mehr kommt es darauf an, dass die Gesellschaft ihren Staat nicht selbst deformiert – sei es durch überzogene Ansprüche an die Sicherheit vor jeder Form abweichenden Verhaltens, sei es durch immer größeres Misstrauen gegenüber allen, die diesen Staat repräsentieren.

Ganz allgemein müssten rechtliche Gegenmaßnahmen auf eine *genauere Gefahrenprognose* gegründet werden. Die von den Datenschutzbehörden vertretene Vermutung der Gefährlichkeit jeder Art von Datenverarbeitung ist nicht haltbar.[21] Ein wesentlicher Teil der Schäden, die Einzelnen durch unerwünschte oder rechtswidrige Datenverarbeitung entstanden sind, geht auf das

[19] Ein Bericht darüber: *Welchering*, Der Spion, der mich siebte, in: FAZ v. 14.8.2018.

[20] So auch *Gärditz* (Fn. 17), Der Staat 54 (2015), S. 123.

[21] *Krönke*, Datenpaternalismus, in: Der Staat 55 (2016), S. 319–351 (343 f.) wendet sich mit Recht gegen die „als unwiderleglich gedachte Vermutung, dass personenbezogene Daten abstrakt persönlichkeitsgefährdend sind".

Konto von *Kriminellen*, die sich Zugangscodes und andere Daten abgreifen oder erschleichen oder Bestellungen zu Lasten Dritter aufgeben. Dagegen sind andere Maßnahmen nötig als die Behinderung des ordnungsgemäßen Gebrauchs der Technik.

Ein wesentliches Element der Gefahrenprognose ist die Analyse der betroffenen *Interessen*; sie wird oft nur oberflächlich vorgenommen.[22] Als Interessen, die durch Rechtsnormen geschützt werden sollen, kommen die *Unbefangenheit der Kommunikation* mit anderen und in manchen Zusammenhängen die Abwehr *wirtschaftlicher Nachteile* (Kreditverweigerung oder ungünstige Konditionen durch Scoring usw.) in Frage, ferner die Entstehung *wirtschaftlicher Übermacht* bei einzelnen Unternehmen. Auch die *Einbeziehung Unschuldiger in Ermittlungen* über Straftaten oder Störungen der öffentlichen Ordnung i.w.S. stellt ein Risiko dar, das möglichst minimiert werden sollte; denn dadurch kann (unter ungünstigen Umständen) großer Schaden entstehen. Die Datenverarbeitung trägt aber andererseits gerade dazu bei, dass Situationen genauer aufgeklärt werden, Ermittlungen schneller gegen diejenigen gerichtet werden, die zu Recht gesucht werden, und Unschuldige frühzeitig entlastet werden. Dem steht die zunehmende Angst der Menschen vor den Leistungen der Computertechnik und der künstlichen Intelligenz gegenüber, die es – für sich genommen – nicht rechtfertigt, an sich nützliche Instrumente zu verbieten, sondern nur gewissenhafte Aufklärung über die tatsächlichen Folgen der Innovationen provozieren sollte.

Die ungebremste Verbreitung von Informationen und Meinungen im Internet – vor allem in den sogenannten „sozialen Netzwerken" – stellt inzwischen eine Gefahr für die Einhaltung der Grundprinzipien *demokratischer Ordnung* dar. Allzu viele falsche Behauptungen, verzerrte Berichte und verleumderische, Hass provozierende Meinungsäußerungen werden einer Unzahl von Empfängern zugänglich gemacht (und auch tatsächlich zur Kenntnis genommen). Die Technik erleichtert die gezielte Veränderung des Bewusstseins der Menschen und gefährdet damit die Basis, auf der die Demokratie beruht.[23]

Für die rechtliche (und übrigens auch für die sozialethische und moralische) Beurteilung der Techniknutzung ist es dringend geboten, genauer als bisher üblich zu bestimmen, welche Folgen tatsächlich eingetreten sind oder mit Sicher-

---

[22] Eine frühe systematische Einteilung der vom Recht der Informationsbeziehungen betroffenen Interessen: *Bull*, De fundamentele problemen van het informatierecht/Die Grundprobleme des Informationsrechts, 1985, S. 29 ff., Nachdruck in: *Bull*, Datenschutz, Informationsrecht und Rechtspolitik, 2005, S. 17 ff. (20 ff.). Aus der neueren Lit. weiterführend: *Drackert*, Die Risiken der Verarbeitung personenbezogener Daten, 2014.

[23] Vgl. u.a. den gemeinsamen Protest Hunderter amerikanischer Presseorgane am 16.8.2018 gegen die Medienhetze im Internet und die gezielte Verbreitung von „Fake News". Auch in Deutschland und anderen Staaten wird ein negativer Einfluss der „sozialen Netzwerke" auf die demokratische Meinungsbildung beobachtet.

heit eintreten werden. Es genügt nicht, über die *Möglichkeiten* künftiger Rechtsverletzungen zu debattieren, ohne die *Wahrscheinlichkeit* zu berücksichtigen, mit der die neuen Technologien eingesetzt werden. Solange noch keine praktischen Erfahrungen vorliegen, muss sich die Rechtspolitik zurückhalten, und das bedeutet kein „Nachhinken“ und ist kein „Konstruktionsfehler“ des Rechts, sondern eine Regel richtiger Rechtsetzung.[24] Die rechtliche Korrektur technischer Entwicklungen ist immer erst möglich, wenn eine empirisch fundierte Beurteilungsgrundlage vorliegt; rechtliche Einschränkungen allein aufgrund der Möglichkeit von Schäden sind allenfalls als Experiment erlaubt.

Für die rechtspolitische Diskussion muss es auch darauf ankommen, wie die abzuwehrenden Risiken zu *gewichten* sind – im Verhältnis zueinander und zu anderen Bedrohungen, denen der moderne Mensch ausgeliefert ist. Dieser Gedanke wird bei der Erörterung der Ziele rechtlicher Regelung (unten zu V. 2.) wieder aufgenommen.

3. Die Ermöglichungsfunktion des Rechts

Ein erheblicher Teil der Diskussion um das Verhältnis von Recht und Technik befasst sich mit der Funktion des Rechts, die durch neue Technologien begründeten Vorteile zu realisieren. Den möglichen Innovationen stehen oft soziale, rechtliche oder politische Hürden im Wege. Sie können nicht sämtlich, aber immerhin teilweise durch Rechtsnormen weggeräumt werden, die sie in die geltende Ordnung einbinden und dabei zugleich bestimmte Gefahren ausschließen oder zumindest abmildern. Das Recht hat unbestritten auch eine *Ermöglichungsfunktion*: indem es Risiken minimiert oder rechtlich „einhegt“, unterstützt es Innovationen, und zwar private wie staatliche.[25] Die Verfechter einer möglichst vollständigen Technisierung der Verwaltung meinen allerdings, der Staat erfülle seine Ermöglichungsaufgabe derzeit nicht hinreichend.

---

[24] So auch *Huber* (Fn. 1), S. 9.

[25] Dazu *Hoffmann-Riem*, Innovation und Recht (Fn. 18), S. 3 ff. Ebenso *Gärditz* (Fn. 17), S. 126. Prominente Beispiele für die Technikunterstützung durch Gesetz bilden die E-Government-Gesetze des Bundes und einiger Länder.

III. Verantwortlichkeit als Voraussetzung rechtlicher Regelung

1. Das Prinzip der Verantwortlichkeit der Handelnden

Die Sorge vor der Verselbständigung der Maschinen lenkt die Aufmerksamkeit auf ein Prinzip, das bisher kaum artikuliert worden ist, das aber als ein grundlegendes Element der gesamten Rechtsordnung angesehen werden muss und als solches auch nie bestritten worden ist: das Prinzip der Verantwortlichkeit der Handelnden.[26] Ausgeprägt ist es vor allem im Strafrecht: Der Einzelne wird für seine Handlungen verantwortlich gemacht. Weicht er vom geltenden Recht ab, wird er – bei Geltung entsprechender Straftatbestände – bestraft oder mit einer anderen Sanktion belegt. Umgekehrt wird von Verantwortung entlastet (und für die Zukunft auf andere Weise als durch Strafe an gesellschaftsschädlichem Verhalten gehindert), wer als nicht verantwortungsfähig gilt.

Einen wichtigen Fortschritt stellte es dar, dass Informations- und Kommunikationsbeziehungen als rechtlich relevant erkannt und die Beziehungen zwischen den daran Beteiligten geregelt wurden. Dabei wurden Verantwortlichkeiten festgelegt, die vorher jedenfalls nicht explizit geregelt waren. Auch in anderen Rechtsbereichen sind neue Verpflichtungen festgelegt worden, die sich an bestimmte Beteiligte richten.

Die für den Staat Handelnden sind fast vollständig in ein System von Pflichten eingebunden. Freilich zeigt sich in der verbreiteten Bereitschaft, den Staat und seine Akteure für möglichst alle denkbaren Schäden einstehen zu lassen, eine gewisse Abkehr von dem Prinzip, dass das Recht nur Verantwortliche in die Pflicht nimmt. Eine allgemeine umfassende Volksversicherung würde auch bloße Schicksalsschläge ausgleichen. Bisher wird es aber (noch?) für angemessen gehalten, das allgemeine Lebensrisiko beim einzelnen Betroffenen zu belassen. Bei Naturkatastrophen und großen technischen Unfällen hilft der Staat nicht deswegen, weil er verantwortlich ist, sondern weil er eine politisch-ethische Pflicht erfüllt. Es darf aber nicht dazu kommen, dass Schäden, die durch selbständige Maschinen verursacht werden, wie Klimakatastrophen angesehen werden und die Allgemeinheit alle Folgen beseitigen oder ausgleichen muss.

Die individuelle Verantwortlichkeit für den Einsatz „riskanter“ Produkte ist allerdings schwer zu bestimmen. Rechtsetzung, Rechtsanwendung und an-

---

[26] Grundlegend aus der Sicht der Sozialphilosophie *Hans Jonas*, Das Prinzip Verantwortung. Versuch einer Ethik für die technologische Zivilisation, 1989. Jonas setzt der „quasi-utopischen Dynamik“ der Technologie die Kritik dieser Utopie und die Ethik der Verantwortung entgegen und betont: „Der Geist der Verantwortung verwirft den voreiligen Spruch der Unvermeidlichkeit“ (S. 389). Die Suche nach der *rechtlichen* Verantwortlichkeit führt aber u.U. zu anderen Ergebnissen. Kritisch zu der naturalistischen Begründung des Verantwortungsprinzips *L. Schäfer*, Das Bacon-Projekt, 1999, S. 152 ff.

dere staatliche Maßnahmen können nur dann wirksam werden, wenn Akteure – seien es natürliche oder juristische Personen oder seien es Gruppen oder Vereinigungen – als Urheber[27] erkannt sind und die Kausalität von Schäden feststeht. Als normale Entwicklung erleben wir regelmäßig, dass technische Innovationen sich Schritt für Schritt in verschiedenen Feldern durchsetzen, ehe rechtliche Bedenken gegen ihre Nutzung ausgesprochen werden. Dass sie eine Gefahr für individuelle oder kollektive Rechtsgüter darstellen können, wird der Öffentlichkeit und der Politik in aller Regel erst nachträglich bewusst, so dass eine Korrektur in der Regel inzwischen erworbene (oder behauptete) Besitzstände beeinträchtigt. Vor allem aber sind immer viele Personen an der Entwicklung beteiligt, so dass es problematisch erscheinen kann, einzelne davon mit Verboten, Auflagen oder Schadensersatzforderungen zu überziehen. Selbst die kollektive Verantwortung für bestimmte Entwicklungen[28] kann unter diesen Umständen unangemessen sein. (Und was die materielle Beurteilung der Produkte angeht: die Erfinder und Hersteller können ihre Handlungsweise bisweilen sogar mit einer gewissen Plausibilität damit rechtfertigen, dass sie den Geschmack und die Wünsche vieler Abnehmer getroffen haben und nicht auf Widerstand gestoßen sind.) Die Unsicherheit der Technikfolgenprognosen geht in diesen Fällen faktisch zu Lasten der Allgemeinheit – eine Ungerechtigkeit, zu deren Überwindung wohl nach neuen Lösungen gesucht werden muss.

Auf jeden Fall muss die Entwicklung gestoppt werden, dass vermeintlich autonome Maschinen selbständig relevante Entscheidungen treffen. So wie das BVerfG aus der Garantie des Wahlrechts (Art. 38 GG) die Garantie eines Mindestmaßes an Entscheidungsmaterien abgeleitet hat,[29] könnte man mit dieser Begründungsweise auch die Bewahrung eines Bereiches an menschlicher Entscheidungs- und Gestaltungsmacht gegen die extensive Nutzung von Computern fordern. So wie nach dieser Rechtsprechung das Demokratieprinzip nicht durch die Verlagerung von Aufgaben und Befugnissen des Bundestages an europäische Instanzen „entleert" werden darf, so dürfen auch die rechtsstaatlichen Entscheidungsbefugnisse der staatlichen Organe nicht durch den allumfassenden Einsatz von Computern ausgehöhlt werden. Es liegt auf der Hand, dass diese Forderung der Konkretisierung bedarf und dass auch hier die Frage der Verantwortlichkeit für eine ubiquitäre Entwicklung noch offen ist.

Solange die Verantwortlichkeit nicht klar ist, besteht eine wesentliche Aufgabe der Rechtswissenschaft darin, *Kriterien der Zurechnung* von Beteiligten zu den Ergebnissen der Entwicklung zu erarbeiten und auf dieser Grundlage die Verantwortlichen festzustellen. Wer kann und sollte für Schäden verantwortlich gemacht werden, die durch „selbstlernende" Geräte verursacht wer-

---

[27] *Gärditz* (Fn. 17, S. 117) spricht anschaulich davon, dass sich „in der digitalen Netzwelt [...] keine geeigneten Anker rechtlicher Zuordnung" finden lassen.

[28] *Lenk* (Fn. 1) S. 223, 241.

[29] BVerfGE 89, 155 Leitsatz 1 (Maastricht-Vertrag).

den: der Erfinder, Hersteller, Programmierer oder der Nutzer – oder alle gemeinsam? (Dazu mehr unter VI. 1.)

2. *Maschinen als Instrumente oder Rechtssubjekte*

Die Beobachtung, dass manche technischen Geräte sich zu verselbständigen scheinen, hat in der letzten Zeit mehrfach zu Überlegungen geführt, den „Geschöpfen" der Technik den Charakter von Rechtssubjekten zuzugestehen. So sollen unter bestimmten Bedingungen Roboter als eigenständige Rechtspersonen angesehen werden.[30] Damit wäre es möglich, manche Vorgänge, vor allem „automatisch" verursachte Schäden zumindest in einem ersten Schritt einem fiktiven Rechtssubjekt zuzuordnen, was Vorteile für die Buchhaltung (eigene „Rechnungskreise") und die rechtsökonomische Beurteilung haben kann, wem die Schäden in letzter Instanz zugerechnet werden sollen. Mehr wäre aber für die juristische Beurteilung nicht gewonnen, denn der erste Schritt ist nicht wirklich bedeutsam, sondern erst die folgenden, nämlich die Antwort auf die Fragen, wer den Roboter programmiert hat, wer ihn eingesetzt („losgelassen") hat und wer es unterlassen hat, einen schädigenden Vorgang zu unterbrechen, und die abschließende Bewertung, welcher dieser Beteiligten haften soll. Dieselben Erwägungen sind anzustellen, wenn Produkte der künstlichen Intelligenz gedanklich verselbständigt werden; auch hier hilft die Konstruktion der Rechtssubjektivität nicht weiter. Roboter und Computer können nicht vor Gericht klagen oder verklagt werden; deshalb sind solche Verselbständigungsvorstellungen rein spekulativ.

Technische Geräte sind und bleiben *Instrumente* menschlichen Handelns. Sie steigern die menschliche Leistungsfähigkeit und die Produktivität der Unternehmen, erleichtern die physische und die geistige Arbeit, produzieren zuverlässig gleichmäßige Ergebnisse von Rechenoperationen aller Art, darunter hochkomplexen Kalkulationen, Wahrscheinlichkeitsrechnungen und statistischem Material. Aber es würde ein Ausweichen vor den bestehenden Problemen bedeuten, wenn man von dem instrumentellen Charakter des Computers und seiner „Abkömmlinge" absehen wollte. Das Bestreiten der menschlichen Verantwortung würde zu einem Zustand führen, den keiner wollen kann: entweder Anarchie und Diktatur des Zufalls oder aber – wahrscheinlicher – die verdeckte Herrschaft derer, die über die Computer verfügen.

Weil Maschinen nicht für ihre „Handlungen" verantwortlich sein können, sind Normen, die sich an sie richten, keine Rechtsnormen. Maschinen können

---

[30] *Kersten*, Menschen und Maschinen, JZ 2015, 1 ff.; *Specht/Herold*, Roboter als Vertragspartner?, MMR 2018, 40 ff. Zu den Haftungsfragen beim Einsatz von Robotern vgl. etwa *Lohmann*, Ein europäisches Roboterrecht – überfällig oder überflüssig?, ZRP 2017, 168 ff.

auch deshalb keine Adressaten für Normen sein, weil sie kein Bewusstsein haben und daher für Sollensregeln unempfindlich sind. Wohl aber gibt es Regeln, nach denen die Vorgänge innerhalb eines Roboters bzw. Computers ablaufen: es sind die neuerdings vielbesprochenen *Algorithmen*, die die elektrischen Impulse nach bestimmten Mustern und Vorgaben steuern. Vor dem Aufkommen des Algorithmus-Begriffs hat man nur von *Programmen* gesprochen. An Menschen gerichtete Regeln für den Umgang mit technischen Geräten gibt es in großer Zahl; sie werden zutreffend als *Gebrauchsanweisungen* bezeichnet und richten sich an diejenigen, die mit den Geräten umgehen (wollen). Soweit Normen die „Außenbeziehungen" der Geräte, ihren Einsatz gegenüber Dritten, betreffen, sind sie zwar Rechtsnormen, aber nicht an die Geräte gerichtet, sondern an ihre Nutzer („Herren").

3. Die Personifizierung der Algorithmen

Der Begriff des Algorithmus bezeichnet „eine eindeutige Handlungsvorschrift ..., die dafür eingesetzt wird, bestimmte Probleme in definierten Einzelschritten zu lösen. ... Für die Nutzung in Computern werden Algorithmen in einer maschinell verarbeitbaren, digitalen Sprache geschrieben und die jeweils gestellte Aufgabe wird mit Hilfe einer vordefinierten, endlichen Zahl von Einzelschritten abgearbeitet".[31] Dieser Begriff hat in den letzten Jahren eine unglaubliche Karriere gemacht. So wird festgestellt, dass Algorithmen unser alltägliches Leben und unsere Wahrnehmung der Welt formen: „Ein großer Teil unserer täglichen Aktivitäten im Allgemeinen und unser Medienkonsum im Besonderen sind zunehmend durch Algorithmen geprägt, die hinter den Kulissen arbeiten. Algorithmen werden verwendet, um unser Verhalten und unsere Interessen zu beobachten sowie unsere zukünftigen Bedürfnisse und unser zukünftiges Handeln vorauszusagen. Sie lenken unser Handeln und bestimmen damit u.a. den wirtschaftlichen Erfolg von Produkten und Dienstleistungen. Sie bilden die technisch-funktionale Basis neuer Service- und Geschäftsmodelle, die traditionelle Geschäftsmodelle überlagern oder verdrängen".[32] So wird denn auch diskutiert, ob Algorithmen Rechtspersonen oder Organe von Gesellschaften sein können.[33]

---

[31] *Hoffmann-Riem*, Verhaltenssteuerung durch Algorithmen, AöR 142 (2017), S. 1–42 (3). Vgl. a. *Ernst*, Algorithmische Entscheidungsfindung und personenbezogene Daten, JZ 2017, 1026 ff.

[32] *Hoffmann-Riem* (vorige Fn.), AöR 142 (2017), S. 4. S.a. *Martini*, Algorithmen als Herausforderung für die Rechtsordnung, JZ 2017, 1017–1025.

[33] Dazu *Möslein*, Digitalisierung im Gesellschaftsrecht: Unternehmensleitung durch Algorithmen und künstliche Intelligenz?, ZIP 2018, 204 ff.

Die Darstellung der *Wirkungen* des Einsatzes von Algorithmen lenkt allerdings den Blick von den *Prozessen* ab, die zuvor stattfinden, vom Zustandekommen der Algorithmen und von den ihnen zugrundeliegenden Motiven und Interessen. Die Algorithmen erscheinen in solchen Darstellungen als *Akteure* – die sie nicht sind.[34] Sie sind Produkte ihrer Urheber, und ihre inhaltliche Wirkungsmacht erhalten sie aus den „Vordefinitionen", also u.a. aus der Festlegung der zu verfolgenden Interessen.[35] Die Interessen werden – heute wie früher – von denen definiert, die ein „Geschäftsmodell" aufbauen oder einen anderen Zweck (z.B. eine bestimmte staatliche Zielsetzung) verfolgen. Wer als kritischer Beobachter etwa den ideologischen Charakter solcher Regeln nachweisen will, muss die den Algorithmen zugrunde liegenden Annahmen untersuchen. Er muss u.a. fragen, von welchen Erfahrungssätzen über menschliches Verhalten die Autoren ausgegangen sind und ob der Versuch, Menschen so zu beeinflussen, dass sie sich diese Verhaltensmuster zu eigen machen, legitim ist.

Es ist gewiss richtig beobachtet, dass sich die ubiquitäre Verbreitung des Computers in der geschilderten Weise auf das Leben fast aller Menschen auswirkt. Wir sind den Ausstrahlungen und Wirkungen der Computertechnik ständig und unausweichlich ausgesetzt, wobei unsere Aufmerksamkeit in erster Linie und überaus intensiv auf Konsumangebote aller Art gelenkt wird. Es ist auch richtig, dass das Konsumverhalten der Menschen genauer aufgezeichnet und ausgewertet wird, als es früher jemals möglich war, und es ist ebenfalls nicht zu bestreiten, dass technisch führende Unternehmen und einige staatliche Stellen versuchen, das Verhalten der Menschen (in Bezug auf ihre Angebote) vorauszusagen und möglichst sogar zu lenken. Aber zum einen ist es alles andere als sicher, dass die gesamte Menschheit sich jeden Tag neu für bestimmte Produkte begeistern lässt und alle anderen Überlegungen zurückstellt. Vor allem aber ist es ungenau und kann die Verantwortlichkeit verschleiern, wenn die bei diesen Versuchen verwendeten Regeln – eben die „Algorithmen" – als aktiv Beteiligte behandelt werden.

Zu der Beurteilung, ob Algorithmen rechtmäßig eingesetzt werden, bedarf es keines institutionalisierten „Algorithmen-TÜV",[36] sondern der Klärung der von den Initiatoren im konkreten Fall intendierten Ziele und der benutzten Methode. Das kann jeweils in der Auseinandersetzung mit den Betroffenen geschehen. Die vorsorgliche Überprüfung aller verwendeten Algorithmen durch eine besondere Stelle würde ohne Not einen riesigen Aufwand auslösen. Es kommt auf die *Ergebnisse* der umstrittenen maschinellen Bearbeitung an: Die *Entschei-*

---

[34] Zu abstrakt und daher missverständlich ist es deshalb auch, wenn gesagt wird, Algorithmen seien auch „Subjekt von Governance" (*Hoffmann-Riem* [Fn. 31] S. 10). Der Begriff „Technosteuerung" – parallel zu „Steuerung durch Recht" – (*Hoffmann-Riem* ebd. S. 11) überdeckt die Frage nach der Akteurseigenschaft.

[35] Das betont auch *Martini* (Fn. 32) S. 1018.

[36] So aber u.a. *Martini* (Fn. 32) S. 1021 ff. Ablehnend jedoch *Möslein* (Fn. 33), S. 212.

dungen müssen mit den gesetzlichen Vorschriften übereinstimmen, und etwa vorhandene Beurteilungsspielräume und Ermessensspielräume müssen richtig (im Sinne der juristischen Dogmatik) verstanden und genutzt werden. Anhaltspunkte für die Überprüfung durch Gerichte liefert die obligatorische *Begründung*, die für den Empfänger verständlich sein muss. Im Streitfall beurteilen Richter, ob in den Algorithmen jeweils die angemessenen Hilfsnormen verwendet worden sind. Die Richter sind zu solchen Prüfungen ebenso in der Lage, wie sie Allgemeine Geschäftsbedingungen auf ihre Gesetzeskonformität überprüfen können. Der Anwender der Algorithmen kann sich nicht darauf berufen, der Computer habe stets „ordnungsgemäß" gearbeitet, sondern trägt die Darlegungslast dafür, aus welchen Gründen seine Entscheidung oder Maßnahme rechtmäßig (und nicht bloß richtig „errechnet") ist.

4. Was „wissen" Computer?

Eine Spielart der verbreiteten Fehlvorstellungen bildet die These, dass Computer bzw. Algorithmen „wissen, was wir tun, was wir denken und wie wir uns fühlen – vielleicht sogar besser als unsere Freunde und unsere Familie, ja besser als wir selbst".[37] Diese Redeweise zeugt von der Faszination der Künstlichen Intelligenz, aber sie macht eine Metapher zur Tatsachenbehauptung. Computer und Algorithmen „wissen" gar nichts. Wissen setzt Bewusstsein voraus; Bewusstsein haben nur Lebewesen. Computer können nicht denken und nicht fühlen; allenfalls können sie Wissen, Denkprozesse und Gefühle simulieren.[38] Die Angst vor den Maschinen entsteht dadurch, dass mit ihrer Hilfe Aussagen darüber gemacht werden können, was jemand vermutlich über bestimmte Themen (faktisch vor allem: Konsumangebote) denkt und fühlt und wie er oder sie sich voraussichtlich – unter Bedingungen, die der zugrunde gelegten Situation entsprechen – dazu verhalten wird. Das bedeutet noch lange nicht die Außerkraftsetzung der Entscheidungsfreiheit des Einzelnen. Die an den Datenauswertungen interessierten Stellen und Unternehmen können die Überzeichnungen leicht widerlegen und den damit verfolgten Intentionen („Digitale Demokratie statt Datendiktatur") den Wind aus den Segeln nehmen. Für die Technikkritik bleibt es dabei, dass der Betrieb von Überwachungssystemen von den Personen und Institutionen zu verantworten ist, die sie einrichten und

---

[37] So die Formulierung in einem „Digital-Manifest", das von Wissenschaftlern verschiedener Disziplinen (*Dirk Helbing*, *Bruno S. Fey*, *Gerd Gigerenzer*, *Ernst Hafen*, *Michael Hagner*, *Yvonne Hofstetter*, *Jeroen van den Hoven*, *Roberto V. Zicari* und *Andrej Zwitter*) im Jahre 2015 veröffentlicht worden ist (www.spektrum.de/thema/das-digitale-manifest/1375924; Abruf 10.8.2018).

[38] In diesem Sinne auch (mit nachdrücklicher Begründung) *Nida-Rümelin/Weidenfeld*, Digitaler Humanismus. Eine Ethik für das Zeitalter der Künstlichen Intelligenz, 2018.

programmieren. Nur dann ist eine Beurteilung nach der Kategorie der Rechtmäßigkeit bzw. Rechtswidrigkeit möglich.

IV. Verfassungsrechtliche Ansätze der Technikkritik

1. *Die Menschenwürde angesichts der technischen „Unterwerfung" des Menschen*

a) Die Fragestellung

Den höchstrangigen Ansatz juristischer Kritik bildet das Verfassungsgebot, die *Würde des Menschen „zu achten und zu schützen"* (Art. 1 Abs. 1 Satz 2 GG). Es richtet sich an „alle staatliche Gewalt", und es ist zugleich Teil einer „objektiven Wertordnung", eines „Wertsystems", „das seinen Mittelpunkt in der innerhalb der sozialen Gemeinschaft sich frei entfaltenden menschlichen Persönlichkeit und ihrer Würde findet" und das „als verfassungsrechtliche Grundentscheidung für alle Bereiche des Rechts gelten muss".[39] Die gesamte Rechtsordnung muss mit diesem Wertsystem „im Einklang stehen"; bestehendes älteres Recht muss „inhaltlich auf dieses Wertsystem ausgerichtet" werden.[40]

Wenn die Nutzung neuer technischer Möglichkeiten tatsächlich die Folgen hat, die in der Diskussion herausgestellt werden, liegt es nahe zu fragen, ob damit nicht die grundlegende Wertordnung unseres Staates verletzt wird.[41] Wäre nicht die Würde des Menschen verletzt, wenn Maschinen uns bei allen bisher von Menschen erbrachten Leistungen ersetzen, uns also zur Untätigkeit und zum bloßen Konsum verdammen würden? Gehört es nicht zu einer menschenwürdigen Welt, dass Menschen arbeiten? Ein großer Teil der Menschen findet in der Arbeit seinen Lebenssinn; dieser feste Boden wird erschüttert. Was bleibt für eine selbstbestimmte Lebensgestaltung übrig, wenn fast alle Veränderungen der Außenwelt von Automaten ausgeführt werden und überdies das Bewusstsein der Menschen von künstlichen Arrangements beeinflusst wird?

Dass die Entwicklung zu solchen extremen Konsequenzen führt, ist unwahrscheinlich. Die Apokalyptiker der Zukunftsforschung verkennen, dass Menschen auch künftig unzählige Entscheidungen treffen werden, die nicht auf Computerberechnungen oder künstlicher Intelligenz beruhen. Sie werden weiterhin „aus dem Bauch" heraus entscheiden, welche Waren sie bestellen und welche Partei sie wählen. Erst recht nicht werden lebensprägende Entscheidungen wie Berufs- und Partnerwahl von noch so „klugen" Computern getroffen,

---

[39] BVerfGE 7, 198 (205).

[40] BVerfG ebd.

[41] Derartige Überlegungen stellt auch *Huber* (Fn. 1), S. 22 ff. an.

mag auch die Vorauswahl durch die Verarbeitung einer Fülle von Informationen erleichtert werden. Allerdings werden die Spielräume für viele Entscheidungen durch technische Voreinstellungen, wie sie bei Smartphones und anderen elektronischen Gebrauchsgegenständen üblich sind, eingeengt werden, und die immer raffinierteren, oft unterhalb der Bewusstseinsschwelle eingesetzten Werbeinstrumente werden Kauf- und Bestellvorgänge in die von den Unternehmen gewünschte Richtung lenken.

Aber wie dem auch sei – auf jeden Fall muss die normative Frage gestellt und beantwortet werden, inwieweit die Beeinflussung (Steuerung, Lenkung oder auch nur „Anstupsen")[42] des individuellen Verhaltens durch maschinelle Prozesse unter dem Aspekt der Menschenwürde grundsätzlich erlaubt ist.[43] Sie ist nicht nur deshalb schwer zu beantworten, weil der Begriff der Menschenwürde vieldeutig ist, sondern auch weil die technisch-ökonomische Entwicklung sich solcher rechtlichen Einhegung vielfach erfolgreich widersetzt, der Versuch der Beschränkung also verlorene Mühe sein könnte. Erfinder und Nutzer neuer Techniken können sich auf *Freiheitsrechte* berufen, die einer gezielten Steuerung und Lenkung solcher Innovationen entgegengesetzt werden können. Überdies ist keineswegs immer klar, welche Akteure für die generelle Entwicklung verantwortlich sind. Der Staat beeinflusst unmittelbar nur Verwaltung und Justiz; im Wege der Gesetzgebung wirkt er in die Gesellschaft hinein, aber eben unter Beachtung der Freiheitsrechte der privaten Akteure.

b) Zur Bedeutung des Art. 1 Abs. 1 GG für die Entwicklung der Technik

Zur Ausdeutung des Art. 1 Abs. 1 Satz 2 GG sind im Laufe der Zeit unzählige Ansätze formuliert und intensiv diskutiert worden.[44] Sogar innerhalb des BVerfG ist über seine Bedeutung heftig gestritten worden. Während die eine Seite die *„Objekt-Formel"* anwendet, wonach „der Mensch nicht zum bloßen Objekt des Staates gemacht […] werden darf",[45] hat die andere Richtergruppe darauf hingewiesen, dass der Mensch „nicht selten bloßes Objekt nicht nur der Verhältnisse und der gesellschaftlichen Entwicklung, sondern auch des Rechts"

---

[42] Zu der Sozialtechnik des „Nudging" s. u.a. *Seckelmann/Lamping*, Verhaltensökonomischer Experimentalismus im Politik-Labor, DÖV 2016, 189–200, sowie *Weber/H.-B. Schäfer*, „Nudging", ein Spross der Verhaltensökonomie, in: Der Staat 56 (2017), S. 561–592.

[43] *Hans Jonas* (Fn. 26) S. 412 (dort Anm. 26) hat die „höchst ernsthafte" Frage gestellt, ob nicht „gewisse technische Fortschritte besser zu bremsen wären".

[44] Vgl. die umfassende Analyse der „Kämpfe um die Menschenwürde" in dem gleichnamigen Werk von *Baldus*, 2016.

[45] So die Abweichende Meinung der Richter *Geller*, *von Schlabrendorff* und *Rupp* zum Abhörurteil des Zweiten Senats v.15.12.1970, BVerfGE 30, 1, 33 (40). Zuvor schon BVerfGE 27, 1 (6); ähnlich BVerfGE 5, 85 (204); 9, 89 (95); s.a. BVerfGE 45, 187 (228) und 72, 105 (116).

ist, „insofern er ohne Rücksicht auf seine Interessen sich fügen muss"; daher könne „darin allein" keine Verletzung der Menschenwürde gefunden werden.[46] „Hinzukommen" müsse, „dass er einer Behandlung ausgesetzt wird, die seine Subjektqualität prinzipiell in Frage stellt, oder dass in der Behandlung im konkreten Fall eine willkürliche Missachtung der Würde des Menschen liegt". „Die Behandlung des Menschen durch die öffentliche Hand, die das Gesetz vollzieht, muss also, wenn sie die Menschenwürde berühren soll, Ausdruck der Verachtung des Wertes, der dem Menschen kraft seines Personseins zukommt, also in diesem Sinne eine ‚verächtliche Behandlung' sein".[47] Später hat das BVerfG diese Formulierung etwas abgeschwächt zu der Feststellung, dass die Subjektqualität des Menschen dann grundsätzlich in Frage gestellt wird, „wenn die Behandlung durch die öffentliche Gewalt die Achtung des Wertes vermissen lässt, der jedem Menschen um seiner selbst willen zukommt".[48]

Indem er auf die Motivation des Handelnden abgestellt hat, hat der Senat seinerzeit die Reichweite des Menschenwürdegebots erheblich vermindert – was nicht nur in dem zitierten Minderheitsvotum auf Widerspruch gestoßen ist.[49] Überdies sind „die Verhältnisse" von vornherein aus der Betrachtung ausgeklammert, obwohl sich doch hinter diesem Pauschalbegriff die unterschiedlichsten Zusammenhänge und damit auch verantwortliche Handelnde verbergen. Gewiss ist es schwierig, aus „den Verhältnissen" und den „gesellschaftlichen Entwicklungen" diejenigen Handlungen oder Unterlassungen bestimmter Akteure herauszuarbeiten, die unter rechtlichen Kriterien beurteilt und damit möglicherweise verändert werden können. Unmöglich ist es aber meistens nicht. Die Kontroverse innerhalb des BVerfG darf freilich nicht überbewertet werden. Wenn die Bedeutung der Menschenwürde für eine bisher nicht beachtete Konstellation zu beurteilen ist, wird das Gericht neue Formeln finden, die das jeweilige Problem adäquater erfassen.

Konkrete Verbotsnormen lassen sich aus dem Gebot des Menschenwürdeschutzes nur in begrenztem Maße und für außergewöhnliche Fallgruppen ableiten. *Manfred Baldus* schlägt dazu eine „Vergewisserung des ursprünglichen Verständnisses" vor und gelangt auf diesem Wege zu Stichworten wie „Arbeitsversklavung, Entrechtungen, Erniedrigungen" oder „Übersteigerung des Staates zur Totalität der Lebensregelung und damit zum polizeistaatlichen Terror" sowie „Verletzung der Rechtspersönlichkeit des Menschen".[50] Die hier zu beurteilenden Fälle sind mit diesen Stichworten nicht erfasst – jedenfalls nicht mit der für Verbote oder belastende Auflagen nötigen Eindeutigkeit. Es geht heute

---

[46] Mehrheitsmeinung im Abhörurteil, BVerfGE 30, 1 (26).

[47] Ebd. (vorige Fn.).

[48] BVerfGE 109, 279 (313).

[49] Vgl. etwa *Dreier*, in: *ders.*, GG, Bd. I, 3. Aufl. 2013, Art. 1 I Rn. 55 m.w.H. (h.L.).

[50] *Baldus* (Fn. 44), S. 261. Zu den „konsentierten Grundaussagen" vgl. *Dreier* (vorige Fn.), Art. 1 I Rn. 60 ff.

nicht nur darum zu verhindern, dass Menschen bewusst oder unbewusst unterdrückt, diskriminiert oder übermäßig belastet werden; eine „Erniedrigung" wird vielmehr auch darin gesehen, dass die Menschen – und zwar nicht eine besondere Gruppe, sondern die große Menge der arbeitenden Bevölkerung – in einer Weise von Aktivitäten *entlastet* werden, die ihre Fähigkeiten verkümmern lässt und ihnen das Selbstbewusstsein nimmt, das durch Leistungen oder durch Anerkennung ihrer sozialen Stellung entsteht. Im Einzelfall wird diese Entlastung von den Betroffenen bereitwillig akzeptiert; Rechtsanwender und Rechtspolitiker müssen aber die Entwicklung im Ganzen bedenken.

Jedenfalls ist die Überlegung nicht ganz abwegig, dass Menschenwürde und individuelle Freiheiten nicht nur durch unangemessen starke Belastung der Einzelnen gefährdet sein können, dass vielmehr auch ein Übermaß an Leistungen des Staates die einzelnen Empfänger in ihrer Würde und ihren Persönlichkeits- und Freiheitsrechten beeinträchtigen kann. Dass Fürsorge in Unterdrückung umschlagen kann, ist in der Grundsatzdiskussion über den Sozialstaat schon früh bemerkt worden.[51] Die Betonung der freiheitlichen Komponente des Sozialrechts hatte insbesondere bei der detaillierten Ausgestaltung des Sozialdatenschutzes konkrete Folgen.[52]

Die jetzige Bedrohung der arbeitenden Menschen durch die Maschinen ist aber von anderer Qualität: Jetzt verliert möglicherweise ein großer Teil der Beschäftigten den Arbeitsplatz und wird damit in seiner Lebensgestaltung zur vollständigen Neuorientierung gezwungen, und der Sozialstaat muss neue, weiterreichende Formen sozialer Sicherheit schaffen. Die im Arbeitsleben verbleibenden Beschäftigten werden durch die Einführung neuer Techniken noch abhängiger als sie derzeit schon sind – und zwar unter Umständen nicht nur am Arbeitsplatz, sondern auch in der Freizeit. Es liegt auf der Hand, dass diese Lage nicht durch individuellen Rechtsschutz, sondern nur durch eine politische Gegenstrategie bewältigt werden kann. Der einzelne Arbeitgeber ist mehr oder weniger zur Rationalisierung und Automatisierung der Produktions- und Verwaltungsvorgänge genötigt, will er nicht das Scheitern des Unternehmens riskieren, und in der öffentlichen Verwaltung meinen manche, die Ersetzung menschlicher Verwaltungstätigkeit durch Maschinen sei schon wegen des zu erwartenden Mangels an Nachwuchskräften zwingend. Den Trend zur immer weiteren Stelleneinsparung abzubremsen wird jedenfalls nur gelingen, wenn sich politische Mehrheiten durchsetzen, die der Digitalisierung wirkungsvoll entgegentreten und Alternativen aufzeigen.

---

[51] Vgl. etwa *W. Bogs*, Das Problem der Freiheit im sozialen Rechtsstaat, in: Gesellschaft in Geschichte und Gegenwart, Festschrift für Friedrich Lenz, 1961, S. 307–320; auch in: Forsthoff (Hrsg.), Rechtsstaatlichkeit und Sozialstaatlichkeit, 1968, S. 509–525.

[52] Vgl. SGB I § 35 und SGB X §§ 67–85a.

c) Das vergessene Verbot der rein automatischen Entscheidungen

Das Verbot, menschliche Schicksale von Automaten abhängig zu machen, ist an einer versteckten Stelle der Rechtsordnung bereits seit längerer Zeit – wenn auch kaum beachtet – enthalten. In Art. 22 Abs. 1 der EU-DSGVO ist dieser Grundsatz als subjektives Recht der betroffenen Person formuliert, „nicht einer ausschließlich auf einer automatisierten Verarbeitung – einschließlich Profiling – beruhenden Entscheidung unterworfen zu werden, die ihr gegenüber rechtliche Wirkung entfaltet oder sie in ähnlicher Weise erheblich beeinträchtigt“. Schon der französische Gesetzgeber des Jahres 1978 hatte ein solches Verbot der ausschließlich automatisierten Entscheidung verfügt,[53] die Europäische Datenschutz-Richtlinie von 1995 hatte diesen Gedanken aufgegriffen,[54] und im deutschen BDSG war es seit dem Jahre 2001 ebenfalls enthalten.[55] Auf die Entwicklung der Verwaltungstechnik in Unternehmen und Behörden[56] hat dieser Grundsatz nicht eingewirkt, und es sind auch keine Streitfälle bekannt geworden, in denen Betroffene dieses ihr subjektives Recht geltend gemacht hätten. Das mag auch an den weit gefassten Ausnahmen liegen, die in der Tradition der früheren Vorschriften auch Art. 22 Abs. 2 DSGVO festgelegt hat. Der europäische Gesetzgeber verweist in Abs. 3 der Vorschrift u.a. auf eine Pflicht der Verantwortlichen, „angemessene Maßnahmen“ zu treffen, „um die Rechte und Freiheiten der betroffenen Person zu wahren, wozu mindestens das Recht auf Erwirkung des Eingreifens einer Person seitens des Verantwortlichen, auf Darlegung des eigenen Standpunkts und auf Anfechtung der Entscheidung gehört“. Für besonders sensible Daten im Sinne von Art. 9 Abs. 1 DSGVO gilt nach Art. 22 Abs. 4 DSGVO ein noch etwas strengeres Verbot der automatisierten Entscheidung. Diese Detailregelungen[57] sind bei pragmatischer Betrachtung durchaus sinnvoll. Mit ihnen ist die Gefahr der Verletzung subjektiver Rechte oder Interessen der Betroffenen für diese Fallgruppe weitgehend ausgeräumt.[58]

---

[53] Loi 78–17 v. 6.1.1978 („Informatique et Libertés“) Art. 10.

[54] Richtlinie Nr. 95/46/EG v. 24.10.1995 Art. 15; dazu *Dammann*, in: Simitis/Dammann, EG-Datenschutzrichtlinie, 1997, S. 215 ff.

[55] § 6a BDSG i.d.F.v. 18.5.2001 (BGBl. I S. 904). Gleichartige Vorschriften gibt es im Beamtenrecht, im Sozialrecht und in den Landesdatenschutzgesetzen. Dazu *Scholz*, in: Simitis, BDSG, 7. Aufl. 2011, § 6a m.w.N.; *Bull*, Informationelle Selbstbestimmung – Vision oder Illusion? 2. Aufl. 2011, S. 66; zur Gesetzgebungsgeschichte *Bizer*, in: Simitis, BDSG, 6. Aufl. § 6a Rn. 5 ff.

[56] Dazu *Bull*, Modernisierung der Verwaltung – Wie weit haben wir es gebracht?, in: von Lucke/Klaus Lenk (Hrsg.), Verwaltung, Informationstechnik und Management, Festschrift für Heinrich Reinermann, 2017, S. 219–237.

[57] Sie werden in § 37 BDSG n.F. (G. v. 30.6.2017, BGBl. I S. 2097) durch spezielle weitere Ausnahmen ergänzt.

[58] Ähnlich auch *Ernst* (Fn. 31), JZ 2017, 1026 (1029 ff.).

Es bleibt freilich das generelle Unbehagen an der Entwicklung zur ubiquitären Automatisierung, und es bleiben Zweifel, ob diese Entwicklung durch die Aktualisierung subjektiver Rechte aufzuhalten ist. Zumindest zusätzlich kommen Maßnahmen in Betracht, die die Entwicklung generell beeinflussen (s. unten zu VI.).

2. *Freiheitsrechte der Techniknutzer*

Bei all dem ist stets zu bedenken, dass die rechtliche Einhegung der Techniknutzung ihrerseits durch entgegenstehende Freiheitsrechte eingeschränkt ist. Der Wechsel der Perspektive führt zu der Erkenntnis, dass Entwicklung und Nutzung neuer Technologien in Ausübung grundrechtlicher Freiheiten geschehen. Die im Grundgesetz verfasste freiheitliche Gesellschaft nimmt es nicht nur hin, dass Individuen ihre jeweilige Vorstellung auch von Techniknutzung durchzusetzen versuchen, sondern sie baut gerade darauf auf, dass eben nicht vom Staat bis ins Detail entschieden wird, wie unser künftiges Zusammenleben ausgestaltet ist. Die Zukunft ist offen auch für ungeplante Entwicklungen – ein pluralistisches Mosaik aus zahllosen individuellen Vorstellungen, die teilweise miteinander noch unvereinbar sind.

In diesem Sinne schützt die Wissenschaftsfreiheit (Art. 5 Abs. 3 GG) die Forschung und die Entwicklung technischer Geräte und Verfahren in einem Stadium, in dem noch gar keine Beurteilung nach „gut" oder „schlecht" bzw. „rechtmäßig" oder „rechtswidrig" möglich ist. Solange diese Freiheit gilt, ist es kaum möglich, für riskant gehaltene Forschungen schon im Entstehungsstadium vorsorglich zu verbieten oder inhaltlich einzuschränken. In Art. 5 Abs. 3 GG ist auch die Wahl der Themen und Methoden verfassungsrechtlich geschützt. Angesichts von Forschungsvorhaben, die tief in den menschlichen Körper eindringen und die physische und psychische Verfassung der Menschen, ja sogar die Erbanlagen des Menschen verändern können, kommt gleichwohl die Frage auf, wo die Forschungsfreiheit endet. So hat *Roman Herzog* schon früh darauf hingewiesen, dass jedenfalls die experimentellen Teile solcher Forschungen mit der Würde des Menschen unvereinbar sein können und der Staat sie zum Schutz der Menschenwürde einschränken muss.[59]

Die wirtschaftliche und sonstige *Nutzung* von Forschungsergebnissen ist zwar nicht von der Forschungsfreiheit geschützt; sie ist Gegenstand staatlicher Regulierung. Aber auch hier greifen Grundrechte zugunsten der Techniknutzung ein, nämlich die Berufs- und Gewerbefreiheit (Art. 12 GG), unterstützend u.U. auch das Eigentumsgrundrecht (Art. 14 GG) und subsidiär die allgemeine Handlungsfreiheit (Art. 2 Abs. 1 GG). Herzog charakterisiert diese Grund-

[59] *Herzog* (Fn. 1), Evangelisches Staatslexikon S. XLIV.

rechte der Techniknutzer jedoch als „ungleich schwächer“ als das Menschenwürdegebot,[60] und *Rupert Scholz* stellt fest, dass der Gesetzgeber nach der Rspr. des BVerfG bei der Einführung von Beschränkungen „einen außerordentlich breiten Entscheidungsspielraum“ besitzt.[61]

An der *Verbreitung* neuer Technologien besteht regelmäßig ein wirtschaftliches Interesse derer, die sie erfunden, entwickelt und marktfähig gemacht haben – wenn auch eingeschränkt durch Kalkulationen mit der Geheimhaltung von Erfindungen. Das Patentrecht sichert die Geheimhaltung als Grundlage wirtschaftlicher Verwertbarkeit. Kritisch ist immer schon bemerkt worden, dass die patentrechtliche Geheimniswahrung fortschrittsfeindlich wirken kann; aus dieser Einsicht heraus und um Gewinnchancen zu reduzieren, die als ungerechtfertigt empfunden werden, wird gelegentlich gefordert, die Geheimhaltung zu lockern oder die „Quellen“ sogar für die interessierte Öffentlichkeit offenzulegen. Mit einer solchen Wende gegen das Patentrecht ist aber bei realistischer Betrachtung der Machtverhältnisse kaum zu rechnen.

3. Rechtsstaatlichkeit durch oder trotz Automatisierung des Rechts?

Eine andere verfassungsrechtliche Prüfung wird durch die Behauptung provoziert, dass die Anwendung des geltenden Rechts durch Automaten verbessert werden könne. Durch „Legal Tech“[62] können unzählige Juristen aus ihren Arbeitsplätzen verdrängt werden. Allerdings haben sich juristische Datenbanksysteme in den letzten Jahrzehnten hervorragend bewährt; die Recherche nach Normen, erläuternder Literatur und Entscheidungen ist heute ohne solche Hilfsmittel kaum noch zu schaffen. Große Anwaltskanzleien sind darüber hinaus dazu übergegangen, auch Subsumtionsarbeit teilweise automatisiert durchzuführen. So wird berichtet, dass insbesondere die Analyse und Bewertung von Standardverträgen mit Hilfe spezieller Software automatisiert vorgenommen werde, und offenbar werden verschiedene weitere Nutzungsmöglichkeiten elektronischer Rechtsdatenbanken erprobt.[63] Dass die Computer die Fülle des juristischen Materials genauer und vollständiger durchsuchen können,

[60] *Herzog* aaO. (Fn. 1).

[61] *Scholz*, in: Maunz/Dürig, GG, Stand Juni 2006, Art. 12 Rn. 336 (S. 199).

[62] Zu diesem Schlagwort gibt es inzwischen zahlreiche Veröffentlichungen, die freilich ganz überwiegend unkritische Ratgeber für die anwaltliche Praxis sind. Kritisch weiterführend jedoch *Buchholtz*, Legal Tech – Chancen und Risiken der digitalen Rechtsanwendung, JuS 2017, 955–960. S.a. die Beiträge von *Pieper*, *Wettlaufer* u.a., in: Taeger (Hrsg.), Recht 4.0 – Innovationen aus den rechtswissenschaftlichen Laboren. Tagungsband Herbstakademie 2017. 2017, S. 555 ff.

[63] Umfassende, handbuchartige Darstellung: Hartung/Bues/Halbleiter (Hrsg.), Legal Tech – Die Digitalisierung des Rechtsmarktes, 2017.

leuchtet ohnehin ein; neuerdings wird zugunsten der „Rechtsautomaten" auch behauptet, dass sie die gebotene *Gleichbehandlung* gleicher Sachverhalte in höherem Maße garantierten als menschliche Einwirkung.

a) Rechtsanwendung durch Maschinen

Der Computer diskriminiert nicht – das klingt überzeugend. Aber wenn daraus gefolgert wird, dass Menschen als Rechtsanwender und Richter weniger geeignet seien, weil sie zur Diskriminierung bestimmter Gruppen von Menschen tendierten, ist eine rote Linie überschritten. Gewiss gibt es den ungerechten Richter, gewiss muss jeder Mensch, der Entscheidungen zu treffen hat, immer wieder an die Versuchung der Ungleichbehandlung erinnert und auf den korrekten Weg der gerechten Beurteilung verwiesen werden. Die Maschinen können, richtig eingesetzt, auf diesem Wege effektiv helfen. Aber die auf rechtliche Schlüsse gestützten staatlichen Entscheidungen sind keine Industrieprodukte, die nach stets gleicher Vorlage in Serien hergestellt werden müssen. Die Anwendung eindeutiger Regeln auf eine Vielzahl gleich strukturierter Fälle ist nur ein Teil des Rechtsfindungsprozesses. Ebenso wichtig sind die Feststellung der zugrunde zu legenden Tatsachen und die Subsumtion der Tatbestände unter unbestimmte Rechtsnormen (und bekanntlich ist die Mehrzahl der Rechtsnormen mehr oder weniger unbestimmt). Diese gedanklichen Schritte sind Aufgaben dazu ausgebildeter Personen, die für die Ergebnisse verantwortlich sind; das sollte so bleiben. Die *richterliche Überzeugung* von dem Vorliegen bestimmter Tatsachen ist ein zentraler Baustein des Prozessrechts. Die subjektive Überzeugung der Handelnden von der Richtigkeit und Rechtskonformität bestimmter Behauptungen ist auch in anderen juristischen Berufen ein unverzichtbares Element richtiger Praxis.

Ein wesentlicher Einwand gegen den umfassenden Einsatz von Automaten zur Rechtsfindung besteht in der damit verbundenen Routinisierung und Schematisierung. Was bei gleichförmigen Fällen, die in großer Zahl immer wieder vorkommen, durchaus geboten ist, nämlich die maschinelle Abarbeitung der großen Zahl von Vorgängen nach Regeln, die keinen Spielraum für individuelle Abweichungen lassen, ist in anderen Zusammenhängen unangemessen. *Spiros Simitis* hat dies bereits vor über fünfzig Jahren begründet:

> „Die Routinisierung führt unvermeidlich dazu, dass zugunsten einer typisierten Betrachtungsweise die Individualität des Falles vernachlässigt wird. Rechtliche Entscheidungen haben sich aber in erster Linie nicht an gleichförmigen Merkmalen auszurichten, sondern an jenen Besonderheiten, die dem Fall seine Einzigartigkeit verleihen. Nur eine solche Individualisierung vermag letztlich anzugeben, inwieweit die in Frage kommenden rechtlichen Konsequenzen auch wirklich gerechtfertigt sind."[64]

---

[64] *Simitis*, Automation in der Rechtsordnung – Möglichkeiten und Grenzen, Vortrag vor der Juristischen Studiengesellschaft Karlsruhe am 14. Februar 1967, 1967, S. 18. Kritisch ge-

Bei der Verwaltung durch Maschinen begegnet „der Bürger dem Staat als einer Maschine […], die effektiv und (angeblich) fehlerfrei zu arbeiten vermag, aber außerstande ist, ein Gespräch zu führen".[65] Der zu regelnde Lebenssachverhalt wird „zu einem Fall, der nach abstrakten, nicht nach menschlichen Maßstäben zu lösen ist". Mit dem „Menschenbild des Grundgesetzes" lässt sich nach der Ansicht von Ernst Benda auch die Tendenz zur Bildung immer größerer, immer unpersönlicherer Verwaltungseinheiten […] nicht leicht vereinbaren".[66]

Simitis hat schon seinerzeit gefordert, dass „sich eine rechtliche Beurteilung nicht in einer routinemäßigen Betrachtung erschöpfen" darf und es dem Betroffenen daher vorbehalten bleiben muss, „gegen die automatisierte Entscheidung vorzugehen, wenn er der Ansicht ist, dass seine besondere Situation ein anderes Ergebnis nahelegt".[67] Der nachträgliche Rechtsschutz kann aber zu spät kommen oder wegen zu hoher Zugangsschwelle versäumt werden; der Betroffene sollte daher noch während des Verwaltungsverfahrens, also vor der Entscheidung der Behörde, seine Sicht des Falles einbringen können. Die Formulare bzw. Computermasken sollten deshalb stets auch ein Eingabefeld für Anmerkungen des Betroffenen enthalten, und auch sonst sollte dafür gesorgt werden, dass es eben nicht zwingend bei bloß maschineller Fallbearbeitung bleibt.

Soweit die Interpretation der Rechtsnormen mit Hilfe von Computern und künstlicher Intelligenz versucht wird, wächst eine weitere Gefahr, nämlich die der generellen Entwicklung des Rechts selbst in die Richtung einer maschinell produzierten Sozialtechnik, die nicht mehr das Potential der Fortentwicklung hat, sondern zu einer immer stärkeren Zementierung des Rechtsmaterials führt. Legal Tech kann wegen der enormen Kapazität der Computer alle nur irgend auffindbaren Präjudizien berücksichtigen und wird deshalb zumindest quantitativ den Fallvergleichen mehr Raum einräumen als den rechtssystematischen und rechtsgrundsätzlichen Überlegungen, die diesen Stoff strukturieren und immer aufs Neue relativieren (müssten). Anstöße zur Rechtsentwicklung, die aus anderen wissenschaftlichen Disziplinen eingebracht werden könnten, werden von den Gerichten schon jetzt nur in geringerem Maße berücksichtigt. Mit „Legal Tech" kann sich zwar die Rechtsprechung der obersten Gerichte noch zuverlässiger und nachhaltiger durchsetzen als bisher schon, aber systematisches und kreatives rechtswissenschaftliches Denken, das ja auch den Richtern der Instanzgerichte zu eigen ist, wird an Einfluss verlieren.

---

genüber den „schematisierenden und uniformierenden" Tendenzen im „Verwaltungsstaat" auch *Huber* (Fn. 1), S. 23 f.

[65] *Benda*, Der soziale Rechtsstaat, in: ders./Maihofer/Vogel (Hrsg.), Handbuch des Verfassungsrechts der Bundesrepublik Deutschland, 1983, S. 477 (540).

[66] *Benda* ebd. (vorige Fn.).

[67] Ebd. (vorige Fn.).

b) Verwaltung als Massenaufgabe

Die *Massenverwaltung* sozialer Sachverhalte, wie sie etwa bei den Sozialleistungsträgern stattfindet – man denke an die regelmäßigen Rentenbescheide – findet heute in Verfahren statt, die der industriellen Massenproduktion ähneln. Die Entscheidung fällt automatisch, nachdem ihr Zustandekommen und ihre Übereinstimmung mit den gesetzlichen Vorgaben in umfassenden Arbeitsprozessen vorbereitet und so festgelegt worden sind, dass keine Willkür, also keine Abweichung von diesem Entscheidungsprogramm möglich ist. Was hier umschrieben ist, wird heute vielfach so gedeutet, als entschieden die „Algorithmen" über die Ergebnisse – diese Vorstellung führt, wie schon dargelegt (s. oben III. 2. und 3.), in die Irre. Dasselbe gilt für zahlreiche Arten von Abrechnung – von der Lohn- und Gehaltszahlung bis zu den Rundfunkbeiträgen. Auch hier kann die Technik unbedenklich eingesetzt werden, weil die Übereinstimmung des Rechnungsergebnisses mit dem Gesetz gesichert ist.

Die deutsche Finanzverwaltung strebt sogar die „vollständig automatisierte" Herstellung von Steuerbescheiden[68] an, wobei die Steuerpflichtigen die nötigen Angaben „medienbruchfrei" selbst liefern sollen und die Plausibilität dieser Angaben mit Hilfe von „Risikomanagementsystemen" ebenfalls automatisiert überprüft werden soll, und ist auf diesem Weg schon ein großes Stück vorangekommen. Hier ist bereits die Grenze erreicht, von der an die Überlassung menschlicher Denk- und Entscheidungstätigkeit an die Automaten problematisch wird. Rechtsstaatlich geboten ist entsprechend dem oben (zu IV. 3. a) Gesagten jedenfalls, dass die automatisierten Prozesse durch menschliches Eingreifen unterbrochen und „personalisiert" werden können, insbesondere dass die Berücksichtigung (also inhaltliche Beachtung!) auch solcher Angaben gewährleistet ist, die in den Formularen und Masken (und dementsprechend in den systeminternen Algorithmen) nicht vorgesehen sind. Das heißt, dass die Erfahrungssätze, die in den Risikobeurteilungssystemen verarbeitet werden, nicht gegen andere Erfahrungen oder gar gegen Tatsachenbehauptungen immunisiert sein dürfen.[69]

c) Der politische Hintergrund der „E-Government"-Bewegung

In der Managementliteratur wird von den Chancen geschwärmt, die sich durch die Automatisierung der Verwaltungsabläufe (das „E-Government")[70] ergeben. Weil es angeblich einfacher ist, schriftlich zu kommunizieren, wird die unmit-

---

[68] Vgl. § 155 Abs. 4 AO. Dazu *Bull*, Der „vollständig automatisiert erlassene" Verwaltungsakt, DVBl 2017, 409–417; *Martini/Nink*, Subsumtionsautomaten ante portas?, DVBl. 2018, 1128–1138.

[69] *Bull* (Fn. 68), DVBl 2017, 409 (416).

[70] Zu dem (an sich fragwürdigen) Begriff des E-Government vgl. etwa *Lucke/Reinermann*, Speyerer Definition von Electronic Government, Speyer 2000.

telbare menschliche Kommunikation für ineffektiv erklärt. Die schriftliche Aufgabenerledigung soll möglichst nur noch elektronisch („digital“) erfolgen, so dass keine Akten oder andere Unterlagen auf Papier mehr entstehen. „Content-basierte Arbeit“ werde im Übrigen „immer mehr von künstlicher Intelligenz getragen“.[71]

Auch ein großer Teil der für die öffentliche Verwaltung verantwortlichen Politiker und leitenden Beamten hat sich dem Ziel verschrieben, die Aufgaben der Verwaltung möglichst nur noch elektronisch ausführen zu lassen. Sie sind sich darüber einig, dass das Potential des E-Government[72] voll ausgeschöpft werden sollte.[73] Zur Begründung wird behauptet, die deutsche Verwaltung hinke hinter der technischen Entwicklung her und müsse dringend umgebaut werden.[74] Im Koalitionsvertrag der gegenwärtigen Regierungsparteien heißt es u.a.: „Der digitale Zugang zu Verwaltungsleistungen soll zur Regel, Schriftform und das persönliche Erscheinen soweit möglich durch gleichwertige digitale Lösungen ersetzt werden (Digital first)“,[75] und: „Wir werden die Digitalisierung der Justiz in allen Bereichen konsequent und einheitlich vorantreiben.“[76] In den Ländern sind Planungsinstanzen und IT-Beauftragte damit beschäftigt, Möglichkeiten für eine immer weitergehende Technisierung ausfindig zu machen und entsprechende Vorhaben zu realisieren. Die Regierung von Baden-Württemberg will ihr Land „zur Leitregion des digitalen Wandels machen“.[77] Ziel ist „die Schaf-

---

[71] So etwa *Wintermann* (Senior Project Manager bei der Bertelsmann Stiftung), in: Change, hrsg. v. d. Bertelsmann Stiftung, Heft 1/2018, S. 82. Er bemerkt, dass „in Sitzungen häufig Rituale“ herrschten, „die aus der Primatenzeit des Menschen stammen“, betont aber, dass „auch in Zukunft [...] der Mensch im Mittelpunkt unserer Arbeit stehen“ werde. Gemeint ist offenbar der Mensch, den sich die Manager wünschen, jedenfalls nicht der traditionsverbundene, der an bewährten „Ritualen“ festhält.

[72] Vgl. oben Fn. 70.

[73] Aus der Fülle der einschlägigen Veröffentlichungen vgl. etwa Nationaler Normenkontrollrat, E-Government in Deutschland: Wie der Aufstieg gelingen kann. Ein Arbeitsprogramm, 2016; Europäische Kommission, EU-eGovernment-Aktionsplan 2016–2020, COM (2016) 179 final v. 19.4.2016; Initiative D21 e.V./fortiss GmbH. (Hrsg.), eGovernment Monitor 2017; Nationales E-Government Kompetenzzentrum (NEGZ) e.V., Analyse des Potenzials des E-Government-Gesetzes, o.J. (m.w.N. auf S. 147 ff.) – Aus der Lit.: *Martini*, Transformation der Verwaltung durch Digitalisierung, in: Ziekow (Hrsg.), Verwaltungspraxis und Verwaltungswissenschaft, 2018, S. 11–67.

[74] Beispielhaft *Martini* (vorige Fn.), S. 14 ff.

[75] „Ein neuer Aufbruch für Europa – Eine neue Dynamik für Deutschland – Ein neuer Zusammenhalt für unser Land“, Koalitionsvertrag zwischen CDU, CSU und SPD v. 2.3.2018, Kapitel X 2.

[76] Ebd. (vorige Fn.), Kapitel X 1. Dazu *Bernhardt*, Quo vadis Digitalisierung der Justiz?, in: JM 8/9–2018, S. 310 ff.

[77] *Natalia Jaekel*, Leiterin der Stabsstelle Digitalisierung im Ministerium für Inneres, Digitalisierung und Migration, Der digitale Wandel bestimmt unsere Zukunft, in: Publicus (Internet-Zeitschrift) 2018/07, https://publicus.boorberg.de/der-digitale-wandel-bestimmt-unsere-zukunft. Hier heißt es am Schluss, die Digitalisierung solle „den Menschen dienen und nicht umgekehrt“, und wir sollten sie „mit unseren ‚analogen‘ Werten aufladen“.

fung eines starken, im Sinne eines nahtlosen, nutzerorientierten, vertrauenswürdigen und offenen E-Governments in Deutschland sowie seine Umsetzung in die behördliche Praxis".[78] Auch von Teilen der Verwaltungswissenschaft wird gefordert, die Verwaltung solle die Informationstechnik wesentlich intensiver nutzen und die Bürger dazu veranlassen, die digitalen Angebote der Behörden anzunehmen. Tatsächlich ist ein großer Teil der deutschen Bevölkerung noch nicht von der Qualität, Nützlichkeit und Sicherheit der elektronischen Verwaltungsleistungen überzeugt.[79] Viele Bürger verzichten auf Online-Angebote, weil sie den persönlichen Kontakt bevorzugen.[80]

Die Überlegungen zur „Online-Verwaltung" sind notwendig, weil die Verwaltung sich nicht von neuen Entwicklungen abkoppeln darf, wenn sie die rechtlichen Rahmenbedingungen gesellschaftlichen Handelns insbesondere gegenüber der Wirtschaft sicherstellen will. Die Technisierung der deutschen Verwaltung ist überdies in der Vergangenheit ungleichmäßig vorangegangen; es sind zahllose technische Systeme entstanden, die nicht reibungslos miteinander kommunizieren. Die Harmonisierung der Systeme dient der Rationalisierung der Verwaltung, sie spart Kosten, und die IT-Wirtschaft hat dabei hervorragende Verdienstchancen. Sie ist auch für die „Kunden" der Verwaltung – die Antragsteller, Steuerpflichtigen, Leistungsempfänger usw. – in vieler Hinsicht nützlich, aber z.T. verbunden mit lästigen Obliegenheiten und Umstellungsproblemen. (Zur Bewertung dieser Entwicklung s. unten zu VI. 1.).

d) Urteilsautomaten statt Gerichtsöffentlichkeit?

Das Bedenken, dass die automatische Rechtsanwendung zur „Entpersonalisierung" führt, besteht in noch stärkerem Maße bei der Automatisierung der Justiz. Zwar wird noch nicht ernsthaft vorgeschlagen, Richter durch Automaten zu ersetzen, aber eben dies liegt in der Tendenz, die in der Verwaltung schon nachhaltig verfolgt wird. Was dabei verloren ginge, erscheint manchen wohl vernachlässigbar. Bei gewissenhafter Betrachtung macht es jedoch den Kern dessen aus, was Rechtsprechung und Richter im aufgeklärten Staat kennzeichnet: die Suche nach der Gerechtigkeit im Einzelfall.

---

78 NEGZ (Fn. 73), S. 1.

79 *Martini* (Fn. 73), S. 15 ff., 27 f. Daher schlägt Martini u.a. vor, durch Änderung von § 10 Personalausweisgesetz die Freischaltung der elektronischen Identitätsfunktion zur *Grundeinstellung* zu erheben und für die verfügbaren Online-Angebote *Nutzungsanreize* zu setzen. Ausführliche Umfrageergebnisse und internationaler Vergleich: Initiative D21 (Fn. 73).

80 Nämlich nach einer Umfrage im Auftrag des Statistischen Bundesamtes 69 % der Nicht-Nutzer von E-Government; vgl. *Kühnhenrich*, Zufriedenheit der Bürgerinnen und Bürger sowie Unternehmen mit behördlichen Dienstleistungen, in: AWV-Informationen 4/2018, S. 9 (11).

Zwei Gründe sind es, die diese These stützen: Zum einen die Gefahr der Routinisierung und Schematisierung der Rechtsfindung (s. oben IV. 3 a), zum anderen die unvermeidliche Unterlegenheit jedes Automaten gegenüber dem Menschen, was die Entscheidungsfähigkeit kraft Erfahrung und Intuition angeht. Computer mögen noch so umfassend programmiert sein; künstliche Intelligenz mag noch so geschickt eingesetzt werden, um aus riesigen Datenmengen Erfahrungssätze oder statistische Wahrscheinlichkeiten herauszuarbeiten – sie sind nicht in der Lage, vorausschauend alle künftigen Verhaltensweisen der Beteiligten zu berücksichtigen – und schon gar nicht, ihre Motive und Absichten maschinell zu ergründen. Das Verbot der automatisierten Entscheidung, das in Art. 22 DSGVO statuiert ist, gilt daher für den Richter erst recht und ohne Ausnahme. Der Richter dürfte sich auch nicht auf die automatisierte Vorhersage kriminellen Verhaltens verlassen, die unter dem Namen predictive policing erörtert wird – dies schon deshalb, weil mit dieser Methode nur Korrelationen und nicht Kausalitäten festgestellt werden können.[81] Im Strafprozess geht überdies beim Ersatz richterlicher Tätigkeit durch Automaten die Gerichtsöffentlichkeit verloren.

V. Regelungsstrukturen und rechtspraktische Ansätze

1. Das geltende Recht der Technik

Neues Recht baut immer auf dem Bestand an Rechtsnormen auf, der sich bisher mit der betreffenden Materie befasst. Nur selten werden ganz neue systematische Ansätze gewählt, um neu auftretende Problembereiche rechtlich zu regeln.

Im Zuge der Industrialisierung sind schon im 19. Jahrhundert zahlreiche Rechtsnormen entstanden, die den Gefahren der Technikanwendung begegnen, insbesondere dem Schutz der Arbeiter und Dritter vor Unfällen dienen sollten.[82] Das „Technikrecht" ist als Sicherheitsrecht entstanden; es hat später weitere Regelungsziele aufgegriffen (s. unten zu V. 2.). Die frühen Beispiele finden sich im Bergrecht, im Eisenbahnrecht und in verschiedenen Teilen des Gewerberechts. Neuere Phänomene, mit denen sich die Rechtsetzer befasst haben[83] oder befassen

[81] Dazu sorgfältig differenzierend mit Anwendungsbeispielen und Vergleichen zur Leistungsfähigkeit von maschineller und menschlicher Sachverhaltsaufklärung und Gefahrenprognose *Rademacher*, Predictive Policing im deutschen Polizeirecht, AöR 142 (2017), S. 366–416, insbes. S. 391 f.

[82] Zur Entwicklung des Technikrechts vgl. *Vec*, Kurze Geschichte des Technikrechts, in: Schulte/Schröder (Hrsg.), Handbuch des Technikrechts, 2. Aufl. 2011, S. 3–92.

[83] Vgl. z.B. die Verordnung zur Regelung des Betriebs von unbemannten Fluggeräten (Drohnenverordnung) v. 30.3.2017 (BGBl. I S. 683).

sollten, sind die zunehmenden Gefahren im Luft-, Schienen- und Straßenverkehr, aber auch der Raubbau an den natürlichen Ressourcen und die von Menschen verursachten Veränderungen des Weltklimas. Veränderungen in der Güter- und Leistungsproduktion und im globalen Handel haben zu einem Ausbau des Verbraucherschutzes geführt. Mit der Verbreitung der Informationstechnik sind schließlich das Recht des Datenschutzes, der Telekommunikation und der Telemedien als neue Bereiche des Technikrechts i.w.S. hinzugekommen,[84] zuletzt auch erste Regelungen zum Schutz der Demokratie vor Unwahrheiten und Hassreden.[85]

Das Recht der Technik ist insofern eine Querschnittsmaterie, als es um die allgemeine Beurteilung von Instrumenten für die Erreichung von Zielen geht. Die Instrumente sind aber in ihrer konkreten Ausgestaltung immer von den Besonderheiten der jeweiligen Materie abhängig; ihre Eignung und Zulässigkeit kann daher nicht ohne Berücksichtigung der zu erfüllenden staatlichen Aufgaben oder wirtschaftlichen Zwecke beurteilt werden. Der Technikeinsatz kann sich in den verschiedenen Rechtsgebieten ganz unterschiedlich auswirken. Aus den überall gleichen „Eigenschaften" der Computer folgen nicht etwa gleiche Anwendungsregeln für unterschiedliche Rechtsmaterien. Allenfalls die Gebrauchsanweisungen (s. oben III. 2. a.E.) können gleich sein, etwa zur Gewährleistung von Gleichmäßigkeit und Zuverlässigkeit aller auf den Geräten ausgeführten Prozesse.

2. *Regelungsziele im Einzelnen*

In den verschiedenen genannten Rechtsbereichen werden entsprechend den jeweiligen Gefahren (s. oben II. 2.) unterschiedliche Regelungs*ziele* verfolgt. Zu dem seit langem anerkannten Ziel der *Sicherheit* von Personen und Produkten (Geräte- und Produktsicherheit) sind insbesondere *Persönlichkeitsschutz* und informationelle Selbstbestimmung (einschließlich der Freiheit von ungerechtfertigter Überwachung) sowie der *Verbraucherschutz* mit seinen verschiedenen Facetten hinzugekommen. Die informationstechnische Revolution hat auch den Ruf nach *Machtbegrenzung* hervorgerufen, die durch das Kartellrecht bewirkt werden soll. Im Sinne einer gerechten Sozialordnung wird Schutz gegen wirtschaftliche *Übervorteilung* gewährt, und um der demokratischen Ordnung

[84] Die Breite und Vielfalt dieses Rechtsgebiets wird z.B. erkennbar im Handbuch des Technikrechts (s. oben Fn. 82) und in der Schriftenreihe Recht – Technik – Wirtschaft (hrsg. v. Rudolf Lukes, Udo Di Fabio und Klaus Vieweg, 1973 ff.).

[85] Netzwerkdurchsetzungsgesetz v. 1.9.2017 (BGBl. I S. 3352). Dazu kritisch *Warg*, Meinungsfreiheit zwischen Zensur und Selbstzensur, DÖV 2018, 473 ff. Dieser Autor sieht sogar eine Gefahr der „Lähmung des Geisteslebens" (S. 481).

willen wird versucht, die Verbreitung von *Lügen und Hassreden* zu verhindern. Demgegenüber sind neuere Gesetze, die sich mit den modernen Methoden der Medizin- und Biotechnik befassen, teilweise durch *ethische* Überlegungen geprägt[86] und (deswegen!) besonders umstritten.

Zwischen den verschiedenen Zielen muss unterschieden werden. So betrifft das Recht der Technik sowohl die Sicherheit *der* Technik selbst wie den Schutz *vor* der Technik. In einigen Bereichen sind diese *beiden* Dimensionen miteinander verbunden. Sicherheit der Infrastrukturen und der Energieversorgung bedeutet Abwehr der von der Technik ausgehenden Gefahren, aber auch Funktionsfähigkeit der eingesetzten Maschinen und Verfahren. Für die Sicherheit von Daten, der Datenträger und der maschinellen Verarbeitungsprozesse steht der Begriff der *Datensicherheit* zur Verfügung; *Datenschutz* im engeren Sinne meint den Schutz Betroffener vor unangemessener Verwendung persönlicher Informationen. Die Vertraulichkeit und Integrität informationstechnischer Prozesse ist zwar vom BVerfG als Gegenstand eines Individualgrundrechts aufgefasst worden,[87] könnte aber auch als Schutz der Technik selbst, also als objektive Verpflichtung des Staates verstanden werden, für Sicherheit zu sorgen.[88]

Niemanden zu „verletzen“ gehört zu den höchstrangigen Zielen des Rechts schlechthin.[89] Im modernen Staat heißt das auch, dass die Allgemeinheit dem Einzelnen bei der Techniknutzung Grenzen setzen muss. Die juristische Schwierigkeit liegt in der Bestimmung dessen, was eine „Verletzung“ (Schädigung) darstellt, und damit in der Abgrenzung kollidierender Freiheitsrechte. Wie schwer und unsicher diese Abgrenzung ist, zeigt sich insbesondere im Recht der Informationseingriffe; sie ist dort teilweise auf die Stufe der Rechtfertigung verlagert worden, so dass die Reichweite des betroffenen Rechts und der Eingriffsbegriff unklar bleiben.[90]

---

[86] Vgl. etwa § 6 Abs. 4 Nr. 2 des Gesetzes zur Sicherstellung des Embryonenschutzes im Zusammenhang mit Einfuhr und Verwendung menschlicher embryonaler Stammzellen (Stammzellgesetz) v. 28.6.2002 (BGBl. I S. 2277), § 16 Abs. 2 Satz 2 des Gesetzes über genetische Untersuchungen bei Menschen (Gendiagnostikgesetz) v. 31.7.2009 (BGBl. I S. 2529, 3672) und § 22 Abs. 2 des Gesetzes über Medizinprodukte (Medizinproduktegesetz) i.d.F.v. 7.8.2002 (BGBl. I S. 3146). Zur grundsätzlichen Problematik: *Taupitz*, Recht und Ethik: Komplementär und dennoch defizitär?, in: Schliesky/Ernst/Schulz (Hrsg.), Die Freiheit des Menschen in Kommune, Staat und Europa. Festschrift für Edzard Schmidt-Jortzig, 2011, S. 825–839.

[87] BVerfGE 120, 274; dazu *Hoffmann-Riem*, JZ 2008, S. 1009–1022.

[88] Ähnlich *Eifert*, NVwZ 2008,521 ff.; s.a. *Bull*, Informationelle Selbstbestimmung – Vision oder Illusion, 2. Aufl. 2011, S. 34 f. und 56.

[89] „Juris praecepta sunt haec: honeste vivere, alterum non laedere, suum cuique tribuere“ (Digesten 1, 1, 10 § 1 – Pseudo-Ulpian), in der Übersetzung von Detlef Liebs: „Die Anweisungen des Rechts sind: ehrenhaft leben, den anderen nicht verletzen und jedem das Seine zugestehen“ (*Liebs*, Lateinische Rechtsregeln und Rechtssprichwörter, Darmstadt 1982, S. 104).

[90] Vgl. etwa BVerfGE 120, 378 (399). Dazu *Bull*, Grundsatzentscheidungen zum Daten-

Manche Ziele lassen sich schwer mit anderen vereinbaren; fast immer ist auch ein *Zielkonflikt* gegeben. So stehen den Sicherheitsvorschriften häufig wirtschaftliche Interessen entgegen, die ihrerseits nicht von vornherein illegitim sind. *Persönlichkeitsschutz* kann legitimen Offenlegungsinteressen widersprechen. *Kartellrechtliche* Beschränkungen stoßen stets auf Widerstand derer, die wirtschaftliche Freiheiten nutzen wollen. Der *Demokratieschutz* durch Beschränkungen der Internetkommunikation stößt auf die Sorge um die Erhaltung der Kommunikationsfreiheit. *Ethisch* begründete Rechtsnormen kollidieren möglicherweise mit ökonomischen Nutzungsinteressen. Zahlreiche geltende Vorschriften dienen dem Interesse der Teilnehmer am Rechtsverkehr, *nicht übervorteilt* zu werden: *Verbraucherschutz*, insbesondere Schutz Minderjähriger sowie alter und behinderter Menschen vor Täuschung und Verführung zu unbedachten Bestellungen. Umstritten ist jedoch, inwieweit auch bloße *Belästigungen*, wie sie typischerweise durch gezielte Werbung verursacht werden, mit rechtlichen Mitteln bekämpft werden sollen und dürfen.

Wenn die Ziele zu abstrakt formuliert sind, können sie mit Mitteln des Rechts nicht wirkungsvoll verfolgt werden. Das „Glück", die „Zufriedenheit", die körperliche und geistige „Gesundheit" der Menschen, aber auch der „Wohlstand" oder die „Kultur" eines Volkes sind Ideale, die zu erreichen die Kräfte des Staates übersteigt.[91] Sie sollten daher aus rechtspraktischen und rechtspolitischen Überlegungen ausgeklammert werden. Eine freiheitliche Gesellschaft kann und wird ihre Ideen vom richtigen Zusammenleben und eben auch von der richtigen Nutzung der Technik außerhalb der Staatswillensbildung entwickeln und verfolgen und den Staat nur punktuell, in definierten Konstellationen zu Hilfe holen.

---

schutz im Bereich der inneren Sicherheit, in: van Ooyen/Möllers (Hrsg.), Handbuch Bundesverfassungsgericht im politischen System, 2. Aufl. 2015, S. 627 ff. (639 ff.).

[91] Ein Musterbeispiel für zu hoch gegriffene Zielvorstellungen bietet die DSGVO: Nach ihrem Art. 1 Abs. 2 schützt diese Verordnung „die Grundrechte und Grundfreiheiten natürlicher Personen und insbesondere deren Recht auf Schutz personenbezogener Daten". Nach Erwägungsgrund 2 Satz 2 soll die Verordnung „zur Vollendung eines Raums der Freiheit, der Sicherheit und des Rechts und einer Wirtschaftsunion, zum wirtschaftlichen und sozialen Fortschritt, zur Stärkung und zum Zusammenwachsen der Volkswirtschaften innerhalb des Binnenmarkts sowie zum Wohlergehen natürlicher Personen beitragen". Das ist – vorsichtig ausgedrückt – etwas zu viel versprochen und passt nicht zu der gleichfalls bekräftigten Absicht, den Datenschutz ganz besonders zu stärken. Zur Kritik vgl. etwa *Veil*, Die Datenschutz-Grundverordnung: des Kaisers neue Kleider, NVwZ 2018, 686 ff. (691 f.).

3. Regelungsinstrumente: Materielle Begrenzungen und Verfahrensregeln

Zur Erreichung der genannten Ziele wird eine Vielfalt von Mitteln eingesetzt.[92] Zur Differenzierung nötigt schon die Fülle einschlägiger Konstellationen, vor allem die in der neueren Literatur betonten Besonderheiten der Informations- und Kommunikationstechnik. Die altbekannten technischen Werkzeuge des Menschen, die Geräte und Verfahren zur Erleichterung körperlicher Arbeit, sind rechtlich weitestgehend eingebunden, während die „Denkzeuge", also Instrumente und Prozesse, die unsere geistigen Operationen unterstützen und verbessern sollen, viel schwerer rechtlich greifbar und gestaltbar sind.

In der Diskussion über zu ergreifende Maßnahmen spielen *verfahrensrechtliche* Ansätze eine große Rolle.[93] Die *materiellen* Begrenzungen, an die man denken könnte, werden selten durchdekliniert – was an ihrer Unbestimmtheit und Widersprüchlichkeit liegt, die freilich ihrerseits in der Unsicherheit der Urteilenden über die anzulegenden Maßstäbe begründet sein kann.[94]

Während die soeben (zu V. 2.) dargestellten Ziele die bestehende Rechtsordnung zu allermeist seit eh und je prägen, also technikunabhängig gelten, ergeben sich bei den Mitteln ihrer Durchsetzung Unterschiede. So ist das traditionelle bürgerliche Recht in neueren Gesetzen durch technikspezifische Regeln ergänzt worden,[95] und im Zuge der Technikentwicklung werden laufend neue Detailregelungen erforderlich – wenn auch vielfach nur zur Klarstellung, dass bestimmte alte Grundsätze auch beim Einsatz neuer Technologien gelten.

a) Technikverbote?

Verbote einzelner Technologien sind bisher nur für wenige Ausnahmefälle eingeführt worden. Ein uneingeschränktes Verbot gilt nach deutschem Recht für biologische und chemische Waffen (§ 18 Kriegswaffenkontrollgesetz[96]). Antipersonenminen und Streumunition sind nach § 18a dieses Gesetzes ebenfalls verboten, jedoch gilt dieses Verbot nicht für Handlungen, die nach den Bestim-

---

[92] Vgl. etwa *Kloepfer*, Instrumente des Technikrechts, in: Schulte/Schröder (Fn. 82), S. 151–199.

[93] Zur großen Bedeutung von Verfahrensregeln für die Konsensfindung s. *Wienholtz*, Verfassung und Technologie – Zur Legitimation technologiepolitischer Entscheidungen durch Konsensprozesse, DÖV 1985, 138 (141 f.).

[94] Kritisch zu den Rückwirkungen der Großtechnik auf das einschlägige Recht im Einzelnen s. schon *Hofmann*, Der Einfluss der Großtechnik auf das Verwaltungs- und Prozessrecht, UPR 1984, 73–84.

[95] Beispiel: Art. 8 DSGVO („Bedingungen für die Einwilligung eines Kindes in Bezug auf Dienste der Informationsgesellschaft").

[96] Ausführungsgesetz zu Artikel 26 Abs. 2 des Grundgesetzes (Gesetz über die Kontrolle von Kriegswaffen) i.d.F. v. 22.11.1990 (BGBl. I S. 2506).

mungen der einschlägigen internationalen Übereinkommen zulässig sind. Das Verbot der Entwicklung, Herstellung, des Erwerbs, der Ein- und Ausfuhr etc. von Atomwaffen (§ 17 Kriegswaffenkontrollgesetz) gilt nur für solche Atomwaffen, die nicht im Besitz eines NATO-Mitgliedstaates sind oder nicht in deren Auftrag entwickelt oder hergestellt werden (§§ 16, 17 Kriegswaffenkontrollgesetz). Entsprechende Verbote gelten nach internationalen Verträgen.[97] Ihre Durchsetzung bleibt lückenhaft, weil einzelne Staaten sich den Besitz und die Nutzung von Massenvernichtungswaffen vorbehalten.

Soweit Verbote und strenge Auflagen im Recht der Medizin- und Biotechnik vorgesehen sind, besteht die Gefahr der Umgehung deutschen Rechts durch „Medizintourismus" in benachbarte Länder mit weniger strikten Regelungen.

Den Normalfall des Umgangs mit gefährlichen Techniken bildet die Einführung einer Genehmigungspflicht, wie es für Kriegswaffen im Kriegswaffenkontrollgesetz (§§ 1–11) und (für die auslaufende friedliche Nutzung) im Atomgesetz (§§ 3 ff.) geschehen ist. Aber die Maßstäbe, nach denen genehmigt oder nicht genehmigt wird, sind teilweise unklar oder nicht streng genug, um den Zweck der Friedenswahrung hinreichend zu unterstützen. Zwar ist dem Staat unter keinen Umständen Willkür, also unbegründete Großzügigkeit oder Engherzigkeit gestattet, und dementsprechend sind die Kriterien in den Gesetzen umschrieben. Doch eine Klausel wie die, dass der Waffenexport die Beziehungen zu einem anderen Staat nicht beeinträchtigen darf,[98] ist extrem auslegungsfähig. Auch der Grundgesetzgeber (Art. 26 Abs. 2 GG) hat sich nicht für eine striktere Regelung entschieden, sondern belässt der Bundesregierung einen weiten Entscheidungsspielraum.

Die zivile Nutzung der Kernkraft ist in Deutschland seit der Energiewende verboten. Sie ist „geordnet zu beenden"; bis zum Zeitpunkt der Beendigung ist der geordnete Betrieb sicherzustellen.[99] Auch während des Ausstiegs aus der Kernenergie werden noch über lange Zeit hin zahlreiche Sicherungsmaßnahmen erforderlich sein; vor allem muss der Standort für ein Endlager für die

[97] Verbot von Antipersonenminen: Ottawa-Übereinkommen v. 18.9.1997; Verbot von Kernwaffenversuchen: Vertrag v. 5.8.1963; Nichtverbreitung von Atomwaffen: Vertrag v. 1.7.1968; Verbot von Kernwaffen auf dem Meeresboden und im Meeresuntergrund: Vertrag v. 11.2.1971; Verbot chemischer Waffen: Chemiewaffen-Übereinkommen v. 13.1.1993; Verbot bakteriologischer (biologischer) Waffen und von Toxinwaffen: Biotoxinwaffen-Übereinkommen v. 10.4.1972.

[98] Vgl. § 6 Abs. 2 Nr. 1 Kriegswaffenkontrollgesetz: „Die Genehmigung kann insbesondere versagt werden, wenn Grund zu der Annahme besteht, dass ihre Erteilung dem Interesse der Bundesrepublik an der Aufrechterhaltung guter Beziehungen zu anderen Ländern zuwiderlaufen würde". Man beachte, dass hier nicht nur unbestimmte Rechtsbegriffe verwendet sind, sondern auch Ermessen eingeräumt wird.

[99] § 1 Nr. 1 Atomgesetz i.d.F. des Gesetzes v. 22.4.2002 (BGBl. I S. 1351). Zum Umfang des Eigentumsrechts (Reststrommengen) s. § 7 Abs. 1a Satz 1 Atomgesetz i.d.F.d.G.v. 31.7.2011 (BGBl. I S. 1704), der nach dem Urteil des BVerfG v. 6.12.2010 (BVerfGE 143, 246) teilweise mit Art. 14 Abs. 1 GG unvereinbar ist.

hochradioaktiven Abfälle gefunden werden,[100] und es müssen zahlreiche Zwischenlager eingerichtet werden.

Im Bereich der Informationstechnologien werden vollständige Verbote nicht gefordert und wären wohl auch kaum zu rechtfertigen. Das „Verbot mit Erlaubnisvorbehalt", das für die Verarbeitung personenbezogener Daten gilt, wirkt nicht als Behinderung der Informationstechnik, weil seine Ausnahmen faktisch die Regel bilden. Selbst die Techniken der akustischen und optischen Überwachung, die tief in die Privatsphäre der Menschen eindringen, sind nicht als solche verboten, sondern – wenn auch nur unter engen Voraussetzungen – grundsätzlich erlaubt. Das BVerfG hat die „Online-Überwachung", also die „heimliche Infiltration eines informationstechnischen Systems, mittels derer die Nutzung des Systems überwacht und seine Speichermedien ausgelesen werden können", für verfassungsrechtlich zulässig erklärt, „wenn tatsächliche Anhaltspunkte einer konkreten Gefahr für ein überragend wichtiges Rechtsgut bestehen".[101] Das Grundrecht auf Gewährleistung der Vertraulichkeit und Integrität informationstechnischer Systeme, das in diesem Urteil vom BVerfG herausgearbeitet worden ist, gilt also nicht ausnahmslos. Der Bundesgesetzgeber hat daher den Einsatz von „Staatstrojanern" ausdrücklich geregelt: Der „verdeckte Eingriff in informationstechnische Systeme" ist nach § 49 BKA-Gesetz unter bestimmten Bedingungen zur Terrorismusbekämpfung gestattet – außer wenn durch diese Maßnahme „allein Erkenntnisse aus dem Kernbereich privater Lebensgestaltung erlangt würden" (§ 49 Abs. 7 Satz 1 BKA-Gesetz). Gegen diese Neuregelung sind mehrere Verfassungsbeschwerden beim BVerfG anhängig.

b) Regulierungen

Es ist eine kulturkritische Legende, dass die Technik sich stets gegen das Recht durchsetze. Sie stimmt schon deshalb nicht, weil nicht alles, was technisch möglich ist, auch rentierlich ist; daher werden viele Erfindungen nicht umgesetzt. Im Übrigen haben die Gesetzgeber der westlichen Staaten (und darüber hinaus) seit Beginn der Industrialisierung immer wieder in die Entwicklung eingegriffen und zwar nicht einzelne Technologien als solche, wohl aber deren wirtschaftlichen Einsatz genehmigungspflichtig gemacht oder unter strenge Auflagen gestellt. Derartige Beschränkungen durch Gesetz sind auch heute und in Zukunft möglich. Die an der jeweiligen Technik interessierten Unternehmen und Gewerbetreibenden können solchen Normierungen bis zu einem gewissen Grade eigene Rechte entgegensetzen, aber diese können – wie alle Formen der Ausübung von Freiheitsrechten – vom Gesetzgeber eingeschränkt oder sozialadäquat ausgestaltet werden. Die wechselhafte Geschichte der Kernkraftnutzung

---

[100] Standortauswahlgesetz v. 5.5.2017 (BGBl. I S. 1074).
[101] BVerfGE 120, 274 Leitsatz 2.

hat gezeigt, dass selbst eine radikale Umkehr der Betrachtungsweise wie der Atom-Ausstieg letztlich auch von denen, die dabei Gewinnchancen verlieren, akzeptiert werden muss.[102]

Durchaus effektive Beschränkungen der Techniknutzung hat auch das BVerfG mit seiner Rspr. zu den Informationsbefugnissen der Sicherheitsbehörden geschaffen.[103] Sie sind zu einem erheblichen Teil auf das Monitum fehlender Bestimmtheit und/oder Angemessenheit („Verhältnismäßigkeit") der gesetzlich vorgesehenen Maßnahmen gestützt, und bei einigen Konstellationen sind die Bedingungen wirksamer staatlicher Sicherheitsgewährleistung zu gering gewichtet worden. Insgesamt aber haben diese Urteile bewirkt, dass manche zur Überwachung geeigneten Mittel nicht ohne weiteres eingesetzt werden.

Es ist also nicht leicht, aber es ist möglich, die passenden Mittel und Methoden zu finden, um die (weitgehend konsentierten) Ziele zu erreichen. Sie müssen geeignet, erforderlich und angemessen sein. Bei ihrer Erarbeitung sind politische und juristische Kreativität und Sorgfalt erforderlich. Zu kurz gegriffene, d.h. nicht umfassend abgewogene Lösungen können dazu führen, dass zwar Schäden abgewehrt werden, aber auch auf die nützlichen Funktionen der Technik verzichtet wird, oder aber dass die gewählten Lösungen neue Probleme aufwerfen.

c) Allgemeine Verfahrensregeln

Es ist eine probate Methode, auf prozessuale Vorschriften auszuweichen, wenn die materiellen Normen nicht klar genug oder in ihrer Auslegung umstritten sind. Durch die Beteiligung anderer als der für die Entscheidung letztlich Zuständigen – also von Betroffenen und Experten, aber auch von Beschäftigten, Betriebsräten und Gewerkschaften – erhofft man sich die Einführung von Maßstäben oder Einzelfallargumenten, die näher an das vom Gesetz angedeutete Ziel heranführen. Die Beteiligten empfinden diese Vorschriften allerdings häufig als lästige „bürokratische" Hemmnisse auf dem Weg der Realisierung von Innovationen.

Beispiele finden sich insbesondere im Recht des Datenschutzes, der Telekommunikation und der Telemedien. *Transparenz- und Unterrichtungsgebote* sollen dazu dienen, die Betroffenen selbst zur Aufmerksamkeit und zur Wahrnehmung ihrer Rechte zu veranlassen. Verfahrenspflichten und Informationsauflagen flankieren die Erlaubnisvorschriften. So werden Informationen über die beabsichtigten Nutzungen und Fehlermitteilungen an die Betroffenen und darüber hinaus vorsorglich die Aufstellung von Registern und die Anfertigung von Protokollen verlangt, mit deren Hilfe die Aufsichtsbehörden ihre Kontroll-

---

[102] Vgl. dazu BVerfG, U. v. 6.12.2016, BVerfGE 143, 246.
[103] Darstellung bei *Bull*, Grundsatzentscheidungen (oben Fn. 90).

aufgabe leichter wahrnehmen können. Genehmigungsvorbehalte sind auf diesen Gebieten selten.

d) Durchsetzung der Schutzrechte

Unser fast perfekt ausgebautes Rechtsschutzsystem hat eine Schwäche: Wer gerichtliche Hilfe in Anspruch nehmen will, muss einen erheblichen Aufwand treiben, was bei niedrigen Streitwerten außer Verhältnis zu dem individuell erreichbaren Nutzen stehen kann. Deshalb hat der Gesetzgeber die Möglichkeit von Musterfeststellungsklagen geschaffen;[104] ob diese ausreicht und nicht darüber hinaus nach amerikanischem Vorbild Sammelklagen eingeführt und die Verbandsklagemöglichkeiten ausgeweitet werden sollten, wird derzeit lebhaft diskutiert.[105] Beachtenswert ist auch die Idee, private „Cyber Courts" als Schiedsgerichte einzurichten, die den Nutzern der neuen Medien Rechtsschutz zu günstigen Kosten und in einem vereinfachten Verfahren gewährleisten würden, so dass die staatlichen Gerichte allenfalls in zweiter Instanz eingeschaltet werden müssten.[106]

Die gerichtliche Kontrolle der Techniknutzung ist durch den Umstand begrenzt, dass der staatliche Gesetzgeber nicht alle Fragen selbst regeln kann, die dabei auftauchen können. Er muss sich in vielen Zusammenhängen zurückhalten und auf *technische Standards* verweisen, die von der Gemeinschaft der Hersteller und Vermittler geschaffen werden und sich leicht an neue Entwicklungen anpassen lassen.[107]

e) Indirekte Beeinflussung der Technikentwicklung

Wo unmittelbare Eingriffe nicht in Betracht kommen oder keine Wirkungen zeigen, können indirekte Instrumente helfen. In der Praxis dienen nicht selten Steuern, Zölle oder andere nationale Handelshemmnisse dazu, unerwünschte Entwicklungen zu verhindern oder jedenfalls abzubremsen. Umgekehrt kann die Technologieentwicklung durch die Förderung entsprechender Forschungsprojekte angestoßen und beschleunigt werden. Ein weiterer Ansatz, die Anwendung neuer Technologien in eine gewünschte Richtung zu lenken, bestünde

---

[104] Gesetz zur Einführung einer zivilprozessualen Musterfeststellungsklage v. 12.7.2018 (BGBl. I S. 1151).

[105] *Meller-Hannich*, Sammelklagen, Gruppenklagen, Verbandsklagen – Bedarf es neuer Instrumente des kollektiven Rechtsschutzes im Zivilprozess? Gutachten A zum 72. Deutschen Juristentag, München 2018.

[106] Dazu *Ladeur*, Neue Institutionen für den Daten- und Persönlichkeitsschutz im Internet: „Cyber-Courts" für die Blogosphere, DuD 2012, 1 ff. (3).

[107] Zu den Grenzen gerichtlicher Kontrolle im „Recht der Technik" vgl. *Schulze-Fielitz*, in: Dreier (Hrsg.), GG, 3. Aufl. 2013, Art. 19 IV Rn. 134 ff.

darin, den Verbrauch natürlicher Ressourcen (wie Wasser und Luft), die bisher unentgeltlich genutzt werden, und die Belastung Dritter und der Allgemeinheit durch die Produktion und Verbreitung gewinnbringend veräußerter Produkte in die Kosten der Produktion und der Verbreitung von Produkten einzurechnen und die Preise entsprechend zu erhöhen. Es ist heute nicht mehr vertretbar, diese Lasten von der Allgemeinheit tragen zu lassen. Wenn Hersteller, Händler und Transporteure und damit letztlich auch die Verbraucher „ehrliche" Preise für die Nutzung der Umwelt und die Belastung anderer zahlen müssten, würde der Ressourcenverbrauch reduziert. Ein Anfang ist mit der Einführung der Maut für Autobahnen und Bundesstraßen gemacht, aber es gibt noch mehr bisher vernachlässigte „externe Kosten". Einen richtigen Ansatz stellt der Versuch dar, einen Markt für Verschmutzungsrechte einzuführen. Der von der EU eingeführte Handel mit Emissionszertifikaten ist aber ineffektiv geblieben, weil die Konditionen falsch festgesetzt wurden.[108]

4. Die Vertragsfreiheit und ihre Grenzen

Als Ausprägung der allgemeinen Handlungsfreiheit ist die Vertragsfreiheit von erheblicher Bedeutung. Sie begrenzt zugleich die staatliche Wirtschaftsaufsicht. Ungeregelter Wettbewerb führt zu Monopolen oder Oligopolen und begründet Übermacht von Unternehmen über ihre Kunden. Die Kunden sind fast immer der schwächere Part, weil ihnen nicht die gleichen Informations- und Reaktionsmöglichkeiten zur Verfügung stehen. Die Rechtsordnung stellt aber Regelungen bereit, die für einen gewissen Ausgleich oder eine Abmilderung der Machtasymmetrie sorgen können. Diese gesetzlichen Vorkehrungen können ausgebaut werden – wenn der politische Wille dazu vorhanden ist.

Überall dort, wo derzeit der eine Vertragspartner faktisch die Konditionen festsetzen kann, ist grundsätzlich die vollständige Normierung des Vertragsinhalts durch den Gesetzgeber vorzuziehen. Die Geschäfts- und Nutzungsbedingungen oder „Lizenzverträge", die den Gerätenutzern von den Diensteanbietern „vorgeschlagen" werden, sind in Wahrheit Diktate, und die Versuche, solche einseitigen Bedingungen durch ein Koppelungsverbot zu verhindern, sind bisher – soweit ersichtlich – wirkungslos geblieben. Ein wirksamer Hebel zur Verhinderung ungerechter Rechtsgeschäfte könnte nach dem Vorbild der gerichtlichen AGB-Kontrolle gemäß §§ 305 ff. BGB geschaffen werden.[109]

---

108 *Liebrich*, Teuer, aber nicht wertvoll, in: Süddeutsche Zeitung v. 11./12.8.2018, S. 24.

109 So auch *Hoffmann-Riem*, Innovation und Recht (Fn. 18) S. 645 ff.; *ders.*, Algorithmen (Fn. 31) S. 39.

a) Verbraucherschutz insbesondere im Versicherungsrecht und beim Onlinehandel

An der vorderen Front kämpfen vor allem Verbraucher- und Datenschützer. Das Telemedienrecht enthält zahlreiche Normen, die dem Schutz der Verbraucher vor Übervorteilung und erheblicher Belästigung dienen. So ist das generelle Verbot der unerbetenen Telefonwerbung ziemlich wirkungsvoll; dass es von besonders dreisten Unternehmen missachtet wird, ändert nichts an seiner Bedeutung für den Schutz der Privatsphäre.

In der öffentlichen Diskussion werden Beispiele dafür erörtert, dass die Nutzung von Informationstechnik und künstlicher Intelligenz zu einer immer größeren Überlegenheit von Versicherungsunternehmen gegenüber ihren Kunden und damit zu Nachteilen für Versicherte führen kann. Die Informationstechnik ermöglicht z.B. genauere Risikokalkulationen. Damit werden differenziertere Tarifvarianten möglich: Personen mit höheren Risiken müssen höhere Beiträge zahlen, während Personen, die aktiv zur Risikominderung beitragen, entlastet werden können. Welche Differenzierungskriterien tatsächlich angewendet werden, liegt nicht allein in der Entscheidungsmacht der Versicherungsunternehmen. Die staatliche Versicherungsaufsicht[110] wirkt darauf hin, dass die Interessen der Versicherten beachtet werden.[111] So müssen die Prämien in der Lebensversicherung und in der substitutiven Krankenversicherung[112] „unter Zugrundelegung versicherungsmathematischer Annahmen kalkuliert werden"; bei gleichen Voraussetzungen dürfen Prämien und Leistungen nur nach gleichen Grundsätzen bemessen werden".[113] Der Basistarif in der substitutiven Krankenversicherung muss wie der Lebensversicherungstarif einheitlich sein;[114] eine Prämienänderung ist hier nur mit Zustimmung eines unabhängigen Treuhänders möglich, und dieser hat darauf zu achten, dass „die Belange der Versicherten ausreichend gewahrt sind".[115] Die gesamte Geschäftstätigkeit der Versicherungsunternehmen ist von staatlicher Billigung abhängig; sie „bedürfen" nach der grundlegenden Bestimmung des VAG „ zum Geschäftsbetrieb der Erlaubnis der Aufsichtsbehörde"[116] und werden in ihrer Geschäftstätigkeit beaufsichtigt.[117] Ihr Risikomanagement muss wirksam sein.[118]

---

110 Versicherungsaufsichtsgesetz (VAG) i.d.F.v. 1.4.2015 (BGBl. I S. 434).

111 Dies entspricht einer verfassungsrechtlichen Pflicht der Versicherungsaufsichtsbehörden aus Art. 2 Abs. 1 und Art. 14 Abs. 1 GG, vgl. BVerfGE 114, 1 (33 ff., 44 ff.).

112 D.h. bei Verträgen mit privaten Versicherungsunternehmen, die den gesetzlichen Krankenversicherungsschutz ersetzen, vgl. § 146 ff. VAG.

113 § 138 Abs. 1 und 2 VAG.

114 § 152 Abs. 1 VAG.

115 § 155 Abs. 1 und Abs. 2 Nr. 2 Satz 2 VAG.

116 § 8 Abs. 1 VAG.

117 § 62 VAG.

118 § 26 Abs. 1 VAG.

Aus der Gesamtheit der Bestimmungen über die Aufgaben der Versicherungsaufsicht[119] lässt sich ableiten, dass das Prinzip jeder Versicherung gewahrt bleiben muss, innerhalb einer Risikogemeinschaft durch Ansammlung von Mitteln für längere Zeit vorzusorgen. Eine solche „Schicksalsgemeinschaft" setzt voraus, dass die einzelne Risikogruppe nicht zu klein wird; dann müssten nämlich zu wenige Versicherte zu hohe mögliche Schäden tragen. Die Unternehmen können übrigens selbst kein Interesse daran haben, allzu spezielle Risiken zu versichern; die Zahl der potentiellen Kunden wäre vermutlich wegen der hohen Beiträge zu gering. Soweit sich jedoch Schlupflöcher für eine unangemessene Prämienberechnung ergeben sollten, könnte und müsste die staatliche Vertragskontrolle ausgeweitet werden.

Bei Online-Handelsgeschäften ermöglichen neue technische Einrichtungen eine sehr schnelle Reaktion auf Änderungen des Umfeldes, so dass Preise und Konditionen jeweils sofort aktualisiert werden können. Internet-Unternehmen ändern ihre Preise kurzfristig, so dass sich sogar innerhalb weniger Stunden erhebliche Preisunterschiede für gleiche Waren ergeben.[120] Darüber hinaus wird sogar mit „personalisierten Preisen" experimentiert, die durch Auswertung von Daten über Kaufgewohnheiten und Persönlichkeitsmerkmale errechnet werden. Ob derartige Praktiken noch mit dem Gebot lauterer Geschäftspraktiken vereinbar sind, ist zweifelhaft. Die Preisangabeverordnung[121] geht zwar auf diese neuen Methoden nicht ausdrücklich ein, aber die Pflicht zu „Preisklarheit und Preiswahrheit"[122] wird damit nicht erfüllt. Der Gesetzgeber könnte diese Form des Verbraucherschutzes in modernisierter Form aktualisieren, also z.B. Mindestfristen für die Geltung der Preisangaben festsetzen und damit die Transparenz des wirtschaftlichen Handelns fördern.[123]

---

119 Vgl. § 294 Abs. 1 VAG: „Hauptziel der Beaufsichtigung ist der Schutz der Versicherten und der Begünstigten von Versicherungsleistungen".

120 *Beenen/Wilke*, Morgens teuer, abends billig, in: Süddeutsche Zeitung v. 7.8.2018. Eine erste rechtliche Einschätzung: *Schmidt*, Dynamische und personalisierte Preise – Datenschutz-, wettbewerbs- und kartellrechtliche Grenzen, in: Taeger (Hrsg.), Smart World – Smart Law? Weltweite Netze mit regionaler Regulierung, Tagungsband Herbstakademie 2016, S. 1007–1022.

121 PAngV v. 14.3.1985 i.d.F.v. 18.10.2002 (BGBl. I S. 4197).

122 § 1 Abs. 7 Satz 1 PAngV. S.a. Art. 4 der Richtlinie 98/6/EG des EP und des Rates v. 16.2.1998 über den Schutz der Verbraucher bei der Angabe der Preise der ihnen angebotenen Erzeugnisse, wonach die Angaben u.a. „unmissverständlich" sein müssen.

123 Auch dazu *Ernst* (Fn. 31), JZ 2017, 1023 (1034 f.), der für die Anwendung des Art. 22 Abs. 1 DSGVO (Verbot automatisierter Entscheidungen, s. o. IV. 1. c)) eintritt.

b) Die Selbstbestimmung der Betroffenen im Datenschutzrecht

Das Datenschutzrecht schränkt die Nutzung personenbezogener Daten für unternehmerische Zwecke auch außerhalb der Telemedien ein. Es erschwert die Vertriebschancen von Unternehmen, die auf gezielte Werbung angewiesen sind, und wird von manchen Experten daher als ein geeignetes Instrument angesehen, dem überschießenden Werbeaufwand und indirekt der übermäßigen Kommerzialisierung des Alltags entgegenzutreten. Bisher hat es diese Wirkung nicht erreicht. Selbst wenn Unternehmen durch gesetzliche Regelungen gehindert werden, bestimmte Gruppen potentieller Kunden gezielt anzusprechen, finden sie andere Wege, um Aufmerksamkeit einer möglicherweise interessierten Klientel für ihre Angebote zu erzeugen.

Für die Rechtsentwicklung fatal ist dabei ein Ausweg, der bisher nicht ausgeschlossen worden, sondern vielfach gerade als Ausdruck freier Selbstbestimmung für vorzugswürdig gehalten wurde, nämlich sich die Einwilligung der Betroffenen in die Datennutzung zu verschaffen.[124] Die Datenschützer versprechen sich davon, dass viele die Risiken der beabsichtigten Nutzungen hoch einschätzen und daher die Einwilligung verweigern werden. Aber eben dies geschieht erfahrungsgemäß nicht, und die Einwilligungen sind „praktisch Ermächtigungen zur Ausweitung der Handlungsmacht der Unternehmen" (zu Lasten der Nutzer) geworden.[125] Ob das Koppelungsverbot nach Art. 7 Abs. 4 DSGVO sich tatsächlich auswirken wird, ist ungewiss.

5. Individualrechte und Rechte der Allgemeinheit

Im Mittelpunkt des öffentlichen Interesses stehen heute die Regelungen, die dem Schutz von Individualrechten dienen. Strikt individualistisch ist z.B. das Datenschutzrecht angelegt; es gewährt dem Einzelnen subjektive Rechte und statuiert korrespondierende Pflichten der Verantwortlichen, beschäftigt sich aber mit den Interessen und Rechten der Allgemeinheit nur mittelbar: Durch den Schutz der individuellen Freiheit soll auch das Gemeinwohl gefördert werden, „weil Selbstbestimmung eine elementare Funktionsbedingung eines auf Handlungs- und Mitwirkungsfähigkeit seiner Bürger begründeten freiheitlichen demokratischen Gemeinwesens ist".[126] Das BVerfG hat mit dieser Formu-

---

[124] In Art. 7 DSGVO sind Bedingungen der Einwilligung aufgestellt, und in Art. 13 DSGVO ist für den Fall der Erhebung personenbezogener Daten bei den Betroffenen eine umfassende Informationspflicht statuiert. Art. 4 Nr. 11 DSGVO erkennt nur die Einwilligung an, die „in informierter Weise" erteilt wird. Damit ist die „informierte Einwilligung" (§ 4 a Abs. 1 Satz 2 und Abs. 3 BDSG a.F.) im Wesentlichen weiter gewährleistet.

[125] *Hoffmann-Riem* (Fn. 31) S. 21.

[126] BVerfGE 65, 1 (43) – Volkszählungsurteil.

lierung die individuelle und die gesellschaftliche Funktion der informationellen Selbstbestimmung in ungewöhnlicher Weise miteinander verknüpft, indem es „eine Gesellschaftsordnung und eine diese ermöglichende Rechtsordnung [...], in der Bürger nicht mehr wissen können, wer was wann und bei welcher Gelegenheit über sie weiß", für unvereinbar mit dem Recht auf informationelle Selbstbestimmung erklärt hat.[127] Man beachte: Hier wird eine „Gesellschaftsordnung" am Maßstab eines Individualgrundrechts gemessen – und zwar eine gedachte, als möglich, aber als unerwünscht bezeichnete tatsächliche Ordnung. Das ist eine kühne Konstruktion, die wohl dem Ziel geschuldet war, das erstmals verfassungsgerichtlich anerkannte informationelle Selbstbestimmungsrecht nicht nur individualistisch zu begründen, sondern eben auch mit seinem Gemeinwohlbezug zu bekräftigen. Die Durchsetzung dieses Rechts blieb und bleibt jedoch dem Einzelnen vorbehalten; der Charakter der Gesellschaft kann nur mittelbar dadurch verteidigt werden, dass der Gesetzgeber ein solches subjektives Recht schafft und chancenreich ausgestaltet.

Auch andere technikbezogene Regelungen gehen von der Situation des Einzelnen aus, der bestimmten Gefahren ausgesetzt ist, so das Recht der Geräte- und Produktsicherheit von der Perspektive des Arbeiters und des Verbrauchers. Überwiegend aus der Sicht der Allgemeinheit konzipiert sind – entsprechend der Natur der Sache – der Umwelt- und Klimaschutz. Das Recht der Medizinprodukte dient dem Schutz der Patienten, hat aber durch den Zulassungsvorbehalt zugleich eine Allgemeinwohl-Dimension: Die Verhinderung massenhafter Vergiftung durch riskante Pharmazeutika bedeutet mehr als den Schutz der potentiellen Opfer, sie dient zugleich dem Schutz der Allgemeinheit vor der Fehlleitung von Ressourcen und der Fehlnutzung von Produkten, was wiederum nicht nur finanzielle Aufwendungen der Allgemeinheit erspart, sondern auch den Zustand der Gesellschaft beeinflusst.

VI. Die technikkritischen Aufgaben der Politik

1. Politische Handlungspflichten

Schon die skizzenhafte Erörterung der Bedeutung des Menschenwürdeschutzes und des Rechtsstaatsprinzips zeigt, dass es kaum feste verfassungsrechtliche Bastionen gibt, von denen aus die technisch-ökonomische Entwicklung mit Hilfe der *Justiz* effektiv abgebremst oder in eine gewünschte Richtung gelenkt werden kann. Die Gerichte können nur eingreifen, wenn Individuen ihre subjektiven Rechte geltend machen; die Einführung solcher Techniken beeinträchtigt individuelle Rechte aber nur in Ausnahmefällen. Aus dem Verfassungsrecht

[127] Ebd. (vorige Fn.).

sind aber in gewissem Umfang objektive Verpflichtungen der Politik abzuleiten. Der Schutz der Menschenwürde und die Bewahrung des Rechtsstaates sind den staatlichen Organen auch dann anvertraut, wenn sich kein Einzelner beschwert, und so kommt es u.U. darauf an, dass Regierungen und Gesetzgeber ihre Spielräume nutzen, um auf diese Ziele hinzulenken.

Aus dieser Einsicht ergeben sich konkrete Handlungspflichten des Gesetzgebers, um die besonders großen Gefahren neuer Technologien zu bekämpfen oder gar nicht erst entstehen zu lassen. Die seit drei Jahrzehnten immer wieder neu ansetzenden Reformen des Datenschutzes sind auch mit dem Inkrafttreten der DSGVO noch nicht beendet. Es wird kein Weg daran vorbeiführen, auch künftig Geheimhaltung bestimmter Informationen und die Offenbarung anderer je nach den Umständen – bereichsspezifisch – neu gegeneinander abzuwägen und sowohl gesetzlich generell wie durch Einzelentscheidungen individuell zu beurteilen.

Spezialbereiche des Informations- und Kommunikationsrechts werden also auch künftig ein wesentliches Handlungsfeld des Gesetzgebers bilden. Nicht nur durch die Rechtsprechung des BVerfG angestoßen und in Einzelfragen immer wieder korrigiert, hat der Gesetzgeber in den letzten Jahrzehnten ein ganzes System von Normen geschaffen, das darauf abzielt, die durch Informationen begründete Macht der Behörden (vor allem Polizei und Nachrichtendienste) nach dem Prinzip der Gewaltenteilung zu begrenzen, die Unbefangenheit der sozialen Kommunikation zu sichern und die Individuen vor dem Missbrauch sie betreffender Informationen zu schützen. Dieses System der *checks and balances* gilt es zu bewahren und kontinuierlich weiterzuentwickeln. Dabei werden stets auch die Abwägungen zwischen dem Individualinteresse an Abschirmung und dem Allgemeininteresse an Verhinderung und Aufklärung störenden und strafbaren Verhaltens neu vorzunehmen sein.

Solange das demokratische und rechtsstaatliche Regierungssystem besteht, wird dabei keine grundlegende Veränderung der Art herauskommen, dass der Staat auf wesentliche informationelle Befugnisse verzichtet, sich also „dümmer“ macht als er nach gegenwärtigem Recht sein kann, und ebenso wenig umgekehrt, dass der Staat das soziale Verhalten aller seiner Bewohner umfassend kontrolliert. Was aus der Volksrepublik China berichtet wird – dass nämlich mit Hilfe der modernen Informationstechnik eine perfekte Überwachung des gesamten Volkes und eine Einteilung des Volkes in „gute“ und „schlechte“ Bürger begonnen worden sei –, ist in den westlichen demokratischen Staaten derzeit nicht zu erwarten. Das BVerfG wird den Gesetzgeber wohl auch nicht auffordern, die Regeln für den technischen Umgang mit Informationen so zu verändern, dass ein gewähltes deutsches Parlament und die von ihm berufene Regierung gehindert wären, legitime und an sich verfassungsrechtlich zulässige Instrumente zur Gefahrenabwehr und Strafverfolgung zu nutzen. Das Gericht müsste dann ja einräumen, dass es in Deutschland bei Geltung der gegenwärtigen Verfassung möglich wäre, eine Totalüberwachung im Orwell'schen Sinne einzurichten.

Ein Aufgabenfeld eigener Art für den Gesetzgeber bilden die sog. sozialen Netzwerke wie Facebook, Twitter, WhatsApp usw. und die Internetunternehmen wie Google und Amazon, bei denen unzählige persönliche Daten für wirtschaftliche Zwecke (im Kern immer für kommerzielle Werbung) verwendet werden. Die Einwilligungslösung sollte durch verbindliche gesetzliche Vorgaben ersetzt werden. Leider sind solche konkreten Vorschriften nicht in die DS-GVO aufgenommen worden.

Soweit elektronische Systeme sich „verselbständigen", „autonom entscheiden" oder durch „Lernen" Entscheidungen produzieren, die von ihren Konstrukteuren und Programmierern nicht vorhergesagt werden können, ist zwingend eine *Gefährdungshaftung* derer zu statuieren, die solche Entscheidungen unkontrolliert in tatsächliches Handeln (z.B. Verwaltungsakte, aber auch Schadensverursachung durch zurechenbare Handlungen) umsetzen. Das wird nicht nur für das fahrerlose Auto gelten müssen. Der Gesetzgeber hat insofern eine Schutzpflicht gegenüber den Geschädigten, die aus dem Grundgebot der ausgleichenden Gerechtigkeit folgt: Wer – wenn auch mittelbar – eine anderen schädigt, muss den Schaden ausgleichen.

Ganz andere Probleme bestehen in Bezug auf die weitere Automatisierung der öffentlichen Verwaltung. Ziel der aktuellen Bemühungen ist, wie dargestellt (oben zu IV. 3. c), ein nahtloses, nutzerorientiertes, vertrauenswürdiges und offenes E-Government.[128] In dieser Entwicklung sehen manche einen Paradigmenwechsel im Sinne von Thomas S. Kuhn,[129] oder sie fordern – über den gegebenen Entwicklungsstand hinaus – einen solchen.[130] Verwaltung und Justiz stehen jedoch „revolutionären" Neuerungen in der Regel – aus guten Gründen – skeptisch gegenüber. Die Diskussion unter Verwaltungsreformern erweckt allerdings bisweilen den Eindruck, als sei es für das internationale Ansehen der Bundesrepublik Deutschland entscheidend, dass Verwaltung und Bürger elektronische Verfahren nutzen, wo immer es möglich sei. Die entsprechenden Rankings – in denen Staaten wie Estland und Singapur an der Spitze stehen[131] – besagen wenig über die Leistungen der jeweiligen Verwaltungen für die Bürger und über das rechtliche und politische Umfeld, in dem die Automatisierungs-

[128] NEGZ (Fn. 73), S. 4 ff. Als „Schlüssellösungen" werden dafür u.a. die sichere elektronische Kommunikation, die Begründung einer elektronischen Identität und elektronische Bezahlmöglichkeiten genannt (ebd. S. 26 ff.).

[129] *Kuhn*, Die Struktur wissenschaftlicher Revolutionen, 1967/1976.

[130] Zurückhaltend insofern jedoch *Prell*, E-Government: Paradigmenwechsel in Verwaltung und Verwaltungsrecht?, NVwZ 2018, 1255 (1259). Auf der Bonner Staatsrechtslehrertagung 2018 wurde das Thema „E-Government: Ein Paradigmenwechsel in Verwaltung und Verwaltungsrecht?" behandelt (Referate von *Guckelberger* und *Kube*, VVDStRL 78, 235 ff./289 ff.).

[131] *Martini* (Fn. 73), S. 19 ff.

politik betrieben wird. Auch sonst wird zu selten gefragt, ob die *Qualität* der elektronischen Verfahren wirklich zuverlässig höher ist als die der herkömmlichen Bearbeitung durch natürliche Personen.[132] Es ist eine schwierige, noch längst nicht gelöste Aufgabe, ein „effektives Zusammenwirken von technischen und nichttechnischen Elementen" in den verschiedenen Verwaltungsbereichen zu gestalten, aber die nötigen Anstrengungen sollten nicht allein auf die technischen Anteile konzentriert werden.[133]

Wenig hilfreich ist es, wenn bei den anstehenden Erörterungen die rechtlichen Rahmenbedingungen nur als unliebsame Hindernisse angesehen werden.[134] Weder die staatsorganisatorischen Grundsätze wie die bundesstaatliche Gliederung oder das Ressortprinzip sind unwichtig noch sind es die individualrechtlichen Schranken, die oben zu IV. 1. angesprochen worden sind. In den Rechtsnormen kommen nicht nur die grundlegenden Gebote der Gerechtigkeit, sondern auch allgemeine soziale Normen, Wertvorstellungen und Verhaltensmuster zum Ausdruck, die nicht ignoriert werden sollten. Indem der Gesetzgeber solche Normen in konkreten Zusammenhängen zur Geltung bringt, beschränkt er nicht nur, sondern ermöglicht neue Technikanwendungen (s. oben II. 3.).

2. *Notfall-Sicherungspflichten*

Einen anderen Handlungsimpuls sollte die Einsicht liefern, dass heute die gesamte staatliche Verwaltung von der Informationstechnik abhängig und damit angreifbar ist. Wenn demnächst einmal über längere Zeit der Strom ausfallen sollte, werden nicht nur die Industrie, der Verkehr auf allen Ebenen, Versorgungseinrichtungen und Krankenhäuser zusammenbrechen, sondern eben auch die Verwaltung, die gerade auch für die Leistungsbereitschaft der Infrastruktureinrichtungen sorgen soll.[135] Die Verwaltung muss nicht nur Übungen zum Katastrophenschutz durchführen, in denen Polizei, Streitkräfte, Feuerwehren und Rettungsdienst sich auf Einsätze bei großen Unfällen, Naturkata-

---

[132] Ein positives Gegenbeispiel liefert die von *Hunnius* und *Schuppan* verfasste Studie des NEGZ (vgl. Fn. 73): Top 100 Verwaltungsleistungen. Die wichtigsten und am häufigsten genutzten Verwaltungsleistungen für Bürger. Studie im Auftrag des Deutschen Instituts für Vertrauen und Sicherheit im Internet (DIVSI), zugänglich unter www.negz.org.

[133] *Klaus Lenk*, Fortschritte der Baukunst und Grenzen der Gestaltung von soziotechnischen Arbeitssystemen, in: Garstka/Coy (Hrsg.), Wovon – für wen – wozu? Systemdenken wider die Diktatur der Daten. Wilhelm Steinmüller zum Gedächtnis. Berlin 2014, S. 145 ff. (153). S. a. *ders.*, Gedanken zur Gestaltung technikdurchtränkter Arbeitsorganisation, in: Informatik und Gesellschaft, Festschrift zum 80. Geburtstag von Klaus Fuchs-Kittlowski, 2016, S. 351 ff.

[134] Diesen Eindruck rufen z.B. – möglicherweise ungewollt – einige Formulierungen von *Martini* hervor (Fn. 73), S. 30 ff. und 47.

[135] Eindrucksvoll dazu *Fischermann/Hamann*, Zeitbombe Internet. Warum unsere vernetzte Welt immer störanfälliger und gefährlicher wird. 2011, insbes. S. 154 ff.

strophen und Terroranschlägen vorbereiten, sondern auch die Informationen, auf denen ihre Arbeit aufbaut, vor Verlust und Beschädigung schützen. Die Kosten solcher Sicherungen zahlen sich erst im Schadensfall aus, aber wenn sie nicht erbracht werden, können wesentlich größere Schäden entstehen. Ob allerdings die üblichen elektronischen Sicherungskopien ausreichen, um katastrophale Störungen zu überstehen, lässt sich bezweifeln.

3. Neuerfindung des Rechts? Anpassung der Verfassung?

Angesichts der diskutierten Herausforderungen des Rechts durch die Digitalisierung meint *Boehme-Neßler*, das Recht müsse sich „neu erfinden". Sonst werde es seine traditionellen Funktionen in der „digitalisierten Welt" immer weniger erfüllen können. Die „wirklich relevanten Regeln" würden „zunehmend von Facebook, Amazon, Google oder anderen Internetkonzernen gemacht". „Mit der (deutschen und europäischen) Verfassung – etwa dem Rechtsstaatsprinzip oder der Demokratieidee" – habe diese Situation „nicht mehr viel zu tun."[136] Wenn dies zutreffen sollte, wäre gerade dadurch die (nationale und europäische) Politik herausgefordert, die zentralen Grundsätze des geltenden Rechts zu verteidigen. Gewiss müssen mancherlei neue rechtliche Instrumente und Verfahrensweisen entwickelt werden, um Lücken in der Rechtsordnung effektiv zu schließen und die geltenden Normen wirkungsvoll durchzusetzen. Es gibt aber keine Gründe dafür, eine vollkommene Neuordnung des geltenden Rechts, seiner Dogmatik und seiner Theorie anzustreben. Die vermeintlich „relevanten" Regeln, nach denen die Internetunternehmen ihre Geschäftstätigkeit regeln, ersetzen weder die Grundrechte noch die allgemeinen Prinzipien der Gerechtigkeit. Als Vorbild einer neuen Rechtsordnung taugen sie erst recht nicht (und so ist die Forderung nach Erneuerung ja auch gar nicht gemeint).

Schon in einem früheren Stadium der Technikdiskussion ist bemerkt worden, die normative Verfassung bedürfe „der permanenten Aktualisierung und Konkretisierung, der Anpassung an die sich ständig verändernden technischen, wirtschaftlichen und sozialen Gegebenheiten".[137] Das entspricht dem verbreiteten Wunsch nach Übereinstimmung der Rechtsordnung mit den tatsächlichen Entwicklungen. Fragwürdig ist aber der dabei zugrunde gelegte Verfassungsbegriff. Die geschriebene normative Verfassung – also in Deutschland das Grundgesetz – braucht kein ständiges ausdrückliches „Update"; es genügt, dass das Verfassungsgericht seine Bedeutung für neue Entwicklungen in konkreten Auseinandersetzungen verbindlich klärt und die so aktualisierten Verfassungsinhalte von den jeweils zuständigen Staatsorganen zur Geltung gebracht wer-

---

[136] *Boehme-Neßler* (Fn. 10), NJW 2017, 3031 (3037).
[137] *Wienholtz* (Fn. 93), DÖV 1985, 136 (138).

den. Die Verfassung soll langfristig und unabhängig von den Veränderungen der sozialen und technischen Welt gelten – darin liegen gerade ihr Sinn und ihr Wert. Dass zumindest hochriskante neue Technologien – Kernkraft, Genmanipulation, Überwachungssysteme – ausdrücklich verfassungsfest eingehegt werden sollen, ist ebenfalls verständlich. Die Entscheidung darüber sollte auf einen möglichst breiten Konsens gestützt werden. Das kann bedeuten, qualifizierte Mehrheiten zu verlangen;[138] diese müssen aber nicht zwingend in der förmlichen Verfassung festgeschrieben sein. Im Übrigen müssen selbstverständlich die Organisations- und Verfahrensvorschriften der Verfassung zeitnah an neue Anforderungen angepasst werden, soweit sie nicht zum unveränderlichen Kern der Grundordnung gehören (Art. 79 Abs. 3 GG).

Zur Bewältigung der Konflikte um die besonders umstrittenen Vorhaben sind „Konsensprozesse" erforderlich, „die auch in der Verständigung über das, worin kein Konsens besteht, durchaus zur Verbesserung der Entscheidungsvoraussetzungen beitragen können".[139] Technische Großprojekte sind heute ohne intensive Auseinandersetzung von Politik und Verwaltung mit zivilgesellschaftlichen Organisationen und Bürgerinitiativen nicht mehr planbar. Ein neueres Beispiel bildet das Standortauswahlgesetz,[140] das eine intensive Beteiligung der Öffentlichkeit beim Prozess der Standortsuche für die Endlagerung radioaktiver Abfälle vorschreibt und darüber hinaus ein besonderes „Nationales Begleitgremium" ins Leben gerufen hat.[141]

Die soziale Ordnung in der freiheitlichen Demokratie ist nicht nur durch Recht, sondern in hohem Maße auch durch soziale Normen einschließlich politischer Ideensysteme (heute insbesondere den globalen Wirtschaftsliberalismus) geprägt und wird auch künftig nicht nur unmittelbar durch staatliche Gesetzgebung geregelt werden. Regeln, Codes oder Usancen aus dem Bereich von Technik und Informatik müssen im Kollisionsfall den staatlichen Normen weichen, haben aber faktisch erhebliche Bedeutung.[142]

---

[138] *Wienholtz* (Fn. 93), DÖV 1985, 136 (138, 145).

[139] *Wienholtz* ebd. Dort auch Ausführungen zu eventuellen ergänzenden Instrumenten der plebiszitären Demokratie.

[140] S. oben Fn. 100.

[141] Dazu *Bull*, Was ist „die Öffentlichkeit" und welche Befugnisse soll sie haben?, DVBl 2015, 593–601. S. a. oben Nr. 5, S. 125 ff.

[142] Übrigens ist dies wohl auch die Position von *Lawrence Lessig*, der regelmäßig als Autor der Feststellung „code is law" zitiert wird. Er diskutiert gerade, mit welchen verschiedenen Methoden der „Cyberspace" reguliert werden kann, und stellt in diesem Zusammenhang auch die Funktion des staatlich gesetzten Rechts heraus (Code and other laws of cyberspace, New York 1999, S. 6, S. 221; s.a. S. 159 ff.).

VII. Was Recht und Politik nicht bewältigen können

1. *Die unklaren Vorstellungen von den künftigen Lebensumständen*

Betrachtet man die Analyse der Lage und die praktischen Regelungsansätze noch einmal im Überblick, so drängt sich die Erkenntnis auf, dass die in der Öffentlichkeit geäußerten Erwartungen an die juristische Bearbeitung der Technikfolgen bisher nur teilweise erfüllt worden sind, dass aber auch in Zukunft kaum alle Anforderungen erfüllt werden können. Vorstellungen von einer Gesellschaft, die durchgehend allen Bedürfnissen der Menschen entgegenkommt, in der menschliche Arbeit, menschliches Denken und Fühlen höher eingeschätzt werden als das Funktionieren von Maschinen, sind und bleiben schöne Utopien. Die „antitechnische Kulturkritik" ist insgesamt, wie Hans Lenk mit Recht festgestellt hat, „nicht frei von Zügen des romantischen Intellektualismus und Irrealismus sowie einer gewissen doktrinären ideologischen Besserwisserei".[143]

Die Gestaltungsmöglichkeiten, die der Vermeidung unerwünschter Technikfolgen dienen könnten, liegen zu einem großen Teil bei den Forschern und Entwicklern selbst. Sie sind es, die die technischen Funktionen der Produkte festlegen, ihnen ihre äußere Form geben und sie vermarkten. Sie handeln dabei aus eigenem Entschluss und eigenen Interessen (bzw. dem ihrer Auftraggeber). Damit sind in erster Linie die marktbeherrschenden Unternehmen als die erfolgreichsten „Gestalter" identifiziert. Der „Umwelt" – den Kunden und Betroffenen und den staatlichen Akteuren – bleibt nur, sich auf die tatsächliche Produktion und die tatsächliche Praxis des Umgangs mit den Produkten einzustellen und identifizierte Gefahren durch Rechtsnormen und Verwaltungsmaßnahmen zu bekämpfen. Die Initiatoren haben dabei immer einen zeitlichen Vorsprung und beim ersten Schritt auch den rechtlichen Vorteil, dass sie Freiheitsrechte ausüben.

Das idealtypische Gegenmodell einer gesellschaftlichen und/oder staatlichen Technikgestaltung setzt anders an, nämlich gerade nicht bei der vorfindbaren oder soeben erfundenen Technologie, sondern bei den in der Gesellschaft herrschenden Vorstellungen von den zukünftigen Lebensbedingungen, zu denen es gehört, dass wir uns geeignete technische Instrumente selbst suchen und sie bewusst und umsichtig bedienen. Im demokratischen Staat, so könnte man denken, entscheide die Mehrheit nach den Regeln der Verfassung darüber, welche Technologien die Lebensqualität der Menschen verbessern und den Bedürfnissen der Allgemeinheit am besten entgegenkommen. Aber diese Perspektive ist weit von unserer politischen Realität entfernt.

---

[143] *Hans Lenk* (Fn. 1), S. 154.

2. *Technisches gegen juristisches Denken?*

Kulturpessimisten halten die Gefahren für das Recht und die Juristen, die von der Technik und den Technikern ausgehen, für so tief verwurzelt, dass Gegenwehr nur begrenzt möglich sei. So meinte *Karl Oftinger*, dass „technisches Denken das juristische Denken verdrängt" und „die Maßstäbe der Technik an die Stelle der traditionellen, für das Recht geltenden Wertmaßstäbe treten".[144] Technisches Denken sei ungeschichtlich, vordergründig, perfektionistisch, vorrangig an Leistung und Wirtschaftlichkeit orientiert. Der Zweck heilige und legitimiere das Mittel, Natur und Umwelt würden als „Objekt des Machens" betrachtet, „Können und Dürfen" würden identifiziert, und es gelte eine „autonome Wertordnung".[145] Das juristische Denken hingegen ist „normativ, wertbezogen und im Wesentlichen deduktiv: gebunden an vorgegebene Grundsätze und Werte".[146]

Aktuelle Äußerungen US-amerikanischer Technik-Utopisten machen deutlich, dass manche Exponenten der Informationstechnik heute kaum anders denken als die Akteure, die Oftinger 1961 im Blick hatte: In der Computer- und Internetwirtschaft glaubt man offenbar, mit immer größeren Rechnern alle sozialen und wirtschaftlichen Probleme der Welt lösen und die Staaten mit ihren Rechtsordnungen überflüssig machen zu können. Für einige führende Vertreter der Digitalwirtschaft und ihre Beschäftigten ist die Umwelt wohl in der Tat nur Objekt technisch vermittelten „Machens".[147] Maßstäbe der Gestaltung einer gerechten Sozialordnung scheinen ihnen fremd zu sein.[148]

Aber ganz abgesehen davon, dass solche Weltverbesserungsideen mit der gesellschaftlichen Wirklichkeit unvereinbar sind, ist diese zugespitzte Denkweise offensichtlich gar nicht die aller Techniker und Naturwissenschaftler – es ist die von Managern, denen in erster Linie an der Verbreitung ihrer Produkte und den entsprechenden Gewinnen liegt. Unter den „Mitgliedern der Technischen Intelligenz" ist demgegenüber schon seit langem eine Diskussion über ihre eigene gesellschaftliche Stellung und über die Verantwortung der Erfinder und Techniknutzer im Gange.[149]

---

[144] *Oftinger*, Punktationen für eine Konfrontation der Technik mit dem Recht, in: Die Rechtsordnung im technischen Zeitalter. Festschrift der Rechts- und Staatswissenschaftlichen Fakultät der Universität Zürich zum Zentenarium des Schweizerischen Juristenvereins, 1961, S. 1–34 (1).

[145] Ebd. (vorige Fn.), S. 14 ff.

[146] Ebd. S. 17.

[147] Lesenswert dazu der Wikipedia-Artikel „Technological utopianism" mit zahlreichen Belegen zur „kalifornischen Ideologie" und ihren Kritikern.

[148] Der Wikipedia-Artikel weist allerdings darauf hin, dass „techno-utopianism disproportionately attracted adherents from the libertarian right end of the political spectrum".

[149] Dazu eindrucksvoll *Hans Lenk* (Fn. 1), S. 145 ff. sowie *Ropohl* (Fn. 1), S. 61 ff., 109 ff.

3. Was wird die Zukunft bringen?

Als Fazit ergibt sich, dass das Recht und damit die Gesetzgeber über viele, z.T. bereits erprobte Ansätze verfügen, technische Entwicklungen um humaner Ziele willen abzubremsen, umzugestalten und teilweise zu beenden. Aber keineswegs alle Risiken können gebannt werden, die aus der rasanten Entwicklung der Technik drohen. Der Computer wird seinen Siegeszug durch alle Bereiche des sozialen Lebens in allen Teilen der Welt fortsetzen, und künstliche Intelligenz wird zur Generierung neuer Erkenntnisse auf zahllosen Gebieten weiter ausgebaut werden. Die Arbeitswelt der meisten Menschen und der private Technikkonsum werden sich weiter verändern, und auch kulturelle Werte werden in Mitleidenschaft gezogen.

Wenn die staatliche Ordnung in ihren Grundfesten bestehen bleibt, werden freilich die düsteren Vorhersagen von der Überwältigung der Menschen durch die Maschinen nicht zur Realität werden – und umgekehrt auch nicht die Hoffnungen: Die Idee einer human computerisierten Gesellschaft, in der alle sozialen Probleme aktiv angegangen und gerade mit Hilfe der Technik rational und allseits zufriedenstellend gelöst werden, hat sich in der Vergangenheit nicht realisiert und wird sich auch in Zukunft nicht realisieren. Uns steht weder der Computerstaat, in dem Regierungen oder Unternehmen ständig alle Menschen und Dinge überwachen, noch das technisch-soziale Schlaraffenland[150] bevor.

---

[150] Vgl. *Haefner* (Fn. 4). Dazu *Bull*, Mit dem Computer hinein ins Schlaraffenland?, in: Bild der Wissenschaft 1985/6, S. 142 ff. Eine „Alternative zur Silicon-Valley-Ideologie, für die Künstliche Intelligenz zum Religionsersatz zu werden droht", und eine Abgrenzung sowohl von den „Euphorikern" wie von den „Apokalyptikern" der Künstlichen Intelligenz bieten auf der Grundlage philosophischer Argumente *Nida-Rümelin/Weidenfeld*, Digitaler Humanismus (oben Fn. 38).

16.

Freiheit und Sicherheit angesichts terroristischer Bedrohung

Bemerkungen zur rechtspolitischen Diskussion

I. Fakten und Wertungen, Prognosen und Kritik

Über die rechtsstaatliche Bewältigung der Abwehr schwerer Gefahren wird in der Bundesrepublik seit langem lebhaft und kontrovers diskutiert. Die Informationssammlung der Sicherheitsbehörden ist Gegenstand intensiver Diskussion in den allgemeinen Medien und in der Fachliteratur. Leider dreht sich diese Diskussion im Kreise. Wer sie über längere Zeit hin verfolgt, findet ständige Wiederholungen und kaum neue Einsichten. Seit mehr als einem Vierteljahrhundert stehen sich die gleichen Meinungsblöcke gegenüber, werden die gleichen Formulierungen verwendet und die gleichen Einschätzungen verbreitet – auch wenn sie sich als irrig erwiesen haben.

„Unter der Flagge des Kampfes gegen Terroristen und ihre Hintermänner durchleuchtet der Staat routinemäßig den deutschen Biedermann“, schreibt die Redakteurin eines Magazins für Informationstechnik und -wirtschaft,[1] und als Beweis dafür, dass der Bundesminister des Innern „bereits zu weit gegangen“ sei, werden „die kritischen Reaktionen von Datenschützern, aber auch von Anbietern und Herstellerverbänden“ angeführt. Eine derart heterogene Mischung von Positionen und Interessen ist wohl auch im bunten Blätterwald eher die Ausnahme, aber der Autor der Behauptung, durch die Hinzufügung biometrischer Daten in Ausweispapieren werde „eine ganze Bevölkerung unter den Verdacht terroristischer Aktivitäten gestellt“,[2] ist ein bekannter Informatikprofessor und gilt als Datenschutzexperte. Burkhard Hirsch spricht unter der Überschrift „Abschied vom Grundgesetz“ von „innenpolitischer Aufrüstung“ und „totalitärem Geist“.[3] Rolf Lamprecht, Karlsruher Gerichtsberichterstatter, sieht in der Anti-Terror-Gesetzgebung „schier

---

[1] *Gerbich*, in: InformationWeek Nr. 1 v. 10.1.2002 S. 3.

[2] Mit diesen Worten zitiert *Sandra Gerbich* (Fn. 1, S. 24) den Hamburger Hochschullehrer *Klaus Brunnstein*.

[3] *Hirsch*, Süddeutsche Zeitung vom 2.11.2002.

unbegrenzte Vollmachten“ für die Geheimdienste und fürchtet, dass daraus neues Duckmäusertum entstehe.[4]

Auch in fachwissenschaftlichen Äußerungen zu diesen Themen werden zum Teil solche Extremurteile abgegeben.[5] Vor allem aber werden auch dort zu wenig Fakten berichtet und stattdessen Prognosen und Meinungen verbreitet. Dabei fällt besonders auf, dass fast ausschließlich mit den höchsten und allgemeinsten Prinzipien der Verfassung argumentiert wird. Kein Zeitungsartikel und keine wissenschaftliche Abhandlung kommt ohne Bezugnahme auf das Rechtsstaatsprinzip aus, während die Darstellung dessen, was Polizei und Geheimdienste tatsächlich unternehmen, um der Gefahren Herr zu werden, und insbesondere die sorgfältige Berichterstattung darüber, welche Formen von Datenerhebung und -verarbeitung üblich sind und welche faktischen Konsequenzen sie für betroffene Individuen haben, oft ungenau oder unklar bleibt. So findet man zwar vielfach bildhafte Umschreibungen – Datensammlungen würden „durchforstet“, Personen gerieten „in das Visier der Geheimdienste“, unzählige Personen würden „durchgerastert“ –, aber selten wird gesagt, welche konkreten Nachteile den so bezeichneten Personen während dieser Phasen sicherheitsbehördlicher Arbeit tatsächlich entstehen (und welche Erfolge mit diesen Methoden erzielt werden).

Gerade bei der so heftig attackierten Rasterfahndung ist der Eingriff in die Individualsphäre im ersten, für die meisten Betroffenen zugleich letzten Abschnitt der Maßnahme minimal; denn erst die nachfolgende kriminalistische Einzeluntersuchung, das „Verarbeiten der Schnittmenge“ kann zu ernsthaften Belastungen führen. Die Rede von dem „Massengrundrechtseingriff“[6] ist also zumindest missverständlich. Auf die Zahl der Betroffenen kann es nicht ankommen, wenn die Schwere des Eingriffs in individuelle Positionen festgestellt werden soll. Wer auf solchen Differenzierungen besteht, wird zwar von engagierten Bürgerrechtlern schnell als „Beschwichtiger“ bezeichnet. Für eine gerechte und konstruktive Beurteilung ist aber die genaue Erfassung der Sachverhalte unverzichtbar.

Es ist leichter, über Möglichkeiten und Risiken zu schreiben als über Fakten. In der öffentlichen Diskussion über Datenschutzfragen ist es nachgerade zur Normalität geworden, dass alles, was technisch möglich erscheint, sogleich als wahrscheinlich genommen wird. Selbst hochqualifizierte Juristen wiederholen ständig den Schluss von der sprachlich möglichen Interpretation eines

---

[4] *Lamprecht*, Die Freiheit stirbt an ihrer Verteidigung, Süddeutsche Zeitung vom 19./20.1.2002, S. III.

[5] Von „rechtsstaatlicher Zerstörungswut des Gesetzgebers“ und der Gefahr des „Staatsterrorismus“ ist die Rede in Beiträgen zu dem Sammelband von *P.-A. Albrecht*, Die vergessene Freiheit. Strafrechtsprinzipien in der europäischen Sicherheitsdebatte, 2003 (zitiert nach der Rezension von *Vogel*, JZ 2003, 410 f.).

[6] So u.a. *Welp*, Zur Legalisierung der Rasterfahndung, in: Erichsen/Kollhosser/Welp (Hrsg.), Recht der Persönlichkeit, 1996, S. 389 (414). Ich habe früher selbst ähnlich formuliert, hielte es aber nicht für einen Beweis von Prinzipientreue, neue Einsichten zu ignorieren.

Rechtssatzes auf die zu erwartende Praxis, ohne die bestehenden rechtlichen Restriktionen und praktischen Probleme zu erwähnen – gar nicht zu sprechen davon, dass die Rechtsanwender möglicherweise keine „Sicherheitsfanatiker" sind, die hartnäckig das Ziel verfolgen, den „gläsernen Menschen" zu schaffen,[7] sondern vielleicht ganz normale Beamte, die ihren Auftrag korrekt erfüllen wollen. Mängel der Bestimmtheit von Normen – für den Juristen ein alltägliches Phänomen, mit dem man rechtsstaatlich richtig, also liberal umgehen kann – werden zu Quellen von kafkaesken Albträumen hochstilisiert: „Keiner weiß genau, wie, wann und wodurch er Argwohn erregen könnte. Aber jeder ahnt, dass selbst große Gesetze, wenn es denn solche sind, in die Hände kleiner Vollstrecker fallen".[8] Das läuft auf die Annahme hinaus, dass alle, die die Gesetze ausführen sollen, dies falsch und missbräuchlich tun werden – ein solches Fundamentalmisstrauen führt in eine Sackgasse und kann nicht Basis für eine Kritik der Gesetzgebung sein.

Es ist auch leichter, über Normen und ihre Auslegung zu schreiben als die Realität der Praxis festzustellen und genau zu beschreiben. Das Überwiegen immanenter juristischer Betrachtungsweise lässt sich zwar auch damit erklären, dass die Sicherheitsbehörden der Öffentlichkeit meist zu wenig Auskünfte über ihre Arbeitsweise geben. Diese Erklärung ändert aber nichts daran, dass rechtswissenschaftliche Aussagen über die datenschutzrechtlichen Befugnisse und Beschränkungen der Sicherheitsbehörden unbrauchbar sind, wenn sie auf unzutreffenden Vorstellungen über die tatsächlich angewendeten Methoden und ihre Wirkungen beruhen. Wesentliche Voraussetzung richtiger Rechtsanwendung ist nicht nur die Kenntnis der Normen, sondern auch die sorgfältige Analyse der betroffenen Interessen. In der Hektik, die heutzutage die Sicherheitsgesetzgebung beherrscht, werden diese Stufen der Rechtsentstehung oft übergangen oder zu kurzfristig angelegt, und die nachträglichen Kommentare lassen insofern ebenfalls zu wünschen übrig.

II. Die sicherheitsrechtliche Normenflut und ihre Bedeutung

Es gehört zu den Standardaussagen der aktuellen Diskussion über Polizei und Nachrichtendienste, dass die Befugnisse der Sicherheitsbehörden in den letzten Jahrzehnten in rechtsstaatlich bedenklicher Weise ausgeweitet worden seien. In dieser Aussage steckt jedoch ein gutes Stück an historischer Selbsttäuschung. Richtig ist zwar, dass die *Quantität* der Rechtsnormen, in denen polizeiliche und nachrichtendienstliche Befugnisse begründet werden, erheblich zugenom-

---

[7] Zitate bei *Lamprecht* (Fn. 4).

[8] *Lamprecht* (Fn. 4).

men hat. Neu sind vor allem die Normen, die eine Nutzung *neuer technischer Instrumente* erlauben (und in der Regel eingrenzen). Fragwürdig ist aber der Schluss, dass die Informationserhebungs- und -verarbeitungsbefugnisse der Sicherheitsbehörden früher (bezogen auf den damaligen Stand der Technik) wesentlich enger gewesen seien. Informationelles Handeln der Behörden wurde vor dem Aufschwung der Informationstechnik und der Entstehung des Datenschutzgedankens vielfach gar nicht als Eingriff in die Rechtssphäre der Individuen angesehen. Die Normenflut ist daher jedenfalls zu einem Teil auch die Folge davon, dass es aus rechtsstaatlichen Gründen erforderlich wurde, bisher nur allgemein umschriebene oder implizit angenommene Befugnisse nunmehr bereichsspezifisch und normenklar zu regeln.

Der Gesetzgeber in Bund und Ländern ist dabei insbesondere den Aufforderungen der Datenschutzbeauftragten gefolgt und wollte rechtsstaatlich gebotene Klarheit schaffen. Die Praxis hat mit großem Erfolg darauf hingewirkt, dass bisher übliche Methoden, deren Existenz vielfach der Öffentlichkeit nicht bekannt gewesen war, legalisiert wurden, und sie hat die Chance genutzt, darüber hinaus einige umstrittene Methoden gesetzlich „absegnen“ zu lassen. Gerade durch die Kritik an der Benutzung von Generalklauseln und aus dem Bestreben, polizeiliche und geheimdienstliche Machtinstrumente einzuschränken, ist also im Ergebnis das geworden, was allgemein als Stärkung der Sicherheitsbehörden wahrgenommen wird.

III. „Erosion“ des rechtsstaatlichen Polizeirechts und Entwicklung zum „Präventionsstaat“?

In der polizeirechtlichen Diskussion wird es als ein geradezu revolutionärer Systembruch angesehen, dass einige dieser Befugnisse sich schon auf das „Vorfeld“ konkreter Gefahren beziehen. So spricht Hans-Heinrich Trute von der „Erosion des klassischen Polizeirechts durch die polizeiliche Informationsvorsorge“.[9] Analog dazu richtet sich die Kritik an der Entwicklung des Strafprozessrechts dagegen, dass auch dort Maßnahmen bereits getroffen werden können, ehe der Verdacht einer Straftat gegeben ist.

Andere sehen die Bundesrepublik auf dem Wege, ein *Präventionsstaat* zu werden. Die Polizei führe „die präventive Kehre der siebziger Jahre“ fort und unterwerfe „die Bürger einem Generalverdacht“, der sich in der Ausweitung polizeilicher Befugnisse „verdingliche“.[10] Generell beobachtet Dieter Grimm

[9] So die Überschrift von *Trutes* Beitrag in: Rechtstheorie und Rechtsdogmatik im Austausch. Gedächtnisschrift für Bernd Jeand'Heur, 2002, S. 403 ff. Im Text differenziert Trute jedoch deutlich und wendet sich gegen die „unfruchtbare Frontstellung von Überwachungsstaat und effektiver Kriminalitätsbekämpfung“ (S. 428).

[10] *Kirsch*, in: Kritische Justiz 2002, S. 233 (248).

seit einiger Zeit „eine Ausweitung und Neuorientierung der Prävention".[11] Er beschreibt die freiheitsschützenden wie die eingreifenden Funktionen der Prävention und die Schwierigkeit einer angemessenen Abwägung. Sein Fazit ist die Feststellung eines Dilemmas: „Im Zuge der Verhütung einzelner Freiheitsgefahren droht sie die Freiheitlichkeit der Sozialordnung insgesamt zu schmälern und höhlt gleichzeitig die demokratischen und rechtsstaatlichen Kautelen, die zur Begrenzung der Staatsmacht im Interesse individueller Freiheit entwickelt worden sind, partiell aus".[12] Erhard Denninger wendet sich seit langem gegen die „Maßlosigkeit, weil Grenzenlosigkeit der Verfolgung eines nie erreichbaren Ideals", die in der Logik des Präventionsstaates liege.[13] Auch er aber erkennt das Dilemma: Zwar schließen die Logik des Präventionsstaates und die des Rechtsstaates einander tendenziell aus, „dennoch muss eine beiden Logiken gerecht werdende, einigermaßen kohärente Sicherheitspolitik gefunden werden, die den Maßstäben unserer Verfassung genügt".[14]

Dass der Gesetzgeber bei den Bemühungen um Risikoprävention zu weit gehe, ist auch sonst vielfach geäußert worden. Diese Kritik ist noch entschiedener geworden, nachdem die Bundesrepublik – in Übereinstimmung mit anderen westlichen Staaten – nach den Angriffen vom 11. September 2001 auf die USA die Terrorismusbekämpfung intensiviert hat. Die dazu beschlossenen Gesetzesänderungen wurden als Gefahr für wesentliche Gehalte unserer Rechtskultur angesehen, die auch angesichts schrecklicher terroristischer Taten vermieden werden müssten; es gehe gerade darum, die Angreifer mit den „Waffen des Rechts" zu überwinden.

Dem wird jeder zustimmen, der sich für die Erhaltung unserer rechtsstaatlichen Verfassung einsetzt. Es darf nicht geschehen, dass um der Sicherheit vor Terroranschlägen oder sonstigen Angriffen auf noch so hochwertige Rechtsgüter willen die wesentlichen Errungenschaften einer jahrhundertelangen Tradition preisgegeben werden. Die Sicherheitsbehörden können nicht unbegrenzt mehr Befugnisse erhalten. Aber es ist genauso falsch, nur die rechtsstaatlichen Bedenken zu artikulieren und dabei die Aufgabe des Staates, sich um Sicherheit zu bemühen, zu vernachlässigen.[15]

---

[11] *Grimm*, Verfassungsrechtliche Anmerkungen zum Thema Prävention, in: Kritische Vierteljahresschrift für Gesetzgebung und Rechtswissenschaft 1986, S. 38 ff. (38), auch in: *ders*, Die Zukunft der Verfassung, 1991, S. 197 ff. (197).

[12] *Grimm*, Die Zukunft der Verfassung (Fn. 11), S. 200.

[13] *Denninger*, Freiheit durch Sicherheit? Wie viel Schutz der inneren Sicherheit verlangt und verträgt das deutsche Grundgesetz? In: Kritische Justiz 2002, 467 ff. (472); ähnlich in: StV 2002, 96 ff. Grundsätzlich schon: *Denninger*, Der Präventions-Staat, in: Kritische Justiz 1988, 1 ff.

[14] *Denninger*, Kritische Justiz 2002, 467 (470). Ähnlich auch *ders.*, Freiheit durch Sicherheit? In: Aus Politik und Zeitgeschichte, B10–11/2002, S. 22 (23).

[15] Zum verfassungsgeschichtlichen Hintergrund der Debatte: *Hoffmann-Riem*, Freiheit und Sicherheit im Angesicht terroristischer Anschläge, ZRP 2002, 497 (497 ff.). Politologische

Falsch ist es insbesondere, Freiheit und Sicherheit generell und grundsätzlich in einen Gegensatz zueinander zu bringen. In vielen Konstellationen stehen sich nämlich die Freiheit der *einen* und die Sicherheit der *anderen* (manchmal: *aller* außer *dem* oder der *einen*) gegenüber.[16] In diesen Fällen ist eine Entscheidung für die eine Seite unausweichlich. So muss der Freiheitsanspruch eines Verdächtigen unter den Bedingungen des Haftrechts nach der Strafprozessordnung gegenüber dem Anspruch der Allgemeinheit, Strafverfolgung zu betreiben, zurücktreten.

Richtig ist freilich ebenso, dass die *Freiheitlichkeit des ganzen Gemeinwesens* tangiert sein kann, wenn die Befugnisse der Sicherheitsbehörden insgesamt einen zu großen Umfang annehmen. Dies ist der Fall, wenn das Polizeirecht oder das Strafprozessrecht so gestaltet wird, dass ein großer Teil der ihm Unterworfenen mit repressiven Maßnahmen rechnen muss, also regelmäßig zahlreiche Unschuldige belastet werden und ein Klima der Angst vor staatlicher Verfolgung entsteht. „Unschuldige" bedeutet hier sowohl Personen, die sich keiner Straftat schuldig gemacht haben, als auch solche, die keine Störungen der öffentlichen Sicherheit oder Ordnung verursacht haben – zusammengefasst also: Nichtbetroffene, „Dritte".

IV. Die Bundesrepublik – ein Überwachungsstaat?

1. Das liberale Modell des Grundgesetzes

Subjektive Freiheit vieler und Freiheitlichkeit des Gemeinwesens sind auch dann bedroht, wenn Befugnisse der Sicherheitsbehörden über ihren ursprünglichen Sinn hinaus genutzt werden, also zu Zwecken, für die sie nach dem Gesetz nicht bestimmt sind. Diese sind als Instrumente *politischer Verfolgung* missbrauchbar. Damit dies möglichst nicht geschieht, müssen u.a. die Befugnistatbestände klar eingegrenzt werden, insbesondere durch Anknüpfung an Straftatkataloge oder ähnlich normenklare Umschreibungen kriminellen Verhaltens oder an die Verursachung von Gefahren für erhebliche Sach- oder Vermögenswerte sowie für die Umwelt.[17]

Mit Recht hat das Bundesverfassungsgericht im Volkszählungsurteil darauf hingewiesen, dass die Registrierung abweichenden politischen Verhaltens eine Gefahr für die demokratische Entwicklung darstellen kann. Es hat die Notwendigkeit eines Rechts auf informationelle Selbstbestimmung vornehmlich mit der

---

Analyse des Themas „Sicherheit und Freiheit": *Glaeßner*, in: Aus Politik und Zeitgeschichte B 10-11/2002, S. 3 ff.

[16] Ähnlich auch *Grimm*, in: Die Zukunft der Verfassung (Fn. 11), S. 216.

[17] Vgl. § 185 Abs. 2 Satz 1 Schleswig-Holsteinisches Landesverwaltungsgesetz.

Sorge begründet, der Einzelne könne zum Objekt der Fremdbestimmung werden, und dabei insbesondere die Furcht vor Benachteiligung wegen „abweichender Verhaltensweisen" herausgestellt, aber auch die denkbaren Auswirkungen auf das Gemeinwesen im Ganzen betont:

> „Wer unsicher ist, ob abweichende Verhaltensweisen jederzeit notiert und als Information dauerhaft gespeichert, verwendet oder weitergegeben werden, wird versuchen, nicht durch solche Verhaltensweisen aufzufallen. Wer damit rechnet, dass etwa die Teilnahme an einer Versammlung oder einer Bürgerinitiative behördlich registriert wird und dass ihm dadurch Risiken entstehen können, wird möglicherweise auf eine Ausübung seiner entsprechenden Grundrechte (Art. 8, 9 GG) verzichten. Dies würde nicht nur die individuellen Entfaltungschancen des Einzelnen beeinträchtigen, sondern auch das Gemeinwohl, weil Selbstbestimmung eine elementare Funktionsbedingung eines auf Handlungs- und Mitwirkungsfähigkeit seiner Bürger begründeten freiheitlichen demokratischen Gemeinwesens ist".[18]

Dieser Kern der Begründung des Volkszählungsurteils zeigt, worum es dem Gericht zu allererst geht: um die Erhaltung einer offenen Gesellschaft und dementsprechend um die Verhinderung politischer Unterdrückung. Es kann dahinstehen, ob die zugrunde gelegten Annahmen zutreffen – hängt die Entscheidungsfreiheit wirklich von dem Wissen um die Informationen ab? Welche Vorstellung von Zivilcourage steht hinter den Aussagen des Gerichts?

Jedenfalls dürfte das BVerfG nicht gemeint haben, dass auch Straftäter immer wissen können müssen, „wer was wann und bei welcher Gelegenheit über sie weiß", und dass es verfassungswidrig sei, wenn sie mit der Unsicherheit leben müssen, dass ihre (von den Geboten der Rechtsordnung „abweichenden") Verhaltensweisen zu Zwecken der Strafrechtspflege (unter bestimmten gesetzlichen Voraussetzungen) „behördlich registriert" werden und ihnen dadurch „Risiken entstehen können". Wenn Individuen davon abgehalten werden, ihre Grundrechte so auszuüben, dass Rechte anderer oder der Allgemeinheit beeinträchtigt werden, so liegt gerade dies im Sinne des freiheitlichen demokratischen Gemeinwesens.[19]

Wird die Grundaussage des Verfassungsgerichts unreflektiert auf die Informationssammlung zu allen möglichen Zwecken ausgedehnt, so liegt darin eine Überinterpretation. Ein „Klima der Überwachung und Bespitzelung", das „den freien und offenen demokratischen Prozess" verhindert,[20] kann kaum schon durch die Registrierung von Straftaten und Gefährdungen der öffentlichen Si-

---

[18] BVerfGE 65, 1 (43).

[19] Deshalb wäre es z.B. absurd, eine Rasterfahndung nach Terroristen, die eine Fluglizenz besitzen, mit der Begründung für unzulässig zu erklären, dass dadurch die Freiheit beeinträchtigt werde, einen Pilotenschein zu erwerben (so aber kürzlich in einer juristischen Prüfungsarbeit zu lesen).

[20] *Kutscha*, zitiert nach *Limbach*, Ist die kollektive Sicherheit der Feind der individuellen Freiheit? Festvortrag zum 53. Deutschen Anwaltstag 2002, Sonderdruck Köln u.a. 2002, S. 9 f.

cherheit entstehen. Solange sich die Informationssammlung des Staates auf eindeutig kriminelle Verhaltensweisen bezieht (und solange sie nicht um der Effektivität der Strafverfolgung willen große Teile des Volkes erfasst), ist „liberaler" Alarmismus unangebracht.

2. *Die tatsächliche Situation*

So ist denn auch in der Bundesrepublik nur bei sehr einseitiger Betrachtungsweise ein Klima der Überwachung zu erkennen. Auch wenn einzelne Kriminalbeamte, Staatsanwälte und Strafrichter „scharf" vorgehen und die strafprozessualen Befugnisse voll ausschöpfen, wenn Steuerfahnder Konzernzentralen durchsuchen und selbst wenn dabei in Einzelfällen die rechtlichen Grenzen überschritten werden – das Gesamtbild ist eindeutig: Die Bundesrepublik ist trotz erweiterter technischer und rechtlicher Möglichkeiten weit entfernt davon, ein Überwachungsstaat zu sein. Die Maßnahmen, die in der Öffentlichkeit als Eingriff in die informationelle Selbstbestimmung angesehen werden, sind in aller Regel durch gesetzliche Ermächtigungen gedeckt und als Instrumente notwendiger Strafverfolgung oder Gefahrenabwehr auch verfassungsrechtlich gerechtfertigt. Überschreitungen der Befugnisse und Übereifer werden durch Kontrollorgane wie die Datenschutzbeauftragten moniert, in den Medien kritisch diskutiert und von den Gerichten korrigiert.

Eine ganz andere Sicht vertritt z.B. der Politologe Benno Kirsch. In seiner Perspektive wird die „Verschmelzung" von Prävention und Repression, die er feststellt, „flankiert von einem Ausbau des Gewaltpotentials des Staates, das sich zwar vorerst in seiner Anwendung auf Randgruppen beschränkt, aber insgesamt als ‚Reservefunktion zur Herrschaftssicherung bei zukünftigen Krisen' zu verstehen" sei.[21] Schon die Wortwahl „Randgruppen" suggeriert eine gezielte Auswahl nach Gruppenzugehörigkeit statt jeweiliger individueller Betroffenheit und verschleiert die Anknüpfung an den Straftatenverdacht – eine Sichtweise, die der kriminalistischen Arbeit nicht gerecht wird. Ob sich die polizeilichen Befugnisse (die übrigens als „Gewaltpotential" ebenfalls nicht adäquat bezeichnet sind) in einer politischen Krise als herrschaftssichernd erweisen können, muss der Spekulation überlassen bleiben.

Politische Verfolgung findet in Deutschland gegenwärtig nicht statt; weder die jeweilige Opposition noch ein Fundamentalkritiker des politisch-administrativen Systems noch sonst jemand muss befürchten, dass individuelle Äußerungen und Handlungen vom Staat in verfassungswidriger Weise wahrgenommen und registriert werden. Nicht einmal die von der Verfassung ausdrücklich bereitgestellten Instrumente der „wehrhaften Demokratie" werden konsequent

---

[21] *Kirsch*, Kritische Justiz 2002, 233 (248).

genutzt – die Verwirkung von Grundrechten nach Art. 18 GG ist in keinem einzigen Fall ausgesprochen worden, obwohl es dafür durchaus geeignete Fälle und ausreichende Gründe gegeben hätte, und das Parteiverbot nach Art. 21 Abs. 2 GG ist durch langjährigen Nichtgebrauch und jetzt durch die Entscheidung des BVerfG in Sachen NPD[22] zum stumpfen Schwert geworden. Nur das in Art. 9 Abs. 2 GG vorgesehene Mittel des Vereinsverbots wird gelegentlich angewandt; die Verwaltungsgerichte haben diese Entscheidungen regelmäßig für rechtmäßig erklärt.

Damit soll nicht bestritten werden, dass in der administrativen Praxis immer wieder Fälle auftauchen, die verfassungsrechtlich kritisch zu beurteilen sind, und dass es in gewissen Problembereichen häufig Grund zu Beanstandungen gibt. So muss die Tätigkeit der Verfassungsschutzbehörden kontinuierlich mit aller Sorgfalt kontrolliert werden. Falsch wäre es aber, die umstrittenen und oft an der Grenze des Rechtmäßigen liegenden Fallkonstellationen für die ganze Wirklichkeit zu halten. Entscheidend ist vielmehr, dass auch die heimlich arbeitenden Behörden rechtlich eingebunden sind und unter der Aufsicht der demokratisch verantwortlichen Instanzen und der Gerichte stehen.

Selbst die Tatsache, dass die Zahl der Telefonüberwachungen seit einigen Jahren stark zugenommen hat,[23] führt zu keinem anderen Urteil. Gewiss kann auch die extreme Quantität ein Indiz für Missbrauch sein – aber wir wissen nicht genau genug, auf welchen Gründen diese Steigerung beruht und welchen Nutzen sie für die Strafverfolgung gebracht hat. Eine Untersuchung des Max-Planck-Instituts für ausländisches und internationales Strafrecht in Freiburg „zur Rechtswirklichkeit und Effizienz der Überwachung der Telekommunikation nach den §§ 100a, 100b und anderer verdeckter Ermittlungsmaßnahmen", die im Mai 2003 der Öffentlichkeit vorgestellt wurde,[24] liefert hierzu offenbar noch keine ausreichenden Erklärungen. Kritisiert wird, dass die zuständigen Richter die Anordnungen zu oft „nur allgemein und ohne hinreichenden Einzelfallbezug begründet" haben und dass die Betroffenen entgegen den gesetzlichen Vor-

---

[22] Dazu *Volkmann*, DVBl. 2003, 605 ff.; *Ipsen*, JZ 2003, 485 ff. sowie *Bull*, Verfehltes Verfahren, Niederlage der abwehrbereiten Demokratie oder Sieg der Toleranz? Zur Einstellung des NPD-Verbotsverfahrens, in: Möllers/van Ooyen (Hrsg.), Jahrbuch Öffentliche Sicherheit 2002/2003, S. 197 ff.

[23] Der Bundesbeauftragte für den Datenschutz erklärte bei der Vorstellung seines Tätigkeitsberichts 2001/2002, die Zahl der Überwachungen habe sich seit 1995 fast verfünffacht. Im Jahre 2002 sei in knapp 22.000 Fällen eine Telekommunikationsüberwachung angeordnet worden, davon 80 Prozent bezogen auf Mobiltelefone (Süddeutsche Zeitung v. 8.5.2002). Kritisch auch *Kühling* in „Grundrechte-Report 2002" (zitiert nach *Kerscher*, Süddeutsche Zeitung v.23.5.2003); *Prantl*, Süddeutsche Zeitung v. 8.5.2003; *Cziesche*, Der Spiegel 21/2003 S. 50.

[24] Informationen unter www.iuscrim.mpg.de, dort auch Hinweis auf die Pressemitteilung von Bundesjustizministerin Brigitte Zypries vom 15.5.2003. Die vollständige Fassung des Gutachtens lag mir bei Abfassung dieses Textes noch nicht vor.

schriften nicht benachrichtigt worden sind.[25] Die Überwachung hat vermutlich in zahlreichen Fällen zur Überführung von Straftätern (insbesondere Drogenhändlern und anderen Teilnehmern an organisierter Kriminalität) beigetragen, aber gerade hier dürfte das verbleibende Dunkelfeld sehr groß sein. Wichtig ist festzuhalten, dass die Nachrichtendienste (Verfassungsschutz, MAD, BND) gezielte Abhöraktionen in wesentlich weniger Fällen vornehmen.

Wie realitätsfern die Rede vom Überwachungsstaat ist, belegt auch die Kriminalstatistik. Wenn der Staat tatsächlich die Verhaltensweisen der Menschen total überwachte, könnte die Kriminalität sich nicht so entwickeln, wie es geschieht. Die Zahl der bekannt gewordenen Straftaten ist in den 70er und 80er Jahren z. T. erheblich (bis 8 % in einem Jahr, nämlich 1980, und insgesamt von 1971 bis 1990 von ca. 2,4 auf fast 4,5 Mio. Straftaten) gestiegen, dazwischen aber in einem Jahr (1984: –4,9 %) erheblich gesunken[26] und erst in den 90er Jahren ziemlich kontinuierlich gesunken (zwischen –3,2 % 1994 und –0,6 % 2000, aber wieder +1,6 % 2001), und niemand kann dieses Auf und Ab überzeugend erklären. Die Aufklärungsquote lag lange Zeit unter 50 % der angezeigten Taten; erst jüngst ist sie auf 53,2 % (2000), 53,1 % (20021) und 52,6 % (2002) gestiegen.[27] Bei der organisierten Kriminalität und bei der Wirtschafts- und Steuerkriminalität wird allgemein ein riesiges Dunkelfeld vermutet. Schwarzarbeit und „Schummeleien“ bei allen möglichen Abrechnungen gelten weithin als Kavaliersdelikt, und Korruption breitet sich selbst in dem vermeintlich so integren deutschen Beamtentum aus. Kriminalprävention ist erst recht ein mühsames Geschäft und bisher keineswegs ein flächendeckender Erfolg. Die von Grimm, Denninger und anderen dargestellte Rechtsentwicklung[28] prägt die tatsächliche Entwicklung nicht. Im Gegenteil: Man wünschte sich oft mehr (rechtsstaatlich geordnete) Prävention, also Verhütung von Schäden, als Repression, also nachträgliche Bestrafung von Tätern im Verfahren der StPO.

Speziell für die vermeintlich so bedrohliche Arbeit von Polizei und Nachrichtendiensten ist die Behauptung der Allwissenheit und Omnipräsenz vielfach widerlegt. Man erinnere sich nur der „Pannen“ bei der RAF-Fahndung im Herbst 1977. Heribert Prantl hat sie zutreffend als „eine tragische Kette von theoretisch richtigen Analysen und von praktischem polizeilichem Versagen“ beschrieben.[29] Das richtige Fahndungsraster und die hervorragende Informationstechnik des Bundeskriminalamtes liefen leer, weil eine wesentliche Information von einem Sachbearbeiter übersehen und daher zu spät weitergeleitet

[25] Pressemitteilung der Bundesjustizministerin (Anm. 24).

[26] Bundeskriminalamt (Hrsg.), Polizeiliche Kriminalstatistik Bundesrepublik Deutschland, Berichtsjahr 2001, Wiesbaden 2002, S. 26. Dort auch die weiteren Zahlen im Text.

[27] Die Zahl für 2002 ist einem Bericht der Süddeutschen Zeitung vom 22.5.2003 entnommen.

[28] S. oben bei Fn. 11–13.

[29] *Prantl*, Warum Schleyer sterben musste, Süddeutsche Zeitung v. 5.9.2002 S. 9.

wurde. „Bürokraten und Karrieristen lähmen die Geheimdienste – mit tödlichen Konsequenzen", schreibt Hans Leyendecker in einer Analyse der nachrichtendienstlichen Aktivitäten vor den Anschlägen vom 11. September 2001,[30] und zwar auf der Grundlage des Insider-Berichts eines langjährigen CIA-Agenten.[31] Mögen solche Berichte auch häufig unzuverlässig sein (und die als effektiv bezeichneten CIA-Methoden uns höchst problematisch erscheinen) – die These von der unzureichenden Leistungsfähigkeit großer Geheimdienste hat viel für sich. Auch Rivalitäten und Konkurrenz oder schlicht mangelhafte Koordination zwischen verschiedenen Sicherheitsbehörden sind alles andere als selten, und sie sind offensichtlich der Grund für Effizienzdefizite.[32]

V. Die Sicherheitsbehörden zwischen Selbstüberschätzung und Selbstmitleid

Kritik verdient freilich auch die von den Sicherheitsbehörden selbst geübte Praxis, den Menschen Hoffnungen auf wirksame Maßnahmen selbst da zu machen, wo eben dies unrealistisch ist. Wenn die Gefahren des Terrorismus nicht wirklich beherrschbar sind, soll man dies den Bürgern nicht verschweigen. Die Politik überhebt sich, wenn sie mehr verspricht als sie halten kann; sie besitzt dazu nicht die ausreichenden Mittel. Auch die Gefahren der allgemeinen Kriminalität können bei bestem Willen und höchst energischem Handeln nicht vollkommen ausgeräumt werden.

Andererseits beklagen Vertreter der Sicherheitsbehörden immer wieder ihre angebliche Machtlosigkeit und versuchen, bei Gelegenheit Aufsehen erregender Ereignisse wie empörender Straftaten eine Erweiterung ihrer Befugnisse zu erreichen. Das eine wie das andere – Selbstüberschätzung wie Selbstmitleid – werden dadurch gefördert, dass nach wie vor keine zuverlässige Evaluation der Sicherheitsgesetzgebung vorliegt. Sie steht auf dem Programm der Bundesregierung, ist aber bisher nicht ausgeführt oder nicht publiziert.

So geschieht es regelmäßig, dass besondere Anlässe zu hektischem Aktionismus führen, der einer fundierten Entwicklung des Sicherheitsrechts schadet. Entschlossenheit und Tatkraft werden vorgetäuscht, obwohl es an überzeugenden Konzepten z.B. gegen Terrorismus fehlt. Die bestehende Rechtslage wird dabei zunächst einmal als unzureichend erklärt und ihre sofortige Änderung gefordert (sie wird aber immer „unzureichend" sein). Zur Ablenkung von den

---

30 *Leyendecker*, Süddeutsche Zeitung (SZ Wochenende) v. 8./9.6.2002 S. VI.

31 *Baer*, Der Niedergang der CIA, 2002.

32 Ein anderes Beispiel dafür berichtet *Ramelsberger* in der Süddeutschen Zeitung v. 10./11.5.2003: „34 verschiedene Sicherheitsbehörden erschweren die Ermittlungen" gegen militante Islamisten in Deutschland – so jedenfalls eine dort mitgeteilte Schätzung von Eckart Werthebach, dem früheren Präsidenten des Bundesamtes für Verfassungsschutz.

praktischen Problemen (die in solchen Fällen stets sehr groß sind und viele Ursachen haben können, jedoch in den seltensten Konstellationen die, dass es an Normen fehlt), wird häufig „der Datenschutz" als Hindernis effektiver Verbrechensbekämpfung bezeichnet – der schwächste Gegner weit und breit. Schnell tauchen dann auch „Schubladen-Entwürfe" für Gesetzesänderungen auf, die in ruhigeren Zeiten wenig Realisierungschancen hatten, und wenn sie mit der aktuellen Problematik wenig zu tun haben, wird dies nicht immer bemerkt.

Von entgegengesetzter Seite werden demgegenüber fast reflexartig alle Überlegungen zu neuen Maßnahmen verteufelt – entweder weil sie ungeeignet seien, weil es an einer Rechtsgrundlage fehle oder weil sie mit rechtsstaatlichen Prinzipien unvereinbar seien. Nach wie vor wird die beliebte Methode praktiziert, alles irgend technisch Machbare als fast schon realisiert zu beschreiben. So entstehen Märchenszenen und Horrorbilder, die der Abschreckung dienen sollen und doch wegen ihrer Irrealität auf diejenigen, die es besser wissen, wenig Eindruck machen, während die große Menge der Uninformierten vieles davon glauben dürfte.

Ein Beispiel aus der jüngsten Literatur: Zwei Autoren spekulieren in einer angesehenen Fachzeitschrift, aufgrund der Datenspuren des elektronischen Zahlungsverkehrs „könnte ermittelt werden, welche Personen in der jüngsten Vergangenheit ein Messer von der Art der Tatwaffe gekauft haben".[33] Tatsächlich „könnte" das nicht geschehen, weil eben keineswegs jeder Kauf oder Verkauf eines Messers oder einer bestimmten Art von Messer registriert wird, schon gar nicht auf dem „schwarzen" Markt der kriminellen Szene, und weil die dennoch anfallenden Informationen nicht für Dritte abrufbar sind; die daran vielleicht interessierten Polizeibehörden können eben nicht auf solche Informationen zugreifen. Auch manche andere Überlegungen dieser Art erscheinen dem Praktiker märchenhaft. Die Arbeit der Ermittler ist leider viel schwieriger als solche technologisch inspirierten Phantasien. Wenn das anders wäre, wäre z.B. auch die Überwachung des Waffenbesitzes wirksamer als sie ist.

Die „absoluten" Datenschützer versäumen es überdies, eine Vorstellung von dem zu entwickeln, was im Konflikt der Interessen schutzwürdig ist und was nicht. Der individuelle Wunsch nach Selbstbestimmung lässt sich in vielen – wenn nicht den meisten – Zusammenhängen nicht realisieren; die Kernsätze des Volkszählungsurteils, die diese Vorstellung hervorrufen,[34] werden regelmäßig falsch interpretiert, indem die vom Gericht selbst angeführten notwendigen Einschränkungen ignoriert oder als geringfügige Ausnahmen angesehen werden. Diese Denkweise ist eine Folge des rechtstechnisch-formalen Umgangs mit dem „Recht auf informationelle Selbstbestimmung", der die materielle Grundidee des Datenschutzes überlagert.

---

[33] *Achelpöhler/Niehaus*, DÖV 2003, 49.
[34] BVerfGE 65, 1 (43 ff.).

VI. Das Terrorismusbekämpfungsgesetz 2002

Die neue Gesetzgebung zur Terrorismusbekämpfung[35] ist von beiden Seiten kritisiert worden. Am Anfang wurden die Entwürfe gelegentlich von den bekannten groben Attacken gegen die Datenschützer begleitet, während andererseits wiederum in den stärksten Tönen vor dem Untergang des Rechtsstaates gewarnt wurde.[36] Das Gesetz enthält aber in seiner schließlich in Kraft getretenen Fassung[37] überwiegend vertretbare oder jedenfalls erprobenswerte Vorschriften, und es ist auf fünf Jahre befristet, so dass eine Evaluation möglich und nötig wird.

1. Die heikelsten Punkte

Diejenigen Vorschriften des neuen Gesetzes, die am weitesten gehen und am ehesten Kritik verdienen, finden sich in bestimmten Erweiterungen der Informationsbefugnisse von Polizeibehörden und Nachrichtendiensten. Nach der neuen Rechtslage sind Daten über Kontobewegungen und Telekommunikationsbeziehungen in deutlich größerem Umfang und unter weniger strengen Voraussetzungen für die Sicherheitsbehörden zugänglich.[38] Das sogenannte Bankgeheimnis ist damit stark durchlöchert. Auch die vom Bundeskriminalamt immer schon angestrebte Befugnis zur Sammlung von Informationen aus dem „Vorfeld" des konkreten Straftatverdachts gegen bestimmte Personen ist durch das neue Gesetz – wenn auch in vorsichtig eingeschränkter Form – eingeführt worden.[39] Schließlich ist die Zulässigkeit von Rasterfahndungen insofern ausgeweitet worden, als die entgegenstehende Bestimmung über das Sozialgeheimnis (§ 68 Abs. 3 SGB X) geändert wurde.[40]

---

[35] Übersicht über die gesamte datenschutzrechtlich relevante Politik der inneren Sicherheit: *Bizer*, in: Datenschutz und Datensicherheit 2002, 741–747. Zur Situation der Terrorismusbekämpfung ein Jahr nach dem 11. September 2001: *Nehm*, NJW 2002, 2665–2671.

[36] Durchgehend ablehnend: *Prantl*, Verdächtig. Der starke Staat und die Politik der inneren Unsicherheit, 2002; dazu kritisch *Leicht*, Der Tagesspiegel v. 3.6.2002.

[37] Gesetz zur Bekämpfung des internationalen Terrorismus (Terrorismusbekämpfungsgesetz) v. 9.1.2002, BGBl. I S. 361. Dazu *Nolte*, Die Anti-Terror-Pakete im Lichte des Verfassungsrechts, DVBl. 2002, 573–578. Differenzierte Besprechung des Gesetzentwurfes: *Denninger*, Freiheit durch Sicherheit? (Anm. 14), auch in: StV 2002, 96 ff.

[38] Vgl. § 8 Abs. 5–12 BVerfSchG, § 2 Abs. 1a und 3a BND-Gesetz sowie, was Telekommunikationsdaten angeht, auch § 10 Abs. 3 MAD-Gesetz.

[39] § 7 Abs. 2 BKAG n.F. Kritisch dazu: Unabhängiges Landeszentrum für Datenschutz Schleswig-Holstein, Positionspapier zum Antiterrorgesetz der Bundesregierung, 7.12.2001, S. 6 (Gefahr einer „Grauzone präventiver Ermittlungen" ohne hinreichende Koordination mit den Länderpolizeien, „zwangsläufig Doppelerhebungen").

[40] Art. 18 des Gesetzes (Fn. 37).

Verfassungsrechtliche Bedenken werden darauf gestützt, dass das Gesetz unverhältnismäßig stark in die private Sphäre eingreife. „Das zentrale verfassungsrechtliche Instrument zur Steuerung der Ausbalancierung von Sicherheitsinteressen und Freiheitsbelangen ist das rechtsstaatliche Prinzip der Verhältnismäßigkeit der Mittel".[41] Für einzelne Bestimmungen ist ein Verstoß gegen dieses Prinzip nicht von der Hand zu weisen, müsste aber jeweils konkret untersucht werden.[42] Solange die Belastung der Betroffenen gering und das Ziel der Maßnahme hochrangig ist, müssen auch Eingriffe in das Persönlichkeitsrecht hingenommen werden. Das ist in der Regel bei der Rasterfahndung der Fall – man mag in ihr zwar einen „Massengrundrechtseingriff" sehen,[43] aber die Intensität der individuellen Belastung ist in der ersten Stufe, die den jeweils größten Personenkreis umfasst, sehr gering. Die Betroffenen sind in diesem Stadium noch nicht „verdächtig", auch nicht „potenziell verdächtig", wie in ungenauer Formulierung gesagt wird.[44] Erst die Zugehörigkeit zur „Schnittmenge" der Datensätze macht einen Teil der Betroffenen zu „Recherchefällen", die genauer untersucht und möglicherweise mit belastenden Ermittlungen konfrontiert werden. Auch die Tatsache, dass eine Maßnahme im geheimen erfolgt, bedeutet nicht ohne weiteres eine größere Belastung – im Gegenteil, solange Dritte nichts davon erfahren, wird ein Ansehensschaden der Betroffenen vermieden. Die mit Recht beklagte Stigmatisierung der betroffenen Personengruppe[45] wird erst durch die Veröffentlichung der Rastermerkmale ermöglicht.

Bedenken werden auch gegen andere Bestimmungen erhoben, so gegen die Erweiterung des Kreises derer, die um des vorbeugenden personellen Sabotageschutzes willen sicherheitsüberprüft werden können[46] und gegen die Bedingungen des Einsatzes von BGS-Beamten in Flugzeugen.[47] Freilich dürfte es kaum möglich sein, die Voraussetzungen der Sicherheitsüberprüfung deutlich klarer einzugrenzen als es jetzt geschehen ist. Was die Flugzeugbegleitbeamten angeht, so ist allerdings mit Manfred Baldus[48] ein Höchstmaß an Klarheit über ihre Befugnisse und Pflichten zu wünschen.

---

[41] *Erbel*, Die öffentliche Sicherheit im Schatten des Terrorismus, in: Aus Politik und Zeitgeschichte B 10-11/2002, S. 14–21 (20).

[42] Zu pauschal *Nolte* (Fn. 37).

[43] Vgl. oben bei Anm. 6.

[44] *Kniesel*, Die Polizei 2003, 87 (93).

[45] Vgl. u.a. *Hoffmann-Riem*, ZRP 2002, 497 (500).

[46] *Denninger*, Freiheit durch Sicherheit? (Fn. 14), S. 26 f. (zu Art. 5 des Gesetzes [Anm. 37])

[47] Art. 6 Nr. 2 des Gesetzes (Anm. 37); s.a. Art. 19 und Art. 19a. Kritisch dazu *Baldus* in der Anhörung des Innenausschusses des Deutschen Bundestages am 30.11.2001.

[48] Vgl. Fn. 47.

2. Überfrachtung und handwerkliche Mängel

Das Gesetz enthält zahlreiche Bestimmungen, die mit der unmittelbaren Terrorismusbekämpfung nichts zu tun haben, nämlich Änderungen des Personalausweis-, Pass- und Ausländerrechts. Man hat die günstige Gelegenheit genutzt, einige seit langem angestrebte Vorschriften durchzusetzen, die z.B. die Überwachung der in der Bundesrepublik lebenden Ausländer erleichtern[49] oder die Einführung der „Biometrie" ermöglichen sollen.[50] Dass es danach eines Tages eine „allgemeine Volksbiometrie" geben kann, ist eine unbehagliche Vorstellung – gleichwohl ist es eine abwegige Polemik, wenn gesagt wird, damit werde das ganze Volk „unter Terrorismusverdacht gestellt".[51] Wenn nämlich *alle* derart „vermessen" werden, ist *keiner* als verdächtig hervorgehoben; es wird nur den Behörden erleichtert, die Identität gesuchter Personen festzustellen, und den Betroffenen erschwert, sich zu verleugnen. Dazu besteht leider Anlass; es gibt nicht wenige Menschen, die die Behörden über ihre Identität täuschen wollen, oft aus Motiven, die nicht schutzwürdig sind.[52]

Das Gesetz von Januar 2002 leidet überdies an einigen handwerklichen Mängeln, vor allem an textlichen Unklarheiten und zu weit ausgefallenen Formulierungen – Defiziten, die auf diesem Gebiet immer wieder vorkommen und z.T. mit den besonderen Schwierigkeiten zusammenhängen, die sich ergeben, wenn Behörden auf der Grundlage unsicherer Tatsachenfeststellungen, Indizien und Verdachtsmomente handeln müssen. Zudem ist die Kunst, Generalklauseln abzufassen, noch unterentwickelt. Einige der Mängel könnten vermieden werden, wenn der Gesetzgeber darauf verzichtete, vorsorgliche Regelungen für bisher noch nicht absehbare eventuelle Gefahren bereitzustellen, also den Anwendungsbereich enger zu umschreiben, oder aber wenn er umgekehrt den rechtsanwendenden Stellen und Personen zumutete, mit noch komplizierteren Rechtsnormen umzugehen.

---

[49] Art. 11–16 des Gesetzes (Fn. 37).

[50] Art. 7 und 8 des Gesetzes (Fn. 37). Es wird jedoch ein weiteres Bundesgesetz zur Bestimmung der Merkmalsarten und Nutzungsweisen für erforderlich erklärt; eine bundesweite Datei der biometrischen Merkmale darf nicht errichtet werden.

[51] Vgl. oben Fn. 2.

[52] *Erbel* (Fn. 41), S. 21 sieht die „Anreicherung von Ausweispapieren durch Fingerabdruck und andere biometrische Daten" als eine bloße Konkretisierung bereits bestehender, „wohl begründeter" Sicherheitspflichten des Bürgers an. Das ULD Schleswig-Holstein (vgl. Fn. 39) hat konkrete „datenschutzrechtliche Positionen zu biometrischen Verfahren für den Masseneinsatz" formuliert (aaO. S. 10 ff.) und dabei sehr beachtenswerte Gestaltungsvorschläge erarbeitet.

3. Zum Beispiel: „Bestrebungen“ gegen die Völkerverständigung und die Menschenwürde

Ein Beispiel für die zu weit ausgefallene Umschreibung einer Aufgabe des Verfassungsschutzes stellt die neue Bestimmung in § 3 Abs. 1 Nr. 4 BVerfSchG dar, wonach die Verfassungsschutzbehörden sich auch interessieren sollen für „Bestrebungen im Geltungsbereich dieses Gesetzes, die gegen den Gedanken der Völkerverständigung (Art. 9 Abs. 2 des Grundgesetzes), insbesondere gegen das friedliche Zusammenleben der Völker (Art. 26 Abs. 1 des Grundgesetzes) gerichtet sind“. Das lässt Eingriffe in die Meinungsfreiheit zu, die nicht durch das Ziel der Terrorismusbekämpfung geboten sind.[53] Höchst fragwürdig erscheint auch der neue Tatbestand in § 14 Abs. 2 Nr. 3 Vereinsgesetz, wonach Ausländervereine verboten werden können, soweit ihr Zweck oder ihre Tätigkeit „Bestrebungen außerhalb des Bundesgebiets fördert, deren Ziele oder Mittel mit den Grundwerten einer die Würde des Menschen achtenden staatlichen Ordnung unvereinbar sind“. Da die Auffassungen über das richtige Verhältnis von Menschenwürde und staatlicher Ordnung zwischen den Kulturkreisen differieren (sie differieren schon innerhalb unseres eigenen Gemeinwesens), ist diese Zielsetzung mit dem Geist der Toleranz nicht ohne weiteres vereinbar. Die Norm des § 14 Abs. 2 Nr. 3 Vereinsgesetz ist auch gar nicht erforderlich, weil die anderen Tatbestände dieses Absatzes – vor allem Nr. 4 mit dem Ansatzpunkt „Gewaltanwendung“– die wirklich schweren Fälle abdecken.

4. Terrorismusbekämpfung in anderen Staaten

Verglichen mit den Anti-Terror-Maßnahmen der USA und einiger anderer Länder sind die deutschen Gesetzesnovellen immer noch zurückhaltend ausgefallen. So haben die USA äußerst strenge Einreisebestimmungen erlassen[54] und die Befugnisse der Sicherheitsbehörden erheblich erweitert.[55] Nach dem USA-Patriot Act vom 24.10.2001 sind Polizei, Justiz und Geheimdienste zu enger Zusammenarbeit ermächtigt und haben das Recht erhalten, die elektronische Kommunikation umfassend zu kontrollieren. Telekommunikationsunternehmen und Finanzdienstleister sollen in großem Umfang Informationen an die Nachrichtendienste liefern. Die Ausübung der neuen Befugnisse unterliegt

---

[53] So schon *Baldus* in der Anhörung des Innenausschusses des Deutschen Bundestages am 30. November 2001, s. a. *Denninger*, Freiheit durch Sicherheit? (Fn. 14), S. 24 f.

[54] Dazu *Rauner*, „Sorry, Einstein“, in: Die Zeit v. 24.3.2003 S. 31.

[55] Vgl. etwa *Band/Kennedy*, The USA-Patriot Act, in: CRi (Computer und Recht international) 1/2002, S. 1–7; *Schwartz*, Kehrtwende beim Datenschutz, in: American Academy (Beilage zum Berliner „Tagesspiegel“) v. 5.9.2002, S. B5. Über die Anti-Terror-Gesetzgebung in Canada und UK informiert CRi 1/2002 S. 26 f.

nicht der richterlichen Überprüfung; rechtliche Beschränkungen wurden abgebaut, die Betroffenen sind so gut wie schutzlos.[56] Die Proteste von Bürgerrechtlern haben jedoch dazu geführt, dass der Kongress den Patriot Act auf vier Jahre befristet hat („sunset legislation").

VII. Schlussbemerkung

„Selbstverständlich erfordert die Terrorismusbekämpfung ein Stück ‚Überwachungsstaat' – die Frage ist nur, wie viel, unter welchen Voraussetzungen, mit welchen Mitteln, in welchen Verfahren und mit welchen Kontrollen?".[57] So ist in der Tat das Thema zu formulieren, über das wissenschaftlich und politisch weiter debattiert werden muss – mit dem Ziel, eine „neue Balance von Freiheit, Gleichheit und Sicherheit"[58] herzustellen.

Für diese Auseinandersetzung ist mehr Konkretheit und mehr Nüchternheit zu wünschen. Die ritualisierte und polarisierte Form unserer sicherheitspolitischen Diskussion ist ärgerlich und keineswegs fortschrittsförderlich. Es bringt uns nicht weiter, wenn immerfort „Freiheit" und „Sicherheit" gegeneinander ausgespielt werden, wenn das vermeintlich illiberale „Menschenbild der Sicherheitsgesetze" beschworen und „staatliche Allmacht" behauptet wird.[59] Analytische Schärfe mag elegante Texte produzieren, aber mit der ausschließlichen Betonung von Gegensätzen schaffen wir keine Lösungen. Prinzipien – und seien sie noch so bedeutsam – sind niemals vollständig durchsetzbar; immer sind Kompromisse nötig. Deshalb sollten wir die scharfen Spitzen unserer Debattenspeere so weit abschleifen, dass die Kontrahenten in der Lage bleiben, praktisch brauchbare Ergebnisse zu erzielen, vielleicht sogar sich zu verständigen.

---

[56] Kritisch dazu *Gould*, Playing with Fire: The Civil Liberties Implications of September 11th, in: Public Administration Review, September 2002, Vol. 62, Special issue, S. 74; *Band/Kennedy* (Fn. 55) S. 6/7.

[57] *Denninger*, Freiheit durch Sicherheit? (Anm. 14), S. 24.

[58] *Hoffmann-Riem*, ZRP 2002, 497 (501).

[59] So aber Lamprecht (Fn. 4).

17.

Die schwierige Diskussion zwischen Sicherheitsbehörden, Bürgerrechtlern und Bundesverfassungsgericht*

Die aktuelle politische und mediale Diskussion über die innere Sicherheit[1] hat Schlagseite. Ich verfolge diese Auseinandersetzungen – aus unterschiedlichen Perspektiven – nun schon seit einigen Jahrzehnten. Es ist immer derselbe Ablauf: Wenn die Sicherheitsbehörden und ihre politischen Fürsprecher ein neues informationstechnisches Instrument oder eine neue Befugnis zur Kriminalitätsbekämpfung fordern, treten sogleich engagierte Bürgerrechtler mit der Behauptung auf den Plan, der Rechtsstaat gerate in höchste Gefahr. Dabei wird kaum über die vorgesehenen oder bestehenden rechtlichen und faktischen Einschränkungen der jeweiligen Anwendung der Informationstechnik gesprochen, sondern nur über die Grundrechte, die betroffen sein können, und zwar vor allem diejenigen möglichen Fälle, in denen sich die Anwender rechtswidrig verhalten. Nur selten melden sich Vertreter von Polizei und Verfassungsschutz zu Wort; die Medien transportieren vor allem die Meinung der Kritiker. Für diese sind regelmäßig die höchsten Werte der Verfassung gefährdet, und der Schritt zum Überwachungsstaat steht unmittelbar bevor oder ist schon getan. Der frühere Bundesinnenminister *Gerhart R. Baum* fordert dazu auf, „die Grundrechte" zu retten,[2] und sein Streitgenosse *Burkhard Hirsch*, der verdiente frühere Innenminister des Landes Nordrhein-Westfalen, meint in keineswegs altersmildem Ton, dass „wir uns bislang auf einer Rutschbahn befanden und nun zum freien Fall übergehen".[3] Der Erfurter Staatsrechtler *Manfred Baldus* kommen-

* Überarbeitete Fassung eines Vortrags, der am 3.3.2009 an der Fachhochschule für Öffentliche Verwaltung Nordrhein-Westfalen in Münster gehalten wurde (Vortragsreihe „Die neue Sicherheitslage der Bundesrepublik Deutschland – fließende Grenzen von innerer und äußerer Sicherheit").

[1] Eine sorgfältige, sachliche Analyse der sicherheitsrechtlichen und -politischen Diskussion seit den sechziger Jahren bietet *Kötter*, Pfade des Sicherheitsrechts: Begriffe von Sicherheit und Autonomie im Spiegel der sicherheitsrechtlichen Debatte der Bundesrepublik Deutschland, 2008.

[2] *Baum*, Rettet die Grundrechte! Bürgerfreiheit contra Sicherheitswahn, 2009.

[3] *Hirsch*, Auf dem Weg in den Überwachungsstaat?, in: Huster/Rudolph (Hrsg.), Vom Rechtsstaat zum Präventionsstaat, 2008, S. 164 ff. (167). Über ähnlich überzogene Äußerungen u.a. des Bundesvorsitzenden der Humanistischen Union habe ich an anderer Stelle berich-

tiert den Stil dieser Debatte zwischen Sicherheitspolitikern und prominenten Bürgerrechtlern so: „Diese Polarisierung irritiert und verstört und sie tut dies vor allem wegen ihrer Dramatisierungen, Einseitigkeiten und Verkürzungen".[4] Und der Journalist *Christian Rath*, ein aller „Rechtslastigkeit" unverdächtiger Autor, weist darauf hin, dass die ständige Übertreibung „negative Auswirkungen auf das gesellschaftliche Klima haben kann".[5] Leider versäumt es auch das Bundesverfassungsgericht, den falschen Vorstellungen vom Handeln des Staates entgegenzutreten. Gelegenheit dazu wäre zuletzt wieder in dem Verfahren über die Vorratsspeicherung von Telekommunikations-Verkehrsdaten gewesen.[6]

I. Die subjektiven Sichtweisen

Ich will heute die Gründe und Hintergründe dieser Problematik ansprechen, zuvor aber einige der einschlägigen Äußerungen ausführlicher zitieren. Es muss uns nämlich darauf ankommen, die *Vorverständnisse* aufzuklären, damit Irrtümer und Fehleinschätzungen, falsche Tatsachenbehauptungen und abwegige Prognosen korrigiert werden können. Diese Mängel lassen sich vielfach schon in den gebrauchten ungenauen Formulierungen aufweisen. Politiker und Journalisten lieben es, die Dinge in Übertragungen und Metaphern auszudrücken – und dabei werden die Grundlagen für einige fundamentale Missverständnisse gelegt. Ich fange daher bei diesen harmlos erscheinenden Fehlentwicklungen an.

1. Sprachliche Differenzen

Ein bewährtes Beispiel für diese sprachliche Veränderung (die in der Sache eine Verfälschung bedeutet!) ist die Benutzung des Wortes *„speichern"*. Daten werden gespeichert und dann weiter verarbeitet. In den Jargon der Datenschützer hat sich von Anfang an die „Masche" eingeschlichen, von der Speicherung von *Personen* zu sprechen. Auch in der Behörde des Bundesbeauftragten für den

---

tet, nämlich in: Absage an den Staat?, 2005, S. 131 f. Die Verdienste der Bürgerrechtsorganisationen sollen mit dieser Kritik nicht geschmälert werden; es geht nur darum, auf die negative Wirkung solcher Übertreibungen für das demokratische Klima hinzuweisen. Vgl. dazu bereits aaO. S. 150 f. Grundsätzlich und ausführlicher zur aktuellen Datenschutzdiskussion auch *meine* Schrift: Informationelle Selbstbestimmung – Vision oder Illusion?, 2. Aufl. 2011.

[4] *Baldus*, Freiheitssicherung durch den Rechtsstaat des Grundgesetzes, in: Huster/Rudolph (Fn. 3), S. 107. S. a. *Bull*, Angstmache anstatt Aufklärung, FAZ v. 17.10.2009, S. 8.

[5] *Rath*, Der Überwachungsstaat – eine bürgerrechtliche Projektion, in: „vorgänge" 184 (Dezember 2008), S. 79–92. Rath ist rechtspolitischer Korrespondent der taz und anderer Tageszeitungen und Mitglied der Humanistischen Union, er war Mitbegründer und langjähriger Sprecher des Bundesarbeitskreises kritischer Juragruppen (BAKJ) (s. ebd. S. 144).

[6] U. v. 2.3.2010; dazu *Bull*, NJW 12/2010, Editorial.

Datenschutz wurde schon früh davon geredet, dass z.B. Verurteilte oder Verdächtige in polizeilichen Dateien für eine bestimmte Frist „gespeichert" werden dürften (wobei gemeint war: die Speicherung sollte dann gelöscht werden). Dadurch konnte der Eindruck entstehen, als sei die Speicherung von Angaben über Personen im Grunde ebenso belastend wie eine Haftstrafe. Aber wer zu Unrecht „gespeicherte" Personen mit rechtswidrig Gefangenen gleichsetzt, ignoriert wesentliche Unterschiede.

Noch irritierender ist die häufig praktizierte Verallgemeinerung, die darin besteht, dass von „den" Daten einer Person die Rede ist, wenn einige wenige Angaben gesammelt oder genutzt werden. Personenbezogene Angaben haben ganz unterschiedliche Bedeutung und sind unterschiedlich „riskant" für die Rechte und Interessen des Einzelnen, und „die" Angaben über einen Einzelnen sind potentiell unendlich zahlreich, so dass eine irgendwie aussagekräftige Bewertung nur möglich ist, wenn man die tatsächlich erfassten Daten (und ihre jeweilige Verwendung) betrachtet.

Nicht weniger ungenau wird immer wieder von „*Verdacht*" gesprochen. Es ist inzwischen schon fast allgemein üblich geworden zu behaupten, wer eine größere Zahl von Personen unter bestimmten Kriterien überprüfe, tue dies, weil er einen „Generalverdacht" gegen alle Betroffenen habe. Richtig ist aber, dass in vielen Fällen gegen die allermeisten Personen, die in eine solche Überprüfung einbezogen werden, erkennbar *kein* Verdacht einer Straftat oder Störung der öffentlichen Sicherheit besteht, sondern die Maßnahme dazu dienen soll, erst einmal Anknüpfungspunkte für genauere Untersuchungen, also einen Verdacht begründende Momente zu finden. Die polizeiliche „Rasterfahndung" ist in aller Regel ein Verdachtsgewinnungsinstrument, keine Ermittlungsmaßnahme gegen alle Einbezogenen.[7] Aber das ist sehr schwer verständlich zu machen.

Auch die beliebten Begriffe „Datenhunger", „Datensammelwut", „Sicherheitswahn", „Sicherheitsgelüste" usw. prägen die öffentliche Debatte in verzerrender Weise. Mit ihnen wird unterstellt, die Handelnden seien zumindest übereifrig, wenn nicht unzurechnungsfähig (weil von Wahnvorstellungen beeinflusst), oder sie betrieben ihr Geschäft aus reinem Machtstreben. Hier kommen wir schon zu den Quellen eines tiefen Misstrauens. Es richtet sich regelmäßig gegen den Staat und seine Funktionäre, aber auch viele private Informationsverarbeiter stehen in dem Verdacht, die Technik zu missbrauchen.[8]

---

[7] Mehr dazu in: *Bull*, Absage an den Staat? (Fn. 3), S. 147 ff., sowie: *Bull*, Polizeiliche und nachrichtendienstliche Befugnisse zur Verdachtsgewinnung, in: Osterloh/K. Schmidt/H. Weber (Hrsg.), Staat, Wirtschaft, Finanzverfassung. Festschrift für Peter Selmer, 2004, S. 29–50.

[8] Exemplarisch für eine pauschale Rund-um-Verteidigung gegen jegliche Inanspruchnahme des Individuums durch andere ist die Streitschrift von *Sofsky*, Verteidigung des Privaten, 2007. Die Freiheit des Einzelnen wird bei *Sofsky* zur vollständigen Abkehr von jeder Gesellschaft – für einen Soziologen eine besonders befremdliche Einstellung.

2. *Vorstellungen von der Arbeitsweise und den Absichten der Sicherheitsbehörden*

Es ist schon oft gesagt worden, aber die Gesellschaft ist nicht wirklich lernfähig: Sehr viele Menschen wissen über Staat und Verwaltung erbärmlich wenig, und die Medien schaffen es nicht, sie hinreichend aufzuklären.[9]

Offenbar prägen Kriminalromane und Fernsehserien das allgemeine Bild von der Tätigkeit der Polizei und der Nachrichtendienste: Da sehen wir den pfiffigen Kommissar, die schöne Kommissarin, den großen Einzelgänger oder den Kopf einer Gruppe von Kriminalisten, die mit viel Kombinationsgabe, Schießfertigkeit und Mut auf Verbrecherjagd gehen. Das ist oft amüsant, und die Polizei kann sich freuen, dass damit hervorragende Werbeträger für ihren Beruf geschaffen werden, aber von den heiklen Problemen der Polizeiarbeit ist in diesen Darstellungen kaum etwas erkennbar. Leider ist auch die Diskussion in der Fachpresse von den „Banalitäten" des Polizeialltags ganz abgehoben – nur auf ganz andere Weise. Sie behandelt mit Vorliebe das abstrakte Spannungsverhältnis zwischen Freiheit und Sicherheit und zu selten die konkreten Konsequenzen, die sich aus rechtlichen Grundsatzüberlegungen für die Praxis ergeben.

Die große Zahl der neuen Sicherheitsbefugnisse und die Geschwindigkeit, mit der sie beschlossen worden sind,[10] wirken auf viele Beobachter ebenso bedrohlich wie die Berichte über Kriminalität und Terrorismus. Dafür sollten alle Beteiligten Verständnis haben. Problematisch wird es erst, wenn die Menschen den Eindruck gewinnen, dass der Staat seine sämtlichen Befugnisse zur Aufklärung und Strafverfolgung flächendeckend nutzt, dass er also *tatsächlich* alle Bürger intensiv überwacht. Hier schlägt die Berichterstattung über unser Thema in Angstmache um. Das ist auch die Folge von Verallgemeinerungen, die im Ansatz zutreffend sein mögen, etwa bei der staatstheoretischen Qualifizierung des heutigen Gemeinwesens als „Präventionsstaat".[11] Diesem Staatstyp werden zum Teil abenteuerliche Eigenschaften zugeschrieben. So behaupten manche, im „Präventionsstaat" stelle „jeder Bürger ein potenzielles Risiko" dar; „gerade die unauffällige Lebensführung" habe bei der Rasterfahndung nach dem 11. September 2001 „einen besonderen Verdacht" erweckt. Überdies sei der Präventionsstaat „tendenziell darauf angelegt, bereits die rechtsfeindliche Gesinnung festzustellen und zu bekämpfen"; dies führe „zu einer rechts-

---

[9] Belege dazu in *meinem* zitierten Buch (Fn. 3) und in dem Artikel: Die lernunfähige Gesellschaft, in: Berliner Republik, Heft 3/2006, S. 58–67.

[10] Kurzer Überblick: *Huster/Rudolph*, Vom Rechtsstaat zum Präventionsstaat?, in: dies. (Fn. 3), S. 9 ff.

[11] Dazu insbes. *Denninger*, Der Präventionsstaat, KJ 1988, 1 ff.; *ders.*, Freiheit durch Sicherheit?, in: H.-J. Koch (Hrsg.), Terrorismus – Rechtsfragen der äußeren und inneren Sicherheit, 2002, S. 83 ff. (88); *ders.* in: Huster/Rudolph.(Fn. 3), S. 85 ff. Eine genaue Darstellung der Fachdiskussion findet sich bei *Kötter* (Fn. 1), S. 190 ff.

staatlich problematischen Verlagerung der Sicherheitspolitik in das Vorfeld der Meinungsbildung der Bürger".[12]

Manchmal sprechen sogar dieselben Autoren, die sich bei der Kriminalitätsbekämpfung vornehmlich auf („positive") Prävention stützen wollen, allen Ernstes von einer „unter dem Deckmantel ‚Prävention' immer weitergehenden Verlagerung der staatlichen oder privaten Kontrolle weit ins Vorfeld etwaiger konkreter Gefährdungen oder gar Straftaten".[13] Solche Übertreibungen finden sich bisweilen sogar in den publizistischen Äußerungen von Richtern, Staatsanwälten oder Rechtsanwälten, die aus der eigenen Praxis wissen müssten, dass die neuen Rechtsnormen keineswegs eine umfassende allgemeine Überwachung der Bevölkerung erlauben und dass das deutsche Rechtsschutzsystem den Schutz der Individualrechte in historisch einmaliger Weise garantiert.

In den Horrorbildern einer rechtsfeindlichen und autoritären Herrschaft über entmündigte und eingeschüchterte Bürger zeigt sich eine beklagenswerte Geschichtsvergessenheit. Gewiss haben auch Sicherheitsbehörden in demokratischen Staaten ein eigenes Interesse an Machtgewinnung und -erhaltung. Aber dass sich diese Sicherheitsbehörden verselbständigen oder dass autoritäre Politiker allein deshalb, weil polizeiliche oder geheimdienstliche Überwachungsbefugnisse zur Verfügung stehen, am Ende gar eine Diktatur errichten könnten, ist auf absehbare Zeit ausgeschlossen. Autoritäre Regime, die sich grundsätzlich über Recht und Gesetz hinwegsetzen, entstehen nicht deshalb, weil der Staatsapparat über Unterdrückungsinstrumente verfügt, sondern weil autoritäre Persönlichkeiten in einer extremen politischen Konfliktsituation und/oder durch rechtswidrigen Einsatz von Militär oder Polizei an die Macht gelangen und dann die vorhandenen Instrumente der Machterhaltung nutzen. Die verfügbaren Mittel mögen die Macht-„Ergreifung" erleichtern, aber bevor sich eine undemokratische und rechtsstaatsfeindliche Regierung durchsetzt, müssten die Beamten des Sicherheitsapparates generalstreikartig ihre Pflichten verletzen. Vor allem müssten die Kontrollinstanzen funktionsunfähig werden – angefangen bei den konkurrierenden politischen Kräften (einschließlich der Gewerkschaften) über die Gerichte und sonstigen Gegengewichte in der Staatsorganisation selbst bis zu den Medien und der liberalen Öffentlichkeit.

Das alles ist heutzutage nicht zu erwarten. Es mag ja sein, dass einzelne Politiker und hohe Beamte sich vorstellen, sie könnten politische Opposition mit Informationstechnik bekämpfen, aber für die Haltung derer, die in der Bundesrepublik verantwortlich Sicherheitspolitik betreiben, ist eine solche autoritäre Einstellung jedenfalls nicht typisch. Auch wenn es nach meiner Überzeugung

---

[12] *Huster/Rudolph*, in: dies. (Fn. 3), S. 17.

[13] Zitate aus einem sicherheitspolitischen Programmpapier, nachgewiesen bei *Bull*, Verfassungsrechtliche Bedenkensammlung oder politische Wegweisung? in: Neue Gesellschaft/Frankfurter Hefte, Heft 10/2008, S. 46 ff.

zutrifft, dass einige Pläne des seinerzeitigen Bundesinnenministers *Wolfgang Schäuble* zu weit gingen, waren die persönlichen Angriffe auf ihn schlicht unsinnig und in der Form zu missbilligen.

Der Bundestagsabgeordnete *Wolfgang Bosbach* warnt in dem zitierten Sammelband davor, „im Stil klassischer Verschwörungstheorien" zu unterstellen, Bedrohungslagen wären nur *vorgeschobene* Gründe, um einen geheimen Masterplan zur Beschränkung der Freiheit als Selbstzweck zu befördern".[14] Die liberalen Rechtspolitiker *Burkhard Hirsch* und *Gerhart R. Baum* tun jedoch genau dies, indem sie der Gegenseite vorwerfen, sie nutze die Bedrohung durch Terrorismus und organisierte Kriminalität als Vorwand für politisch gewollte Freiheitsbeschränkungen. *Baum* versteigt sich zu der Behauptung: „Die Menschen werden manipuliert, um einer diffusen Terrorismusangst zu erliegen".[15] Auch wenn diese beiden Politiker sich zugute halten können, dass sie mehrere problematische Neuregelungen durch Verfassungsbeschwerden zu Fall gebracht haben – mit solchen Unterstellungen verabschieden sie sich aus dem seriösen Sicherheitsdiskurs.

II. Objektive Gegensätze

1. Schwierigkeiten der polizeilichen Arbeit

Die Sicherheitsbehörden können sich nicht zurücklehnen und dem Publikum erklären, man dürfe leider zur Gewährleistung der öffentlichen Sicherheit nicht mehr als bisher tun. Sie haben den Auftrag der Allgemeinheit, kontinuierlich daran zu arbeiten, dass Kriminalität verhindert wird. Die rasante Entwicklung der Technik wird von Kriminellen intensiv genutzt – da wollen die Sicherheitsbehörden nicht zurückstehen und fordern deshalb ebensolche technischen Hilfsmittel. „Wenn der Verbrecher im Porsche davonbraust, kann die Polizei nicht in der Postkutsche hinterherfahren" – mit solchen Vergleichen wird die Forderung nach neuen informationstechnischen Instrumenten begründet. Der demokratische Staat dürfe „– was die Nutzung und Kontrolle der Informationstechnologie betrifft – nicht hinter den Möglichkeiten seiner Gegner zurückbleiben", schrieb *August Hanning*, der damalige Staatssekretär im BMI und frühere BND-Präsident.[16] Das leuchtet ein – und doch ist hier der Vorbehalt anzubringen, dass der Staat sich nicht auf dieselbe Stufe stellen darf wie die Rechtsbrecher. Er ist auch bei der Gesetzgebung gebunden, hat die grundlegenden Prin-

---

[14] *Bosbach*, Der Rechtsstaat in Zeiten des Terrors – Warum für die Sicherheitsbehörden jeder Tag der 12. September ist, in: Huster/Rudolph (Fn. 3), S. 137 ff. (138).

[15] *Baum*, Die Erosion des Grundrechtsschutzes im Spannungsfeld von Freiheit und Sicherheit, ebd. (Fn. 3), S. 181 ff. (182).

[16] *Hanning*, Sicherheit gewährleisten – Freiheit wahren, ebd. (Fn. 3), S. 191 ff. (193).

zipien der Verfassung zu beachten, und daraus folgen Beschränkungen der einsetzbaren Mittel.

2. Schwierigkeiten der Aufklärung und Werbung

Die bereits erwähnte Polarisierung erschwert es der staatlichen Seite, für ihre Ansichten zu werben und öffentliche Unterstützung zu finden. Die Medien leben von negativen Schlagzeilen und negativen Berichten; das ist nicht zu ändern. Kritik ist in einer Demokratie systemnotwendig. Freilich würde die kritische Funktion der Medien in keiner Weise beeinträchtigt, wenn die Berichterstattung insgesamt sorgfältiger, also genauer erfolgte und die Kommentare fairer mit den Akteuren umgingen als es meist der Fall ist. Es ist zwar unvermeidlich, dass alarmistische Berichterstattung mehr Aufmerksamkeit auf sich zieht als seriös zurückhaltende Kommentierung und dass manch eine Schlagzeile der hart miteinander konkurrierenden Medien überspitzt ausfällt. Trotzdem müssen sich diejenigen, die es besser wissen, zu Wort melden und den Aufgeregtheiten und Oberflächlichkeiten anderer ihre Korrekturen entgegensetzen. Noch besser wäre allerdings, wenn diejenigen, die Bescheid wissen, von sich aus mehr Aufklärungsarbeit betrieben. Die Sicherheitsbehörden haben damit begonnen, aber die Ausstrahlung dieser Arbeit auf die Öffentlichkeit ist noch zu gering. Es erfordert auch großes Geschick, den publizistischen Angreifern im Stil passende Antworten zu geben.

Dazu kommt das Problem, wie man die Aufklärung der Öffentlichkeit mit der notwendigen Geheimhaltung vereinbar machen soll. Gewiss ist es zwingend, bestimmte Details der Ermittlungsmethoden und vor allem konkrete Ermittlungsergebnisse geheim zu halten, wenn der Zweck der Ermittlungen nicht gefährdet werden soll. Aber die Öffentlichkeit will mit Recht Klarheit wenigstens über die allgemeine Wirkungsweise der neuen Instrumente und Verfahren. Und wenn das Bundesverfassungsgericht um Auskunft über technische und verfahrensmäßige Zusammenhänge bittet, die für seine Entscheidung relevant sind, sollte man sich nicht hinter dem Geheimhaltungsgebot verstecken. Denn das kann höchst nachteilige Folgen für den Ausgang verfassungsgerichtlicher Prozesse haben. Das Beispiel des Verfahrens um die Online-Durchsuchung sollte alle Beteiligten schrecken: Dort hat die Bundesregierung dem Senat Auskünfte verweigert, und dieser hat daraus offensichtlich Schlüsse gezogen, die ihm die verfassungsrechtliche „Disqualifizierung“ der PC-Infiltration erleichtert haben. Der Berichterstatter des Ersten Senats, *Wolfgang Hoffmann-Riem*, hat darüber in seiner Abschiedsrede beim BVerfG berichtet. Er hat so formuliert:

„Soweit neue Instrumente geschaffen werden, wäre es hilfreich, wenn die Verantwortlichen dem BVerfG zur Prüfung der Eignung, Erforderlichkeit und Angemessenheit belastbare Befunde zugänglich machten und nicht ‚mauerten' – wie etwa in der mündlichen Verhandlung zur sogenannten Online-Überwachung, als der Prozessvertreter der Bundesregierung schon bei der ersten in diese Richtung zielenden Frage aufsprang und auf die Grenze der höchst restriktiven Aussageermächtigungen verwies, an die sich die Präsidenten des Bundesamtes für Verfassungsschutz, des Bundeskriminalamtes und des Bundesamtes für Sicherheit in der Informationstechnik zu halten hätten. Online-Überwachungen hatte es schon – auch ohne gesetzliche Ermächtigung – gegeben, so dass Material über die Eignung und Angemessenheit der Maßnahme verfügbar sein müsste. Nichts davon wurde dem Gericht offen gelegt. Die den Präsidenten der höchsten sachkundigen Bundesämter auferlegten Maulkörbe könnten auch die Deutung zulassen, es ginge nicht darum, bevorstehende Ermittlungserfolge nicht zu gefährden. Vielleicht wurde nur beabsichtigt, eine Bloßstellung zu vermeiden oder den Befund der relativen Erfolglosigkeit zu überspielen? Ich weiß es nicht. Die Möglichkeit solcher Deutungen wird jedenfalls durch offizielles ‚Mauern' provoziert. Mehr Mut zu Transparenz wäre einem Rechtsstaat angemessen".[17]

Natürlich weiß niemand, ob eine umfassende Auskunft den Senat zu einer anderen Entscheidung veranlasst hätte. Es bleibt jedoch das höchst ungute Ergebnis, dass die Entscheidungsgrundlage des Gerichts durch die Geheimniskrämerei verkürzt worden ist. Auch in der Verhandlung über die Vorratsdatenspeicherung haben es die Vertreter der Exekutive offenbar versäumt, dem Bundesverfassungsgericht überzeugende Beweise für die Notwendigkeit des umstrittenen Instruments vorzutragen. Aus Angst vor der Offenlegung einzelner „Geschäftsgeheimnisse" hat man damit das für zwingend erforderliche Werkzeug insgesamt preisgegeben. Das ist eine äußerst kurzsichtige Vorgehensweise. Dasselbe Zögern, den Richtern Einblick in die Praxis zu gewähren, hat übrigens auch wesentlich zum Scheitern des NPD-Parteiverbotsverfahrens beigetragen.[18]

3. Versäumnisse der Politik

Die Politik neigt dazu, Entscheidungen von weit tragender Bedeutung kurzfristig zu treffen. Sie hört gern auf diejenigen, die am lautesten rufen, und fällt deshalb bisweilen auf Übertreibungen und Einseitigkeiten herein. Ich erinnere mich mit Unbehagen daran, wie in früheren Diskussionen zwischen Datenschützern und Abgeordneten die merkwürdigsten (um nicht zu sagen: ver-

---

[17] *Hoffmann-Riem*, Das Bundesverfassungsgericht als Garant von Rechtsstaatlichkeit, EuGRZ 2008, 557 ff. (560).

[18] Vgl. dazu *Bull*, Verfehltes Verfahren, Niederlage der abwehrbereiten Demokratie oder Sieg der Toleranz?, in: M. H. W. Möllers/van Ooyen (Hrsg.), Jahrbuch Öffentliche Sicherheit 2002/2003, S. 197 ff.; sowie *ders.*, Warum die NPD nicht verboten werden kann, FAZ v. 27.1.2009, S. 7.

rücktesten) Thesen den größten Beifall fanden. Ein gutes Beispiel dafür ist die Diskussion um die Volkszählung 1983 (und – wenn auch in geringerer Intensität – 1987). Die von den Gegnern der Volkszählung erfundenen Schreckensszenarien verbreiteten sich blitzartig in den Medien und auch auf der politischen Führungsebene, und die allgemeine Empörung ergriff sogar so starke Persönlichkeiten wie *Franz Josef Strauß* – der stieg auf den Zug der VZ-Boykotteure auf, indem er das Beispiel anführte, auch im Handbuch des Bundestages würden unerhört viele Daten (über die Abgeordneten) verbreitet – was aber wohl nur eine opportunistische Methode darstellte, das eigene Interesse an ungestörten Aktivitäten zu verbergen, und die Boykott-Initiatoren dürften über diese „unheilige Allianz" nicht gerade froh gewesen sein.[19]

Dass die Boykottbewegung gegen die Volkszählung von einer geradezu unbegreiflichen Hysterie geprägt war, die in anderen Staaten nur Kopfschütteln hervorgerufen hat,[20] haben die meisten längst verdrängt, und manche erinnern in ihren Artikeln und Vorträgen noch heute an diese Volksbewegung, die sich ganz allgemein gegen eine vermeintliche Übermacht des Staates und nicht wirklich gegen den harmlosen Zensus richtete, als sei sie das ruhmreiche bundesdeutsche Gegenstück zu den Montagsdemonstrationen in der DDR. Und die Verantwortlichen wagen es aus Angst vor dem Mythos der Verfassungswidrigkeit heute gar nicht mehr, eine Volkszählung zu beschließen, sondern versuchen die für Politik und Wissenschaft notwendigen Daten mit fragwürdigen Hochrechnungen aus vorhandenen Registern und einem Mikrozensus zu erlangen; ob die Grundgesamtheit noch stimmt, auf der alle weiteren Berechnungen beruhen müssten, bleibt dabei ungewiss.

Politikern fällt es jedenfalls schwer, komplizierte Sachverhalte zu erläutern und die Interessen nüchtern abzuwägen. Die nötige Aufklärungsarbeit überlassen sie oft den Beamten und Wissenschaftlern, die freilich schlechtere Zugänge zu den Medien haben. Statt durchdachter Lösungen wird immer wieder bloß symbolische Politik betrieben.

Andererseits ist bei der Beobachtung der Sicherheitsgesetzgebung auch festzustellen, dass die interessierten Behörden und Ministerien immer neue Forderungen gestellt und die gesetzgebenden Körperschaften vielfach diese Forderungen unkritisch „abgenickt" haben. Bürgerrechtler haben mit Recht darauf hingewiesen, dass die Befugnisse der Sicherheitsbehörden in den letzten Jahren ganz erheblich ausgebaut worden sind. Ein großer Teil davon ist allerdings auch

---

[19] Bezeichnend für die Wahrnehmung der Dinge durch einen schlecht informierten Schriftsteller sind die Äußerungen von *Günter Grass* in dem Streitgespräch mit mir in meiner Funktion als Bundesbeauftragter für den Datenschutz, das dokumentiert ist in: Taeger (Hrsg.), Die Volkszählung, 1983, S. 42.

[20] Vgl. etwa die entsprechende Äußerung des langjährigen italienischen Botschafters in Bonn: *Luigi Vittorio Ferraris*, Wenn schon, denn schon – An meine deutschen Freunde, München 1988, S. 54.

bei strenger Prüfung rechtsstaatlich unbedenklich, und es ist auch zu bedenken, dass schon die Fixierung mancher Praktiken in Gesetzesform einen rechtsstaatlichen Fortschritt darstellen kann. Die Kritiker übersehen nämlich häufig, dass viele dieser Praktiken früher überhaupt nicht gesetzlich geregelt waren, also im rechtlichen Zwielicht angesiedelt waren. Aber manches ist auch inhaltlich fragwürdig. Es ist keineswegs sicher, dass all die Dateien, die in den verschiedenen Sicherheitsgesetzen nach dem 11. September 2001 dem Zugriff der Sicherheitsbehörden geöffnet worden sind, für die Fahndung unverzichtbar waren. In den Urteilen des BVerfG finden sich auch zahlreiche Hinweise darauf, dass die Tatbestandsvoraussetzungen für Überwachungsmaßnahmen allzu weit gezogen worden sind.[21]

Einen grundlegenden Mangel der Gesetzgebungspraxis stellt es dar, dass viele Vorschriften *ohne hinreichende empirische Grundlage* beschlossen worden sind. Statt die Wirkungsweise der vorhandenen Befugnisse zu untersuchen und ggf. zu verbessern, hat man immer wieder zu dem Mittel gegriffen, neue Regelungen auf die alten aufzusetzen. Es fehlt bisher an systematischer *Evaluation* des geltenden Rechts. Inzwischen sind zwar des Öfteren Evaluationsklauseln in die Gesetze aufgenommen worden, aber deren Realisierung steht weitestgehend aus. Positiv hervorzuheben ist allerdings, dass das Max-Planck-Institut für ausländisches und internationales Strafrecht in Freiburg i.Br. sich der Aufgabe der Evaluation zugewandt hat. So ist dort im Auftrage des BMJ die Praxis der Telekommunikationsüberwachung evaluiert worden – mit interessanten Ergebnissen.[22] Kürzlich ist eine Untersuchung zur Praxis der Rasterfahndung erschienen, die ebenfalls beachtenswert ist; sie ist zumindest geeignet, die Dramatik aus der Diskussion um diese Ermittlungsmaßnahme herauszunehmen.[23]

III. Wegweisendes und Irritierendes in Literatur und Rechtsprechung

Zu den Rahmenbedingungen der Diskussion gehört auch, wie Wissenschaft und Rechtsprechung auf die einschlägigen Probleme eingehen: Auf die neuen Rechtsfragen werden häufig noch die alten Antworten erteilt. Der „klassische" Grundsatz, dass polizeiliche Eingriffe in die Rechte von Individuen nur zu-

---

[21] S. z.B. die Entscheidung über die Einstweilige Anordnung zur Vorratsdatenspeicherung, wo mit Recht die Bezugnahme in § 100g StPO auf § 100a Abs. 2 StPO kritisiert wird (B. v. 11.3.2008, DVBl 2008, 569 [574], Abs. 171 ff.). Weitere Einschränkungen verfügt das BVerfG in seinem Urteil in demselben Verfahren v. 2.3.2010.

[22] *Albrecht/Dorsch/Krüpe*, Rechtswirklichkeit und Effizienz der Überwachung der Telekommunikation nach den §§ 100a, 100b StPO und anderer verdeckter Ermittlungsmaßnahmen, 2003.

[23] *Pehl*, Die Implementation der Rasterfahndung, 2008.

lässig sind, wenn ein konkreter Verdacht einer Straftat oder einer Störung der öffentlichen Sicherheit gegen diese Personen besteht,[24] wird auf die gesetzliche Regelung polizeilicher Aufklärungsmaßnahmen ausgedehnt, die eine Vielzahl von Personen erfassen sollen und deren eingreifende Wirkung für den einzelnen Betroffenen entsprechend gering ist.[25] Der Gesetzgeber soll also gebunden sein, das alte Prinzip auf neue Methoden auszudehnen, die in ganz anderer Weise wirken als die polizeilichen „Zugriffe" traditioneller Art. Aber wenn schwere Straftaten aufgeklärt oder schwere Gefahren abgewehrt werden sollen, kann die Polizei nicht die Hände in den Schoß legen, bis (zufällig?) konkrete Verdachtsmomente gegen bestimmte Personen erkennbar werden, sondern muss die Möglichkeit haben, Verdachtsmomente durch systematisch geplante Kontrollen geringer Eingriffstiefe zu erarbeiten. Die notwendige rechtliche Einschränkung muss hier auf andere Weise geleistet werden, insbesondere mit Hilfe des Verhältnismäßigkeitsprinzips.[26]

Noch bedeutsamer für die Entwicklung des Sicherheitsrechts ist die Rechtsprechung des BVerfG. Sie beginnt bereits mit der Volkszählungs-Entscheidung von 1983[27] und setzt sich fort mit den Entscheidungen zu den Befugnissen des BND[28] und des Zollkriminalamtes,[29] zum „Großen Lauschangriff",[30] zum Niedersächsischen Polizeigesetz,[31] zur Rasterfahndung,[32] zur Abfrage von Kontostammdaten,[33] zur automatisierten Kfz-Kennzeichenerfassung[34] und zur Vor-

[24] Vgl. etwa *Kniesel/Vahle*, Zur Novellierung des nordrhein-westfälischen Polizeirechts, DÖV 1990, 646 (648); *Lisken*, Zur polizeilichen Rasterfahndung, NVwZ 2002, 513 (515); *Denninger*, Der Präventionsstaat, KJ 1988, 1 ff.; *ders.*, Freiheit durch Sicherheit? (Fn. 11), S. 83 ff. (88 f.).

[25] Ein neueres Beispiel: BVerfG, 2. Kammer des Zweiten Senats, B. v. 1.8.2009, NJW 2009, 3293; dazu *Bull*, Sind Video-Verkehrskontrollen „unter keinem rechtlichen Aspekt vertretbar"?, NJW 2009, 3279.

[26] In diesem Sinne räumen andere Autoren ein, dass verdachtsunabhängige Kontrollen nicht „per se" verfassungswidrig sind; s. etwa *Kastner*, Verdachtsunabhängige Personenkontrollen im Lichte des Verfassungsrechts, in: VerwArch 92 (2001), S. 216 ff. (259 f.). Differenzierend auch *Trute*, Die Erosion des klassischen Polizeirechts durch die polizeiliche Informationsvorsorge, in: Erbguth/F. Müller/V. Neumann (Hrsg.), Rechtstheorie und Rechtsdogmatik im Austausch. Gedächtnisschrift für Bernd Jeand'Heur, 1999, S. 403 ff. (414); *ders.*, Grenzen des präventionsorientierten Polizeirechts in der Rechtsprechung des Bundesverfassungsgerichts, in: Die Verwaltung 42 (2009), S. 85 ff. (93 ff.); *Chr. Möllers*, Polizeikontrollen ohne Gefahrverdacht, NVwZ 2000, 382; *Engelken*, Anm. zu LVerfG Mecklenburg-Vorpommern, DVBl 2000, 262 (269 ff.).

[27] BVerfGE 65, 1.

[28] BVerfGE 100, 313.

[29] BVerfGE 110, 33.

[30] BVerfGE 109, 279.

[31] BVerfGE 113, 348.

[32] BVerfGE 115, 320.

[33] BVerfGE 118, 168.

[34] BVerfGE 120, 378.

ratsdatenspeicherung.[35] In allen diesen Fällen hat das BVerfG den Gesetzgeber korrigiert, meist weil die betreffenden Vorschriften nicht hinreichend klar formuliert waren. Diese Entscheidungen wurden von der Öffentlichkeit als herbe Rügen für den Gesetzgeber angesehen – nicht immer zu Recht. Sie haben aber zu manchen begrüßenswerten Präzisierungen und Einschränkungen der Befugnisse geführt. Regelmäßig hat der Gesetzgeber die Monita des Gerichts bei der Neufassung der Vorschriften berücksichtigt. Soweit erkennbar, ist aber in keinem Fall auf die betreffende Befugnis ganz verzichtet worden. Vermutlich wird dies auch im Fall der Speicherung der Telekommunikations-Verkehrsdaten nicht geschehen, mag diese auch gegenwärtig auf der Ebene der EU umstritten sein.

Das BVerfG hat sogar die Online-Infiltration privat genutzter Computer nicht vollständig verboten, sondern für zulässig erklärt unter der Voraussetzung, dass „tatsächliche Anhaltspunkte einer konkreten Gefahr für ein überragend wichtiges Rechtsgut bestehen".[36] Bei den Beratungen über das neue BKA-Gesetz ist nicht über das Ob der Online-Untersuchung gestritten worden, sondern nur über die Modalitäten ihrer Zulässigkeit (Art und Weise der richterlichen Anordnung, Schutz der besonderen Geheimnisse etc.). Vor dem BVerfG wird voraussichtlich noch ein zweites Mal darüber gestritten werden, ob die gesetzlichen Vorkehrungen zum Schutz der Privatsphäre ausreichen – nicht aber über die grundsätzliche Fragwürdigkeit dieses Einbruchs in die Privatsphäre. In der juristischen Fachpresse ist ebenfalls nur wenig über die Grundsatzfrage gestritten worden, aber umso mehr über die Herleitung und Reichweite des „neuen" Grundrechts auf Gewährleistung der Integrität und Vertraulichkeit informationstechnischer Systeme.[37]

Fast noch interessanter als das „Online-Urteil" sind die Entscheidungen des BVerfG zur automatischen Erfassung von Kfz-Kennzeichen[38] und zur Vorratsdatenspeicherung in der Telekommunikation.[39] Die Kfz-Erfassung ist eine technische Erleichterung der Polizeiarbeit, sozusagen das automatisierte Auge des Polizeibeamten. Aber weil sich daran auch eine automatisierte Durchsuchung von Fahndungsbeständen anschließt, löst sie intensivere Eingriffe in die

---

[35] B. v. 11.3.2008, BVerfGE 121, 1, und U. v. 2.3.2010, BVerfGE 125, 260.

[36] BVerfGE 120, 274.

[37] Vgl. dazu *Britz*, Vertraulichkeit und Integrität informationstechnischer Systeme, DÖV 2008, 411; *Eifert*, Informationelle Selbstbestimmung im Internet, NVwZ 2008, 521; *Th. Böckenförde*, Auf dem Weg zur elektronischen Privatsphäre, JZ 2008, 925; *Hoeren*, Was ist das „Grundrecht auf Integrität und Vertraulichkeit informationstechnischer Systeme"?, in: MMR 2008, 365; *Sachs/Krings*, Das neue „Grundrecht auf Gewährleistung der Vertraulichkeit und Integrität informationstechnischer Systeme", JuS 2008, 481; *Hömig*, „Neues" Grundrecht, neue Fragen?, in: Jura 2009, 207; s.a. *Volkmann*, Urteilsanmerkung, DVBl 2008, 590; *Bull*, Meilensteine auf dem Weg des Rechtsstaates, in: Möllers/van Ooyen (Hrsg.), Jahrbuch Öffentliche Sicherheit 2008/2009, S. 317; *ders.*, Die „Online-Durchsuchung" und die Angst vor dem Überwachungsstaat, in: vorgänge 4/2008, S. 11 ff.

[38] BVerfGE 120, 378.

[39] BVerfGE 121, 1 und 125, 260.

Persönlichkeitssphäre der Betroffenen aus und wird deshalb mit Misstrauen betrachtet. Das BVerfG hat die entsprechenden Regelungen der Länder Hessen und Schleswig-Holstein für verfassungswidrig erklärt, weil der abzugleichende Fahndungsbestand nicht genau genug bezeichnet worden sei und weil man die Erfassung ohne den Anlass einer „konkreten Gefahrenlage“ oder „allgemein gesteigerter Risiken von Rechtsgutverletzungen oder -gefährdungen“ zugelassen habe. Ich halte diese Entscheidung für falsch. Bedenklich erscheint mir vor allem, dass der Senat hier auf Ängste der Beschwerdeführer eingeht, wie diese sie in ihrer Antragsschrift ausgeführt haben, ohne klarzustellen, dass diese Besorgnisse unbegründet sind.

Der Beschwerdeführer und die mit ihm verbündeten Bürger malen sich nämlich aus, der Staat werde mit einer generellen Kennzeichenüberwachung „eine generelle und lageunabhängige Massenüberwachung der Bevölkerung“ vornehmen. Auf den überwachten Straßen werde es im Wesentlichen keinen unbeobachteten Fahrzeugverkehr mehr geben. Die erhobenen Daten hätten eine hohe Aussagekraft, so dass eine missbräuchliche Auswertung großen Schaden anrichten könnte. Es seien „Änderungen und Einschränkungen des Bewegungsverhaltens“ zu befürchten, „etwa auf Seiten regierungskritischer Personen“. In Anlehnung an die Volkszählungsentscheidung wird formuliert: Wer damit rechnen müsse, dass sein Kraftfahrzeug auf dem Weg zu einer Demonstration erfasst wird, werde möglicherweise darauf verzichten, von seinem Grundrecht auf Versammlungsfreiheit Gebrauch zu machen.[40] Dieser vermeintliche Einschüchterungs- und Abschreckungseffekt kann schon deshalb nicht eintreten, weil die Autofahrer nach der eigenen Darstellung der Beschwerdeführer mangels Anlass oder Grund der Kontrollen gar nicht wissen können, *welches* Verhalten sie vermeiden müssen, um nicht aufzufallen. Allenfalls die Zufahrt zu einer Demonstration könnte ein „heikler“ Ort sein; um die Demonstrationsfreiheit vor Überwachung zu schützen, braucht aber nicht die Kfz-Kennzeichenerfassung überall und immer verboten zu werden.

Auch in der Einstweiligen Anordnung zur Vorratsdatenspeicherung will das BVerfG vor dem Einschüchterungseffekt schützen, der angeblich entstehen kann, wenn für den Einzelnen nicht mehr erkennbar ist, „wer was wann und bei welcher Gelegenheit über ihn weiß“.[41] Das angeblich „diffus bedrohliche Gefühl des Beobachtetseins“, das die „anlasslose Speicherung von Telekommunikations-Verkehrsdaten hervorrufen könne, spielt auch in dem Hauptsache-Urteil vom 2. März 2010 eine große Rolle; das BVerfG meint, dieses Gefühl könne „eine unbefangene Wahrnehmung der Grundrechte in vielen Bereichen beeinträchtigen“,[42] und hält deswegen den Eingriff für besonders gewichtig.

[40] Unveröffentlichte Verfassungsbeschwerde v. 12.5.2007, S. 16 f.

[41] BVerfGE 121, 1 (20): Verweis auf BVerfGE 113, 29 (46) mit der Anknüpfung an das Volkszählungs-Urteil BVerfGE 65, 1 (43).

[42] BVerfGE 125, 260 (320, s.a. S. 335).

Der Richter *Schluckebier* weist demgegenüber in seinem Abweichenden Votum mit Recht darauf hin, dass es an einer „objektivierbaren Grundlage für die Annahme eines eingriffsintensivierenden Einschüchterungseffekts" fehlt.[43] Die Senatsmehrheit urteilt also aus der Perspektive eines nicht hinreichend informierten Beobachters, der nicht in Rechnung stellt, dass die Daten (schon nach der bisherigen Rechtslage) in vielfältiger Weise gegen unzulässigen Gebrauch gesichert waren. Das BVerfG lässt den Eindruck entstehen, dass die an der Informationsverarbeitung beteiligten staatlichen Stellen bereit oder in Versuchung seien, gegen geltende Gesetze zu handeln, verwaltungsinterne Beschränkungen und Gerichtsurteile zu ignorieren und bei der Auslegung und Anwendung der Vorschriften jegliches Maß zu vergessen. Diese Unterstellung einer Neigung zu rechtswidrigem Handeln ist unbegründet, und das BVerfG sollte diese klärende Aussage in seinen Urteilsbegründungen deutlich herausstellen, statt die Angst vor dem „Überwachtwerden" durch vage Formulierungen zu fördern.

IV. Verantwortung aller Beteiligten

Fassen wir zusammen: Die Diskussion zwischen den Sicherheitsbehörden bzw. den für sie politisch Verantwortlichen und den liberalen Medien, Bürgerrechtsorganisationen und individuellen Kritikern ist deshalb so schwierig, weil auf beiden Seiten Misstrauen und Missverständnisse schon über die tatsächlichen Verhältnisse herrschen. Die Bürgerrechtler misstrauen den staatlichen Organen, die Vertreter von Polizei, Justiz und Nachrichtendiensten misstrauen den Protagonisten der anderen Seite. Auf diese Weise wird das Klima vergiftet.

Die Differenzen über die tatsächlichen Grundlagen werden überlagert von grundsätzlichen Unterschieden der Bewertung, und darauf dürfte umgekehrt auch die divergierende Wahrnehmung der tatsächlichen Verhältnisse beruhen. Es gibt Menschen, die sich durch empirische Beweise nicht beeindrucken lassen, weil sie ihren eigenen Urteilen mehr vertrauen – nach dem Motto: „Ich bleibe skeptisch", selbst wenn man mir fundierte Gegengründe aufzeigt.[44] Diese Differenzen über die Rolle des Staates, die Bedeutung von Macht und Machtmissbrauch lassen sich also – wenn überhaupt – nur ganz schwer ausräumen. Ich plädiere auch nicht etwa dafür, die Gegensätze zu verwischen und Einigkeit vorzutäuschen, wo sie gerade fehlt. Die Auseinandersetzung muss fortgesetzt werden, aber es wäre gut, wenn es dabei ohne Feinderklärungen und Unterstellungen zuginge – nüchtern, zielgerichtet und möglichst fair.

---

[43] BVerfGE 125, 260 (364 [366]).

[44] *Rutschky*, Ich bleibe skeptisch: Falscher Zweifel, Politikverachtung und Verschwörungstheorien, Süddeutsche Zeitung v. 1.10.2003.

Die Verfechter der Bürgerrechte gegen eine vermeintlich überbetonte Sicherheitspolitik sollten endlich bereit sein, Möglichkeit und Wirklichkeit zu unterscheiden. Sie sollten zur Kenntnis nehmen, dass eben nicht alles technisch Machbare tatsächlich gemacht wird und dass dies auch in Zukunft nicht geschehen wird, solange der Rechtsstaat funktionsfähig ist. Die Abwehr von Gefahren für Freiheitsrechte und Privatsphäre darf nicht dazu führen, dass die legitimen Aufgaben der Sicherheitsbehörden immer schwerer erfüllt werden können, während Kriminelle sich der neuesten Techniken ohne Rücksicht auf andere bedienen. Die Aufklärung und Verhinderung schwerer Straftaten hat große Bedeutung auch für die Freiheit der Bürger. Grundrechte werden noch nicht dadurch beeinträchtigt, dass sich Behörden aus legitimen Gründen für bestimmte Personen interessieren.

Die Sicherheitsbehörden hingegen sollten – je für sich – ihre Positionen und vor allem ihre Praxis der Öffentlichkeit deutlicher und anschaulicher vermitteln. Auch auf die Gefahr hin, dass die eine oder andere methodische Besonderheit dadurch auch denen bekannt wird, auf die sich die Aufmerksamkeit der Behörden richtet, muss versucht werden, die Notwendigkeit des Einsatzes bestimmter informationstechnischer Mittel dem skeptischen Publikum zu verdeutlichen. Dazu gehört auch, dass zwischen wichtigen und weniger wichtigen Instrumenten unterschieden wird und dass man darauf verzichtet, sämtliche Befugnisse zu erhalten, die irgend in Betracht kommen. Insgesamt muss die Vertrauenswerbung der Behörden professioneller werden.

Das Bundesverfassungsgericht könnte zur Verbesserung der Diskussion beitragen, indem es dem großen Publikum mit größerer Entschiedenheit deutlich machte, welche Gefahren für die Freiheitsrechte und die Menschenwürde im heutigen Staat wirklich bestehen und welche nicht. Gerade dieses Gericht mit seinem enormen Ansehen sollte den Menschen erklären, wie stark der Schutz ihrer Rechte in unserem Staat ausgebaut ist.

*

Nachtrag 2022: Das Bundesverfassungsgericht hat seine hier behandelte Rspr. im Wesentlichen unverändert fortgesetzt. Vgl. dazu meinen Beitrag: Der Individualrechtsschutz und die Freiheitlichkeit des Gemeinwesens. Zur Kritik verfassungsgerichtlicher Vorgaben für polizeiliche Kontrollen – am Beispiel der automatisierten Kennzeichenablesung, AöR 145 (2020), 291–320.

18.

Verfassungsschutz und/oder polizeilicher Staatsschutz?*

Warum wir ein Bundesinstitut für Verfassungsschutz brauchen

I. Einleitung

Der deutsche Verfassungsschutz hat schmählich versagt. Die aktuellen Berichte parlamentarischer Untersuchungsausschüsse zur Affäre um den „Nationalsozialistischen Untergrund“ (NSU) sprechen Bände.[1] Aber auch schon früher haben die Verfassungsschutzbehörden schwere Fehler begangen. So haben sie es nicht vermocht, die Verfassungswidrigkeit der NPD mit angemessenen Mitteln zu beweisen, sondern haben das Parteiverbotsverfahren scheitern lassen. Die damaligen Fehler waren:

- Zum einen lieferten die Ämter dem Bundesinnenministerium und den Prozessvertretern der Bundesregierung „kontaminiertes“ Beweismaterial, ohne es als solches erkennbar zu machen,
- zum anderen weigerten sie sich hartnäckig, dem Gericht ihre Quellen offenzulegen oder zumindest ihre Arbeitsweise glaubwürdig zu erklären. Ihnen war der Quellenschutz wichtiger als das Verbot der rechtsextremistischen Partei. Sie wollten ihre menschlichen Quellen funktionsfähig erhalten, also die Beobachtung der Extremisten fortsetzen, statt das in der Verfassung vorgesehene und von der Politik gewünschte Ziel ihrer Ausgrenzung aus dem demokratischen System zu unterstützen.

---

* Für den Druck überarbeitete Fassung eines Vortrags vor der Justizpressekonferenz Karlsruhe am 25. November 2014. Die hier dargelegten Thesen sind erstmals in der Zeitschrift „Privacy in Germany“ (PinG) 2013 Heft 1 S. 1–8 entwickelt worden.

[1] Zweiter Untersuchungsausschuss des Bundestages (17. Wahlperiode), überschrieben: „Terrorgruppe Nationalsozialistischer Untergrund“, Bundestags-Drucksache 17/14600 v. 22. August 2013 – der Bericht umfasst (ohne das Inhaltsverzeichnis) 1314 Seiten! – sowie Untersuchungsausschuss 5/1 des Thüringer Landtages „Rechtsextremismus und Behördenhandeln“, Drs. 5/8080 v. 16. Juli 2014 – dieser Bericht hat 1896 Seiten! Über weitere „parallele Untersuchungen“ – u.a. die Thüringer Schäfer-Kommission und die Expertenkommissionen von BMI und IMK – unterrichtet der Bericht des Bundes-PUA auf S. 14 ff.

Es zählt zu meinen unerfreulichsten Erfahrungen als Prozessbevollmächtigter der Bundesregierung im NPD-Verfahren, wie uneinsichtig die meisten Amtsleiter reagierten, als die Vertreter der Bundesregierung und wir Prozessbevollmächtigten sie dazu aufforderten, wenigstens einzelne Belege für die verfassungswidrigen Aktivitäten der NPD dem Bundesverfassungsgericht so deutlich darzustellen, dass ein realistischer Eindruck bei den Richtern entstehen konnte und dass die vermeintliche „Einschleusung“ und der Einfluss der V-Leute zutreffend beschrieben wurden.

Bei der Terrorismusbekämpfung haben die Verfassungsschutzämter nicht hinreichend mit der Polizei kooperiert, sondern deren Arbeit teilweise sogar behindert. So hat sich während der Terroristenfahndung im „deutschen Herbst“ 1977 BKA-Präsident Herold mit Recht darüber empört, dass das Hamburger Verfassungsschutzamt zwei Top-Terroristen zwar im Visier hatte, aber die Polizei nicht informierte – was dazu führte, dass sie für einige Zeit untertauchen konnten. Auch damals wollten die Verfassungsschützer weiter beobachten statt die Pläne der Terroristen sogleich zu stören.

Doppelarbeit und Rivalität von Polizei und Verfassungsschutz sind kein Zufall, sondern durch eine unklare Aufgabenbestimmung vorgegeben. Die gegenwärtige Krise des Verfassungsschutzes ist letztlich in den verfassungsrechtlichen und gesetzlichen Grundlagen der deutschen „Sicherheitsarchitektur“[2] vorprogrammiert.

II. Der Begriff „Verfassungsschutz“

Der Begriff „Verfassungsschutz“ ist zumindest ungenau, schärfer gesagt: „Verfassungsschutz“ im Sinne des geltenden Gesetzes ist eine verschwommene, inhaltlich beschönigende Umschreibung für Behörden, die der Abwehr einer Mehrzahl in sich unterschiedlicher Gefahren für die öffentliche Sicherheit dienen sollen. Andere Länder benutzen dafür den ehrlicheren Begriff „Inlandsnachrichtendienst“.

Der Teil der Aufgaben, der am ehesten die Bezeichnung als Verfassungsschutz rechtfertigen könnte, ist seinerseits verfassungsrechtlich problematisch. Der Staat darf sich für die politischen Meinungen der Bürger nur interessieren, soweit er dabei das Grundrecht der Meinungsfreiheit respektiert. Diese Grenze ist in der Vergangenheit häufig überschritten worden. Die Verfassungsschutzbehörden haben in großem Maße Gesinnungsschnüffelei betrieben, indem sie Mitbürger wegen ihrer radikal kritischen Meinungen beobachtet und Dossiers über sie angelegt haben. Beispielhaft sind die Fälle Gössner und Moos: jahr-

---

[2] Zu den neueren Entwicklungen der Sicherheitsarchitektur vgl. *Baldus*, Entgrenzungen des Sicherheitsrechts – Neue Polizeirechtsdogmatik?, in: Die Verwaltung 47 (2014), S. 1–23.

zehntelange Beobachtung von Rechtsanwälten durch Verfassungsschutzbehörden und Aufzeichnung aller möglichen publizistischen Äußerungen oder der Beteiligung an oppositionellen Aktionen, die erst nach erfolgreichen Klagen vor den Verwaltungsgerichten beendet wurden.[3]

Aber das ist etwas ganz anderes als der Schutz der Verfassungswerte durch Aufklärung und Werbung. Verfassungsschutz im eigentlichen Sinne ist aber zu allererst Aufgabe der Gesellschaft (einschließlich der Politik in ihrer nicht institutionell verfestigten Form), also der politisch denkenden Bürger und der Medien. Es geht darum, das Bewusstsein für Demokratie und Freiheit zu fördern, die jungen Menschen zur Bejahung der Verfassungswerte zu erziehen, kurz: es geht um den Einfluss auf die Köpfe und Herzen der Menschen, um ihre Bereitschaft zum Engagement im Sinne der Verfassung und zur Abwehr von Kräften, die diese Verfassung außer Kraft setzen wollen. Der Bundestags-Untersuchungsausschuss zum NSU spricht von „Demokratieförderung“.[4] Behörden und Amtsträger sind dazu aber nur bedingt in der Lage. Deshalb muss der Staat das Engagement der „zahlreichen zivilgesellschaftlichen Initiativen, engagierter Einzelpersonen, Vereine, Runder Tische und Stiftungen in Ost- und Westdeutschland“ „unterstützen, ausreichend fördern, ausbauen und verstetigen“.[5] Die Verfassung lebt – im Sinne Böckenfördes – von Voraussetzungen, die sie nicht selbst schaffen kann.

Wohl aber muss der Staat durch seine Behörden dafür sorgen, dass die Menschen nicht in ihrer Freiheit und körperlichen Integrität gefährdet werden, dass also Angriffe auf diese Rechtsgüter möglichst unterbleiben. Deshalb darf und muss er uns vor Gewalt und Rechtsbruch schützen. Aus den Grundrechten folgen Grenzen dafür, wie weit der Staat bei der Abwehr dieser Gefahren gehen darf, welche Maßnahmen gegen einzelne Personen er ergreifen, vor allem inwieweit er dabei im Geheimen vorgehen darf. Es sollte selbstverständlich sein, dass diese Aufgabe anders organisiert werden muss.

III. Konsequenzen für die Aufgabenbestimmung der Sicherheitsbehörden

Daraus, dass Verfassungsschutz in erster Linie Sache einer politisch aktiven Gesellschaft ist, folgt zwingend, dass die Überwachung des politischen Extremismus grundrechtskonform reduziert werden muss. Zwar sind wir heute

---

[3] Dazu auch *Kauß*, Verfassungsschutz beobachtet Rechtsanwältinnen und Rechtsanwälte, in: Grundrechte-Report 2014, S. 152 ff.

[4] BT-Drs. 17/14600 (s. oben Fn. 1), S. 865 ff.

[5] Ebd. S. 865 f. Der Bundestag hat diese und die anderen Forderungen des NSU-Ausschusses auf einen gemeinsamen Antrag aller Fraktionen hin noch einmal ausdrücklich bekräftigt (Drs. 18/558 v. 19.2.2014) und die Umsetzung der Empfehlungen angemahnt.

weit entfernt von den Zuständen zur Zeit des „Radikalen-“ oder „Extremistenbeschlusses“ in den 1970er Jahren, als Zehntausende junger Menschen sich der Überprüfung durch die Verfassungsschutzämter ausgesetzt sahen und zahlreiche Bewerber für den öffentlichen Dienst – vor allem Lehrer und Juristen – wegen „radikaler“ Äußerungen abgelehnt wurden. Die „Regelanfrage“ ist längst abgeschafft, und man hört nicht mehr davon, dass jemand wegen seiner politischen Anschauungen oder Handlungen vom Referendardienst ausgeschlossen worden sei.

Inwieweit die Sammlung von Informationen über politische „Extremisten“ tatsächlich eingeschränkt worden ist, wissen wir jedoch nicht. Vermutlich interessieren sich die Ämter heute besonders dafür, ob sich jemand zu religiös begründeten kämpferischen Aktivitäten bekennt. Die Gesetzeslage lässt nach wie vor eine recht weitgehende Beobachtung zu. Denn die Verfassungsschutzgesetze wimmeln von unbestimmten Begriffen, deren genaue Eingrenzung schwierig ist. So sollen die Verfassungsschutzbehörden „Bestrebungen“ beobachten, „die gegen die freiheitliche demokratische Grundordnung, den Bestand oder die Sicherheit des Bundes oder eines Landes gerichtet sind oder eine ungesetzliche Beeinträchtigung der Amtsführung der Verfassungsorgane des Bundes oder eines Landes oder ihrer Mitglieder zum Ziele haben“ (§ 3 Abs. 1 Nr. 1 BVerfSchG). Der Gesetzgeber hat zwar versucht, die Untiefen dieser Leitformeln durch Legaldefinitionen zu beseitigen (§ 4 BVerfSchG), aber das ist allenfalls teilweise gelungen; denn stets hängt die Rechtmäßigkeit der Informationssammlung von den subjektiven Absichten der Beteiligten ab („darauf gerichtet ...“!), und es fehlt eine klare Abgrenzung zwischen grundrechtlich geschützten Meinungsäußerungen und darüber hinausgehenden, die Beobachtung – vielleicht – rechtfertigenden Aufforderungen zu verfassungsfeindlichen Aktivitäten.

Es wäre insofern schon ein Fortschritt, wenn der Gesetzeswortlaut ernst genommen würde, dass die Verfassungsschützer sich nur um „Bestrebungen“ und nicht primär um einzelne Personen zu kümmern haben. „Bestrebungen“ sind nämlich in § 4 Abs. 1 BVerfSchG definiert als „politisch bestimmte, ziel- und zweckgerichtete Verhaltensweisen in einem oder für einen Personenzusammenschluss“. Nur ausnahmsweise ist die Beobachtung der „Verhaltensweisen von Einzelpersonen“ erlaubt, „die nicht in einem oder für einen Personenzusammenschluss handeln“, nämlich wenn deren Bestrebungen „auf Anwendung von Gewalt gerichtet sind oder aufgrund ihrer Wirkungsweise geeignet sind, ein Schutzgut dieses Gesetzes erheblich zu beschädigen“ (§ 4 Abs. 2 Satz 4 BVerfSchG).

Bei tiefer gehender Kritik an der bisherigen gesetzlichen Aufgabenstellung des Verfassungsschutzes gelangen wir zu einer heiklen Entscheidungsfrage. Das Grundrecht der Meinungsfreiheit verbietet es dem Staat, die Ansichten und Äußerungen der Individuen systematisch zu registrieren und zu Persönlichkeitsprofilen oder Dossiers zusammenzustellen. Nur soweit Art. 5 Abs. 2 GG es erlaubt – nämlich aufgrund der „allgemeinen Gesetze“, des Jugendschutzes und des Rechts der persönlichen Ehre – darf die Meinungsfreiheit eingeschränkt werden. Beruht die Aufgabe der Extremismusbeobachtung auf einem „allgemeinen Gesetz“ im Sinne von Art. 5 Abs. 2 GG oder richtet sie sich nicht gerade gegen bestimmte Meinungen? Ich halte insofern eine Orientierung an Art. 21 Abs. 2 GG und Art. 9 Abs. 2 GG für angemessen:[6] Soweit nach der Verfassung repressive Maßnahmen zulässig sind, kann und muss der Staat auch entsprechende Informationen sammeln dürfen (die dann in Parteiverbotsverfahren dem Bundesverfassungsgericht und bei Vereinsverboten den Verwaltungsgerichten vorgelegt werden!).

Klar ist die Rechtslage, wenn Gewalt im Spiel ist: Aufforderungen zur Gewalttätigkeit oder die Vorbereitung von Gewalttaten sind keine geschützten Meinungsäußerungen. Mit dieser Begründung ist die oben erwähnte Ausnahme gerechtfertigt, dass auch Individuen beobachtet werden dürfen. Folgt man dieser Ansicht, so wäre es möglicherweise sinnvoll, den Verfassungsschutz auf die Beobachtung gewalttätiger extremistischer Bestrebungen zu reduzieren; dann wäre man grundrechtlich auf der sicheren Seite. Aber: Für die Bekämpfung von Gewalt in allen Formen ist grundsätzlich die Polizei zuständig – im förmlich juristischen Sinne wie wegen ihrer fachlichen Kompetenz. Die geltende Zuständigkeitsordnung führt demgegenüber faktisch unausweichlich zum Nebeneinander polizeilicher und „verfassungsschützender“ Tätigkeit. Um dies künftig zu vermeiden, müssten die Verfassungsschutzbehörden die Beobachtung verfassungsfeindlicher Bestrebungen der Polizei überlassen, sobald sie erkennen, dass Gewalttaten vorbereitet oder geplant werden. Eine institutionalisierte Mehrfachzuständigkeit, also die Förderung von Konkurrenz und damit Doppelarbeit ist kein akzeptables Prinzip für die staatliche Zuständigkeitsordnung. Die Verantwortung für Gefahrenabwehr und Strafverfolgung muss bei einer Stelle liegen. In diesem Sinne bekennt ein langjähriger Referatsleiter des Bundesamtes für Verfassungsschutz:

„Auch wenn es für einen ehemaligen Verfassungsschützer nicht einfach ist: Die Bekämpfung des gewalttätigen Extremismus gehört in eine Hand. Und dies kann nur die Polizei sein“.[7]

---

[6] Vgl. auch *Baudewin*, NVwZ 2013, 1049 (1050).
[7] *Ridder*, Verfassung ohne Schutz, München 2013, S. 9.

IV. Überführung in ein Bundesinstitut für Verfassungsschutz

Daraus folgt, dass die Verfassungsschutzbehörden im Rahmen dieser Neuorganisation deutlich verkleinert werden müssten. Denn sie hätten nur noch die Aufgabe, die Regierungen und Parlamente und die Öffentlichkeit über die Kräfte zu informieren, die eine ernsthafte Gefahr für die verfassungsmäßige Ordnung darstellen. Sie müssten Informationen über diejenigen Gruppen sammeln, die nicht nur theoretisch, sondern aktiv kämpferisch gegen die Geltung der zentralen Verfassungsgrundsätze wenden, also diejenigen, die – wenn sie als politische Parteien oder Vereine auftreten – nach Art. 21 Abs. 2 GG bzw. nach Art. 9 Abs. 2 GG i.V.m. § 3 Vereinsgesetz verboten werden können. Das wäre im Wesentlichen eine analytische Aufgabe, die von Sozialwissenschaftlern und Juristen zu leisten wäre, eine Aufgabe für ein Bundesinstitut für Verfassungsschutz.

Für die Errichtung eines wissenschaftlichen Instituts, das eine moderne Form von Verfassungsschutz zu betreiben hätte, sprechen auch Überlegungen des NSU-Untersuchungsausschusses des Bundestages. Er schreibt in seinem Bericht:

> „Der Verfassungsschutz braucht mehr Wissen und eine größere Sensibilität für die Gefahren, die Demokratie und Menschenwürde in Deutschland durch die Verbreitung rechtextremen Gedankenguts und rechtsextremer Strukturen drohen. In den Verfassungsschutzbehörden wird ein umfassender Mentalitätswechsel und ein neues Selbstverständnis der Offenheit gebraucht – und keine ‚Schlapphuthaltung' der Abschottung."[8]

Ein umfassender Mentalitätswandel kann im Rahmen der bestehenden Organisation nicht erreicht werden. Allenfalls ein vollständiger Personalaustausch könnte eine neue Atmosphäre der Offenheit und Liberalität in den behördlichen Verfassungsschutz hineinbringen. Das Land Bremen hat ebendies versucht, indem es seinen Verfassungsschutz ab 2008 „vollständig neu strukturiert" und „die die alte Verfassungsschutzmentalität repräsentierenden Führungskräfte ausgetauscht und durch nicht aus dem Verfassungsschutzbereich kommende Kolleginnen und Kollegen ersetzt" hat. Zusätzlich seien u.a. wissenschaftliche Mitarbeiter beschäftigt worden.[9]

Inhaltlich wäre das neue Institut für die Auswertung der verfügbaren Verlautbarungen und Publikationen extremistischer Gruppen zuständig. Dieser Zweck, „Lagebilder" zu erstellen, könnte weitestgehend durch Auswertung

---

[8] BT-Drs. 17/14600, S. 864 (Nr. 38); s.a. die folgenden Bemerkungen (S. 865, Nr. 39) und Drs. 18/558, S. 7.

[9] Antwort des Bremer Senats auf eine Große Anfrage der Fraktion DIE LINKE, Bürgerschafts-Drs. 18/1410 v. 27.5.2014, S. 23. Der Senat ist der Ansicht, dass in Bremen „alle wesentlichen Forderungen des Bundestags-Untersuchungsausschusses" bereits umgesetzt sind.

offener „Quellen“ erfüllt werden. Auch wenn politische Extremisten auch im „Untergrund“ arbeiten, sind sie letztlich doch darauf angewiesen, in der Öffentlichkeit für ihre Ziele zu werben. Wer darüber hinaus geheime Attentats- und Umsturzpläne verfolgt, wird nach dieser Aufgabenteilung von der Polizei beobachtet (und an ihrer Verwirklichung gehindert!). Aber auf die planmäßige Erkundung der Meinungen und Strategien extremistischer Kräfte mit Hilfe von „V-Leuten“ könnte verzichtet werden. Ein großer Teil der Spitzel, die gegen Geld Informationen liefern, ist ohnehin nicht zuverlässig. Nach diesem Konzept würden also Agentenführer und Observationstrupps „arbeitslos“, und nicht jedes Bundesland bräuchte eine eigene Verfassungsschutzbehörde.

Auch die „Anti-Terror-Datei“ der deutschen Sicherheitsbehörden, die bekanntlich vom Bundesverfassungsgericht wegen des Trennungsprinzips sehr skeptisch beurteilt worden ist,[10] wird zum größten Teil überflüssig, wenn die Informationen über terroristische Bedrohungen nur noch bei der Polizei anfallen. Der Austausch von Informationen zwischen Behörden ist nur dann zwingend notwendig (und muss gesetzlich geregelt werden), wenn diese die gleiche Zuständigkeit haben. Bei unterschiedlicher Zuständigkeit ist der Bedarf an Informationsaustausch deutlich geringer.

In einem gewissen Ausmaß ist der Informationsaustausch zwischen den Sicherheitsbehörden jedoch unvermeidlich. Der Polizei können und müssen zur Verfolgung von Straftaten und zur Abwehr gewichtiger Gefahren relevante Informationen übermittelt werden, die bei anderen Behörden vorhanden sind (etwa weil sie zufällig dort angefallen sind, als „Beifang“ anderer Ermittlungen). Denn es gilt der Grundsatz: Wenn jemand erfährt, dass ein anderer ein Verbrechen plant, muss er dies der Polizei oder dem Bedrohten mitteilen; er macht sich sonst sogar strafbar (§ 138 StGB). Das gilt auch und erst recht als Dienstpflicht für Amtsträger (das ergibt sich auch aus den Ausnahmen für Geistliche, Rechtsanwälte und Ärzte in § 139 Abs. 2 und Abs. 3 Satz 2 StGB; die informationsrechtlichen Vorschriften sind allerdings insofern nicht ausdrücklich mit dem Strafrecht abgestimmt).

Der Bundestagsausschuss zum NSU betont in seinem Bericht die Verpflichtung der Sicherheitsbehörden zur „Zusammenführung“ der länderübergreifend relevanten Informationen und zu ihrer gründlichen Auswertung.[11] Er fordert zwar die Beachtung des Trennungsprinzips, verweist aber gleichzeitig auf die „ohnehin bestehende Verpflichtung, die Vorschriften für die Übermittlung von Informationen der Nachrichtendienste von Bund und Ländern an die Strafverfolgungsbehörden konsequent anzuwenden.“[12]

---

[10] BVerfGE 133, 277 Leitsatz 2 und Rn. 123 S. 329.
[11] BT-Drs. 17/14600, S. 864 (Nr. 32); BT-Drs. 18/558, S. 6.
[12] Ebd. Nr. 33.

V. Keine Vergeheimdienstlichung der Polizei

Ich plädiere nicht für eine Erweiterung polizeilicher Befugnisse, sondern im Gegenteil für eine Überprüfung der geltenden Normen, in denen Informationserhebung der Polizei zugelassen ist. Die staatliche Beobachtung des nicht strafbaren Extremismus soll durch die Reduzierung der Verfassungsschutzaufgaben eingeschränkt werden. Es geht darum, die Erforschung und Verhinderung von Gewaltabsichten in Bahnen zu lenken, die rechtlich strenger geregelt sind. Die Polizei hat zwar mehr Befugnisse als die Nachrichtendienste, ist aber gesetzlich enger eingebunden als diese. Diese sollen im „Vorfeld“ strafbarer Handlungen ermitteln, deshalb haben sie keine Befugnisse zu Eingriffen in die Rechte der Bürger (außer eben den informationellen Befugnissen, die in den speziellen Gesetzen über Verfassungsschutz, MAD und BND vorgesehen sind). Die Polizei darf erst ermitteln, wenn ein Verdacht einer Straftat besteht oder eine Gefahr für die öffentliche Sicherheit im Einzelfall erkennbar ist;[13] sie hat dazu „operative“ Befugnisse, kann also über die Informationserhebung hinaus z.B. Personen verhaften und Wohnungen durchsuchen. Die Polizei ist dazu ausgebildet, ihre Befugnisse gegenüber den Bürgern rechtlich korrekt und umsichtig auszuüben, sie steht unter wirksamer Aufsicht von Staatsanwaltschaften und Gerichten. Sie hat sich für die politischen Ansichten der Verdächtigen nur insoweit zu interessieren, wie diese zum Tatbestand einer Strafrechtsnorm gehören, also die Strafbarkeit bestimmter Handlungen mitbegründen.

VI. Die Bedeutung der neuen Strafrechtsvorschriften gegen die Vorbereitung schwerer staatsgefährdender Gewalttaten

An dieser Stelle kommt freilich ein weiteres Problem auf. Das Recht des „Staatsschutzes“, das die Grundlage für die strafprozessuale Verfolgung Verdächtiger durch Polizei und Justiz bildet, ist in den letzten Jahren erheblich ausgeweitet worden. Ich denke insbesondere an die im Jahre 2009 ins StGB eingefügten Paragraphen 89a, 89b und 91.[14] Strafbar sind danach bereits die Vorbereitung einer schweren staatsgefährdenden Gewalttat (§ 89a), die Aufnahme von Beziehungen zur Begehung einer solchen Tat (§ 89b) und die Anleitung dazu (§ 91). Der Informationsbedarf, der für die Polizei bei der Aufklärung dieser Handlungen entsteht, lenkt die Aufmerksamkeit zwangsläufig weiter in das Vorfeld

[13] Zu den „besonders rechtfertigungsbedürftigen“ Ausnahmen vgl. BVerfGE 133, 277 Rn. 120 (S. 327 f.) – Antiterrordatei.

[14] Gesetz zur Verfolgung der Vorbereitung von schweren staatsgefährdenden Gewalttaten (GVVG) vom 30.7.2009 (BGBl I S. 2437).

des bisher polizeilich Relevanten. Wird die Polizei dazu ermächtigt, in diesem Vorfeld bereits gegen einzelne Personen zu ermitteln, so nähert sie sich in der Tat der Arbeitsweise der Geheimdienste an. Ebendies ist für die Bundespolizei mit der Novelle des BKA-Gesetzes 2008[15] geschehen, allerdings nur zur Abwehr von Gefahren des internationalen Terrorismus (so die Überschrift des neu eingefügten Unterabschnitts 3a, §§ 20a – 20x BKA-Gesetz). Eine „schwere staatsgefährdende Straftat" im Sinne von § 89a StGB ist „eine Straftat gegen das Leben in den Fällen des § 211 oder des § 212 oder gegen die persönliche Freiheit in den Fällen des § 239a oder des § 239b, die nach den Umständen bestimmt und geeignet ist, den Bestand oder die Sicherheit eines Staates oder einer internationalen Organisation zu beeinträchtigen oder Verfassungsgrundsätze der Bundesrepublik Deutschland zu beseitigen, außer Geltung zu setzen oder zu untergraben" (§ 89a Abs. 1 Satz 2 StGB).

Hinzukommen muss also eine bestimmte Form der „Vorbereitung" (z.B. der Besuch eines Terror-Ausbildungscamps, § 89a Abs. 2 Nr. 1). Es bedarf schon besonderer Kunstfertigkeit in der Normenauslegung, um diese Tatbestände zu verstehen und richtig anzuwenden. Wie „beeinträchtigt" man „den Bestand oder die Sicherheit" eines Staates? Wie „beseitigt" oder „untergräbt" man deutsche „Verfassungsgrundsätze"?

In Teilen der strafrechtlichen Literatur werden diese Vorschriften wegen der Unbestimmtheit zahlreicher verwendeter Begriffe kritisiert. So liest man in einer neueren Dissertation zum GVVG, das Gesetz sei wegen der Vielzahl von Verstößen gegen den Bestimmtheitsgrundsatz nicht mit der Verfassung vereinbar. Die Vorschrift sei außerdem „vollkommen überflüssig", weil für die davon erfassten Vorbereitungshandlungen bereits vor Erlass des Gesetzes ausreichende Strafnormen vorhanden gewesen seien.[16] Ein anderer Autor schreibt, die §§ 89a, 89b und 91 StGB dienten gar nicht in erster Linie „der Bestrafung, sondern nur der ‚Verfolgung'"; sie seien „keine Sanktions-, sondern Ermittlungsparagraphen"; es handle sich um „Präventionsstrafrecht als symbolisches Strafrecht".[17] Dieser Autor nimmt aber letztlich keinen Anstoß an diesem Übergang „vom klassisch-liberalen Strafrecht hin zu einem präventiven Gefahrenabwehrrecht",

---

[15] Gesetz zur Abwehr von Gefahren des internationalen Terrorismus durch das Bundeskriminalamt vom 25.12.2008 (BGBl. I S. 3083). Dazu u.a. *Wolff*, Die Grenzverschiebung von polizeilicher und nachrichtendienstlicher Sicherheitsgewährleistung, DÖV 2009, 597 ff., und *Bader*, NJW 2009, 2853 ff. [*Nachtrag 2022:* Zum BKAG 2008 s. BVerfGE 141, 220. Das Gesetz ist durch eine Neufassung vom 1. Januar 2017 ersetzt worden (BGBl I S. 1354).]

[16] *Mertens*, Das Gesetz zur Verfolgung der Vorbereitung von schweren staatsgefährdenden Gewalttaten (GVVG) vom 30. Juli 2009. Über (Vor- und) Nachteile des § 89a StGB, 2012, zugleich Diss. Köln, S. 2; s. a. S. 208 f.

[17] *Kauffmann*, Das Gesetz zur Verfolgung der Vorbereitung schwerer staatsgefährdender Gewalttaten. Strafrechtsdogmatische und verfassungsrechtliche Grenzen der §§ 89a, 89b und 91 StGB, Hamburg 2011.

sondern hält diese Entwicklung für geboten und bemüht sich, die neuen Vorschriften so zu interpretieren, dass sie halbwegs praktikabel sind.

Die Unbestimmtheit und Weite des politischen Strafrechts bleibt ein Ärgernis. Sie ist geeignet, die Neigung zu unangemessenem Einsatz des Strafrechts zu fördern, die in der Vergangenheit – besonders in der Zeit des Kalten Krieges bei der Auseinandersetzung mit dem Kommunismus – eine unselige Rolle gespielt hat. Daran ist schon damals Kritik geübt worden. Der damalige Generalbundesanwalt Max Güde hat schon 1957 herausgestellt, wie heikel die Verwendung des Strafrechts zu Präventionszwecken unter rechtsstaatlichen Aspekten ist. Sein Beispiel war die frühere Fassung von § 90a StGB, die Strafdrohung gegen die „Gründer, Rädelsführer und Hintermänner einer Vereinigung, deren Zwecke oder deren Tätigkeit sich gegen die verfassungsmäßige Ordnung richten".[18] Das BVerfG hat die seinerzeit übliche rückwirkende Anwendung des § 90a StGB a.F. (auf die Tätigkeit für die KPD vor deren Verbot) als verfassungswidrig beendet.[19] In der kritisierten Rechtsprechung war – wie auch sonst im politischen Strafrecht – in besonders deutlicher Weise der Gedanke des präventiven Staatsschutzes wirksam. Es kommt jedoch, wie Güde formuliert hat, darauf an, den „Machtzweck" des politischen Strafrechts durch „ein rechtliches Maß zu bändigen und in Schranken zu halten".[20]

Das heißt, dass die Tatbestände des politischen Strafrechts und die Aufklärungsbefugnisse aller Sicherheitsbehörden immer wieder überprüft und um des Grundrechtsschutzes willen möglichst eng gefasst werden müssen, damit nicht letztlich die Polizei doch den Ehrgeiz entwickelt, den politischen Extremismus ebenso intensiv zu überwachen wie es bisher der Verfassungsschutz tut.

VII. Was wird aus den anderen Befugnissen des Verfassungsschutzes?

Die „klassische" Funktion der Geheimdienste ist die Spionage- und Sabotageabwehr. Im Bundesverfassungsschutzgesetz ist die Rede von der „Sammlung und Auswertung von Informationen" über „sicherheitsgefährdende oder geheimdienstliche Tätigkeiten im Geltungsbereich dieses Gesetzes für eine fremde Macht" (§ 3 Abs. 1 Nr. 2 BVerfSchG). Das ist ein ganz anderes Arbeitsfeld als die Extremismusbeobachtung, weshalb die damit befassten Personen schon intern in den Verfassungsschutzämtern von den anderen Arbeitsbereichen getrennt und gegen sie abgeschottet sind. Es wäre also relativ einfach, die Abwehr von Spionage und Sabotage bei einem verkleinerten Inlandsnachrich-

---

[18] *Güde*, Probleme des politischen Strafrechts, 1957, S. 15.
[19] BVerfGE 12, 296.
[20] *Güde*, aaO. (Fn. 20), S. 10.

tendienst zu belassen. Auch hier wäre zu erwägen, die gesamte Aufgabe beim Bund zu konzentrieren, der die dafür benötigten Spezialisten in ausreichender Zahl und Qualität beschäftigen kann. Dieser Rest-Geheimdienst müsste freilich verpflichtet werden, seine Erkenntnisse der Polizei zu übermitteln, damit die fremden „Kundschafter“ unverzüglich festgenommen und möglichst daran gehindert werden, größeren Schaden anzurichten. Der Gedanke an „operative“ Befugnisse wie bei der CIA darf gar nicht erst aufkommen. Die Verhinderung „sicherheitsgefährdender“ Aktionen, also von Sabotage wichtiger Einrichtungen, ist ebenfalls nur mit den operativen Befugnissen der Polizei möglich.

Im Bundesgesetz sind noch zwei weitere Bereiche genannt, auf denen die Verfassungsschutzbehörden Informationen sammeln und auswerten sollen, nämlich der „Ausländerextremismus“, also insbesondere die militanten Ausländerorganisationen, und die Agitation gegen das friedliche Zusammenleben der Völker. Die entsprechenden Umschreibungen in § 3 Abs. 1 Nr. 3 und 4 BVerfSchG[21] sind derart phrasenhaft und verschwommen, dass man über die Grenzen dieses Beobachtungsauftrags kaum Klarheit gewinnen kann. Ich lasse hier offen, ob auch für diese Bereiche der besondere Inlandsnachrichtendienst zuständig sein sollte. Jedenfalls wäre es wohl wegen des Gewaltbezuges möglich und um der rechtlichen Eingrenzung willen wünschenswert, auch den strafrechtlich relevanten Ausländerextremismus von der Polizei bearbeiten zu lassen. Sie hat schon lange viel damit zu tun.

Für die übrigen Aufgaben nach dem BVerfSchG werden sich andere Zuständigkeiten finden lassen. So könnten Sicherheitsüberprüfungen (§ 3 Abs. 2) durch Ministerien durchgeführt werden.

VIII. Ausblick

Die radikale Neuorganisation von Verfassungsschutz und polizeilichem Staatsschutz wäre alles andere als eine einfache Aufgabe. Unmöglich ist sie aber nicht.

Die in letzter Zeit bekannt gewordenen Reformansätze einiger Länder gehen zwar in die richtige Richtung – mehr Offenheit des Verfassungsschutzes gegenüber der Gesellschaft, mehr Koordination und Kooperation sowie stär-

---

[21] § 3 Abs. 2 Nr. 3 BVerfSchG lautet: „Bestrebungen im Geltungsbereich dieses Gesetzes, die durch Anwendung von Gewalt oder darauf gerichtete Vorbereitungshandlungen auswärtige Belange der Bundesrepublik Deutschland gefährden“.

§ 3 Abs. 2 Nr. 4 ergänzt dies um „Bestrebungen im Geltungsbereich dieses Gesetzes, die gegen den Gedanken der Völkerverständigung (Art. 9 Abs. 2 GG), insbesondere gegen das friedliche Zusammenleben der Völker (Art. 26 Abs. 1 GG) gerichtet sind“. *Baldus* hat festgestellt, dass dem Bund die Kompetenz zu dieser Erweiterung der Befugnisse des Verfassungsschutzes fehlte (ZRP 2002, 400 ff.).

kere Kontrolle der geheimen Informationsgewinnung –, aber eine grundlegende Neuordnung der Aufgaben ist bisher offenbar nirgends vorgesehen. Das Ziel sollte sein, den „Verfassungsschutz“ alter Art aufzugeben und mehr Schutz der individuellen und gemeinsamen Rechtsgüter, vor allem Schutz vor Gewalttätigkeiten, durch die rechtsstaatlich eingebundene Polizei zu schaffen.

Nachweise der Erstveröffentlichungen

1. Ideelle Grundlagen der Demokratie
   Auszug aus: Was soll, was kann Demokratie? Erwartungen – Enttäuschungen – Hoffnungen, Societäts-Verlag Frankfurt/M. 2018, S. 13–37

2. Warum die Demokratie politische Parteien braucht
   Vortrag bei der Landeszentrale für politische Bildung Hamburg am 29.10.2019, bisher unveröffentlicht

3. Direkte Demokratie als Alternative oder Ergänzung?
   Auszug aus: Was soll, was kann Demokratie? Erwartungen – Enttäuschungen – Hoffnungen, 2018, S. 112–132

4. Bedingungen funktionierender Demokratie
   Recht und Politik 2018, S. 419–433

5. Öffentlichkeit und öffentliche Meinung heute
   Originalbeitrag 2022

6. Die Krise der Medien und das Dilemma der Medienkritik
   Recht und Politik 2020, S. 441–457

7. „Gerechtigkeit" gegen Funktionalität? Die Wahlrechtsordnung, das Wahlsystem und der Streit um das beste Wahlrecht
   Auszüge aus: Was soll, was kann Demokratie? Erwartungen – Enttäuschungen – Hoffnungen, 2018, S. 51–63 (I.) und 133–138 (II.)

8. Erfolgswertgleichheit – eine Fehlkonstruktion im deutschen Wahlrecht
   DVBl 2014, S. 1213–1217

9. Bürgernähe und Parteienkalkül: Berliner Verwaltungspolitik – vor und nach dem Wahlkampf
   Recht und Politik 2012, S. 30–43

10. Daseinsvorsorge im Wandel der Staatsformen
Der Staat 2008, S. 1–19

11. Steuerpflicht, Sozialstaat und Freiheit des Individuums
Schliesky/Ernst/Schulz (Hrsg.), Die Freiheit des Menschen in Kommune, Staat und Europa. Festschrift für Edzard Schmidt-Jortzig, C. F. Müller Verlag Heidelberg 2011, S. 465–482

12. Erworbenes, Ererbtes und Verdientes. Zum Eigentumsbegriff in Staatstheorie und Verfassungsrecht
Krajewski/Reuß/Tabbara (Hrsg.), Gesellschaftliche Herausforderungen des Rechts, Gedächtnisschrift für Helmut Rittstieg, Nomos Verlagsgesellschaft Baden-Baden 2015, S. 35–68

13. „Freiheit der Arbeit" als Unterdrückung der Koalitionsfreiheit. Die loi Le Chapelier von 1791 und ihre Folgen
Gornig/Kramer/Volkmann (Hrsg.), Staat – Wirtschaft – Gemeinde. Festschrift für Werner Frotscher zum 70. Geburtstag, Duncker & Humblot Berlin 2007, S. 129–143

14. Digitale Grundrechte für Europa
Recht und Politik 2017, S. 9–25

15. Über die rechtliche Einbindung der Technik
Der Staat 2019, S. 57–100

16. Freiheit und Sicherheit angesichts terroristischer Bedrohung
Jahrbuch Öffentliche Sicherheit 2002/2003, Verlag für Polizeiwissenschaft Frankfurt/M. 2003, S. 265–281

17. Die schwierige Diskussion zwischen Sicherheitsbehörden, Bürgerrechtlern und Bundesverfassungsgericht
Die Polizei 2010, S. 153–159

18. Verfassungsschutz und/oder polizeilicher Staatsschutz?
Recht und Politik 2015, S. 2–8